Beck-Wirtschaftsberater

Finanz- und Börsenlexikon

Beck-Wirtschaftsberater

Finanz- und Börsenlexikon

Über 3500 Begriffe für Studium und Praxis

Von Professor Dr. Uwe Bestmann

4., völlig überarbeitete und erweiterte Auflage

Deutscher Taschenbuch Verlag

Originalausgabe
Deutscher Taschenbuchverlag GmbH & Co. KG
Friedrichstraße 1a, 80801 München
© 2000. Redaktionelle Verantwortung: Verlag C. H. Beck oHG
Druck und Bindung: C. H. Beck'sche Buchdruckerei, Nördlingen
(Adresse der Druckerei: Wilhelmstraße 9, 80801 München)
Satz: Primustype Robert Hurler GmbH, Notzingen
Umschlaggestaltung: Agentur 42 (Fuhr & Partner), Mainz
ISBN 3-423-05803-X (dtv)
ISBN 3-8006-2559-8 (C. H. Beck/Vahlen)

Vorwort zur 4. Auflage

Das Tempo mit dem sich die nationalen und internationalen Finanzmärkte verändern, ist atemberaubend. Bestimmend für die hiermit zusammenhängenden Prozesse sind verschiedene Ursachen, die einander z. T. gegenseitig beschleunigen. Fest steht in jedem Fall: Wohin diese Vorgänge führen ist heute noch nicht absehbar. Dies hat zur Folge, dass bestimmte Fragestellungen gegenwärtig noch nicht abschließend zu klären sind, somit auch u.U. nicht endgültig allumfassend abgehandelt werden können. Wir sind daher zur permanenten Auseinandersetzung mit der Materie gefordert. Diese Notwendigkeit bietet uns aber zugleich viele Möglichkeiten, denn die Fähigkeit zur Veränderung birgt zugleich immer eine Chance für die Zukunft!

Die vorliegende 4. Auflage des Finanz- und Börsenlexikons liegt in vollständig überarbeiteter Form vor und enthält einige Hundert neue Stichwörter. Die Aktualisierung und Erweiterung des Lexikons wurde maßgeblich durch den inzwischen fortgeschrittenen Einigungsprozess der Europäischen Wirtschafts- und Währungsunion, das 3. Finanzmarktförderungsgesetz sowie Innovationen im Bereich der Kassa- und Terminmärkte geprägt.

Aachen, im März 2000   *Uwe Bestmann*

Abkürzungsverzeichnis

a. G.	auf Gegenseitigkeit
AG	Aktiengesellschaft
AGB	Allgemeine Geschäftsbedingungen
AktG	Aktiengesetz
AMR	Anweisung der Deutschen Bundesbank über Mindestreserven
BausparG	Gesetz über Bausparkassen
BbankG	Gesetz über die Deutsche Bundesbank
BFH	Bundesfinanzhof
BGB	Bürgerliches Gesetzbuch
BGBl.	Bundesgesetzblatt
BGH	Bundesgerichtshof
BMF	Bundesminister der Finanzen
BörsG	Börsengesetz
BörsTerm-ZulV	Börsentermingeschäfts-Zulassungsverordnung
BörsZulVO	Börsenzulassungs-Verordnung
DepotG	Depotgesetz
ERP	European Recovery Program
ESt	Einkommensteuer
EStG	Einkommensteuergesetz
fob	free on board
GenG	Genossenschaftsgesetz
GmbH	Gesellschaft mit beschränkter Haftung
GmbHG	Gesetz betreffend die Gesellschaften mit beschränkter Haftung
GuV	Gewinn- und Verlustrechnung
HGB	Handelsgesetzbuch
HV	Hauptversammlung
HypBankG	Hypothekenbankgesetz

ISO	International Standards Organization
IWF	Internationaler Währungsfonds
KAGG	Gesetz über Kapitalanlagegesellschaften
KfW	Kreditanstalt für Wiederaufbau
KG	Kommanditgesellschaft
KGaA	Kommanditgesellschaft auf Aktien
KO	Konkursordnung
KSt	Körperschaftsteuer
KStG	Körperschaftsteuergesetz
KWG	Kreditwesengesetz
Mio.	Millionen
Mrd.	Milliarden
OECD	Organization for European Cooperation and Development
OHG	Offene Handelsgesellschaft
p. a.	per annum
PublG	Gesetz über die Rechnungslegung von bestimmten Unternehmen und Konzernen (Publizitätsgesetz)
RE	Rechnungseinheit
ROI	Return on Investment
ScheckG	Scheckgesetz
SDR	Special drawing rights
SEC	Securities and Exchange Commission
Sp.	Spalte
Syn.	Synonym
SZR	Sonderziehungsrechte
Tab.	Tabelle
u. a.	unter anderem
US-$	US-Dollar
usw.	und so weiter
u. U.	unter Umständen
VAG	Gesetz über die Beaufsichtigung der privaten Versicherungsunternehmen und Bausparkassen

VIII

Verkaufs-prospektG	Wertpapier-Verkaufsprospektgesetz
WG	Wechselgesetz
WpHG	Wertpapierhandelsgesetz

Stichwortübersicht

Placierungskraft
Placing Agent → Platzierungsinstitut
Placing Power → Placierungskraft
Placing Risk → Placement Guarantee
Plafond A → AKA-Kredite
Plafond B → AKA-Kredite
Plafond C → AKA-Kredite
Plain Vanilla Fixed Coupon Bond
Plain Vanilla Floating Rate Note
Plain Vanilla Issue
Plain Vanilla Optionen
Plain Vanilla Swap
Planbilanz
Platzierung → Platzierung
Platzierungsinstitut
Platzierungskonsortium → Bankenkonsortium
Pluszeichen
Point → Basis Point
Point & Figure-Analyse → Point and Figure Chart
Point and Figure Chart
Point of Sale Banking
Pool
Portefeuille
Portfolio → Portefeuille
Portfolio Insurance
Portfolio Selection
Portfolio Turnover
Portfolio-Versicherung → Portfolio Insurance
POS-Banking → Point of Sale-Banking
Positioning
Positionslimit
Postanleihen
Power Bond
Power Warrant
Prämie

Prämiengeschäft
Präsenzbörse
Präsenzhandel
Präziswechsel → Wechsel
Pre Trading-Periode
Preferred Share → Vorzugsaktie
Preferred Stock → Vorzugsaktie
Premium Bond
Premium Margin
Price Information Projekt Europe → PIPE
Price-Earning-Ratio → Kurs-Gewinn-Verhältnis
Primadiskonten
Primärmarkt
Primapapiere
Primary Market → Primärmarkt
Primary Underwriters
Prime Bank → LIBOR
Prime Paper
Prime Rate
Primex Trading
Principal Issue
Priority Share → Vorzugsaktie
Privatbank
Privatbörse
Privatdiskonten
Private Placement → Privatplatzierung (2)
Privatplacierung → Selbstemission
Privatplatzierung
Privileged Stock → Vorzugsaktie
Produktenbörse → Warenbörse
Programmhandel
Programm-Trading → Programmhandel
Projektfinanzierung
Prokuraindossament → Indossament
Prolongation

A

▶ **A** → Rating

▶ **A/O**

Abk. für April/Oktober; weist auf die Fälligkeit von Zinszahlungen zum 1. April bzw. 1. Oktober hin.

▶ **AA** → Rating

▶ **Aa** → Rating

▶ **AAA** → Rating

▶ **Aaa** → Rating

▶ **Abandon**

Verzicht auf Gegenstände oder/und Leistungen gegen oder ohne Entgelt um hierdurch von damit verbundenen (Zahlungs-) Verpflichtungen befreit zu werden (→ Börsenterminhandel, → Nachschusspflicht, → Zubuße).

▶ **Abandonnierung** → Geschäftsanteil, → Nachschusspflicht

▶ **Abbuchungsverfahren** → Zahlungsverkehr, → Einzugsverfahren

▶ **A,B,C,D**

Ratingsymbole (vgl. → Rating) von Standard & Poor's für kurzfristige Titel (→ Geldmarktpapiere. Im Gegensatz hierzu verwendet Moody's für kurzfristige Titel die Symbole P-1, P-2, P-3.

▶ **Aberdepot**

Wertpapierverwahrungsform, bei der das Eigentum an den Wertpapieren auf das verwahrende Kreditinstitut übergeht. Der Depotkunde hat lediglich einen Anspruch auf die Rückgabe bestimmter Wertpapiere nach Art und Zahl. Im Fall des Konkurses der Verwahrerin hat der Depotkunde lediglich den Anspruch aus der Konkursmasse der Depotbank befriedigt zu werden, da ein Aussonderungsrecht nicht besteht.

▶ Abfindung

Entschädigung aufgrund einer vertraglichen Vereinbarung oder eines gesetzlichen Anspruchs, die im Zusammenhang mit der Auflösung eines Vertragsverhältnisses und die damit verbundenen Nachteile geleistet wird. Die Leistungen erfolgen i. d. R. in Geldform (u. U. auch in anderen Vermögensteilen) in einem Betrag oder zeitlich gestaffelten Abschlagzahlungen.

(1) Abfindung im Zusammenhang mit dem Ausscheiden eines oder mehrerer Gesellschafter: Gesellschafter hat Anspruch auf seinen Anteil an den Vermögenswerten (einschl. stiller Rücklagen) und dem Vermögenszugang der Unternehmung. Die Höhe der Abfindung kann im Gesellschaftervertrag ex ante festgelegt sein (selten) oder muss gem. § 738 BGB zum Zeitpunkt der Auseinandersetzung ermittelt werden. Die Erfassung des Vermögens erfolgt über eine Abwicklungsbilanz (Bewertung zum Tageswert).

Gesetzlich ist die Abfindung zur Sicherung der außenstehenden Aktionäre

- bei Beherrschungs- und Gewinnabführungsverträgen gem. § 305 AktG,
- bei Eingliederung in eine andere Aktiengesellschaft gem. § 330 (5) AktG und
- bei Umwandlung gem. § 13 UmwG geregelt.

(2) Abfindung, die im Zusammenhang mit der Auflösung von Arbeitsverträgen geleistet wird:

- durch Urteil (§§ 9, 10 KSchG) oder Vergleich im Kündigungsschutzprozess,
- bei Aufhebungsvertrag,
- entsprechend § 113 Betriebsverfassungsgesetz und
- gem. § 3 Betriebsrentengesetz.

▶ **Abgabeneigung**

Börsentendenz, die durch rückläufige Kurse gekennzeichnet ist. Die Verkäufe überwiegen.

▶ **Abgabesätze**

Bezeichnung für diejenigen Zins- bzw. Diskontsätze, zu denen die → Deutsche Bundesbank im Rahmen ihrer Offenmarktpolitik bestimmte → Geldmarktpapiere zum Verkauf anbot.

▶ **Abgeld** → Disagio

▶ **Abhängiges Unternehmen**

Rechtlich selbstständiges Unternehmen, auf welches von einem anderen (herrschenden) Unternehmen gem. § 17 AktG beherrschender Einfluss in unmittelbarer oder mittelbarer Form ausgeübt wird.
Formen der Beherrschung:
- Mehrheitsbeteiligung gem. § 17 (2) AktG – hier wird eine Beherrschung vermutet –,
- aufgrund von Verträgen und Satzungen,
- aufgrund von Personengleichheit in den Leitungsorganen der herrschenden und beherrschten Unternehmen.

Stehen abhängiges und herrschendes Unternehmen unter einheitlicher Leitung (gem. § 18 (1) AktG), bilden sie einen → Konzern.
Zum Schutz der → Minderheitsaktionäre besteht die Verpflichtung
- des beherrschenden Unternehmens zum Ausgleich von entstandenen Nachteilen gem. § 311 AktG und
- des abhängigen Unternehmens zur Erstellung eines Abhängigkeitsberichtes gem. § 312 AktG.

▶ **Ablösungsfinanzierung**

Aufnahme von Eigenkapital um hiermit Fremdkapital zu substituieren (→ Umfinanzierung).

▶ **Abnehmerkredit** → Kundenanzahlung

▶ **Abrechnungsverkehr**

(1) Abwicklung des bargeldlosen Zahlungsverkehrs vornehmlich zwischen den Landeszentralbanken bzw. ihren Zweigstellen einerseits und den übrigen Kreditinstituten andererseits.

(2) Abrechnung erfolgt zwischen → Wertpapiersammelbanken im Effektengiroverkehr.

▶ **ABS** → Asset Backed Securities

▶ **Absatzfinanzierung**

(Kundenfinanzierung) integrierter Bestandteil des absatzpolitischen Instrumentariums einer Unternehmung. Sie dient zur Förderung des Absatzes der eigenen Produkte und/oder Dienstleistungen. Zugleich soll sie die Nachfrager an das Unternehmen binden. Ansatzpunkte sind:

(1) Finanzierung von Warenverkäufen oder Dienstleistungen

   (a) in direkter Form durch Kreditgewährung (Einräumung von → Lieferantenkrediten in den verschiedensten Formen zwischen den unterschiedlichen Stufen vom Produzenten über den Handel bis zum Endabnehmer);

   (b) in indirekter Form durch Hilfestellung bei der Beschaffung notwendiger Finanzierungsmittel möglichst zu Vorzugskonditionen unter Einschaltung von Kreditinstituten (Beispiele: Investitionsgüterfinanzierung, → Projektfinanzierung) durch Einschaltung von Banken bzw. Bankkonsortien; (→ Außenhandelsfinanzierung, Konsumgüterfinanzierung durch → Teilzahlungskredite);

   (c) durch → Leasing im Investitions- und Konsumgüterbereich.

(2) Hilfestellung an Unternehmen nachgelagerter Stufen (z. B. des Groß- und Einzelhandels) zur Senkung des Kapitalbedarfs (→ Finanzierungsersatzmaßnahmen -) durch:

   (a) Bereitstellung bestimmter Teile des betriebsnotwendigen Anlage- und/oder Umlaufvermögens,

   (b) Finanzierung von Lieferantenkrediten, die vom Handel dem Endabnehmer gewährt werden müssen.

▶ **Abschlagsdividende**

(Interims-, Zwischendividende, Quarter Dividend, Fractional Dividend Payment) Abschlagszahlung auf die periodisch (jährlich) anfallende Dividendenausschüttung. I. d. R. erfolgt Dividendenzahlung einmal im Jahr. Gem. § 59 (1) AktG kann die Satzung den Vorstand ermächtigen nach Ablauf des Geschäftsjahres einen Abschlag auf den voraussichtlichen Bilanzgewinn an die Aktionäre zu zahlen. Allerdings darf der Vorstand eine Abschlagsdividende nur zahlen, wenn ein vorläufiger Abschluss für das abgelaufene Geschäftsjahr einen Jahresüberschuss ausweist. Die Abschlagsdividende darf bis zu höchstens der Hälfte der Summe betragen, die vom Jahresüberschuss nach Abzug der in die offenen Rücklagen gem. Gesetz oder Satzung einzustellen sind. Außerdem darf gem. § 59 (2) AktG die Abschlagszahlung nicht die Hälfte des vorjährigen Bilanzgewinns überschreiten. Die Abschlagszahlung bedarf gem. § 59 (3) der vorherigen Zustimmung durch den Aufsichtsrat. Die Zahlung einer Abschlagsdividende ist in Deutschland – im Gegensatz zu den USA – nicht üblich.

▶ **Absetzung für Abnutzung** → AfA

▶ **Abstempelung**

Verfahren, mithilfe dessen wesentliche Angaben auf einem Wertpapier (z. B. Veränderung des Zinssatzes bei einer → Anleihe, Herabsetzung des Nennwertes einer → Aktie) geändert werden können. Die Änderungen erfolgen durch Stempelung per Hand oder maschinell.

▶ **Abtretung von Forderungen**→ Forderungsabtretung

▶ **Abwertung**

Verschiebung des Wechselkurses der inländischen Währung im Verhältnis zu ausländischen Währungen. Bei Preisnotierung, z. B. €/1 US-$ (Mengennotierung: z. B. £/1 €), steigt (fällt) der Devisenkurs in Reaktion auf eine Abwertung.

▶ **Abwicklung** → Liquidation

▶ **Abzahlungshypothek** → Hypothek

▶ **Abzahlungskredit**

Kredit, bei dem die Rückzahlung in gleichen Raten zu regelmäßigen Terminen erfolgt (→ Teilzahlungskredit). Er wird durch Produzenten, Groß- und Einzelhändler oder Institutionen des Teilzahlungskreditgeschäfts Konsumenten oder gewerblichen Verbrauchern eingeräumt.

▶ **Abzinsung**

Verfahren der Zinseszinsrechnung, welches die Errechnung des → Barwertes oder Anfangswertes (K_0) aus einem gegebenen Endbetrag (K_n) bei gegebener Laufzeit n und Verzinsung i mithilfe des Diskontierungsfaktors = $1/q^n$ ermöglicht.

$q = (1 + i)$
$i = p/100$
p = Kalkulationszinssatz in v. H.

Der Wert K_n wird mit dem Diskontierungsfaktor multipliziert, wodurch sich K_0 errechnet. Die Methode findet Anwendung in der Investitionsrechnung (Kapitalwertmethode) sowie in zahlreichen anderen finanzwirtschaftlichen Fragestellungen, die die Barwertermittlung notwendig werden lassen (Beispiel: Barwertermittlung von → Sparbriefen).

▶ **Abzinsungsfaktor**

(Diskontierungsfaktor) Faktor, mit dessen Hilfe aus einem Endkapital der → Barwert ermittelt wird.
Abzinsungsfaktor = $1/q^n$

▶ **Abzinsungspapier**

Wertpapier, bei dem beim Erwerb die für die gesamte Laufzeit zu entrichtenden Zinsen vom zu zahlenden Preis abgezogen werden.

Typische Abzinsungspapiere sind die unverzinslichen → Schatzanweisungen des Bundes (U-Schätze) und bestimmte Formen von → Sparbriefen.

▶ **Abzugskapital**

scheinbar zinsloses Fremdkapital (z. B. Lieferantenkredite). Es ist erforderlich zur Berechnung des → betriebsnotwendigen Vermögens.

▶ **Acid Test Ratio**

(Liquid Ratio) Liquidität 1. Grades. Kennziffer zur Messung der statischen (bilanziellen) Liquidität (→ Liquiditätskennzahlen).

▶ **Actuals**

Finanztitel, auf deren Basis Finanzterminkontrakte gehandelt werden.

▶ **Additional Margin**

Hat die Funktion, die möglicherweise zusätzlich anfallenden Glattstellungskosten (→ Glattstellung) abzudecken.

▶ **Ad hoc-Publizität**

Zielt auf den Umstand ab, dass ein Emittent von Wertpapieren, die zum Handel an einer inländischen Börse zugelassen sind, gem. § 15 Wertpapierhandelsgesetz (WpHG) gehalten ist unverzüglich alle neuen Tatsachen zu veröffentlichen, die in seinem Tätigkeitsbereich eingetreten und nicht öffentlich bekannt sind. Voraussetzung ist, dass die Tatsachen wegen ihrer Auswirkungen auf die Vermögens- und Finanzlage oder auf den allgemeinen Geschäftsverlauf des Emittenten geeignet sind den Börsenpreis der zugelassenen Wertpapiere zu beeinflussen, oder im Fall zugelassener Schuldverschreibungen die Fähigkeiten des Emittenten seinen Verpflichtungen nachzukommen beeinträchtigen könnten. Die Ad hoc-Publizität dient dem Zweck den Informationsstand aller Marktteilnehmer durch eine schnelle und gleichmäßige Unterrichtung des Marktes zu

Unternehmen mit Veröffentlichungen	Anteil an den publizitätspflichtigen Unternehmen insgesamt
0 Veröffentlichungen	32,4
1 Veröffentlichungen	22,7
2 Veröffentlichungen	12,4
3 Veröffentlichungen	10,8
Mehr als 3 Veröffentlichungen	21,7

Veröffentlichungen von Ad hoc-Mitteilungen im Jahre 1997

ermöglichen, umso die Bildung unangemessener Börsenpreise auf Grund fehlerhafter oder/und unvollständiger Unterrichtung zu vermeiden. Relevant ist somit, dass hinsichtlich der Ad hoc-Publizität lediglich die Marktteilnehmer durch die Information von den neuen Tatbeständen Kenntnis erhalten müssen,nicht aber sämtliche Investoren (Anleger). Der Emittent muss somit nur die Bereichsöffentlichkeit herstellen.

Durch die Schaffung von mehr Transparenz und Öffnung dient die Ad hoc-Publizität damit der Sicherung der Funktionsfähigkeit des Kapitalmarkts und unterstützt zugleich den Missbrauch von → Insiderinformationen (→ Verbot von Insidergeschäften gem. § 14 WpHG). Die Einhaltung der Ad hoc-Publizität durch die Emittenten wird durch das → Bundesamt für den Wertpapierhandel (BAWe) permanent überwacht. Verstöße können gem. § 39 WpHG mit einer Geldbuße geahndet werden.

▶ **ADR**

Abk. für → American Depository Receipts.

▶ **Adressenausfallrisiko**

(Kreditrisiko, originäres) Reines Bonitätsrisiko, welches ausschließlich auf die Bonität eines Kreditnehmers zielt. Es determiniert damit nicht Bonitätsrisiken anderer Marktteilnehmer – selbst gleicher Branchen.

▶ **Advance and Decline-Methode**

Form der technischen Analyse, mithilfe derer die mögliche Kursentwicklung am Aktienmarkt prognostiziert werden kann. Dies geschieht auf der Grundlage eines Vergleichs der täglichen Verläufe eines → Aktienindex (z. B. FAZ-Index) und der „Advance and Decline Line", die das Verhältnis der Anzahl der jeweils im Kurs gestiegenen zu den im Kurs gefallenen Aktien darstellt. Solange eine gleiche Entwicklung des Aktienkursindex und der Advance and Decline Line beobachtet werden kann wird von der Fortsetzung des Markttrends ausgegangen. Andernfalls wird vermutet, dass sich eine andere Marktentwicklung einstellt. Eingehende Aussagen werden allerdings dann nur aufgrund weiterer Indikatoren getroffen.

▶ **Advance Decline Linie** → Advance and Decline-Methode

▶ **Advance Payment Guarantee** → Anzahlungsgarantie

▶ **AfA**

Abk. für Absetzung für Abnutzung; steuerrechtlicher Begriff für planmäßige Abschreibung oder Substanzverringerung gem. § 7 EStG.

▶ **Affidavit**

Schriftliche Erklärung über die Eigentumsverhältnisse an Effekten.

▶ **AG i.L.**

Abkürzung für Aktiengesellschaft in Liquidation.

▶ **Agency-Theorie**

Beschäftigt sich mit dem Versuch der optimalen institutionellen Ausgestaltung der Beziehung Prinzipal (z. B. Aktionäre) und Agent (z. B. Vorstand einer AG) eines Unternehmens. Ziel ist es die Anreize für den Agent so auszugestalten, dass seine Interessen denen des Principals entsprechen intrapersonelle Interessenkonflikte daher möglichst nicht entstehen zu lassen bzw. zu minimieren. Dies bedingt ein ausgeprägtes System entsprechend effizienter Anreiz- und Kontrollmechanismen.

▶ **Agent**

Bezeichnung für die Führungsbank eines Konsortiums (→ Konsortialführerin) eines → Bankenkonsortiums (z. B.: → Emissionskonsortium, Kreditkonsortium, Kursregulierungskonsortium, Übernahmekonsortium).

▶ **A-Geschäft** → Teilzahlungskredit

▶ **Agio** (Aufgeld)

(1) Preisaufschlag auf den Nennwert eines Wertpapiers oder den Paritätskurs einer Devise: Nennwert bzw. Parität + Agio = Kurs.

(2) Differenz zwischen zwei Kursen wie z. B. zwischen dem Metall- und Papiergeldäquivalent der gleichen Währung oder zwischen dem Nominalwert eines Wertpapiers und seinem Kurswert (ausgedrückt i. v. H.).
Agioberechnungen sind insb. üblich im Zusammenhang
   (a) mit der Emission von Aktien oder Anleihen (→ Agio-Anleihen);
   (b) bei der Optionsausübung durch Inhaber von → Wandelanleihen, → Optionsanleihen mit Optionsschein und → Optionsscheinen, jeweils in Aktien. Nach Abzug der Emissionskosten ist das Agio der → Kapitalrücklage zuzuführen.
Gegensatz zum Agio: → Disagio.

▶ **Agio-Anleihe**

→ Anleihe, bei der der Emissionskurs über dem Nennwert liegt (Agio- oder Überpari-Emission). Die Differenz wirkt dann negativ auf die Effektivverzinsung der Anleihe, wenn die Tilgung zum Nennwert erfolgt. Im Regelfall sind allerdings Anleihen mit einem Emissionskurs unter Nennwert (→ Disagio) vorherrschend, wobei die Tilgung zum Nennwert den Effektivzins positiv beeinflusst.

▶ **Agio-Emission** → Agio-Anleihe

▶ **Agiopapiere**

→ Anleihen, die mit einem → Agio zurückgezahlt werden.

▶ **Agiotage**

Reines, oft unsolides Börsenspekulationsgeschäft. Durch künstliches Hochtreiben des Kurses wird ein Gewinn aus der Ausnutzung von Kursdifferenzen angestrebt. Agiotage wird oftmals im Zusammenhang mit Neuemissionen betrieben.

▶ **Agrarkredit**

Kredit zur Finanzierung von Investitionen im Bereich der Landwirtschaft (→ Hypothekarkredit).

▶ **AIBD**

Abk. für → Association of International Bond Dealers.

▶ **AKA Ausfuhrkreditgesellschaft mbH**

Kreditinstitut, das im Rahmen der mittel- und langfristigen Exportfinanzierung tätig ist (→ Außenhandelsfinanzierung).

▶ **AKA-Kredite**

Kredite der → AKA Ausfuhrkreditgesellschaft mbH, die zur Finanzierung von deutschen Exporten (→ Außenhandelsfinanzierung) aus unterschiedlichen Plafonds (A, B, C) eingeräumt werden.

Aus dem *Plafond A* werden deutschen Exporteuren Kredite zur Refinanzierung von → Lieferantenkrediten gewährt, die ausländischen Abnehmern eingeräumt werden. Einschränkung: die Laufdauer darf die durch die → Kreditversicherung gesetzte zeitliche Grenze nicht überschreiten. Der maximale Refinanzierungsbetrag errechnet sich aus dem Fakturawert, vermindert um bereits geleistete Zahlungen des Abnehmers sowie den Selbstbeteiligungsanteil (bis zu 15%) des Exporteurs. Außerdem werden aus diesem Plafond noch „Globalkredite" zur Finanzierung von Exportgeschäften bis zu einer Laufzeit von 24 Monaten finanziert. Der Selbstbeteiligungsanteil des Exporteurs beträgt hier 30%.

Im Rahmen des *Plafonds B* werden in erster Linie Lieferantenkredite, die im Zusammenhang mit Exportgeschäften an Entwicklungsländer stehen, refinanziert. Die Laufzeit dieser Kredite beträgt mindestens ein Jahr und höchstens vier Jahre.

Aus dem *Plafond C* werden Kredite an ausländische Abnehmer oder deren Banken zur Begleichung ihrer Forderungen bei dem deutschen Exporteur vergeben. Die Fristigkeit der Kreditvergabe ist an die vom Kreditversicherer akzeptierten Fristen gekoppelt (→ Kreditversicherung).

Die Finanzierung erfolgt entweder aus einem Fond (A oder B) oder aus Fond A und B (Parallelkredite). Möglich ist schließlich u. U. eine Anschlussfinanzierung aus Plafond C.

Die Mittelbereitstellung für die Plafonds A und C erfolgt durch ein Bankenkonsortium, welches zugleich Gesellschafter der AKA ist. Die Mittelbereitstellung für den Plafond B erfolgt durch die Hausbank des Exporteurs, die sich dann bei der Deutschen Bundesbank über eine entsprechende Sonderrediskontlinie refinanzieren kann.

▶ **Akkreditiv**

Auftrag eines Kunden an seine Bank zu Gunsten eines Dritten (Begünstigten) eine bestimmte Geldsumme zu zahlen. Die Zahlung erfolgt nur, wenn bestimmte Voraussetzungen durch den Begünstigten erfüllt werden. Es gibt zwei verschiedene Grundformen:

(1) *Waren- oder Dokumentenakkreditiv:* Hier sichert die Bank zu, dass sie bei der Vorlage bestimmter Dokumente einen vorher fixierten Geldbetrag an den Begünstigten zahlen wird („Zahlung gegen Dokumente").
Abwicklung: Der Importeur (Auftraggeber) erteilt seiner Hausbank den Akkreditivauftrag, worauf diese den Akkreditivbetrag bereitstellt und dies ihrer Korrespondenzbank im Land des Exporteurs oder dessen Hausbank mitteilt. Die Bank des Exporteurs (Begünstigten) teilt diesem die Eröffnung einschließlich der Bedingungen mit. Nach Vorlage und Übergabe der Dokumente durch den Exporteur zahlt die Bank des Exporteurs die-

sem den vereinbarten Betrag aus. Sodann werden die Dokumente an die Hausbank des Importeurs (Akkreditivbank) weitergeleitet, die dem Importeur die Dokumente aushändigt und sein Konto belastet.

Während beim → Sicht-Akkreditiv der Exporteur bei Vorlage der Dokumente und nach ihrer Überprüfung den Warengegenwert ausgezahlt erhält, erfolgt beim → Akzept-Akkreditiv die Akzeptierung des vom Exporteur auf die Bank gezogenen Wechsels.

Im Außenhandel erfolgt die Abwicklung von Akkreditiven auf der Grundlage der „Einheitlichen Richtlinien und Gebräuche für Dokumentenakkreditive" – ERA – (Revision 1983), gültig seit 1. 10. 1984.

Man unterscheidet weiterhin zwischen widerruflichen und unwiderruflichen Akkreditiven: widerrufliche Akkreditive können auf Anweisung des Auftraggebers jederzeit zurückgezogen werden. Dies ist beim unwiderruflichen Akkreditiv nicht möglich, da sich die Akkreditivbank zur Zahlung gegenüber dem Akkreditivbegünstigten verpflichtet.

Schließlich besteht die Möglichkeit die Hausbank des Exporteurs oder die Korrespondenzbank zur Sicherung des Exporteurs zusätzlich einzuschalten. So kann diese Bank die Akkreditiveröffnung unter eigener Haftung avisieren (bestätigtes Akkreditiv). Da diese Form mit zusätzlichen Kosten verbunden ist, wird i. d. R. das unbestätigte Akkreditiv vorherrschen.

(2) *Barakkreditiv* (glattes, offenes, einfaches): einfache Form des Akkreditivs, die bis zur Ablösung durch Reise- und Euroschecks teilweise im Reiseverkehr neben dem Kreditbrief Verwendung fand. Das Barakkreditiv kann verwendet werden, um einem Kunden eine bestimmte Summe zu zahlen oder auch auf den Akkreditivsteller selbst eröffnet werden. Die technische Abwicklung erfolgt wie beim Dokumentenakkreditiv, jedoch ohne Vorlage von Dokumenten. Die Vorlage eines Ausweispapiers sowie Leistung einer Unterschrift ist i. d. R. ausreichend.

Durch spezielle Akkreditivklauseln kann dem Exporteur im Rahmen der → Akkreditivbevorschussung die Finanzierung des Warenversands erheblich erleichtert werden. Auch ist das Akkreditiv besonders im internationalen Zahlungsverkehr ein hervorragendes Instrument zur Zahlungssicherung (→ Rembourskredit, → Deferred-Payment-Akkreditiv, → Negotiationskredit).

▶ **Akkreditivbank**

Bank, die ein → Akkreditiv eröffnet; bei Waren- oder Dokumentenakkreditiven i. d. R. die Bank des Importeurs.

▶ **Akkreditivbevorschussung**

(packing credit, anticipatory credit, advance against a documentary credit) zur Erleichterung der Finanzierung des Wareneinkaufs und/oder des -versands entwickelte Sonderform des → Akkreditivs.

Sie erlaubt es, auf Grund entsprechender Weisungen (Importeur an Importeurbank, Importeurbank an Exporteurbank) dem Exporteur unter bestimmten Bedingungen die Zahlung von Vorschüssen (Vorauszahlung) einzuräumen. Als Instrumente dienen hier generell die („Farb-")Klauseln in ihren Varianten „Green Clause" (gesicherte Bevorschussung durch Lagerschein) und „Red Clause" (ungesicherte Bevorschussung bei Haftung der Akkreditivbank). Das mit der Akkreditivbevorschussung verbundene Risiko trägt der Importeur (ggf. die Importeurbank als akkreditivstellende Bank).

▶ **Aktie**

(Share, Stock) Aktien zerlegen das Grundkapital einer → Aktiengesellschaft in kleinere Anteile und verbriefen gleichzeitig die Teilhaberrechte an der AG. Die Aktien können gem. § 8(1) AktG entweder als Nennbetrags- oder Stückaktien begründet werden.

Nennbetragsaktien (Nennwert-, Summenaktien) lauten auf eine festen Nennbetrag. Gem. § 8(2) AktG beträgt der Mindestnennbetrag der Aktie einen €. Höhere Aktiennennbeträge müssen gem. § 8(2) AktG auf volle € lauten.

Gem. § 8(3) AktG lauten Stückaktien auf keinen Nennbetrag. Stückaktien sind am Grundkapital im gleichen Umfang beteiligt. Dabei darf gem. § 8(3) AktG der auf die einzelne Aktie anteilige Anteil am Grundkapital einen € nicht unterschreiten.

Der Anteil am Grundkapital bestimmt sich gem. § 8(4) AktG bei Nennbetragsaktien nach dem Verhältnis ihres Nennbetrags zum Grundkapital, bei den Stückaktien nach der Zahl der Aktien.

Für einen geringeren Betrag als den Nennbetrag oder den auf die einzelnen Stückaktie anteiligen Betrag des Grundkapitals dürfen gem. § 9 AktG Aktien nicht emittiert werden (geringster Ausgabebetrag). Höhere Emissionsbeträge sind zulässig.

Die Teilhaberrechte (Aktionärsrechte) sind je nach → Aktienart (→ Stamm-, → Vorzugsaktie) unterschiedlich ausgestaltet. Sie beinhalten grundsätzlich das Recht auf Teilnahme an der → Hauptversammlung sowie die damit verbundenen Rechte auf Information, Stimmrecht und Anfechtung von Hauptversammlungsbeschlüssen. Außerdem: Recht auf Dividendenanteil, am Anteil auf Liquidationserlös und → Bezugsrecht. Im Einzelfall können die Aktionärsrechte aber bei bestimmten Aktienarten (→ Vorzugsaktien) eingeschränkt sein.

Aktionärspflichten beziehen sich in erster Linie auf die vollständige Einzahlung plus Agio sowie bei bestimmten Aktienarten auf die Form der Übertragung und Nebenleistungsverpflichtungen(→ Nebenverpflichtungsaktie).

▶ **Aktie mit Rückzahlungsversprechen**

Aktien, bei denen die verdienten → Abschreibungen unmittelbar auf dem Wege einer planmäßigen Reduzierung ihres Nennwertes an die Aktionäre zurückfließen. Die Kapitalrückzahlung erfolgt steuerfrei.

▶ **Aktienanalyse** → Wertpapieranalyse

▶ **Aktienanleihe**

Festverzinszliche Schuldverschreibung, die mit einem hohen Zinskupon ausgestattet ist. Die Tilgung ist an den Kurs einer in den Anleihebedingungen definierten → Aktie (→ Basiswert) gekoppelt. Liegt der Aktienkurs unterhalb eines des vereinbarten → Basispreises, erfolgt die Tilgung des Nominalbetrages in Form einer in den Anleihebedingungen definierten Zahl der Aktien. Liegt der Aktienkurs oberhalb des Basispreises, erfolgt die Tilgung in Höhe des Nominalbetrages. Der Anleger geht mit einem derartigen Investment also ein gewisses Risiko ein, das er zumindest teilweise über eine Risikoprämie abgedeckt haben möchte. Die Risikoprämie ist zum Teil im hohen Zinskupon enthalten, wird aber zusätzlich über die der Option inhärenten Chance abgegolten. Die Höhe der Nominalverzinsung hängt – abgesehen vom Marktzins – vom vereinbarten Basispreis und den erwarteten Kursschwankungen der Aktie (Basiswert) ab, da diese Größen das Risiko des Investors prägen.

▶ **Aktienarten**

Aktien werden i. d. R. nach folgenden Kriterien klassifiziert:

(1) Art der Zerlegung des Grundkapitals (Stückelung):
- → Summen- oder Nennwertaktien lauten auf einen festen Geldbetrag. Der Mindestnennbetrag in Deutschland ist gem. § 8(2) AktG 1 €. Höhere Nennbeträge müssen jeweils auf volle € lauten.
- → Stückaktien. Diese sind am Grundkapital im gleichen Umfang beteiligt und repräsentieren im Gegensatz zu den Summen- oder Nennwertkaktien einen bestimmten Anteil am Reinvermögen der Aktiengesellschaft. Sie existieren in den Varianten: echte- und unechte (→ Quotenaktien) Stückaktien.
- → Globalaktien.

(2) Art der Eigentumsübertragung:
- → Inhaberaktie (Inhaberpapier): Einigung und Übergabe erfolgen gem. § 929 BGB.
- → Namensaktie (Orderpapier): Indossierung und Übergabe ist gem. § 68 AktG dem Vorstand anzuzeigen. Erst nach Eintragung in das → Aktienbuch können die Aktionärsrechte ausgeübt werden.
- Vinkulierte Namensaktie: Die Übertragung ist an die Zustimmung des Vorstands gem. § 68(2) AktG gebunden. Vinkulierung ist gem. § 55(1) AktG bei → Nebenverpflichtungsaktien vorgeschrieben (→ Vinkulierte Aktien).

(3) Umfang der verbrieften Rechte (Aktiengattungen):
- → Stammaktien verbriefen den Inhabern sämtliche Rechte gem. AktG: Recht auf Teilnahme an der Hauptversammlung,

Recht auf Auskunftserteilung, Stimmrecht, Recht auf Anfechtung der Hauptversammlungsbeschlüsse, Recht auf Dividendenanteil, →Bezugsrecht, Recht auf Anteil am Liquidationserlös.

- → Vorzugsaktien gewähren Inhabern im Vergleich zu Stammaktionären Vorzüge, die in einer gesonderten Form der Stimmrechtsausgestaltung, im Dividendenanspruch oder in einer Bevorzugung bei der Verteilung des Liquidationserlöses liegen können. Oft sind allerdings mit der Gewährung von Vorzügen gleichzeitig gewisse Einschränkungen anderer Rechte verbunden.

Aktien mit gleichen Rechten bilden gem. § 11 AktG eine Gattung.

(4) Weitere mögliche Ordnungsgesichtspunkte:
- Erwerberkreis (→ Eigene Aktien, → Vorrats- oder Verwertungsaktien, → Belegschafts-, → Volksaktie).
- Kapitalerhöhungszeitpunkt (→ Alte Aktien, → Junge (neue) Aktien).
- Finanzierungseffekt zum Emissionszeitpunkt: Aktien mit oder ohne Finanzierungseffekt (ohne: → Gratisaktien, → Split-Aktien).

▶ **Aktienaustausch**

Austausch von Aktienpaketen zum Zweck des gegenseitigen Beteiligungserwerbs.

▶ **Aktienbuch**

Bei Aktiengesellschaften geführtes Buch, in das gem. § 67(1) AktG die emittierten → Namensaktien (→ Aktienarten) und → Zwischenscheine (§ 67(4) AktG) unter Angabe des Inhabers nach Namen, Wohnsitz und Beruf einzutragen sind. Gem. § 68 (3) AktG sind auch der Übergang von Namensaktien und Zwischenscheinen (→ Zwischenschein) ist im Aktienbuch zu vermerken. Im Verhältnis zur Gesellschaft gilt gem. § 67 (2) AktG nur derjenige als Aktionär, der als solcher in das Aktienbuch eingetragen ist. Jeder Aktionär hat gem. § 67 (5) AktG das Recht auf Einsicht in das Aktienbuch.

▶ **Aktien Call Option**

Berechtigt ihren Inhaber zum Erwerb von Aktien innerhalb eines bestimmten Zeitraums (→ American Option) oder zu einem bestimmten Zeitpunkt (→ European Option) zu einem ex ante festgelegten Preis.

▶ **Aktieneinziehung**

Eines der möglichen Verfahren zur Herabsetzung des Grundkapitals durch die Vernichtung von Aktienrechten. Bei der Aktieneinziehung wird zwischen zwei möglichen Verfahren unterschieden:

(1) Verfahren der ordentlichen → Kapitalherabsetzung mithilfe der Aktieneinziehung gem. § 237 (2) AktG. Die Aktieneinziehung kann in Rahmen der ordentlichen Kapitalherabsetzung gem. § 237 (1) AktG entweder zwangsweise oder nach Erwerb durch die Gesellschaft erfolgen. Eine Zwangseinziehung ist nur zulässig, wenn sie in der ursprünglichen Satzung oder durch eine Satzungsänderung vor Übernahme oder Zeichnung der Aktien angeordnet oder gestattet war.

(2) Vereinfachtes Verfahren der Aktieneinziehung, bei dem gem. § 237 (3) AktG die Vorschrift der ordentlichen Kapitalherabsetzung nicht befolgt zu werden braucht, wenn voll eingezahlte Aktien der Gesellschaft von den Aktionären unentgeltlich zur Verfügung gestellt werden oder zulasten des Bilanzgewinns oder einer anderen Gewinnrücklage, soweit sie zu diesem Zweck verwandt werden kann, eingezogen werden.

▶ **Aktienemission**

Erstbegebung von Aktien. Sie erfolgt

(1) im Rahmen der Gründung (Gründungsemission) gem. § 23 AktG in Form der Sach- oder Bargründung.

(2) im Zusammenhang mit der Grundkapitalerhöhung einer AG.

   (a) Kapitalerhöhungen *mit* Beteiligungsfinanzierungseffekt.

     • *Ordentliche* Kapitalerhöhung gem. §§ 182–191 AktG: Normalform der Beteiligungsfinanzierung. Rechtliche Voraussetzungen ihrer Wirksamkeit:

- Drei Viertel des auf der Hauptversammlung vertretenen Grundkapitals müssen der Kapitalerhöhung zustimmen, ggf. nach Aktiengattungen (-arten) getrennt, jeweils mit Zweidrittel-Mehrheit.
- Gem. § 182(4) AktG sollen ausstehende Einlagen vor der Grundkapitalerhöhung eingebracht werden. Für Versicherungsgesellschaften kann die Satzung etwas Anderes bestimmen.
- Gem. § 184(1) AktG ist der Beschluss zur Grundkapitalerhöhung zur Eintragung in das Handelsregister anzumelden.
- Gem. § 188(1) AktG ist die Durchführung des Kapitalerhöhungsbeschlusses zur Eintragung in das Handelsregister anzumelden.
- Gem. §189 AktG gilt das Grundkapital der AG erst mit der Eintragung in das Handelsregister als erhöht.
• *Bedingte* Kapitalerhöhung gem. §§ 192–201 AktG: Kapitalerhöhungsform, in deren Zusammenhang von einem Umtausch- oder → Bezugsrecht Gebrauch gemacht werden kann. Dies sind gem. § 192(2) AktG Aktien zur
  - Gewährung von Umtausch- oder Bezugsrechten an Inhaber von Wandelschuldverschreibungen,
  - Gewährung von Rechten zum Aktienbezug an Arbeitnehmer des Unternehmens (→ Belegschaftsaktien),
  - zur Vorbereitung eines Unternehmenszusammenschlusses.
• aufgrund einer Kapitalerhöhung aus genehmigtem Kapital gem. §§ 202–206 AktG.
(b) Kapitalerhöhung *ohne* Beiligungsfinanzierungseffekt gem. §§ 207–216 AktG. Dieser Vorgang erfolgt durch Passivtausch (Umwandlung von Rücklagen in Grundkapital).

Der Unternehmung stehen grundsätzlich Folgende Emissionsformen offen (vgl. Abb., S. 20):

Im Rahmen der → *Selbstemission* muss die Unternehmung selbst für die Unterbringung der neuen Aktien sorgen. Dieser Weg steht aber i. d. R. nur Unternehmen mit kleinem Aktionärskreis offen. Ursache: fehlendes oder nicht geeignetes Absatzsystem, Erschwer-

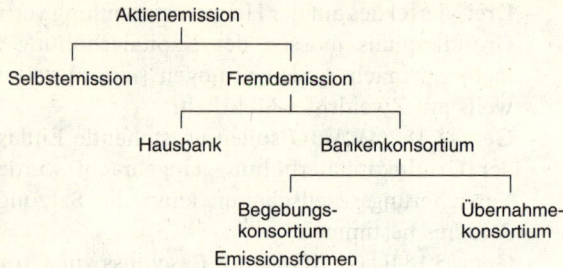

nisse im Emissionsvorgang selbst sowie zu einem späteren Zeitpunkt bei der Börsenzulassung.

Die → *Fremdemission* behebt diese Nachteile. Das Unternehmen
wendet sich an seine Hausbank oder – im Regelfall – an ein Bankenkonsortium. Dieses übernimmt entweder alle Aktien (Übernahmekonsortium) in Eigenbesitz unter Zahlung eines vereinbarten
Preises oder es wird im Rahmen eines Begebungskonsortiums als
Kommissionär tätig. Das Risiko der nicht vollständigen Unterbringung der Effekten verbleibt dann allerdings bei der AG (→ Emissionsverfahren).

Die Emissionskurse werden entweder im → Auktionsverfaren →
Bookbuildingverfahren oder Festpreisverfahren ermittelt oder festgelegt.

Jahr	Aktienemissionen insgesamt			Davon börsennotiert		
	Nominal-wert in Mio DM	Kurswert in Mio DM	Ø Emissi-onskurs in %	Nominal-wert in Mio DM	Kurswert in Mio DM	Ø Emissi-onskurs in %
1992	4.295	17.226	401,1	1.750	10.367	592,4
1993	5.224	19.512	373,5	2.587	14.908	576,3
1994	6.114	29.160	476,9	3.767	25.111	666,6
1995	5.894	23.600	400,4	2.750	17.184	624,9
1996	8.353	34.212	409,6	4.979	28.860	579,6
1997	4.165	22.239	533,9	2.039	18.797	921,9
1998	6.085	48.796	801,9	3.372	44.141	1.308,3
	Mio Euro			**Mio Euro**		
1999	5.518	36.010	652,6	2.268	31.341	1.381,9

Aktienemissionen in Deutschland 1992–1999
Quelle: Deutsche Bundesbank, Kapitalmarktstatistik, Statistisches Beiblatt zum Monatsbericht 2, div. Jahrgänge

▶ **Aktienfonds**

→ Investmentfonds, bei dem die Kapitalanlage vorwiegend oder ausschließlich in → Aktien erfolgt.

▶ **Aktiengattung**

Bezeichnung für → Aktien, die mit gleichen Rechten (z. B. Gewinnverteilung, Stimmrechtsausübung etc.) ausgestattet sind (→ Aktienarten).

▶ **Aktiengesellschaft (AG)**

(Joint Stock Company, Stock Corporation (US)) → Kapitalgesellschaft, die für ihre Verbindlichkeiten nur mit ihrem Gesellschaftsvermögen haftet. Rechtsgrundlage ist das Aktiengesetz vom 6. 9. 1965 i. d. F. vom 28. 10. 1994 mit allen späteren Änderungen.

Die Aktiengesellschaft verfügt über ein festes Grundkapital (Untergrenze in Deutschland: 50 000 €), das in › Aktien zerlegt und verbrieft ist.

→ Aktien lauten entweder auf einen festen Geldbetrag, in Deutschland mindestens 1 € (→ Summen- bzw. Nennwertaktie) oder auf einen bestimmten Anteil am Reinvermögen als → Stückaktien. Diese existieren in den Varianten: echte und unechte (→ Quotenaktien) Stückaktien und repräsentieren im Gegensatz zu den Summen- oder Nennwertaktien einen bestimmten Anteil am Reinvermögen der Aktiengesellschaft

Grundsätzlich haben alle Aktionäre die gleichen Mitgliedschaftsrechte, Gewinnansprüche, Haftungsverpflichtungen und Vermögensansprüche im Liquidationsfall. Ausnahme: wenn neben → Stammaktien noch → Vorzugsaktien existieren. Im Vergleich zu den Stammaktien sind die Vorzugsaktien dann – zum Zweck der Kompensation gewährter Vorrechte (Vorzüge) – im Regelfall ohne Stimmrecht ausgestattet.

Die Kapitaleinzahlung der Aktionäre muss mindestens 25 % des gezeichneten Kapitals betragen. Der Restbetrag ist auf Anforderung einzuzahlen. Bei Zahlungsverweigerung erfolgt die → Kaduzierung. Nicht voll eingezahlte Aktien sind stets → Namensaktien, bei denen im Gegensatz zu den → Inhaberaktien die persönlichen Daten der Aktionäre im → Aktienbuch vermerkt werden müssen. Die Gründung der AG unterliegt gem. §§ 23 ff. AktG umfangreichen Vorschriften.

Organe der AG sind die → Hauptversammlung, der → Aufsichtsrat und der → Vorstand, deren Zuständigkeiten eindeutig abgesteckt sind. Die Hauptversammlung der Aktionäre ist zuständig für Fragen, die mit der Satzung, Grundkapitalausstattung (→ Kapitalerhöhung, → Kapitalherabsetzung), Umwandlung, → Fusion, Bestellung der Prüfer und Aufsichtsratsmitglieder der Kapitalgeberseite zu tun haben. Der Aufsichtsrat bestellt und überwacht den Vorstand. Dieser leitet die Aktiengesellschaft.

Eingehende rechtliche Vorschriften regeln die Rechnungslegung (Jahresabschluss und Geschäftsbericht), Pflichtprüfung sowie die Veröffentlichung des Jahresabschlusses (Publizitätsgesetz). Daraus ergibt sich ein weit reichender → Gläubiger- und → Anlegerschutz. Letzterer wird noch durch → Prospekthaftung im Zusammenhang mit der Zulassung von Aktien zum Börsenhandel erhöht.

Insgesamt haben die Aktiengesellschaften durch die normierenden Vorschriften des Aktiengesetzes sowie die i. d. R. hohe → Fungibilität der Aktien eine im Vergleich zu Unternehmen anderer Rechtsformen ausgesprochen günstige Ausgangsposition in der Kapitalbeschaffung, lässt man einmal den Kostenaspekt außer Betracht. Die Bedeutung der Aktiengesellschaft ergibt sich aus ihrer Fähigkeit große Kapitalbeträge finanzieren zu können.

Mit dem Gesetz für kleine Aktiengesellschaften, das am 10. 8. 1994 in Kraft getreten ist, wurde die Rechtsform der AG für den Mittelstand attraktiver gemacht. Damit wurde keine neue Rechtsform geschaffen. Ziel war es den Attraktivitätsgrad der Aktiengesellschaft mit ihren spezifischen Strukturmerkmalen zu stärken. Vgl.: → Kleine Aktiengesellschaft.

▸ **Aktiengesellschaft, kleine** → Kleine Aktiengesellschaft.

▸ **Aktienindex**

(Aktienkursindex) Kennziffer, die i. d. R. börsentäglich die Veränderungen von Aktienkursen (mehrere oder alle), bezogen auf einen willkürlich gesetzten Basiswert im Zeitablauf widerspiegelt. Die In-

dexberechnung erfolgt überwiegend nach *Laspeyres* (Commerzbankindex), z. T. auch nach *Paasche* (z. B. FAZ-Index).

Aktienindizes können den gesamten Markt (Gesamtindex) oder
lediglich einzelne Branchen (Branchenindex) erfassen.

Für den Deutschen Aktienmarkt berechnet die Deutsche Börse
AG den → DAX-Kursindex, → DAX 100, → MDAX, → NEMAX All
Share, → NEMAX 50,→ SMAX All Share,→ SDAX, → CDAX.

Als weitere Aktienindices für den deutschen Aktienmarkt sind z. B.
zu nennen :der → Commerzbankindex, der → FAZ-Aktienindex, der
Aktienindex des Statistischen Bundesamtes und der WestLB.

Aktienindices für den Europäischen Aktienmarkt sind z. B. die
Aktienindices der → DOW JONES STOXX Indexfamilie und der
→ Euro NM.

US-amerikanische Aktienindices: Dow Jones Industrial Average
(DIJA), →NYSE Composite Index, →S & P 500.

▶ **Aktienindex-Anleihe**

(Bull and Bear Anleihe) fest- oder variabelverzinsliche → Anleihe
einer → Aktiengesellschaft, die i. d. R. zudem endfällig ist und bei
der die Höhe des Rückzahlungsbetrages an die Entwicklung eines
bestimmten Aktienindex gekoppelt ist.

Für die Emittentin besteht im Zusammenhang mit der Emission
der Vorteil, dass sie bei allgemein ungünstiger Kapitalmarktsituation
Kapital zu extrem niedrigen Einstandskosten erhält. Sie geht mit der
Emission einer derartigen Anleihe das Risiko einer überproportionalen Rückzahlung gegenüber den Gläubigern ein, dem grundsätzlich eine entsprechende Chance (Rückzahlung = null) gegenüber-
steht. Die Chance-/Risiko-Position des Investors verhält sich zu
derjenigen der Emittentin reziprok. Die Emittentin hat grundsätzlich die Möglichkeit ihre eigene Chance-/Risikoposition zu begrenzen, indem sie im Hinblick auf die Index-Entwicklungen eine Ober-
und Untergrenze setzt.

Sie kann andererseits ihre eigene Risikoposition durch → Hedging
ausschließen, indem sie eine Gesamtposition aufbaut. Dieses Vorgehen ist durch die Konstruktion einer → Bull and Bear Anleihe
möglich, bei der eine Indexanleihe in zwei Tranchen mit gleichen

Volumina (jeweils 50%) zerlegt wird. Die Wertentwicklung der einen Tranche wird an einen steigenden Aktienkursindex (Bull-Bond), diejenige der anderen Tranche an einen fallenden Aktienkursindex (Bear-Bond) gekoppelt. Bei steigendem Aktienindex wächst (fällt) der Rückzahlungsbetrag des Bull (Bear)-Bond. Andererseits steigt (fällt) mit fallendem Aktienindex der Rückzahlungsbetrag des Bear (Bull)-Bond. Die Anleiheschuldnerin wird den Index nach oben und unten begrenzen umso nicht eine Nachschusspflicht entstehen zu lassen. Hierdurch bleibt die Marktfähigkeit der Anleihe erhalten, denn eine mit einer Nachschusspflicht gekoppelte Anleihe wäre in ihrer Handelsfähigkeit allein von der Technik her zu umständlich. Durch den Investor müssen zunächst Bull- und Bear-Anleihestücke im gleichen Umfang gezeichnet werden. Später kann der Gläubiger entweder seine Gesamtposition halten, was aber insgesamt eine ungünstige Verzinsung der Kapitalanlage bewirkt. Er kann sich, entsprechend seiner Strategie, von seinen Bull- oder Bear-Stücken trennen. Die Strategie ist vor dem Hintergrund der eigenen Position und der erwarteten Börsenkursentwicklung unter Berücksichtigung der Restlaufdauer der Anleihe zu sehen. Erwartet ein Investor steigende (fallende) Börsenkurse, so wird er Stücke der Bull-Tranche (Bear-Tranche) halten bzw. erwerben und sich ggf. von den Stücken der Gegentranche trennen.

In der Bundesrepublik Deutschland sind Aktienindex-Anleihen gem. § 3 Währungsgesetz durch die Deutsche Bundesbank bislang nicht genehmigt worden. Als Umgehungsmöglichkeit bietet sich für deutsche Unternehmen die Einschaltung einer ausländischen Tochtergesellschaft als Emittentin an.

▶ **Aktienindex-Arbitrage**

Differenzarbitrage (→ Arbitrage) durch Kauf von Aktien, Aktienindices oder Aktienindex-Futures (→ Futures) unter simultanem Verkauf ähnlicher → Arbitragewerte in einem anderen Marktsegment.

▶ **Aktienindex-Future**

Zweiseitig rechtliche Verpflichtung einen Indexwert zu einem in der Zukunft liegenden Zeitpunkt zu kaufen (→ Long Position) oder zu verkaufen (→ Short Position). Etwaige Gewinne oder Verluste werden, da eine physische Lieferung nicht möglich ist, im Barausgleich (→ Cash Settlement) verrechnet.

▸ **Aktienindex-Handel** → Aktienindex-Terminhandel

▸ **Aktienindex-Optionsschein**

(Aktienindex-Warrants, Index-Optionsscheine, Index-Warrants) → Optionsscheine, die einen Aktienindex als → Basiswert (Underlying) haben.

▸ **Aktienindex-Terminhandel**

(Aktienindex-Handel)Terminhandel auf Akteinindizes mit einer definierten Zahl von Aktien. Der Aktienindex-Terminhandel bietet den Vorteil, dass der Investor mit einem vergleichsweise geringen Einschuss (→ Margin) einen hohen Gewinn bei entsprechendem Risiko erreichen kann. Der Investor kauft mit ca. 10% Eigenkapital einen Aktienkorb, wobei dieser → Kontrakt in bar abgerechnet wird. Wird bei ungünstiger Entwicklung des Aktienindex der Einschuss vermindert oder aufgezehrt, so hat – zur Erfüllung der Nachschusspflicht – ein erneuter Einschuss zu erfolgen (→ Margin Call).

▸ **Aktienindex-Warrants** → Aktienindex-Optionsschein

▸ **Aktienindex-Zertifikate**

Sind Wertpapiere, die auf verschiedenen internationalen Aktienmärkten begeben werden. Sie verbriefen die Rückzahlung zum Stand des jeweiligen Aktienindex (z. B. DAX, Nikkei 225, S&P 500, CAC 40, etc). Im Regelfall bilden Aktienindex-Zertifikate den jeweiligen Index im Verhältnis 1: 1 ab (Ausahme Nikkei). Die Geld-/ Briefspannen sind sehr eng. Der Wert eines einzelnen Aktienindex-Zertifikats orientiert sich am jeweils relevanten Index.

▸ **Aktienkapital** → Grundkapital

▶ **Aktienkorbhandel**

Handel von Aktienkörben (stock baskets). Das Anlageinstrument basiert auf einem anerkannten Aktienindex, der gehandelt wird. So können z. B. an der New York Stock Exchange (NYSE) Investoren einen Korb auf Basis des S & P-500-Index, an der Chicago Board Options Exchange einen Korb auf Basis des S & P-100 handeln.

▶ **Aktienkurs**

Bezeichnung für den Preis, zu welchem eine → Aktie am Markt gehandelt wird (→ Börsenpreisbildung).

▶ **Aktienkursindex** → Aktienindex

▶ **Aktienmantel**

Eine Wertpapierurkunde besteht aus → Mantel und → Bogen. Der Aktienmantel ist die Bezeichnung für die gefaltete Doppelseite der (eigentlichen) Wertpapierurkunde. In ihm ist das Migliedschaftsrecht als Hauptrecht verbrieft. Zusammen mit dem Bogen stellt der Mantel die Urkunde der Wertpapiere dar. Nur Aktienmantel und Bogen zusammen sind verkäuflich.

▶ **Aktienoption**

Option, die den Inhaber
(1) eines entsprechend strukturierten → Optionsscheins zum Bezug (Call Option) von → Aktien innerhalb eines bestimmten Zeitraums (American Option) oder zu einem bestimmten Zeitpunkt (European Option) unter Zuzahlung eines bestimmten Betrages berechtigt. Derartige Optionsscheine werden entweder im Zuge der Emission einer → Optionsanleihe oder als → Naked Warrants emittiert.
(2) einer → Wandelobligation dazu berechtigt, innerhalb des vorgegebenen Wandlungszeitraums oder zu(m) vorgegebenen Wandlungstermin(en) die Wandelanleihe in eine definierte Anzahl von Aktien – ggf. unter Zuzahlung – umzutauschen.

(3) zum Kauf (Aktien-Call Option) oder Verkauf (Aktien-Put Option) von Aktien innerhalb eines bestimmten Zeitraums (→ American Option) oder zu einem bestimmten Zeitpunkt (→ European Option) zu einem ex ante festgelegten Preis berechtigen (→ EUREX-Produkte).

▶ **Aktienoptionen auf deutsche Basistitel**

Produkt der → EUREX

Kontraktgröße	Kontrakt bezieht sich in der Regel auf 100 Aktien des zu Grunde liegenden Basiswerts.Die Basiswerte Münchener Rückversicherung und Allianz haben eine Kontraktgröße von 50 Aktien.
Minimale Preisveränderung	Optionspreise haben Preisabstufungen von € 0,01
Verfallmonate	Basistitel in Gruppe A: Die drei nächsten aufeinander folgenden Monate und die beiden darauf folgenden Monate aus dem Zyklus März, Juni, September und Dezember, d. h. Laufzeiten bis zu 9 Monaten.
	Basistitel in Gruppe B: Die drei nächsten aufeinander folgenden Monate und die drei darauf folgenden Monate aus dem Zyklus März, Juni, September und Dezember, d. h. Laufzeiten bis zu 12 Monaten.
	Basistitel in Gruppe C: Die drei nächsten aufeinander folgenden Monate, die drei darauf folgenden Monate aus dem Zyklus März, Juni, September und Dezember sowie die beiden darauf folgenden Monate des Zyklus Juni und Dezember, d. h. Laufzeiten bis zu 24 Monaten.
Letzter Handelstag	Der dritte Freitag eines Verfallmonats, sofern dieser ein Börsentag ist, andernfalls der davorliegede Börsentag.
Erfüllung	Physische Lieferung von 100 bzw. 50 Aktien des zu Grunde liegenden Basiswerts
Täglicher Abrechnungspreis	Letzbezahlter Kontraktpreis; falls dieser älter als 15 Minuten ist oder nicht den aktuellen Marktverhältnissen entspricht, wird dieser von der Eurex festgelegt.

Ausübungszeit	Ausübungen sind an jedem Börsentag während der Laufzeit bis 19.00 Uhr möglich (amerikanische Art); mit Ausnahme des Tages eines Dividendenbeschlusses.
Handelszeit	9.00 bis 17.30 Uhr MEZ
Optionsprämie	Zahlungen des entsprechenden €-Wertes in voller Höhe am ersten Börsentag, der dem Kauftag folgt.

Basistitel

Gruppe A	Gruppe B	Gruppe C
1,2,3,6 und 9 Monate	1,2,3,6,9 und 12 Monate	1,2,3,6,9,12,18 und 24 Monate
Adidas	Bay. Hypo Vereinsbank	Allianz-Holding
Degussa-Hüls	Consors Discount	BASF
Henkel Vz	Dresdner Bank	Bayer
Linde	EM TV & Merchandising AG	Commerzbank
MAN	Lufthansa	Daimler Chrysler
Metro	RWE	Deutsche Bank
Münchener Rückversicherung	Mannesmann	Siemens
SAP Vz	Mobilcom	VEBA
Schering	Preussag	VW
Karstadt	Thyssen	
	BMW	
	VIAG	

▶ **Aktienoptionen auf nordische Basistitel**

Produkt der → EUREX

Kontraktgrösse	Kontrakt bezieht sich in der Regel auf 100 Aktien des zu Grunde liegenden Basiswerts. Die Basiswerte Stora Enso Oyj R, Raiso Group plc, Metso Corporation, Metsä-Serla Corporation B, Fortum Corporation haben eine Kontraktggöße von 500 Aktien.
Minimale Preisveränderung	Optionspreise haben Preisabstufungen von € 0,01

Erfüllung	Physische Lieferung von 100 (bzw. 500)Aktien des zu Grunde liegenden Basiswerts.
Erfüllungstag	Vier Börsentage nach der Ausübung (t+4).
Letzter Handelstag	Der dritte Freitag eines Verfallsmonats, sofern dieser ein Börsentag ist, andernfalls der davor liegende Börsentag.
Täglicher Abrechnungspreis	Letztbezahlter Kontraktpreis; falls dieser älter als 15 Minuten ist oder nicht den aktuellen Marktverhältnissen entspricht, wird dieser von der Eurex festgelegt.
Ausübungszeit	Ausübungen sind an jedem Börsentag während der Laufzeit bis 18.30 MEZ möglich (amerikanische Art).
Verfallmonate	Basiswerte in Gruppe A: Die drei nächsten aufeinander folgenden Monate und die beiden darauf folgenden Monate aus dem Zyklus März, Juni, September und Dezember, d. h. Laufzeiten bis zu 9 Monaten.
	Basiswerte in Gruppe B: Die drei nächsten aufeinander folgenden Monate und die drei darauf folgenden Monate aus dem Zyklus März, Juni, September und Dezember, d. h. Laufzeiten bis zu 12 Monaten.
	Basiswete in Gruppe C: Die drei nächsten aufeinander folgenden Monate, die drei darauf folgenden Monate aus dem Zyklus März, Juni, September und Dezember sowie die beiden darauf folgenden Monate des Zyklus Juni und Dezember, d. h. Laufzeiten bis zu 24 Monaten.
Handelszeit	9.30 bis 16.30 Uhr MEZ
Optionsprämie	Zahlungen des entsprechenden €-Wertes in voller Höhe am ersten Börsentag, der dem Kauftag folgt.

Basistitel

Gruppe A	Gruppe B	Gruppe C
1,2,3,6 und 9 Monate	**1,2,3,6,9 und 12 Monate**	**1,2,3,6,9,12,18 und 24 Monate**
Pohjola Group Insurance Corporation B	UPM-Kymmene Oyi	Nokia Oyi

Helsinki Telefone Corporation	Sonera Yhtymä Oyi	
Orion Corporation B	Tieto Enator Corporation	
Raiso Group plc	Stora Enso Oyj R	
Sampo Insurance Company plc		
Metso Corporation		
Metsä-Serla Corporation B		
Fortum Corporation		
Huhtamäki Van Leer Oyj		

▶ **Aktienoptionen auf schweizerische Basistitel**

Produkt der → EUREX

Kontraktgrösse	Kontrakt bezieht sich in der Regel auf 10 Aktien des zu Grunde liegenden Basiswerts. Die Optionskontrakte auf Roche Holding GS beziehen sich au 1 Basistitel.	
Minimale Preisveränderung	**Optionspreis**	**Preisabstufung**
	sfr. 0,10 bis sfr. 9,90	sfr. 0,10
	sfr. 10 bis 19,80	sfr. 0,20
	sfr. 20 bis 299,50	sfr. 0,50
	sfr. 300 und höher	sfr. 1,00
Erfüllung	Physische Lieferung von 10 bzw. 1 Aktie(n) des zu Grunde liegenden Basiswertes	
Erfüllungstag	Drei Börsentage nach der Ausübung	
Letzter Handelstag	Der dritte Freitag des Verfallmonats, sofern dieser ein Börsentag ist, andfernfalls der davor liegende Börsentag.	
Täglicher Abrechnungspreis	Letzbezahlter Kontraktpreis; falls dieser älter als 15 Minuten ist oder nicht den aktuellen Marktverhältnissen entspricht, wird dieser von der Eurex festgelegt.	
Ausübungszeit	Ausübungen sind an jedem Börsentag während der Laufzeit bis 18.30 Uhr möglich (amerikanische Art).	

Verfallmonate	**Basistitel in Gruppe A:** Die drei nächsten aufeinander folgenden Monate und die beiden darauf folgenden Monate aus dem Zyklus März, Juni, September und Dezember, d. h. Laufzeiten bis zu 9 Monaten.
	Basistitel in Gruppe B: keine
	Basistitel in Gruppe C: Die drei nächsten aufeinander folgenden Monate, die drei darauf folgenden Monate aus dem Zyklus März, Juni, September und Dezember sowie die beiden darauf folgenden Monate des Zyklus Juni und Dezember, d. h. Laufzeiten bis zu 24 Monaten.
Handelszeit	9.00 bis 16.55 Uhr MEZ
Optionsprämie	Zahlungen des entsprechenden €-Wertes in voller Höhe am ersten Börsentag, der dem Kauftag folgt.

Basistitel

Gruppe A	Gruppe B	Gruppe C
1,2,3,6 und 9 Monate	1,2,3,6,9 und 12 Monate	1,2,3,6,9,12,18 und 24 Monate
Adecco N	Keine	ABB N
Holderbank I		Ciba Spezialitätenchemie Holding N
Rentenanstalt/ Swiss Life N		Clariant N
SAir Group N		Credit Suisse Group N
Sulzer N		Lonza Group AG
The Watch Group N		Nestlé N
		Novartis N
		Roch Holding GS
		Schweiz. Rückversicherung N
		Swisscom
		UBS AG N
		Zurich Allied N

▶ **Aktienoptionsplan** → Stock Options

▶ **Aktien-Optionsschein**

→ Optionsschein, der das Recht zum Kauf (Call-Optionsschein) oder Verkauf (Put-Optionsschein) von → Aktien oder zum Erhalt einer Ausgleichszahlung
(a) bei Call-Optionsscheinen: Überschreiten des Ausübungspreises
(b) bei Put-Optionsscheinen: Unterschreiten des Verkaufspreises berechtigt.Vgl.: → Optionsschein

▶ **Aktienpaket**

Entsteht, wenn sich eine größere Anzahl von Aktien einer Unternehmung im Besitz einer Person oder Personengruppe befindet (→ Sperrminorität).

▶ **Aktienpromesse** → Zwischenschein

▶ **Aktienputanleihen**

Berechtigen ihren Schuldner im Zeitpunkt der Tilgung an Stelle der nominalen Tilgungsleistung zu vorher festgelegten Konditionen entweder
(a) eine definierte Aktie zu einem bestimmten Kurs zu liefern,
(b) die Differenz Aktienkurs zu Nominalbetrag der Anleihe vom Nominalbetrag abzuziehen.

▶ **Aktien Put Option**

Berechtigt ihren Inhaber zum Verkauf von Aktien innerhalb eines bestimmten Zeitraums(→ American Option) oder zu einem bestimmten Zeitpunkt (→ European Option) zu einem ex ante fixierten Preis.

▶ **Aktiensplit** → Split-Aktie, → Splitting, → Reverse Split

▶ **Aktiensplitting** → Splitting

▶ **Aktienstimmrecht**

Stimmrecht der Aktionäre. Es handelt sich hierbei um das bedeutendste mitgliedschaftliche und autonom ausübbare Verwaltungsrecht der einzelnen Aktionäre. Grundsätzlich gewährt jede Aktie das
Stimmrecht, welches nach Aktiennennbeträge, bei Stückaktien
nach deren Zahl ausgeübt wird (§ 134 Abs. 1 AktG). Dies bedeutet,
dass Aktien mit einem mehrfachen Nennbetrag ein dem kleinsten
Nennbetrag entsprechend mehrfaches Stimmrecht haben. Das
Prinzip wird durchbrochen durch
(1) die Stimmrechtserweiterung bei → Mehrstimmrechtsaktien
      bzw. Stimmrechtsvorzugsaktien (→ Vorzugsaktien),
(2) Stimmrechtsbegrenzung durch die statuarische Verankerung
      eines Höchststimmrechts (→ Höchststimmrecht) und
(3) Stimmrechtsaufhebung bei stimmrechtslosen → Vorzugsaktien.
Die Stimmrechtsausübung erfolgt im Rahmen der Hauptversammlung durch den Aktionär oder einen gem. § 134 (3) AktG schriftlich
legitimierten Bevollmächtigten. Im Falle einer Sicherungsübereignung kann das Stimmrecht durch den Sicherungseigentümer oder
einen Treuhänder ausgeübt werden.
  Die Form der Stimmrechtsausübung durch Kreditinstitute und
geschäftsmäßig Handelnde richtet sich nach § 135 AktG.
Die Form der Stimmrechtsausübung richtet sich gem. § 134(4) AktG
nach der Satzung.

▶ **Aktienstimmrecht** → Stimmrecht des Aktionärs

▶ **Aktientausch** → Beteiligungserwerb

▶ **Aktienteilung** → Splitting

▶ **Aktienumtausch** → Umtausch von Aktien

▶ **Aktien-Warrant** → Optionsschein

▶ **Aktienzertifikat**

Bescheinigung über hinterlegte → Aktien. Aktienzertifikate werden ausgestellt um den Aktienhandel zu vereinfachen oder um diesen überhaupt zu ermöglichen, da der Handel der effektiven Stücke selbst nicht möglich ist. Sonderformen sind: → American Depository Receipts, Leistungsschuldverschreibungen. Aktienzertifikate finden insbesondere Anwendung beim Handel in → Namensaktien.

▶ **Aktienzusammenlegung** → Kapitalherabsetzung

▶ **Aktionär**

Aktienbesitzer einer → Aktiengesellschaft. Er ist damit Gesellschafter und Miteigentümer der Aktiengesellschaft, hat aber keinerlei Geschäftsführungsbefugnisse → Aktionärsrechte, → Aktionärspflichten, → Aktie, → Aktienarten).

	1996	1997	1998	1999
Nur andere Aktien	2.340	2.458	2.857	3.406
Belegschafts- und andere Aktien	335	309	361	369
Nur Belegschaftsaktien	1.079	1.153	1.297	1.230
Aktionäre insgesamt	3.754	3.920	4.515	5.005

Aktionäre in Deutschland 1994–1996 (in Tausend)

Quelle: Deutsches Aktieninstitut

▶ **Aktionärsbrief**

(Newsletter to Shareholders) Mitteilung der Aktiengesellschaft an die Aktionäre. Inhalt z. B.: Einladung zur Hauptversammlung, Berichterstattung zur letzten Hauptversammlung, → Zwischenbericht zur aktuellen geschäftlichen Lage des Unternehmens.

▶ **Aktionärsbuch** → Aktienbuch

▶ **Aktionärsmitteilungen**

Mitteilungen der Aktiengesellschaft für die Aktionäre gem. § 125(1) AktG zur Vorbereitung der Hauptversammlung. Diese sind binnen zwölf Tagen nach Einberufung der Hauptversammlung im Bundesanzeiger den Kreditinstituten und den Vereinigungen von Aktionären, die in der letzten Hauptversammlung Stimmrechte für Aktionäre ausgeübt haben (oder die Mitteilung verlangt haben) zuzusenden. Einzelheiten zum Inhalt der Aktionärsmitteilen sind gem. § 125 (1) AktG geregelt. Der Vorstand hat außerdem den Aktionären, die

(1) entweder eine Aktie bei der Gesellschaft hinterlegt haben oder
(2) diese Mitteilungen nach der Veröffentlichung im Bundesanzeiger verlangen, oder
(3) im Aktienbuch eingetragen sind die Aktionärsmitteilung zuzusenden.

Gem. § 125(3) kann schließlich jedes Aufsichtsratsmitglied zu Zusendung der gleichen Mitteilungen verlangen.

▶ **Aktionärspflege**

(Investor Relations, Stockholder Relations) umfasst die Summe aller Absichten und Maßnahmen, die dazu geeignet sind, der Aktiengesellschaft in der Öffentlichkeit, speziell bei den (potenziellen) Aktionären langfristig ein gutes Ansehen (Standing) zu schaffen und zu erhalten. Nur ein unzweifelhafter Ruf garantiert, dass Investoren zur Anlage ihrer Kapitalien in Form von Aktien des betreffenden Unternehmens gewonnen werden können. Instrumente der Aktionärspflege sind insbesondere: → Dividendenpolitik, Kurspflege und → Emissionspolitik; umfassende Informationspolitik: Geschäftsbericht, Zwischenbericht, Aktionärsbrief und Aktionärszeitschrift sowie zusätzlich Zeitungsanzeigen sowie Pressekonferenzen. Schließlich gehört hierzu auch gezielte Imagepflege durch geeignete Maßnahmen bei Fachjournalisten und Effektenberatern.

▶ **Aktionärspflichten**

Pflichten der Gesellschafter (Aktionäre) einer Aktiengesellschaft, die durch das Aktiengesetz sowie u. U. weiter gehend (Nebenverpflichtungen) per Satzung der Gesellschaft festgelegt sind. Sie umfassen grundsätzlich die Leistungsverpflichtung der Einlage auf das Grundkapital. Nebenverpflichtungen sind Leistungen, die nicht in Form von Geldleistungen zu erbringen sind. Sie sind nur unter bestimmten Bedingungen bei → Nebenverpflichtungsaktien gegeben.

▶ **Aktionärsrechte**

(Shareholders' bzw. Stockholders' Rights) Rechte der Gesellschafter (Aktionäre) einer Aktiengesellschaft, die durch das Aktiengesetz sowie u. U. weiter gehend per Satzung der Gesellschaft festgelegt sind. Sie umfassen grundsätzlich gem. AktG:
- Recht zur Teilnahme an der → Hauptversammlung (§ 118 (1) AktG) sowie die damit verbundenen Rechte: Stimmrecht (§§ 133 ff. AktG) Recht auf Auskunftserteilung (§ 131 AktG), Recht auf Anfechtung der HV-Beschlüsse (§§ 243 ff. AktG),
- Recht auf Dividendenanteil (§ 58(4) AktG),
- Bezugsrecht (§ 186 (1) AktG),
- Recht auf Anteil am Liquidationserlös (§ 271 (1) AktG).
Allerdings können die Aktionärsrechte bei → Vorzugsaktien hiervon abweichend ausgestaltet sein.

▶ **Aktionärsvereinigung**

Zusammenschluss von Aktionären einer oder mehrerer Aktiengesellschaften zur Vertretung und Durchsetzung gemeinsamer Ziele (z. B. Bildung der → Sperrminorität einer Aktiengesellschaft, Wahrnehmung von → Minderheitsrechten). Ein Beispiel für institutionalisierten Zusammenschluss ist die Deutsche Schutzvereinigung für Wertpapierbesitz e. V.

▶ **Aktionärsvertreter**

Person, die zur Wahrung der Interessen von Aktionären beauftragt ist, z. B. durch Banken in → Hauptversammlungen (→ Depotstimmrecht).

▶ **Aktionärszeitschrift**

Mitteilungsblatt an die Aktionäre, welches von großen Aktiengesellschaften periodisch – i. d. R. halbjährlich – herausgegeben wird. Es enthält neben Informationen über die gegenwärtige Auftrags- und Ertragslage und kurzfristig prognostizierte Ertragsaussichten außerdem zumeist gezielte Hinweise zu Forschungs- und Entwicklungserfolgen, besonders erfolgreiche Produktlinien etc. Insgesamt soll der Aktionär über dieses Instrument stärker an die AG gebunden und somit letztlich in der Richtigkeit seiner Investitionsentscheidung bestärkt werden.

▶ **Aktivseite der Bilanz**

Zusammenstellung sämtlicher Vermögenskonten eines Unternehmens. Sie lässt erkennen, wie das auf der → Passivseite der Bilanz ausgewiesene Kapital (Summe der dem Unternehmen zur Verfügung gestellten Mittel) zu einem bestimmten Zeitpunkt konkret Verwendung gefunden hat.

Aktivseite
A. Anlagevermögen
   I.   Immaterielle Vermögensgegenstände
      1. Konzessionen, gewerbliche Schutzrechte und ähnliche Rechte und Werte sowie Lizenzen an solchen Rechten und Werten
      2. Geschäfts- oder Firmenwert
      3. geleistete Anzahlungen
   II. Sachanlagen
      1. Grundstücke, grundstücksgleiche Rechte und Bauten einschließlich der Bauten auf fremden Grundstücken
      2. technische Anlagen und Maschinen
      3. andere Anlagen, Betriebs- und Geschäftsausstattung
      4. geleistete Anzahlungen und Anlagen im Bau
   III. Finanzanlagen
      1. Anteile an verbundenen Unternehmen
      2. Ausleihungen an verbundene Unternehmen
      3. Beteiligungen
      4. Ausleihungen an Unternehmen, mit denen ein Beteiligungsverhältnis besteht

> 5. Wertpapiere des Anlagevermögens
> 6. sonstige Ausleihungen
>
> B. Umlaufvermögen
> I. Vorräte
>   1. Roh-, Hilfs- und Betriebsstoffe
>   2. Unfertige Erzeugnisse, unfertige Leistungen
>   3. fertige Erzeugnisse und Waren
>   4. geleistete Anzahlungen
> II. Forderungen und sonstige Vermögensgegenstände
>   1. Forderungen aus Lieferungen und Leistungen
>   2. Forderungen gegen verbundene Unternehmen
>   3. Forderungen gegen Unternehmen, mit denen ein Beteiligungsverhältnis besteht
>   4. sonstige Vermögensgegenstände
> III. Wertpapiere
>   1. Anteile an verbundenen Unternehmen
>   2. eigene Anteile
>   3. sonstige Wertpapiere
> IV. Schecks, Kassenbestand, Bundesbank- und Postgiroguthaben, Guthaben bei Kreditinstituten
>
> C. Rechnungsabgrenzungsposten

Die Gliederung regelt sich generell nach § 266 (2) HGB. Diese Gliederung ist in der Übersicht dargestellt.

Große und mittelgroße Kapitalgesellschaften (§ 267 Abs. 3, 2 AktG) müssen die in der Aktivseite bezeichneten Posten gesondert und in der geforderten Reihenfolge ausweisen. Für kleine Kapitalgesellschaften (§ 267 Abs. 1 AktG) besteht lediglich die Verpflichtung zum Ausweis in verkürzter Form (nur die mit Buchstaben und römischen Zahlen bezeichneten Posten in der Bilanzgliederung).

▶ **Akzept**

(1) Bezeichnung für einen akzeptierten → Wechsel.

(2) Annahme eines Wechsels durch den Bezogenen. Sie erfolgt durch Unterschrift des Bezogenen quer zum Wechseltext (Querschreiben) und begründet damit die wechselrechtliche Verbindlichkeit für den Akzeptanten.

Arten des Wechselakzepts:

- *Blankoakzept:* Annahme eines nicht vollständig ausgefüllten Wechsels (z. B. Wechselsumme wird später eingetragen). Der Bezogene haftet dennoch ohne Einschränkung.
- *Teilakzept:* begrenzt die Haftung des Bezogenen auf einen bestimmten Teilbetrag der Wechselsumme (Zusatz: „Angenommen für € . . .").
- *Avalakzept:* Zusatz „per Aval" wird auf dem Wechsel angebracht, wenn sich ein Bürge zur Haftung als Selbstschuldner verpflichten will.
- *Vollakzept:* enthält neben der Unterschrift Ort und Tag der Annahme und ist lediglich bei Nachsichtwechseln vorgeschrieben.

▶ **Akzept-Akkreditiv**

Form des → Akkreditivs; hierbei erfolgt bei Vorlage der Dokumente (im Gegensatz zum → Sicht-Akkreditiv) keine Zahlung, sondern die Akzeptierung des vom Exporteur auf die Bank gezogenen → Wechsels. Der Wechsel kann zum → Diskont weitergereicht werden.

▶ **Akzeptant**

Bezogener, der den Wechsel durch Unterschrift (quer zum Wechsel „durch Querschreiben") angenommen hat.

▶ **Akzeptantenwechsel**

(Scheck-Wechsel-Verfahren, Umkehrwechsel, umgedrehter Wechsel) spezielle Form der Kreditleihe auf Wechselbasis in Form des Wechselunterschriftenkredits (Lieferantenkredit auf Wechselbasis). Der Käufer einer Warenlieferung zahlt die daraus entstandenen Verbindlichkeiten unter Skontoabzug sofort. Nunmehr zieht der Lieferant einen vom Warenabnehmer akzeptierten Wechsel. Damit hat der Abnehmer ein diskontfähiges Papier in Händen, das er wie ein Lieferantenakzept verwenden kann.

Vorteil für den Abnehmer: Ausnutzung des Skontos bei gleichzeitiger Refinanzierungsmöglichkeit zu niedrigen Konditionen. Risiko für den Lieferanten: Haftung für die gesamte Wechselverbindlichkeit. Das Zustandekommen ist somit abhängig von der Bonität und Verhandlungsstärke des Warenabnehmers.

▶ **Akzeptaustausch** (Akzepttausch)

(1) Austausch von selbstdiskontierten eigenen → Akzepten zwischen Banken. Eine Indossierung von Bank zu Bank erfolgt nicht. Die eigenen Akzepte lassen die Kreditinstitute beim Diskont mit Blankoindossament versehen. Damit können diese an andere Banken jederzeit zum Akzept weitergegeben werden und sind somit leichter verwertbar.

(2) Akzepttausch liegt auch dann vor, wenn zwei Nichtbanken aufeinander ziehen um dann die mit zwei Unterschriften versehenen Finanzwechsel (es liegt kein Handelsgeschäft zu Grunde) zum Diskont einzureichen. Bei Fälligkeit erfolgt zumeist ein Austausch von Gefälligkeitsakzepten (→ Gefälligkeitswechsel) um mit dem Erlös die alten Wechselverbindlichkeiten abzudecken. Der Austausch von Gefälligkeitswechseln wird als Wechselreiterei bezeichnet und ist bei nachgewiesener Betrugsabsicht strafbar.

▶ **Akzeptkredit**

Spezielle Form der Kreditleihe, bei der ein Kreditinstitut einen vom Kreditnehmer auf sich gezogenen → Wechsel (Tratte) akzeptiert und sich damit verpflichtet diesen einzulösen. Die Bank übernimmt die volle wechselrechtliche Haftung nur unter der Bedingung, dass der Bankkunde sich verpflichtet den Wechselbetrag spätestens einen Tag vor Fälligkeit anzuschaffen. Das Bankakzept steigert die Bonität und damit die Verwendungsmöglichkeit des Wechsels. Beim reinen Akzeptkredit kann der Bankkunde nun das Bankakzept zahlungshalber an seinen Gläubiger weitergeben, der dann das Akzept seiner Bank zum Diskont weiterreichen kann.

Andererseits besteht auch die Möglichkeit, das Akzept der eigenen kreditgebenden oder bei einer anderen Bank zum Diskont einzureichen. Der erste Fall ist im Inlandsgeschäft üblich, da die bezogene Bank oft Kreditleih- und Geldleihgeschäft miteinander verbindet. Der zweite Fall ist typisch für die → Außenhandelsfinanzierung (insbes.: → Rembourskredit).

Akzeptkredite werden grundsätzlich nur Unternehmen erster Bonität gewährt. Kosten: Akzeptprovision (ca. 2,0%-3,0% p. a.), Bearbeitungsgebühren (ca. 0,5%-0,7% p. a.).

▶ **Akzepttausch** → Akzeptaustausch

▶ **Akzessiorität** → Bürgschaft

▶ **Allfinanz** → Finanzdienstleistungen

▶ **Alpha-Beta-Bänder**

(Bollinger Bands, Bomer Bands) technische Kanalindikatoren, die Richtungsänderungen von Kurstrends möglichst frühzeitig anzeigen sollen. Alpha-Beta-Bänder sind um einen kurzfristigen gleitenden Durchschnitt (10 bis 20 Tage) festgelegt. Um den ermittelten gleitenden Durchschnitt wird eine laufende Standardabweichung herum errechnet. Sie stellt sich als ein Band auf jeder Seite des gleitenden Durchschnitts in Form einer Hüllkurve dar. Das Ausmaß der Bänderplatzierung in der Entfernung vom kalkulierten gleitenden Durchschnitt erfolgt in Standardeinheiten. Es ist abhängig von dem zu analysierenden Markt und der in ihm vorherrschenden Volatilität.

▶ **Alpine Bonds**

In US-Dollar denominierte → Anleihen, die bei Investoren aus der Schweiz untergebracht werden sollen.

▶ **Alte Aktie**

Bezeichnung für eine → Aktie, die im Gegensatz zur → jungen Aktie entweder im Kapitalerhöhungszeitpunkt mit einem → Bezugsrecht oder für das restliche Geschäftsjahr mit einem höheren Dividendenanspruch ausgestattet ist.

▶ **Alternative Option**

Variante einer → Exotischen Option. Zumeist handelt es sich um eine Option europäischen Typs, die dem Käufer das Recht einräumt, diese am Verfalltag auf einen von zwei → Basiswerten wahlweise auszuüben.

▶ **Alternativkosten** → Opportunitätskosten

▶ **Altsparerwertpapiere**

Schuldverschreibungen (→ Anleihe, → Pfandbrief, → Kommunalobligation) und Schuldbuchforderungen, die nach dem Gesetz zur Milderung von Härten der Währungsreform (Altsparergesetz) ausgegeben wurden.

▶ **Am Geld**

(At the Money) Eigenschaft einer Call- oder Put-Option, die keinen inneren Wert aufweist (IW = 0), da Kassakurs und Basispreis identisch sind. Vgl.: → At the Money Option.

▶ **Ambiguität**

Terminus, der eine Entscheidungssituation charakterisiert, in der keine exakten Wahrscheinlichkeiten vorliegen bzw. keine eindeutigen subjektiven Wahrscheinlichkeiten bestimmt werden können.

▶ **American Depository Receipts (ADR's)**

Zertifikate (Hinterlegungsscheine), die von US-amerikanischen Banken ausgegeben werden. ADR's verbriefen ausländische Aktien.

▶ **American Option**

Kauf-(Call) oder Verkaufs-(Put)Option, die, im Gegensatz zur → European Option, während ihrer Laufdauer zu jedem Zeitpunkt ausgeübt werden kann. Vgl. aber auch → Asiatische Option.

▶ **American Stock Exchange (AMEX)**

86 Trinity Place, New York, NY 1006. Wertpapierbörse in New York. Die AMEX trug bis 1921 den Namen New York Curb Exchange.

▶ **American Stock Exchange Clearing Corporation (ASECC)**

Tochtergesellschaft der American Stock Exchange (AMEX) mit der Aufgabe Mitgliedsorganisationen bei der Abwicklung ihrer Handelsaktivitäten zu unterstützen.

▶ **American Style Option** → American Option

▶ **Amerikanische Methode** → Tenderverfahren

▶ **Amerikanische Option** → American Option

▶ **Amerikanisches Verfahren** → Tenderverfahren

▶ **AMEX**

Abk. für → American Stock Exchange.

▶ **Amortisation**

Wiedergewinnung (Freisetzung) von Kapitalien, die in Form von Krediten oder Investitionen aller Art gebunden sind. Insofern wird zumeist unter Amortisation verstanden:
- die periodenweise (jährlich, halbjährlich etc.) → Tilgung einer Geldschuld, z. B. einer Hypothek oder eines Bankdarlehens,
- die → Abschreibung von Gütern des → Anlagevermögens.

▶ **Amortisationsanleihe**

→ Anleihe, bei der die Tilgung in ex ante festgelegten Tranchen erfolgt. Gegensatz: → Endfällige Anleihe.

▶ **Amortisationsdauer** → Amortisationszeit

▶ **Amortisationshypothek** → Hypothek

▶ **Amortisationsrechnung**

Verfahren der → Investitionsrechnung, mithilfe dessen die Dauer der Amortisation (→ Amortisationszeit) berechnet wird.

▶ **Amortisations-Swap**

(Amortizing Swap) Zins-Swap, dessen zu Grunde liegender Kapitalbetrag im Zeitablauf sinkt. Der Swap spiegelt damit das Grundgeschäft bei amortisierender Grundschuld wider.

▶ **Amortisationszeit**

(Amortisationsdauer) Zeitraum, innerhalb dessen der in einer Investition gebundene Kapitaleinsatz zurückgeflossen ist. Der Anwendung der Investitionsmethode entsprechend, wird zwischen statischer und dynamischer Amortisationszeit unterschieden.

(1) Die *statische* Amortisationszeit (A) errechnet sich, indem der ursprüngliche Kapitaleinsatz (K_A) durch den durchschnittlichen jährlichen Rückfluss (Summe aus Abschreibung A_b p. a. plus durchschnittlichem jährlichen Gewinn G_e) dividiert wird:

$$\frac{K_A}{(G_e + A_b)}$$

Abweichend von diesem Ansatz (Durchschnittsrechnung) kann die Kumulationsrechnung angewendet werden. Durch sie wird die unterschiedliche Höhe der jährlichen Rückflüsse besser berücksichtigt.

> **Beispiel:**
> Kapitaleinsatz: 210 000 €; Lebensdauer: 6 Jahre; Abschreibung in €/p. a.: 35 000 €; Gewinne: Jahr 1: 12 000 €; Jahr 2: 18 000 €; Jahre 3 bis 6: je 35 000 €.
>
> | Jahr | Rückflüsse in € |
> |------|-----------------|
> | 1 | 47000 |
> | 2 | 53000 |
> | 3 | 70000 |
> | 4 | 70000 → 240000 |
> | 5 | 70000 |
> | 6 | 70000 |
>
> Amortisationszeit: 3,5 Jahre

(2) Die *dynamische* Amortisationszeit definiert den Zeitraum, innerhalb dessen der ursprüngliche Kapitaleinsatz einer Investition – bei Unterstellung einer bestimmten Mindestverzinsung (= Kalkulationszinssatz) – wieder zurückgeflossen ist. Sie ist definiert durch die Relation:

$$I_0 = \sum_{t=1}^{n} \frac{R_t}{(1+i)^t}$$

bzw.

$$I_0 = \sum_{t=1}^{n} R_t \cdot q^{-1}$$

I_0 = Kapitaleinsatz in € in der Periode 0,
R = Rückfluss in €/Jahr,
i = Kalkulationszinssatz.

Beispiel:
Unter Verwendung der Werte des *Beispiels* unter (1) bei einem Kalkulationszinssatz von i = 0,095 ergibt sich:

Jahr	Rückfluss in €
	(Barwert)
1	42922,37
2	44202,58
3	53315,77
4	48690,90
5	44465,94
6	40608,16 → 240000,00

Amortisationszeit: $5^2/_{12}$ Jahre

Die Bestimmung der Amortisationszeit ist aus Risikogesichtspunkten relevant. Begründung: Bei jeglicher Kapitalbindung wächst mit zunehmender Amortisationsdauer die Unsicherheit der Kapitalrückgewinnung. Dennoch eignet sich die Länge der Amortisationszeit im Rahmen einer Investitionsentscheidung nicht als einziges quantifizierbares Kriterium, da mit ihm nicht der Zeitraum nach Ablauf der Amortisation erfasst wird. Die dynamische Amortisationszeit wird allerdings oft als zusätzliches Kriterium im Rahmen der Entscheidungsfindung berücksichtigt.

▶ **Amortizing Swap** → Amortisations-Swap

▶ **Amtlich notierte Werte**

Zum → amtlichen Handel an der Börse zugelassene Wertpapiere.

▶ **Amtliche Kursfestsetzung** → Amtliche Notiz

▶ **Amtliche Notiz**

Börsenkurs von → Effekten, der durch den → Kursmakler als amtlicher Kurs festgestellt wird.

▶ **Amtlicher Handel**

(Amtlicher Markt) → Börsensegment der zum Amtlichen Handel zugelassenen → Wertpapiere. Es handelt sich hier um einen Organisierten Markt i. S. v. § 2 Abs. 5 WpHG.

Die → Börsenzulassung von Wertpapieren zum Amtlichen Handel erfolgt bei bestimmten Wertpapieren kraft Börsengesetz (§ 41 BörsG). Bei allen übrigen Wertpapieren erfolgt die Zulassung durch die → Zulassungsstelle auf Basis der Börsenzulassungs-Verordnung (BörszulV).

(1) Bei der Zulassung kraft Börsengesetz (§ 41) ergibt sich die Börsenfähigkeit bereits aus der Emission. Anleihen des Bundes, seiner Sondervermögen, eines Bundeslandes sowie Schuldverschreibungen, die von Mitgliedstaaten der Europäischen Union emittiert werden, sind an jeder inländischen Börse zum amtlichen Handel zugelassen.

(2) Zulassung durch die → Zulassungsstelle der jeweiligen Börse. Wertpapiere, die nicht kraft Gesetz zum Amtlichen Handel zugelassen sind, bedürfen gem. §§ 36(1), 37(1) BörsG der Zulassung durch die Zulassungsstelle auf Basis der BörsenzulassungsVerordnung (BörsZulVO) vom 15. 4. 1987. In der BörsZulVO (§§ 1–13) sind die Voraussetzungen für die Zulassung gem. § 38(1) BörsG definiert.

Es handelt sich dabei um die Anforderungen an

- den Emittenten hinsichtlich seiner Rechtsgrundlage und der Dauer seines Bestehens sowie Anforderungen an Emittenten aus Drittstaaten;
- die zuzulassenden Wertpapiere hinsichtlich ihrer Rechtsgrundlage, Handelbarkeit, Stückelung, Druckausstattung, Streuung bei Aktien, Wertpapiere mit Umtausch oder Bezugsrecht sowie Zertifikate, die Aktien vertreten, an den Mindestbetrag der Wertpapiere.

Die Zulassung ist vom Emittenten der Wertpapiere zusammen mit einem Kreditinstitut (gem. § 36 (2) BörsgG) zu beantragen. Ist der Emittent ein solches Kreditinstitut, kann er den Antrag allein stellen.

Dem Antrag ist ein Zulassungsprospekt (→ Prospekt), der von beiden Antragstellern zu unterschreiben ist, beizufügen. Der Zulassungsprospekt muss alle Angaben, die für die Beurteilung des Wertpapiers erforderlich sind (inkl. Bilanzen und Gewinn- und Verlustrechnungen der letzten drei Geschäftsjahre und des Anhangs, außerdem den Lagebericht des letzten Geschäftsjahres) enthalten. Voraussichtlicher Kurswert der zuzulassenden Aktien oder, falls nicht möglich, Eigenkapital des Unternehmens: mindestens 1,25 Mio €; Zugelassen sind Stamm- und Vorzugsaktien. Mindeststreuung der Aktien: 25 %; eine Haltepflicht der Aktien besteht für die Aktionäre nach der Börsenzulassung nicht;

Nach der Börsenzulassung hat der Emittent gem. §§ 44, 44a, 44b, 44c BörsG bestimmte Pflichten zu erfüllen. Diese sind insbesondere:

- die Nennung einer Zahl- und Hinterlegungsstelle am Börsenplatz;
- die unverzügliche Veröffentlichung neuer Tatsachen, die bei Aktien zu einer Kursänderung und bei Schuldverschreibungen zu Beeinträchtigungen im Kapitaldienst führen könnten;
- die regelmäßige Zwischenberichtspflicht im laufenden Geschäftsjahr.

Die Akzeptanz des des Übernahmekodex wird der Aktiengesellschaft empfohlen.

Der Markt unterliegt der Handelsüberwachung (HüSt). Die Publikationssprache ist Deutsch, für ausländische Emittenten auch Englisch. Nach der Börsenzulassung besteht für die Aktionäre keinerlei Verpflichtung die Aktien zu halten. Die Akzeptanz des Über-

	1995	1996	1997[1]	1998[1]
Amtlicher Handel	522	517	369	396
Geregelter Markt	173	162	85	84
Freiverkehr	117	123	68	101

1) ab 1997 sind lediglich die Daten der Frankfurter Wertpapierbörse verfügbar.

Börsennotierte Aktien-Gesellschaften in Deutschland nach Marktsegmenten
Quelle: Deutsche Börse AG, Fact Book, 1999; Deutsches Aktieninstitut,
DAI-Factbook 1999.

nahmekodex durch die gelisteten Aktien-Gesellschaften wird empfohlen.

Der Amtliche Markt ist i.S.v. § 2 Abs. 5 WpHG ein organisierter Markt.

▶ **Amtlicher Makler** → Kursmakler

▶ **Amtlicher Markt** → Amtlicher Handel

▶ **Amtliches Kursblatt** → Börsenkursblatt

▶ **Anderdepot**

→ Depot, in welches bei einer Bank die Wertpapiere, die von Treuhändern, Notaren usw. für Dritte verwaltet werden, zur Verwahrung gegeben werden.

▶ **Anderdepot (Depot B)** → Depot

▶ **Anfangskurs**

(→ Eröffnungskurs) derjenige Kurs, der für ein Wertpapier, welches zum → variablen Handel zugelassen ist, zu Börsenbeginn festgesetzt wird.

▶ **Angstklausel** → Indossament

▶ **Anlagendeckungsgrad**

Horizontale Kapitalstruktur-Kennzahl, die in zwei unterschiedlichen Ausprägungen Anwendung findet.

$$A_I = \frac{\text{Eigenkapital}}{\text{Anlagevermögen}} \cdot 100,$$

$$A_{II} = \frac{\text{Eigenkapital} + \text{langfristiges Fremdkapital}}{\text{Anlagevermögen}} \cdot 100.$$

Beide Kennzahlen stellen auf die → Fristenkongruenz von Kapitalbindungs- und Kapitalüberlassungsdauer ab. Sie sollen Auskunft hinsichtlich der strukturellen → Liquidität sowie Kapitalkraft und somit → Kreditwürdigkeit einer Unternehmung geben.

Die Kennzahl A_I ist in erster Linie auf den → Gläubigerschutz im Liquidationsfall ausgerichtet, da unterstellt wird, dass ein hoher Deckungsgrad A_I das Risiko des Forderungsausfalls (Gläubiger gegenüber der Unternehmung) gering werden lässt. Begründung: Die weitgehend oder vollständig mit Fremdkapital finanzierten Güter des Umlaufvermögens hätten generell eine kurze Self Liquidating Period und wären allgemein mit einer guten → Shiftability ausgestattet. Sollten dennoch – bedingt durch eine ungünstige künstliche Liquidität – bei Gütern des Umlaufvermögens Forderungsausfälle auftreten, wären diese letztlich durch das (möglichst mit Eigenkapital finanzierte) Anlagevermögen abgedeckt (hoher Wert von A_I). Kritik: Die Self Liquidating Period der Güter des Umlaufvermögens kann sich im Zeitablauf u. U. erheblich verlängern. Zudem kann sich auch die künstliche Liquidität der Güter des Umlauf- und des Anlagevermögens verschlechtern (u. U. gegen null). Insofern bietet selbst ein Anlagendeckungsgrad mit einem Wert von 100, der ja ohnehin i. d. R. auf zurückliegenden Daten basiert, keinen hinreichenden Schutz gegen einen teilweisen Forderungsausfall.

Der Deckungsgrad A_{II} stellt die „goldene Bilanzregel" in ihrer engeren Fassung dar. Mit ihrer Anwendung soll die Einhaltung einer bestimmten Norm $A_{II} = 100$ im Hinblick auf die fristenkongruente Finanzierung des Anlagevermögens dargestellt werden. Wird diese Norm eingehalten, geht man davon aus, dass, bedingt durch die

	1980	1984	1990	1994
Unternehmen insgesamt				
A_I	83,0	84,7	66,0	68,7
A^{II}	142,0	143,4	156,1	164,6
davon: Chemie				
A^I	119,6	147,6	155,1	179,1
A^{II}	167,0	180,7	253,2	299,2
Maschinenbau				
A^I	110,5	101,9	100,7	116,1
A^{II}	183,6	180,2	213,3	243,1
Elektrotechnik				
A^I	120,7	142,7	127,2	159,0
A^{II}	183,5	190,5	253,9	310,3

Deckungsgrade AI und AII (Branchendurchschnitte) bei deutschen Industrie-
und Handwerksunternehmen

Quelle: Deutsche Bundesbank: Sonderdruck Nr. 5 (1983); Monatsberichte Nov. 1985;
1986; 1992; 1996.

Übereinstimmung von langfristiger Kapitalbindung und entsprechender Finanzierung im Anlagevermögen, die Unternehmung auch in Krisenzeiten nicht in Liquiditätsschwierigkeiten kommt.

Kritik: Auch hier ergibt sich das Problem, dass die Fristigkeit der Kapitalbindung und die Shiftability allein mit der Zuordnung eines Gegenstandes zum Anlage- oder Umlaufvermögen nicht uno actu geklärt sind. Daher ist die Zahlungsfähigkeit der Unternehmung auch bei einem hohen Deckungsgrad (A_{II} = 100) nicht unbedingt gesichert.

Hinzu kommt, dass die langfristigen gebundenen Teile des Umlaufvermögens und das langfristig zur Verfügung stehende Fremdkapital durch die Kennzahl in ihrer oben aufgezeigten Form nicht erfasst werden. Aus diesem Grund ist die Kennziffer A_{II} in ihrer erweiterten Form wie folgt definiert:

$$\frac{\text{Eigenkapital + langfristiges Fremdkapital}}{\text{Anlagevermögen + langfristig gebundene Teile des Umlaufvermögens}} \cdot 100$$

Neben diesen spezifischen Einwendungen gelten zusätzlich die generellen Vorbehalte, die im Zusammenhang mit der → Kennzahlenanalyse vorgetragen werden.

▶ **Anlagenerhaltungsrücklage** → Substanzerhaltungsrücklage

▶ **Anlagenkredit**

(Investitionskredit) langfristiger Kredit, der zur Investition langfristig gebundenen Kapitals (z. B. Grundstücke, maschinelle Ausrüstung) aufgenommen wird. Das Postulat der → Fristenkongruenz (→ Anlagendeckungsgrad) fordert Abstimmung der Kreditlaufdauer auf die Länge der Kapitalbindung.

▶ **Anlagepapiere**

(Anlagewerte) allgemeine Bezeichnung für in Wertpapieren verbriefte Anlagewerte, die sich zur langfristigen Kapitalanlage eignen. Dies sind z. B. festverzinsliche Wertpapiere (öffentliche und private → Anleihen (Schuldverschreibungen), → Pfandbriefe, → Jumbo Pfandbriefe, → Kommunalobligationen, → Schatzbriefe, → Sparbriefe, → Investment-Zertifikate und solche Aktien, die einen sicheren Ertrag und eine stetige Kursentwicklung aufweisen. Grund: Investoren in Anlagepapiere legen Wert auf einen sicheren Ertrag bei relativ niedrigem Risiko der Kapitalanlage.

▶ **Anlagestrategien** → Portfolio Selection

▶ **Anlagevermögen**

Alle Vermögensgegenstände, die dem Unternehmen dauernd zur Verfügung stehen. Zum Anlagevermögen gehören gem. § 266 (2) HGB:

> I. Immaterielle Vermögensgegenstände:
> 1. Konzessionen, gewerbliche Schutzrechte und ähnliche Rechte und Werte sowie Lizenzen an solchen Rechten und Werten;
> 2. Geschäfts- oder Firmenwert;
> 3. geleistete Anzahlungen;

II. Sachanlagen:
1. Grundstücke, grundstücksgleiche Rechte und Bauten einschließlich der Bauten auf fremden Grundstücken;
2. technische Anlagen und Maschinen;
3. andere Anlagen, Betriebs- und Geschäftsausstattung;
4. geleistete Anzahlungen und Anlagen im Bau;
III. Finanzanlagen:
1. Anteile an verbundenen Unternehmen;
2. Ausleihungen an verbundene Unternehmen;
3. Beteiligungen;
4. Ausleihungen an Unternehmen, mit denen ein Beteiligungsverhältnis besteht;
5. Wertpapiere des Anlagevermögens;
6. sonstige Ausleihungen.

Die Wertansätze sind gem. § 253 HGB vorzunehmen.

▶ **Anlageverwaltung** → Investmentgesellschaft

▶ **Anlagewerte** → Anlagepapiere

▶ **Anlegerschutz**

Zielt darauf ab, Anleger vor Vermögensverlusten zu bewahren. Mögliche Ursachen der Verlustgefahren liegen i. d. R. in mangelhafter Information des Investors durch Anlageberater und Kapitalnachfrager im Zuge einer Kapitalanlageentscheidung und während der Kapitalbindung. Weiterhin ist mit der Übertragung von Anlagekapital auf einen → Finanzintermediär (Banken, Investmentfonds, Versicherungsgesellschaften) ein Verlustrisiko aus einer vertraglich abweichenden Anlage des hierzu übertragenen Kapitals möglich. Die Gewährleistung eines möglichst weit gehenden Anlegerschutzes soll durch eine umfassende Gesetzgebung sowie Richtlinien erreicht werden. Ihre Verankerung findet sich im AktG (§§ 148 ff., §§ 177 ff., §§ 133 ff., §§ 92 ff., §§ 23 ff., §§ 46 ff.), KAGG (§ 1, §§ 18, 19, 23), VAG (§§ 68, 69, §§ 71 ff., § 77), KWG und in → Börsenordnungen.

▶ **Anleihe**

(Loan, Bond, Schuldverschreibung, Obligation, Rentenwert) Instrument der langfristigen Kreditfinanzierung. Eine Anleihe lautet über einen Gesamtbetrag und wird in Teilschuldverschreibungen zerlegt und verbrieft. Teilschuldverschreibungen sind Inhaber- oder Orderpapiere (→ Wertpapiere), wobei heute die Ausgabe von Inhaberpapieren vorherrscht.

Anleihegläubiger (Obligationäre) haben das Recht auf Rückzahlung des ausgewiesenen Anleihebetrages sowie einer festgelegten Verzinsung. Die Laufdauer von Schuldverschreibungen mit Endfälligkeit schwankt – entsprechend den Bedürfnissen der Emittenten und der aktuellen Kapitalmarktlage – zwischen 5 und 30 Jahren. Daneben gibt es Anleihen, die im Emissionszeitpunkt ohne Endfälligkeit ausgestattet werden (keine Tilgungsverpflichtung), sog. → ewige Anleihen:

• mit Recht zum Tausch in eine Anleihe mit fester Laufzeit (Undated FRN),
• ohne Umtauschrecht in Anleihen mit fester Laufzeit (Perpetual FRN; → Floating Rate Notes).

Die Emittentin hat i. d. R. Kündigungsrecht, welches dem Obligationär nur selten eingeräumt wird (→ Degussa-Klausel). Auch die Form der Tilgung (Gesamttilgung am Ende der Laufzeit, Ratentilgung in den verschiedenen Varianten) wird zum Zeitpunkt der Emission festgelegt. Diese und weitere Merkmale kennzeichnen die → Anleihe-Ausstattung. Ihre qualitative Ausgestaltung ist einerseits für die Platzierungschance, andererseits für die Höhe der einmaligen und laufenden Kosten sowie die Liquiditätsbelastung des Emittenten entscheidend.

Nach der Person des Emittenten werden unterschieden:

(1) *Anleihen der öffentlichen Hand*
Hierbei handelt es sich im Einzelnen um → Kassenobligationen, verzinsliche → Schatzanweisungen und Schuldbuchforderungen des Bundes, der Länder und Gemeinden, von Bahn, Post und öffentlich-rechtlichen Zweckverbänden.

(2) *Bankschuldverschreibungen*
(a) → Pfandbriefe und → Kommunalobligationen der Realkreditinstitute;

(b) Schuldverschreibungen von Spezialkreditinstituten (AKA-Ausfuhrkredit-Gesellschaft mbH, Bayerische Landesanstalt für Aufbaufinanzierung, Deutsche Genossenschaftsbank, Deutsche Siedlungs- und Landesrentenbank, Industriekreditbank AG-Deutsche Industriebank, Kreditanstalt für Wiederaufbau, Landwirtschaftliche Rentenbank, Deutsche Ausgleichsbank, Bausparkassen). Zur Besicherung sind Grundpfandrechte, Bürgschaften der öffentlichen Hand und Patronatserklärungen üblich. Erfolgt keine Besicherung, so wird die Anleihe i. d. R. zumindest mit Negativklausel versehen. Das Kündigungsrecht kann sich die Anleihegläubigerin nach Fristablauf ex Emissionsdatum einräumen lassen, wobei sie zumeist den Obligationären nach Kündigung das Recht zum Umtausch in niedrigerverzinsliche Teilschuldverschreibungen gewährt (→ Konversion). Die Tilgungsmodalitäten haben grundsätzlich zwei unterschiedliche Ausprägungsformen: Gesamttilgung am Laufzeitende oder Ratentilgung entweder in gleichen Raten oder → Annuitäten (fallender Zinsanteil, steigender Tilgungsanteil bei gleich bleibender Gesamtrate), wobei einige tilgungsfreie Jahre vorgeschaltet sind. Als unterschiedliche Methoden bieten sich die Auslosung oder der freihändige Rückkauf an. Anleihen ohne Tilgungsverpflichtungen (Perpetuals, → ewige Anleihen) sind äußerst selten. Zusätzlich erfolgen in der Anleihe-Ausstattung Angaben über die → Mündelsicherheit, Deckungsstockfähigkeit, Börseneinführung, Stückeverfügung und die steuerliche Behandlung hinsichtlich des Zeichnungsbetrages und der Zinserträge.

Durch Variation Einzelner oder/und mehrerer Ausstattungsmerkmale (vgl. Übersicht) ergibt sich – oft in Verbindung mit den sog. Zwischen- oder Sonderformen – eine Fülle von neuen Anleihetypen, die teilweise unter dem Terminus → Finanzinnovationen subsumiert werden.

(c) Sonstige Bankschuldverschreibungen (Schuldverschreibungen von Girozentralen, deren Verkaufserlöse in erster Linie zur Kreditgewährung an die gewerbliche Wirtschaft

dienen, „ungedeckte" Schuldverschreibungen von Hypothekenbanken, von Banken begebene Inhaberschuldverschreibungen und börsenfähige Sparschuldverschreibun-
gen).

(3) *Industrieschuldverschreibungen*

Anleihen von emissionsfähigen Industrie-, Handels- und Verkehrsunternehmen (→ Industrieobligation, Industrieanleihe).

Neben der „klassischen" Festzinsanleihe existieren Schuldverschreibungen, die Zwischenformen der Eigen- und Fremdfinanzierung darstellen: → Wandelanleihe, Bezugsrechtsobligation als Form
der → Optionsanleihe, → Gewinnobligation und → Genuss-Schein.

Basierend auf der klassischen Festzinsanleihe (straight bond) und
einigen Zwischenformen wurden in jüngster Zeit durch Variation
und Kombination unterschiedlicher Merkmale der → Anleihe-Ausstattung eine Vielzahl neuer Anleiheformen entwickelt. Diese Produktinnovationen werden oft unter dem Terminus → Finanzinnovation subsumiert. Vgl.: → Anleihe-Ausstattung.

▶ **Anleihe mit variabler Verzinsung** → Floating Rate Note

▶ **Anleihe-Ausstattung**

(Anleihe-Konditionen, Anleihe-Bedingungen) im Anleiheprospekt
abgedruckte wesentliche wirtschaftliche Daten über die Anleihe. Sie
spiegelt die Konditionen wider, zu denen eine Schuldverschreibung
begeben wird. Somit enthält sie die für den Anleger wesentlichen
Informationen, die er im Rahmen seines Investitionskalküls benötigt. Von der Gestaltung der Anleihe-Ausstattung hängt somit das
Platzierungsrisiko (bzw. die Platzierungschance) ab, was dadurch
minimiert (bzw. maximiert) werden kann, als die Anleihe-Ausstattung der Kapitalmarktsituation im Emissionszeitpunkt optimal angepasst ist.

Bei der „klassischen" Festzinssatzanleihe lautet der Anleihen-
ennbetrag in Währungseinheiten (WE), z. B. €, US-$; sfr. Das An-
leihevolumen bewegt sich zwischen 20 und mehreren einhundert
Mio. WE. Die Stückelung variiert i. d. R. zwischen 100 und 10 000
WE. Während der Emissionskurs und Rückzahlungskurs vom

Nennwert abweichen können wird ein fester Nominalzins ausgewiesen. Die Zinszahlungen erfolgen halbjährlich oder jährlich. Unter Einbeziehung der Größen: Emissions-, Rückzahlungskurs, Laufzeit und Zinszahlungszeitpunkte ergibt sich somit eine von der Nominalverzinsung abweichende Effektivverzinsung. Die Laufdauer bewegt sich zwischen 5 und 30 Jahren; Abweichungen bis zu 100 Jahren (→ Century Bonds) sind möglich. Als Besicherungsformen dienen, soweit diese erforderlich ist, in erster Linie → Grundpfandrechte, Bürgschaften der öffentlichen Hand und Patronatserklärungen. Anleiheschuldner haben in der Regel eine bestimmte Zeitspanne ex Emmissionsdatum das Recht der vorzeitigen Kündigung (→ Konvertierung). Anleihegläubigern wird das vorzeitige Kündigungsrecht äußerst selten eingeräumt (→ Degussa-Klausel). Der Rückzahlungskurs ist i. d. R. nach seiner Höhe und Denomination nominal definiert. Insbesondere an den Euro-Märkten finden sich vermehrt Anleihen, bei denen das Rückzahlungsvolumen indexiert ist. Anleihen ohne Tilgungsverpflichtung sind äußerst selten anzutreffen. Die Tilgungsverfahren lassen sich auf drei Varianten reduzieren: Gesamttilgung am Laufzeitende, Ratentilgung und Tilgung im Annuitätenverfahren. Sonderformen finden sich bei Anleihen, als sie mit speziellen (atypischen) Rechten ausgestattet werden können.

Durch die Möglichkeit verschiedene Anleihekomponenten zu variieren und miteinander zu kombinieren ergeben sich zahlreiche Anleihevarianten (vgl. Übersicht).

---

(1) Nennbetrag

   (a) Anleihen lautend in Währungseinheiten (WE):

      • Normalfall: Festlegung auf einheitliche Währungseinheit (z. B. in €, US-$, sfr.) bezüglich Emissions-, Zins- und Tilgungsleistungen.

      • Variante: Bei einer → Doppelwährungsanleihe können Emissionsbetrag, Zinszahlungen und Tilgungsleistungen in von einander differierenden Währungen erfolgen (z. B. €, €/US-$: Emission und Zinszahlungen in €, Tilgung in US-$).

   (b) Indexierte Anleihen:

      • bezüglich Emissionsdenomination: → Rechnungseinheiten-Anleihen (z. B. SDR-Anleihen).

(2) Anleihevolumen

   (a) mehrere Millionen Währungseinheiten;

   (b) bei Rechnungseinheiten-Anleihen mehrere Millionen Index-Einheiten (z. B. SDR).

(3) Stückelung

   (a) National: Währungseinheiten (WE), i. d. R.: 100 €, 500 €, 1000 €, 5000 €, 10 000 €.

   (b) International: Währungs- oder Rechnungseinheiten (RE), i. d. R.: 1000 WE (z. B. 1000 $) bzw. RE als Untergrenze.

(4) Emissionskurs

   (a) vollständig eingezahlt zu pari/unter pari/über pari

   (b) teilweise eingezahlt: → Teilzahlungs-Anleihe

(5) Verzinsung

   (a) jährlich/halbjährlich/vierteljährlich/halbjährlich, dann jährlich

   (b) fest über die gesamte Laufzeit:

   • Direkte Methode: (Nominal-)Zinssatz fest ausgewiesen; periodische Zahlung; Zinszahlungen jährlich oder halbjährlich. Varianten: → Cash Flow-Notes (Zinszahlungszeitpunkte können in Grenzen vom Investor bestimmt werden), → Deffered Coupon Bond;

   • Indirekte Methode: (Effektiv-)Zinssatz im Zeitpunkt der Emission festgeschrieben durch positive Differenz zwischen Emissions- und Rückzahlungskurs bezogen auf die Laufdauer. Während der Laufdauer erfolgen keine Zinszahlungen (→ Zerobond); Varianten: → Stripped Zerobond, → Stripped Bond, → Annuitäten- Anleihe.

   (c) Variabler Zinssatz:

   (aa) Nominalzinssatz steigt/fällt im Zeitablauf → Staffelanleihe, Stufenzins-Anleihe

   (bb) Zinssatz wird in Anlehnung an einen Referenzzinssatz (z. B. → EURIBOR) jeweils nach Ablauf eines Anpassungszeitraums neu festgeschrieben (variabel verzinsliche Anleihe, → Floating Rate Note), u. U. mit Zinssatzbegrenzung nach:

   • oben – Zinsobergrenze (→ Cap, Maxi Floating Rate Note); Varianten: mit → Delayed Cap, → Dual Index Floating Rate Note;

   • unten – Zinsuntergrenze (→ Floor); Varianten: Drop Lock Floater, Count Down Floater;

   • oben und unten (Mini Max Floater; Zinsanpassungen und Zinszahlungen alle 3, 6,9 Monate); Variante: Mismatched Floater (→ Floating Rate Notes).

- Varianten: → Umgekehrter Floater (Reverse Floater), → Stepp Up Issue, → Stepp Down Issue, → Drop Lock Floating Rate Note, weitere: Floater-Varianten insbes. Floater mit Optionsrechten zum Tausch von Floating Rate to Fixed Rate, etc.

(6) Rückzahlungkurs

  (a) Nominal: → Nennwert/über Nennwert

  (b) Indexiert: → Rechnungseinheiten-Anleihen, → Sachwertanleihen, Index-Anleihen, → Aktienindex-Anleihen, → Doppelwährungsanleihe, → Heaven and Hell Bond,→ Aktienanleihe.

(7) Laufdauer

  (a) mit Laufzeitbegrenzung: z. B. 10 Jahre, 15 Jahre, 30 Jahre; 100 Jahre (Century Bond); spezielle Variante: → Flip Flop Floating Rate Note (→ Floating Rate Notes).

  (b) ohne Laufzeitbegrenzung: → Perpetual Floater ohne (→ Undated Floating Rate Note) oder mit Umtauschmöglichkeit durch den Anleger in zeitlich begrenzte Anlagealternativen des Emittenten.

(8) Besicherung

  (a) mit Besicherung: Besicherungsformen: Grundpfandrechte, Bürgschaften der öffentlichen Hand, Patronatserklärungen.

  (b) ohne Besicherung: mit oder ohne Negativklausel.

(9) Kündigungsrecht

  (a) durch die Anleiheschuldnerin:

  - für die Gesamtlaufdauer der Anleihe ausgeschlossen;
  - nach Ablauf einer bestimmten Frist außerhalb der planmäßigen Tilgung möglich, u. U.verbunden mit → Konvertierung;

  (b) durch die Obligationäre:

  - i. d. R. nicht vorgesehen;
  - bei Einräumung des Kündigungsrechts: Kennzeichnung mit → Degussa-Klausel.

(10) Tilgung

  (a) ohne Tilgungsverpflichtung: ewige Renten, Perpetual Floater (ohne/mit Umtauschmöglichkeit durch den Anleger in zeitlich begrenzte Anlagealternativen des Emittenten).

  (b) mit Tilgungsverpflichtung:

  - Gläubiger-/Schuldnerverhältnis endet mit der letztmaligen Zahlung aus der Tilgungsverpflichtung. Varianten: Gesamttilgung am Ende der Laufzeit (→ Endfällige Anleihe); Ratentilgung, i. d. R. beginnend nach einigen Freijahren, in gleich bleibenden Raten oder gleichen → Annuitäten. Methoden: Auslosung bestimmter Transchen oder freihändiger Rückkauf.

> • Gläubiger/Schuldnerbeziehung endet nach mehrhährigen Zahlungen aus Tilgungs- und Zinsverpflichtungen im Annuitätenverfahren (→ Annuitäten-Anleihe).
>
> **(11)** Sonderformen
>
>   **(a)** Festverzinsliche Schuldverschreibungen mit Sonderrechten
>
>   • zum Bezug auf Eigenkapital (Aktien) und/oder Fremdkapital in Form von zusätzlichen Anleihestücken oder → Partizipationsscheinen (→ Wandel-; → Optionsanleihe),
>
>   • zum Ankauf einer bestimmten Menge von Währungseinheiten oder eines Edelmetalls etc.
>
>   **(b)** Variabel verzinsliche Schuldverschreibungen zum Bezug auf Eigenkapital (Aktien) oder/und Fremdkapital in Form von zusätzlichen Anleihestüken (→ Floating Rate Notes with Warrants Attached for Equity/Debt).

Ausstattungsmerkmale von Anleihen

▸ **Anleihe-Bedingungen** → Anleihe-Ausstattung

▸ **Anleihe-Konditionen** → Anleihe-Ausstattung

▸ **Anleihekonsortium**

Bankenkonsortium (→ Konsortium), welches im Regelfall im Zuge einer Anleheemission eingeschaltet wird. Das Anleihekonsortium kann als Übernahme-, Begebungskonsortium oder in einer Mischform tätig werden. Während das Übernahmekonsortium (Garantiekonsortium) vor der Platzierung die Anleihe vollständig auf eigene Rechnung übernimmt, platziert das Begebungskonsortium ohne eigenes Risiko die Anleihe auf Rechnung der Anleiheemittentin. Das Anleihekonsortium kann aber auch in der Mischform eines Übernahme- und Begebungskonsortiums gebildet werden. Anleihekonsortien sind im Regelfall in der Form strukturiert, als neben dem Konsortialführer oder der Führungsgruppe (→ Co-Manager) eine → underwriting group und u. U. eine → Selling Group fungieren (→ Emissionsverfahren, → Fremdemission).

▸ **Anleihe-Stripping**

Verfahren, bei welchem der Coupon vom Wertpapiermantel (Nomianlwert) getrennt wird. Anschließend können der Nominalwert und der Zinsteil einzeln als Zero-Bonds (Nullkuponanleihen) gehandelt werden.Vgl.: → Stripped Bond

▶ **ANNA**→ Association of National Numbering Agencies

▶ **Annual Floating Rate Note**

Variante einer → Floating Rate Note mit jährlichen Zinszahlungen.

▶ **Annuität**

Periodisch (i. d. R. jährlich) zu zahlende, immer in gleicher Höhe bleibende Rate auf eine Kapitalschuld, die aus einem Zins-Tilgungsanteil besteht (Annuität = Tilgungsrate + Zins). Da die periodische Amortisation die zinspflichtige Schuld mindert, sinkt im Zeitablauf der Zinsanteil an der Rate, während der Tilgungsanteil entsprechend steigt.

Die Annuitäten A können als nachschüssige Raten angesehen werden. Ihr → Barwert ist gleich dem geschuldeten Kapital K_0 im Zeitpunkt t_0:

$$K_0 = A \cdot \frac{q^n - 1}{q^n(q-1)}$$

Die Annuität errechnet sich demnach:

$$A = K_0 \cdot \frac{q^n(q-1)}{q^n - 1}$$

Die Aufteilung der Annuität in Tilgungs- und Zinsanteile erfolgt im Zeitablauf im Rahmen eines Tilgungsplanes.

▶ **Annuitäten-Anleihe**

(Annuitäten-Bonds, ABO'S) → Anleihe, bei der bis zur Fälligkeit (wie beim) → Zerobond keine Zinszahlungen erfolgen. Nach einer Anzahl von Freijahren erfolgt dann über einen bestimmten Zeitraum die Tilgung einschließlich der Zahlung von Zins- und Zinseszinsen nach der Annuitätenmethode. Die Annuitäten enthalten also das Kapital einschließlich des auf dieses Kapital entfallenden Kapitalzuwachses.

Beispiel:
Emission BMW Finance N. V., 's Gravenhage/Niederlande
Fünf Tranchen (A, B, C, D, E) 1987.
Stückelung jeweils 1000 DM/10 000 DM; Tilgung nach Freijahren (je Tranche unterschiedlich) in jeweils fünf jährlichen Annuitäten, zahlbar jeweils am 1. 4. eines Jahres.
Emission in fünf Tranchen:

Tranche	Nenn-beträge in Mio. DM	Tilgungs-freie Jahre	Jährliche Annuitäten	Summe der Annuitäten bei Stückelung 1000 DM	Rendite
A	117,971	5	5	1618,20	6,250
B	83,259	10	5	2292,85	6,625
C	56,739	15	5	3364,50	7,000
D	39,389	20	5	4846,55	7,125
E	27,028	25	5	7063,15	7,250

Durch die Emission in fünf unterschiedlichen Tranchen mit fallendem Emissionsvolumen erreicht BMW eine gleichbleibende Liquiditätsbelastung während des gesamten Tilgungszeitraums.

▶ **Annuitätenhypothek** → Hypothek

▶ **Annuitätenmethode**

Dynamische Investitionsrechnungsverfahren, bei dem es sich um eine Variante der → Kapitalwertmethode handelt. Für die Prüfung auf absolute und relative Vorteilhaftigkeit gelten daher die gleichen Kriterien, wie bei der Kapitalwertmethode. Die Annuität (A) errechnet sich, indem ein bereits errechneter Kapitalwert C_0 unter Verwendung des Kapitalwiedergewinnungsfaktors in eine Reihe gleich hoher Zahlungen, die über einen bestimmten Zeitraum zu bestimmten Zeitpunkten anfallen, umgewandelt wird. Der zur Anwendung kommende Kalkulationszinssatz entspricht dem, der vorab bei der Errechnung des Kapitalwertes C_0 verwendet wurde. Danach ist:

$$A = C_0 \frac{i(1 + i)^t}{(1 + i)^t - 1}$$

▶ **Annuity Bond** → Annuitäten-Anleihe

▶ **Annuity Note** → Annuitäten-Anleihe

▶ **Anonymes Konto**

wird nicht unter dem Namen des Kontoinhabers, sondern unter einer besonderen Bezeichnung (Code-Wort) geführt. Bei der Kontoeröffnung wird keine Identitätsprüfung durchgeführt. Die Verfügung erfolgt über ein Kennwort.

▶ **Anrechtschein** → Zwischenschein

▶ **Anreicherungsfonds** → Wachstumsfonds

▶ **Anschaffungsdarlehen**

Ratenkredit, i. d. R. mit einer Laufdauer von zwei bis sechs Jahren. Der Kredit wird im Regelfall bis zu 40 000 DM gewährt, kann aber bei entsprechender Besicherung bis zu einer Summe von 150 000 DM eingeräumt werden. Er ist in konstanten Raten (i. d. R. monatlich) zu tilgen. Anschaffungsdarlehen werden den Konsumenten in erster Linie zum Erwerb langlebiger Konsumgüter angeboten (→ Konsumentenkredit).

▶ **Anschaffungsverpflichtung**

Verpflichtung der Lieferung von Devisen oder Wertpapieren zu einem vertraglich fixierten Termin.

▶ **Anschlussaufträge**

Börsenaufträge, die nach Börseneröffnung oder/und des variablen Handels eingehen.

▶ **Anschlussfinanzierung**

Wird bei fristeninkongruenter Finanzierung notwendig. Diese liegt
einerseits vor, wenn die Kapitalüberlassungsdauer kürzer ist als die
Kapitalbindungsdauer (→ Fristenkongruenz) oder/und die Höhe
des Nutzungsentgelts (Zins) nicht über die gesamte Kapitalnut-
zungsdauer festgeschrieben ist. Fristeninkongruente Finanzierung
ist heute durchaus üblich, da einerseits Kapitalien bei bestimmten
Finanzierungsformen (z. B. Euro-Kredite, → Note Issuance Facilities, → Euro-Commercial-Paper-Programmes, Non-underwritten-
Facilities, revolvierenden → Schuldscheindarlehen) nicht fristenkongruent überlassen werden. Andererseits werden in bestimmten
Kapitalmarktsituationen mittel- und langfristige Investitionen mit
kurzfristigem Kapital finanziert. Zu einem späteren Zeitpunkt soll
dann zu den erwarteten günstigeren Konditionen eine Anschlussfinanzierung erfolgen.

Mit der Anschlussfinanzierung sind das Liquiditäts- und Rentabilitätsrisiko verbunden. Das Liquiditätsrisiko wird schlagend, wenn
die Anschlussfinanzierung nicht oder nur teilweise fristgerecht gelingt. Die Risikoeintrittswahrscheinlichkeit ist abhängig von der Liquiditätssituation an den relevanten Geld- und Kapitalmärkten, den
Kreditgebern sowie der Bonität des Kreditnehmers. Die mögliche
Wirkung des Liquiditätsrisikos auf die Zahlungsfähigkeit der Unternehmung (Einschränkung oder Aufhebung) ist im Einzelfall zu
evaluieren.

Das Rentabilitätsrisiko ist eine Resultante des mit der Anschlussfinanzierung verbundenen Zinsänderungsrisikos.

▶ **Anspannungsgrad** → Verschuldungsgrad

▶ **Anteil**

(Share) Grundlage des Beteiligungsverhältnisses (Mitgliedschaft,
Kapitalbeteiligung) an Unternehmen.

Soweit Mitgliedsrechte an → Kapitalgesellschaften verbrieft sind,
werden darüber Anteilspapiere ausgegeben (→ Aktien, → Genuss-
Scheine). Diese Anteile sind regelmäßig übertragbar, ohne dass

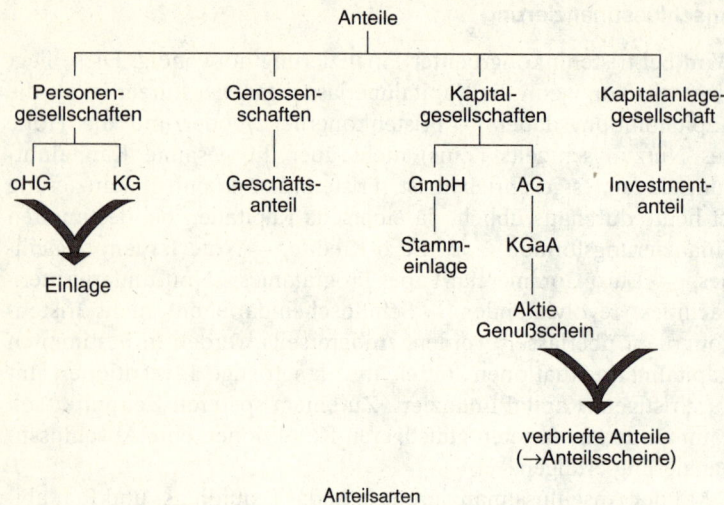

Anteilsarten

durch den Gesellschafterwechsel der Bestand der Kapitalgesellschaft beeinflusst wird.

Bei → Investmentgesellschaften verbriefen die → Investment-
Zertifikate die Beteiligung des Anlegers am Sondervermögen einer
Kapitalgesellschaft.

▶ **Anteilsaktie** → Quotenaktie

▶ **Anteilschein**

(1) → Wertpapier, in dem Mitgliedschaftsrechte an einer Gesellschaft oder Anteilsrechte an einer Vermögensmasse verbrieft
sind. Der Anteilsschein lautet im allg. über definierte Beträge
(→ Summen- oder Nennwertaktien), kann aber auch nenn-
wertlos sein (→ Quoten- oder nennwertlose Aktien; → Investment-Zertifikat).

Anteilscheine sind z. B. auch → Optionsschein, → Genuss-
Schein, → Gewinnanteilschein, → Zwischenschein. Die von
GmbH ausgestellten Anteilscheine sind lediglich Beweisur-

kunden. Sie eignen sich daher nicht zur Veräußerung oder Verpfändung.

(2) Bei → Investmentgesellschaften: Urkunde, die das Miteigentum am Fondvermögen verbrieft (→ Investment-Zertifikat). Anteilscheine können auf Inhaber oder auf Namen lauten; sie können einen oder mehrere Anteile am Investmentfond verbriefen.

▶ **Anticipatory Credit** → Akkreditivbevorschussung

▶ **Anticipatory Hedge**

Geschäft zur Absicherung gegen eine erwartete Marktentwicklung.

▶ **Antizipative Posten** → Rechnungsabgrenzungsposten

▶ **Anzahlung** → Kundenanzahlung

▶ **Anzahlungsgarantie**

(Advance Payment Guarantee) Form der → Bankgarantie; wird i. d. R. im Zusammenhang mit Außenhandelsgeschäften gewährt (ist aber auch im Inlandsgeschäft üblich). Durch sie wird einem ausländischen Importeur (Besteller), der eine Anzahlung auf eine Lieferung des inländischen Exporteurs (Lieferanten) geleistet hat, die Sicherheit gegeben, dass er bei Nichterfüllung des Vertrages durch den Exporteur seine Anzahlung zurückerhält.

▶ **Arbeitnehmerdarlehen**

(1) Gewährung von Krediten zu Vorzugskonditionen (zinsgünstig und vorteilhafte Tilgungsbedingungen) durch eine Unternehmung an die eigenen Arbeitnehmer.

(2) Form der Arbeitnehmerfinanzierung. Der Unternehmung werden durch die Arbeitnehmer Darlehen gewährt. Dies geschieht in Form der

- Einräumung von Stundungskrediten (Umwandlung von Gehalts- und Lohnzahlungen in Darlehen);
- Gewährung von Geldkrediten durch Zeichnung von Obligationen (→ Personalobligationen), die den Arbeitnehmern zu

Vorzugskonditionen offeriert werden, oder Barkrediten, die die Arbeitnehmer ihren Unternehmen direkt offerieren. Bis auf die Zeichnung von Personalobligationen erfolgt die Einräumung von Arbeitnehmerdarlehen in Situationen, in denen die Existenz einer Unternehmung im höchsten Maße bedroht ist.

▶ **Arbitrage**

Ist – unter Berücksichtigung der Transaktionskosten – die gezielte Ausnutzung von Preis-, Kurs- oder Zinsdifferenzen eines Wirtschaftsgutes, die zu einem bestimmten Zeitpunkt an verschiedenen Börsenplätzen gegeben sind. Bei diesen Gütern handelt es sich um Effekten, (→ Effektenarbitrage), Termingeld, Devisen, Edelmetalle und andere Handelsobjekte.

Die Zielsetzung der Arbitrage liegen entweder in der Gewinnerzielung (Differenzarbitrage) oder Verlustvermeidung (Ausgleichsarbitrage). Bei der Differenzarbitrage nutzt der Arbitrageur die unterschiedlichen Kursdifferenzen, indem er zwei (oder mehr) entgegengesetzte Kontrakte abschließt. Der Gewinn ergibt sich dann aus der Kursdifferenz. Bei der Ausgleichsarbitrage geht der Arbitrageur zur Absicherung einer Verpflichtung (Kauf oder Verkauf) die günstigste Gegenposition (Verkauf oder Kauf) ein. Differenz- und Ausgleichsarbitrage werden unter dem Begriff Raumarbitrage subsumiert.

Bestehen zwischen den verschiedenen Märkten Valutierungsdifferenzen (Ausnahmesituation bedingt durch z. B. Feiertage), ist u. U. Zeitarbitrage möglich.

Arbitrage ist im Regelfall nur auf Basis eines guten Informationssystems möglich. Sie ist für den Arbitrageur im Regelfall risikolos. Aufgrund der modernen elektronischen Informations- und Kommunikationssysteme und die damit gegebene Markttransparenz ist Arbitrage nur noch begrenzt lohnend, da die Margen zu gering sind. Bei der Arbitrage wird daher zunehmend wie beim → Zins- und Währungsswap auf die Ausnutzung unterschiedlicher Bonitäten oder Marktzugangsvoraussetzungen abgestellt. Darüber hinaus hat die Arbitrage zwischen verschiedenen Handelsobjekten, wie z. B.

zwischen Geldmarktforderungen und → Financial Futures, an Bedeutung gewonnen.

▶ **Arbitrageur**

Händler, der sich mit Arbitragegeschäften befasst (→ Arbitrage).

▶ **Arbitragewerte**

an unterschiedlichen Börsenplätzen gehandelte Effekten (→ Effektenarbitrage), Devisen, Terminkontrakte etc., die oft Gegenstand von Arbitragegeschäften sind.

▶ **ARIEL**

Abk. für Automated Real Time Investments Exchange Limited.

▶ **Arrangement Fee**

(1) Provision, welche die Führungsbank bzw. Konsortialführerin in einem Bankenkonsortium (Emissionskonsortium, Kreditkonsortium) erhält.
(2) Kreditbereitstellungsprovision.

▶ **Arrangeur**

anglo-amerikanische Bezeichnung für
(1) die Konsortialführerin eines Kredit- oder Emissionskonsortiums,
(2) Arrangeur eines → Swaps,
(3) Arrangeur einer Underwritten Facility oder Non-Underwritten Facility.

▶ **Artificial Position** → Synthetische Position

▶ **Asian CD**

Bezeichnung für ein in US-Dollar denomiertes → Certificate of Deposit (CD), welches an einem Finanzplatz in Asien emittiert wurde.

▶ **Asiatische Option**

(Average Rate Option) Bezeichnung für eine Optionsvariante, deren Wert sich – im Gegensatz zur → European Option (Europäische Option) und zur → American Option (Amerikanische Option) – nicht durch den aktuellen Kurs (Preis) des Basistitels am Tag der Ausübung, sondern durch den Durchschnittskurs (-preis) des Basiswerts – bezogen auf einen bestimmten Zeitraum – ergibt.

▶ **Ask**

(Asked Price) angelsächsische Bezeichnung für Briefkurs. Preis, zu welchem ein Finanzinstrument zum Verkauf angeboten wird. Gegenteil: → Bid.

▶ **Asked Price** → Ask

▶ **Asset Backed Commercial Paper**

(Credit Supported Commercial Paper) → Commercial Paper, welches durch erstklassige Aktiva (z. B. Kredite) unterlegt ist.

▶ **Asset Backed Security (ABS)**

→ Anleihe, die durch einen Pool definierter Aktiva, wie Kredite (z. B. Automobilkredite, Hypothekarkredite, Forderungen aus Warenlieferungen, Forderungen aus Automobilkrediten), die durch die Anleiheemittentin eingeräumt wurden, unterlegt ist.

▶ **Asset Backed Trade Finance**

Form der mittelfristigen Exportfinanzierung, die sich revolvierend auf Basis eines Warenkaufvertrages vollzieht.

▶ **Asset Based Swap**

Synonym für → Asset Swap (b).

▶ **Asset Risk Management**

Umfasst sämtliche Absichten und Maßnahmen eines Investors, die auf die Absicherung seines Portfolios gegen mögliche oder schlagend werdende Marktrisiken gerichtet sind.

▶ **Asset Swap**

(1) Allgemein: Tausch von Vermögenswerten oder Zahlungsverpflichtungen;

(2) Synonym für Asset-based Swap. Hierbei handelt es sich um einen Zins-Swap. Hier hält derjenige, der den Festzins zahlt, ein Anleiheinvestment, dessen Zahlungsströme (Zinshöhe, Zinszahlungszeitpunkte, Denomination) sich in den Swap-Bedingungen widerspiegeln.

▶ **Assignment**

Bezeichnet die Abtretung aller Rechte und Pflichten aus einem Vertrag an eine dritte Partei.

▶ **Association of International Bond Dealers (AIBD)**

Internationale Vereinigung von Emissionsbanken und Händlern, die im Anleihegeschäft tätig sind. Die AIBD umfasst gegenwärtig ca. 800 Mitglieder aus 30 Ländern. Sie befasst sich in erster Linie mit Fragen, die Handels- und Emissionspraktiken an den Euromärkten betreffen.

▶ **Association of National Numbering Agencies (ANNA)**

Bezeichnung für ein einzuführendes weltweit gültiges Wertpapier-Identifikationssystem. Gegenwärtig wird das über die Grenzen reichende Settlement durch die jeweils nur am Inlandsmarkt geltenden Wertpapier-Kodierungen behindert. Zur Erhöhung der Effizienz der Settlement- und Verwaltungsprozesse soll Anna die Einführung einer allgemein gültigen International Securities Identification Number (ISIN) vorbereiten.

▶ **As-You-Like Warrant**

(You Choose Warrant) → Optionsschein der seinem Inhaber die
Möglichkeit eröffnet selbstständig zu bestimmen, ob dieser ein Kauf-
(Call-) oder Verkaufs-(Put-) Optionsschein werden soll. Dieses
Recht wird allerdings lediglich für einen begrenzten Zeitraum ex
Emission eingeräumt. Dieser Optionsschein wird vornehmlich als →
Indexoptionsschein emittiert.

▶ **At the Market**

Bezeichnung für einen Kauf- oder Verkaufsauftrag, der ohne Kurs-
limit und somit zum Marktpreis erteilt wurde.

▶ **At the Money**

Eine Option bzw. Optionsschein ist „At the money" wenn ihr innerer
Wert = 0 ist. Dieser Fall tritt ein, wenn Basispreis und der aktuelle
Preis des Basisgutes miteinander identisch sind. → At the Money
Option

▶ **At the Money Option**

Bezeichnung für eine Option, deren Basispreis mit dem aktuellen
Kurs (Preis) des zu Grunde liegenden Basiswertes identisch ist.
Damit ist ihr Ausübungswert bei sofortiger Ausübung gleich null.
  Vgl.: → In the Money Option, → Out of the Money Option.

▶ **Atlantic Option** → Bermuda Option

▶ **ATS**

(Automatic Transfer Service) Dienstleistungen, die US-amerikanische Geschäfts- und Genossenschaftsbanken natürlichen Personen
anbieten. Der Automatic Transfer Service besteht darin, dass Guthaben automatisch von Sparkonten auf Girokonten, die zu keinem
Zeitpunkt einen Minussaldo aufweisen dürfen, übertragen werden.
Für den einzelnen Bankkunden entfällt damit die Notwendigkeit
unverzinsliche Sichtguthaben und damit unrentable Kassenhaltung

vorzuhalten. Unterliegen die Sichteinlagen im Vergleich zu den Spareinlagen höheren Mindestreservesätzen, führt dies automatisch zu verminderten Mindestreserven im Bankensystem (→ Mindestreservepolitik).

▶ **Attached**

Beschreibt → Optionsscheine, die von den Wertpapieren, mit denen sie verbunden waren, nicht getrennt sind.

▶ **Attentismus**

Bezeichnung für eine vorsichtig abwartende Haltung von Kapitalanlegern in ihrem Anlageverhalten.

▶ **Au porteur**

Inhaberklausel auf Wertpapieren. Sie besagt, dass alle fälligen Leistungen an den Inhaber des Wertpapiers zu zahlen sind (→ Inhaberaktie, → Inhaberschuldverschreibung).

▶ **Aufgabe**

Notiz eines zu einem → Aufgabegeschäft berechtigten Börsenmaklers (→ Aufgabemakler), die der Bestätigung eines Aufgabegeschäfts dient.

▶ **Aufgabegeschäfte**

Geschäfte, bei denen die Adresse durch den Makler nicht sofort angegeben werden kann. In diesem Falle setzen sich die zu dieser Geschäftstätigkeit berechtigten → freien Makler und → Kursmakler selbst ein. Sie tragen damit die mit dem Geschäft verbundenen Kursrisiken. Der Makler hat bis zum zweiten Börsentag verbindlich eine Adresse zu nennen. Zur Durchführung von Aufgabegeschäften sind nur freie Makler und Kursmakler berechtigt, die hierzu vom Börsenvorstand zugelassen sind und diesem eine hohe Kaution stellen.

▶ **Aufgabemakler**

Bezeichnung für Börsenmakler (→ freie Makler, → Kursmakler), die zum Abschluss von → Aufgabegeschäften berechtigt sind.

▶ **Aufgebotsverfahren**

Bezeichnung für ein Verfahren, bei welchem durch eine (im Regelfall gerichtliche) öffentliche Aufforderung einem Ausschluss vorgebeugt oder Rechte geltend gemacht werden können umso einem möglichen Nachteil zu einem späteren Zeitpunkt vorzubeugen.

▶ **Aufgeld**

(1) allg. → Agio
(2) Kennzahl innerhalb der Optionsschein-Bewertung. Es gibt bei einem Call-Optionsschein (Put-Optionsschein) an, um wie viel Prozent teurer der Erwerb (Verkauf) des → Basisobjekts durch Kauf des Optionsrechts und seine sofortige Ausübung gegenüber dem direkten Erwerb (Verkauf) des Basiswerts ist.

▶ **Aufrechnungsklauseln** → Netting-Klauseln

▶ **Aufsichtsrat**

Aufsichtsorgan, das bei einer Aktiengesellschaft, Genossenschaft, Kommanditgesellschaft auf Aktien (KGaA), Versicherungsverein auf Gegenseitigkeit gesetzlich vorgeschgrieben ist. Auch bei einer Gesellschaft mit beschränkter Haftung mit mehr als 500 Arbeitnehmern muss ein Aufsichtsrat bestellt werden. Grundsätzlich möglich ist darüber hinaus bei Unternehmen in der Rechtsform der GmbH mit weniger als 500 Arbeitnehmern desgleichen die Bestellung eines Aufsichtsrats. Die Mitglieder des Aufsichtsrats werden – bis auf die Arbeitnehmervertreter – durch die Hauptversammlung gewählt. Der Anteil der Arbeitnehmervertreter im AR ist abhängig von der Anzahl der Beschäftigten im Unternehmen. Ist die Anzahl der Mitarbeiter unter 500, so stellen die Arbeitnehmer $1/3$ der Aufsichtsratsmitglieder, liegt die Anzahl der Arbeitnehmer über 2000, werden 50 % der Aufsichtsratsmitglieder durch die Arbeitnehmer gewählt. Der Aufsichtsrat (AR) überwacht die Geschäftsführung, bestellt die Mitglieder des Vorstands und vertritt das Unternehmen gerichtlich gegenüber dem Vorstand.

▶ **Aufstockungsaktie** → Gratisaktie

▶ **Auftrag** → Kundenauftrag

▶ **Auftragsstimmrecht** → Depotstimmrecht

▶ **Aufwertung**

Verschiebung des Wechselkurses der inländischen Währung im Verhältnis zu ausländischen Währungen. Bei Preisnotierung, z. B. €/1 US-$ (Mengennotierung: z. B. £/1 €), fällt (steigt) der Devisenkurs in Reaktion auf die Aufwertung.

▶ **Aufzinsung**

Verfahren der Zinseszinsrechnung, welches die Errechnung des Endwertes (K_n) aus einem gegebenen Anfangsbetrag (K_o) bei gegebener Laufzeit n und Verzinsung i mithilfe des Aufzinsungsfaktors q^n ermöglicht.

$q = (1 + i)$

$i = \dfrac{p}{100}$

p = Kalkulationszinssatz in v. H.

Der Wert K_o wird mit dem Aufzinsungsfaktor multipliziert, wodurch sich K_n errechnet.

Die Methode findet bei zahlreichen finanz-mathematischen Fragestellungen Verwendung, die eine Endwertermittlung erforderlich machen (z. B. Entwicklung eines Sparkapitals unter Berücksichtigung der Zinseszinsen).

▶ **Aufzinsungspapier**

Bezeichnung für ein Wertpapier ohne laufende periodische Zinszahlungen. Der Zinsertrag stellt sich hier aus der Differenz zwischen Rückzahlungskurs und Emissionskurs (d. h.: Rückzahungskurs → Emissionskurs) dar. Beispiel: → Zerobond in der Variante Aufzinsungstyp.

▶ **Auktionsbörse**

Börsentyp, bei dem sich die Preisbildung und der Handel nach dem Auktionsverfahren vollziehen. Die Preisfestsetzung erfolgt entweder im Zuge der → Einheitsnotierung oder der → variablen Notierung. Gegensätzlicher Börsentyp ist diejenige Börse, die nach dem Market-Maker-Prinzip (→ Market Maker) verfährt.

▶ **Auktionsmärkte** → Auktionsbörse, → Orderdriven Markets

▶ **Auktionsverfahren**

(1) → Kursfeststellung
(2) Methode, die zur Emissionspreisfindung Anwendung findet. Deklariert wird bei diesem Verfahren durch das Emissionskonsortium ein Mindestpreis (-kurs). Über diesen hinaus können die Investoren in beliebiger Höhe bieten.

▶ **Aus dem Geld Option**

(Out of the Money Option) Bezeichnung für eine → Option, die bei sofortiger Ausübung einen negativen Ausübungswert aufweist. Die Option hat somit zu diesem Zeitpunkt keinen inneren Wert. Eine Call-Option (Put-Option) ist out of the money (aus dem Geld), wenn der Kassakurs des Basiswertes unter (über) dem Basispreis der Calls (Puts) liegt. Vgl.: → At the Money Option, → In the Money Option.

▶ **Ausbeute**

(1) Gemäß § 99 BGB diejenigen, zu den unmittelbaren Sachfrüchten zählenden Erzeugnisse, die aus einer Sache ihrer Bestim-

mung gemäß gewonnen werden (z. B. Erz, Kohle etc.). Die Ausbeute in diesem Sinne ist streng abzugrenzen von den Erzeugnissen der Sache (z. B. Wolle von Schaf).

(2) Bergrechtlich ist Ausbeute die Bezeichnung für den verteilungsfähigen Gewinn bergrechtlicher Gewerkschaften.

▶ Ausfallbürgschaft

Bei der sog. einfachen Ausfallbürgschaft kann der Bürge grundsätzlich nur dann in Anspruch genommen werden, wenn der Gläubiger die Fruchtlosigkeit der Vollstreckung in das gesamte Vermögen des Schuldners nachweist. Dadurch wird die Abwicklung des Bürgschaftsfalles verzögert.

In der Praxis ist deshalb fast nur noch die modifizierte Ausfallbürgschaft üblich, bei der vertraglich festgelegt wird, wann ein Ausfall spätestens als festgestellt gilt (z. B. bei Eröffnung des gerichtlichen Vergleichs- oder Konkursverfahrens, bei Nichtzahlung fälliger Zins- und Tilgungsbeträge usw.) und der Gläubiger damit auf den Bürgen Rückgriff nehmen kann. Diese Form ist insbesondere bei den Bürgschaftsleistungen öffentlicher Gebietskörperschaften und Kreditgarantiegemeinschaften üblich.

▶ Ausfuhrbürgschaft

Wird für die Forderungen deutscher Exporteure gegenüber einem ausländischen Besteller von der Bundesrepublik Deutschland übernommen, wenn es sich bei dem Besteller um einen ausländischen Staat, eine ausländische Behörde oder Körperschaft handelt. Zur Ausstellung und Abwicklung sind die Hermes Kreditversicherungs-AG und die Treuarbeit AG als Konsortium beauftragt. Die Bürgschaft deckt unter bestimmten Voraussetzungen das Risiko des Forderungsausfalls im Falle der Nichtzahlung (wirtschaftliches Risiko) sowie das politische Risiko der Nichtzahlung aufgrund von staatlich verordneten Zahlungsverboten, Transfer- und Konvertierungsverzögerungen.

▶ Ausfuhrgarantie → Ausfuhrkreditversicherung

▶ **Ausfuhrkreditgesellschaft** → AKA Ausfuhrkreditgesellschaft mbH

▶ **Ausfuhrkreditversicherung**

Bietet Versicherungsschutz gegen die im Ausland liegenden Risiken von Ausfuhrgeschäften.Abgedeckt werden Forderungen aus Warenlieferungen und Dienstleistungen gegen das Risiko des Zahlungsfalls auf Grund der Zahlungsunfähigkeit (auf Grund von Konkurs, gerichtlichem oder außergerichtlichem Vergleichsverfahren, fruchtloser Zwangsvollstreckung und in Ausnahmefällen die durch sonstige Umstände nachgewiesenen Uneinbringung einer Forderung aus wirtschaftlichen Gründen) ausländischer Abnehmer. Politische Risiken sind nicht versicherbar.

▶ **Ausgabe von Aktien** → Aktienemission

▶ **Ausgabekurs** → Emissionskurs

▶ **Ausgaben**

Entstehen einerseits im Zusammenhang mit Auszahlungen beim Erwerb und direkter Lieferung von Waren oder Dienstleistungen (Ausgabe = Auszahlung), andererseits wenn bei Erwerb von Waren oder Dienstleistungen Verbindlichkeiten eingegangen werden. Ausgaben werden erst im Zuge ihrer Tilgung zu Auszahlungen. Schließlich kommt es noch zu Ausgaben durch Empfang von im Voraus bezahlten Lieferungen oder/und Leistungen, z. B. → Kundenanzahlung (Forderungsabbau).

   Finanzwirtschaftlich ist von Bedeutung, in welchem Umfang und wann durch die Ausgaben Zahlungsmittel dauerhaft entzogen oder nur zeitweise gebunden werden (→ Finanzplanung).

▶ **Ausgabenplan**

Ist wie der → Einnahmenplan ein Teilplan des kurzfristigen → Finanz- bzw. Liquiditätsplans. Er erfasst alle Ausgaben, die zu Auszahlungen führen und gibt somit eine Übersicht über die liquiditätswirksamen Ausgabeverpflichtungen einer künftigen Periode.

▶ **Ausgabepreis** → Emissionspolitik

▶ **Ausgeloste Short Position**

Options Short Position, die zur Auslosung ausgelost worden ist. Eine Lieferung ist jedoch noch nicht erfolgt.

▶ **Ausgleichsarbitrage** → Arbitrage

▶ **Auskunftsrecht der Aktionäre**

Recht der Aktionäre gem. § 131 AktG vom Vorstand der → Aktiengesellschaft im Verlauf der → Hauptversammlung Auskunft über Angelegenheiten des Unternehmens zu verlangen soweit diese zur sachgemäßen Beurteilung des Gegenstands der Tagesordnung erforderlich ist. Die Auskunftspflicht des Vorstands erstreckt sich auch auf die rechtlichen und geschäftsmäßigen Beziehungen der Aktiengesellschaft zu einem verbundenen Unternehmen.

Die Qualität der Auskunft hat den Grundsätzen einer gewissenhaften und getreuen Rechenschaft zu entsprechen.

Der Vorstand kann gem. § 131 (3) AktG die Auskunft verweigern,

- als die Gesellschaft oder/und die mit ihr verbundenen Unternehmen hierdurch einen nicht unerheblichen Nachteil erleiden könnten;
- sie sich auf steuerliche Wertansätze oder die Höhe einzelner Steuern bezieht;
- über den Unterschied zwischen dem Wert, mit dem Gegenstände in der Jahresbilanz angesetzt worden sind, und einem höheren Wert dieser Gegenstände, es sei denn, dass die Hauptversammlung den Jahresabschluss feststellt;
- über die Bilanzierungs- und Bewertungsmethoden, soweit die Angabe dieser Methoden im Anhang ausreicht, um ein den tatsächlichen Verhältnissen entsprechendes Bild der Vermögens- Finanz- und Ertragslage des Unternehmens im Sinne des § 264 Abs. 2 HGB zu vermitteln; dies gilt nicht, wenn die Hauptversammlung den Jahresabschluss feststellt;
- soweit sich der Vorstand durch die Erteilung der Auskunft strafbar machen würde.

Andere Gründe einer Auskunftsverweigerung können nicht vorgebracht werden.

▶ **Auslandsakzept**

Wechsel, der von einem Ausländer als Bezogenem akzeptiert wurde.

▶ **Auslandsanleihen**

→ Anleihen, die von ausländischen Emittenten (hierzu gehören auch deutsche Tochterunternehmen, die außerhalb Euroland domizilieren) emittiert werden. Entsprechend ihrer Denomination wird zwischen

(1) €-Auslandsanleihen (Denomination in €, Zins- und Tilgungsleistungen erfolgen in €) sowie

(2) Währungsanleihen (Denomination, Zins- und Tilgungsleistungen erfolgen in fremder Währung) unterschieden.

▶ **Auslaufdatum**

Letzter Tag, an welchem eine → Option ausgeübt werden kann.

▶ **Auslosung von Anleihen**

Tilgungsverfahren bei → Anleihen, welches derart geregelt ist, dass zu bestimmten Terminen per Auslosung bestimmt wird, welche Serien von Stücken im Rahmen der Tilgung bedient werden. Der Tilgungsbetrag pro Periode ist im Rahmen des ex ante aufgestellten Tilgungsplans definiert.

▶ **Auslosungsanleihe**

Anleihe, die per Auslosungsverfahren getilgt wird. Im Rahmen des Tilgungsverfahrens werden die zu tilgenden Stücke (Wertpapierurkunden) im Auslosungsverfahren ermittelt. Vgl.: → Auslosung von Anleihen

▶ **Ausmachender Betrag**

Bezeichnet den Endbetrag der Abrechnung bei einem Wertpapierkauf oder -verkauf.

▶ **Ausschließlichkeitserklärung** → Ausschließlichkeitsklausel

▶ **Ausschließlichkeitsklausel**

(Ausschließlichkeitserklärung) vertragliche Regelung, wonach ein (beide) Vertragsteil(e) bei Androhung von Sanktionen bestimmte Geschäfte mit keiner anderen Person tätigen darf. Anwendung: u. U. im Verkehr mit Banken bei der Einräumung umfangreicher Bankkredite. Der Kreditnehmer wird verpflichtet, alle Bankgeschäfte mit seiner Bank zu tätigen. Das Kreditinstitut will auf diesem Wege eine weit gehende laufende Transparenz in die geschäftlichen Aktivitäten des Bankkunden erhalten. Diese Maßnahme ist im Interesse der Bank bei umfangreichen Kreditengagements im Sinne der vorbeugenden Risikopolitik gerechtfertigt.

▶ **Ausschluss des Bezugsrechts** → Bezugsrechtsausschluss

▶ **Ausschluss säumiger Aktionäre**

Aktionäre können, falls sie die eingeforderten Betrag an Einlagen nicht rechtzeitig einzahlen, nach einer gesetzten Nachfrist unter bestimmten Umständen gem. § 64 AktG ihrer Aktien und der geleisteten Anzahlungen verlustig erklärt werden.

▶ **Ausschüttungspolitik** → Dividendenpolitik, → Schütt'-aus-hol'-zurück-Verfahren

▶ **Außenfinanzierung**

(Externe, Exogene Finanzierung, Marktfinanzierung) Deckung des Kapitalbedarfs aus unternehmensexternen Quellen in den Formen von Eigenkapital (→ Eigenfinanzierung, → Beteiligungsfinanzierung), Fremdkapital (→ Fremdfinanzierung) und/oder Mischformen.

Die quantitative Bedeutung der Außenfinanzierung steht in negativer Korrelation zur → Innenfinanzierung und schwankt im Zeitablauf. Wesentliche Einflussfaktoren für die quantitative Bedeutung der Außenfinanzierung sind neben der Höhe des Kapitalbedarfs und

	1993	1994	1995	1996	1997
Innenfinanzierung	185,0	209,5	216,0	193,7	203,0
Außenfinanzierung	56,9	44,4	40,5	27,3	65,5
Gesamtfinanzierung	241,9	253,9	256,5	221,0	268,5

Außen- und Innenfinanzierung deutscher Unternehmen in den Jahren 1993–1998
in Mrd. DM

Quelle: Deutsche Bundesbank: Monatsberichte 11/1994, 1995, 1996; 10/1998 –
Eigene Berechnungen – Abweichungen durch Runden der Zahlen.

des Innenfinanzierungspotenzials die Konditionen an den Finanzmärkten, die Rechtsform, steuerrechtliche Gesichtspunkte sowie die
finanzwirtschaftlichen Ziele der Unternehmung.

▶ **Außenhandelsfinanzierung**

Oberbegriff für die kurz-, mittel- und langfristige Export- und Importfinanzierung sowie Finanzierung des Transitverkehrs. Aufgrund
der Wirtschaftsstruktur der Bundesrepublik Deutschland überwiegt
hier die Bedeutung der Exportfinanzierung.

Der Fristigkeit entsprechend, wird zwischen kurzfristiger (i. d. R.
unter 12 Monaten) sowie mittel- und langfristiger Außenhandelsfinanzierung unterschieden.

Die *kurzfristige* Außenhandelsfinanzierung hat einerseits reine
Finanzierungsfunktion (Kreditierung eines Kapitalbedarfs, der
durch unterschiedliche Zahlungsziele oder/und Vorauszahlungen
induziert wird). Andererseits verknüpfen sich mit der kurzfristigen
Außenhandelsfinanzierung, soweit sie durch Kreditinstitute erfolgt
(Regelfall), zusätzliche Bankenleistungen. Diese sind in erster Linie:
Zahlungsverkehrsabwicklung und Kurssicherung. Neben der Finanzierung durch Banken stehen vor allem großen Unternehmen in
wachsendem Umfang weitere Finanzierungsmöglichkeiten offen:

• kurzfristige Bankkredite (z. B. → Kontokorrentkredit, Eurokredit,
4-f-Kredit); Dokumentenvorschuss);

• Kreditfinanzierung auf Wechselbasis (Diskontierung von Ex-
portwechseln; → Akzeptkredit, → Rembourskredit, → Privatdis-
kontkredit);

- Kreditfinanzierung im Zusammenhang mit einem Waren- oder Dokumenten-Akkreditiv (→ Akkreditiv, → Akzept-Akkreditiv, → Sicht-Akkreditiv, → Negoziierungs-Akkreditiv, → Deferred-Payment-Akkreditiv, → Gegen-Akkreditiv);
- Export-Factoring (→ Factoring).

Die *mittel- bis langfristige* Außenhandelsfinanzierung dient i. d. R. entweder zur Refinanzierung mittel- bis langfristiger Lieferantenkredite, die den ausländischen Bestellern durch die inländischen Exporteure eingeräumt werden müssen. Oder den ausländischen Importeuren müssen durch inländische Banken Bestellerkredite eingeräumt werden. Formen:

- → AKA-Kredite an deutsche Exporteure unter Einschaltung der Hausbank des Exporteurs (Plafond A; Plafond B; Plafond A und B; Plafond C);
- Bankkredite an Besteller ohne Einschaltung der AKA auf DM-Basis oder Fremdwährungsbasis; Eurokredite (4-f-Kredite).

▶ **Außenstände** → Forderungen

▶ **Außenstehende Aktionäre**

Aktionäre, deren Aussichten auf Gewinn durch Verträge (Gewinnabführungsvertrag, Beherrschungsvertrag) beeinträgt werden. Sie können ggf. Ansprüche auf Ausgleich oder Abfindung geltend machen.

▶ **Außerbörslicher Wertpapierhandel**

Wertpapierhandel, der außerhalb der Börsen vornehmlich vor- und nachbörslich praktiziert wird. Der Handel findet in erster Linie zwischen Banken sowie Banken und Versicherungsgesellschaften oder anderen institutionellen Kapitalanlegern statt.

▶ **Außerordentliche Hauptversammlung**

Bezeichnung für jede → Hauptversammlung, die nicht eine ordentliche Hauptversammlung (regelmäßig jährlich wiederkehrende Hauptversammlung gem. §§ 120(1), 175 (1) AktG) ist. Die außerordentliche Hauptversammlung ist vom Vorstand

- gem. § 92(1) AktG einzuberufen, wenn im Zuge der Aufstellung einer Jahres- oder Zwischenbilanz ein Verlust in Höhe der Hälfte des Grundkapitals festgestellt wird,
- gem. § 122(1) AktG auf Verlangen der Aktionäre, deren Anteile den zwanzigsten Teil des Grundkapitals erreichen, einzuberufen. Statuarisch kann das Recht zur Einberufung der Hauptversammlung an einen geringeren Anteil des Grundkapitals verknüpft werden. Das Verlangen nach Einberufung ist schriftlich unter Angabe von Gründen an den Vorstand zu richten.
- Gem. §§ 121 AktG, wenn das Wohl der Gesellschaft es erfordert.

▶ **Aussi Bonds**

Eurobonds, die in Austral-Dollar denominiert sind.

▶ **Aussies** → Aussi Bonds

▶ **Ausstehende Einlagen auf das gezeichnete Kapital**

Bezifferte Forderung einer Aktiengesellschaft oder Kommanditgesellschaft auf Aktien gegenüber denjenigen Aktionären, die ihren Anteil am gezeichneten Kapital nicht vollständig eingezahlt haben.

▶ **Ausübung**

Bezeichnet die Wahrnehmung gesetztlicher oder/und vertraglicher Rechte gegenüber Dritten (z. B. Ausübung der → Aktionärsrechte, Ausübung des Stimmrechts durch Kreditinstitute, Ausübung durch Inhaber einer Options Long Position (→ Option).

▶ **Auszahlungsplan**

Teilplan des kurzfristigen → Finanzplans bzw. Liquiditätsplans.

▶ **Authority to Purchase** → Negotiationskredit

▶ **Autographen**

Bezeichnung für alte Aktien, die außer Kurs gesetzt sind und Originalunterschriften tragen.

▶ **Automated Pit Trading System**

Elektronisches Handelssystem, welches an der → Liffe installiert ist.

▶ **Automatic Transfer Service** → ATS

▶ **Autorisiertes Kapital** → Genehmigtes Kapital, → Kapitalerhöhung

▶ **Aval**

Bürgschaft für eine Scheck- oder Wechselverpflichtung, die durch die Unterschrift des Bürgen auf dem Wertpapier erfolgt. Bürge und derjenige, für den die Bürgschaft gegeben wird, haften in gleicher Weise.

▶ **Avalakzept**

(Bürgschaftsakzept) Bezeichnung für ein → Akzept, welches sich dadurch auszeichnet, dass durch seine Unterschrift auf dem Wechsel durch einen Bürgen, dieser, unter Angabe für wen er die Bürgschaft eingeht, eine wechselrechtliche Verpflichtung eingeht.

▶ **Avalkredit**

(Bürgschaftskredit) Kreditleihgeschäft, d. h. Abgabe eines bedingten Zahlungsversprechens, aus dem der Bürge nur dann in Anspruch genommen werden kann, wenn der Schuldner nicht fristgerecht leistet. Rechtsgrundlage für den Bürgschaftskredit sind die §§ 765–778 BGB in Verbindung mit §§ 349–351 HGB. Durch den Bürgschaftsvertrag geht der Bürge gegenüber dem Gläubiger eines Schuldners die Verpflichtung (Bürgschaft oder Bankgarantie) ein für die Erfüllung der Verbindlichkeit des Schuldners einzustehen. Es sind damit zwei Schuldverhältnisse nebeneinander begründet: das Hauptschuldverhältnis zwischen Gläubiger und Schuldner und das Nebenschuldverhältnis zwischen Gläubiger und Bürgen. Der Gläubiger hat grundsätzlich zuerst vom Hauptschuldner die Leistung zu fordern. Somit kann der Bürge die Einrede der Vorausklage erheben, falls er direkt in Anspruch genommen werden sollte. Anders bei der selbstschuldnerischen Bürgschaft: Ein im Rahmen eines Handelsgeschäfts sich Verbürgender haftet immer selbstschuldnerisch, also auch die Banken im Falle des Avalkredits.

Avalkredite durch Banken haben für die leistungswirtschaftlich orientierte Unternehmung den Vorteil, dass sie in bestimmten Situationen keine Hinterlegung von Bargeld oder Stellung von Kautionen vorzunehmen braucht, wodurch eine u. U. starke Liquiditätsbelastung vermieden werden kann.

Bürgschafts- oder Garantieübernahmen durch Banken werden aus verschiedenen Gründen in folgenden Formen erforderlich. So z. B. Prozessaval zur Abdeckung von Prozessverpflichtungen, Steuer-, Zoll- und Frachtstundungsaval zur Besicherung gestundeter Steuern, Zölle und Frachten, Lieferungs-, Leistungs- oder Gewährleistungsgarantie zur Abdeckung von Mängelrisiken, Vertragserfüllungsgarantie zur Abdeckung von Vertragserfüllungsrisiken, Bietungsgarantien zur Abdeckung des Nichterfüllungsrisikos im Zusammenhang mit Ausschreibungen. Im Rahmen von Außenhandelsgeschäften finden zusätzlich Kreditsicherungs- und Konossementgarantien Anwendung.

Im Zusammenhang mit der Erteilung von Avalen werden folgende Kosten berechnet: Avalprovision in Abhängigkeit der Risikohöhe, Laufzeit, Stellung und Sicherheiten und deren Qualität: 1,5% bis 4% p. a.

▶ **Avalprovision** → Avalkredit

▶ **Average Rate Cap**

Bezeichnung für einen → Cap, der auf einem Durchschnittszinssatz basiert. Die Errechnung des Durchschnittszinssatzes ergibt sich aus der Ermittlung des arithmetischen Mittels mehrerer Zinssätze, die jeweils über einen definierten Zeitraum zu jeweils bestimmten Zeitpunkten erfasst worden sind.

▶ **Average Rate Option** → Asiatische Option

▶ **Average Strike Option**

Option mit einem Ausübungspreis, der bei Laufzeitende auf der Differenz zwischen Kassapreis und einem durchschnittlichen Basispreis über die Laufdauer dieser Option basiert.

▶ **Averaging**

Anlageverhalten, bei dem ein Investor über einen längeren Zeitraum hinweg in regelmäßig wiederkehrenden Zeitabschnitten gleichmäßig hohe Beträge in bestimmte Wertpapiere anlegt. Hierdurch soll eine Kapitalanlage zu einem optimalen Durchschnittskurs erreicht werden.

▶ **Avergage Price Option** → Asiatische Option

▶ **Avis**

(1) Information an den Empfänger über eine anstehende Zahlung;
(2) Mitteilung über die Akkreditiveröffnung an den Begünstigten durch die avisierende Bank.

B

▶ **b** → Kurszusätze

▶ **B** → Kurszusätze, → Rating

▶ **Ba** → Rating

▶ **Baa** → Rating

▶ **Baby Bond**

Anleiheform in den USA, die in sehr kleinen Nennbeträgen (mindestens unter 100 US-$, i. d. R. unter 10 US-$) emittiert wird.

▶ **Back Bond**

(Virgin Bond) Bezeichnung für einen Eurobond, der im Zuge der Ausübung eines Optionsrechts entstanden ist. Vgl. → Optionsanleihe

▶ **Back Office**

Organisationseinheit eines Brokers oder einer Bank, in der die technische Abwicklung von Handelsgeschäften erfolgt.

▶ **Back Spread**

Optionskombination durch den gleichzeitigen Kauf und Verkauf von → Puts oder → Calls mit unterschiedlichen Basispreisen.

▶ **Back to Back Credit** → Gegenakkreditiv

▶ **Back to Back Loans**

Bezeichnung für die wechselseitige Kreditgewährung zweier Parteien in unterschiedlichen Währungen.

▶ **Back up Line** → Note Issuance Facility

▶ **Backspread**

Optionskombination durch den gleichzeitigen Kauf und Verkauf von → Puts und → Calls.

▶ **Backwardation**

(1) Negative Differenz zwischen Termin- und Kassapreis;
(2) Höhere Notierung von → Terminkontrakten mit längeren Laufzeiten über Terminkontrakten mit kürzeren Laufzeiten;
(3) Wertpapierangebot eines Händlers unterhalb des Angebotspreises eines anderen Händlers.

▶ **Bärenfalle**

(Bear Trap) Terminus, der den Tatbestand kennzeichnet, dass ein Baissier, der sich der technischen Analyse bedient und sich in seinen Entscheidungen vollständig auf sie verlässt, aufgrund einer falschen Prognose, die das technische System anbietet, eine Fehlentscheidung trifft.

▶ **Bahnanleihen**

Bezeichnung für Schuldverschreibungen von Bahngesellschaften. Anleihen der Deutschen Bundesbahn wurden mit dem Terminus Bundesbahnanleihen bezeichnet.

▶ **Baisse**

Bezeichnung für eine negative Entwicklung an Börsen, die sich in einer gleichgerichteten Kursentwicklung ausdrückt. Sie kann sich auf alle Märkte oder lediglich Teilmärkte erstrecken (Gegenteil: → Hausse).

▶ **Baisse-Engagement**

Bezeichnung für eine vertragliche Verpflichtung zum Verkauf von Wertpapieren per Termin, bei der sich der Verkäufer aber in einer → Leerposition befindet. Der Verkäufer in seiner Eigenschaft als →

Baissier setzt auf sinkende Kurse, zu denen er kurz vor der Lieferungsverpflichtung (Erfüllungstermin) die erforderliche Eindeckung vornehmen will.

▶ **Baissemarkt**

Bezeichnung für einen Markt, der sich durch eine anhaltend sinkende Kursentwicklung auszeichnet.

▶ **Baissier**

(1) Wertpapierverkäufer, der mit fallenden Börsenkursen rechnet und seinen Bestand (ganz oder teilweise) verkauft;

(2) Marktteilnehmer, der ein → Baisse-Engagement aufbaut.

▶ **Balkenchart**

(Barchart) stellt für einen jeweils definierten Zeitraum die Höchst- und Tiefstkurse grafisch durch eine senkrechte Linie (sie gibt die jeweilige Kursspanne wieder) dar. Zusätzlich erfolgt im Regelfall auf der Abszisse des Chartblatts eine Darstellung der Börsenumsätze je Zeiteinheit (i. d. R. Börsentag).

▶ **Balloon**

Restliches noch im Rahmen einer Einmalzahlung zu tilgendes Volumen einer → Anleihe am Ende der Laufzeit.

▶ **Balloon Note**

Schuldschein mit hoher Tilgungsrate zum Fälligkeitstermin.

▶ **Ballooning**

Allgemeine übliche Bezeichnung in den USA für das künstliche Hochtreiben von Kursen.

▶ **Bandbreiten-Anleihe**

Zinsvariable → Anleihe, bei welcher die laufende Verzinsung periodisch an die Entwicklung eines → Referenzzinses gekoppelt ist.

Durch die Definition einer Zinssatzober- und Zinsuntergrenze wird aber im Zeitablauf eine Verzinsung des ausstehenden Kapitals nur innerhalb einer Bandbreite möglich. Varianten: Mini-Max-Floater, → Capped Floater, → Collared Floater, → Variomax-Anleihe.

▶ **Bandbreiten-Optionsschein**

→ Optionsschein-Variante, die dem Investor dann einen Gewinn eröffnet, wenn sich der Preis (Kurs) des Basiswertes innerhalb einer ex ante definierten Bandbreite befindet. Ist dies nicht der Fall, erfolgt die Rückzahlung des investierten Kapitals.

▶ **Bandbreiten-Warrant** → Bandbreiten-Optionsschein

▶ **Bank for International Settlements** → Bank für Internationalen Zahlungsausgleich

▶ **Bank für Internationalen Zahlungsausgleich (BIZ)**

(Bank for International Settlements, BIS) Kreditinstitut, welches 1930 für die Abwicklung der deutschen Reparationszahlungen gegründet wurde. Das Kreditinstitut firmiert als Aktiengesellschaft mit Sitz in Basel. Aktionäre der BIZ sind nahezu sämtliche europäischen Notenbanken. Die ursprüngliche Aufgabenstellung entfiel bereits 1931 im Zusammenhang mit dem Hoover-Moratorium. Die Aufgabe der Bank ist heute auf die Förderung der Zusammenarbeit der Notenbanken, die Schaffung neuer Möglichkeiten für internationale Finanzgeschäfte und die Ausübung von Treuhänder- und Agentenfunktionen der ihr übertragenen Zahlungsgeschäfte ausgerichtet. Die Geschäfte der BIZ müssen mit der Politik der Mitglieds-Notenbanken vereinbar sein. Sie umfassen insbesondere Gold- und Devisengeschäfte für eigene Rechnung und für Rechnung der Notenbanken. Außerdem darf die BIZ Konten bei Zentralbanken unterhalten und ihrerseits Einlagen von Zentralbanken entgegennehmen sowie Agenten- und Korrespondentenfunktionen für die Zentralbanken übernehmen. Soweit kein Einspruch durch die Zentralbanken vorliegt, darf die BIZ derartige Geschäfte auch mit Banken-, Handels- und Industrieunternehmen sowie Privatpersonen tätigen. Untersagt sind der BIZ folgende Geschäfte: Notenausgabe, Akzeptierung von Wechseln, Kreditgewährung an Regierungen.

Der Bank wurden im Zeitablauf zahlreiche Agentenfunktionen übertragen. Die weiteren Tätigkeitsfelder der Bank leiten sich in erster Linie aus ihrer Instrumentalfunktion ab, die sie zum Zweck der internationalen Kooperation der Notenbanken erfüllt.

▶ **Bankaktien**

(Bank Share) Aktien von Kreditinstituten, die in der Rechtsform der AG oder der KGaA firmieren. Bankaktien sind ausgesprochen zinsreagible Anlagepapiere, da die Ertragsentwicklung der Banken von der Zinsentwicklung an den Geld-, Kredit- und Kapitalmärkten stark beeinflusst wird. Zum Börsenhandel zugelassene Bankaktien werden i. d. R. in gesonderter Rubrik erfasst.

▶ **Bankakzept** → Akzeptkredit

▶ **Bankanleihe**

Schuldverschreibungen, die von Kreditinstituten emittiert werden. Unterschieden wird nach „gedeckten" und „sonstigen" Bankschuldverschreibungen. Gedeckte Schuldverschreibungen sind im Besonderen Maße abgesichert und können nur durch Hypothekenbanken, öffentlich rechtliche Grundkreditanstalten sowie Spezialkreditinstitute und Landesbanken/Girozentralen begeben werden. Vgl. auch: → Anleihe

▶ **Bankauskunft**

Auskunftserteilung durch Banken über persönliche, wirtschaftliche und finanzielle Verhältnisse einzelner Kunden. Sie ist grundsätzlich durch den Datenschutz gem. Datenschutzgesetz sowie das → Bankgeheimnis stark eingeschränkt. Eine Bankauskunft wird erforderlich:
- auf Grund bestimmter gesetzlicher Vorschriften des Steuerrechts (gem. §§ 93 ff. AO, § 208 AO, §§ 309 ff. AO), Devisenrechts (gem. § 44 AWG) und Strafrechts;
- im Konkurs- bzw. Vergleichsfall gegenüber dem gerichtlich eingesetzten Verwalter;

- auf Wunsch des Kunden (Referenz);
- im Interesse einer anderen Bank im Rahmen der vorbeugenden Risikopolitik.

▶ **Bankaval** → Avalkredit

▶ **Bankbürgschaft** → Avalkredit

▶ **Bankdarlehen**

Langfristiger → Bankkredit, den Kreditinstitute den Nichtbanken (leistungswirtschaftlich orientierte Unternehmen sowie öffentliche und private Haushalte) zur Finanzierung ihres Kapitalbedarfs einräumen. Bankdarlehen haben insofern eine hohe Bedeutung, als sie für die privaten Haushalte und für die meisten Unternehmen eine der wenigen Quellen zur Finanzierung durch langfristiges Fremdkapital darstellen. Sie werden aber auch ergänzend von Unternehmen genutzt, die sich ansonsten die langfristigen Fremdkapitalien über die Begebung von → Anleihen oder/und die Aufnahme von → Schuldschein-Darlehen beschaffen können. Kreditgeber sind die Universalbanken und die Spezialbanken (Realkreditinstitute, Industriebank-Industriekreditbank AG, → Kreditanstalt für Wiederaufbau).

Wegen der Laufdauer und des i. d. R. hohen Volumens werden Bankdarlehen nur gegen dingliche Sicherheiten (→ Grundpfandrechte, z. B. → Hypothekarkredit, → Sicherheitsübereignung von Maschinen, Hinterlegung von Wertpapieren etc.) herausgelegt. Weiterere Besicherungsmöglichkeiten: Sicherheitsübereignung von Warenvorräten, Abtretung von Rechten aus Lebensversicherungsverträgen, aus langfristigen Liefer- und Pachtverträgen, Abtretung von Kundenforderungen; Bürgschaften und Garantien.

Die Laufzeit ist zeitlich fixiert oder variabel. Die Tilgung erfolgt auf Raten- oder Annuitätenbasis, ggf. bei Vorschaltung einer bestimmten Anzahl von Tilgungsfr.eijahren. Der Zinssatz ist entweder fest für die Gesamtlaufdauer oder fest für einen bestimmten Zeitraum mit → Zinsanpassungsklausel für den Anschlusszeitraum oder variabel mit/ohne Bindung an Referenzzinssatz.

▶ **Banken**

(Kreditinstitute) Gemäß § 1 (1) KWG sind dies Unternehmen, die
→ Bankgeschäfte betreiben, wenn der Umfang dieser Geschäfte einen in kaufmännischer Weise eingerichteten Geschäftsbetrieb erfordert.

Die einzelnen Bankgeschäfte sind gem. § 1 (1) KWG:

(1) Annahme fremder Gelder als Einlagen ohne Rücksicht darauf,
ob Zinsen vergütet werden (Einlagengeschäft);

(2) die Gewährung von Gelddarlehen und → Akzeptkrediten
(Kreditgeschäft);

(3) der Ankauf von Wechseln und Schecks (Diskontgeschäft);

(4) die Anschaffung und Veräußerung von Wertpapieren für andere
(Effektengeschäft);

(5) die Verwahrung und die Verwaltung von Wertpapieren für andere (Depotgeschäft);

(6) die in § 1 des Gesetzes über Kapitalanlagegesellschaften bezeichneten Geschäfte (Investmentgeschäft);

(7) die Eingehung der Verpflichtung Darlehensforderungen vor
Fälligkeit zu erwerben;

(8) die Übernahme von Bürgschaften, Garantien und sonstigen
Gewährleistungen für andere (Garantiegeschäft);

(9) die Durchführung des bargeldlosen Zahlungsverkehrs und des
Abrechnungsverkehrs (Girogeschäft).

Eine Reihe von Institutionen, so z. B. die Deutsche Bundesbank,
gelten gem. § 2 (1) KWG nicht als Kreditinstitute i. S. des Gesetzes,
obwohl sie eindeutig Bankgeschäfte i. S. des § 1 (1) KWG tätigen.
Diese Legaldefinition ist zudem auf den Geltungsbereich der Bundesrepublik Deutschland beschränkt, eignet sich somit auch bei
grenzüberschreitender Betrachtung nicht.

Der ökonomische Bankbegriff ist allgemeiner gefasst und umfasst
i. d. R. – in Abhängigkeit vom jeweiligen Untersuchungsgegenstand
– grundsätzlich alle Institutionen, die national oder/und international Bankgeschäfte tätigen. Außerdem wird meist der makroöko-
nomische Aspekt einbezogen. Dies gilt somit auch für die Zentralnotenbank, die sich von den Geschäftsbanken durch ihre spezifische Funktion unterscheidet.

Die Geschäftsbanken lassen sich wie folgt in Anlehnung an die Monatsberichte der Deutschen Bundesbank gruppieren:

(1) Kreditbanken
 (a) Großbanken;
 (b) Regionalbanken und sonstige Banken;
 (c) Zweigstellen ausländischer Banken;
 (d) Privatbankiers;
(2) Girozentralen und Sparkassen;
(3) Genossenschaftliche Zentralbanken und Kreditgenossenschaften;
(4) Realkreditinstitute
 (a) Private Hypothekenbanken;
 (b) öffentlich-rechtliche Grundkreditanstalten;
(5) Teilzahlungskreditinstitute;
(6) Kreditinstitute mit Sonderaufgaben;
(7) Postbank.

Grundsätzlich ergibt sich im Hinblick auf den Umfang der getätigten Bankgeschäfte die Möglichkeit einer Klassifikation in Universalbanken (Banken die sämtliche Bankgeschäfte tätigen und → Spezialbanken (Banken, die lediglich einzelne Bankgeschäfte ausführen).

▶ **Bankenaufsicht**

Staatliche Maßnahmen zur Genehmigung und Überwachung der laufenden Geschäftstätigkeit von Banken mit der Zielsetzung auf diesem Wege Gläubigeransprüche gegenüber den Banken zu bewahren, sowie die Funktionsfähigkeit des gesamten Kreditwesens und die der Währungspolitik zu garantieren. Generelle Ansatzpunkte der Bankaufsicht sind:

(1) Marktzulassung. Sie ist von einer Konzessionserteilung abhängig, wobei das Konzessionsprinzip weltweit in unterschiedlichen Varianten gehandhabt wird. Die Marktzulassung kann dann wieder entzogen werden, wenn Voraussetzungen der Marktzulassungen nicht mehr erfüllt werden und/oder die Bank aus der laufenden Geschäftstätigkeit in Liquiditätsschwierigkeiten geraten ist oder/und außerordentlich hohe Verluste erlitten hat.

(2) Spezifizierung und laufende Überwachung der Geschäftstätigkeit. Die wesentlichen Ansatzpunkte sind hier i. d. R. das Banksortiment, das Geschäftsgebiet und das Geschäftsvolumen.

Die Durchführung der Bankenaufsicht ist vom Staat entweder der Notenbank oder einer eigens hierfür geschaffenen Aufsichtsbehörde übertragen. Die Normen aufsichtsrechtlicher Tätigkeit können der Aufsichtsbehörde vom Staat in Form eingehender gesetzlicher Vorschriften vorgegeben sein. Denkbar ist auch, dass die Aufsichtsbehörden weitgehend ohne detaillierte Vorgaben des Gesetzgebers handeln.

In der Bundesrepublik Deutschland wird die Bankenaufsicht durch das → Bundesaufsichtsamt für das Kreditwesen erfüllt, welches im Wege der Amtshilfe Unterstützung durch die → Deutsche Bundesbank erfährt.

▶ Bankenfreizone

Definiertes Marktsegment innerhalb eines nationalen Finanzmarktes, in welchem Abteilungen nationaler und internationaler Banken mit Gebietsfremden, von nationalen Vorschriften weitgehend befreit, in jeder Währung Geschäfte tätigen können. Für Geschäfte die aus Bankenfreizonen heraus getätigt werden, gelten im Gegensatz zum nationalen Finanzmarkt keine oder verminderte Mindestreservepflichten sowie keinerlei Vorschriften hinsichtlich einzuhaltender Zinsobergrenzen. Außerdem werden i. d. R. Steuererleichterungen gewährt. Hierdurch können die aus einer Bankenfreizone operierenden Kreditinstitute zu den gleichen günstigen Bedingungen ihre Leistungen anbieten wie Banken, die an anderen Bankplätzen außerhalb des Landes nicht so extensiven nationalen Vorschriften unterliegen. Bankenfreizonen existieren in Japan und den USA.

▶ Bankenkonsortium

Zusammenschluss von Kreditinstituten zur Realisierung von bestimmten Bankgeschäften auf Basis eines Konsortialvertrages. Ein Bankenkonsortium ist eine Gesellschaft des Bürgerlichen Rechts gem. § 705 BGB (→ Konsortialgeschäft). Zweck, Zusammensetzung und Führung des Konsortiums sowie Beginn und Ende der Tätigkeit der Gelegenheitsgesellschaft, die Gewinn- und Verlustbeteiligung einschließlich der Haftung durch die einzelnen Konsorten werden vertraglich geregelt.

(1) → Emissionskonsortien haben die Aufgabe eine sichere und kostengünstigere Unterbringung von Effekten im Markt zu gewährleisten. Dem Emissionsvertrag (Vertragspartner Konsortium und Emittentin) entsprechend, handelt es sich hierbei um ein

  (a) Platzierungskonsortium (Begebungskonsortium), bei dem das Risiko der vollständigen Unterbringung bei der Emittentin bleibt;

  (b) Übernahmekonsortium, bei dem das Risiko der Platzierung durch das Konsortium getragen wird. Das Übernahmekonsortium kann dann die Platzierung selbst vornehmen oder für die reine Platzierung ein Begebungskonsortium für sich tätig werden lassen.

  (c) ein kombiniertes Übernahme-/Begebungskonsortium. Hier übernimmt das Konsortium im Zuge der Unterbringung am Primärmarkt nur für einen Teil des Emissionsvolumens das Platzierungsrisiko, da für den verbleibenden Teil des Emissionsvolumens das Platzierungsrisiko durch die Emittentin getragen wird.

(2) Kurspflegekonsortien (Kursregulierungskonsortien) haben die Funktion die von Kreditinstituten emittierten Effekten zum Zweck der Kurspflege bis zu einer bestimmten Höhe aus dem Markt zu nehmen. Sie dienen damit zur Wahrung oder Hebung des Standings der Emittentin.

(3) Kreditkonsortien werden in erster Linie bei der Einräumung von Großkrediten im Hinblick auf die Teilung des hiermit verbundenen Risikos gebildet. Sie sind somit ein Instrument im Rahmen der vorbeugenden Risikopolitik im Aktivgeschäft der Banken. Ihre Bildung ist aber auch deshalb denkbar, weil die einzuräumende Kreditsumme von einer einzelnen Bank nicht oder nur unter Schwierigkeiten aufgebracht werden kann.

(4) Schutz- und Poolkonsortien dienen dem Schutz vor Kapitalüberfremdung durch Dritte.

Weitere Arten von Konsortien: Gründungs-, Sanierungs-, und Stützungskonsortien.

▶ **Bankenstimmrecht**

Bezeichnet die Stimmrechtsausübung auf Hauptversammlungen durch die Banken im Namen und auf Vollmacht für ihre Depotkunden (→ Depotstimmrecht).

▶ **Bankgarantie**

Abstraktes Zahlungsversprechen einer Bank für den Fall, dass bestimmte Voraussetzungen erfüllt sind. Damit übernimmt das Kreditinstitut dafür eine Garantie, dass ein bestimmter Erfolg (möglicher Schaden) eintritt (nicht eintritt). Die Bank ist verpflichtet bei einer Inanspruchnahme aus der Bankgarantie auf erste Anforderung zu zahlen.

Ausformungen der Bankgarantie im Inlands- und Auslandsgeschäft sind:
→ Ausschreibungs- oder → Bietungsgarantie,
→ Anzahlungsgarantie,
→ Lieferungsgarantie,
→ Leistungs- bzw. Gewährleistungsgarantie.

Im Gegensatz zur Bankgarantie handelt es sich bei der Bürgschaft um eine akzessorische Verpflichtung, die zur Sicherstellung einer gegen den Hauptschuldner bereits entstandenen oder noch entstehenden Forderung abgegeben wird (→ Avalkredit).

▶ **Bankgeheimnis**

Recht und Verpflichtung eines Kreditinstituts Auskünfte über ihre Kunden zu verweigern. Nicht unter das Bankgeheimnis fallen Auskunftsverpflichtungen auf Grund gesetzlicher Vorschriften (Steuer-, Devisen- und/oder Strafrecht) sowie Informationen auf ausdrücklichen Wunsch des Bankkunden.

▶ **Bankgeschäfte**

Die von den → Banken betriebenen Geschäfte gem. § 1 KWG. Diese können, entsprechend ihrem Einfluss auf die Bankbilanz, wie folgt unterteilt werden:

Bankgeschäfte

Passivgeschäfte	Aktivgeschäfte	Indifferente Geschäfte
• Beschaffung von Eigenkapital • Emission von Obligationen • Aufnahme von Krediten • Entgegennahme von Einlagen	• Kreditgeschäft • Anlage in Effekten • Übernahme von Neuemissionen • Anlage in flüssigen Mitteln	• Effektengeschäft mit Kundschaft (Händlergeschäft) • Verwaltung fremden Vermögens • Sonstige Dienstleistungen

▶ **Bankhypothek**

(1) i. w. S. langfristiger → Hypothekarkredit, der von einem Kreditinstitut (im Gegensatz zur Versicherungs- oder Bausparkassenhypothek) eingeräumt wird.

(2) i. e. S. erststellige Hypothekarkredite der Hypothekenbanken, die auf Grund der spezifischen Refinanzierungstechnik (→ Pfandbriefe) in Abhängigkeit der Kapitalmarktsituation mit langfristiger Zinsfestschreibung gegeben werden.

▶ **Bankkredit**

Befristete, leihweise Überlassung von Zahlungsmitteln (Bargeld oder/und Buchgeld) in Form eines Geldleihkredits oder durch Abgabe eines Zahlungsversprechens gegenüber einem Dritten in Form einer → Kreditleihe gegen ein Nutzungsentgelt. Typische Erscheinungsformen

- des Geldleihkredits: → Kontokorrentkredit, → (Wechsel-) Diskontkredit, → Lombardkredit, → Bankdarlehen, → Rembourskredit, → Negotiationskredit;
- der Kreditleihe: → Akzeptkredit, → Avalkredit.

Weitere Klassifikationsmöglichkeiten des Bankkredits

- nach der Form der Kreditgewährung: Kontokorrentkredit, Bankdarlehen;
- nach der Kreditbesicherung: → Personalkredit (Blanko-Kredit), Bürgschaftskredit, Diskontkredit, Zessionskredit, → Realkredit;
- nach der Kreditlaufdauer: kurz-, mittel-, langfristige Kredite;

- nach dem Kreditverwendungszweck: → Konsumenten- und Produktivkredit; → Zwischenkredit, Umschuldungskredit, → Rollover-Kredit.

Der Gesetzgeber unterscheidet gem. § 1 (1) KWG zwischen Kreditgeschäft (Bewährung von Gelddarlehen), Diskontgeschäft (Ankauf von Wechseln und Schecks) sowie Garantiegeschäft (Übernahme von Bürgschaften und sonstigen Gewährleistungen für andere). Gem. § 19 (1) KWG subsumiert er aber dagegen alle diese Tätigkeiten unter dem Kreditbegriff und erweitert zugleich diesen Terminus gem. § 19 (1) 6.-7. erheblich.

▶ **Bankkreditkarte** → Kreditkarte

▶ **Bankleitzahl**

Die Deutsche Bundesbank hat 1970 in Zusammenarbeit mit der Kreditwirtschaft zum Zweck der Optimierung des zwischenbetrieblichen unbaren Zahlungsverkehrs neue Bankleitzahlen eingeführt. Dieses System wurde nach der Vereinigung den neuen Gegebenheiten angepasst. Die Bankleitzahl setzt sich aus acht Stellen zusammen und ist wie folgt strukturiert:

---

1. Stelle:
   Clearing-Gebiet
1. + 2. Stelle:
   Clearing-Bezirk
1. + 2. + 3. Stelle:
   Nummer des Bankplatzes oder Bankbezirks
4. Stelle:
   Netznummer (Bankengruppe)
   0 Deutsche Bundesbank
   1 Postgiroämter sowie sonstige Kreditinstitute, soweit nicht unter
     2–9 erfasst
   2 Regional-, Lokal-, Branchenbanken
   3 Privatbankiers
   4 Commerzbank
   5 Sparkassen und Girozentralen
   7 Deutsche Bank

8 Dresdner Bank
9 Kreditgenossenschaften und ihre Zentralbanken
5. + 6. Stelle:
    Bankniederlassungen mit Girokonto bei der LZB oder Bundesbank.
    Art der Nummerierung gibt Hinweis ob der Sitz des Instituts Bankplatz
    oder Nebenplatz ist.
7. + 8. Stelle:
    Bankinterne Niederlassungsnummer

Die Ersten sechs Stellen bilden zugleich die Kontonummer des Kreditinstituts bei der zuständigen Landeszentralbank.

▶ **Banknebenplatz** → Nebenplatz

▶ **Bankobligationen** → Bankschuldverschreibungen

▶ **Bankplatz**

Bezeichnung für einen Ort, an welchem sich in der Bundesrepublik eine Zweiganstalt (Landeszentralbank) der Deutschen Bundesbank oder die Zweigstelle einer Landeszentralbank befindet.

Für Bankplätze galten früher höhere Mindestreservepflichten (für Sicht- und Spareinlagen von Gebietsansässigen) als für Nebenplätze (Nebenplatzprivileg).

▶ **Bankrate** → Diskontsatz der Zentralbank

▶ **Bankrating** → Rating

▶ **Bankschuldverschreibungen**

Schuldverschreibungen, die durch Kreditinstitute emittiert werden. Arten: → Pfandbriefe, → Kommunalobligationen, → Kassenobligationen, Schiffspfandbriefe (→ Pfandbriefe), Sonstige → Inhaberschuldverschreibungen.

▶ **Bankspesen**

Gebühren, Provisionen und Spesen, die von Kreditinstituten für die von ihnen erbrachten Leistungen verlangt werden. Sie sind damit ein Teilelement des Bankpreises.

Bankspesen i. e. S. sind Auslagen, die im Namen und für Rechnung des Kunden getätigt wurden.

Die Berechnung von Gebühren, Provisionen und Spesen bildet einen Teil einer Strategie der Preispolitik („Prinzip der kleinen Mittel"). Generell erlaubt diese Strategie die Möglichkeit dem Kunden die Marktransparenz zu erschweren andererseits eröffnet sie zahlreiche Verhandlungsspielräume, die im Endergebnis der Bank ein günstigeres Gesamtergebnis garantieren.

Auf Verlangen der Bankkunden, aber auch auf Grund gesetzgeberischer Maßnahmen (Preisangaben-Verordnung, § 1 Abs. 1, S. 1) wird die gesonderte Berechnung von Bankspesen immer stärker zurückgedrängt, da der effektive Preis für die angebotene Leistung (z. B. beim Kreditgeschäft der Effektivzins) genannt werden muss.

▶ **Barakkreditiv** → Akkreditiv

▶ **Barausgleich**

→ Cash Settlement (2) und (3)

▶ **Barausschüttung**

Bezeichnung für Ausschüttungen einer Aktiengesellschaft an ihre → Aktionäre. Die Barausschüttung kann entweder nach Abzug der Kapitalertragsteuer erfolgen oder ohne Abzug vorgenommen werden; dies jedoch nur dann, wenn die Kapitalertragsteuer (KESt) entfällt (Freistellungsbescheinigung durch das zuständige Finanzamt) oder die KESt von der AG getragen wird.

▶ **Barchart** → Balkenchart

▶ **Barchart-Analyse** → Chartanalyse

▶ **Bardividende**

Dividendenverteilung in bar nach Abzug der körperschaftsteuerlichen Ausschüttungsbelastung (→ Dividende).

▶ **Bareinschuss** → Margin, → Initial Margin

▶ **Bargeld**

Gesetzliches Zahlungsmittel in Form von Banknoten und Münzgeld. In der Bundesrepublik Deutschland hat die → Deutsche Bundesbank gem. Art. 88 GG und § 14 (1) BBankG das alleinige Recht Banknoten zu emittieren und einzuziehen (§ 14 (2) BBankG). Das Emissionsrecht bei Münzen (Münzregal) steht dem Bund zu. In dessen Auftrag bringt die Bundesbank Münzen in den Verkehr.

▶ **Bargeldloser Zahlungsverkehr** → Zahlungsverkehr

▶ **Barliquidität**

Bezeichnung für die Liquidität ersten Grades (→ Liquiditätskennzahlen).

▶ **Barrier Options** → Knock-out Optionen

▶ **Barrier-Optionsschein** → Optionsschein mit Zwangsauslösung

▶ **Barrier Warrant** → Optionsschein mit Zwangsauslösung

▶ **Barscheck**

→ Scheck, der von dem gezogenen Kreditinstitut in bar ausgezahlt werden muss. Ein Barscheck des Kontoinhabers erfüllt zugleich die Quittungsfunktion.

▶ **Bartergeschäft**

Reine Form des → Kompensationsgeschäfts, bei dem zwischen zwei Marktpartnern die Abwicklung von Warenlieferungen in gleichem

Wert ohne Geldzahlungen erfolgt. Varianten des Bartergeschäfts gibt es im Zusammenhang mit derivativen → Switchgeschäften (Warenswitch).

▶ **Barwert**

Wert eines oder mehrerer künftig fälliger Kapitalbeträge im Bezugszeitpunkt. Die Ermittlung des Barwerts (K_0) erfolgt bei

(1) einer einzigen Zahlung:

$K_0 = K_n \cdot q^{-n}$

q^{-n} = Abzinsungsfaktor

(2) einer Reihe gleicher Zahlungen:

$$K_0 = \frac{a \cdot (q^n - 1)}{q^n \ (q-1)}$$

a = periodisch anfallende nachschüssige Zahlung (Rente).

▶ **Base Rate**

(Basissatz) Zinssatz, zu welchem Geschäftsbanken bereit sind, an erste Adressen Kredite herauszulegen.

▶ **Basis**

Differenz zwischen Kassakurs eines → Basiswertes (Gut oder Finanztitel) und dem Preis des korrespondierenden Futures.

▶ **Basisaktie**

(Underlying Stock) Bezeichnung für die einer Option als → Basisobjekt (Underlying, → Basiswert) zu Grunde liegende Aktie.

▶ **Basisgesellschaft**

Kapitalgesellschaft mit Sitz im Ausland, die im Besitz einer multinationalen Unternehmung ist. Sie hat die Funktion, als Bindeglied zwischen Muttergesellschaft im Inland und anderen ausländischen Tochterunternehmen der Muttergesellschaft zu fungieren. Sitz (Basisland) der Basisgesellschaft ist oft eine → Steueroase, wodurch sich u. U. die Möglichkeit von Gewinn- und Vermögensverlagerungen zum Zweck der Steuerflucht eröffnet. Dem ist z. T. durch Erlass entsprechender außensteuerlicher Vorschriften (§§ 7–14 Außensteuergesetz) begegnet worden.

Basisgesellschaften, deren wirtschaftliche Interessen sich im Basisland befinden, werden als typische, solche, deren Interessen außerhalb des Basislandes liegen, als atypische Basisgesellschaften bezeichnet. Basisgesellschaften werden sehr oft zur Ausübung finanzwirtschaftlicher Funktionen betrieben.

▶ **Basisgut** →Basisobjekt

▶ **Basisobjekt**

(Basisgut, Basiswert, Kassatitel, Underlying, Underlying Asset, Underlying Instrument) Bezeichnung für das Marktinstrument, welches im Rahmen von Options- und Termingeschäften das zu Grunde liegende Wertobjekt darstellt. Basisobjekte können außer einem Kassainstrument aber auch → Terminkontrakte auf Währungen, Zinsen oder Indizes sein.

▶ **Basiswert**

(Basisgut, Basiswert, Underlying, Underlying Asset, Underlying Instrument) Bezeichnung für das Marktinstrument, welches im Rahmen von Options- und Termingeschäften das zu Grunde liegende Wertobjekt darstellt. Optionskontrakte lauten damit entweder auf Finanztitel (Financial Options) oder auf Warenterminkontrakte (Commodity Options). Die Zuordnung hängt vom zu Grunde liegenden Basiswert ab. Bei Financial Options können dies Aktien, Anleihen, Devisen oder Indices, bei Commodities z. B. Schweinebäuche, Kartoffeln, aber auch Strom usw. sein.

▶ **Basiszinssatz**

Gesetzlich festgelegter Nachfolgezinssatz, der mit dem 1.1.1999 – zunächst für die Übergangszeit bis zum 31.12.2001 – an die Stelle des Bundesbankdiskontsatzes getreten ist. Ausgangspunkt für den Basiszinssatz war zunächst der Letzte festgestelle Bundesbankdiskontsatz. Jeweils zum 1.1., 1.5. und 1.9. eines jeden Jahres wird der

Basiszinssatz in positiver Korrelation zum korrespondierenden Instrument der EZB korrigiert. Diese Maßnahmen unterbleibt, wenn sich das entsprechende EZB-Instrument weniger als 0,5 Prozentpunkte verändert hat.

▶ **Basis Hedge**

Hedgingvariante, bei der eine Kassaposition durch einen identischen, d. h. der Kassaposition entsprechenden → Terminkontrakt abgesichert wird.

▶ **Basis Point**

(Basispunkt, Point) allgemein übliche Angabe als Maßgröße für 1/100 eines Prozentpunktes oder 0,01 Prozent.

▶ **Basis Point Value**

Demonstriert, in welchem Umfang sich der Kurs einer Schuldverschreibung verändert, wenn sich die Anleiherendite um 0,01 Punkt bzw. um einen Basispunkt verschiebt.

▶ **Basispreis**

(1) Allgemein: Referenzpreis oder Referenzkurs
(2) (Strike Price, Exercise Price) derjenige Preis oder Kurs, zu welchem innerhalb eines festgelegten Zeitraums oder zu welchem Zeitpunkt ein Basisobjekt bei Optionserfüllung gekauft (Call Option) oder verkauft (Put Option) werden kann.

▶ **Basis Rate Swap** → Basis Swap

▶ **Basis Risiko**

Bezeichnet das Risiko, welches durch eine Preisentwicklung am Kassa- und Terminmarkt entstehen kann, die in Richtung und/oder Ausmaß unterschiedlich verläuft. Es schlägt sich in einer starken Variation der Preisdifferenz zwischen Kassatitel und Futures-Kontrakt nieder und wird bei Existenz einer offenen Position oder einer ineffizienten Absicherungsstrategie wirksam.

▶ **Basis Swap**

(Basis Rate Swap, Variabler Zinsswap) Variante eines Zinsswap, bei welcher zwei unterschiedlich variable Zinsverpflichtungen (z. B. Sechsmonats-Libor gegen Dreimonats-Fibor) miteinander getauscht werden. vgl.: → Zins- und Währungsswap.

▶ **Basis Trading Facility (BFT)**

Handelsfazilität der Londoner Terminbörse Liffe für Termingeschäfte auf Bundesanleihen. Die Basis Trading Facility zielt auf Marktteilnehmer, die gekoppelte Geschäfte von Bundesanleihen und den entsprechenden Futures vornehmen wollen.

▶ **Basked Warrant**

→ Call-Optionsschein, der zum Bezug (Call-Optionsschein) auf einen Aktienkorb berechtigt. Im Regelfall sind innerhalb eines solchen Korbs Aktien bestimmter Branchen enthalten (z. B. Car-Basket, Railway-Basket, Deutscher Chemie Basket). Denkbar sind aber auch Baskets, die aus Aktien verschiedener Branchen oder aus Aktien und Anleihen zusammengesetzt sind.

▶ **Baukredit**

Kredit zur Finanzierung von Bauinvestitionen (Neubau, Umbau, Sanierung, Erweiterung), ggf. einschließlich eines Grundstückserwerbs. Finanzierungsformen sind i. d. R. der langfristigen Kapitalbindung entsprechend neben dem Eigenkapital: → Hypothekar- und Grundschuldkredite, → Bauspardarlehen, Darlehen der öffentlichen Hand. Bis zur endgültigen Zuteilung der Kredite (z. B. bei Bauspardarlehen) erfolgt die Finanzierung in Form eines kurz- bis mittelfristigen → Bauzwischenkredits, der allerdings oft auch in Hochzinsphasen zur Überbrückung auf den Folgezeitraum mit einem niedrigeren Zinsniveau in Anspruch genommen wird. Mit der Inanspruchnahme eines Bauzwischenkredits sind aber u. U. das Zins- und Fristentransformationsrisiko verbunden.

▶ **Bauspardarlehen**

Langfristiger Kredit, der von → Bausparkassen gewährt wird. Es ist zweck- und objektgebunden und wird nur auf Grund eines bestehenden Bausparvertrages (→ Bausparen, dessen Bausparsumme zugeteilt sein muss, gewährt. Der Bausparer hat i. d. R. mindestens 40% der Bausparsumme anzusparen (Mindestguthaben), worauf die Bausparkasse ihm dann ein Bauspardarlehen in Höhe von maximal 60% der Bausparsumme gewährt. Die Zuteilung des Bauspardarlehens ist von der angesparten Bausparsumme und einer (Mindest-) Wartezeit abhängig. Bauspardarlehen werden in Höhe von 60% der Bausparsumme an zweitem Rang und bis zu 80% des Beleihungswertes durch eine → Hypothek besichert.

▶ **Bausparen**

Steuerbegünstigtes Ansparen eines Geldbetrags mit anschließender Gewährung eines unkündbaren, zinsgünstigen Darlehens für Zwecke des Wohnungsbaus. Die Sparbeträge der Bausparer fließen in eine gemeinsame Zuteilungsmasse. Die Mittel dieses Fonds werden nach einem bestimmten Verteilschlüssel in Form einer bei den Einzelnen → Bausparkassen individuellen Bewertungsziffer zugeteilt. Die Zuteilung setzt neben der Ansparung eines vorgeschriebenen Mindesguthabens (in der Regel 40% der Bausparsumme) eine gewisse Wartezeit voraus. Die Baudarlehen in Höhe von 60% der Bausparsumme werden an zweitem Rang bis zu 80% des Beleihungswerts durch eine Hypothek gesichert.

▶ **Bausparkassen**

Kreditinstitute, deren Hauptfunktion in der Sparkapitalansammlung für die Gewährung von Darlehen zur Förderung des Wohnungsbaus, insbesondere des Eigenheimbaus besteht. Das Bauspargeschäft darf nur von Bausparkassen betrieben werden. Neben ihrer originären Geschäftstätigkeit nehmen Bausparkassen zunehmend Aktivitäten im Bereich der → Finanzdienstleistungen auf. Rechtsgrundlage der Tätigkeit bildet Gesetz über Bausparen vom 16. 11. 1972 mit Änderungen. Bausparkassen unterliegen der Aufsicht durch das Bundesaufsichtsamt für das Versicherungs- und Bausparwesen. Werden durch Bausparkassen über den Bereich der originären Geschäfte hinaus zusätzliche Bankgeschäfte betrieben, unterliegen diese Institute der Aufsicht durch das Bundesaufsichtsamt für das Kreditwesen.

▶ **Bausparkassen-Floater** → Sterling Building Society Notes

▶ **Bauzwischenkredit**

Kredit, der i. d. R. von einer Universalbank oder durch eine → Bausparkasse zur Finanzierung einer Bauinvestition bis zur Ablösung durch die endgültige Finanzierung (→ Hypothekarkredit, → Bauspardarlehen) gewährt wird.

Bauzwischenkredite sind i. d. R. kurzfristige Kredite, wenn sie nach Vollendung der Baumaßnahmen durch die endgültigen Finanzierungsmittel abgelöst werden. Sie können aber dann mittelfristigen Charakter haben, wenn sie zur Überbrückung einer laufenden Hochzinsphase mit dem Ziel in Anspruch genommen werden sie in einer späteren Niedrigzinsphase durch zinsgünstigere Anschlussfinanzierungsmittel zu substituieren.

Die Besicherung erfolgt durch Abtretung der Ansprüche aus dem endgültigen Dauerfinanzierungskredit. Zusätzlich wird bei erfolgter Eintragung eines → Grundpfandrechts die Abtretung der durch Nicht-Valutierung der Hypothek vorläufig entstandenen Eigentümergrundschuld verlangt. Soweit ein Bauzwischenkredit in Anspruch genommen wird, bei dem die Anschlussfinanzierung nicht gesichert ist, erfolgt die Besicherung durch Eintragung eines Grundpfandrechts zu Gunsten der Universalbank.

▶ **BAWe** → Bundesamt für den Wertpapierhandel

▶ **Bayer-Formel**

Negativklausel, die zwischen dem Bundesaufsichtsamt für das Versicherungswesen und der Bayer AG vereinbart wurde. Sie zielt darauf ab, den Bonitätsanforderungen des Bundesaufsichtsamts hinsichtlich der Kapitalanlagen der Versicherungsunternehmen im Besonderen Maße entgegenzukommen. Hierdurch wird erreicht, dass bei Einhaltung der in der Bayer-Formel festgelegten Relationen, Kapitalanlagen in Form von Aktien, Anleihen, Schuldscheindarlehen – bei Erfüllung der sonstigen Anforderungen – automatisch die → Deckungsstockfähigkeit erhalten. Insofern setzt die Bayer-Formel einen allgemein gültigen Standard. Nach der Bayer-Formel

- muss das Beteiligungskapital 70% des Anlagevermögens decken;
- müssen das Anlagevermögen sowie die länger als vier Jahre laufenden Forderungen durch Beteiligungskapital sowie Rückstellungen und Verbindlichkeiten gedeckt sein. Diese Rückstellungen und Verbindlichkeiten müssen dem Unternehmen länger als vier Jahre zur Verfügung stehen;
- darf die Gesamtverschuldung des Unternehmens das 3,5fache des durchschnittlichen finanziellen Unternehmensergebnisses (entspricht in etwa dem Brutto-Cash Flow) der letzten drei Jahre nicht übersteigen.

▶ **bB** → Kurszusätze

▶ **BBA**

British Bankers' Association

▶ **BCI 30 Aktienindex**

Aktienkursindex, welchen die Banca Commerciale Italiana entwickelt hat. Es handelt sich um einen nach Marktkapitalisierung gewichteten Kursindex. Er wird während der Handelszeit auf Basis von jeweils 30 an der Mailänder Börse notierten Aktienwerten errechnet. Diese Werte verfügen über die größte Liquidität und Marktkapitalisierung.

▶ **Bear** → Baissier

▶ **Bear Bond** → Aktienindex-Anleihe

▶ **Bear Call Spread**

Baisse spread mit Kaufoptionen (→ Option).

▶ **Bear Covering**

Deckungskäufe, die ein Spekulant zur Abdeckung seiner → Leer-position vornimmt.

▶ **Bear Market**

Bezeichnung für einen Markt, der sich durch eine fallende Kurs-entwicklung auszeichnet.

▶ **Bear Put Spread**

Baisse spread mit Verkaufsoptionen (→ Option).

▶ **Bear Raid**

Bezeichnung in den USA für den illegalen Versuch (gem. Securities Exchange Act 1934) den Kurs eines Wertpapiers durch Verkäufe nach unten zu manipulieren.

▶ **Bear Time Spread**

Kombinierte Optionsposition. Diese wird durch die Kombination von Kontrakten der gleichen → Optionsklasse mit unterschiedlichen Verfallmonaten bei identischen Basispreisen dargestellt.

▶ **Bear Tranche** → Bull and Bear-Anleihe

▶ **Bear Trap** → Bärenfalle

▶ **Bear Warrant**

→ Optionsschein, dessen Wert bei sinkenden (fallenden) Kursen des → Basisguts steigt (fällt).

▶ **Bearer Security** →Inhaberpapier, → Wertpapier

▶ **Bearer Share** →Inhaberaktie

▶ **Bedingte Kapitalerhöhung** → Kapitalerhöhung

▶ **Bedingte Termingeschäfte**

Dienen der Risikominderung von → Termingeschäften.

Sie räumen (im Gegensatz zu den „Fixgeschäften") einem Partner eine Alternative ein: Dieser Partner („Wähler") hat das Recht am Termin (bzw. einige Tage zuvor) seine Entscheidung zu treffen, die für den anderen Partner („Stillhalter") verbindlich ist. Als „Preis" für das Wahlrecht ist vom Wähler im Falle der Erfüllung ein (um den „Ecart") „ungünstigerer" Kurs als der Terminkurs eines Fixgeschäfts zu akzeptieren oder im Falle des Rücktritts ein „Reuegeld" (Prämie, Nochgeld) zu entrichten. Für die Reuegelder gelten feste Sätze, während der Ecart ein Marktpreis ist. Reuegeld und Ecart können identisch sein („gerades" Geschäft) oder differieren („ungerades" Geschäft).

Gegenwärtig werden eigentlich nur noch → Prämiengeschäfte ausgeführt, meist in der Spezialform des → Optionsgeschäfts. Bedingte Termingeschäfte sind weiterhin das → Stellagegeschäft und das → Nochgeschäft.

Es bestehen folgende Wahlrechte:

(1) Bei den Prämiengeschäften: Erfüllung zum Prämienkurs oder Rücktritt unter Entrichtung der Prämie.

(2) Beim Stellagegeschäft: Abnahme (Kauf) oder Lieferung (Verkauf).

(3) Bei den Noch-Geschäften (Koppelung von Fix- und Prämiengeschäft): Erfüllung des Grundgeschäfts; darüber hinaus Wahlrecht auf „nochmalige" Erfüllung zum Nochkurs oder Rücktritt von der nochmaligen Erfüllung unter Entrichtung des Nochgeldes.

▶ **Begebung** → Emission

▶ **Begebungskonsortium**

Form eines → Emissionskonsortiums, welches für die Emittentin bei der Erstplatzierung von → Effekten als Kommissionärin tätig wird.

D. h., dass das Begebungskonsortium im Auftrag sowie auf Rechnung und Risiko der Emittentin arbeitet. Bei Fehleinschätzungen trägt die Emittentin das Platzierungsrisiko, was insbesondere bei Aktienemissionen zu erheblichen Schwierigkeiten führen kann. (Vgl.: → Übernahmekonsortium, → Kombiniertes Übernahme- und Begebungskonsortium).

▶ **Behaupten**

Bezeichnet die Markttendenz an der Börse; weist darauf hin, dass sich die Kurse, wenn überhaupt, nur geringfügig verändern.

▶ **Behauptet** → Behaupten

▶ **Belegschaftsaktien**

→ Aktien, die von Aktiengesellschaften zu Vorzugskonditionen (u. U. ohne Entgelt) an die eigenen Mitarbeiter ausgegeben werden. Die Aktien werden entweder im Rahmen einer bedingten → Kapitalerhöhung gem. § 192 (2) AktG geschaffen oder aus dem Erwerb eigener Aktien gem. § 71 AktG bereitgestellt. Die Belegschaftsaktien unterliegen ex Emission einer Sperrfrist, die gem. § 19a Abs. 1 EStG sechs Jahre beträgt und gem. § 4 Abs. 2 Nr. 2, 5 VermBG mit sieben Jahren festgelegt ist.

Der Anteil der Belegschaftsaktionäre an der Bevölkerung wird vom Deutschen Aktieninstitut mit 0,7 % für die alten Bundesländer und 0,1 % für die neuen Bundesländer angegeben.

▶ **Beleihung** → Lombardkredit

▶ **Beleihungsgrenze**

Satz in v. H. des → Beleihungswertes, bis zu welchem ein Objekt oder/und u. U. ein Recht als → Kreditsicherheit beliehen werden kann. Damit limitiert die Beleihungsgrenze, wenn nicht weitere Sicherheiten nachgeschoben werden, die Kreditsumme nach oben, da trotz niedrig angesetzter Beleihungsgrenze der Marktwert der Sicherheit unter ihren Beleihungswert sinken kann. Die Beleihungsgrenze liegt im Regelfall. für festverzinsliche Wertpapiere bei 75%-90%, Aktien 50%-75%, Forderungen 30%-60%, Grundstücke und Gebäude erstrangige (zweitrangige) Darlehen 60% (80%).

▶ **Beleihungsrang** → Beleihungsraum

▶ **Beleihungsraum**

Unter ökonomischem Aspekt der Teil des → Beleihungswerts, dessen Höchstgrenze das Kreditvolumen nach oben limitiert. Der Beleihungsraum ist zugleich ein Maßstab für den eventuellen Verwertungserlös (→ Liquidität, → Liquidationswert des Beleihungsgegenstandes). Unter rechtlichem Aspekt (Beleihungsrang): technische Eintragungsfolge der → Grundpfandrechte im Grundbuch, z. B. 1. Hypothek, 2. Hypothek; regelt zugleich den Modus der Reihenfolge und des Umfangs, in welcher bzw. welchem die Kreditgeber im Falle des Risikoeintritts bedient werden.

▶ **Beleihungssatz**

Prozentsatz des → Beleihungswertes (→ Verpfändung).

▶ **Beleihungswert**

Wert, der einem Beleihungsgegenstand durch den Kreditgeber als → Kreditsicherheit zugemessen wird. Durch ihn wird primär die Höhe des Kredits nach oben begrenzt. → Beleihungsgrenzen werden für einzelne Vermögensgegenstände individuell auf Basis eingehender Überlegungen festgesetzt.

▶ **Benchmark**

Anglo-amerikanische Bezeichnung für eine Beziehungsgröße (z. B. Referenzzins, Aktienindex), die dem Investor bei einem Investment als Basis für eine Erfolgsbeurteilung dient.

▶ **Benchmark-Aktien**

Bezeichnung für Aktien, die unter den Aspekten der Risiko- und Renditepräferenz der ersten Kategorie (Blue Chips) zugeordnet werden. Dies sind in Deutschland sämtliche Titel, die den DAX repräsentieren. Neben den Benchmark-Aktien werden die übrigen Werte entweder den → Mid-Caps oder den → Small-Caps zugeordnet.

▶ **Bereichsöffentlichkeit** → Ad hoc-Publizität

▶ **Bereitstellungsprovision** → Bereitstellungszinsen

▶ **Bereitstellungszinsen**

Entgelt für die Bereitstellung eines zugesagten Kredits, der jederzeit vom Bankkunden abgerufen werden kann. Es ist Äquivalent für die entsprechende Liquiditätsvorsorge der Bank sowie die erforderlichen administrativen Maßnahmen in der Kreditabteilung.

▶ **Bergwerksaktien** → Montanwerte

▶ **Berichtigungsaktie** → Gratisaktie

▶ **Bermuda Option**

(Atlantic Option) Kauf- oder Verkaufsoption, die während der Laufdauer zu vertraglich fixierten Zeitpunkten ausgeübt werden kann. Damit kann die Bermuda Option weder dem Typus der → American (Style) Option noch dem der → European (Style) Option zugeordnet werden.

▶ **Besitzwechsel**

Auf der Aktivseite der Bilanz aufgeführter → Wechsel, der sich im Besitz der Unternehmung befindet. Er wird i. d. R. zum Nennwert unter Berücksichtigung des Diskonts für den Zeitraum Bilanzstichtag bis zur Fälligkeit bilanziert. Dem Besitzwechsel steht der → Schuldwechsel gegenüber.

▶ **Besserungsschein** → Genuss-Schein

▶ **Beständedifferenzenbilanz**

Erlaubt die Darstellung aller Veränderungen der Aktiv- und Passivposten zweier aufeinander folgender Stichtagsbilanzen durch Saldierung. Die Beständedifferenzenbilanz orientiert sich am Gliederungsschema der Stichtagsbilanzen und informiert zu den einzelnen Positionen durch Aufzeigen der jeweiligen Beständedifferenzen. Sie bildet zugleich die Grundlage für die → Bewegungsbilanz.

▶ **Bestätigtes Akkreditiv** → Akkreditiv

▶ **Bestellerkredit**

Gebundener → Finanzkredit, bei dem im Zuge der Kreditvergabe die Mittelverwendung (Ablösung von vorfinanzierten Krediten) definiert ist. Gebundene Finanzkredite haben z. B. bei Kreditvergaben der → Kreditanstalt für Wiederaufbau sowie als → AKA-Kredite (Plafond C) Bedeutung.

▶ **Bestens**

Verkaufsauftrag für Wertpapiere ohne Kursuntergrenze, aber mit der Weisung zum höchstmöglichen Kurs (bestmögliche Bedingungen am Verkaufstag).

▶ **Beta-Faktor**

Gilt allgemein als Maßgröße, welche die relative Schwankungsbreite eines Finanztitels im Verhältnis zum Gesamtmarkt demonstriert. Ein Beta-Faktor von 1,2 zeigt z. B., dass sich der Kurs eines Finanztitels (z. B. Aktie) um 1,2 % stärker bewegt hat, wenn sich der Gesamtmarkt um 1 % verändert hat. Der niedrigste Beta-Faktor ist „0" (keinerlei Veränderungen auf Marktveränderungen), der höchste Beta-Faktor ist „2" (extrem volatile Finanztitel).

▶ **Beteiligung**

Gesellschaftsrechtliche Kapitalanlage an Kapital- und Personengesellschaften und ihnen wirtschaftlich gleichstehenden gesellschaftsähnlichen Kapitalanlagen (z. B. stille Beteiligung). Die spezifischen Beteiligungsmerkmale sind: Einsatz von Kapital durch den Beteiligten, Beeinflußung der Unternehmenspolitik durch den Kapitalgeber, anteiliger Anspruch am positiven Residualerfolg, Risiko negativer Residualerfolge, Anspruch auf Liquidationserlös.

▶ Beteiligungserträge

Hierzu zählen die laufenden Erträge aus Beteiligungen, wie → Dividenden von Kapitalgesellschaften und Genossenschaften, Gewinnanteile von Personengesellschaften und stillen Gesellschaften, Ausbeuten von Gewerkschaften, Zinsen aus beteiligungsähnlichen Darlehen und Erträge aus Beherrschungsverträgen. Buchgewinne aus der Veräußerung von Beteiligungen werden nicht dazugerechnet.

▶ Beteiligungserwerb

Erwerb von Beteiligungen an bereits bestehenden Unternehmen. Dem Beteiligungserwerb steht als Alternative die Eigeninvestition gegenüber, wobei folgende Faktoren für einen Beteiligungserwerb sprechen: keine Aufbau- und Anlaufphase, Übernahme eines eingespielten Mitarbeiterbestandes, keine Anlaufverluste.

Besondere Probleme ergeben sich bei der Finanzierung des Beteiligungserwerbs: Bei personenbezogenen Gesellschaften kommen als Finanzierungsalternativen Barkauf, verzinsliches Darlehen, Ratenkauf, Kaufpreisrenten und Abfindung mit Gewinn- und/oder Umsatzbeteiligung infrage. Bei kapitalbezogenen Gesellschaften sind der Barkauf der Aktientausch als Alternativen anzusehen. Ein Barkauf kommt dann in Betracht, wenn das erwerbende Unternehmen über erhebliche Liquiditätsreserven verfügt. Beim Aktientausch dienen eigene Aktien als Zahlungsmittel. Den Aktionären der Gesellschaft C, an der eine Beteiligung erworben werden soll, werden eigene Aktien der aufnehmenden Gesellschaft A im Tausch gegen C-Aktien angeboten. Beim Beteiligungstausch tauschen zwei oder mehrere Unternehmen ihre Beteiligungen, die sie an den gleichen Unternehmen besitzen, gegeneinander aus. Dies dient zu einer Ausdehnung des Einflusses und einer Abrundung des Beteiligungsbesitzes.

▶ **Beteiligungsfinanzierung**

(Außenfinanzierung mit Eigenkapital) Form der → Eigenfinanzierung durch Zuführung (neuen) haftenden Eigenkapitals (Beteiligungskapital, Partnerschaftskapital) von außen. Ihr kommt wegen der spezifischen Bedeutung des Eigenkapitals (Haftungsfunktion) hohe Bedeutung zu. Insofern hat die Beteiligungsfinanzierung Auswirkungen die Möglichkeit der Außenfinanzierung mit Fremdkapital und damit auf den Umfang der Gesamtkapitalausstattung sowie die Eigenkapital/Fremdkapital-Relation der Unternehmung.

Die Anlässe zur Beteiligungsfinanzierung entstehen aus Gründungs-, Wachstums-, Sanierungsprozessen sowie bei der Umfinanzierung (Substitution von bisher haftendem Eigenkapital – im Falle des Ausscheidens von Gesellschaftern – oder Fremdkapital – zur Verbesserung der Kapitalstruktur). Die Beteiligungsfinanzierung ist

Rechtsform Merkmal	Einzelfirma	Personengesellschaften	
		OHG	KG
(1) Bezeichnung der Eigentümer	Kaufmann	Gesellschafter	(a) Komplementäre (b) Kommanditisten
(2) Vorgeschriebenes Haftungskapital	keine Mindesteinlage vorgeschrieben Kapitaleinlage variabel		(a) wie bei OHG (b) Kapitaleinlage fest, nach unten unbegrenzt
(3) Haftung	unbeschränkt	unbeschränkt	(a) unbeschränkt (b) beschränkt auf Kapitaleinlage
(4) steuerliche Behandlung der Gewinne	ausgeschüttete und thesaurierte Gewinne unterliegen im vollen Umfang der Einkommensteuer bei den Eigentümern		
(5) Leitungsbefugnis	hat allein der Inhaber	lt. Gesellschaftervertrag geregelt	liegt bei dem Komplementär
(6) gesetzliche Basis	§§ 1–104 HGB	§§ 105–160 HGB	§§ 161–167 HGB

Rechtsformen Einzelfirma und Personengesellschaften

im starken Maße rechtsformen- und größenabhängig, da hierdurch einerseits die Finanzierungsmöglichkeiten, andererseits die Unternehmensbesteuerung – und damit die Frage nach der Wahl der Kapitalform: Eigen- oder Fremdkapital – erheblich tangiert wird.

Arten der → Kapitalerhöhung sind:

- bei Unternehmen mit variablem Eigenkapital (Einzelunternehmung und Personengesellschaften): Einzahlung und formlose Verbuchung auf Eigenkapitalkonto;
- bei Unternehmen mit festem gezeichneten Kapital (Kapitalgesellschaften) der Rechtsform entsprechend festgelegt. Ein (Außen-) Finanzierungseffekt ist allerdings nur im Rahmen der effektiven Kapitalerhöhung gegeben.

Die Beteiligungsfinanzierung gewährt zwar einerseits Informations-, Mitsprache- und Mitentscheidungsrechte. Sie berechtigt auch

Rechtsform Merkmal	Kapitalgesellschaften	
	GmbH	Aktiengesellschaft
(1) Bezeichnung der Eigentümer	Gesellschafter	Aktionäre
(2) vorgeschriebenes Haftungskapital	Stammkapital 25 000 € (Untergrenze)	Grundkapital 50 000 € (Untergrenze)
(3) Haftung	beschränkt auf Kapitaleinlage ggf. Nachschußpflicht lt. Gesellschaftervertrag	beschränkt auf Kapitaleinlage
(4) steuerliche Behandlung der Gewinne	Gewinne unterliegen der Körperschaftsteuer. Steueransatz: thesaurierte Gewinne 45%; ausgeschüttete Gewinne 30% - Gesellschafter und Aktionäre entsprechend ihrem persönlichen Steuersatz unter Anrechnung einer Steuergutschrift	
(5) Leitungsbefugnis	(a) Geschäftsführer (b) Gesellschafterversammlung (c) u. U. Aufsichtsrat	(a) Vorstand (b) Aufsichtsrat (c) Hauptversammlung
(6) gesetzliche Basis	GmbHG	AktG

Rechtsformen Kapitalgesellschaften

zur Teilhabe am Gewinn und Liquidationserlös, verpflichtet aber andererseits die Eigentümer rechtsformabhängig zur beschränkten oder unbeschränkten Haftung. Soweit es sich nicht um Personengesellschaften handelt, können insbesondere die Informations-, Mitsprache- und Mitentscheidungsrechte durch die Ausgestaltung der Gesellschafterverträge abweichend von den jeweiligen gesetzlichen Vorschriften stark eingeengt oder ausgeweitet werden. Nicht zuletzt wegen der Normierung der Gesellschafterrechte ist die Beteiligungsfinanzierung für die Kapitalgesellschaften günstiger als für die Personengesellschaften, wobei emissionsfähige Unternehmen wiederum gegenüber den nicht-emissionsfähigen wegen der hohen Fungibilität der Anteile (Aktien) erhebliche Vorteile haben.

Die Beteiligungsfinanzierung führt im Regelfall wegen der Erweiterung der Haftungsbasis (gilt nicht unbedingt für alle Personengesellschaften) zur Verbesserung der Kreditwürdigkeit des Unternehmens, wodurch sich neue Finanzierungsquellen (Fremdkapital) eröffnen. Insofern erfüllt sie eine Finanzierungsfunktion. Die Fristigkeit der Eigenkapitalüberlassung ist bei der Einzelfirma und den Personengesellschaften de jure oft nur kurz- bis mittelfristig, de facto (abhängig vom Gesellschaftervertrag) aber langfristig; bei Kapitalgesellschaften ist sie generell langfristig.

Die Übersichten geben, unter Einbeziehung der Gewinnbesteuerung, einen Vergleich ausgewählter Rechtsformen.

▶ **Beteiligungsgarantiegemeinschaft**

Gemeinnützige Einrichtung zur Übernahme von Garantien gegenüber → Kapitalbeteiligungsgesellschaften für die vertragsgemäße Ablösung des Beteiligungsbetrags und die Entrichtung des Beteiligungsentgelts.

Ziel ihrer Bemühungen ist die Förderung der → Beteiligungsfinanzierung bei kleinen und mittleren Unternehmen durch Zuführung von Eigenkapital zu günstigen Konditionen. Der Bund übernimmt deshalb einen Teil des Beteiligungsrisikos durch 25%ige globale Rückgarantien. Weitere Garantien werden von den Ländern übernommen.

▶ **Beteiligungsgenuss-Schein** → Genuss-Schein

▶ **Beteiligungskapital** → Beteiligungsfinanzierung

▶ **Beteiligungstausch** → Beteiligungserwerb

▶ **Betriebsmittelkredit**

(1) Im engeren Sinn: kurzfristiger Bankkredit zur Deckung eines zeitlich entsprechend auftretenden Zahlungsmittelbedarfs. Er dient in erster Linie
- der Finanzierung des Kaufs von Rohstoffen und Waren, aus deren Erlös er später getilgt wird (Warenkredit),
- der Finanzierung eines saisonal bedingt auftretenden Kapitalbedarfs.
  Die Kreditvergabe ist i. d. R. mit der stillschweigenden Forderung verbunden, dass der Kredit zur Finanzierung in Güter des Umlaufvermögens mit einer entsprechend kurzen „self-liquidating period" dient (→ Liquidität). Verlängert sich die „self-liquidating period" z. B. aus konjunkturellen Gründen, kann der Kredit einfrieren. Damit wird der Betriebsmittelkredit de facto zu einem langfristigen Kredit.

(2) Im weiteren Sinn: kurz- bis mittelfristiger Bankkredit, der über den oben beschriebenen Verwendungszweck hinaus auch zur Finanzierung eines mittelfristigen Kapitalbedarfs, z. B. für Investitionen in Maschinen, → Bauzwischenfinanzierung etc., verwendet werden kann.

Die Besicherung des Betriebsmittelkredits erfolgt durch Sicherungsübereignung der finanzierten Vermögensgegenstände.

▶ **Betriebsnotwendiges Vermögen**

Vermögen, welches zur Erbringung der Betriebsleistung erforderlich ist. Ausgeklammert wird das neutrale Vermögen (Reservegrundstücke, nicht genutzte Teile des Anlagevermögens, Wohnhäuser etc.), dessen Erträge in der Betriebsrechnung unberücksichtigt bleiben.

▶ **Bewegungsbilanz**

(Finanzflussrechnung, Kapitalflussrechnung) eine bestimmte Erscheinungsform der Kapitalflussrechnung, die durch die Aufstellung aus Bestandsdifferenzen bestimmter Bilanzpositionen zweier Stichtagsbilanzen (→ Beständedifferenzenbilanz) gebildet wird. Die Bestandsdifferenzen werden hierbei als finanzwirtschaftliche Vorgänge gedeutet, indem sie der Mittelherkunft oder der Mittelverwendung zugeordnet werden.

(1) Mittelherkunft

    (a) Zunahme der Passiva (→ Innenfinanzierung, → Außenfinanzierung): Erhöhung des Kapitalvolumens durch Selbstfinanzierung, Kapitaleinlagen, Erhöhung der Rücklagen, Rückstellungen und der Sonstigen Verbindlichkeiten.

    (b) Abnahme der Aktiva (Vermögensliquidation): Verkauf von Anlagen und Beteiligungen, Vornahme von Abschreibungen, Verminderung der Forderungen und Bestände an Roh-, Hilfs- und Betriebsstoffen, Halb- und Fertigerzeugnissen, Kassenhaltung.

(2) Mittelverwendung

    (a) Abnahme der Passiva: Verminderung der Verbindlichkeiten (Schuldentilgung), Gewinnausschüttung, Kapitalentnahmen.

    (b) Zunahme der Aktiva: Erhöhung der Sachanlagen, Beteiligungen, Roh-, Hilfs- und Betriebsstoffe, Halb- und Fertigerzeugnisse, Forderungen, Kassenhaltung.

Somit ergibt sich das nachstehende Grundschema der Bewegungsbilanz.

Mittelverwendung	Mittelherkunft
Passivabnahme (P⁻)	Passivzunahme (P⁺)
Aktivzunahme (A⁺)	Aktivabnahme (A⁻)

Grundschema der Bewegungsbilanz

Der Aussagegehalt der Bewegungsbilanz ist von der mit ihrer Aufstellung verfolgten Zielsetzung abhängig, da hierdurch ihr Gliederungsaufbau und ihre Gliederungstiefe maßgeblich bestimmt werden. Die Bewegungsbilanz dient heute in erster Linie der Darstellung und Analyse des gesamten Finanzierungs- und Investitionsverhaltens der Unternehmung während einer vorangegangenen Periode. Sie zeigt die Quellen, aus denen die Mittel zugeflossen sind und informiert über die Mittelverwendungen, also Kapitalbindungen, Vermögens- und Kapitalumschichtungen. Zugleich wird erkennbar, wie hoch der finanzwirtschaftliche Überschuss (→ Cash Flow) ist, ob die Investitionen der abgelaufenen Periode aus diesem Finanzüberschuss getätigt wurden oder ob neben den aus der eigenen Umsatztätigkeit bereitgestellten Mitteln Außenfinanzierung notwendig war. Ein gewisser Einblick kann auch in die Liquiditätsveränderungen des betrachteten Zeitraums gegeben werden (retrospektive Liquiditätskontrolle). Allerdings ist die Bewegungsbilanz im Hinblick auf eine Liquiditätsanalyse nur sinnvoll, wenn die Auffächerung möglichst weitgehend unter Fristigkeitsgesichtspunkten sowohl bei der Mittelverwendung als auch bei der Mittelherkunft erfolgt.

▶ **bez** → Kurszusätze

▶ **bezahlt** → Kurszusätze

▶ **Bezahlter Kurs**

Bezeichnung für einen Börsenkurs, zu dem eine oder mehrere → Schlusseinheiten umgesetzt wurden.

▶ **bezB** → Kurszusätze

▶ **bezG** → Kurszusätze

▶ **Bezugnahmeprospekt**

Börsenprospekt in verkürzter Form. Er stellt den Bezug zu einem vorhergegangenen vom selben Anbieter unterzeichneten vollständigen

- Verkaufsprospekt,
- Börsenzulassungsprospekt (§ 6 Abs. 3 Nr. 2 BörsG) oder

- Unternehmensbericht (§ 73 Abs. 1 Nr. 2 BörsG) her,
  der bzw. die vor weniger als zwölf Monaten veröffentlicht
  wurde(n).

▶ **Bezugsaktien**

→ Aktien, die im Rahmen einer bedingten → Kapitalerhöhung emittiert werden.

▶ **Bezugsangebot**

(Bezugsaufforderung) Aufforderung an die bisherigen Aktionäre zum Bezug neuer Aktien. Die Veröffentlichung erfolgt im Bundesanzeiger und bei Börsenpapieren im Pflichtblatt der Börse. Depotkunden erhalten eine Benachrichtigung der Hausbank. Reagieren Depotkunden nicht auf ein Bezugsangebot, so verkauft die Hausbank am letzten Handelstag die → Bezugsrechte.

▶ **Bezugsbedingungen** → Bezugsrecht, → Emissionspolitik

▶ **Bezugsfrist**

Zeitspanne für die Ausübung des → Bezugsrechts gem. § 186 (1) AktG. Mindestzeitraum ist zwei Wochen. Wird die Bezugsfrist nicht genutzt, verfallen die Bezugsrechte.

▶ **Bezugskurs**

(Bezugspreis) derjenige Kurs (Preis), zu welchem Inhaber von
(1) → Bezugsrechten,
(2) Wandlungsrechten (→ Wandelanleihe),
(3) Optionsrechten (→ Optionsanleihe, → Optionsschein, → Covered Warrant, → Naked Warrant)
Aktien eines Unternehmens oder ein anderes → Basisobjekt erwerben können.

▶ **Bezugspreis** → Bezugskurs

▶ **Bezugsrecht**

(Subscription Rights, Stock Rights) Recht der Aktionäre bei einer → Kapitalerhöhung entsprechend ihrem Anteil am bisherigen → Grundkapital → Junge Aktien zu beziehen.

Bezugsrechte auf Aktien sind gegeben im Zusammenhang mit
- → Kapitalerhöhungen gegen Einlagen gem. § 186 (1) AktG sowie § 203 (1) AktG (genehmigtes Kapital);
- → Schuldverschreibungen, bei denen den Gläubigern ein Bezugsrecht auf Aktien eingeräumt wird.

Mit der Einräumung des Bezugsrechts soll den Aktionären grundsätzlich die Möglichkeit eröffnet werden ihren relativen Anteil am Grundkapital zu halten und zugleich Machtstrukturverschiebungen vorzubeugen.

Im Regelfall liegt der Emissionkurs von Aktien unter dem des Börsenkurses (Disagio). Hierdurch entsteht einerseits ein Zeichnungsanreiz für die bisherigen Aktionäre, andererseits eine → Kapitalverwässerung. Üben bisherige Aktionäre ein Bezugsrecht nicht aus, so erleiden sie bei einem Emissionskurs → Börsenkurs zwangsläufig einen Vermögensverlust. Daraus wird deutlich, dass das Bezugsrecht, wird es nicht ausgeübt, wirtschaftlich gesehen ein Vermögensumschichtung darstellt. Sein Wert je Aktie entspricht der Differenz Börsenkurs vor der Kapitalerhöhung zum Kurs, der mit Beginn der Bezugsfrist mit → Bezugsrechtsabschlag (ex Bezugsrecht) genannt wird.

Der rechnerische Wert des Bezugsrechts wird durch die vier Komponenten Börsenkurs der alten Aktien, Emissionskurs der jungen Aktien, dem Bezugsverhältnis sowie ggf. der Dividendenberechtigung der jungen Aktien abgeleitet. Bezugsverhältnis: Relation altes Grundkapital zu Erhöhungskapital: Emissionskurs: festgelegter Bezugspreis der jungen Aktien.

Beispiel:
Das bisherige Grundkapital der AG von 12 Mio. € soll auf 16 Mio. € erhöht werden. Bezugsverhältnis 3:1; Börsenkurs:60; Emissionskurs:45.
Damit ergibt sich der Wert des Bezugsrechts aus der Differenz des alten und neuen Mischkurses:

---

3 alte Aktien zu 60 € (Börsenkurs)	180,– €
1 neue Aktie zu 45 € (Emissionskurs)	45,– €
4 Aktien	225,– €

neuer Durchschnittskurs einer Aktie nach Kapitalerhöhung:
(225:4) = 56,25 €
Wert des Bezugsrechts: (60 ./. 56,25)= 3,75 €.
Allgemein ist folgender Weg der Wertermittlung üblich:

Rechnerischer Wert des Bezugsrechts =

$$\frac{\text{Börsenkurs alte Aktie ./. Bezugskurs}}{\text{Bezugsverhältnis} + 1}$$

Junge Aktien können einen Dividendenvorteil oder -nachteil gegenüber den alten Aktien haben. Ein Dividendennachteil (Dividendenvorteil) entsteht, wenn die junge Aktie für das laufende Geschäftsjahr nicht voll (voll) dividendenberechtigt ist. Ein Dividendennachteil (-vorteil) wird zum (vom) Bezugskurs addiert (subtrahiert). Der Wert des Bezugsrechts unter Berücksichtigung des Dividendennachteils errechnet sich wie folgt:

Rechnerischer Wert des Bezugsrechts =

$$\frac{\text{Börsenkurs alte Aktie ./. (Bezugskurs + Dividendennachteil)}}{\text{Bezugsverhältnis} + 1}$$

$$DN = \frac{\text{vor.}}{\text{Div.}} \times \left(1 - \frac{\text{Dividendenberechnungszeitraum der jungen Aktie}}{\text{Dividendenberechnungszeitraum der alten Aktie}}\right)$$

Die Bezugsrechte können während des gesamten Bezugsrechtszeitraums gem. § 186(1) AktG – bis auf die beiden letzten Tage – ausgeübt werden.

Unter bestimmten Umständen können Aktionäre gem. § 186 (3), (4) AktG vom Recht zum Bezug neuer (junger) Aktien ganz oder teilweise ausgeschlossen werden (→ Bezugsrechtsausschluss).

Recht der Aktionäre gem. § 221(4) AktG zum Bezug von → Wandel- oder/und → Optionsschuldverschreibungen sowie → Genussrechte (→ Optionsgenussscheine).

▶ **Bezugsrechtsabschlag**

(Deduction of Subscription Rights, Ex Rights Quotation, Ex Bezugsrecht). Bei der → Kapitalerhöhung der AG werden die alten Aktien mit Beginn der Bezugsfr.ist mit dem Bezugsrechtsabschlag gehandelt, d. h., dass der Börsenkurs um den Wert des → Bezugsrechts vermindert wird. Beträgt der Börsenkurs der alten Aktie z. B. 60 € und ist das Bezugsrecht 3,75 € wert, so wird die alte Aktie mit Beginn der Bezugsfrist ex Bezugsrecht, also 56,25 € notiert.

▶ **Bezugsrechtsausschluss**

Das Recht zum Bezug neuer (junger) Aktien durch die Aktionäre (→ Bezugsrecht) kann gem. § 186 (3) AktG ganz oder teilweise nur im Beschluss über die Grundkapitalerhöhung ausgeschlossen werden. Der Beschluss bedarf in diesem Fall einer Mehrheit, die mindestens drei Viertel des bei der Beschlussfassung vertretenen Grundkapitals umfasst. Die Satzung kann eine größere Kapitalmehrheit und weitere Erfordernisse bestimmen. Ein Ausschluss vom Bezugsrecht ist insbesondere dann zulässig, wenn die Kapitalerhöhung gegen Bareinlagen zehn von Hundert des Grundkapitals nicht übersteigt und der Ausgabebetrag den Börsenpreis nicht wesentlich (ca. 3 – 5 %) unterschreitet.

▶ **Bezugsrechtsbewertung** → Bezugsrecht

▶ **Bezugsrechtshandel**

Handel von → Bezugsrechten, der sich in Deutschland an den Börsen über den gesamten Zeitraum der Bezugsfr.ist (bis auf die beiden letzten Tage) erstreckt (→ Bezugsrechtsabschlag, → Kapitalerhöhung).

▶ **Bezugsrechtskurs**

Bezeichnung für den Börsenkurs auf → Junge Aktien, der durch den Handel entsteht. Der Bezugsrechtskurs ist abhängig von Nachfrage und Angebot nach und von Bezugsrechten unter Berücksichtigung des rechnerischen (inneren) Bezugsrechtswerts.

▶ **Bezugsrechtsobligation** → Optionsanleihe

▶ **Bezugsrechtswert**

Wert, den ein Bezugsrecht auf Aktien verbrieft. Zu unterscheiden sind

(1) der rechnerische (innere) Wert des → Bezugsrechts;

(2) der Börsenwert des Bezugsrechts (→ Bezugsrechtskurs).

▶ **Bezugsverhältnis** → Bezugsrecht

▶ **bG** → Kurszusätze

▶ **B-Geschäft** → Teilzahlungskredit

▶ **BIBOR**

(Brussels Interbank Offered Rate) Briefsatz für Ausleihungen von Drei-, Sechs-, Neunmonatsgeldern an erste Adressen im Interbankhandel.

▶ **Bid**

Angelsächsische Bezeichnung für Geldkurs. Preis, zu welchem ein Kaufgebot für ein Finanzinstrument existiert. Gegenteil: → Ask.

▶ **Bid Asked Spread**

Definiert die Differenz zwischen einem Geld- und Briefkurs für ein Finanzinstrument.

▶ **Bid Offer Spread** → Geld-Brief-Spread

▶ **Bietergruppe Bundesemissionen**

Hat mit dem 1.1.1998 das → Bundesanleihekonsortium abgelöst. Nunmehr werden sämtliche Bundesemissionen nach einem einheitlichen Verfahren versteigert.

▶ **Bietungsgarantie**

→ Bankgarantie zur Sicherstellung einer Vertragsstrafe bei der Nichteinhaltung vertraglicher Verpflichtungen. Sie findet in erster Linie Anwendung bei der Vergabe internationaler Ausschreibungen. Im Zuge des Ausschreibungsverfahrens verlangt der Auftraggeber von den Teilnehmern die Abgabe einer Bietungsgarantie. Diese dient zur Abdeckung einer Vertragsstrafe bei Zurückziehung oder Änderung des Angebots während der Ausschreibungsphase bzw. der Nichtannahme nach Zuschlagserteilung.

▶ **Bietungskonsortium** → Tender Panel

▶ **BIFOS**

Abk. für das ehemalige Börseninformationssystem an der Rheinisch-Westfälischen Börse zu Düsseldorf. Das System ist bislang teilweise auch an anderen Regionalbörsen im Einsatz. BIFOS wird an allen Börsenplätzen durch Boss CUBE ersetzt.

▶ **Big Bang**

Umschreibung des Inhalts, der Wirkungen und des In-Kraft-Tretens der umfangreichen Deregulierungsmaßnahmen an den englischen Wertpapiermärkten.

▶ **Bilanzanalyse**

Analyse von Bilanz, GuV und Geschäftsbericht mit dem Ziel, einen gesicherten Eindruck über die Finanz-, Vermögens- und Ertragslage des Unternehmens zu erhalten. Sie ist i. d. R. ein Teil der umfassenderen → Finanzanalyse. Die Schwerpunkte der externen Bilanzanalyse sind auf die Beurteilung der Rentabilität, Vermögens- und Kapitalstruktur sowie des finanziellen Gleichgewichts ausgerichtet. Als notwendiges Instrumentarium dient ein auf die Bilanzanalyse ausgerichtetes Kennzahlensystem (→ Kennzahlen). Im Rahmen der externen Bilanzanalyse können aber nur begrenzt Aussagen gewonnen werden, weil jede Bilanz einen Stichtags- und Vergangenheitscharakter hat. Zudem werden wesentliche Informationen nicht vermittelt. Dies sind z. B. Aussagen über offene Kreditlinien, sog. schwebende Geschäfte, Prolongationsmöglichkeiten bei auslaufenden Krediten, stille Reserven durch überhöhte Abschreibungen, nicht ausgewiesene Wertsteigerungen bei Aktiva etc.

▶ **Bilanzfrisur** → Window Dressing

▶ **Bilanzgewinn**

(1) Allgemein: Erfolgsziffer, gebildet durch die Gegenüberstellung der Summen der Vermögens- und Kapitalposten der Bilanz.

(2) Bei Aktiengesellschaften: absolute Erfolgskennzahl, die sich gem. § 158 (1) AktG errechnet. Das Verfahren sieht vor, dass die Gewinn- und Verlustrechnung nach dem Posten „Jahresüberschuss/Jahresfehlbetrag" in Fortführung der Nummerierung um die folgenden Posten zu ergänzen ist:

---

1. Gewinnvortrag/Verlustvortrag aus dem Vorjahr
2. Entnahmen aus der Kapitalrücklage
3. Entnahmen aus Gewinnrücklagen
   a)   aus der gesetzlichen Rücklage
   b)   aus der Rücklage für eigene Aktien
   c)   aus satzungsmäßigen Rücklagen
   d)   aus anderen Gewinnrücklagen
4. Einstellungen in Gewinnrücklagen
   a)   in die gesetzliche Rücklage
   b)   in die Rücklage für eigene Aktien
   c)   in satzungsmäßige Rücklagen
   d)   in andere Rücklagen
5. Bilanzgewinn/Bilanzverlust.

Auch hier zeigt sich, dass der Bilanzgewinn über den Erfolg einer Unternehmung keine hinreichende Aussage geben kann, da er – bei einem Jahresüberschuss – durch Entnahmen aus Rücklagen bzw. Einstellungen in Rücklagen beeinflusst werden kann. Bei einem Jahresfehlbetrag kann z. B. durch Entnahmen aus Rücklagen ein Bilanzgewinn gebildet werden.

▶ **Bilanzkennziffern**

(Bilanzkennzahlen) → Kennzahlen, die im Rahmen der → Bilanz-
und → Finanzanalyse errechnet und zur Beurteilung herangezogen
werden (→ Finanzierungsregeln).

▶ **Bilanzkurs**

Der aus den Bilanzwerten einer AG errechnete Wert einer Aktie. Er
soll in Gegenüberstellung zum Börsenkurs einen Hinweis geben
● auf die möglicherweise vorhandenen stillen Reserven (Volumen
der stillen Reserven = Börsenkurs ./ . Bilanzkurs multipliziert mit
der Zahl der Aktien),
● auf die mögliche künftige Entwicklung des Unternehmens und
damit des Aktienkurses.
Der Bilanzkurs wird definiert als Verhältnis des bilanzierten Eigenkapitals zum Grundkapital bzw. Eigenkapital in v. H. des Grundkapitals.
Bilanziertes Eigenkapital = Grundkapital + Rücklagen + Gewinnvortrag ./. Verlustvortrag.
Es ist allerdings zu bezweifeln, dass die Gegenüberstellung von
Bilanz- zu Börsenkurs Auskünfte über die Höhe der vorhandenen
stillen Reserven gibt, da der Börsenkurs ein Marktpreis ist, dessen
Bildung von einer Reihe von Faktoren (rationalen/irrationalen;
makroökonomischen/mikroökonomischen) abhängt.
Bei Ausgabe von → Gratisaktien sinkt der Bilanzkurs.

Beispiel:
Grundkapital   100 Mio. €
Rücklagen   250 Mio. €
Eigenkapital   350 Mio. €

$$\text{Bilanzkurs} = \frac{350}{100} \cdot 100 = 350\%$$

Nach einer nominellen Kapitalerhöhung (Passivtausch) um 50 Mio. € (Grundkapital = 150 Mio. €,
Rücklagen = 200 Mio. €) sinkt der Bilanzkurs auf
233%.

▶ **Bilanzplanung** → Planbilanz

▶ **Bilanzregel, goldene** → Fristenkongruenz

▶ **Bill Futures**

Bezeichnung für → Terminkontrakte auf US-Schatzwechsel.

▶ **Bill of Credit**

(1) Kreditbrief, → Akkreditiv
(2) ungesicherter Schuldschein

▶ **billigst**

Kaufauftrag für Wertpapiere ohne Kursangabe. Wertpapiere sollen zu den bestmöglichen Bedingungen (= niedrigstmöglicher Kurs) erworben werden.

▶ **Bills**

Kurzlaufende Schatzwechsel.

▶ **Binary Option** → Digital Option

▶ **BIZ** → Bank für Internationalen Zahlungsausgleich

▶ **Black & Scholes-Modell**

Modell zur theoretischen, fairen Bewertung einer europäischen Option auf Aktien. Der Ansatz basiert auf folgenden Prämissen:
Es handelt sich um Optionen europäischen Typs. Der konstante Zinssatz auf risikolose Anlagen ist bekannt. Soll- und Habenzins sind identisch. Kredite sind in beliebiger Höhe zum risikolosen Zins erhältlich. Es erfolgen keine Dividendenzahlungen während der Laufdauer der Option. Die Aktienkurse folgen einer zufallsbedingten Kursentwicklung. Ihre Renditen sind logonormalverteilt. Es

herrscht Arbitragefreiheit bei Unterstellung einer konstanten Volatilität. Transaktionskosten existieren nicht.

Berechnung für Kaufoptionen:

$$C = S\ N(d_1) - Xe^{-rt}\ N(d_2)$$

wobei:

C = Wert der Call Option
S = Aktienkurs
X = Basispreis bzw. Bezugspreis
r = risikoloser Zinssatz p.a.
e = 2,718281828
ln = natürlicher Logarithmus
t = Restlaufzeit der Kaufoption in Jahren

N (d) Verteilungsfunktion der Standardnormalverteilung
σ = Erwartete Volatilität der Aktienkurse

$$d_1 = \frac{\ln\ (S/X)\ +\ (r\ +\ 0.5\sigma^2)t}{s\sqrt{t}}$$

$$d_2 = d_1 - s\sqrt{t}$$

Es zeigt sich damit, dass der Optionspreis bei den Annahmen des Black& Scholes-Ansatzes in erster Linie von den Größen Aktienkurs und Restlaufzeit der Option abhängt.

▶ **Blankoakzept** → Akzept

▶ **Blankoindossament** → Indossament

▶ **Blankokredit** → Personalkredit

▶ **Blankoscheck**

Vom Aussteller unterzeichneter → Scheck ohne Betrag in Ziffern und Worten. Der Blankoscheck ist ungültig, da gem. Art. 1 ScheckG ein wesentliches Merkmal fehlt. Erfolgt die Eintragung des Betrags, so wird der Scheck gültig. Nach Art. 13 ScheckG muss der Aussteller auch dann einen Scheck gegen sich gelten lassen, der den getroffenen Vereinbarungen zuwider ausgefüllt wurde. Dies gilt allerdings dann nicht, wenn er nachweisen kann, dass der Blankoscheck durch den Inhaber in böser Absicht erworben wurde oder er grob fahrlässig gehandelt hat.

▶ **Blankoverkauf** → Leerverkauf

▶ **Blankowechsel** → Wechsel

▶ **Blue Chip**

Anglo-amerikanische Bezeichnung für Aktien erstklassiger Unternehmen, insbesondere für solche, die im → Dow-Jones-Index erfasst werden. Sie zeichnen sich durch hohes → Rating und i. d. R. ein gutes Kurs/Gewinnverhältnis aus. In Deutschland spricht man von → Standardpapieren.

▶ **Blue Chip-Segment**

Marktsegment, welches die erstklassigen Standardwerte umfasst.

▶ **BOBL**

gebräuchliche Abkürzung für fünfjährige zinsfixe Bundesanleihen.

▶ **BOBL-Futures** → DTB BOBL-Futures

▶ **Bodensatztheorem**

Lehrsatz, nach welchem im Zusammenhang mit der Bildung zweckgebundener Fonds ein bestimmter Mittelbestand dauernd im Fond verbleibt. Dieser Bodensatzeffekt entsteht jedoch nur dann, wenn einerseits Mittelzuflüsse erfolgen, die die Mittelabflüsse überkompensieren und die erwarteten Abflüsse auf ein höheres Abrufrisiko, als es tatsächlich eintritt, angelegt sind.

Der Bodensatz kann zur Finanzierung von Investitionen durch die Unternehmung eingesetzt werden. Fehleinschätzungen bei den oben genannten Komponenten können zu Mittelabflüssen und damit zum Abbau des Bodensatzes führen, was eine Destabilisierung des finanziellen Gleichgewichts der Unternehmung bewirken kann.

Dieses Liquiditätsrisiko ist abhängig vom Umfang des Mittelabflusses sowie dem → Liquiditätsgrad des inzwischen investierten Kapitals.

Ein Bodensatz entsteht i. d. R. bei der Bildung von → Pensionsrückstellungen, Bergschädenrückstellungen sowie bei jederzeit fälligen Kundeneinlagen bei Kreditinstituten.

▶ BÖGA

Abk. für Börsengeschäftsabwicklung der Deutsche Börse Systems. Sie ist durch eine elektronische Schnittstelle mit → BOSS CUBE und → XETRA verbunden, wodurch die Dokumentation und Weiterleitung der Abwicklungsdaten gewährleistet ist. BÖGA verarbeitet ca. 100.000 Gattungen im börslichen und außerbörslichen Handel. Das System wurde bislang von der Deutsche Börse AG entwickelt und betrieben. Künftig werden sechs der sieben Regionalbörsen (außer Düsseldorf) BÖGA und → BOSS gemeinsam mit der Deutsche Börse AG betreiben und ggf. weiter entwickeln.

▶ Börse

Ökonomischer Ort, an welchem fungible, abwesende Güter gehandelt werden. Die Marktveranstaltungen finden regelmäßig innerhalb einer begrenzten Zeit statt. Börsen unterscheiden sich nach

(1) der Art der gehandelten Güter in: Wertpapier- oder → Effektenbörsen, Devisenbörsen, Warenbörsen und Versicherungsbörsen;

(2) der Geschäftsform; Börsen für Kassageschäfte und Börsen für Termingeschäfte bzw. spezielle Termingeschäfte (Optionsbörsen);

(3) der Präsenz bzw. Nichtpräsenz der am Handel beteiligten Börsenmitglieder am ökonomischen Ort des Handels in: Präsenzbörse und Computerbörse;

(4) dem Sitz der Börse: Inlandsbörse oder Auslandsbörse.

Ihrer Bedeutung entsprechend wird die führende Börse eines Landes als Zentral- oder → Leitbörse bezeichnet.

(1) *Wertpapierbörsen in der Bundesrepublik Deutschland* (Leitbörse ist Frankfurt)

Frankfurter Wertpapierbörse
Börsenplatz 6
60313 Frankfurt a. Main

Bayerische Börse zu München
Lenbachplatz 2a
80333 München

Baden-Württembergische Börse zu Stuttgart
Königstr. 28
70173 Stuttgart

Niedersächsische Börse zu Hannover
Rathenaustr. 2
30159 Hannover

Rheinisch-Westfälische Börse zu Düsseldorf
Ernst-Schneider-Platz 1
40212 Düsseldorf 1

Hanseatische Wertpapierbörse
Hamburg
Schauenburger Str. 4–49
20095 Hamburg

Berliner Börse
Fasanenstr: 3
12526 Berlin

Bremer Wertpapierbörse
Obernstr. 2
28195 Bremen

(2) *Europäische Leitbörsen*

Belgien
Bourse de Bruxelles
Palais de la Bourse
B-1000 Brussel

Niederlande
Amsterdam Effectenbeurs
Beursplein 5
NL-1012 JW Amsterdam

Luxemburg
Bourse de Luxembourg
11, avenue de la Porte-Neuve,
B.P. 165
L-2227 Luxembourg

Frankreich
SBF-Paris Bourse
39 rue Cambon
F-75001 Paris

Dänemark
Københavens-Fondsbørs
Nikolai Plads 6
DK-1007 København K

Norwegen
Oslo Bors
Tollbugata 2
N-0159 Oslo 1

Griechenland
Athens Stock Exchange
10, Sofokleous Street
GR-10559 Athens

Österreich
Wiener Börsenkammer
Wipplingerstrasse 34
A-1011 Wien

Großbritannien
London Stock Exchange
Corner Old Broad and
Threadneedle Street
London EC2N 1HP

Portugal
Bolsa de Valores de Lisboa
Rua dos Franqueiros 10
1100 Lissabon

Irland
The Irish Stock Exchange
28, Anglesea Street
Dublin, 2

Schweiz
Züricher Börse
Seinaustr. 32
CH-8021 Zürich

Italien
Borsa Valori di Milano
Piazza Degli Affari 6
I-20123 Milan

Spanien
Bolsa de Madrid
Plaza de la Lealtad 1
E-28014 Madrid

(3) *Ausgewählte außereuropäische Wertpapierbörsen*
    (jeweils Leitbörsen)

**Vereinigte Staaten
von Amerika**
The New York Stock Exchange
Eleven Wall Street
New York, NY 10 005

Hongkong
Hongkong Stock Exchange
12 Hartcourt Road
Central Hong Kong P.O. Box 8888

Kanada
Toronto Stock Exchange
The Exchange Tower
2 First Canadian Place
Toronto, Ontario M5X 1J2

Malaysia
Stock Exchange
of Singapore Ltd.
16 Raffles Quay
16–03 Hong Leong Building
Singapore 0104, Singapore

Japan
Tokyo Kabutocho
2–1, Nishombashi-Kayaba-cho
Chuo-Ku-Tokyo 103

Australien
Australian Associated Stock
Exchanges
20 Bond Street
P.O. Box 520. GPO
Sydney, NSW 2000

▶ **Börsenabteilung**

Für die Abwicklung des Börsenhandels zuständige Abteilung einer Bank.

▶ **Börsenaufsicht**

Erfolgt in der Bundesrepublik Deutschland gem. § 1 (2) BörsG durch die → Börsenaufsichtsbehörde, die diese Funktion gemeinsam mit der an einer Börse einzurichtenden → Handelsüberwachungsstelle ausübt. Ihrer Aufsicht unterliegen auch die Einrichtungen, die sich auf den Börsenverkehr beziehen. Die Aufsicht erstreckt sich auf die Einhaltung der börsenrechtlichen Vorschriften und Anordnungen sowie die ordnungsgemäße Durchführung des Handels an der Börse und die Börsengeschäftsabwicklung. Die Börsenaufsichtsbehörde kann gem. § 2 Abs. 3 BörsG für die Durchführung der Aufgaben an der Börse einen → Staatskommissar bestellen. Sie ist berechtigt an den Beratungen der → Börsenorgane teilzunehmen. Die Börsenorgane sind gem. § 1 Abs. 3 BörsG zur Unterstützung der Börsenaufsichtsbehörde bei ihrer Aufgabenerfüllung verpflichtet. Die Befugnisse der Börsenaufsichtsbehörde regeln sich nach § 1 a BörsG.

▶ **Börsenaufsichtsbehörde**

Übt gem. § 1 (2) BörsG die Aufsicht über die Börse nach den Vorschriften des Börsengesetzes aus. Ihrer Aufsicht unterliegen auch diejenigen Einrichtungen, die sich auf den Börsenverkehr beziehen. Die Aufsicht erstreckt sich auf die Einhaltung der börsenrechtlichen Vorschriften und Anordnungen sowie die ordnungsmäßige Durchführung des Handels an der Börse einschließlich der Börsengeschäftsabwicklung. Für die Durchführung der Aufsicht an der Börse

kann die Börsenaufsichtsbehörde gem. § 1 (3) BörsG einen →
Staatskommissar einsetzen. Grundsätzlich ist die Börsenaufsichtsbehörde zur Teilnahme an allen Sitzungen der Börsenorgane berechtigt.

Einzelheiten zur Befugnis der Börsenaufsichtsbehörde sind gem.
§ 1 a BörsG geregelt.

▶ **Börsenauftrag**

Kauf- oder Verkaufsauftrag von Wertpapieren, der in Deutschland
per Bank an die Börse gegeben wird. Börsenaufträge müssen u. a. als
Angaben enthalten:
- Nennwert bzw. Anzahl der Wertpapierstücke,
- Wertpapierbezeichnung,
- mit Kurslimitierung/ohne Kursvorgabe (→ bestens, → billigst, →
  Stop-loss-Auftrag, → Stop-buy-Auftrag),
- Auftragsgeltungsdauer.

▶ **Börsenbesucher**

Alle Personen, die zum Besuch einer Börse berechtigt sind. Über die
Berechtigung entscheidet der Bösenvorstand. Gem. BörsG wird
nach drei Gruppen von Börsenbesuchern unterschieden: Makler,
Börsenhändler und Personen ohne Handelserlaubnis (z. B. spezielles Büropersonal von Banken, Journalisten, Börsengäste).

▶ **Börsenblatt**

Bezeichnung für eine Zeitung, die als Pflichtblatt einer Börse gilt. In
ihr werden Mitteilungen einer Börse publiziert.

▶ **Börsenbüro**

Für die Abwicklung des Börsenhandels zuständiges Büro einer Bank
an einem Börsenplatz, an dem die Bank nicht domiziliert.

▶ **Börsenehrenausschuss** → Ehrenausschuss

▶ **Börseneinführung**

Für die Aufnahme der ersten amtlichen Notierung der zugelassenen Wertpapiere an der Börse (Einführung) hat ein Kreditinstitut (das an dieser Börse mit dem Recht zur Teilnahme am Handel zugelassen sein muss) im Emittentenauftrag dem Börsenvorstand den Zeitpunkt der Einführung sowie die Merkmale der einzuführenden Wertpapiere mitzuteilen. Ist der Emittent ein Kreditinstitut, kann er dies selbst angeben. Soweit Wertpapiere zur öffentlichen Zeichnung aufgelegt sind, ist ihre Einführung erst nach beendeter Zuteilung möglich.

▶ **Börseneinführungsprospekt** → Prospekt

▶ **Börseneinführungsprovision**

Provision, die im Zuge der Börseneinführung durch den Emittenten an die Bank zu entrichten ist, die die Antragstellung für die Börseneinführung übernimmt. Die Höhe der Provision orientiert sich i. d. R. stark am Volumen des zur Zulassung beantragten Grundkapitals. Im Einzelfall ist die Verhandlungsposition des Emittenten maßgebend.

▶ **Börsenfähige Wertpapiere**

Wertpapiere, welche die Zulassungsvoraussetzungen zum Börsenhandel erfüllen.→ Börsenfähigkeit, → Börsenzulassung.

▶ **Börsenfähigkeit**

Besitzen Wertpapiere, die zum → Amtlichen Handel oder → Geregelten Markt zugelassen sind (→ Börsenzulassung).

▶ **Börsenfirma** → Investmentgesellschaft

▶ **Börsengängige Wertpapiere**

Effekten, die in den Börsensegmenten (→ Amtlicher Handel oder → Geregelter Markt oder → Freiverkehr) gehandelt werden.

▶ **Börsengeschäfte**

Alle Geschäfte, die an der → Börse üblich sind. Börsengeschäfte
werden unterschieden nach
(1) dem Erfüllungstermin in:
   ● → Kassageschäft (Warenbörse: Locogeschäft),
   ● → Termingeschäft,
   ● Koppelung zwischen einander entgegengesetzten Kassa- und
     Termingeschäften: → Pensionsgeschäft (Effekten) bzw.
     Swapgeschäft (Devisen);
(2) dem Gegenstand (Wertpapiere, Devisen, Waren, Terminkon-
    trakte, Indices, Optionen auf Basisobjekte, Optionen auf Op-
    tionen).

▶ **Börsengeschäftsführung**

Die Leitung der Börse obliegt gem. § 3c BörsG der Börsengeschäfts-
führung und kann aus einer oder mehreren Personen bestehen. Die
Börsengeschäftsführer werden auf höchstens fünf Jahre gewählt.
Ihre Wiederwahl ist zulässig.

▶ **Börsengremien** → Börsenorgane

▶ **Börsenhändler**

Bezeichnung für diejenigen Personen, die an der Börse als Privatbankiers, Bankenvertreter oder leitende Bankangestellte im Namen
und für Rechnung einer Bank Wertpapieraufträge von Kunden abwickeln oder Eigengeschäfte der Bank tätigen.

▶ **Börsenhandel, Zulassung zum**

Zum Besuch der Börse und zur Teilnahme am Börsenhandel gem.
§ 7 BörsG eine Zulassung durch die Geschäftsführung der Börse erforderlich.
   Zum Börsenhandel darf nur zugelassen werden, wer gewerbsmäßig bei börsenmäßig handelbaren Gegenständen
(1) die Anschaffung und Veräußerung für eigene Rechnung betreibt,
(2) die Anschaffung und Veräußerung für fremde Rechnung betreibt
    oder

(3) die Vermittlung von Verträgen über Anschaffung und Veräußerung übernimmt und dessen Geschäftsbetrieb nach Art und Umfang einen in kaufmännischer Weise eingerichteten Geschäftsbetrieb erfordert.

Die Zulassung von Personen ohne das Recht zur Teinahme am
Handel regelt die Börsenordnung.

Die Zulassung eines Unternehmens zur Teilnahme am Börsenhandel ist gem. § 7(4) BörsG entsprechend der Rechtsform an die
Vertretungsbefugnis (Einzelkaufmann, Geschäftsführer) der beauftragten Person, ihre fachliche Kompetenz und Seriosität, die ordnungsgemäße Abwicklung der Geschäfte (ggf. Sicherheitleistung)
und – soweit der Antragsteller kein Kreditinstitut ist – ein Eigenkapital von mindestens 100.000 DM gebunden. Die Höhe der Sicherheitsleistung nach § 7 Abs. 4 Nr. 3 BörsG bestimmt sich nach Art und
Umfang der erstrebten und ausgeführten Geschäftätigkeit und nach
der Zahl der für das antragstellende Unternehmen zugelassenen natürlichen Personen, die für das Unternehmen Geschäfte abschließen.

Die Personen, die berechtigt sein sollen für ein zugelassenes Unternehmen als Börsenhändler zu fungieren, müssen eine entsprechende berufliche Eignung nachweisen und zuverlässig sein. Das
Nähere bestimmt gem.§ 7 (6) BörsG die Börsenordnung.

▶ **Börsenkapitalisierung**

Methode zur Unternehmensbewertung von börsennotierten Aktiengesellschaften. Das Verfahren kann sich auf

(1) ein einzelnes Unternehmen beziehen. Die Ermittlung des Unternehmenswertes erfolgt hier Fall durch die Multiplikation des
Börsenkurses mit der Anzahl der emittierten Aktien der Unternehmung,

(2) alle börsennotierten Unternehmen in einer Volkswirtschaft beziehen. In diesem Fall spiegelt sich die Börsenkapitalisierung im
Kurswert aller börsennotierten inländischen Aktien.

Eine Vergleichbarkeit zur Börsenkapitalisierung anderer Volkswirtschaften demonstriert der Börsenkapitalisierungskoeffizient.

Börsenkapitalisierungskoeffizient = Aktienumlauf i. v.H. des Bruttoinlandsprodukts.

	1995	1996	1997
Amtlicher Handel	794.952	1.003.665	1.400.188
Geregelter Markt	18.942	17.497	11.682
Freiverkehr	12.488	12.911	15.963
Neuer Markt			3.144

Börsenkapitalisierung in Deutschland nach Marktsegmenten 1995–1997 in Mio. DM
Quelle: Arbeitsgemeinschaft der deutschen Wertpapierbörsen, Deutsche Börse AG.

	1996	1997	1998
Deutschland	577.364,8	825.232,7	1.093.961,9
Euro-Länder	2.431.789,3	2.976.952,1	4.264.476,2
Nicht-Euro-Länder	1.977.596,9	2.388.485,8	2.830.452,5
Alle EU-Länder	4.409.386,2	5.365.437,9	7.094.928,7
USA (Amex,Nasdaq,NYSE)	8.451.722,8	10.730.627,2	12.926.176.8

Börsenkapitalisierung inländischer börsennotierter Aktiengesellschaften in Deutschland und anderen ausgewählten Industrieländern in Mio. US-$.

Quelle: F.I.B.V., Emerging Stock Markets Fact Book; Deutsches Aktieninstitut, Fact Book 1999; –eigene Berechnungen–

	1996	1997	1998
Deutschland	28,4 %	39,5 %	51,2 %
Euro-Länder	35,3 %	47,3 %	65,9 %
Alle EU-Länder	51,2 %	66,3 %	85,0 %
Japan	67,5 %	52,8 %	66,0 %
USA	113,9 %	136,8 %	157,0 %

Börsenkapitalisierung i. v.H. des Bruttoinlands- bzw -sozialprodukts in ausgewählten Industrieländern.

Quelle: F.I.B.V., OECD, DAI-Fact-Book 1999.

▶ **Börsenkapitalisierungskoeffizient** → Börsenkapitalisierung

▶ **Börsenkursblatt**

Börsentäglich publiziertes Organ. Es enthält die amtlich festgestellten Kurse.

▶ **Börsenmakler**

→ Kursmakler und → freie Makler, die an der Börse tätig sind.

▶ **Börsennamen**

An der Börse gebräuchliche Abkürzungen für Wertpapiere, wie z. B. Aluminium Co. of America als „Alcoa", General Electric als „GE", Minnesota Mining & Manufacturing als „3 M".

▶ **Börsennotierung** → Notierung

▶ **Börsenordnung**

Gem. § 4 BörsG erlässt der Börsenrat die Börsenordnung als Satzung. Soweit eine öffentlich-rechtliche Körperschaft Träger der Börse ist, ist die Börsenordnung im Einvernehmen mit ihr zu erlassen. Die Börsenordnung bedarf der Genehmigung durch die Börsenaufsichtsbehörde und muss entsprechende Bestimmungen enthalten über:

(1) den Geschäftszweig und die Organisation der Börse,

(2) die Veröffentlichung der Preise und Kurse sowie

(3) der ihnen zu Grunde liegenden Umsätze und die Berechtigung der Geschäftsführung diese zu veröffentlichen.

Bei Wertpapierbörsen muss die Börsenordnung außerdem Bestimmungen über die Zusammensetzung und Wahl der Mitglieder der Zulassungsstelle sowie die Bedeutung und Kurszusätze und -hinweise enthalten.

▶ **Börsenorgane**

Geschäftsführung (→ Börsengeschäftsführung),→ Börsenrat, → Börsenschiedsgericht, → Handelsüberwachungsstelle, → Kursmaklerkammer, → Sanktionsausschuss, → Zulassungsstelle (→ Börsenzulassung).

▶ **Börsenpflichtblatt**

Inländische Zeitung, die von der Zulassungsstelle gem. § 37 (4) BörsG für vorgeschriebene Veröffentlichungen bestimmt wird. Die

Zulassungsstelle muss mindestens drei Zeitungen, davon zwei Tageszeitungen mit überregionaler Bedeutung als Börsenpflichtblatt bestimmen.

Überregionale Börsenpflichtblätter sind: Börsen Zeitung, Die Welt, Frankfurter Allgemeine Zeitung, Frankfurter Rundschau, Handelsblatt, Süddeutsche Zeitung.

▶ **Börsenplatz**

(1) Ort, an welchem eine → Börse ihren Sitz hat.
(2) In der Regel findet dieser Terminus lediglich auf Plätze Anwendung, die Sitz einer Wertpapierbörse sind (→ Effektenbörse). Wertpapierbörsen befinden sich in der Bundesrepublik Deutschland in Berlin, Bremen, Düsseldorf, Frankfurt/Main, Hamburg, Hannover, München, Stuttgart.

▶ **Börsenpreisbildung**

Vollzieht sich entsprechend der Art der
(1) Marktbildung: zeitlich-, örtlich-, personenbezogene Marktbildung;
(2) Preisnotierung: Warenbörsen: Landeswährung je handelsübliche Gewichtseinheit;
Devisenbörsen: Preis- oder Mengennotierung;
Effektenbörsen: Stücknotierung, Prozentnotierung;
(3) Preisfestsetzung: Einheitsnotierung (→Stauprinzip, Auktionsprinzip); → Variable Notierung; → Circa-Notierung.
Börsenpreise müssen ordnungsgemäß zustandekommen (§ 11 BörsG), d. h. der wirklichen Geschäftslage an der Börse entsprechen. Für die Preisfeststellung im amtlichen Handel an Wertpapierbörsen sind Kursmakler zuständig, an Warenbörsen die Geschäftsführer. Im geregelten Markt erfolgt die Preisfeststellung durch die damit beauftragten Makler (§ 75 BörsG). Die Aussetzung und Einstellung der Notierung erfolgt stets durch die Börsengeschäftsführung (§§ 43, 75 Abs. 3 BörsG). Die börsengesetzlichen Bestimmungen werden durch die „Verordnung über die Feststellung des Börsenpreises" BGBl.III 4112–3 ergänzt.

▶ **Börsenpreise**

Sind Preise (Kurse),

(1) für Wertpapiere, die während der Börsenzeit an einer Wertpapierbörse im amtlichen Handel oder geregelten Markt oder

(2) die an einer Warenbörse festgestellt werden.

Dies gilt gem. § 11 (1) BörsG auch für Preise (Kurse), die sich für zum Handel zugelassene Wertpapiere oder Waren entweder an einer Börse in einem durch die Börsenordnung geregelten elektronischem Handelssystem oder an Börsen bilden, an denen nur ein elektronischer Handel stattfindet, bilden.

▶ **Börsenprospekt** → Prospekt, → Börsenzulassung

▶ **Börsenrat**

Börsenorgan, dem insbesodere folgende Aufgaben gem. § 3 (2) BörsG obliegen:

(1) Erlass der Börsen- und Gebührenordnung,

(2) Bestellung und Abberufung der (Börsen-) Geschäftsführer der Börse (im Benehmen mit der Börsenaufsichtsbehörde),

(3) Überwachung der (Börsen-) Geschäftsführer,

(4) Erlass einer Geschäftsordnung für die (Börsen-) Geschäftsführung,

(5) Erlass der Bedingungen für die Geschäfte an der Börse.

Seine Zustimmung ist desgleichen für die Einführung von technischen Systemen, die dem Handel oder der Abwicklung von Börsengeschäften dienen, erforderlich.

▶ **Börsenschiedsgericht**

Börsenorgan, dessen Entscheidung sich in Streitfällen im Regelfall ein bestimmter Personenkreis zur Schlichtung unterwirft. Die Entscheidung des Börsenschiedsgerichts ist nur verbindlich, wenn beide Teile zu den Personen gehören, die nach § 53 (1) BörsG Börsentermingeschäfte abschließen können, oder wenn die Unterwerfung nach Entstehung des Streitfalls erfolgt.

▶ **Börsenschluss** → Schluss

▶ **Börsensegmente**

(Marktsegmente) Börsenteilmärkte im Wertpapierhandel. Grundsätzlich wird zwischen vertikalen und horizontalen Marktsegmenten differenziert. Vertikale Marktsegmente ergeben sich in erster Linie durch unterschiedliche Vorschriften der → Börsenzulassung, Pflichten des Emittenten bereits zugelassener Wertpapiere sowie abweichende Handelsverfahren. Vertikale Börsensegmente sind der → Amtliche Handel (1. Markt), → Geregelte Markt (2. Markt), → Freiverkehr (3. Markt).

Die Segmentierung erfolgt anhand der Zulassungsvoraussetzungen, die von den Emittenten erfüllt werden müssen, damit die Titel zum Einzelnen Marktsegment zugelassen und damit grundsätzlich handelbar werden (→ Börsenzulassung von Wertpapieren). Horizontale Marktsegmente entstehen durch die Aufgliederung der oben bezeichneten vertikalen Marktsegmente in weitere Teilmärkte (z. B. Kassa-, Termin-, Optionsmarkt). Zudem wird eine weitere Sub-Segmentierung unterhalb deartiger Teilmärkte,z. B. durch Aufbau spezieller Qualitätsegmente (→ Neuer Markt, → SMAX) praktiziert. In derartigen Fällen müssen die Wertpapiere aber grundsätzlich vorab zum Amtlichen Handel, Geregelten Markt oder Freiverkehr zugelassen sein (→ Börsenzulassung von Wertpapieren).

▶ **Börsentermingeschäfte** → Termingeschäfte

▶ **Börsenträger**

Sind von der Börse zu unterscheiden, da sie lediglich die materiellen Voraussetzungen für die Durchführung des Börsenhandels bereitstellen. Als Börsenträger können Industrie- und Handelskammern, Vereine, Kapitalgesellschaften fungieren, wobei diese nicht dem Börsengesetz unterliegen.

▶ **Börsenumsatzstatistik**

Spiegelt die zahlenmäßige Erfassung aller Umsätze (maklervermittelte Geschäfte und Direktgeschäfte der Banken) an den deutschen

Wertpapierbörsen unter Einschluss des platzübergreifenden Verkehrs.

▶ **Börsenumsatzsteuer**

Wurde zum 1. Januar 1991 abgeschafft.

▶ **Börsenwert**

(1) drückt sich aus in der → Marktkapitalisierung einer → Aktiengesellschaft.

(2) Bezeichnung für ein Wertpapier, das an einer Börse notiert ist.

▶ **Börsenzulassung von Wertpapieren**

Wertpapiere sind erst im → Amtlichen Handel, → Geregelten Markt, im → Freiverkehr handelbar, wenn sie zum entsprechenden → Börsensegment zugelassen sind. Die Zulassung erfolgt auf Grund von Regelungen, die im Rahmen von Gesetzen, der Börsenzulassungsverordnung oder anderer Verfahren festgelegt sind. Die Zulassungsverfahren sind den jeweiligen Börsensegmenten entsprechend unterschiedlich ausgelegt.

(1) Im Amtlichen Handel ist zwischen zwei Arten der Zulassung zu unterscheiden:

(a) Bei der Zulassung kraft Börsengesetz (§ 41) ergibt sich die Börsenfähigkeit bereits aus der Emission. Anleihen des Bundes, seiner Sondervermögen, eines Bundeslandes sowie Schuldverschreibungen, die von Mitgliedstaaten der Europäischen Union emittiert werden, sind an jeder inländischen Börse zum Amtlichen Handel zugelassen.

(b) Zulassung durch die → Zulassungsstelle der jeweiligen Börse. Wertpapiere, die nicht kraft Gesetz zum Amtlichen Handel zugelassen sind, bedürfen gem. §§ 36(1), 37(1) BörsG der Zulassung durch die Zulassungsstelle auf Basis der BörsenzulassungsVerordnung (BörsZulVO) vom 15. 4. 1987. In der BörsZulVO (§§ 1–13) sind die Voraussetzungen für die Zulassung gem. § 38(1) BörsG definiert.

Es handelt sich dabei um die Anforderungen an
- den Emittenten hinsichtlich seiner Rechtsform und der Dauer seines Bestehens sowie Emittenten aus Drittstaaten;
- die zuzulassenden Wertpapiere hinsichtlich ihrer Rechtsgrundlage, Handelbarkeit, Stückelung, Druckausstattung, Streuung bei Aktien, Wertpapiere mit Umtausch oder Bezugsrecht sowie Zertifikate, die Aktien vertreten, an den Mindestbetrag der Wertpapiere.

Die Zulassung ist vom Emittenten der Wertpapiere zusammen mit einem Kreditinstitut zu beantragen. Ist der Emittent ein solches Kreditinstitut, kann er den Antrag allein stellen. Dem Antrag ist ein Zulassungsprospekt (→ Prospekt), der von beiden Antragstellern zu unterschreiben ist, beizufügen. Nach der Börsenzulassung hat der Emittent gem. §§ 44, 44a, 44b, 44c BörsG bestimmte Pflichten zu erfüllen. Diese sind insbesondere:
- Die Nennung einer Zahl- und Hinterlegungsstelle am Börsenplatz;
- die unverzügliche Veröffentlichung neuer Tatsachen, die bei Aktien zu einer Kursänderung und bei Schuldverschreibungen zu Beeinträchtigungen im Kapitaldienst führen könnten;
- die regelmäßige Zwischenberichtspflicht im laufenden Geschäftsjahr.

(2) Im → Geregelten Markt erfolgt die Börsenzulassung durch einen Zulassungsausschuss gem. § 73 BörsG. Im Regelfall ist die Zulassung vom Emittenten zusammen mit einem Kreditinstitut zu beantragen, das an einer inländische Börse mit dem Recht zur Teilnahme am Handel zugelassen ist. Ist der Emittent ein Kreditinstitut, kann er den Antrag allein stellen. Emittenten können den Antrag auf Zulassung auch zusammen mit einem Unternehmen stellen, das kein Kreditinstitut ist. Dies ist aber nur unter der Voraussetzung möglich, dass bestimmte Bedingungen gegeben sind (Fachliche Eignung, Gewährleistung ordnungsgemäßen Börsenhandels, Anlegerschutz). Im Vergleich zum amtlichen Handel wird dem Zulassungsantrag kein Prospekt, sondern

Marktsegment / Zulassungskriterien	Amtlicher Handel	Geregelter Markt	Freiverkehr
Rechtliche Grundlagen	Börsengesetz §§ 36; Börsenzulassungsverordnung, Verkaufsprospekt-Gesetz	Börsengesetz §§ 71, Börsenordnung §§ 56	Richtlinien für den Freiverkehr, Börsengesetz § 78
Entscheidendes Gremium	Zulassungsstelle	Zulassungsausschuss	Börsenvorstand
Zulassungsvoraussetzung	Zulassungsantrag	Zulassungsantrag	
Antragstellung durch	Emittent gemeinsam mit Kreditinstitut gem. §36(2) BörsgG	Emittent gemeinsam mit Kreditinstitut oder anderem Emissionsbegleiter gem. § 71(2) BörsG	
Zulassungsdokument	Zulassungsprospekt mit allen Angaben, die Für die Beurteilung des Wertpapiers erforderlich sind (inkl. Bilanzen und Gewinn- und Verlustrechnungen der letzten drei Geschäftsjahre und des Anhangs. Außerdem der Lagebericht des letzten Geschäftsjahres.	Unternehmensbericht mit den wesentlichen Angaben, die notwendig sind um dem Publikum ein zutreffendes Urteil über den Emittenten und die Wertpapiere zu ermöglichen. Das Dokument muss mindestens die in der Verkaufsprospekt-Verordnung vorgesehenen Angaben enthalten. Besteht das Unternehmen noch kein Jahr, so sind die Eröffnungsbilanz, eine aktuelle Zwischenübersicht, ein Ausblick über die Vermögens-, Ertrags-, Finanzlage für das laufende Geschäftsjahr sowie die Planzahlen für die folgenden drei Geschäftsjahre anzugeben.	Grundsätzlich ein vom Bundesamt für den Wertpapierhandel genehmigter Verkaufsprospekt mit Angaben über tatsächlichen und rechtlichen Verhältnisse, die für die Beurteilung von Unternehmen notwendig sind.

Marktsegment / Zulassungs-kriterien	Amtlicher Handel	Geregelter Markt	Freiverkehr
Mindestalter des Unter-nehmens	Drei Jahre		
Emissions-volumen	Voraussichtlicher Kurswert der zu-zulassenen Aktien oder oder falls nicht möglich, Eigenkapital des Unternehmens mindestens 1,25 Mio €	Nennbetrag von min-destens 250.000 €	
Aktien-gattungen	Stammaktien, Vorzugsaktien	Stammaktien, Vorzugsaktien	Stammaktien, Vorzugsaktien
Streuung der Aktien	Mindestens 25 %		
Publikations-sprache	Deutsch, für ausl. Emittenten auch Englisch	Deutsch, für ausl. Un-ternehmen auch Eng-lisch	Deutsch, für ausl Unternehmen auch Englisch
Haltepflicht für Altaktionäre	Nein	Nein	Nein
Sonstiges	Handelsüberwa-chung (HüSt)	Handelsüberwachunng (HüSt)	Handelsüberwa-chung (HüSt)
Übernahme-kodex	Akzeptanz empfohlen	Akzeptanz empfohlen	Akzeptanz empfohlen
Organisierter Markt i.S. v. § 2 Abs. 5 WpHG	Ja	Ja	Nein

Voraussetzung zur Börsenzulassung in verschiedenen Marktsegmenten

ein unterschriebener Unternehmensbericht (§ 73(1) BörsG) sowie weitere Unterlagen (Handelsregisterauszug, Satzung etc.) beigefügt. Die Vorschriften über die Prospekthaftung gelten gem. § 77 BörsG auch hier. Schließlich verpflichtet sich der Emittent zur Publikation des Jahresabschlusses, Lageberichts etc.

(3) Die Zulassung zum Freiverkehr ist an den verschiedenen Börsenplätzen gem. § 78 BörsG, BörsO individuell durch einen besonderen Ausschuss geregelt.

(4) Die Zulassung der Wertpapiere zu Börsentermingeschäften ist auf Grund § 63 (1) BörsG in der Börsentermingeschäfts-Zulassungs-verordnung (BörsTermZulV) vom 10. 3. 1982 mit allen späteren Änderungen geregelt.

Emittenten, deren Aktien im Amtlichen Handel notiert sind, haben üerdies die nachstehenden Folgepflichen laufend zu erfüllen:

Jahresabschlüsse: Publikation obligatorisch; Zwischenberichte: Publikation obligatorisch – mindestens ein Zwischenbericht innerhalb der Ersten sechs Monate des Geschäftsjahres; Ad hoc-Publizität: Erfüllung obligatorisch; Veränderung des Stimmrechtsanteils: Meldung gem. § 21 WpHG obligatorisch.

▶ **Börsenzulassungsprospekt**

(Zulassungsprospekt) relevanter Teil des Börsenzulassungsantrags für die Zulassung zur amtlichen Notierung. Wertpapiere, die mit amtlicher Feststellung des Börsenpreises (amtliche Notierung) an der Börse gehandelt werden sollen, bedürfen der Zulassung, soweit dies nicht in § 41 BörsG oder anderen Gesetzen anders bestimmt ist.

Der Antrag ist von einem Kreditinstitut zusammen mit dem Emittenten zu beantragen. Das Kreditinstitut muss an einer inländischer Börse mit dem Recht an der Teilnahme am Handel zugelassen sein. Ist der Emittent selbst ein solches Kreditinstitut, kann er den Antrag selbst stellen.

Wertpapiere sind gem. § 36 (3) BörsG zuzulassen wenn

(1) der Emittent und die Wertpapiere den Bestimmungen entsprechen, die zum Schutz des Publikums und für den ordnungsgemäßen Börsenhandel gem § 38 BörsG erlassen worden sind,

(2) dem Antrag ein Prospekt zur Veröffentlichung beigefügt ist, der gem § 38 die erforderlichen Angaben enthält um dem Publikum ein zutreffendes Urteil über den Emittenten und die Wertpapiere zu ermöglichen, soweit nicht gem. § 38 Abs. 2 von der Veröffentlichung eines Prospekts abgesehen werden kann und

(3) keine Umstände bekannt sind, die bei Zulassung der Wertpapiere zu einer Übervorteilung des Publikums oder einer Schädigung erheblicher allgemeiner Interessen führen.

Der Prospekt ist durch Abdruck in den Börsenpflichtblättern und Bereithalten in den angegebenen Zahlstellen zu veröffentlichen.

Der Inhalt des Prospekts muss gem. Börsenzulassungs-Verordnung (BörsZulVO) insbesondere Auskunft geben über die Personen oder Gesellschaften, die für den Inhalt des Prospekts Verantwortung übernehmen (§ 14),die zuzulassenden Wertpapiere (§§ 14–17), den Emittenten der zuzulassenden Wertpapiere (§§ 18 – 29), die Prüfung der Jahresabschlüsse des Emittenten der zuzulassenden Wertpapiere und anderer Angaben im Prospekt (§ 30).

▶ **Börsenzulassungs-Verordnung (BörsZulVO)**
Regelt Einzelheiten der Zulassung von Wertpapieren zur amtlichen Notierung sowie die Pflichten der Emittenten zugelassener Wertpapiere.

▶ **Börsenzwang**

Verpflichtung zum Abschluss der gesamten Geschäfte in amtlich notierten Werten über die Börse. Börsenzwang kann administrativ oder auf Grund einer freien Vereinbarung der dominierenden Marktteilnehmer (i. d. R. Kreditinstitute) eingeführt werden. In Deutschland besteht der freiwillige Börsenzwang, d. h., dass die Kreditinstitute sämtliche Kundenaufträge (Ankauf und Verkauf) in amtlich notierten Werten über die Börse ausführen, wenn kein gegenteiliger Wunsch eines Kunden vorliegt.

▶ **Bogen**

(Coupon Sheet) Die Wertpapierurkunde besteht aus Bogen (→ Zinsscheinbogen, → Dividendenschein) und → Mantel. Der Bogen setzt sich zusammen aus dem → Coupon und dem → Erneuerungsschein. Coupons sind z. B. der → Zinsschein und bei Aktien und Genuss-Scheinen der → Gewinnanteilschein (insbesondere Dividendenschein).

▶ **Bogenlose Stücke**

Bezeichnung für Wertpapiere ohne Gewinnanteilsbogen.

▶ **Bollinger Bands** → Alpha-Beta-Bänder

▶ **Bond** → Anleihe

▶ **Bond cum Warrants**

(Bond with Warrants Attached) → Optionsanleihe, die mit einem (mehreren) → Optionsschein(en) ausgestattet ist.

▶ **Bond Futures Contract** → Terminkontrakt auf US-Treasury Bonds

▶ **Bond Warrant**

Call-Optionsschein, der zusammen mit einer spezifischen festverzinslichen Schuldverschreibung (Front Bond) emittiert wird und im Regelfall verbunden bleibt. Der Bond Warrant räumt seinem Inhaber das Recht zum Bezug einer Folgeanleihe oder eines anderen verzinslichen Instruments mit gleicher, ähnlicher aber auch abweichender Konstruktion (Bezugskurs, Laufdauer, Verzinsung, Zinskonditionen, Tilgungsmodalitäten) ein. Eine spezifische Variante des Bond Warrant ist der → Harmless Warrant. → Optionsanleihe, → Zinsoptionsscheine.

▶ **Bond with Warrants Attached** → Bond cum Warrants

▶ **Bonifikation**

(Konsortialnutzen) Vergütung, welche für die Platzierung von Wertpapieren im Primärmarkt an die Mitgliedsbanken eines Emissionskonsortiums gezahlt wird. Diese Bonifikation kann durch die Mitglieder des Emissionskonsortiums an alle Erstzeichner mit Ausnahme von Privatkunden (→ Bonifikationssperre) weitergegeben werden.

▶ **Bonifikationssperre**

Bezeichnet das Verbot der Weitergabe der → Bonifikation an Privatkunden innerhalb eines definierten Zeitraums ab Emission.

▶ **Bonität** → Kreditwürdigkeit

▶ **Bonos-Kontrakt**

Terminkontrakt auf spanische Staatsanleihen an der Londoner Terminbörse LIFFE.

▶ **Bonus**

(1) im Großhandel und Versicherungswesen übliche Bezeichnung für nachträgliche Gutschrift.

(2) Bezeichnung für zusätzliche Gewinnausschüttungen von Aktiengesellschaften nach besonders erfolgreichen Geschäftsjahren oder zu einem Jubiläum. Der Bonus wird neben der Dividende (Sonderdividende) ausgeschüttet.

▶ **Bonusaktie** → Stockdividende

▶ **Bonusaktienverfahren** → Stockdividende

▶ **Book Entry Securities** → Wertrechtsanleihe

▶ **Book Runner** → Konsortialführer

▶ **Bookbuilding**

(Buchführungs-Verfahren) Syndizierungsverfahren von Emissionen. Gegenüber dem klassischen → Festpreisverfahren ermöglicht das Bookbuilding-Verfahren die Möglichkeit der Einbeziehung der Großinvestoren bei der Emissionspreisfestsetzung. Zugleich wird durch die Emittentin zumindest für einen Teil der zu emittierenden Papiere das Ziel der möglichst dauerhaften Platzierung verfolgt. Zeitlich verläuft dieses Verfahren in etwa nach folgendem Muster:

(1) Im Rahmen einer „Pre-Marketing-Phase" wird potenziellen Großanlegern die Investitionsmöglichkeit vorgestellt um vor dem Hintergrund der Marktlage und des spezifischen Chance-Risiko-Profils eine Richtgröße durch Vorgabe einer Spanne für den Emissionskurs für den späteren Emissionskurs herauszuarbeiten.

(2) Im Rahmen der sich anschließenden „Marketing-Phase" werden die potenziellen institutionellen Großinvestoren gezielt angesprochen.

(3) In der sich anschließenden „Order-Taking-Periode" können die Investoren innerhalb einer definierten Preisspanne ihre Zeichnungswünsche abgeben. Sie ordern limitiert oder nicht-limitiert. Am Ende dieser Phase erstellt der → Lead Manager, der im Regelfall zugleich als → Book Runner fungiert, ein Profil der Marktstruktur für diesen Standardwert nach den Gesichtspunkten:

   (a) Investortypen (z. B. Versicherungen, Investmentfonds, Großbanken, Sparkassen etc.),

   (b) Qualität der Investoren (im Hinblick auf das vermutete mögliche zeitliche Engagement: höchste, mittlere, geringe Qualität),

   (c) Regionale Nachfrage (z. B. Europa, Deutschland, Frankreich, Niederlande, etc.).

Mit dem Abschluss der Order Taking-Periode liegen die Zeichnungswünsche vor. Auf Basis der nun bekannten Marktstruktur legen Konsortialführer und Emittentin den Emissionspreis fest, der nach ihrer Ansicht in optimaler Weise die Marktstruktur, Investortypen, Stückzahlen und regionale Emissionsgebiete berücksichtigt. Die Zuteilung erfolgt nun in der Zuteilungsphase. Den Konsorten werden im Rahmen der „Directed Allocation" die Zuteilungsquoten für die zeichnenden Investoren vorgegeben. Zusätzlich sind aber auch weitere Zuteilungen durch die Banken nach freiem Ermessen („Free Allocation") möglich. Zur Kurspflege steht den Emissionshäusern im Rahmen der Emission der → Greenshoe (Greenshoe Option) zur Verfügung. Hierbei handelt es sich bei erheblichem Nachfrageüberhang um die Option des Emissionskonsortiums gegenüber den Emittentin auf zusätzliches Emissionsmaterial zu Originalkonditionen.

Neben dem Bookbuilding-Verfahren und dem → Festpreisverfahren erfolgt die Emissionspreisfindung zunehmend im → Auktionsverfahren.

▶ **BOOST**

Abk. für Banking On Overall Stability. Derivat (→ Derivate Finanzinstrumente) das dem Investor für jeden Tag seiner Existenz einen ex ante festgelegten Betrag abwirft. Dies allerdings nur, solange sich der Preis des Underlying innerhalb eines vorgegebenen Intervalls bewegt. Erreicht oder überschreitet der Kurs des Basisguts eine definierte Grenze, verfällt der Boost. Der Investor erhält dann die bis zum Verfall ermittelten Erträge. Boosts werden in Form von → Optionsscheinen gehandelt.

▶ **Borrower's Option – Lender's Option (BO-LO)**

Variante einer Schuldverschreibung, die mit einer Call- und einer Put Option ausgestattet ist. Sie eröffnet dem Emittenten das Recht die laufende Verzinsung während der Laufdauer zu variieren (→ Call Option) und dem Gläubiger das vorzeitige Kündigungsrecht (→ Put Option, → Gläubigerkündigungsrecht).

▶ **BOSS CUBE**

Abk. für Börsen-Order und Service-System-Computer unterstütztes Börsenhandels- und Entscheidungssystem. BOSS wurde 1992 durch die Frankfurter Wertpapierbörse als Ordererfassungs-, Orderrouting- und Orderverwaltungs- sowie Kursvorschlagssystem eingeführt. Mit BOSS CUBE wird das elektronische Orderrouting direkt vom Berater- bzw. Händlerplatz in das → Skontro des entsprechenden skontroführenden Maklers bzw. Freimaklers sichergestellt. Das Ordervolumen beläuft sich auf über 100 000 Orders/Tag. Künftig werden die Regionalbörsen (mit Ausnahme der Rheinischen Börse zu Düsseldorf) das BOSS CUBE und → BÖGA gemeinsam mit der Deutschen Börse AG betreiben.

▶ **BOX**

Rentenindex, der zur→ BOX-Rentenindexfamilie gehört und die Entwicklung festverzinslicher Staatsanleihen in den Ländern des EU-Raumes – inklusive Schweiz, ohne Griechenland – misst. Der BOX untergliedert sich weiter in Länderindices (€BOX Länder-Indices sowie die Länderindices: BOX Denmark, BOX Sweden, BOX Switzerland, BOX United Kingdom)

Der BOX und seine Subindices (Länderindices) werden als Korbindex und als sythetischer Rentenindex (Notional-Bond-Konzept) errechnet. Auf Länderebene werden Laufzeitklassen von ein bis zehn Jahren berechnet. Auf aggregierter Ebene werden zudem für die Laufzeitklassen 15 Jahre (10,5 bis unter 17,5 Jahre), 20 Jahre 17,5 ist unter 22,5 Jahre) und 30 Jahre (22,5 Jahre und länger) Korbindices ermittelt. Sämtliche BOX-Indices (einschließlich der Subindices) werden als Kurs- und Performanceindices berechnet.

▶ **Box** → Box Arbitrage

▶ **Box Arbitrage**

Arbitragestrategie (gleichzeitiger Kauf und Verkauf), die auf unterschiedlichen Kursen ähnlicher → Terminkontrakte basiert.

▶ **BOX-Rentenindexfamilie**

Rentenindexfamilie der Deutsche Börse AG mit den Rentenindices → BOX und → €BOX. Während durch den €BOX die Entwicklung der festverzinslichen Staatspapiere in Ländern der Euro-Zone – mit Ausnahme Luxemburgs – gemessen wird, berechnet der BOX die Anleiheentwicklung des EU-Raums inklusive der Schweiz, ohne Griechenland.

€BOX und BOX sind jeweils in Subindices als Länderindices untergliedert. Insgesamt werden mit €BOX und BOX täglich 722 Rentenindices als Kurs- und Performanceindices berechnet.

▶ **BP** → Basis Point

▶ **Bracket**

Bezeichnet im Primärmarkt die Klasse, in die die einzelnen Konsortialbanken entsprechend ihrer übernommenen Quoten bzw. Aufgaben einzuordnen sind. Diese Klassen umfassen: Special Bracket,
Major, Sub-Major and Minor. Brackets werden jeweils vom → Lead-
Manager definiert.

▶ **Brady Bond Index**

Anleihe-Index, der durch die US-Investmentbank Salomon
Brothers konzipiert worden ist. Er soll die Wertentwicklungen von
→ Brady Bonds im Zeitablauf widerspiegeln.

▶ **Brady Bonds**

Bezeichnung für → Anleihen, die im Rahmen der „Brady Initiative"
zur Verbriefung von Problemschulden von Entwicklungsländern
aufgelegt wurden. Die wertpapiermäßige Unterlegung (Securitisa-
tion) wurde vollzogen, indem Not leidende Kredite mit einem Abschlag in – im Regelfall längerfristige –Anleihen verwandelt werden.
Die Höhe des Abschlags richtet sich nach der Höhe des Kreditrisikos und der Kreditlaufdauer. Grundsätzlich sind Brady-Bonds als
ausgesprochen risikoreiche Anlagemöglichkeit anzusehen, finden
aber zunehmend wegen ihrer hohen Effektivverzinsung ein zunehmend reges Interesse. So wird geschätzt, dass ca. 10 – 15 % dieser
Bonds in den Beständen institutioneller Anleger liegen. Brady
Bonds werden von den Investoren dann besonders präferiert, wenn
sie als → Floating Rate Notes in Form einer → „Stepp Up Issue"
konzipiert sind.

▶ **Brauereidarlehen**

Kredite der Brauereien an ihre Abnehmer (Gaststätten, Bierverleger,
Lebensmitteleinzelhandel usw.), verbunden mit der Verpflichtung
des Kunden zum ausschließlichen Bezug der Getränke der Brauerei
(Bierlieferungsvertrag). Brauereidarlehen werden in Form des →
Mobiliarkredits, Immobiliarkredits (→ Hypothekarkredit), Wechsel-
und Bürgschaftskredits (→ Avalkredit) vergeben. Sie sind im Ver-

gleich zu den Krediten der Banken günstiger. Ihre Aufgabe ist die Absatzsicherung um die Betriebskapazität auszulasten und damit die Stückkosten zu senken. Der Brauerei wird dadurch ein fester Kundenstamm und eine Stabilität des Absatzes gesichert.

▶ **Break-Even-Analyse**

Verfahren, mit dessen Hilfe die Absatzmenge bestimmt werden kann, bei deren Realisierung der Gesamtumsatz die Gesamtkosten gerade deckt. Die Unterschreitung (Überschreitung) dieser Absatzmenge (kritische Menge) hat eine Verlustrealisierung (Gewinnerzielung) zur Folge.

▶ **Break-Even-Point**

Gewinnschwelle. Finanzwirtschaftlich der Kurs (Preis), bei welchem

(1) die Vorteilhaftigkeit zweier unterschiedlicher Investments gleich ist;

(2) ein Investment vorteilhaft wird.

▶ **Bridge Financing**

Bezeichnet Finanzierungsmaßnahmen, die bei Unternehmen unmittelbar vor dem Börsengang z. B. zum Zweck der Bilanzkosmetik erfolgen.

▶ **Brief** → Kurszusätze

▶ **Briefkurs**

(Angebotskurs) Bezeichnung für denjenigen Kurs, zu welchem ein Angebot existiert.

▶ **Broker**

(1) Allg. anglo-amerikanische Bezeichnung für Makler.

(2) (Stockbroker) Bezeichnung für spezielle Effektenbankiers in den USA und Großbritannien, die für die Abwicklung des Wertpapierhandels zuständig sind.

▶ **Brokerage**

→ Courtage bzw. Gebühr, die an den → Broker zu entrichten ist.

▶ **Brutto-Cash Flow** → Cash Flow

▶ **Bruttodividende**

von der → Hauptversammlung festgesetzte Dividende ohne Abzug der Körperschaftsteuer.

▶ **Bruttorendite** → Rendite vor Steuern.

▶ **Bruttozins** → Zins

▶ **BU Bills**

Bezeichnung für unterjährige unverzinsliche Wertpapiere in Form von Schatzanweisungen (Diskontpapiere) der Bundesrepublik Deutschland mit einer Laufzeit von sechs Monaten. Die Papiere werden nicht an der Börse eingeführt. Die BU Bills werden im Januar, April, Juli und Oktober im → Tenderverfahren emittiert. Vorgesehen ist jeweils ein Emissionsvolumen von 10 Mrd. DM. Bietungsberechtigt sind alle Kreditinstitute mit LZB-Girokonto. Die Mindeststückelung und der Mindestbietungsauftrag sind mit 1 Mio. DM fixiert.

▶ **Bucheffekten** → Wertrechte

▶ **Buchführungs-Verfahren** → Bookbuilding-Verfahren

▶ **Buchgeld** → Geschäftsbankengeld

▶ **Buchgrundschuld** → Grundschuld, → Hypothek

▶ **Buchhypothek** → Hypothek

▶ **Buchkredit** → Kontokorrentkredit

▶ **Budget** → Finanzplan, → Liquiditätsplan

▶ **Bürgschaft**

(Aval) Durch den Bürgschaftsvertrag verpflichtet sich der Bürge gegenüber dem Kreditgeber für die Erfüllung der Verbindlichkeiten des Kreditnehmers einzustehen (§§ 765 ff. BGB). Grundsätzlich ist die Schriftform notwendig, allerdings bei Vollkaufleuten entbehrlich. Entscheidendes Merkmal ist die sog. Akzessorität, d. h. die Abhängigkeit der Bürgschaftsschuld von der durch die Bürgschaft zu sichernden Hauptschuld. Bei der einfachen Bürgschaft steht dem Bürgen das Recht der Einrede der Vorausklage zu, d. h. er kann die Befriedigung des Gläubigers verweigern, solange dieser nicht eine → Zwangsvollstreckung gegen den Hauptschuldner ohne Erfolg versucht hat.

Bei der in der Praxis üblichen selbstschuldnerischen Bürgschaft ist das Recht der Einrede der Vorausklage gesetzlich oder vertraglich ausgeschlossen.

Die Höchstbetragbürgschaft begrenzt die Haftung betragsmäßig, während sie bei der Zeitbürgschaft nur für einen bestimmten Zeitabschnitt übernommen wird. Bei der Mitbürgschaft haften sämtliche Bürgen als Gesamtschuldner, während bei der Teilbürgschaft mehrere Bürgen für bestimmte Teile der Gesamtschuld haften. Der einzelne Bürge kann hierbei nur für den von ihm verbürgten Betrag in Anspruch genommen werden.

Weitere Sonderformen stellen die → Ausfall- und die → Rückbürgschaft dar.

Bürgschaftsähnliche Sicherungsformen sind die → Schuldmitübernahme, die → Bankgarantie und der → Kreditauftrag.

Die Bürgschaft zählt zu den Personalsicherheiten (→ Kreditsicherheiten) und soll das → Kreditrisiko des Kreditgebers mindern. Die Qualität der Bürgschaft entspricht der → Kreditwürdigkeit des Bürgen und ist im Regelfall bei der →Staatsbürgschaft am höchsten.

▶ **Bürgschafts-Akzept** → Akzept

▶ **Bürgschaftskredit** → Avalkredit

▶ **Bulis** → Bundesbank-Liquiditäts-U-Schätze

▶ **Bull** → Haussier

▶ **Bull and Bear-Anleihe** → Aktienindex-Anleihe

▶ **Bull Bond** → Aktienindex-Anleihe

▶ **Bull Call Spread**

Kombination von Optionspositionen. Die Call-Kontrakte beziehen sich sämtlich auf den selben Basiswert und selben Verfallmonat, bei denen jeweils eine identische Anzahl long, die andere short ist. Der Basispreis des Short-Kontrakts liegt über dem des Long-Kontrakts.

▶ **Bull Floater** → Umgekehrte Floating Rate Note

▶ **Bull Market**

Haussemarkt (→ Hausse).

▶ **Bull Put Spread**

Kombination von Optionspositionen, bei denen jeweils eine identische Anzahl long, die andere short ist. Die Put-Kontrakte beziehen sich sämtlich auf den selben Basiswert und selben Verfallmonat. Der Basispreis (Strike Price) des Short-Kontrakts liegt über dem des Call-Kontrakts.

▶ **Bull Spread**

Kombinationsstrategie von Positionen in Optionen oder Futures, bei denen jeweils eine identische Anzahl long, die andere short ist. Die Optionen beziehen sich sämtlich auf den selben Basiswert und selben Verfallmonat. Die Generierung erfolgt durch den gleichzeitigen Kauf und Verkauf von Call- oder Put-Kontrakten. Varianten: → Bull Call Spread, → Bull Put Spread.

▶ **Bull-Tranche**

→ Aktienindex-Anleihe

▶ **Bull Trap** → Bullenfalle

▶ **Bull Warrant**

(1) oft Synonym für einen Call Warrant (Kaufoptionsschein)
(2) Synonym für Index-Call-Optionsschein (Kauf-Optionsschein) auf einen definierten Aktienindex (z. B. → DAX), der seinem Inhaber bei Überschreiten eines bestimmten Basispreises eine Gewinnmöglichkeit (ausgedrückt i. v.H. in Höhe der Differenz Indexstand zu Basispreis) eröffnet.

▶ **Bull/Reverse Floating Rate Note**

Variante einer → Floating Rate Note, bei der sich im Gegensatz zur klassischen Floating Rate Note die periodische Verzinsung in negativer Korrelation zum Verlauf des Index-Trend verhält. Bei fallendem (steigendem) Referenzzins steigt (fällt) die periodische Verzinsung (→ Inverser Floater).

▶ **Bulldog Bond**

Anleihe, die von ausländischen Emittenten in Großbritannien begeben wurde.

▶ **Bullenfalle**

(Bull Trap) Terminus, der den Tatbestand kennzeichnet, dass ein → Haussier, der sich der technischen Analyse bedient und sich in seinen Entscheidungen vollständig auf sie verlässt, aufgrund einer falschen Prognose, die das technische System anbietet, eine Fehlentscheidung trifft.Gegensatz: Bear Trap.

▶ **Bullet Bond**

Anglo-amerikanische Bezeichnung für eine → Endfällige Anleihe

▶ **Bund-Futures** → Terminkontrakte auf Bundesanleihen

▶ **Bund-Option**

Option auf Bundesanleihen-Terminkontrakt an der → LIFFE. Gehandelte Einheit: 1 Terminkontrakt auf Bundesanleihen; Liefermonate: März, Juni, September, Dezember; Ausübung an jedem Geschäftstag bis 17.00 Uhr, verlängert bis 18.00 Uhr am letzten Handelstag; Lieferung am ersten Geschäftstag nach dem Ausübungstag; Verfall um 18.00 Uhr am letzten Handelstag; letzter Handelstag: 6 Geschäftstage vor dem ersten Tag des Liefermonats des Bundesanleihe-Terminkontrakts; Notierung: Mehrfaches von 0,01; Mindestkursveränderung: 0,01 DM (Tick: Größe und Wert 25 DM); Originaleinschuss wird täglich berechnet. Der Käufer hat den Kontraktpreis an den Verkäufer bei Ausübung oder Verfall der Option zu bezahlen, nicht zum Zeitpunkt des Kaufs. Positionsbewertung: täglich zum Marktwert (Schlusskurs).

▶ **Bund-Terminkontrakt**

(1) → Terminkontrakt auf Bundesanleihen an der → LIFFE. Gehandelte Einheit: 250 000 DM Nennwert, fiktive Bundesanleihe mit einem Nominalzins von 6%; Liefermonate: März, Juni, September, Dezember; Liefertag: 10. des Liefermonats; Notierung: pro 100 DM Nennwert; Mindestkursveränderung 0,01 (Tick: Größe und Wert DM 25); Originaleinschuss: 1500 DM. Kontraktnorm: Die Lieferung kann in jeder bonitätsfreien Bundesanleihe mit einer Restlaufzeit von $8^1/2$ bis 10 Jahren erfolgen. LIFFE führt eine Liste der Anleihen.

(2) → Euro-Bund-Future

▶ **Bundesanleihen**

Langfristige Schuldverschreibungen des Bundes (Bundesrepublik Deutschland) mit einem Nennwert von 1.000 €. Die Laufdauern der Neuemissionen bewegen sich zumeist im Spektrum von 10–30 Jahren. Es existieren über 100 börsennotierte Titel im Laufzeitspektrum 1 Monat bis 28 Jahre. Die Rückzahlung erfolgt zum Nennwert.

Bundesanleihen sind mündelsicher und deckungsstockfähig. Bundesanleihen werden mit fester oder variabler Verzinsung emittiert. Die Zinsberechnungsmethode bei Neuemissionen: act/act bei fest verzinslichen Titeln, act/360 bei variabel verzinslichen Anleihen:Referenzzinssatz bei Floatern ist der → EURIBOR. Altemissionen wurden auf € umgestellt, Zinsberechnungsmethode: nach Umstellung act/360.

Neben den Bundesanleihen emittiert der Bund als weitere mittelfristige Schuldverschreibungen die → Bundesobligationen, Bundesschatzanweisungen und → Bundesschatzbriefe sowie die kurzfristigen → Finanzierungsschätze.

▶ **Bundesanleihekonsortium**

Bankenkonsortium unter Führung der Deutschen Bundesbank, über welches bis Ende 1997 die Anleihen der Bundesrepublik Deutschland sowie seiner Sondervermögen begeben wurden. Konsortialmitglieder waren alle namhaften deutschen Kreditinstitute sowie zahlreiche Auslandsbanken. Konsortialführer war die Deutsche Bundesbank. Mit dem 1.1.1998 wurde das Bundesanleihekonsortium durch die → Bietergruppe Bundesemissionen abgelöst.

▶ **Bundesaufsichtsamt für den Wertpapierhandel (BAWe)**

Selbstständige Bundesoberbehörde im Geschäftsbereich des Bundesministeriums für Finanzen mit Sitz in Frankfurt/Main. Das BAWe hat die Aufgabe der bundesweiten Marktaufsicht für das Börsenwesen in der Bundesrepublik Deutschland und nimmt die Funktionen der börsenübergreifenden Marktaufsicht nach den Vorschriften des Wertpapierhandelsgesetzes (WpHG) wahr. Damit soll etwaigen Missständen entgegengewirkt werden, welche die ordnungsmäßige Durchführung des Wertpapierhandels beeinträchtigen oder erhebliche Nachteile für den Wertpapierhandel bewirken können. Das BAWe kann Anordnungen treffen, die geeignet sind, derartige Missstände zu beseitigen oder zu verhindern. Außerdem vertritt die Behörde die deutschen Interessen in der Internationalen Organisationen der Wertpapieraufsichtsbehörden (IOSCO).

Die Einhaltung der Ad hoc-Publizität durch die Emittenten wird durch das Bundesamt für den Wertpapierhandel permanent überwacht. Verstöße können gem. § 39 WpHG mit einer Geldbuße geahndet werden.

▶ **Bundesbahn-Anleihen** → Anleihen, die durch die Deutsche Bundesbahn emittiert wurden

▶ **Bundesbank** → Deutsche Bundesbank

▶ **Bundesbank-Liquiditäts-U-Schätze**

Unverzinsliche Schatzanweisungen, die die Deutsche Bundesbank gem. § 42 BBankG ausschließlich zu geldpolitischen Zwecken begeben konnte. Das Gesamtvolumen war auf 50 Mrd. DM begrenzt. Diese Geldmarktpapiere waren zwar rechtlich Schatzanweisungen der Bundesrepublik Deutschland, wirtschaftlich war jedoch die Deutsche Bundesbank die Schuldnerin. Aufgrund eines entsprechenden Zentralbankratbeschlusses wurde die Emission der Bulls nach der Semptember-Auktion 1994 eingestellt. Das Volumen der umlaufenden Titel belief sich zuletzt auf 21,6 Mrd. DM.

▶ **Bundesbankschätze** → Finanzierungsschätze

▶ **Bundes-Kassenscheine**

(Cash Bills) Die Titel werden sowohl im → Tenderverfahren begeben als auch direkt bei den am Geldmarkt aktiven Instituten platziert. Das Volumen der umlaufenden Papiere darf 5 Mrd € nicht übersteigen.

▶ **Bundesobligationen**

Schuldverschreibung des Bundes mit einer Laufzeit von fünf Jahren. Diese Titel werden im Rahmen einer Daueremission als → Wertrechtsanleihen emittiert. Der Verkauf erfolgt über Kreditinstitute, wobei die jeweiligen Serien der jeweils herrschenden Marktlage (Zinsniveau) angepasst werden. Bundesobligationen sind zum amtlichen Börsenhandel zugelassen. Die gesamtfälligen Titel haben einen Nennwert von 100 €, die Zinszahlungen erfolgen jährlich, die zur Anwendung kommende Zinsmethode ist act/act. Bundesobligationen können vor Börseneinführung nur von natürlichen Personen sowie gemeinnützigen, mildtätigen und kirchlichen Einrichtungen, nach Börseneinführung von jedermann erworben werden. Bundesobligationen sind mündelsicher und deckungsstockfähig. Altemissionen wurden auf € umgestellt. Zinsberechnungsmethode bei Altemissionen: act/act.

▶ **Bundespostanleihen** → Anleihen, die durch die Deutsche Bundespost emittiert wurden

▶ **Bundesschätze** → Bundesschatzanweisungen

▶ **Bundesschatzanweisungen**

(Bundesschätze, Schätze) von der Bundesrepublik Deutschland emittierte börsennotierte Coupon-Papiere (→ Coupon) mit einer Stückelung von 1000 € und einer Laufzeit von vier Jahren. Zinsberechnungsmethode: act/act. Die Emissionen erfolgen vierteljährlich und sind auf die EUREX-Termine für Geldmarkt-Futures abgestimmt. Die Titel sind börsennotiert und deckungsstockfähig. Altemissionen wurden auf € umgestellt. Zinsberechnungsmethode auf € umgestellter Titel: act/act.

▶ **Bundesschatzbriefe**

Schuldverschreibungen des Bundes mit einem Nennwert von 100 DM. Die Zinszahlungen erfolgen bei Typ A jährlich, bei Typ B als Zinsansammlung am Laufzeitende zusammen mit der Rückzahlung des Anlagebetrages (Nennwert). Bundesschatzbriefe können nur durch natürliche Personen sowie gemeinnützige, mildtätige und kirchliche Einrichtungen erworben werden. Die vorzeitige Rückgabe ist nach dem ersten Laufzeitjahr bis zu 10 000 DM je Gläubiger innerhalb 30 Zinstagen möglich. Zinsberechnungsmethode: act/act; Altemissionen: act/360. Die Titel werden voraussichtlich nur noch bis Ende 2001 begeben. Die Umstellung der Altemissionen auf € ist nicht erfolgt.

▶ **Bundesschatzwechsel** → Schatzwechsel

▶ **Bundesschuldbuch**

Schuldbuch des Bundes, der Bundesbahn und Bundespost, welches von der Bundesschuldenverwaltung in Bad Homburg geführt wird. Es enthält Darlehensforderungen gegenüber der Bundesrepublik Deutschland bzw. Post und Bahn. Die Forderungen jedes einzelnen Gläubigers sind im Bundesschuldbuch getrennt aufgelistet.

▶ **Bundesverband deutscher Kapitalbeteiligungsgesellschaften**

Interessenvertretung der deutschen Beteiligungsgesellschaften. Dient zugleich Unternehmen, die Beteiligungskapital suchen, als Vermittler von Beteiligungsgebern.
Anschrift:
Karolingerplatz 10–11
14052 Berlin

▶ **Bundling**

Verknüpfung verschiedener Finanzinstrumente (oft handelt es sich um Anlage-Komponenten, die vorher aus der Zerlegung (→ Stripping) anderer Instrumente gewonnen wurden) zu einem neuen zusammengesetzten Anlageform. Gegenteil: Stripping.

▶ **Bunds** → DTB Bund-Future

▶ **Bunny Bond**

→ Anleihe, bei welcher dem Inhaber die Option eingeräumt ist, fällige Zinsen entweder ausgezahlt oder in Form zusätzlicher Anleihestücke der gleichen Anleihe zu erhalten. → Multiplier Bond.

▶ **Butterfly Spread**

Stategie, die durch Kombination von
(1) Optionen als Long Butterfly Spread oder Short Butterfly Spread erzielt werden kann;

(2) Futures durch Kombination von zwei Intramarket Spreads als Long Butterfly Spread oder Short Butterfly Spread realisiert werden kann.

▶ **BUXL-Future** → Euro-BUXL-Future

▶ **Buy back Agreement**

→ Kompensationsgeschäft mit Rückkaufsvereinbarung.

▶ **bz** → Kurszusätze

C

▶ **C** → Rating

▶ **Ca** → Rating

▶ **Caa** → Rating

▶ **Calendar Spread** → Horizontal-Spread

▶ **Call** → Call Option

▶ **Call Exercise Price**

Bezeichnet den → Basispreis einer → Kaufoption (→ Optionsgeschäft)

▶ **Call Geld**

(Call Money) Einlagen bei Banken, die täglich kündbar sind. Die Verzinsung wird den aktuellen Marktkonditionen täglich angepasst. → Tagesgeld

▶ **Call Look Back Warrant** → Look Back Warrant

▶ **Call Money** → Tagesgeld

▶ **Call Option**

(1) Bezeichnung für eine →Kaufoption (→Optionsgeschäft).
(2) Bezeichnet außerdem den Fall, dass dem Emittenten einer(s) Schuldverschreibung, Genuss-Scheins, unter bestimmten Bedingungen ein vorzeitiges Kündigungsrecht eingeräumt wird (→ Callable Bond).
(3) Berechtigung eines Optionsscheinemittenten zur vorzeitigen Kündigung (jederzeit oder nur zu bestimmten Zeitpunkten bei definierten Nebenbedingungen). Optionsscheine, die mit der-

artigen Bedingungen ausgestattet sind, werden als → Callable Warrants bezeichnet.

(4) Berechtigung eines oder beider Swap-Partner (→ Swap) eine Swapvereinbarung vorzeitig zu kündigen oder die vereinbarte Laufzeit eines Swap zu verkürzen → Callable Swap.

▶ **Call Premium**

Prämie, die dem → Call Writer (Stillhalter) durch den Erwerber einer → Call Option gezahlt wird.

▶ **Call Price**

(1) Basispreis einer Kaufoption;
(2) Kündigungskurs einer → Anleihe.

▶ **Call Warrant**

→ Optionsschein, der seinem Inhaber das Recht zum Kauf einer ex ante definierten Sache unter bestimmten Bedingungen (Preis, Zeitpunkt bzw. Zeitraum) einräumt.

▶ **Call Writer**

(Stillhalter) Verkäufer einer Kaufoption, der sich gegen ein Entgelt der Wahlhandlung des Käufers unterwirft.

▶ **Callable Bond**

→ Anleihe, die mit einem vorzeitigen Kündigungsrecht (Call, → Call Option) durch den Emittenten ausgestattet ist.

▶ **Callable Preferred Stocks** → Redeemable Preferred Stocks

▶ **Callable Swap**

Bezeichnung für einen → Swap, der sich dadurch auszeichnet, dass einem oder jedem der Partner ein vorzeitiges Kündigungsrecht der Swapvereinbarung zu einem bestimmten Zeitpunkt oder aber das Recht zur Verkürzung der Laufzeit eingeräumt wird.

▶ **Callable Warrant**

→ Optionsschein, der vom Emittenten vor Laufzeitende
(1) zu jedem Zeitpunkt oder
(2) zu fixen Terminen
bei einem in den Emissionsbedingungen festgelegten Kurs gekündigt
werden kann (→ Call Option).

▶ **Candle Charts**

(Kerzencharts) Methode der technischen Analyse in Japan, die älter
ist als die Point-and Figure-Charts oder die Barcharts (Balkencharts). Bei dieser Methode werden grundsätzlich die gleichen
technischen Analysen, die mit den westlichen Chartmethoden (z. B.
Trendlinien, Gleitende Durchschnitte etc) Anwendung finden, eingesetzt. Allerdings bietet die Chandlestickmethode im Vergleich zu
den westlichen Methoden zusätzliche Signale.

▶ **Cap**

(1) (Zinsdeckel) Höchstzinssatz bei → Cap-Floatern (→Floating
    Rate Notes)-sog. „verbundene Caps".
(2) Unter diesem Begriff werden aber auch die Zinsausgleichsver-
    einbarungen – sog. „separate Caps" –zusammengefasst, die als
    eigenständiges Recht gehandelt werden.Der Käufer eines Cap
    ist bereit, eine Prämie (Cap-Fee, Cap-Prämie) dafür zu zahlen
    dass ihm der Verkäufer die Differenz zwischen einem verein-
    barten Zinssatz (Cap-Satz) und dem Marktzinsniveau vergütet,
    sobald das Geldmarktzinsniveau den vereinbarten Zinssatz
    überschreitet. Der Käufer des Rechts kann sich damit gegenüber
    Zinssteigerungen absichern. Seine variabel verzinslichen Ver-
    pflichtungen erhalten bei Erreichen des Cap-Satzes Festzins-
    satzcharakter. Der Verkäufer des Cap erhält für die Zinsaus-
    gleichsvereinbarung eine Prämie (Cap-Prämie). Sobald das
    Marktzinsniveau den Cap-Satz überschreitet, kommt auf ihn
    eine Zahlungsverpflichtung zu.
Caps werden i. d. R. aus Cap-Floatern abgeleitet. Der Emittent oder
Konsortialführer erhält für das eigenständige, von der Anleihe abge-

trennte Recht eine höhere Prämie als der Konditionenunterschied zwischen dem normalen Floater und dem Cap-Floater ausmacht. Durch den Verkauf des Cap kann er die Einstandskosten für den dann wieder voll variabel gewordenen Floater reduzieren.

Für Caps hat sich ein eigenständiger Markt entwickelt. Die Cap-Prämie wird periodisch oder einmalig in abgezinster Form (flat) bezahlt.

▶ **Cap (Capped) Floater**

(Gekappter Floater) Variante einer → Floating Rate Note, bei der eine Zinsobergrenze durch einen ex ante fixierten Höchstzinssatz, den → Cap, definiert wird. Überschreitet der Marktzinssatz im Zeitverlauf ein bestimmtes Niveau, so verharrt die Verzinsung auf dem Niveau des Cap, bis der Marktzinssatz wieder unter das Höchstzinssatzniveau fällt. Die Einführung des Cap bietet der Emittentin die Möglichkeit sich gegen das Risiko eines exorbitanten Marktzinssatzes und damit gegen die hiermit verbundenen Folgen abzusichern. Die Investoren gewähren einen Cap allerdings nur gegen einen Zinsaufschlag.

▶ **Cap Fee** → Cap

▶ **Cap Floating Rate Notes** → Cap Floater

▶ **Cap Hypothek**

Zinsvariable Hypothek mit einer Zinssatzobergrenze. Die Zinsanpassung erfolgt im Regelfall vierteljährlich. → Referenzzins ist in der Regel der 3-Monats → EURIBOR.

▶ **Cap Kredit**

Zinsvariabler Kredit mit Zinssatzobergrenze. Die Zinsanpassung erfolgt im Regelfall vierteljährlich. Referenzzins ist ein Geldmarktsatz wie → EURIBOR.

▶ **Cap Prämie**

Zahlt der Cap-Erwerber an den Cap-Verkäufer (→Cap).

▶ **Cap-Satz** → Cap

▶ **Capital Budgeting**

Verfahren zur simultanen Bestimmung des optimalen Investitions-
und Finanzierungsprogramms nach *Joel Dean.*

Dean geht davon aus, dass die möglichen einzelnen Investitionsobjekte unterschiedlich hohe interne Zinsfüße (→ Interner Zinssatz) erwirtschaften. Der Interessenlage des Unternehmers entsprechend, haben jeweils die Investitionsobjekte mit dem höchsten internen Zinssatz Priorität. Somit werden die Investitionsobjekte nach
fallenden internen Zinsfüßen geordnet, woraus sich eine Kapital-
bedarfskurve (-nachfragekurve) ergibt. Bei unvollkommenem Kapitalmarkt ist Kapital bei steigendem Bedarf nur zu unterschiedlich
hohen Zinssätzen erhältlich. Damit ergibt sich die Notwendigkeit
die erhältlichen Finanzmittel nach steigenden Kapitalkosten (Finanzierungskosten) zu ordnen, woraus sich eine Kapitalangebots-
kurve ergibt. Das optimale Investitions- und Finanzierungsvolumen
ist durch den Schnittpunkt von Kapitalbedarfs- und Kapitalange-
botskurve gegeben. Der diesem Schnittpunkt entsprechende Zinssatz wird mit Cut-off-Rate bezeichnet, da lediglich die Investitionsobjekte realisiert werden, die unterhalb der Cut-off-Rate liegen.

▶ **Capital Gain**

Anglo amerikanischer Terminus für den realisierten Kursgewinn bei
Börsengeschäften.

▶ **CAPM**

Abk. für →Capital Asset Pricing Model.

▶ **Capped Warrants**

Optionsscheine, bei denen die maximale Gewinnhöhe begrenzt ist.
Beispiel: überschreitet (unterschreitet) bei einem Call- (Put-) Aktien-
optionsschein der zu Grunde liegende Aktienkurs einen bestimmten
Wert, dann nimmt der Optionsscheininhaber an der weiteren positiven (negativen) Entwicklung des Aktienkurses nicht mehr teil.

▶ **Caption**

Option auf den Erwerb eines Cap.

▶ **Carry**

Bezeichnet den Gewinn oder Verlust, der aus dem Aufbau und Halten einer Vermögensposition entsteht. Es entsteht eine positive Carry, wenn die erwirtschafteten Erträge aus der gehaltenen Vermögensposition höher sind, als die Kosten ihrer Refinanzierung. Sind die Kosten der Refinanzierung einer Vermögensposition größer als die erwirtschafteten Erträge, ist eine negative Carry gegeben.

▶ **Cash and Carry Arbitrage**

Arbitrage zwischen Kassa- und Terminmarkt. Sind die Preisdifferenzen zwischen Kassa- und Terminmarkt in einer entsprechenden Größenordnung, wird der Basiswert am Kassamarkt auf Kredit gekauft und am Terminmarkt über einen Future-Kontrakt wieder verkauft.

▶ **Cash Bills** → Bundes-Kassenscheine

▶ **Cash Equivalent**

Anglo-amerikanische Bezeichnung für die Position (Barposition), unter der bei Investmentfonds die Geldmarktpapiere subsumiert werden.

▶ **Cash Flow**

Anglo-amerikanischer Begriff, für den im deutschen Sprachraum kein einheitlicher Terminus existiert. Allgemein wird der Cash Flow als der finanzwirtschaftliche Überschuss (Einnahmenüberschuss) einer Periode verstanden.

Der Cash Flow findet Anwendung bei den Verfahren der Investitionsrechnung, die im Rahmen der Beurteilung von anstehenden Investitionsvorhaben quantifizierbare Daten für die Entscheidung liefern sollen. Eine Investition wird bei den dynamischen Verfahren (z. B. Kapitalwertmethode, Interne Zinsfußmethode, dynamische

Amortisationsrechnung) als Zahlungsreihe verstanden. Diese ergibt sich für die einzelnen Planperioden einer Investition aus der Differenz von geplanten Einzahlungen und Auszahlungen, ggf. mit/ohne Berücksichtigung von Steuern. Im weiteren Verlauf wird dann mithilfe eines Kalkulationszinsfußes bei den heute allgemein üblichen Verfahren auf ein Zeitzentrum abgezinst und die Summe der abgezinsten Rückflüsse dem Kapital, welches im Zeitpunkt t_0 durch die Investition gebunden werden soll, gegenübergestellt.

Der Cash Flow ist ferner eine wichtige Kennzahl im Rahmen der Bilanz- und Finanzanalyse, insbesondere bei der Wertpapieranalyse und Kreditwürdigkeitsprüfung. Der Cash Flow wird hier i. d. R. zur Analyse der Ertragskraft und zur Durchleuchtung des Finanzierungspotenzials (Liquiditätsanalyse) herangezogen.

Cash Flow wird nicht einheitlich definiert. Die Ursache liegt einerseits in der unterschiedlichen Zielrichtung bei seiner Anwendung, da ggf. unterschiedliche Fonds in die Betrachtung einbezogen werden. Andererseits ist sie in der Erhältlichkeit der Daten und damit in der der Berechnungsmethode begründet.

Der Cash Flow kann bei interner Analyse errechnet werden, indem von den Betriebseinnahmen die Betriebsausgaben subtrahiert werden. Dieses Verfahren ist bei externer Analyse selten anwendbar, da dann lediglich die veröffentlichten Abschlüsse vorliegen.

Die Ermittlung des Cash Flow erfolgt im Fall der externen Analyse zumeist nach folgendem Schema:

Bilanzgewinn oder -verlust
  + Erhöhung der Rücklagen
  (./. Auflösung von Rücklagen)
  ./. Gewinnvortrag aus Vorperiode
  (+ Verlustvortrag aus Vorperiode)

= Jahresüberschuss oder -fehlbetrag
  + Abschreibungen
  (./. Zuschreibungen)
  + Erhöhung der langfristigen Rückstellungen
  (./. Minderung der langfristigen Rückstellungen)

= Cash Flow (Brutto-Cash Flow)

Der Brutto-Cash Flow kann um die geplante Gewinnausschüttung bereinigt werden, woraus sich der Netto-Cash Flow ergibt:

Brutto-Cash Flow
./. Gewinnausschüttung

= Netto-Cash Flow

Der jeweiligen Zielsetzung entsprechend – Analyse der Ertragskraft oder des (Innen-)Finanzierungspotenzials – wird das Berechnungskonzept modifiziert.

Bei der Analyse des gegenwärtigen und der Prognose des künftigen Ertragspotenzials wird unter Einbeziehung des Cash Flow oft die Kennzahl

$$\frac{\text{Brutto} - \text{Cash Flow}}{\text{Eigenkapital}} \cdot 100$$

berechnet. Sie kann unter Vergleich zur traditionell berechneten → Eigenkapitalrentabilität gewisse Bewertungsanomalien im Vorratsvermögen im Zeitverlauf aufheben.

Im Hinblick auf das Finanzierungspotenzial werden folgende Kennzahlen gebildet:

$$\frac{\text{Netto} - \text{Cash Flow}}{\text{Anlageinvestitionen}} \cdot 100 \quad (1)$$

$$\frac{\text{Nettoverschuldung}}{\text{Brutto} - \text{Cash Flow}} \cdot 100 \quad (2)$$

Kennzahl (1) zeigt, inwieweit die Unternehmung in der Lage ist die Anlageinvestitionen aus eigener Kraft zu finanzieren (Selbstfinanzierungskraft).

Wesentlich wichtiger erscheint die Kennzahl (2), die für die Beurteilung der Kreditwürdigkeit herangezogen wird und letztlich in der → Bayer-Formel ihren Niederschlag gefunden hat. Der hier errechnete Wert, auch als „dynamischer Verschuldungsgrad" bezeichnet, zeigt den Zeitraum in Jahren, den die Unternehmung benötigt ihre Nettoverschuldung aus eigener Kraft zu tilgen.

Vor einer unbedenklichen Anwendung des Cash Flow-Ansatzes wird in der Literatur gewarnt. Die Ursachen möglicher fehlerhafter Aussagen des Cash Flow werden einerseits in seiner Ableitung aus dem Jahresabschluss gesehen. Andererseits basieren sie auf dem methodischen Ansatz des Cash Flow, der durch die Einbeziehung oder Nichteinbeziehung bestimmter Fonds eine Verzerrung erfährt, wobei zudem im Zuge der Cash Flow-Berechnung mit den freigesetzten Kapitalien ganz bestimmte Wiederanlageprämissen verbunden werden.

▶ **Cash Flow Forecast-Rechnung**

Methode der Unternehmensplanung und Instrument der Wirtschaftlichkeitsanalyse. Ziel ist es die Kosten der Fremdfinanzierung zu minimieren. Integrierende Bestandteile der Rechnung sind die (Plan-)Liquiditätsrechnung und die (Plan-) Steuerrechnung. Die sich aus der Ergebnisrechnung ergebenden Aufwendungen und Erträge gehen korrigiert um die Aufwendungen und Erträge, die zu keinen Aus- bzw. Einzahlungen führen, in die Liquiditätsrechnung ein. Als Erträge – Aufwendungen + Steuern unterliegen sie der Berechnung der Ertragsteuern. Die Liquiditätsrechnung ermittelt den Jahresfehlbetrag, die zur Schließung dieser Finanzierungslücke erforderliche Kapitalaufnahme und die entsprechenden Zinsen. Diese Zinsen gehen als Aufwand in die Ergebnisrechnung ein und sind damit auch indirekt Datum der Steuerrechnung. Die Steuerrechnung ermittelt die Steuern, die als Aufwand in die Ergebnisrechnung und als Ausgaben in die Liquiditätsrechnung eingehen. Die drei Elemente der Cash Flow Forecast-Rechnung sind somit verzahnt. Die Cash Flow Forecast-Rechnung eignet sich vor allem zum Durchspielen von Unternehmensstrategien (z. B. Auswahl von Investitionsalternativen, Erwerb von Beteiligungen).

▶ **Cash Flow Notes**

Festzinsanleihen, die dem Investor die Möglichkeit eröffnen, die Zeitpunkte, zu denen die Zinsbildung erfolgen soll, selbstständig zu wählen. Die Technik dieses Verfahrens ist wie folgt angelegt: Der Investor erhält zusammen mit der Anleihe eine bestimmte Anzahl

177

von Zinskupons (abhängig von den Zinszahlungszeitpunkten und der Laufdauer).

Beispiel:

5 Jahre Laufdauer, Zinszahlung jährlich. Der Gläubiger erhält fünf Kupons. Diese kann er im Verlauf der fünf Jahre zu den jeweiligen Zinszahlungsterminen nach seinem Belieben präsentieren. Die Verzinsung steigt im Zeitablauf, da ein Anleger, der auf seine zwischenzeitlichen Zinszahlungen verzichtet, hierfür einen entsprechenden Ausgleich erwartet. Würde also der Anleger seine gesamten Kupons zum 1. Termin präsentieren, erhielte er eine deutlich geringere Verzinsung als zum 5. Termin.

Für den Anleger ergibt sich somit der Vorteil, dass er entweder die Zinszahlungen aus steuerlichen Gesichtspunkten oder/und im Zusammenhang mit der Wiederanlageentscheidung bei sich ändernder Kapitalmarktsituation entsprechend steuern kann.

Für die Unternehmung ergibt sich auf Grund der mit diesem Instrument verknüpften Vorteile für den Kapitalanleger im Emissionszeitpunkt der Finanzierungsvorteil ausgesprochen niedriger Finanzierungskosten.

▶ **Cash Flow Statement**

(Statement of Cash Receipts and Disbursements, Flow of Funds, Finanzflussrechnung, Kapitalflussrechnung) Instrument, mit dessen Hilfe im Rahmen der → Finanzanalyse die Ursachen von Veränderungen des Zahlungsmittelbestands der Unternehmung untersucht werden soll.

Dies geschieht durch die Erfassung aller liquiden Mittel sowie der Einzahlungs- und Auszahlungsströme. Die Darstellung kann in grafischer Form (Flussrechnungsdiagramm) oder einer → Bewegungsbilanz bzw. einer aus ihr abgeleiteten Kapitalflussrechnung erfolgen.

Eine Erhöhung des Fonds an liquiden Mitteln bewirken z. B. Barverkäufe, Inkasso, Verkauf von Anlagevermögen, Zufluss von Eigen- und/oder Fremdkapital. Eine Verminderung des Fonds kommt durch Investitionen, Zinszahlungen, Fremdkapitalbildung, Herstellungs- und Vertriebskosten (soweit sie zu Auszahlungen führen), Steuern etc. zustande (vgl. Abb. S. 180).

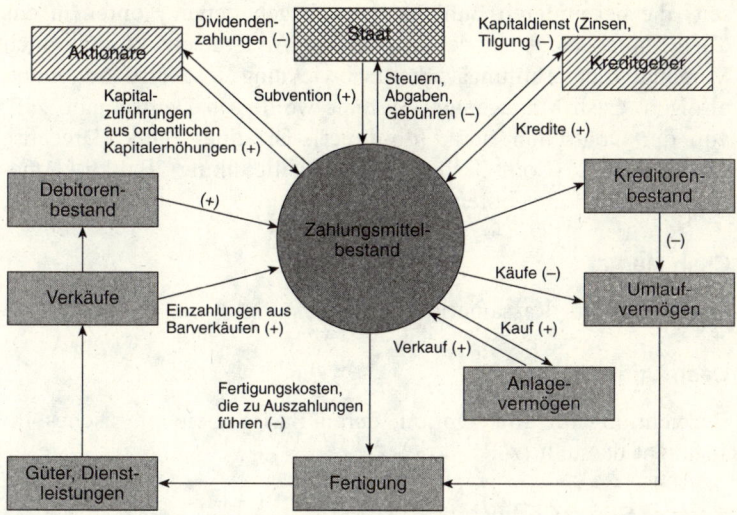

Flussrechnungsdiagramm

▶ **Cash Management**

Optimierung der Steuerung aller Ein- und Auszahlungsströme der Unternehmung unter Berücksichtigung definierter Liquiditäts-, Risiko- und Rentabilitätsziele. Mit dieser Aufgabenstellung sind eine Reihe von zusätzlichen Aufgaben verbunden, wie:

- bei Zahlungsmittelüberschüssen: die Optimierung kurzfristiger Kapitalanlagen,
- bei Zahlungsmittelunterdeckung: die fristenkongruente Finanzierung,
- Devisenmanagement,
- laufende Bereitstellung aktueller Informationen zur Liquiditätslage, Liquiditätsprognose, zu Entwicklungen an den Geld-, Kredit- und Devisenpositionen etc. sowie Devisenmärkten.

Die Abwicklung vollzieht sich in immer stärkerem Maße mit Hilfe von Personalcomputern im on-line Betrieb mit der Hausbank über ein zentrales „Clearing-Konto".

Offensichtlich setzt sich in Deutschland der Trend durch, daß – wie in den USA bereits praktiziert – mit Hilfe der Hausbank einerseits die bei anderen Banken weltweit gehaltenen Konten in das Cash Management einbezogen werden. Andererseits können auch Vorgänge der Zahlungsverkehrsabwicklung institutsübergreifend erfolgen. Cash Management-Systeme werden in Deutschland z. B. von der Deutschen Bank (db-direct), Dresdner Bank (Drecam), Commerzbank (Com-Cash), Citibank (Citibanking), Bank of America (Bamtrac) angeboten.

▶ **Cash Market**

engl. Begriff für Kassamarkt.

▶ **Cash Option**

Bezeichnung für eine Option, deren Basisgut ein physisches Instrument darstellt (z. B. Aktie).

▶ **Cash or Share Certificates**

Mit einem Tilgungsoptionsrecht ausgestattete Anleihen. Hier hat der Emittent die Option, die Tilgung in Währungseinheiten oder in Form von Titellieferung (u. U. unter Zahlung eines Zuzahlungsbetrags) abzuwickeln. Zur Definition sind im Rahmen der Emissionsbedingungen folgende Parameter festzulegen:

- Rückzahlungskurs der Anleihe bei Nichtausübung der Option (pari, unter pari, über pari);
- Basisobjekt, das optional zur Tilgung der Anleihe herangezogen werden kann (Basisobjekt z. B. Daimler Chrysler Aktie);
- Stückzahl des Basisobjekts, die zur Tilgung der Anleihe zu liefern ist;
- Zuzahlungsbetrag, der ggf. zusätzlich zur Basisobjektlieferung in bar geleistet wird.

Der Basispreis des Basisobjekts errechnet sich dann wie folgt:

$$\text{Basispreis} = \frac{\text{Nennbetrag der Anleihe} - \text{Zuzahlung}}{\text{Stückzahl des Basisobjekts}}$$

Gegebenenfalls wird das Tilgungsoptionsrecht des Emittenten durch ein → Knockout Feature zeitlich begrenzt.

Auch → COTOS sind den Cash or Share Certificates zuzurechnen. Hier liegt das Optionsrecht allerdings bei den Titelinhabern.

> **Beispiel:** Emission LKB Baden Württemberg. Volumen: 50 Mio. DM; Laufzeit: 1.10.91–1.7.94; Emissionskurs: 101³/₄ Tilgung: Pari oder 36 Bayer-Aktien plus 100 DM – Überschreitet der Kurs der Bayer-Aktien im Zeitraum 1.10.91–10.6.94 DM 325, dann pari.

▶ **Cash Settlement**

Bezeichnung für
(1) die Kassenregulierung von Effektentransaktionen;
(2) Barausgleich bei Erfüllung einer Kontraktverpflichtung aus Options- oder Terminkontrakten, wenn eine physische Lieferung des Basisinstruments nicht vorgesehen ist.
(3) Barausgleich bei Optionsscheinen. Hier ist mit der Optionsausübung kein physischer Vorgang verbunden. Der Optionsscheininhaber erhält die Differenz zwischen dem aktuellen Markt- und Basiswert ausgezahlt.

▶ **Cash Swap** → Cross Currency Swap, → Zins- und Währungsswaps

▶ **CATS** → Zerobond

▶ **CATs** → Certificate of Accrual on Treasury Securities

▶ **Cats-System**

Kontinuierliches Handelssystem der Brüsseler Börse.

▶ **CBOT**

Abkürzung für Chicago Board of Trade

▶ **CC** → Rating

▶ **CCC** → Rating

▶ **CD** → Certificate of Deposit

▶ **CD Issuance Facility**

Fazilität, die einer → Note Issuance Facility (NIF) gleicht, wobei hier statt Notes von einem Kreditinstitut → Certificates of Deposit (CD's) revolvierend emittiert werden. Eine Bankengruppe garantiert die Finanzierung über die Fazilität dadurch, daß sie zunächst versucht, die Papiere am Markt zu plazieren, notfalls aber die CD's in die eigenen Bestände nimmt.

▶ **CDAX**

Abk. für Composite-DAX. Marktkapitalisierungsgewichteter Index der Deutsche Börse AG. In die Berechnung gehen alle deutschen Aktien in den Marktsegmenten → Amtlicher Handel, → Geregelter Markt und → Neuer Markt ein. Dies ermöglicht zugleich die Berechnung von 19 Branchenindices. Der Composite-DAX wird im Gegensatz zu den Subindices minütlich während der Börsenzeit neu berechnet und publiziert. Die Konstruktion des CDAX ist so angelegt, dass er bewährte Strukturen und moderne Berechnungsmethoden miteinander verknüpft. So wurden zur Ermittlung einer langen Indexreihe des CDAX, die die Wiederanlage der Dividenden mit einschließt, die Indexwerte des FWB-Indexes als Basis verwendet. Damit stehen Tagesschlusskurse des Composite-DAX bis zum Jahr 1970 zur Verfügung. Regelmäßig werden die Kapitalien aktualisiert. Zugleich erfolgt eine Bereinigung um Bezugsrechtsabschläge und Dividendenzahlungen. Analog zum DAX ist das Basisdatum für den CDAX der 30.12. 1987, wobei die Basis des CDAX auf 100 (DAX auf 1000) gesetzt wurde.

▶ **CDAX** → Composite DAX

▶ **CEDEL International**

(Centrale des Livraison de Valeurs Modilières). International tätiges Unternehmen, welches als Clearing-, Abwicklungs- und Depotbanksystem system mit ähnlicher Funktion wie → Euro-Clear aber auch rein national tätige Wertpapierbank bis Ende 1999 fungierte. Inzwischen wurden → CEDEL International und die → Deutsche Börse Clearing AG zur → Clearstream zusammengeschlossen.

▶ **Certificate of Deposit (CD)**

(Euro-CD, Depositenzertifikat, Einlagenzertifikat, Geldmarktzertifikat) Bezeichnung für von Banken emittierte Geldmarktpapiere in Form von Inhaberpapieren. Sie werden deshalb auch als verbriefte Bankeinlage bezeichnet. Ihre Laufzeiten sind im Gegensatz zu denen der → Commercial Paper standisiert und bewegen sich zwischen 30 Tagen und 5 Jahren. Daher liegt der Schwerpunkt im Laufzeitbereich von 30 bis 180 Tagen. Sie können sowohl mit einem Festzinssatz als auch mit einem variablen Zinssatz (→ Floating Rate Notes) ausgestattet sein. Der Vorteil der CD's gegenüber den Termineinlagen liegt in der Sekundärmarktfähigkeit. Die Verzinsung der CD's liegt wegen der für den Anleger höheren Fungibilität unter derjenigen vergleichbarer Einlagen.

▶ **Certificates of Accrual on Treasury Securities (CATs)**

Zerobonds, die aus abgetrennten (stripped) und getrennt gehandelten Coupons von US-Staatsanleihen entstanden sind und in abgezinster Form gehandelt werden.

▶ **C-Geschäft** → Teilzahlungskredit

▶ **Chartanalyse**

Technik zur Analyse und Prognose von Kurs- und Zinsverläufen auf den Finanzmärkten. Im Gegensatz zur Fundamentalanalyse, die sich auf gesamtwirtschaftliche Daten stützt und im Bereich der Aktienanalyse vor allem unternehmensspezifische Faktoren untersucht, zieht die technische Analyse ihre Erkenntnisse aus einer exakten Beobachtung der Kursverläufe unter Einschluß von Umsatzdaten und anderen Kriterien. Von den verschiedenen Chart-Techniken sind die Bar-Chart-Analyse und die Point & Figure-Analyse die gebräuchlichsten.

Bei der Bar-Chart-Analyse wird für gleiche Zeitintervalle eine senkrechte Linie in ein Koordinationssystem eingetragen, die jeweils den höchsten und tiefsten Kurs dieses Zeitabschnitts verbindet. Auf der Abszisse werden für denselben Zeitabschnitt die Umsätze aufgezeigt (→ Charts).

▶ **Chartist**

Bezeichnung für einen Börsenanalytiker, der sich der Charttechnik (→ Charts) bedient.

▶ **Charts**

Graphische Darstellungen langer Zahlenreihen börsennotierter Werte (Effekten, Devisen, Waren) sowie Indizes (Indexverlauf eines Wertes, einer Branche, eines Gesamtmarkts). Damit bilden Charts die Grundlage für eine Anwendung im Rahmen der → Chartanalyse. Unterschieden wird in ihrer Anwendungstechnik zwischen → Liniencharts, → Balkencharts (Bar-) sowie → Point- and Figure Charts. Werden die relevanten Daten der gewählten Methode entsprechend in das Chartblatt eingetragen, so bilden sich nach einer Reihe von Markierungen Muster oder Formationen, die allgemeine Trends für Kursentwicklungen und mögliche Signale für eine Kursumkehr vermitteln. Auf ihrer Basis werden dann Entscheidungshilfen zur Investition oder Desinvestition gewonnen.

Gleitende Durchschnitte werden im Regelfall für 38, 100 oder 200 Tage berechnet. Dabei ist zu beachten, daß der 38-Tage-Durchschnitt eher als der 100-Tage-Durchschnitt und dieser wieder eher als der 200-Tage-Durchschnitt auf Trendänderungen reagiert. Bei einem Aufwärtstrend (Abwärtstrend) wird die Trendlinie vom Chartisten oberhalb (unterhalb) der Kurskurve so gelegt, daß sie zwei Extremwerte miteinander verbindet. Ein Durchstoßen der Durchschnittslinie durch die Kurskurve nach oben (unten) gilt als Indikator für eine weiterhin steigende (fallende) Kursentwicklung. Zusätzlich kann eine Kursentwicklung nach oben bzw. abwärts zwischen zwei parallel verlaufenden Trendlinien – dem Trendkanal – verlaufen. Widerstands- bzw. Unterstützungslinien, die waagerecht verlaufen, sollen eine Begrenzung der Kursentwicklung nach oben bzw. unten markieren Graphik). Ein Durchbrechen dieser Linie nach unten bzw. oben gilt als ein Verkaufs- bzw. Kaufsignal.

Im Rahmen der Charttechnik existieren Instrumente, die in erster Linie einerseits eine Trendkonsolidierung prognostizieren sollen, andererseits Techniken, die vornehmlich eine Trendwende signalisieren.

Trendfestigungsformationen sind kurzfristig ausgelegt und werden hauptsächlich durch den Keil, die Flagge und den Wimpel dargestellt. Sie ergeben sich dadurch, daß obere und untere Kursausschläge (kurzfristiger Natur) jeweils miteinander verbunden werden. Dadurch ergeben sich typische Muster

(a) eines Keils (obere und untere Begrenzungslinie verlaufen zu einander geneigt, treffen sich aber nicht),

(b) einer Flagge (obere und untere Begrenzungslinie verlaufen waagerecht zueinander),

(c) eines Wimpels (untere und obere Begrenzungslinie laufen auf einander zu und treffen sich in einem Punkt).

Die Grundmuster des Keils, der Flagge und des Wimpels sind dem jeweiligen Trend gegenläufig und zeigen damit im Aufwärtstrend (Abwärtstrend) nach unten (oben).

Zur Prognose einer Trendwende bietet sich die Kopf-Schulter-Formation bei Vorliegen eines Kursaufschwungs an. Ihren typischen Verlauf zeigt die Graphik, wobei ihre beiden unteren Punkte mit der Nackenlinie (Neckline) verbunden werden. Das Durchstoßen der Nackenlinie im Bereich der linken bzw. rechten Schulter gilt als Kauf- bzw. Verkaufssignal. Im Verlauf eines Kursabschwungs kann sich dann die umgekehrte Kopf-Schulter-Formation herausbilden, bei der das Durchstoßen der Nackenlinie im Abwärtstrend ein Verkaufssignal, im Aufwärtstrend ein Kaufsignal darstellt.

Als weitere Techniken einer Trendumkehrprognose finden die sog. M- und W-Formationen Anwendung, deren Namensgebung sich aus dem für sie typischen Kursverlauf ergibt. Dies gilt auch für die Untertassenformationen.

▶ **Cheapest to Deliver (CtD)**

Erfüllung der Lieferverpflichtung des Verkäufers im Handel mit Zins-Futures durch Lieferung der für ihn günstigsten Anleihe aus einem Pool von lieferbaren Anleihen. Dieser wird diejenige Anleihe (Cheapest to Deliver-Anleihe = CtD-Anleihe) auswählen, die er am Kassamarkt mit den geringsten Kosten erwerben kann und somit für ihn den vergleichsweise höchsten Nettogewinn oder geringsten Nettoverlust mit sich bringt. Soweit er eine derartige Anleihe in seinem Bestand hat, wird er direkt liefern.

▶ **Cheapest to Deliver-Anleihe (CtD-Anleihe)** → Cheapest to Deliver

▶ **Chicago Board of Trade (CBOT)**

Größte Terminbörse der Welt mit Sitz in Chicago. Am CBOT werden Futures und Optionen auf Futures gehandelt.

▶ **Chip-Karte**

→ Eurocheque- oder → Kreditkarte, die von Kreditinstituten ausgegeben werden und mit einem integrierten Mikroprozessor ausgestattet sind. Der Mikroprozessor ersetzt den Magnetstreifen, der auf der Rückseite der Eurocheque- und Kreditkarten aufgebracht war. Da der Mikro-Chip im Vergleich zum Magnetstreifen im viel größeren Umfang Daten speichert, eröffnet die Chip-Karte neue Möglichkeiten in der Zahlungsverkehrsabwicklung.

▶ **CHIPS**

Clearing House Interbank Payments System. Durch Privatgesellschaft getragenes ektronisch betriebenes Zahlungsverkehrssystem in den USA.

▶ **Chooser Optionsschein**

(Chooser Warrant) Optionsschein, der dem Inhaber zu einem definierten Zeitpunkt ex Emission das Wahlrecht eröffnet, ihm die Eigenschaft als Kauf- oder Verkaufsoptionsschein zuzuschreiben.

▶ **Chooser Warrant** → Chooser Optionsschein

▶ **cif** → Incoterms

▶ **Circa-Auftrag**

Limitierter Börsenauftrag (→ Limit), der mit dem Zusatz „circa" oder „ca" versehen ist. Diese Art der Auftragserteilung ermöglicht es, den Kundenauftrag auch leicht abweichend vom limitierten Börsenauftrag auszuführen. Dieser Kurs wird als → Circa-Kurs bezeichnet.

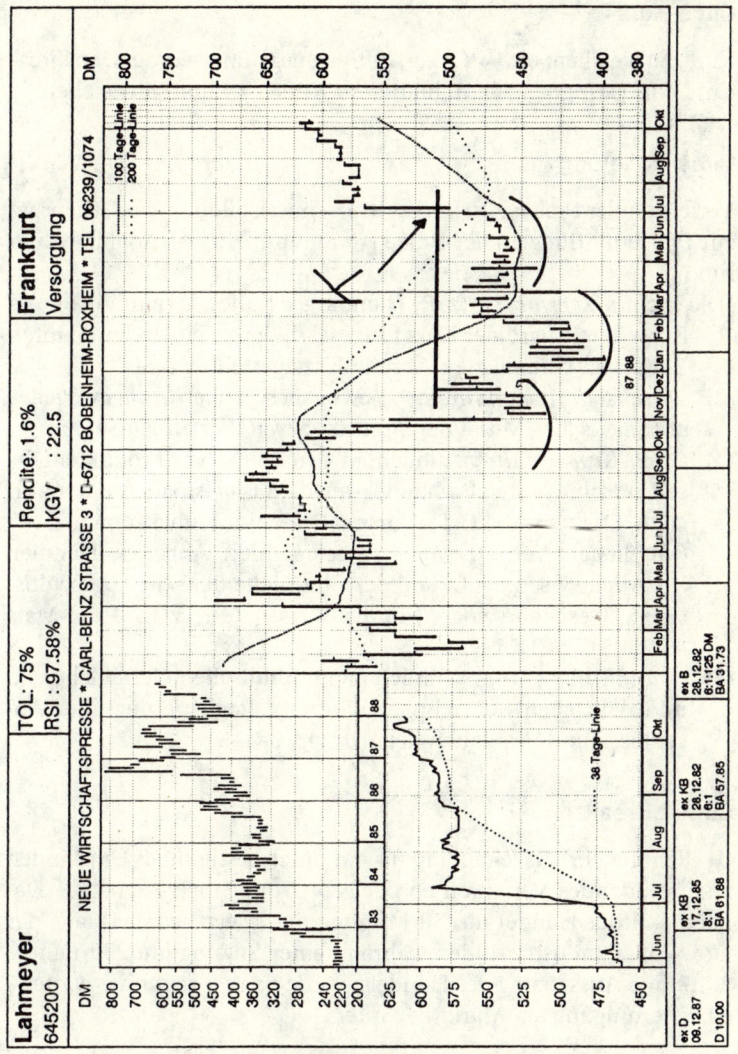

Kopf-Schulter-Formation im Chart der Lahmeyer AG

Quelle: Perk, R.: Professionelle Aktienanalyse für jedermann,
München 1990, S. 84

▶ **Circa-Kurs**

Kurs, zu welchem ein → Circa-Auftrag ausgeführt wurde. Der Circa-Kurs darf geringfügig vom limitierten Kurs (→ Limit) abweichen.

▶ **Circa-Notierung**

Verfahren der Preisregistrierung (Börsenpreisbildung) im Gegensatz zur Preisermittlung an der Börse (→ Stauprinzip, → variable Notierung).

(1) *Stichkursverfahren* (z. B. Hamburger Kaffee-Terminbörse): Als Börsenpreis wird der Kurs festgesetzt, der zu einem bestimmten Zeitpunkt beim letzten Abschluß festgestellt wurde.

(2) *Durchschnittsverfahren:* gewogenes oder ungewogenes arithmetisches Mittel der Umsatz- bzw. Offerten-Kurse.

(3) *Circa-Kursverfahren* (üblich an den deutschen Produktenbörsen und im → Telefonhandel; ausnahmsweise auch am amtlichen Effektenmarkt: Taxkurse): Die „Notierungskommission" (Mitglieder: Vertreter aller Parteien, hier: Anbauer, Händler, Verarbeiter) setzt aufgrund der Eindrücke über die abgeschlossenen Geschäfte sog. „von-bis-Kurse" fest, z. B. Plate-Mais 49,25–51,75 (DM je dz).

(4) *Spannkursverfahren* (üblich an ausländischen Getreidebörsen und deutschen Schlachtviehmärkten): Registrierung aller Abschlüsse und Festhalten der Extremwerte.

▶ **Circuit Breaker**

(Wellenbrecher) Bezeichnung für ein unter bestimmten Umständen anzuwendendes Verfahren an der New York Stock Exchange. Danach soll der Handel um 30 Minuten ausgesetzt werden, falls der Dow Jones-Industrie-Index während einer Sitzung um 250 Punkte fällt. Eine Aussetzung des Handels würde dann – so wird erwartet – eine Beruhigung am Markt bewirken.

▶ **CLC**

Abk. für Commercial Letter of Credit (→ Negotiationskredit).

▶ **Clean Payment**

Geldausgleich, der u. U. bei Finanzinnovationen gewährt wird (→ Cash Settlement).

▶ **Clean Price**

Aktueller Anleihekurs ohne Einschluß der zwischenzeitlich aufge-laufenen Stückzinsen. Vgl.: → Dirty Price.

▶ **Clearing**

Planmäßiger, periodischer Ausgleich von Forderungen und Gegen-forderungen durch gegenseitige Aufrechnung. Ursprünglich wurde das Clearing nur am Geldmarkt zwischen Geschäftsbanken ihrer-seits und der Zentralbank (Clearingstellen der Landeszentralban-ken) praktiziert. In neuerer Zeit kam es zur Entwicklung des → In-dustrie-Clearing, also kurzfristigen Geldgeschäften zwischen In-dustrieunternehmen mit der Zielsetzung des Ausgleichs von Liqui-ditätsüberschüssen und -defiziten. Clearingsysteme zum Ausgleich im internationalen Wertpapierhandel sind, z. B. → Euro-Clear und → Clearstream.

▶ **Clearing House**

Clearingstelle einer Termin- oder Optionsbörse. Sie tritt als Ver-tragspartner in jedes Geschäft zwischen Käufer und Verkäufer bei jedem börsenmäßigen Geschäft ein, garantiert und besorgt die ord-nungsgemäße Verrechnung, Abwicklung und Besicherung der ein-zelnen Geschäfte. Damit entstehen keinem der Marktteilnehmer Erfüllungsrisiken aus den Bonitätsrisiken der Vertragspartner, da Liefer- und Abnahmeverpflichtungen nur gegenüber dem Clearing House existieren. An der Deutschen Terminbörse übernimmt die Clearing-Stelle die Clearing House-Funktion.

Das Clearing House übernimmt vertragliche Lieferverpflichtun-gen nur, als es zugleich die jeweiligen Gegenpositionen für jeweils gleichlautende Gegengeschäfte übernehmen kann. Damit heben sich die Lieferverpflichtungen für das Clearing House insgesamt auf, da es zu keinem Zeitpunkt in die Lage einer einseitigen Liefer- oder Abnahmeverpflichtung geraten kann. Die Institution des Clearing Houses – bzw. Clearingstelle – ermöglicht dem Kunden, zugleich eine eingegangene Position vorzietig glattzustellen. Hierzu ist ein in allen Einzelheiten gleichlautendes Gegengeschäft abzuschließen und dann am Abend durch das Clearing House mit dem gleichlautenden Geschäft des Kunden zu verrechnen. Damit ist der Kunde von seiner Abnahme- bzw. Lieferverpflichtung entbunden. Die Relevanz dieser Möglichkeit wird dadurch unterstrichen, daß im Regelfall ca. 99% aller Kontrakte vorzeitig glattgestellt werden. Lediglich ca. 1% aller Kontrakte wird somit tatsächlich erfüllt.

Für jeden Kunden führt das Clearing House ein Konto (Margin Account), auf welches eine von ihm zu leistende Einschußleistung (initial margin) in Höhe von x% des Kontraktwertes gutgeschrieben wird. Diese initial margin wird bei der Glattstellung vollständig zurückerstattet. Sich börsentäglich ergebende kursbedingte Gewinne oder Verluste führen zu Gutschriften oder Belastungen des Kundenkontos. Über Guthaben kann der Kunde frei verfügen. Lassen Verluste den Kontostand unter ein gesetztes Limit (Maintenance Margin) fallen, hat der Kunde einen Nachschuß zu leisten. Durch die tägliche Abrechnung, die vom Clearing House durchgeführt wird, und die Nachschußverpflichtung des Kunden ist das Verlustrisiko auf Kontraktwertänderungen eines Börsentages begrenzt. Werden auf einen Kontrakt Nachschußleistungen nicht unmittelbar geleistet, erfolgt am folgenden Tag automatisch die Glattstellung durch das Clearing House.

▶ **Clearstream**

Abk. für Clearstream Bank AG. Gemeinsames europäisches Clearinghaus, das durch Zusammenschluss von CEDEL International (Luxemburg) und der → Deutsche Börse Clearing AG gebildet wurde. Durch diese Fusion ist die größte Abwicklungsplattform Europas entstanden. Das neue Unternehmen bietet ihren Kunden die Abwicklung börslicher und außerbörslicher Handelsgeschäfte, rationelle Wertpapierverwaltung und -verwahrung (Clearing, Settlement, Custody).

Insofern ist Clearstream auch Abwicklungspartner für alle → XETRA-Geschäfte und bietet als internationaler Zentralverwalter zugleich die Verwahrung und Geschäftsabwicklung für internationale Märkte.

▶ **Close out-Klausel**

Variante einer → Netting-Klausel, die bei fremdwährungsbezogenen OTC-Geschäften im Rahmen von sog. Master Agreements zur Minimierung der Adressenrisiken Anwendung findet. In einer Close out-Klausel vereinbaren zwei Vertragsparteien, daß bei Eintritt eines definierten Ereignisses, welches die Vertragsbeziehung gefährden könnte (z. B. Zahlungsverzug), die gegenseitigen vertraglichen Beziehungen sofort beendet werden. Damit erfolgt unverzüglich eine Abrechnung und ein abschließender Saldoausgleich.

▶ **Closed End Fund** → Investmentgesellschaft

▶ **Closed End-Gesellschaft** → Investmentgesellschaft

▶ **Closing Transaction** → Glattstellung

▶ **CME**

Abkürzung für Chicago Mercantile Exchange

▶ **Cocktail Swap**

Swap-Variante, die verschiedene → Swaps unterschiedlicher Typen mit mehreren Swappartnern umfaßt.

▶ **Cofinancing** → Kofinanzierung

▶ **Collar**

Differenz zwischen dem Mindest- und Höchstzinssatz bei Mini-Max-Floatern (→ Floating Rate Note). Collars haben sich als eigenständige, von Mini-Max-Floatern losgelöste Rechte (Zinsausgleichsvereinbarungen) bisher im Markt kaum durchgesetzt.

▶ **Collar Issue**

Gebräuchliche Bezeichnung für einen → Mini-Max-Floater.

▶ **Collar Swap**

Bezeichnung für einen Swap einer Festzinsanleihe gegen eine → Collared Floating Rate Note, die bekanntlich mit einer Zinsober- und -untergrenze ausgestattet ist.

▶ **Collared Floating Rate Note**

Variante der → Floating Rate Note, die mit einer Zinsober- und Zinsuntergrenze ausgestattet ist. Die Zinssatzdifferenz ist allerdings im Gegensatz zum → Mini-Max-Floater viel größer definiert.

▶ **Collateral Security**

Bezeichnung für ein Fremdfinanzierungsinstrument, welches durch ein Vermögen unterlegt ist.

▶ **Collateral Trust Bonds**

Bezeichnung für in den USA gehandelte Anleihewerte, deren Besicherung durch bei einem Treuhänder hinterlegte Wertpapiere erfolgt. Der Wert dieser Papiere muß über den gesamten Zeitraum der Laufdauer ca. 30% über dem geschuldeten Kapital liegen. Verschlechtert sich der Kurswert der hinterlegten Papiere, so sind durch den Hinterleger (Anleiheschuldner) weitere Sicherheiten beizubringen.

▶ **Co-Manager**

Mitführer eines → Konsortiums (→ Emissionskonsortium, Kreditkonsortium).

▶ **Commercial Letter of Credit (CLC)** → Negotiationskredit

▶ Commercial Paper

(CP) Geldmarktpapier, welches als Inhaberpapier ausgestattet ist.
Commercial Papers (CP's) verbriefen Forderungsrechte gegenüber
dem Schuldner und sind insofern als kurzfristige Schuldverschreibungen mit den → Certificates of Deposit (CD's) vergleichbar. Im
Gegensatz zu den CD's sind die Laufzeiten der CP's nicht standardisiert. Ihre Ausgestaltung kann damit auf die individuellen Anlage-
bedürfnisse der Investoren (Banken, Versicherungen, Geldmarktfonds) bzw. die individuellen Finanzierungsbedürfnisse der Emittenten abgestellt werden.

Das Laufzeitenspektrum bewegt sich im Regelfall zwischen 7 Tagen und 2 Jahren minus einem Tag (in den USA zwischen 3 Tagen
und 270 Tagen). Dabei liegt der Laufzeitschwerpunkt zwischen 30
und 90 Tagen. Im Gegensatz zu den CD's werden die CP's abgezinst
emittiert. Commercial Papers werden nur durch erstklassige Indus-
trieadressen begeben. Darüber hinaus treten in den USA die Niederlassungen ausländischer Banken als Emittenten auf. CP's werden
durch Broker bzw. Geschäftsbanken platziert und durch diese auch
auf dem Sekundärmarkt gehandelt.

Im Regelfall werden die CP's im Rahmen von Commercial Paper
Programmen mit einem vertraglich vereinbarten Programmvolumen
(betragsmäßige Obergrenze) emittiert und den Finanzierungserfor-
dernissen der Emittenten sowie der jeweiligen Marktlage entsprechend in Tranchen begeben. CP-Programme haben damit den Charakter von Daueremissionen. Eine Garantieübernahme durch das
Bankenkonsortium für den Fall der Nichtunterbringung im Markt
besteht bei Commercial Paper Programmen im Gegensatz zu
→ Note Issuance Facilities (NIF's) oder deren Varianten (z. B.
RUF's) nicht. Die Mindestvolumina der Tranchen bewegen sich ab
ca. 5 Mio. €.

Zumeist sind die unbesicherten Commercial Papers durch eine
→ Negativerklärung des Emittenten besichert.

CP's sind im Regelfall zu Einheiten à 250 000 € gestückelt, wobei
die Untergrenze der handelbaren Einheiten bei 2,5 Mio. € liegt.

Die Auflegung der CP-Programme erfolgt durch Arrangeure (in
Deutschland Banken), die Unterbringung im Markt durch Plazeure.

	US-Commercial Paper	Euro-Commercial Paper
Laufdauer	gebrochene Laufdauer bis zu 270 Tage	bislang standardisiert, nun gebrochene Laufdauer bis zu 365 Tage
Denominie-rung	US-Dollar in Beträgen von 500.000 bis zu 1.000.000	US Dollar, europäische Währungen in Beträgen von 500.000 bis zu 1.000.000

US-Commercial Paper/ Euro-Commercial Paper

Voraussetzung für die Platzierung und den Handel ist ein ausgezeichnetes → Rating der Emittenten. Adressen mit weniger guter Bonität können Commercial Papers nur mit der Garantie einer erstklassig eingestuften Bank oder Versicherungsgesellschaft begeben (Support facilities, Back-up lines). Der Sekundärmarkt für diese Papiere ist der außerbörsliche Handel. Eine Variante des klassischen Commercial Paper stellt das → Asset Backed Commercial Paper dar.

Die Verzinsung der CP's erfolgt auf Diskontbasis wobei sich die Renditen an repräsentativen Geldmarktsätzen (z. B. → EURIBOR) im jeweils relevanten Laufzeitbereich orientieren. Weitere Kosten für die Emittenten: Front-end fee für den Arrangeur, Platzierungsprovision, Entgelt für Serviceleistungen der Plazeure sowie die Emissionsstelle und ggf. Kosten des → Rating.

▶ **Commerzbank Aktienindex**

Ältester deutscher Aktienkursindex. Im Gesamtindex (Composite Share Index) werden 60 Standardwerte berechnet (90% des Kurswertes aller deutschen börsennotierten Unternehmen, soweit sie sich nicht zu 95% oder mehr in Festbesitz befinden, erfaßt. Die Bezugsbasis ist das Jahr 1953, wobei 1976 und 1988 eine Neuberechnung (neue Zusammensetzung und Gewichtung) erfolgte. Neben dem Gesamtindex werden zusätzlich zwölf Branchenindizes (Sector Indices) nach einer Umstellung auf der Basis vom 30.12.1975 berechnet und publiziert.

▶ **Commerzbank Jumbo-Pfandbriefindex**

Index für Pfandbriefe mit realen Anleihen am Markt. Der Commerzbank Jumbo-Pfandbriefindex wird als ein Kursindex über alle Laufzeiten über einem Jahr sowie in Subindices für mehrere Laufzeitklassen errechnet und publiziert. Die Kursindices sind zum Jahresende 1995 = 100 gesetzt.

▶ **Commodity Option**

(Warenoption, Rohstoffoption) Recht zum Bezug (Call Option) oder Lieferung (Put Option) einer bestimmten Menge einer Ware in einer bestimmten Qualität zu einem festgelegten Termin (European-Option) und einem definierten Preis.

▶ **Common Shares** → Stammaktien

▶ **Common Stocks** → Stammaktien

▶ **Complex Option**

Variante einer → Option, bei welcher im Zeitablauf eine Veränderung des Ausübungspreises und/oder der Menge des zugrunde liegenden Basiswertes (Underlying) möglich ist.

▶ **Compliance Procedures**

Bezeichnung für sämtliche organisatorische Vorkehrungen, die darauf abzielen, daß das Personal in Börsen, Kassenvereinen, Wertpapierabteilungen von Banken, bei Kursmaklern oder sonstigen Finanzintermediären vorgegebene Arbeitsvorschriften genauestens einhalten. Dies geschieht zu dem Zweck, daß entsprechende Vorgaben des Gesetzgebers, der Wertpapieraufsicht, der Börsen und anderer Institutionen entsprechend umgesetzt und eingehalten werden.

▶ **Composite DAX (CDAX)**

Marktkapitalisierungsgewichteter Index der Deutschen Wertpapierbörse AG, der sich aus den Kursen aller inländischen Aktien, die

zum amtlichen Handel an der Frankfurter Wertpapierbörse zugelassen sind, errechnet. Derzeit sind im CDAX 320 Werte enthalten.
Dies ermöglicht zugleich die Berechnung von 16 Branchenindices.
Der Composite-DAX wird im Gegensatz zu den Subindices minütlich neu berechnet. Die Konstruktion des CDAX ist so angelegt, daß
er bewährte Strukturen und moderne Berechnungsmethoden miteinander verknüpft. So wurden zur Ermittlung einer langen Indexreihe des CDAX, die die Wiederanlage der Dividenden mitein-
schließt, die Indexwerte des FWB-Indexes als Basis verwand. Damit
stehen Tagesschlußkurse des Composite-DAX bis zum Jahr 1970 zur
Verfügung. Regelmäßig werden die Kapitalien aktualisiert. Zugleich
erfolgt eine Bereinigung um Bezugsrechtsabschläge und Dividendenzahlungen. Analog zum DAX ist das Basisdatum für den CDAX
der Ultimo 1987, wobei die Basis des CDAX auf 100 (DAX auf 1000)
gesetzt wurde.

▶ **Compound Options**

Optionen auf Optionen. Sie geben dem Erwerber das Recht, eine
Put- oder Call Option auf einen bestimmten Basistitel zu einem be-
stimmten Preis nach Ablauf einer bestimmten Frist (z. B. erst in drei
Monaten) zu erwerben.

▶ **Computerbörse**

Börsentypus, bei welchem die Börsengeschäfte
(1) durch persönliche oder fernmündliche Kommunikation der
    Marktteilnehmer und/oder computerunterstützte Handelsab-
    wicklung getätigt werden. Soweit die persönliche Kommunika-
    tion unter Anwesenheit zwischen den Handelsteilnehmern ge-
    geben ist, handelt es sich bei diesem Börsentyp lediglich um eine
    Variante der Präsenzbörse;
(2) unter Kommunikation zwischen Marktteilnehmern per Com-
    puter abgewickelt werden;
(3) ohne jegliche persönliche Kommunikation zwischen den
    Marktteilnehmern abgewickelt werden.

▶ **Condor-Anleihe**

Variante einer festverzinslichen Indexanleihe, die im Zeitpunkt der Emission im Gegensatz zu den am Markt vergleichbaren Anleiheinvestments eine höhere laufende Verzinsung bietet. Hier ist die Höhe des Tilgungsbetrages an die Entwicklung eines definierten Indexes gekoppelt. Solange sich dieser Index innerhalb eines bestimmten Schwankungsbereichs befindet, erhält der Gläubiger den Tilgungsbetrag in voller Höhe ausgezahlt. Überschreitet bzw. unterschreitet der Index eine definierte Höchstgrenze bzw. Untergrenze, verringert sich der Tilgungsbetrag, den die Anleiheschuldnerin dem Anleihegläuber auszahlt. Unabhängig vom Indexstand garantiert die Emittentin einen Mindestrückzahlungsbetrag.

▶ **CONF-Future**

EUREX Produkt

Basiswert	Fiktive langfristige Anleihe der Schweizerischen Eidgenossenschaft mit 8- bis 13jähriger Laufzeit und einem Kupon von 6 Prozent.
Kontraktwert	sfr. 100.000.
Erfüllung	Eine Lieferverpflichtung aus einer Short-Position in einem CONF-Future-Kontrakt kann nur durch bestimmte Schuldverschreibungen – nämlich Anleihen der Schweizerischen Eidgenossenschaft mit einer Restlaufzeit von 8–13 Jahren und einem Mindestemissionsvolumen von sfr. 500 Mio. – erfüllt werden. Bei Anleihen mit vorzeitiger Kündigungsfr.ist muss der erste und letzte mögliche Rückzahlungstermin zwischen 8 und 13 Jahren liegen.
Preisermittlung	In Punkten vom Nominalwert; auf zwei Dezimalstellen.
Minimale Preisveränderung	0,01 Prozent; dies entspricht einem Wert von sfr. 10.
Liefertag	Der zehnte Kalendertag des jeweiligen Liefermonats, sofern dieser Tag ein Börsentag ist, andernfalls der darauf folgende Börsentag.
Liefermonate	Die jeweils nächsten drei Quartalsmonate des Zyklus März, Juni, September und Dezember

Lieferanzeige	Clearing-Mitglieder mit offenen Short-Positionen müssen der Eurex am letzten Handelstag des fälligen Liefermonats bis zum Ende der Post-Trading-Periode anzeigen, welche Anleihen sie liefern werden.
Letzter Handelstag	Zwei Börsentage vor dem Liefertag des jeweiligen Quartalsmonats. Handelsschluss für den fälligen Future-Kontrakt ist 12.30 Uhr MEZ.
Täglicher Abrechnungspreis	Volumengewichteter Durchschnitt der Preise der letzten fünf zu Stande gekommenen Geschäfte, sofern sie nicht älter als 15 Minuten sind oder der volumengewichtete Durchschnitt der Preise während aller während der letzten Handelsminute abgeschlossenen Geschäfte, sofern in diesem Zeitraum mehr als fünf Geschäfte zu Stande gekommen sind. Ist eine derartige Preisermittlung nicht möglich oder entspricht der so ermittelte Preis nicht den tatsächlichen Marktverhältnissen, legt die Eurex den Abrechnungspreis fest.
Schlussabrechnungspreis	Volumensgewichteter Durchschnitt der Preise der letzten zehn zu Stande gekommenen Geschäfte, sofern sie nicht älter als 30 Minuten sind oder der volumengewichtete Durchschnitt der Preise aller während der letzten Handelsminute abgeschlossenen gekommenen Geschäfte, sofern in diesem Zeitraum mehr als zehn Geschäfte zu Stande gekommen sind. Der Schlussabrechnungspreis wird um 12.30 Uhr MEZ am letzten Handelstag festgelegt.
Handelszeit	8.30 bis 17.00 Uhr MEZ

▶ **Consols**

(Konsols) Bezeichnung für die einzelnen Abschnitte bei einer neuen Gesamtanleihe (insbesondere bei Staatsanleihen) im Zusammenhang mit einer → Konsolidation.

▶ **Contingent Interest Rate Swap** → Contingent Swap

▶ **Contingent Swap**

(Contingent Interest Rate Swap) Swap-Variante mit Optionsrecht (Call), bei welcher die Konditionen einer künftigen Zins-Swapvereinbarung ex ante fixiert sind. Gegen Zahlung einer Optionsprämie erwirbt der Käufer des Contingent Swap das Recht, innerhalb einer definierten zukünftigen Zeitperiode oder zu einem bestimmten künftigen Zeitpunkt den Abschluß einer zum gegenwärtigen Zeitpunkt bereits fixierten Zins-Swapvereinbarung zu fordern. Der Optionskäufer hat für dieses Recht dem Verkäufer eine Optionsprämie zu zahlen. Die Verpflichtung der Optionsausübung besteht für den Optionskäufer nicht. Die Anwendung des Contingent Swap bietet einem Unternehmen in Zeiten unsicherer Zinsentwicklungen eine kostengünstige Möglichkeit, sich vor den hieraus resultierenden Zinsrisiken abzusichern.

▶ **Contract Month** → Liefermonat

▶ **Controller**

Instanz im Finanzmanagement größerer Unternehmen. Sie ist i. d. R. dem Aufgabenbereich des Finanzvorstands zugeordnet. Controller und → Treasurer sind in amerikanischen Unternehmen i. d. R. dem Finanzvorstand unterstellt.

Die Aufgabenstellung des Controllers, der in erster Linie für das Rechnungswesen der Unternehmung zuständig ist, ist von derjenigen des Treasurers abzugrenzen, wobei eine eindeutige Trennung beider Funktionsbreiche in der Praxis bislang nicht gelungen ist.

Die Funktion des Controllers ist aus seiner Rechnungsverantwortung zu sehen. Danach unterstehen ihm i. d. R. die Finanzbuchhaltung und das Rechnungswesen. Er hat dafür zu sorgen, daß dem Finanzvorstand und dem Treasurer fristgerecht die notwendigen Informationen zur aktuellen Liquiditätslage, kurz-, mittel- und langfristigen Finanzplanung sowie zur Kapitalbindungsplanung vorliegen. Ausserdem obliegt ihm die Kontrollfunktion zu planungsabweichungen einschließlich der Ursachenanalyse sowie die Revisionsfunktion.

Die Funktion des Controllers ist bei kleineren Unternehmen i. d. R. durch zusätzliche Aufgabenbereiche angereichert (Verwaltung, EDV). Sie kann bei sehr großen Unternehmen auch auf eine reine Stabsfunktion reduziert werden.

▶ **Conversion**

Kombinierte Optionsstrategie, die zu Arbitragezwecken getätigt wird. Sie besteht aus dem gleichzeitigen Kauf eines Puts, Verkauf eines Calls und Kauf des zu Grunde liegenden → Basis-wertes.

▶ **Convertible Bond** → Wandelanleihe

▶ **Convertible Floating Rate Note**

Variante einer klassischen Floating Rate Note, die nach Ablauf einer gewissen Frist ex Emission dem Emittenten oder Gläubiger das Wandlungsrecht in eine Festzinsanleihe einräumt.

▶ **Convertible Preference Shares** → Convertible Preferred Stocks

▶ **Convertible Preferred Stocks**

(Convertible Preference Shares) → Vorzugsaktien, die unter ex ante definierten Konditionen zu einem bestimmten Zeitpunkt auf Ver-langen des Investors in → Stammaktien der Emittentin eingetauscht werden können.

▶ **Convertible Securities**

Bezeichnung für Wertpapiere in den USA, die ihrem Inhaber das Recht verbriefen sie zu bestimmten Zeitpunkten oder innerhalb be-stimmter Zeiträume in andere Wertpapiere der Emittentin zu tau-schen. Varianten:
(1) Convertible Bonds (→ Wandelanleihe)
(2) → Convertible Preferred Stocks (→ Vorzugsaktien).

▶ **Convexity**

Die Convexity oder Konvexität (C) misst als zweite Ableitung der Barwertfunktion nach dem Zins die Gebogenheit (Krümmung) der Barwertfunktion von Anleihen nach der Formel:

$$C = \frac{\sum_{t=1}^{n} t\,(t+1) \cdot C_t (1+r)^{-t}}{(1+r)^2 \cdot \sum_{t=1}^{n} C_t \cdot (1+r)^{-t}}$$

wobei:

C   = Convexity
C_t = Zahlungen zu den Zeitpunkten t
r   = Marktzins der Anlage

Die Prognose der prozentualen Kursveränderung einer Anleihe in Reaktion auf Marktzinssatzveränderungen errechnet sich mithilfe der Konvexität durch die Kombination von Konvexität und → Modified Duration wie folgt:

$$\Delta K = 0{,}5 \cdot C \cdot (\Delta r)^2 - MD \cdot \Delta r$$

wobei

ΔK = Kursänderung
MD = Modified Duration
Δr = Marktzinsvariation

▶ **COPS** → Covered Option Securities

▶ **Corporate Minimax**

→ Mini-Max-Floater, der von einem Unternehmen begeben wurde.

▶ **Cost Averaging**

Form der Effektenspekulation, insbesondere mit → Investmentzertifikaten, aber auch mit Aktien. Bei ihr erfolgt die Investition regelmäßig über einen längeren Zeitabschnitt hinweg in gleich hohen Anlagebeträgen. Dadurch kann in Phasen sinkender Kurse durch den Erwerb einer höheren Zahl von Anteilen ein u. U. deutlich niedrigerer durchschnittlicher Einstandskurs erzielt werden, als wenn über den gleichen Zeitraum immer die gleiche Anzahl von Anteilen erworben wird. Vor allem bei steigenden Kursen wird wegen des niedrigen durchschnittlichen Einstandskurses eher der Break-Even-Point erreicht.

▶ **Cost of Carry**

(1) Allgemein: die Kosten, die dadurch entstehen, dass eine Kassamarkt-Position gehalten wird;

(2) Bezeichnung für diejenigen Kosten, die dadurch entstehen, dass das → Basisgut gehalten wird und im Gegensatz hierzu nicht ein Terminkauf getätigt wird.

Die Ursache in der Differenz zwischen Kassa- und Future-Preisen werden aus der Existenz der Costs of Carry abgeleitet.

▶ **COTOS**

(Cash-oder-Titel-Optionen) Optionsscheine vom Typ des → Call Warrant, die durch Schweizer Aktiengesellschaften ihren Aktionären an Stelle einer ursprünglich vorgesehenen Bardividende zugeteilt werden. Der Aktionär kann innerhalb eines bestimmten Zeitraums unter Vorlage einer definierten Anzahl von COTOS eine Aktie des Unternehmens unter Zahlung des Nominalwerts beziehen. Übt der Aktionär sein Recht nicht aus, so kann er COTOS an das Unternehmen gegen Zahlung eines Betrages, der in etwa der vorgesehenen Bardividende entspricht, zurückgeben. Der Aktionär kann aber seine COTOS auch an der Börse veräußern, da die Optionsscheine im Regelfall dort eingeführt sind. COTOS können letztlich als eine Variante der periodischen → Stockdividende gesehen werden.

▶ **Count Down Floater**

Variante einer → Floating Rate Note, mit im Zeitablauf abnehmenden Margen auf den → Referenzzinssatz. Es handelt sich damit um eine → Stepp Down Issue.

▶ **Coupon**

(Kupon, Erträgnisschein) Schein, der Aktienurkunden (→ Dividendenschein) und Urkunden festverzinslicher Wertpapiere (→ Zinsschein) beigefügt ist. Die Bank zahlt gegen Einreichung des Coupons die (den) fällige(n) Dividende (Zins) aus. Coupons sind für einen längeren Zeitraum, z. B. 10 Jahre, auf dem Couponbogen zusammengefasst. Ansprüche aus Coupons verjähren nach vier Jahren.

▶ **Coupon Issue**

(1) Anleiheemission;
(2) als Nullkuponpapiere gehandelte Zinsscheine, die durch Abtrennung vom Wertpapiermantel (→ Stripped Bond) entstanden sind.

▶ **Coupon Stripping** → Anleihe-Stripping, → Stripped Bond

▶ **Couponeffekt**

(Kuponeffekt) entsteht, weil realisierte Kursgewinne aus Anleihen steuerfrei bleiben und im Gegensatz hierzu Zinserträge aus Anleihen zu versteuern sind. Privatanleger, deren Einkommen einer hohen Steuerprogression unterliegen, investieren daher bevorzugt in Anleihen mit niedrigem Nominalzins (→ Nominalzinsfuß). Damit kann allein der Tatbestand der Existenz unterschiedlicher → Coupons (bei jeweils gleicher Restlaufzeit) unterschiedliche Anleihekurse bewirken.

▶ **Courtage**

(Maklergebühr, Maklercourtage, Vermittlungsprovision) Vergütung, die den Maklern für die Vermittlung von Börsengeschäften zusteht. Die Courtagesätze sind im amtlichen Handel einheitlich in ihrer Höhe wie folgt festgeschrieben:

Aktien (einschl. Bezugsrechte und Optionsscheine) mind 0,8‰ vom ausmachenden Betrag.

Festverzinsliche Werte: je nach Volumen zwischen 0,75‰ und 0,06‰.

Die Mindestgebühr beträgt für jeden Schluss € 0,75.
Sondervereinbarung:
(1) Aktien des DAX-30: 0,4‰ vom ausmachenden Betrag.
(2) Anleihen der Bundesrepublim Deutschland inkl. Sondervermögen, Bahn, Post, Länder nd KfW: je nach ausmachendem Betrag zwischen 0,1‰ und 0,015‰.

▶ **Cover**

Glattstellen einer Short-Position.

▶ **Covered Call**

Gedeckte Kaufoption, die dann gegeben ist, wenn sich das → Basis-gut im Besitz des Verkäufers (→ Stillhalter) der Option befindet.

▶ **Covered Option**

(Gedeckte Option) Call Option, bei der der Verkäufer (Stillhalter) im vollem Umfang über die zu Grunde liegenden Basiswerte verfügt. Vgl. auch: → Short Call.

▶ **Covered Option Securities (COPS)**

Bezeichnung für eine kurzfristige Schuldverschreibung, die mit einem hohen Coupon ausgesattet ist und eine Put-Option enthält. Diese räumt der Emittentin das Recht zur Zahlung der fälligen Zins- und Tilgungsleistungen auf fremde Währung ein, wobei der Wechselkurs im Zeitpunkt der Emission bereits festgelegt ist.

▶ **Covered Options Writing**

Gedeckter Verkauf von → Optionen, bei dem der Optionsverkäufer bereits über das Basisobjekt verfügt oder seine offene Position per Gegengeschäft für den Fall der Optionsausübung durch den Käufer geschlossen hat.

▶ **Covered Warrant (CW)**

(Gedeckter Optionsschein) Bezeichnung für einen nackten → Optionsschein, bei dem der Emittent das Basisinstrument entweder im eigenen Bestand hält oder auf Grund vertraglicher Vereinbarungen auf den entsprechenden Bestand eines Dritten zurückgreifen kann.

▶ **Cox/Rubinstein – Ansatz**

Bezeichnung für einen binominalen Optionsbewertungsansatz, der von *Cox/Rubinstein* entwickelt wurde. Bei diesem Modell wird bei der Darstellung der Kursveränderungen eine Binominalverteilung verwendet, wodurch eine relativ problemlose Einbeziehung externer Effekte ermöglicht wird.

▶ **Credit Supported Commercial Paper** → Asset Backed Commercial Paper

▶ **CREST**

System zur computergestützten Abwicklung von Wertpapiergeschäften an der Londoner Wertpapierbörse. Das CREST-System wurde 1996 in Betrieb genommen und hat zugleich das Talisman-Abrechnungssystem ersetzt.

▶ **Cross Border Leasing** → Export-Leasing

▶ **Cross Currency Basis Swap**

Variante eines Zinsswap, bei der beide Swap-Partner Zinszahlungen auf variabler Basis in ihrer entsprechenden Währung leisten.

▶ **Cross Currency Interest Rate Swap**

Währungsswapvariante, bei der Festzinsen und variable Zinszahlungen jeweils in unterschiedlicher Währung getauscht werden.

▶ **Cross Currency Swap**

Währungsswap → Zins- und Währungsswaps

▶ **Cross Default-Klausel**

Übliche Vertragsklausel in internationalen Kreditverträgen, die den Gläubigern (im Regelfall Banken) die Möglichkeit der sofortigen und fristlosen Kreditkündigung einräumt, wenn der Kreditnehmer seinen Verpflichtungen aus anderen Kreditverträgen nicht fristgerecht und im vollen Umfang nachkommt.

▶ **Cross Hedging**

Absicherungs- oder Hedingstrategie, bei der zur Sicherung einer Kassaposition ein Futures- oder Optionskontrakt eingesetzt wird, wobei dieser Kontrakt nicht auf dem gleichen → Basiswert basiert.

Im Regelfall werden aber zum Cross Hedging Kontrakte herangezogen, bei denen das Underlying sich in der Preissensivität ähnlich verhalten dürfte, wie die zu sichernde Kassaposition.

▶ Cross Market Arbitrage

Synonym für Ausgleichsarbitrage → Arbitrage.

▶ Cross Rate

(Usance-Kurs) Wechselkurs einer Währung, der sich aus den Wechselkursen zweier anderer Währungen ergibt. In der Regel werden Cross Rates über die Leitdevise US-$ errechnet, indem z. B. aus einem £/US-$ Kurs und einem (Schweizer Franken) sfr./US-$ Kurs die Relation £/sfr. bzw. sfr./£ durch Division berechnet wird.

In der Praxis sind allerdings stets die Spannen zwischen Geld (G) und Brief (B) in der Berechnung zu berücksichtigen.

	€	$	¥[1)]	£	sfr.
€		0,9866	100,67	0,6167	1,6018
$	1,0136		111,18	0,6251	1,6238
¥[1)]	9,1200	8.900		5,6200	14,610
£	1,6214	1,5996	177,84		2,5974
sfr	0,6242	0,6158	68,469	0,3850	

1 Einheit; [1)]1.000 Einheiten
Crossrates vom 21. 2. 2000
Quelle: FAZ v. 22. 2. 2000, Nr. 44, S. 41

▶ Cross Selling

Verkaufsstrategie, welche darauf abzielt, die auf die Abnahme einer Leistung gerichtete Kundenbeziehung auch zum Verkauf von Produkten oder Dienstleistungen zu nutzen, die vom Konsumenten nicht unmittelbar nachgefragt werden. Cross Selling-Strategien dienen insofern dem kalkulatorischen Ausgleich, d. h. ein Teil des Verkaufssortiments wird zu Selbstkosten oder mit nur geringen Gewinnen abgesetzt, wenn hierdurch der Verkauf von Sortimentsteilen mit hohen Gewinnbeiträgen gefördert werden kann. Ein typisches Beispiel für Cross Selling bieten Banken und Sparkassen, die die im Zusammenhang mit der Führung von Girokonten anfallenden Dienstleistungen zu weit unter den Selbstkosten liegenden Preisen erbringen um über den Aufbau einer stabilen Bank-Kunde-Beziehung ertragstarke Zusatzgeschäfte tätigen zu können (→ Finanzdienstleistungen).

▶ **CtD** → Cheapest to Deliver

▶ **CtD-Anleihe** → Cheapest to Deliver

▶ **Currency Change Bond**

→ Anleihe, bei der die fälligen Zinszahlungen in zwei verschiedenen Währungen geleistet werden. Die Zinszahlungen erfolgen zu den jeweiligen Terminen aber grundsätzlich nur in einer Währung zu ex ante festgelegten Wechselkursen, wobei die Währungen einander im Zeitverlauf abwechseln. Der Currency Change Bond ist damit eine Variante der → Doppelwährungsanleihe.

▶ **Currency Coupon Swap** → Währungsswap

▶ **Currency Future** → Devisen-Future

▶ **Currency Futures** → Financial Futures

▶ **Currency Option** → Option

▶ **Currency Swap** → Währungsswap

▶ **Currency Warrants**

→ Devisenoptionsscheine, die den Inhaber unter bestimmten Bedingungen zum Bezug von in ausländischen Währungseinheiten denominierten Titeln (z. B. Anleihestücken) oder einer quantifizierten Menge von Währungseinheiten zu einem bestimmten Kurs berechtigten (→ Optionsschein).

▶ **Current Ratio** → Liquiditätskennzahlen

▶ **Current Yield**
  Laufende Verzinsung

▶ **Cut off Rate** → Capital Budgeting

▶ **CW** → Covered Warrant

D

▶ **D** → Rating

▶ **Dachfonds**

→ Investmentfonds, die ihre Kapitalanlagen überwiegend in Anteilen anderer Fonds investiert haben. Dachfonds sind in der Bundesrepublik Deutschland nicht zugelassen.

▶ **Dachgesellschaft** → Holdinggesellschaft

▶ **Daily Settlement**

Ermittlung der Wertveränderungen einzelner Positionen im Vergleich zum Vortag auf Basis der börsentäglichen Abrechnungspreise zum Zweck der Abgleichung des täglichen Gewinn- und Verlustausgleichs. Vgl.: → Settlement Price

▶ **Damnum**

Darlehensabschlag, d. h. Differenz zwischen nomineller Darlehenshöhe und effektiver Auszahlungssumme, der bei Auszahlung des Darlehens vom Kreditgeber einbehalten wird. Es kommt in erster Linie bei → Darlehen, z. B. von Hypothekenbanken vor. Das Damnum ist abhängig von der Refinanzierungslage des Kreditgebers und dem vertraglich zwischen ihm und dem Darlehensnehmer vereinbarten Nominalzins des Darlehens. Es dient oft zum Ausgleich für einen optisch niedrigen Nominalzins, der aber die einmaligen und laufenden Kosten des Kreditgebers nicht vollständig abdecken würde.

Finanzwirtschaftlich hat das Damnum preisliche und qualitative Wirkungen:

(a) preislich: Als einmalige Leistung ist es ein Teilpreis der Darlehensgewährung und als Abschlag auf die Gesamtlaufzeit ein verteilter Zinsbestandteil, der sich umso stärker auswirkt, je kürzer die Laufzeit des Darlehens ist. Damit wirkt sich das Damnum entsprechend auf die Effektivverzinsung aus.

(b) qualitativ: Das Damnum bewirkt eine Verringerung des Kredits, was im Zuge der Vertragsgestaltung beachtet werden muss, damit nachträglich kein Liquiditätsengpass eintreten kann.

Handelsrechtlich besteht einerseits die Möglichkeit das Damnum sofort gewinnmindernd abzuschreiben oder es zu aktivieren und über den Zeitraum der Darlehensgewährung anteilig abzuschreiben (periodengerechte Aufwandsverteilung).

Steuerrechtlich ist das Damnum für die Dauer der Laufzeit pro rata temporis zu verteilen. Ausnahme: Bei privater Darlehensaufnahme ist das Damnum im Kalenderjahr seiner Wirksamkeit abzugsfähig.

▶ Darlehen

Form eines i. d. R. langfristigen Kredits, der in einer Summe ausgezahlt wird (→ Bankdarlehen). Der Kreditnehmer verpflichtet sich zur fristgerechten Kapitalbedienung (Zins- und Tilgungszahlungen). Die Tilgung erfolgt entweder auf Basis eines Tilgungsplans oder in einer Summe am Ende der Kreditlaufdauer.

▶ Darlehensabschlag → Damnum

▶ Datenpool Wertpapier-Service System (WSS)

Datenpool der Deutschen Wertpapier-Datenzentrale, die neben den Handelsaktivitäten an den deutschen Wertpapierbörsen die Stamm- und Termindaten der Wertpapier-Mitteilungen, ergänzt um die durch den Kassenverein gepflegten Daten, enthält. Neben allen Kursen für die deutschen Aktien- und Rentenwerte sind auch die Preise für Optionen, Gold und Devisen erhältlich. Die Informationsbasis wird durch Renditeberechnungen nach unterschiedlichen Methoden und Index-Anzeigen vervollständigt.

▶ Datowechsel

→ Wechsel, der auf eine bestimmte Zeit nach Ausstellung zahlbar gestellt ist.

▶ **Dauerauftrag**

Spezialform eines Überweisungsauftrags (→ Überweisung), den ein Kunde seinem Kreditinsitut erteilt um künftig periodisch wieder-kehrende Zahlungsverpflichtungen durch entsprechende Abbu-chungen von seinem Konto und Überweisungen auf das Empfän-gerkonto sicherzustellen.

Der Dauerauftrag ist durch folgende Merkmale gekennzeichnet: periodisch wiederkehrende Zahlungen, die der Höhe nach festste-hen und grundsätzlich an den gleichen Empfänger mit immer der gleichen Kontoverbindung gehen.

Vorteile für den Kontoinhaber: einmaliger Verwaltungsaufwand bei der Einrichtung, danach lediglich Überwachung. Nachteile: Im Gegensatz zum → Einzugsverfahren entstehen Kosten; Verringe-rung der Elastizität bei der Kassenhaltungsdisposition.

Vorteil der Bank: verwaltungstechnisch durch Einsatz moderner EDV-Verfahren Verminderung des Verwaltungsaufwands, Reduzie-rung der Belege, Erleichterung der Kassenhaltungsdisposition.

▶ **Daueremittenten**

Bezeichnung für Anleiheemittenten, die den Kapitalmarkt durch ihre Emission laufend beanspruchen. Typische Daueremittenten sind der Bund, die Länder sowie Realkreditinstitute.

▶ **Dauerschuld**

Kredite, die bei der Ermittlung der inzwischen aufgehobenen Ge-werbekapitalsteuer dem Einheitswert zu 50% unter Berücksichti-gung eines Freibetrages von 50 000 DM zuzurechnen waren. Gemäß § 12, II (1) GewStG galten in Verbindung mit § 8 GewStG Verbind-lichkeiten als Dauerschulden, die dem Betrieb länger als ein Jahr zur Verfügung standen.

▶ **Dauerschuldzinsen**

Zinsen für → Dauerschulden, die gem. § 8 GewStG dem Gewinn zu 50% hinzugerechnet werden.

▶ **DAX**

Abk. für Deutscher Aktienindex. Durch Bereinigung um Dividendenzahlungen und Bezugsrechtsgewährungen als Performanceindex konzipierter Aktienindex. Der DAX wird allein auf der Grundlage der Kurse des elektronischen Handelssystems → XETRA berechnet. Der Deutsche Aktienindex umfasst die 30 umsatzstärksten deutschen Aktien und repräsentiert damit mehr als 60 Prozent des Grundkapitals inländisch börsennotierter Gesellschaften. Gemessen am Börsenumsatz macht der Handel in diesen Aktien 75 Prozent des deutschen Aktienhandels aus. Der DAX wurde als Realtime-Index konzipiert, wird minütlich neu berechnet und publiziert. Zum Basiszeitpunkt 30. Dezember 1987 wurde die Basis des DAX auf 1000 Punkte fixiert. Der Deutsche Aktienindex bildet die Basis für eine Reihe von Produkten der Terminbörse → EUREX.

Neben dem DAX berechnet und publiziert die Deutsche Börse den → DAX 100, → M-DAX, → C-DAX, → NEMAX All Share, → NEMAX 50 → SMAX-All-Share-Index, → SDAX.

▶ **DAX 100**

Aktienindex, der in seinem Aufbau und in seiner Berechnung dem → DAX entspricht. Der Index ist ein Performanceindex, der als Laufzeitindex minütlich errechnet und publiziert wird. Im Unterschied zum DAX sind in ihm 100 deutsche variabel gehandelte Standardwerte enthalten. Zum Zweck der äußerlich deutlichen Trennung zum DAX wurde als Basis Ultimo 1987 = 500 Indexpunkte gewählt.

▶ **DAX 100 Branchenindizes**

Die Deutsche Börse berechnet und veröffentlicht aus den Werten des DAX 100 Branchenindices. Diese werden als Kurs- und Performanceindices minütlich ermittelt und publiziert. Der Brancheneinteilung entsprechend werden berechnet: DAX 100-Automobil und Verkehr, DAX 100-Banken, DAX 100-Bau, DAX 100-Chemie und Pharma, DAX 100-Elektro, DAX 100-Handel und Konsum, DAX 100-Maschinenbau und Stahl, DAX 100-Versicherungen sowie Versorger. Vgl. auch: → DAX.

▶ **DAX Composite** → Composite DAX (CDAX)

▶ **DAX Future**

Produkt der → EUREX

Basiswert	Deutscher Aktienindex (DAX)
Kontraktwert	€ 25 pro Indexpunkt des DAX
Erfüllung	Erfüllung durch Barausgleich, basierend auf dem Schlussabrechnungspreis, fällig am ersten Börsentag nach dem letzten Handelstag
Preisermittlung	In Punkten auf eine Dezimalstelle
Minimale Preis-veränderung	0,5 Punkte; dies entspricht einem Wert von € 12,50
Verfallmonate	Die jeweils nächsten Quartalsmonate des Zyklus März, Juni, September, Dezember.
Letzter Handelstag	Der dritte Freitag des Verfallmonats, sofern dies ein Börsentag ist, andernfalls der davor liegende Börsentag. Handelsschluss ist der Beginn der Aufrufphase der von der Geschäftsführung bestimmten untertägigen Auktion im elektronischen Handelssystem der Frankfurter Wertpapierbörse (XETRA) um 13.00 MEZ.
Täglicher Ab-rechnungspreis	Letztbezahlter Kontraktpreis; falls dieser älter als 15 Minuten ist oder nicht den aktuellen Marktverhältnissen entspricht, wird dieser von der EUREX festgelegt.
Schlussabrech-nungspreis	Wert des DAX; ermittelt auf der Grundlage der am letzten Handelstag in der untertägigen Auktion, beginnend um 13:00 Uhr MEZ, im elektronischen Handelssystem der Frankfurter Wertpapierbörse (XETRA) zu Stande gekommenen Preise für die im DAX enthaltenen Werte.
Handelszeit	8.50 bis 17.30 Uhr MEZ

▶ **DAX Kursindex**

Aktienindex, welcher in identischer Zusammensetzung zum → DAX konzipiert ist. Im Unterschied zum DAX erfolgt bei dem DAX Kursindex allerdings keine Bereinigung um Dividenden- und Bonuszahlungen.

▶ DAX linked Bonds

→ Aktienindex-Anleihen, deren Tilgungsmodalitäten von jeweils individuell definierten → DAX Mindest- oder DAX-Höchstwerten abhängig sind. Dabei wird – entsprechend der Anleihebedingungen – bis zum Erreichen des DAX-Mindest- oder DAX-Höchstwerts zu einem festen Kurs getilgt. Werden diese DAX-Mindest- oder DAX-Höchstwerte unter- oder überschritten, erfolgt die Tilgung einer festgelegten Rückzahlungsformel entsprechend. Das Verlustrisiko des Investors kann begrenzt werden. Vgl. auch → DAX.

▶ DAX Volatilitätsindex → VDAX

▶ DAX-Option

Produkt der → EUREX

Basiswert	Deutscher Aktienindex (DAX)
Kontraktwert	€ 5 pro Indexpunkt des DAX
Erfüllung	Erfüllung durch Barausgleich, fällig am Börsentag nach dem letzten Handelstag
Preisermittlung	In Punkten auf eine Dezimalstelle
Minimale Preisveränderung	0,1 Punkte; dies entspricht einem Wert von € 0,50
Letzter Handelstag	Der dritte Freitag des jeweiligen Verfallsmonats, sofern dies ein Börsentag ist, andernfalls der davor liegende Börsentag Handelsschluss ist der Beginn der Ausrufphase der untertägigen Auktion im elektronischen Handelssystem der Frankfurter Wertpapierbörse (XETRA) um 13:00 Uhr MEZ
Täglicher Abrechnungspreis	Letztbezahlter Kontraktpreis; falls dieser älter als 15 Minuten ist oder nicht den aktuellen Marktverhältnissen entspricht, wird dieser von der EUREX festgelegt.
Schlussabrechnungspreis	Wert des DAX; ermittelt auf der Grundlage der am letzten Handelstag in der untertägigen Auktion, beginnend um 13:00 Uhr MEZ, im elektronischen Handelssystem der Frankfurter Wertpapierbörse (XETRA) zu Stande gekommenen Preise für die im DAX enthaltenen Werte.

Ausübungszeit	Ausübungen sind grundsätzlich nur am letzten Handelstag der Optionsserie bis zum Endev der Post-Trading-Periode möglich (europäische Art)
Verfallmonate	Die drei nächsten aufeinander folgenden Kalendermonate, die drei darauf folgenden Monate aus dem Zyklus März, Juni, September, Dezember sowie die beiden darauf Kalendermonate des Zyklus Juni und Dezember; d. h., es sind Laufzeiten von 1,2,3, max. 6, max. 9, max. 12, max. 18 und max. 24 Monaten verfügbar.
Ausübungspreise	Für die DAX-Option ist folgende Ausübungspreisstaffelung vorgesehen:

Verfallmonate mit einer Rest-Laufzeit bis zu	Anzahl Ausübungspreise	Ausübungspreisabstände in Indexpunkten
6 Monaten	9	50
12 Monaten	5	100
24 Monaten	5	200

	Jeder Kontraktmonat wird mit mindestens fünf Ausübungspreisen eingeführt.
Optionspramie	Prämien in Punkten. Zahlungen des entsprechenden €-Wertes in voller Höhe an dem Börsentag, der dem Kauftag folgt.
Handelszeit	8.50 bis 17.30 Uhr MEZ

▶ **Daylight Position**

Devisenposition, die nur während eines Arbeitstages existent ist.

▶ **Dealer**

Bezeichnung für
(1) eine natürliche oder juristische Person, die → Wertpapiere handelt;
(2) eine juristische Person (im Regelfall eine Bank), die im Rahmen einer Absicherungsfazilität (z. B. → Note Issuance Facility) die Notes platziert und ggf. am Sekundärmarkt handelt.

▶ **Debentures**

Bezeichnung für
(1) in Großbritannien eine besicherte Schuldverschreibung;

(2) in den USA eine unbesicherte Schuldverschreibung.
Unterschieden wird weiter nach dem Kriterium der Stückelung in
Debenture Bonds (gleichhohe Stückelung der Anleihe) und Debenture Stocks (Anleihestückelung in unterschiedlich hohen Beträgen).

▶ **Debitoren** → Forderungen

▶ **Debitorenumschlag**

(Receivables Turnover) Verhältnis des Umsatzes, insbesondere der
Zielverkäufe pro Jahr zu dem durchschnittlichen Debitorenbestand
oder dem Debitorenbestand am Jahresende.

> **Beispiel:**
> Ein Debitorenumschlag von 6 bedeutet, dass heutige Forderungen im
> Durchschnitt in zwei Monaten eingehen werden, denn die → Debitoren-
> umschlagsdauer beträgt 360 : 6 = 60 Tage. Kapital ist zwei Monate in den
> Forderungen investiert, bevor es wieder zu flüssigen Mitteln wird. Debito-
> ren werden damit ca. ein Sechstel des Jahresumsatzes ausmachen.

Die Bedeutung dieser Kennzahl liegt in der Ermittlung des Kapitalbedarfs und des Zinsverlusts bei der Absatzfinanzierung. Die Dauer
der Zielgewährung ist wichtig für die Liquidität der Unternehmung.
Schnellere Zahlungsweise des Kunden (Verbesserung des Rech-
nungs- und Mahnwesens), Verkauf von Forderungen (→ Factoring),
senkt den Kapitalbedarf, da Kapital freigesetzt wird (→ Kapitalumschlag). Vorsicht ist bei der Anwendung dieser Kennzahl geboten,
wenn ein Unternehmen z. B. gegen Jahresende besonders hohe
Umsätze hat oder Saisonschwankungen auftreten. Zu hoher Debitorenumschlag als Folge einer zu strengen Kreditpolitik kann zu
Umsatzverlusten führen.

▶ **Debitorenumschlagsdauer**

(Average Days in Receivables) durchschnittliche Zeitdauer, die zwischen Leistung eines Unternehmens (Warenlieferung, Dienstleistungen) und Gegenleistung der Kunden (Bezahlung) verstreicht
(durchschnittliche Außenstandsdauer). Sie errechnet sich aus

buchhalterischen Werten des Debitorensammelkontos als Quotient aus 360 und dem Wert des → Debitorenumschlags. Eine Erhöhung der Debitorenumschlagsdauer bedeutet längere Kapitalbindungsdauer und Erhöhung des durchschnittlichen Betriebskapitals. Es ist das Bestreben des Unternehmens die Debitorenumschlagsdauer zu senken, und zwar durch Gewährung günstiger Zahlungsbedingungen oder Einsatz von Mahnverfahren bei überzogener Zahlungsfrist oder zahlungsunwilligen Debitoren.

Übersteigt die Debitorenumschlagsdauer die Zahlungsfrist gemäß Zahlungsbedingungen, so können die Ursachen sowohl auf der Kundenseite (verzögerte Zahlungsweise, Erhöhung des Anteils uneinbringlicher Forderungen) zu suchen sein als auch auf Unternehmensseite (verzögerter Versand der verbuchten Rechnungen, verspäteter Warenversand, Zurückbehaltungsrechte des Kunden auf Grund von mangelhaft oder falsch erbrachter Leistung, Falschfakturierungen, unwirksames Mahnwesen, ungünstige, unklare oder uneinheitliche Zahlungsbedingungen, insbesondere keine Skontogewährung).

▶ **Debitorenumschlagshäufigkeit** →Kapitalumschlag

▶ **Debt Equity Swap (DES)**

Vertragliche Vereinbarung, bei der Forderungen gegenüber einem Schuldner zweifelhafter Bonität in Beteiligungen umgewandelt werden. Da meistens Gläubiger der Forderung und potenzieller Erwerber der Beteiligung nicht personengleich sind, wird die zweifelhafte Forderung zunächst mit einem Abschlag weiterverkauft. Der neue Gläubiger kann dann die Forderung dazu verwenden, den von ihm geschuldeten Kaufpreis für den Erwerb einer Beteiligung am Schuldnerunternehmen aufzurechnen, sodass es zum Erlöschen der Forderung kommt. Aus der Sicht des Schuldners wurde also eine Verbindlichkeit in Eigenkapital umgewandelt. Die bislang spektakulärste Anwendung eines Debt Equity Swaps (DES) erfolgte bei der Sanierung des Automobilherstellers Chrysler.

In jüngerer Zeit werden DES zudem als Instrument zur Lösung der internationalen Schuldenkrise diskutiert.

Das Geschäft verläuft dabei nach folgendem Grundmuster: Unternehmung mit Sitz im Land A hat im Land B eine Tochtergesellschaft, die zur Durchführung von Erweiterungsinvestitionen zusätzliches Haftungskapital benötigt. Land B ist ein international hoch verschuldetes Entwicklungsland, dessen Kredite, denominiert in US-$, bei den ausländischen Banken eingefroren sind. Land B hat Schwierigkeiten termingerecht Zinsen zu leisten. Die Tilgungsleistungen wurden bereits (teilweise) ausgesetzt. Aus diesen Gründen verkauft eine ausländische Bank der Unternehmung im Land A (Muttergesellschaft) Forderungen mit einem mit einem Disagio von ca. 20 bis 40% aus ihren US-$-Krediten, die sie gegen das Land B hat. Das Unternehmen präsentiert anschließend dem Land B diese Forderungen in Höhe von X-Einheiten auf US-$ lautend und erhält dagegen umgerechnet Y-Währungseinheiten des Landes B (u. U. mit einem Abschlag von bis zu 15%). Dieser Betrag wird zur Kapitalerhöhung der Tochtergesellschaft im Land B verwendet.

▶ **Debt Warrant**

→ Optionsschein zum Bezug von Anleihestücken.

▶ **Deckungsbestand** → Covered Warrants

▶ **Deckungsgrad** → Anlagendeckungsgrad

▶ **Deckungsregister**

(→ Hypothekenregister) Register, in welches durch Hypothekenbanken diejenigen Kommunaldarlehen und Ersatzdeckungswerte einzutragen sind, die zur Deckung von Kommunalschuldverschreibungen verwendet werden.

▶ **Deckungsstock**

Ist in der Lebens-, Unfall-, Haftpflicht- und Krankenversicherung derjenige Vermögensteil, der in erster Linie zur Deckung der unmittelbaren Ansprüche der Versicherten bestimmt ist. Er wird vom übrigen Vermögen getrennt verwaltet und dient als Gegenposten zu

den Deckungsrückstellungen, welche für die erwarteten Verpflichtungen der Versicherungsunternehmung gegenüber den Versicherten gebildet werden. In den Deckungsstock können nur vom Gesetzgeber als deckungsstockfähig anerkannte Vermögensgegenstände aufgenommen werden. § 54 a VAG regelt, welche Vermögenswerte in den Deckungsstock einbezogen werden können. Für
die Überwachung des Deckungsstocks sind ein Treuhänder und ein
Stellvertreter zu benennen. Für den Aufbau des Deckungsstocks
gelten strenge Anlagevorschriften, die den Grundsätzen der Streuung, Sicherheit und Rentabilität Rechnung tragen sollen.

▶ **Deckungsstockfähige Wertpapiere** → Deckungsstockfähigkeit, →
Deckungsstock

▶ **Deckungsstockfähigkeit**

Eigenschaft von Vermögenswerten in den → Deckungsstock (§ 66
VAG) eingebracht zu werden. Die Prüfung der Vermögenswerte im
Hinblick auf ihre Deckungsstockfähigkeit obliegt gem. § 54 a II
VAG weitgehend den Versicherungsunternehmen.

▶ **Deduction of Subscription Rights** → Bezugsrechtsabschlag

▶ **Deep Discount Bond**

Anleihe, die mit einem extrem hohen → Disagio begeben wird.

▶ **Deferred Coupon Bond**

→ Anleihe mit aufgeschobener erstmaliger Zinszahlung.

▶ **Deffered Kontrakt**

In einem Back Month fälliger Kontrakt.

▶ **Deferred Payment-Akkreditiv**

→ Akkreditiv, bei welchem dem Akkreditivauftraggeber durch den
Begünstigten ein Zahlungsziel (z. B. 60 Tage nach Dokumentenein-
reichung) gewährt wird.

▶ **Deferred Shares**

Sog. → Nachzugsaktien, die dadurch gekennzeichnet sind, dass sie nicht mit den gleichen Rechten ausgestattet sind wie die → Stammaktien. So sind bei den Deferred Shares in der Regel die Dividendenrechte oder/und die Stimmrechte eingeschränkt. Bei der Einschränkung der Dividendenrechte ist es beispielsweise möglich, dass Dividenden bei Nachzugsaktien erst nach der Bedienung der Stammaktien ausgeschüttet werden. Diese Aktienform kann somit als Gegentyp zur → Vorzugsaktie gesehen werden. In Deutschland unterscheiden sich Nachzugs- von Stammaktien im Regelfall durch den Buchstabenaufdruck Lit. B.

▶ **Degussa-Klausel**

Verbrieft den Anleihegläubigern ein Kündigungsrecht bei Einhaltung einer Frist von sechs Monaten zum nächsten Zinstermin. Diese Klausel wird in Phasen schwieriger Kapitalmarktverhältnisse in die Anleihebedingungen aufgenommen. Im Regelfall besitzen die Anleihegläubiger kein Kündigungsrecht. Die Degussa-Klausel wurde erstmals nach der Währungsreform im Jahr 1953 durch die Degussa eingeräumt.

▶ **Delayed Cap**

Zinsobergrenze (→ Cap), die erst nach Ablauf einer bestimmten Frist ex Emissionsdatum (z. B. 3 Jahre) wirksam wird.

▶ **Delcredere**

(Haftungsübernahme) meist im Sinne vonÜbernahme einer Haftung für den Eingang einer Forderung. Das Entgelt für die Risikoübernahme ist die → Delcredere-Gebühr.

▶ **Delcredere-Gebühr**

Entgelt (Risikoprämie), das für die Übernahme einer Forderung erhoben wird (→ Factoring).

▶ **Delcredere-Konto**

Nimmt Wertberichtigungen für zweifelhafte Forderungen auf.

▶ **Delcredereversicherung** → Kreditversicherung

▶ **Deleveraging**

Vorgang der Aufnahme von Eigenkapital zum Zweck der Substitution von Fremdkapital. Gegenteil: → Leveraging

▶ **Delisting**

Rücknahme der Börsennotierung.

▶ **Delivered at Frontier** → Incoterms

▶ **Delivered Duty Paid** → Incoterms

▶ **Delta** Δ

(Deltafaktor) demonstriert die Veränderung des Optionspreises bei einer Kursveränderung des → Basisobjekts um eine definierte Einheit. Der Deltafaktor schwankt bei Kaufoptionen (→ Calls) zwischen 0 und + 1, bei Verkaufsoptionen (→ Puts) zwischen –1 und 0. Den Umfang der Veränderung des Delta misst das → Gamma.

▶ **Deltafaktor** → Delta

▶ **Delta-Hedging**

Aufbau einer Hedging-Position in der Weise, dass sie bei Kurs- bzw. Preisveränderungen im Underlying beide Positionen ausgleichen. Im Ergebnis wird also das Delta Gesamtposition null.

▶ **Delta Long**

Besagt, dass die Wertentwicklung einer Position auf einen Preisanstieg im → Basisobjekt (Underlying) gleichgerichtet mit einer Wertsteigerung reagiert.

▶ **Delta Neutral**

Charakterisierung einer kombinierten Position, welche bei Kursänderungen (im Regelfall innerhalb eines begrenzten Bereichs) im → Basisobjekt (Underlying) keinerlei Wertänderungen erfährt und damit ein Gesamtdelta von 0 ausweist.

▶ **Delta Short**

Besagt, dass die Wertentwicklung einer Position auf einen Preisanstieg im → Basisobjekt (Underlying) negativ (d. h mit einer Wertminderung) reagiert.

▶ **Dematerialisation** → Dematerialisierung

▶ **Dematerialisierung**

Bezeichnet den Vorgang oder das Ergebnis der Abschaffung von effektiven Dokumenten oder Stücken (z. B. Aktien, Anleihen), die ein Eigentum an Finanzaktiva verbriefen. Finanzaktiva existieren damit im Ergebnis lediglich als Bucheinträge.

▶ **Deport**

(Discount) Differenz zwischen höherem Kassakurs einer Währung (Kassa-Devise) und ihrem niedrigerem Terminkurs (Termin-Devise). Die Briefofferte liegt also unter der Geldofferte.

Beispiel:	
YEN/Referenzkurs € FX	100,9500
3-Monatsterminkurs:	100,4900
Deport:	0,4600

Gegensatz: → Report

▶ **Deportgeschäft** → Pensionsgeschäfte, → Swapgeschäft (Währungs-)

▶ **Depositen**

Sicht- und Termineinlagen, die von Bankkunden (Nichtbanken) bei Geschäftsbanken unterhalten werden (vgl. Übersicht).
→ Sichteinlagen oder Giroeinlagen sind täglich fällig, → Termineinlagen sind entweder Kündigungsgelder oder → Festgelder. Erstere nimmt die Bank unter Vereinbarung einer definierten Kündigungsfr.ist herein, Letztere stehen der Bank für eine bestimmte Frist zur Verfügung (Monatsgelder, Zweimonatsgelder usw.).

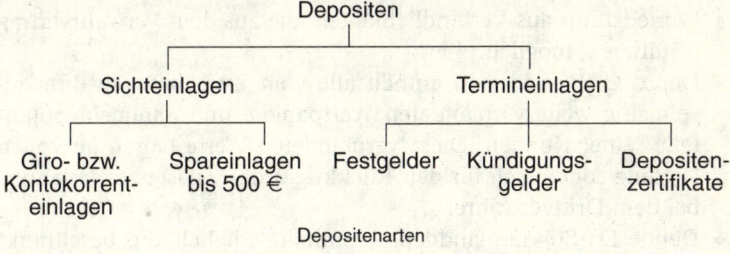

Depositenarten

▶ **Depositenzertifikat** → Certificate of Deposit

▶ **Depository Receipts**→ American Depository Receipts (ADR's)

▶ **Depot**

Verwahrung und Verwaltung von Wertpapieren Dritter durch Kreditinstitute gem. § 3 DepotG (→Depotgeschäft). Verwahrungsarten sind:
- Sonderverwahrung gem. § 2 DepotG (Streifbandverwahrung),
- Sammelverwahrung gem. § 5 DepotG (Girosammelverwahrung).

Außerdem können Sonderdepots (Treuhand- und → Gemeinschaftsdepots) eingerichtet werden; vgl. auch: → Depotauszug, → Depotbank,→ Depotbescheinigung, → Depotgebühren, → Depotgeschäft, → Depotstimmrecht, →Hinterlegungsschein.

▶ **Depot A, B, C, D**

- Depot A (Eigendepot) enthält alle deponierten Wertpapiere und Sammeldepotanteile, die aufgrund einer Eigenanzeige des Zwi-

223

schenverwahrers als dessen Eigentum anzusehen sind. Außerdem sind diejenigen Kundenpapiere und Sammeldepotanteile eingebucht, für welche der Hinterleger ausdrücklich eine Weiterverpfändung zugelassen hat. Die im Eigendepot verbuchten Wertpapiere und Sammeldepotanteile haften für alle Verbindlichkeiten des Zwischenverwahrers gegenüber dem Drittverwahrer.

- Depot B (Fremd- oder Anderdepot) enthält alle deponierten Wertpapiere und Sammeldepotanteile, die als Eigentum des Hinterlegers (Depotkunden) anzusehen sind. Eine Haftung dieser Werte ist nur aus Verbindlichkeiten, die aus dem Verwahrvertrag resultieren, möglich.
- Depot C (Pfanddepot) enthält alle vom Zwischenverwahrer regelmäßig weiterverpfändeten Wertpapiere und Sammeldepotanteile seiner Kunden. Diese verpfändeten Werte haften im vollen Umfang solidarisch für den Rückkredit des Zwischenverwahrers bei dem Drittverwahrer.
- Depot D (Sonderpfanddepot) enthält lediglich die beschränkt verpfändeten Wertpapiere und Sammeldepotanteile der Kunden des Zwischenverwahrers. Diese Werte haften für den Rückkredit des Zwischenverwahrers bei dem Drittverwahrer lediglich bis zur Höhe des Kredits, der dem einzelnen Depotkunden (Hinterleger) gewährt wurde.

Von dieser rein buchhalterischen Trennung sind die Verwahrarten (→ Sammelverwahrung, → Sonderverwahrung) nicht berührt.Vgl. auch: → Depot

▶ **Depotauszug**

Aufstellung eines Kreditinstituts über die von ihm aufbewahrten und verwalteten Wertpapierbestände der Depotkunden. Sie wird aus der Verpflichtung zur Depotbuchführung gem. § 14 DepotG abgeleitet. Depotauszüge werden i. d. R. einmal jährlich zum 31. 12. erstellt.Vgl. auch: → Depot

▶ **Depotbank**

Zur Verwahrung und Verwaltung von Wertpapieren berechtigtes Kreditinstitut.

▶ **Depotbescheinigung**

Schriftliche Bestätigung einer Bank gegenüber ihrem Kunden über die von ihr zur Verwahrung hereingenommenen → Wertpapiere. Die Bescheinigung erfolgt mithilfe eines → Depotauszugs oder → Hinterlegungsscheins (Depotscheins).

▶ **Depotgebühren**

Gebühren, die die Bank für die Verwahrung und Verwaltung der Wertpapierbestände berechnet. Die Gebührenberechnung erfolgt auf Basis des → Depotauszugs.

▶ **Depotgeschäft**

Tätigkeiten eines Kreditinstituts im Zusammenhang mit der Verwahrung und Verwaltung von Wertgegenständen, insbesondere → Effekten (Aktien, Schuldverschreibungen, Investmentzertifikaten, Options- und Genuss-Scheinen) für Dritte. Die Geschäftstätigkeit umfasst insbesondere die Einlösung von Zins- und Dividendenscheinen, das die Besorgung neuer Couponbogen, die Einziehung ausgeloster Stücke und den Eintausch ausgeloster Stücke, die Bezugsrechtsausübung, die Simmrechtsausübung. Weiterhin die Kundenbenachrichtigung in bestimmten Fällen, wie z. B.: Ausübung oder Verwertung von Bezugsrechten, Konvertierungen. Die Verwahrung kann im → Streifbanddepot oder → Sammeldepot erfolgen. Vgl.: → Depot, → Depot A, B, C, D, →Girosammelverwahrung, → Haussammelverwahrung, → Sonderverwahrung, → Sammelverwahrung.

▶ **Depotmanagement** → Portfolio Selection

▶ **Depotschein**

(Hinterlegungsschein, Depositalschein) Bescheinigung der Bank über die bei ihr hinterlegten Wertpapiere.

▶ **Depotstimmrecht**

Stimmrecht der Kreditinstitute in der → Hauptversammlung einer
Aktiengesellschaft gem. § 135 AktG aufgrund ausdrücklich schrift-
lich dargelegter Weisung (§ 128 AktG) ihres Kunden für seine im →
Depot hinterlegten und verwalteten Aktien. Die Bank ist an die
Weisungen ihres Kunden gebunden.

▶ **Depotverzeichnis** → Depotauszug

▶ **Derivate** → Derivative Finanzinstrumente

▶ **Derivative Anleihen**

Bezeichnung für diejenigen Anleihen mit wesentlichen Eigenschaften, die aus anderen Finanzinstrumenten abgeleitet wurden. Derivative Anleihen sind somit dem Kreis der derivativen Finanzinstrumente zuzuordnen. Beispiel: allg. alle zinsvariabel strukturierten
Anleihen,→ Doppelwährungsanleihe.

▶ **Derivative Finanzinstrumente**

(Derivate, Hybride Finanzinstrumente, Hybride Instrumente) Finanzinstrumente werden als Derivate oder Derivative Finanzinstrumente bezeichnet, wenn wesentliche Eigenschaften, die sie
aufweisen, aus solchen anderer Finanzinstrumente (Basisinstru-
mente, Underlyings) abgeleitet wurden. Den Derivaten werden z. B.
→ Optionen, die überwiegende Anzahl der Optionsscheinvarianten,
Futures, → Forward Rate Agreements, → Swaps, → Kreditderivate
zugeordnet.

▶ **Designated Sponsor**

Vom SMAX-Unternehmen beauftragtes Kreditinstitut oder Finanz-
dienstleister, der für SMAX-Werte in XETRA auf eigene Initiative
oder auf Anfrage Quotes in das XETRA-Orderbuch stellt.

▶ **Deutsche Börse AG**

Steht als Holding an der Spitze der Gruppe Deutsche Börse. Sie ist Trägerin der Frankfurter Wertpapierbörse, der Terminbörse EUREX Deutschland, der Deutsche Börse Sytems AG und beteiligt an Clearstream. Anteilseigner der Deutsche Börse AG sind Kreditinstitute (81 %), die deutschen Regionalbörsen, vertreten durch die Deutsche Börsenbeteiligungsgesellschaft mbH (10 %) sowie Kurs- und Freimakler (9 %).

▶ **Deutsche Börse Clearing AG**

Vormals Deutscher Kassenverein AG. Fungierte bis zur Fusion mit CEDEL International zu → Clearstream als Clearing- und Settlement- und Depotorganisation der Gruppe → Deutsche Börse. Sie agierte damit als → Wertpapiersammelbank und wirkte bei der Regulierung von Wertpapiergeschäften einschließlich einer Gegenwertverrechnung mit. Außerdem übte sie die Depotbankfunktion für Investmentfonds aus und vermittelte Wertpapier-Leihgeschäfte. Ihre bisherigen Funktionen übt nach der Fusion nunmehr Clearstream aus.

▶ **Deutsche Börse Systems AG**

Tochterunternehmen der Deutsche Börse AG, welches sämtliche Handels-, Abwicklungs- und Informationssysteme der Gruppe Deutsche Börse, die im Kassa- und Terminmarkt Anwendung finden, entwickelt, betreibt und wartet.

▶ **Deutsche Börsenbeteiligungsgesellschaft mbH**

Im Jahre 1992 neu gegründete Beteiligungsgesellschaft mit einem Stammkapital von 500.000,– DM, die an der Deutsche Börse AG mit einem Anteil von 10% beteiligt ist. Gesellschafter der Pool-GmbH sind sieben Regionalbörsen der Bundesrepublik Deutschland. Der Pool wird folgendermaßen geteilt:

Gesellschafter der Deutsche Börsenbeteiligungsgesellschaft mbH	Anteil in Prozent
Rheinisch-Westfälische Wertpapierbörse zu Düsseldorf	44
Bayerische Börse zu München	18
Baden-Württembergische Börse zu Stuttgart	13
Hanseatische Börse zu Hamburg	13
Berliner Börse	6
Bremer Börse	3
Niedersächsische Börse zu Hannover	3

Gesellschafter der Deutsche Börsenbeteiligungsgesellschaft mbH

Sitz der Gesellschaft ist Düsseldorf. Sie wird durch zwei Geschäftsführer vertreten.

▶ **Deutsche Bundesbank**

Nationale Zentralbank der Bundesrepublik Deutschland und damit eine der 15 nationalen Zentralbanken im ESZB. Die Deutsche Bundesbank hat als nationale Notenbank für die Bundesrepublik Deutschland die Aufgabe, an der Erfüllung der Aufgaben des ESZB mit dem vorrangigen Ziel mitzuwirken die Preisstabilität zu gewährleisten. Daneben besteht die Aufgabe für die bankmäßige Abwicklung des Zahlungsverkehrs im Inland und mit dem Ausland zu sorgen unverändert fort. Die Entscheidung für die Geldpolitik liegt – wie bei den anderen nationalen Zentralbanken – allein bei dem EZB-Rat. Die Bundesbank kann aber im Rahmen ihrer Geschäftstätigkeit andere Aufgaben (z. B. in den Bereichen Bankenaufsicht, Außenwirtschaft sowie Bank des Staates für den Bund) übernehmen, die ihr nach Bundesbankgesetz und anderen Rechtsvorschriften übertragen werden.

Die Bundesbank ist von den Weisungen der Bundesregierung unabhängig, unterstützt aber „unter Wahrung ihrer Aufgabe als Bestandteil des ESZB" (§ 12, Satz 2 BbankG) die allgemeine Politik der Bundesregierung.

Die Organe der Deutschen Bundesbank sind der Zentralbankrat, das Direktorium sowie die Vorstände der Landeszentralbanken.

Der Zentralbankrat setzt sich aus dem Präsidenten (Vorsitzender), dem Vizepräsidenten und den weiteren Vorstandsmitgliedern der Bundesbank sowie den Präsidenten der Landeszentralbanken zusammen.

▶ **Deutsche Terminbörse (DTB)** → EUREX Deutschland

▶ **Deutsche Wertpapierdaten-Zentrale (DWZ)**

Entstand durch die Umfirmierung der BDZ Börsen-Daten-Zentrale GmbH, Frankfurt/M., die unmittelbar vor der Umfirmierung die Betriebsgesellschaft Datenverarbeitung für Wertpapiersysteme (BDW), Düsseldorf aufgenommen hatte. Die Zielsetzung des neuen Unternehmens liegt im Auf- und Ausbau einer einheitlichen EDV-Service-Gesellschaft mit Sitz in Frankfurt/M. Die Aktivitäten des neuen Unternehmens liegen insbesondere in der Bereitstellung und im Ausbau der EDV mit den Schwerpunkten: Börsenhandel und -geschäftsabwicklung, vor- und nachbörslicher Handel, Kassenvereinsabwicklung, Kursinformationen, Bankenservice.

▶ **Deutscher Aktienindex (DAX)** → DAX

▶ **Deutscher Auslandskassenverein**

Wurde im Jahr 1970 gegründet und hatte die Aufgabe der treuhänderischen Verwahrung und Verwaltung ausländischer Wertpapiereund Wertrechte, die in Deutschland von den Kreditinstituten für ihre Kunden gehandelt und verwahrt werden. Der Deutsche Auslandskassenverein hielt selbst diese Effekten oder/und Wertrechte unter seinem eigenen Namen bei einer einzigen Hinterlegungsstelle im jeweiligen Land des Effektenemittenten. Zugleich hatte der Auslandskassenverein die Aufgabe einer Clearing- und Abwicklungsstelle und repräsentierte die deutschen Banken im → CEDEL-System. 1996 wurde der Deutsche Auslandskassenverein in die Deutsche Börse Clearing integriert.

▶ **Deutscher Kassenverein**

Ehemals → Wertpapiersammelbank in der Bundesrepublik Deutschland, die durch Verschmelzung mehrerer deutscher Wertpapiersammelbanken/Kassenvereine mit Eintragung in das Handelsregister des Amtsgerichts Frankfurt a. M. 1989 entstanden ist. Aufnehmende Gesellschaft war der Frankfurter Kassenverein. Nach Umfirmierung entstand der Deutsche Kassenverein AG. Im Jahr 1996 erfolgte die Verschmelzung mit der Deutscher Auslandskassenverein AG. Aufnehmendes Unternehmen war der Deutsche Kassenverein AG. Das Unternehmen firmierte seit 1997 unter dem Namen → Deutsche Börse Clearing AG. Die Deutsche Börse Clearing AG wurde inzwischen mit CEDEL International zu → Clearstream fusioniert.

▶ **Deutscher Kassenverein AG** → Deutscher Kassenverein

▶ **Deutscher Pfandbriefindex (PEX)** → PEX

▶ **Deutscher Rentenindex (REX)** → REX

▶ **Deutscher Renten-Performanceindex (REXP)** → REXP

▶ **Deutsches Aktieninstitut e.V. (DAI)**

Verband der börsennotierten oder im Umfeld der börsentätigen Unternehmen. Die Hauptaufgabe des DAI besteht in der Förderung der → Aktie als Finanzierungsinstrument und als Investment in Deutschland. Damit setzt sich das Deutsche Aktieninstitut für die Verbesserung der rechtlichen und wirtschaftlichen Rahmenbedingungen des deutschen Aktienmarktes ein. Kompetente Beratung und Informationen von Unternehmen, Anlegern und Multiplikatoren ist dabei eine wesentliche Voraussetzung für die Verbesserung des Umfelds der Aktie. Neben Mitgliederservice, Aktivitäten im politischen Raum und Öffentlichkeitsarbeit zu aktienrelevanten Themen, bildet die Förderung der wissenschaftlichen Grundlagenforschusng zu aktuellen Finanzmarktfragen einen weiteren Schwerpunkt der Arbeit des DAI.

▶ **Devisen**

Buchgeld, welches auf fremde Währungseinheiten denominiert und im Ausland zahlbar ist. Devisen existieren in Form von Guthaben oder in Wechseln bzw. Schecks, die auf fremde Währung lauten und im Ausland zahlbar sind.

▶ **Devisenarbitrage** → Arbitrage

▶ **Devisenbörse**

Marktveranstaltung der Banken in „Auslandszahlungen", d. h. Guthaben bei ausländischen Banken in ausländischer Währung.
Wechsel und ausländisches Bargeld (Sorten) sind nicht einbezogen, da Wechsel auf Grund unterschiedlicher Bonität der Wechselschuldner nur schwer handelbar wären; Sorten haben aus Sicht der inländischen Banken nur eine Liquidität 2. Grades. Teilweise werden an Devisenbörsen auch Edelmetalle gehandelt.

▶ **Devisen-Futures**

(Currency Futures) standardisierte Devisenterminkontrakte auf Währungen.

▶ **Devisenhandel**

Kauf oder Verkauf von → Devisen gegen Fremdwährungoder gegen die eigene Währung. Der Devisenhandel findet an der Devisenbörse und zwischen Kreditinstituten statt. Der Devisenhandel findet als Devisenkassageschäft (per Kasse) oder als Devisentermingeschäft (per Termin) statt.

▶ **Devisenklausel** → Valuta-Klausel

▶ **Devisenmanagement**

Instrument zur Optimierung der Steuerung aller Ein- und Auszahlungsströme von → Devisen unter Berücksichtigung definierter Liquiditäts-, Rentabilitäts- und Risikoziele. Mit dieser grundsätzlichen Zielsetzung sind eine Reihe von Aufgaben verbunden, wie:

- tagesgenaue Planung sowie täglicheÜberwachung und Steuerung von Zahlungsmitteleingängen und -ausgängen, saldiert und nach → Valuta getrennt;
- Möglichkeit der laufenden weltweiten Überprüfung von Kontoständen per Abfrage bei verschiedenen Kreditinstituten;
- kurzfristige Ausgleichsmaßnahmen bei Unterdeckung (Überdeckung) in einzelnen Valutabereichen;
- Absicherung von Wechselkursrisiken (→ Wechselkurs, → Kurssicherung, → Hedging).

Die Praktizierung des Devisenmanagements erfolgt zunehmend computerunterstützt mithilfe von Cash-Management-Systemen.

▶ **Devisenmarkt**

Ökonomischer Ort, an dem der Handel von → Devisen im fernmündlichen oder fernschriftlichen Wege mithilfe elektronischer Systeme (z. B. → Money Dealing System) oder ggf. an einer → Devisenbörse erfolgt. Handelspartner sind Geschäftsbanken, → Notenbanken sowie große Unternehmen (Nichtbanken). Handelsobjekte sind Guthaben in den gängigen frei konvertiblen Währungen. Die → Konvertibilität der gehandelten Währungen ist die notwendige Voraussetzung für die Funktionsfähigkeit von Devisenmärkten. Neben Guthaben in US-$ werden insbesondere Guthaben in Yen, €, Pfund Sterling (£), Schweizer Franken (sfr.) gehandelt.

Nach den Geschäftsarten lassen sich → Kassageschäfte-, → Termingeschäfte- und → Swapgeschäfte (Koppelung von Kassa- und Termingeschäft) unterscheiden. Kassageschäfte sind Devisengeschäfte, bei denen sofortige Erfüllung (im Regelfall am zweiten Geschäftstag nach dem Abschlusstag) vereinbart wird. Termingeschäfte sind Devisenhandelsgeschäfte, bei denen zwischen den Zeitpunkten des Geschäftsabschlusses und der gegenseitigen Lieferverpflichtung ein längerer Zeitraum liegt.

▶ **Devisenoptionen**

Geben ihrem Inhaber das Recht, verpflichten ihn aber nicht einen definierten Währungsbetrag zu einem vertraglich fixierten → Basispreis zu einem bestimmten Termin oder innerhalb eines definierten Zeitraums zu kaufen oder zu verkaufen.

▶ **Devisenoptionsscheine**

(Währungsoptionsscheine, Currency Warrants) → Optionsscheine, die entweder (a) zusammen mit einer → Optionsanleihe oder (b) im Regelfall als → Naked Warrant – emittiert werden und ihrem Inhaber die Möglichkeit zum Bezug einer definierten Menge von Währungseinheiten (i. d. R. US-$) zu einem festgelegten Kurs innerhalb eines bestimmten Zeitraums eröffnen.

▶ **Diagonal Spread**

Spread aus Kauf und Verkauf von Optionen identischen Typs, wobei → Basispreis und Verfallmonat jeweils voneinander unterschiedlich sind. Vgl. auch → Spread (4), → Horizontal Spread, → Vertical Spread.

▶ **DIBOR**

Dublin Interbank Offered Rate. Briefsatz für Ausleihungen von Drei-, Sechs- und Neun-Monatstermingeldern an erste Adressen im Interbankenhandel.

▶ **Differenzarbitrage** → Arbitrage

▶ **Digital Option**

(Binary Option) Variante einer → Knock out Option. Bei Übereinstimmung von → Basiswert und → Basispreis (durch Anstieg des Basiswertes auf das Niveau des Basispreises) wird bei der Digital Option automatisch ein definierter Betrag gezahlt. Zugleich geht die Digital Option unter.

▶ **Direct Clearing-Mitglied**

Darf aufgrund seines Status eigene Geschäfte, die Geschäfte seiner Kunden sowie die Geschäfte von Börsenteilnehmern ohne eigene Clearinglizenz durchführen.

▶ **Diri Small Cap Index** → Disc Index

▶ **Dirty Price**

Anleihekurs unter Einschluss der aufgelaufenen Stückzinsen. Gegenteil: → Clean Price.

▶ **Disagio**

(Abgeld) Preisabschlag auf den Nennwert einer Schuldverschreibung oder einen Darlehensbetrag.

Disagioberechnungen auf den Nennwert von Schuldverschreibungen werden im Zuge der Anleiheemission gewährt (Emissionsdisagio) umso eine Adjustierung an die üblichen Marktkonditionen zu erreichen. Ein Disagio bewirkt bei fixierter Nominalverzinsung eine Erhöhung der Effektivverzinsung und gewährt potenziellen Anlegern einen (zusätzlichen) Anreiz für die Anleihezeichnung.

Disagioberechnung im Zusammenhang mit Darlehensgewährungen (i. d. R. bei Hypothekarkrediten), auch als →Damnum bezeichnet, bewirken eine um den Abschlag verminderte Darlehensauszahlung und eine Erhöhung des Effektivzinses.

▶ **Disc Index**

(Diri Small Cap Index) Index der Diri Dresdner International Institute Research GmbH, Frankfurt. Es handelt sich hierbei um einen Aktienindex, der als reiner Preisindex in der Basiswährung DM auf das europäische → Small Cap-Segment abzielt. In den Index werden nur Titel aufgenommen, deren Gesamtmarktkapitalisierung unter 500 Mio. € liegt. Außerdem muss der Streubesitz der jeweiligen Titel mindestens 25 Mio. € umfassen. Der Disc Index umfasst 1123 europäische Aktiengesellschaften aus folgenden Ländern: Belgien, Dänemark, Deutschland, Frankreich, Großbritannien, Italien, Niederlande, Norwegen, Österreich, Schweden, Schweiz sowie Spanien. Die Indexstruktur wird jährlich zum 31. März überprüft und ggf. korrigiert. Kapitalveränderungen werden im Index durch entsprechende Korrekturfaktoren berücksichtigt.

▶ **Discount Bond**

Bezeichnung für → Anleihen
(1) mit Kurs unter Nennwert;
(2) mit Zinszahlungen, die bei Fälligkeit zusammen mit dem Tilgungsbetrag erfolgen.

▶ **Discount Broker**

Broker, der für die Abwicklung von Effektenkommissionsgeschäften
Gebühren berechnet, die unterhalb der üblichen Konditionen liegen. Im Regelfall werden den Kunden im Hinblick auf ihre Investi-
tions- bzw. Desinvestitionsentscheidungen keinerlei Beratungen
und sonstige Serviceleistungen geboten.

▶ **Discount Future**

Bezeichnung für einen Future, der unterhalb des Kassakures seines
zu Grunde liegenden Basiswertes (→ Basisobjekt)gehandelt wird.

▶ **Discount Option**

Bezeichnung für eine → Option, die unter ihrem inneren
Wert(→ Innerer Wert (2)) gehandelt wird.

▶ **Disintermediation**

Finanzw.: Zielverfolgung einer möglichst umfassenden Fremdfinanzierung über den Geld- oder Kapitalmarkt ohne Einschaltung
von → Finanzintermediären.

▶ **Diskont**

Abschlag bei Forderungen, die vor Fälligkeit zahlungswirksam
werden (Beispiel: → Diskontkredit).

▶ **Diskontgeschäft** → Banken

▶ **Diskontierung** → Abzinsung

▶ **Diskontierungsfaktor** → Abzinsungsfaktor

▶ **Diskontkredit**

(Discount Credit) Kredit, der dadurch entsteht, dass eine Bank bei ihrem Kunden in Wechselform verbriefte Forderungen vor deren Ablauf – unter gleichzeitigem Abzug von Zinsen für die Restlaufzeit – ankauft.

Der Vorgang der Diskontkreditgewährung verläuft in der Form, dass die Bank ihrem Kunden eine Diskontkreditlinie einräumt. Innerhalb dieses Rahmens ist sie bereit diskontfähiges Wechselmaterial anzukaufen und den diskontierten Wechselbetrag sofort zu vergüten. Banken sind in erster Linie an notenbankfähigem Wechselmaterial interessiert, da sie dieses Material der Deutschen Bundesbank als Kategorie-2-Sicherheit anbieten können (→ Refinanzierungsfähige Sicherheiten).

Rechtsgrundlagen sind §§ 433 ff. BGB, Wechselgesetz, AGB der Banken, Wechseldiskontkreditvertrag.

▶ **Diskontpolitik**

Notenbankpolitisches Instrument, mit dessen Hilfe eine Zentralbank Refinanzierungskonditionen der Geschäftsbanken im Zuge der Wechselrediskontierung festsetzt.

Dieses Instrument wurde auch durch die Deutsche Bundesbank bis Ende 1998 eingesetzt. Das → ESZB sieht einen Einsatz dieses Instruments nicht vor.

Grundsätzlich stehen einer Notenbank bei Einsatz der Diskontpolitik drei Aktionsparameter zur Verfügung:

(1) qualitative Diskontpolitik
Definition der Anforderungen an das rediskontfähige Wechselmaterial, die im Rahmen der qualitativen Diskontpolitik variiert werden können, womit das Refinanzierungspotenzial der Banken beeinflusst wird;

(2) Diskontsatzpolitik
Fixierung des Zinssatzes, zu welchem sich die Banken bei der Zentralbank durch Einreichung rediskontfähiger Wechsel unter Berücksichtigung der Restlaufzeit refinanzieren können.

(3) Quantitative Diskontpolitik
zielt in ihrer Wirkung durch Ausweitung oder Einschränkung
der Rediskontkontingente auf das Refinanzierungspotenzial der
Kreditinstitute.

▶ **Diskontsatz**

(Bankrate) derjenige Zinssatz p.a., welchen die Notenbank bei
Praktizierung der Diskontpolitik dem Ankauf von Wechselmaterial

Gültig ab		Diskontsatz % p.a.	Lombardsatz % p.a.
1990	2. November	6	$8^1/_2$
1991	1. Februar	$6^1/_2$	9
	16 August	$7^1/_2$	$9^1/_4$
	20. Dezember	8	$9^3/_4$
1992	17. Juli	$8^3/_4$	$9^3/_4$
	15. September	$8^1/_4$	$9^1/_2$
1993	5. Februar	8	9
	19. März	$7^1/_2$	9
	23. April	$7^1/_4$	$8^1/_2$
	2. Juli	$6^3/_4$	$8^1/_4$
	30. Juli	$6^3/_4$	$7^3/_4$
	10. September	$6^1/_4$	$7^1/_4$
	22. Oktober	$5^3/_4$	$6^3/_4$
1994	18. Februar	$5^1/_4$	$6^3/_4$
	15. April	5	$6^1/_2$
	13. Mai	$4^1/_2$	6
1995	31. März	4	6
	25. August	$3^1/_2$	$5^1/_2$
	15. Dezember	3	5
1996	19. April	$2^1/_2$	$4^1/_2$

Diskont- und Lombardstätze der Deutschen Bundesbank 1990–1996.

Quelle: Deutsche Bundesbank, Monatsbericht Nr. 5, 1996

im Rahmen der Diskontberechnung zu Grunde legt. Die Variierung des Diskontsatzes gilt als eine klassische währungspolitische Maßnahme der Notenbank, wobei in erster Linie auf die vergleichbaren Zinssätze am Geldmarkt abgestellt wird. Im Regelfall bildet der Diskontsatz für diese Zinssätze die Obergrenze. Die Erfahrung hat gezeigt, dass die Beeinflussungsmöglichkeit von Marktzinssätzen durch eine Diskontsatzvariation seitens der Zentralbank in hoch entwickelten Marktwirtschaften nur sehr begrenzt erfolgreich ist. Insofern geht von einer Diskontsatzänderung auch nur eine eingeschränkte Signalwirkung auf die Marktteilnehmer aus. Aufgrund dieser Erkenntnisse ist die die Diskontpolitik im Rahmen ihres notenbankpolitischen Instrumentariums der Europäischen Zentralbank (EZB) nicht mehr vorgesehen. Mit dem Übergang der Zuständigkeit für die Währungspolitik auf die EZB hat die Deutsche Bundesbank die Herauslage von Diskontkrediten eingestellt. Somit ist der Bundesbankdiskontsatz entfallen. Er wurde für einen Übergangszeitraum durch einen gesetzlich festgelegten Nachfolgezinssatz, den sog. → Basiszinssatz ersetzt.

▶ **Dispositionskredit**

→ Kreditlinie, welche die Kreditinstitute ihren Privatkunden i. d. R. in Höhe von 2 bis 3 Monatsgehältern einräumen (→ Überziehungsprovision).

▶ **Div.**

Gebräuchliche Abküzung in Kurszetteln für → Dividende.

▶ **Dividende**

Gewinnanteil der Aktionäre, dessen Höhe (in v. H. des Nennbetrages oder in DM pro Aktie) im Rahmen der → Hauptversammlung festgelegt wird. Im Regelfall vollzieht sich die Abstimmung auf Basis eines Vorschlags, der durch Vorstand und Aufsichtsrat der Hauptversammlung unterbreitet wird. Hierbei müssen statuarisch festgelegte Gewinnverteilungsformen berücksichtigt werden. Dies gilt insbesondere im Fall der → Vorzugsaktien. Die Dividendenhöhe ist

	1992	1993	1994	1995
Dividendensumme ohne Steuergutschrift	13.388	13.731	15.195	16.056
Dividendensumme mit Steuergutschrift	20.917	21.456	23.741	22.943[1]

1) Das Statistische Bundesamt hat die Statistik der Aktienmärkte 1995 eingestellt.

Dividendensumme deutscher Aktien 1992–1995 in Nominalwert Mio. DM
Quelle: Deutsches Aktieninstitut e.V.: DAI-Factbook 1999.

generell abhängig von der Ertragskraft, Konjunkturlage und → Dividendenpolitik der Unternehmung. Der Dividendenanspruch erlischt nach vier Jahren. Die Dividendenzahlung erfolgt gegen Einreichung des → Coupons. Eine Dividendenverteilung ist nicht nur in bar (Bardividende), sondern auch in Wertpapieren bzw. Aktien (→ Stockdividende) möglich. In Deutschland ist jährliche Dividendenzahlung üblich, in den USA vierteljährliche Zahlung (→ Abschlagsdividende).

▶ **Dividendenabschlag**

Kursminderung bei Aktien nach Abtrennung des → Coupons. Die Aktie wird dann sofort ohne Dividendenanspruch für das abgelaufene Jahr gehandelt. Notierung: „ex Div" („eD") (→ Kurszusätze). Der Dividendenabschlag erfolgt am ersten Börsentag nach der Hauptversammlung, sofern die Dividende sofort fällig ist (sonst am Fälligkeitstag bzw. nächsten Börsentag). Im Regelfall entspricht der Abschlag der Bruttogewinnausschüttung.

▶ **Dividendenaktien**

Aktien, die die Aktiengesellschaft ihren Aktionären an Stelle der Zahlung einer Bardividende anbietet.

▶ **Dividendenanspruch**

(Dividendenberechtigung) Anspruch des Aktionärs auf Anteil am Gewinn der AG. Bei Aktien gleicher Gattung besteht im Regelfall gleicher Dividendenanspruch; Ausnahme: bei Ausgabe junger Aktien (→ Junge Aktien) im Zuge der Kapitalerhöhung, wenn auf neue Aktien für den Rest des Geschäftsjahrs eine von den alten Aktien abweichende Dividende gezahlt wird (→ Bezugsrecht). Solange dies der Fall ist, erfolgt getrennte Kursnotierung.

▶ **Dividendenbarwert**

Errechnet sich aus den geschätzten künftigen Dividenden, deren Zahlung über einen definierten künftigen Zeitraum erwartet wird. Diese erwarteten Dividenden werden bei einem angenommenen Kapitalisierungszinssatz auf den Zeitpunkt t_o abgezinst.

▶ **Dividendenbogen** → Dividendenschein

▶ **Dividendengarantie**

(1) Gewährleistung einer Mindestdividende an die Minderaktionäre durch Dritte (zumeist Mehrheitsaktionär) in bestimmter Höhe. Die Dividendengarantie ist in diesem Fall zumeist befristet.

(2) Bei stimmrechtslosen → Vorzugsaktien soll durch eine Dividendengarantie den Aktionären generell ein Investitionsanreiz gegeben werden.

▶ **Dividendenkapitalerhöhung** → Schütt'-aus-hol'-zurück-Verfahren

▶ **Dividendenkontinuität**

(Dividend Continuity, Stability of Rate) Variante der → Dividendenpolitik einer Aktiengesellschaft, die auf eine kontinuierliche Dividendenzahlung über einen längeren Zeitraum hin abzielt. Starke einmalige Ertragseinbrüche, aber auch periodisch hohe Gewinne wirken sich im Rahmen dieser Politik nicht auf die Höhe der Dividendenzahlungen aus. Dividendenkontinuität wird in den Formen absolute oder relative Dividendenkontinuität praktiziert. Absolute Dividendenkontinuität äußert sich in festen jährlichen Dividenden,

während sich eine relative Dividendenkontinuität langfristig in einer
leicht steigenden Dividende niederschlägt.

▶ **Dividendenpapiere** → Aktien, → Dividendenwerte

▶ **Dividendenpolitik**

(Dividend Policy) Summe aller Absichten, Ziele und Maßnahmen,
die auf den auszuschüttenden Gewinn in Form einer Dividende abzielen. Gegenstand einer solchen Politik ist nicht nur die Frage:
Zahlung einer Dividende oder nicht und wenn ja, in welcher Höhe?
Es geht dabei auch um die Grundsatzentscheidung: Zahlung einer
kontinuierlichen (→ Dividendenkontinuität) oder variablen (ge-
winnorientierten) Dividende. Unternehmensinterne Bestim-
mungsparameter dieser Politik sind gesetzliche und satzungsmäßige
Bestimmungen, künftiger Kapitalbedarf und die Liquidität der AG,
bisherige Dividendenpolitik sowie unternehmensexterne Bestim-
mungsparameter (z. B. Wünsche der eigenen Aktionäre, Dividendenpolitik der Konkurrenz, Erträge aus Anlagealternativen, Wirkungen auf Gewerkschaften und daraus sich ergebende Reziprozität
von Lohnforderungen). Die Maßnahmen der Dividendenpolitik
setzen einerseits im Vorfeld bei der Beeinflussung des Gewinnausweises (Bilanzpolitik), andererseits in der Bestimmung der Form
(Barausschüttung, Stockdividende, Schütt'-aus-hol'-zurück-Ver-
fahren), der Höhe – effektiv und optisch – (→ Splitting, → Bezugsrechte) sowie des Zeitpunkts der Dividendenzahlung an.

▶ **Dividendenrecht** → Dividendenanspruch

▶ **Dividendenrendite**

Spiegelt die Verzinsung des in einer Aktie gebundenen Kapitals
(zum aktuellen Börsenkurs bewertet) wider.

$$D = \frac{\text{Dividende} \cdot 100}{\text{Börsenkurs}}$$

▶ **Dividendenschein**

Den Aktien beigefügter → Gewinnanteilschein, auch als → Coupon
bezeichnet. Er dient der Auszahlung der Dividende und der Ausübung des → Bezugsrechts, eventuell auch sonstigen Ausschüttungen. Der Dividendenbogen (Dividendenscheinbogen) besteht aus 10
bis 20 den Aktien beigefügten Dividendenscheinen, die am Fälligkeitstag abgetrennt und eingelöst werden. Der letzte Abschnitt des
Dividendenbogens ist der →Erneuerungsschein (Talon), auf den ein
neuer Dividendenscheinbogen ausgegeben wird. Der Dividendenschein ist Inhaberpapier; der Dividendenanspruch erlischt nach vier
Jahren; mit dem Verlust des Dividendenscheins erlischt auch das
verbriefte Recht.

▶ **Dividenden-Stripping**

Vorgang, bei dem Aktien kurz vor dem anstehenden Dividenden-
termin verkauft werden und zugleich die Rückveräußerung dieser
Papiere nach der Dividendenausschüttung vereinbart wird. Sind
keine anderen wirtschaftlichen Zwecke bei diesem Verfahren zu
erkennen, kann u.U. der Zweck der Steuerverkürzung unterstellt
werden, da die Geltendmachung des in den vereinnahmten Brutto-
dividenden enthaltenen Steuererstattungsanspruchs im Sinne des
§ 42 AO missbräuchlich ist (Gestaltungsmissbrauch).

▶ **Dividendenthese**

Behauptung, nach der die Höhe des Aktienkurses eine Funktion der
gezahlten Dividende ist (eindeutig positive Korrelation zwischen der
Aktienkurshöhe und gezahlter Dividende). Der Anteil der Selbstfinanzierung bleibt unberücksichtigt. Gegensatz: → Gewinnthese.

▶ **Dividendenwerte**

(Dividendenpapiere) alle Wertpapiere, auf die Gewinnanteile in
Form von ihrer Höhe nach wechselnden Dividenden ausgeschüttet
werden. Gegensatz: festverzinsliche Rentenwerte. Dividendenwerte
sind → Aktien, → Genuss-Scheine, Kuxe sowie → Zwischenscheine.

▶ **DM-Auslandsanleihe**

In DM denominierte Anleihen, die von ausländischen Emittenten (hierzu gehören auch deutsche Tochterunternehmen, die außerhalb Euroland domizillieren) emittiert wurden. Die DM-Auslandsanleihen waren in DM denominiert, Zins- und Tilgungsleistungen erfolgten ebenfalls in DM.

▶ **DM-CD**

auf Deutsche Mark denominierte Certifikates of Deposit.

▶ **Dokumentenakkreditiv**

(Warenakkreditiv) klassisches Finanzierungsinstrument im Außenhandel. Es handelt sich um eine spezifische Form des → Akkreditivs, bei der sich die Bank verpflichtet bei Vorlage eindeutig definierter Dokumente einen im Voraus festgelegten Geldbetrag an den Begünstigten zu zahlen.

▶ **Dokumenteninkasso**

(Dokumente-Inkasso) Vorgang, bei dem der Exporteur einer Ware seine Bank veranlasst gegen die Aushändigung bestimmter Dokumente seine Forderungen bei der Importeurbank einzuziehen. Die rechtliche Basis hierfür ist im Kaufvertrag in Form folgender Klauseln verankert:

• *Documents against Payment (d/p):* Kassa gegen Dokumente. Der Importeur erhält die Dokumente erst nach Zahlung der Vertragssumme auf einem Konto der Exporteurbank.

• *Documents against Acceptance (d/a):* Akzept gegen Dokumente. Der Importeur erhält die Ware erst, nachdem der Exporteur eine auf den Importeur oder die Importeurbank gezogene Tratte akzeptiert hat.

Die banktechnische Abwicklung erfolgt auf Grund der „Einheitlichen Richtlinien für Inkassi (ERI)" der Internationalen Handelskammer in Paris (Revisio 1979) sowie den AGB der Hausbank.

▶ **Dolphin** → Flipper

▶ **Domestic Bond**

Bezeichnung für eine Anleihe, die durch den Emittenten in dessen Heimatland in heimischer Währung emittiert wurde.

▶ **Domizilwechsel** → Wechsel

▶ **Doppelaktivierungsleasing** → Export-Leasing

▶ **Doppeldecker**

(Doppeltender) gleichzeitiger Einsatz eines Mengen- und Zinstenders durch eine Zentralbank. Doppeltender wurden auch durch die Deutsche Bundesbank im Rahmen ihrer ehemals praktizierten Offenmarktpolitik eingesetzt.

▶ **Doppeldecker-Anleihe**

Bezeichnung für einen Emissionsvorgang, bei dem zwei Anleihen zur gleichen Zeit von einem Emittenten begeben werden. Diese unterscheiden sich i. d. R. durch wesentliche Konstruktionsmerkmale, die in der → Anleihe-Ausstattung fixiert sind. Sie können zudem auch mit → Optionsscheinen ausgestattet sein.

Beispiel:
Begebung von zwei Optionsanleihen durch die Dresdner Bank Finance B. V., Amsterdam im Oktober 1986.

Erste (Zweite) Anleihe: Volumen 500 Mio. DM (250 Mio. US-$), Laufdauer 5 Jahre, Nominalzins 5% (variabler Zins hier = Libid für Sechs-Monats-Dollar), Emissionskurs 107 (110) Prozent. Jedem Anleihestück über 1000 DM (10 000 US-$) war ein Optionsschein zum Bezug einer (20) Dresdner Bank Aktie(n) zum Optionskurs von 410 DM beigefügt.

▶ **Doppeltender**

(Doppeldecker) Bezeichnung für eine Variante des Wertpapierpensionsgeschäfts (→ Pensionsgeschäft), bei dem zwei im amerikanischen Verfahren ausgeschriebene Zinstender (→ Tenderverfahren) mit unterschiedlichen Laufzeiten angeboten werden.

▶ **Doppelwährungsanleihe**

(Dual Currency Bond) → Anleihe, bei der der Emissionsbetrag und die Zinszahlungen in einer anderen Währung (z. B. SF) denominiert sind als die Tilgungszahlung (z. B. US-$).

Die Doppelwährungsanleihe kann mit einer Option für den Gläubiger (→ Put Option) und/oder die Schuldnerin (→ Call Option) zum vorzeitigen Kündigungsrecht ausgestattet sein. Dadurch ist die Eingrenzung des mit der Zeichnung bzw. Emission verbundenen Wechselkursrisikos möglich.

Varianten der Doppelwährungsanleihe sind: → Currency Change Bond, → Foreign Currency Bond.

▶ **Double Dip Leasing** → Export-Leasing

▶ **Dow Jones Index**

Bekanntester amerikanischer Börsenindex, der seit 1897 von der Börsenzeitung des Verlages Dow Jones & Company berechnet wird. Er wird gesondert für eine äußerst geringe Zahl von Spitzenwerten errechnet und börsentäglich publiziert.

▶ **Dow Jones Nordic STOXX 30 Future**

Produkt der →EUREX

Basiswert	Skandinavischer Aktienindex Dow Jones Nordic STOXX 30
Kontraktwert	€ 1 pro Indexpunkt des Dow Jones Nordic STOXX 30-Index.
Erfüllung	Erfüllung durch Barausgleich basierend auf dem Schlussabrechnungspreis, fällig am ersten Börsentag nach dem letzten Handelstag.
Preisermittlung	In Punkten.
Minimale Preisveränderung	1 Indexpunkt; dies entspricht einem Wert von € 1.
Verfallmonate	Die drei nächsten Quartalsmonate des Zyklus März, Juni, September, Dezember.

Letzter Handelstag	Der dritte Freitag eines Verfallmonats, sofern dieser Tag ein Börsentag ist, andernfalls der davor liegende Börsentag. Der Handel im fälligen Futures-Kontrakt endet um 12.00 Uhr MEZ am letzten Handelstag.
Täglicher Abrechnungspreis	Letztgezahlter Kontraktpreis; falls dieser als 15 Minuten ist oder nicht dem aktuellen Marktpreis entspricht, wird dieser von der EUREX festgelegt.
Schlussabrechnungspreis	Durchschnittspreis der zwischen 11.50 Uhr und 12.00 Uhr MEZ am letzten Handelstag berechneten Indexwerte des Dow Jones Nordic STOXX 30-Index. Der Schlussabrechnungspreis wird um 12.00 Uhr MEZ am letzten Handelstag festgelegt.
Handelszeiten	10.00 bis 17.00 Uhr MEZ

▶ **Dow Jones Nordic STOXX 30 Option**

Produkt der → EUREX

Basiswert	Skandinavischer Aktienindex Dow Jones Nordic STOXX 30
Kontraktwert	€ 1 pro Indexpunkt des Dow Jones Nordic STOXX 30-Index
Erfüllung	Erfüllung durch Barausgleich basierend auf dem Schlussabrechnungspreis, fällig am Börsentag nach dem letzten Handelstag
Preisermittlung	In vollen Punkten
Minimale Preisveränderung	1 Indexpunkt; dies entspricht einem Wert von € 1
Letzter Handelstag	Der dritte Freitag des jeweiligen Verfallsmonats, sofern dies ein Börsentag ist, andernfalls der davor liegende Börsentag. Der Handel in den verfallenden Optionsserien endet um 12:00 Uhr MEZ am letzten Hendelstag.
Täglicher Abrechnungspreis	Letztbezahlter Kontraktpreis; falls dieser älter als 15 Minuten ist oder nicht den aktuellen Marktverhältnissen entspricht, wird dieser von der EUREX festgelegt.

Schlussabrechnungspreis	Durchschnittspreis der zwischen 11.50 Uhr und 12.00 Uhr MEZ am letzten Handelstag berechneten Indexwerte des Dow Jones Nordic STOXX 30 – Index. Der Schlussabrechnungspreis wird um 12:00 Uhr MEZ am letzten Handelstag festgelegt.
Ausübungszeit	Ausübungen sind grundsätzlich nur am letzten Handelstag der Optionsserie bis zum Ende der Post-Trading-Periode möglich (europäische Art)
Verfallmonate	Die drei nächsten aufeinander folgenden Kalendermonate sowie die drei darauf folgenden Monate aus dem Zyklus März, Juni, September und Dezember; d. h., es sind Laufzeiten von max. 1,2,3, max. 6, max. 9 und max. 12 Monaten verfügbar.
Ausübungspreise	Für die Dow Jones STOXX Nordic 30 Index-Option ist folgende Ausübungspreis-staffelung vorgesehen:

Verfallmonate Mit einer Restlaufzeit von bis zu	Ausübungspreisintervall in Indexpunkten
6 Monaten	50
12 Monaten	100

Jeder Kontraktmonat wird mit mindestens fünf Ausübungspreisen eingeführt

Optionspramie	Zahlung des €-Gegenwertes der in Indexpunkten ausgedrückten Prämie am ersten Börsentag nach dem Kauftag
Handelszeit	10.00 bis 17.00 Uhr MEZ

▶ **Dow Jones STOXX**

Indexfamilie, die aus vier Haupt- und 19 Branchenindices besteht. Die Indices sind kapitalisierungsgewichtet. Das Index-Konzept fußt auf Lasperes' Formel. Sie werden als Kurs- und Performanceindices ermittelt. Die Berechnung erfolgt jeweils in € und US-$. Die auf € berechneten Kursindices werden realtime berechnet und alle 15 Sekunden publiziert. Die Performanceindices und sämtliche in US-$ basierenden Indices werden auf Schlussbasis einmal täglich nach Handelsende ermittelt. Die Indices werden für Länder aus dem Euro-Währungsgebiet und dem europäischen Raum berechnet. Basiszeitpunkt ist für alle Indices der 31.12.1991. Die Blue Chip Indices sind auf 1000, die übrigen Indices auf 100 basiert.

Hauptindices:

- Dow Jones STOXX
  Europäischer Benchmark Index
- Dow Jones STOXX 50
  Europäischer Blue Chip (iumfasst 50 Aktien aus dem Dow Jones STOXX)
- Dow Jones EURO STOXX
  Euro Benchmark Index (umfasst alle Aktien aus dem Dow Jones STOXX aus Ländern der EWU)
- Dow Jones EURO STOXX 50
  Euro Blue Chip Index (umfasst 50 Aktien aus dem Dow Jones EURO STOXX)

Branchenindices:
Sub-(Branchen-)indices aus folgenden 19 Branchen:
Auto, Bank, Basic Resources, Chemical, Conglomerate, Construction, Consumer cylical, Consumer non-cyclical, Energy, Financial services, Fod & Beverage, Industrial, Insurance, Media, Pharmaceutical, Retail, Technology, Telecom, Utility.

▶ **Dow Jones STOXX 50** → Dow Jones STOXX

▶ **Dow Jones STOXX 50 Future/Euro Dow Jones EURO STOXX 50 Future**

Produkt der → EUREX

Basiswert	Dow Jones STOXX 50 (für Dow Jones STOXX 50 Future)
	Dow Jones EURO STOXX 50 (für Dow Jones EURO STOXX 50 Future)
Kontraktwert	€ 10 pro Dow Jones Stoxx 50 bzw. Dow Jones EURO STOXX 50 Indexpunkt.
Erfüllung	Erfüllung durch Barausgleich basierend auf dem Schlussabrechnungspreis, fällig am ersten Börsentag nach dem letzten Handelstag.
Preisermittlung	In Punkten; ohne Dezimalstellen.
Minimale Preisveränderung	1 Punkt; dies entspricht einem Wert von € 10.

Verfallmonate	Die jeweils nächsten drei Quartalsmonate des Zyklus März, Juni, September, Dezember.
Letzter Handelstag	Der dritte Freitag des jeweiligen Verfallmonats, sofern dieser Tag ein Börsentag ist, andernfalls der davor liegende Börsentag. Handelsschluss für den jeweilige Future-Kontrakt am letzten Handelstag um 12.00 Uhr MEZ.
Täglicher Abrechnungspreis	Letztgezahlter Kontraktpreis; falls dieser als 15 Minuten ist oder nicht dem aktuellen Marktpreis entspricht, wird dieser von der EUREX festgelegt.
Schlussabrechnungspreis	Der Durchschnittswert der im Zeitraum von 11.50 bis 12.00 Uhr MEZ festgestellten Dow Jones Stoxx 50 bzw. Dow Jones EURO STOXX 50 Indexberechnungen am letzten Handelstag. Der Schlussabrechnungspreis wird um 12.00 Uhr MEZ am letzten Handelstag festgelegt.
Handelszeit	9.00 bis 17.00 Uhr MEZ

▶ **Dow Jones STOXX 50 Option/Dow Jones EURO STOXX 50 Option**

Produkt der → EUREX

Basiswert	Dow Jones STOXX 50 (für die Dow Jones STOXX 50 Option) Dow Jones EURO STOXX 50 (für die Dow Jones EURO STOXX 50 Option)
Kontraktwert	€ 10 pro Dow Jones STOXX 50 bzw. Dow Jones EURO STOXX 50 Indexpunkt
Erfüllung	Erfüllung durch Barausgleich, fällig am Börsentag nach dem letzten Handelstag
Preisermittlung	In Punkten auf eine Dezimalstelle
Minimale Preisveränderung	0,1 Punkte; dies entspricht einem Wert von € 1
Letzter Handelstag	Der dritte Freitag des jeweiligen Verfallsmonats, sofern dies ein Börsentag ist, andernfalls der davor liegende Börsentag. Handelsschluss für die auslaufenden Serien am letzten Handelstag ist 12.00 Uhr MEZ.

Täglicher Abrechnungspreis	Letztbezahlter Kontraktpreis; falls dieser älter als 15 Minuten ist oder nicht den aktuellen Marktverhältnissen entspricht, wird dieser von der Eurex festgelegt.
Schlussabrechnungspreis	Durchschnittswert der im Zeitraum von 11.50 bis 12.00 Uhr MEZ festgestellten Dow Jones STOXX 50 bzw. Dow Jones EURO STOXX 50 Indexberechnungen am letzten Handelstag. Der Schlussabrechnungspreis wird um 12.00 Uhr MEZ am letzten Handelstag festgelegt.
Ausübungszeit	Ausübungen sind grundsätzlich nur am letzten Handelstag der Optionsserie bis zum Ende der Post-Trading-Periode möglich (europäische Art).
Verfallmonate	Die drei nächsten aufeinander folgenden Kalendermonate aus dem Zyklus März, Juni, September, Dezember sowie die beiden darauf folgenden Kalendermonate aus dem Zyklus Juni und Dezember; d. h., es sind Laufzeiten von 1,2,3, max. 6, max.9, max.12, max.18 und max. 24 Monaten verfügbar.
Ausübungspreise	Für die Optionen auf den festgelegten Dow Jones STOXX 50 bzw. Dow Jones EURO STOXX 50 Index sind folgende Ausübungspreisstaffelungen vorgesehen:

Verfallmonate mit einer Restlaufzeit bis zu	Anzahl Ausübungspreise	Ausübungspreisabstände in Indexpunkten
3 Monaten	5	50
12 Monaten	5	100
24 Monaten	5	200

Jeder Kontraktmonat wird mit mindestens fünf Ausübungspreisen eingeführt

Optionspramie	Prämien in Punkten. Zahlungen des entsprechen €-Wertes in voller Höhe an dem Börsentag, der dem Kauftag folgt.
Handelszeit	9.00 bis 17.00 Uhr MEZ

▶ **Dow Jones STOXX Indexfamilie** → Dow Jones STOXX

▶ **Down Out-Optionen** → Knock out Optionen

► **Dreifachtender**

Bezeichnung für eine Variante des Wertpapierpensionsgeschäfts
(→ Pensionsgeschäft), bei dem im amerikanischen Verfahren
(→ Tenderverfahren) drei Tranchen mit unterschiedlichen Laufzeiten angeboten werden.

► **Dreimonats-EUROIBOR Future**

Produkt der → EUREX

Basiswert	European Interbank Offered Rate (EURIBOR) für Dreimonats-Termingelder in Euro.
Kontraktwert	€ 1.000.000
Erfüllung	Erfüllung durch Barausgleich, fällig am ersten Börsentag nach dem Handelstag.
Minimale Preisveränderung	0,005 Prozent; dies entspricht einem Wert von € 12,50.
Verfallmonate	Die drei aufeinander folgenden Kalendermonate sowie die nächsten elf Kalendermonate aus dem Zyklus März, Juni, September und Dezember. Die längste Laufzeit eines Kontrakts beträgt somit drei Jahre.
Letzter Handelstag – Schlussabrechnungstag –	Zwei Börsentage – soweit von der EURIBOR FBE/ACI an diesem Tag der für Dreimonats-Euro-Termingelder massgebliche Referenz-Zinssatz EURIBOR festgestellt wird, ansonsten der davor liegende Börsentag – vor dem dritten Mittwoch des jeweiligen Erfüllungsmonats. Handelsschluss für den fälligen Kontraktmonat ist 11.00 Uhr MEZ.
Täglicher Abrechnungspreis	Volumensgewichteter Durchschnitt der Preis der letzten fünf zu Stande gekommenen Geschäfte, sofern diese nicht älter als 15 Minuten sind oder der volumemnsgewichtete Durchschnitt der Preise aller während der letzten Handelsminute zu Stande gekommenen Geschäfte, sofern in diesem Zeitraum mehr als fünf Geschäfte zu Stande gekommen sind. Ist eine derartige Preisermittlung nicht möglich oder entspricht der so ermittelte Preis nicht den tatsächlichen Marktverhältnissen, legt die EUREX den Abrechnungspreis fest.

Schlussabrechnungspreis	Der Schlussabrechnungspreis wird von der EUREX auf Grundlage des von der FBE/ACI ermittelten Referenzzinssatzes (EURIBOR) für Einmonats-termingelder in Euro um 11.00 Uhr MEZ am letzten Handelstag festgelegt. Bei der Festlegung des Schlussabrechnungspreises wird der EURIBOR-Satz auf das nächstmögliche Preisintervall (0,005; 0,01 oder ein Vielfaches) gerundet und anschließend von 100 subtrahiert.
Handelszeit	8.30 bis 19.00 Uhr MEZ
Zusandekommen von Geschäften (Pro-Rata-Matching)	Die Zusammenführung von Aufträgen und Quotes, die sich auf den Dreimonats-EURIBOR-Future beziehen, erfolgt nach dem Pro-Rata-Matching-Prinzip

▶ **Drittverwahrung**

Ist gegeben, wenn ein Erstverwahrer (Zwischenverwahrer) die ihm zur Verwahrung anvertrauten Wertpapiere einem weiteren Verwahrer weitergibt.

▶ **Drive-in Bank**

Zweigstelle eines Kreditinstituts mit der Funktion, motorisierten Bankkunden die Abwicklung bestimmter Bankleistungen (i. d. R. Leistungen im Zahlungsverkehr) zu erleichtern. Der Bankkunde hat bei der Drive In Bank die Möglichkeit, ohne sein Kraftfahrzeug verlassen zu müssen, gegen Vorlage von Schecks oder Auszahlungsaufträgen Bargeld zu erhalten, Einzahlungen zu tätigen oder die Abwicklung von Zahlungsaufträgen zu erteilen.

▶ **Drop Lock Bond** → Drop Lock Floating Rate Note

▶ **Droplock Clause**

Bezeichnung für eine Klausel, die die Umwandlung eines zinsvariablen Kredits oder einer zinsvariablen Schuldverschreibung in eine Festsatzverbindlichkeit bewirkt, wenn das definierte Referenzzinssatzniveau einen bestimmten Satz (→ Trigger Rate) übersteigt. Vgl.: → Drop Lock Floating Rate Note, → Variomax.

▶ **Drop Lock Floating Rate Note**

(Drop Lock Bond) Variante einer → Floating Rate Note, bei der mit Erreichung oder Unterschreitung eines Mindestzinssatzes (→ Trigger Rate) durch den → Referenzzinssatz die Anleihe irreversibel in eine Festzinsanleihe (Zinssatz nunmehr bis zur Fälligkeit: → Trigger Rate) umgewandelt wird.

▶ **Drop Lock Clause** → Droplock Clause

▶ **DTB** → Deutsche Terminbörse

▶ **Dual Index Floating Rate Note**

Variante einer → Floating Rate Note, bei der als → Referenzzinssatz der jeweils höhere Geldmarktsatz zweier in den Emissionsbedingungen definierter Alternativzinssätze (andere Geldmarktsätze) gilt.

▶ **Dublin Interbank Offered Rate** → DIBOR

▶ **Due Diligence**

Bezeichnet die Finanzprüfung eines Unternehmens. Berücksichtigt die Finanzprüfung zusätzlich die Analyse und Prüfung des Unternehmensumfeldes (Märkte, Kunden, gesetzliche Rahmenbedingungen etc.), wird von der sog. Erweiterten Due Diligence gesprochen.

▶ **Duration**

Kennzahl, die die durchschnittliche gewichtete Fälligkeit eines künftigen Zahlungsstroms, den ein Investor aus seiner Kapitalanlage (z. B. Anleihe) erwartet, misst. Sie kann als gewogener Mittelwert der Zahlungszeitpunkte angesehen werden und wird somit auch als die durchschnittliche Bindungsdauer einer Kapitalanlage (i.d.R. Wertpapieranlage) mit exakt festgelegtem Zahlungsstrom definiert. Die Duration errechnet sich nach *Macaulay* wie folgt:

$$D = \frac{\sum\limits_{i=1}^{n} \dfrac{t \cdot C_t}{(1+r)^t}}{\sum\limits_{i=1}^{n} \dfrac{C_t}{(1+r)^t}}$$

wobei:

D = Duration

C_t = Zahlungen zu den Zeitpunkten t (Zeitwerte)

r = Marktzins der Anlage

Beispiel:
Restlaufdauer der Anleihe 5 Jahre, Nominalzins 8 %, Marktzins 9 %, Tilgung pari, Anleihestückelung 1000 DM.

Jahr (t)	Cash-Flows (C_t) €	Barwerte der Cash-Flows (C_t) bei I = 0,09 (€)	Anteilswerte der Cash-Flow-Barwerte	Gewichtete Cash-Flow-Barwerte (€)
1	80	73,39	0,0764	73,39
2	80	67,73	0,0701	135,46
3	80	61,77	0,0643	185,31
4	80	56,67	0,0590	266,68
5	1080	701,93	0,7303	3.505,00
Summe		961,09	1,0000	4.165,84

$$D = \frac{€\ 4.165,84}{€\ 961,09}$$

D = 4,3345 Jahre.

Die Duration wird von den drei Komponenten Laufzeit, Nominalzins und Marktzinsniveau beeinflusst. Sie ist nie größer als die Laufzeit einer Schuldverschreibung und liegt im Regelfall (Ausnahme: Zero-Bond) unterhalb der Restlaufdauer). Relevant ist insbesondere die Kenntnis von der Beeinflussung der Duration durch die Höhe des Marktzinsniveaus, wobei der Duration-Ansatz einen linearen Zusammenhang zwischen Änderung des Marktzinssatzes und dem Barwert des Investments (im Regelfall einer Anleihe) unterstellt. Dieser lineare Zusammenhang ist aber im Regelfall nicht gegeben.

Unter Heranziehung der Duration lässt sich durch Berechnung der → Modifified Duration (MD) mit nur geringem Aufwand die Abschätzung der Preiselastizität einer Anleihe in Bezug auf Marktzinssatzveränderungen durchführen. Allerdings treten bei der Ermittlung der Preiselastizität in Reaktion auf sich ändernde Marktzinssätze nicht unerhebliche Abschätzungsfehler auf, was im konzeptionellen Ansatz der Durations-Methode liegt (unterstellter linearer Bezug zwischen Marktzinsänderung und Barwertänderung). Ein deutlich besseres Ergebnis bietet die Berechnung der → Convexity.

Das Durations-Konzept ist insofern besonders reizvoll, als es die Darstellung der (i.d.R. unterschiedlichen) Volatilitäten von Anleihen unterschiedlicher Ausstattung (Restlaufzeit, Nominalverzinsung) bei dem jeweils aktuellen Marktzinsniveau erlaubt und somit eine Immunisierungsstrategie gegen Marktzins- und Kursschwankungen der Anlagewerte ermöglicht. Die Maßnahmen werden dann mithilfe der Technik des Duration Matching realisiert.

▶ **Duration (MD)** → Modifizierte Duration

▶ **Durations Matching** → Portfolio Selection

▶ **Durchlaufende Kredite** → Treuhandkredite

▶ **Durchleitungskredit**

Kredit der öffentlichen Hand oder/und sonstiger Institutionen (i. d. R. im Rahmen von Förderprogrammen), der einer Bank zur Kreditvergabe an definierte Kreditnachfrager zur Verfügung gestellt wird. Der Kredit wird dem jeweiligen Kreditnachfrager unter bestimmten Voraussetzungen zu Vorzugskonditionen (Zins, Tilgungsmodalitäten) offeriert. Im Gegensatz zu den → Treuhandkrediten (durchlaufende Kredite) trägt die Bank bei den Durchleitungskrediten das volle Kreditrisiko.

▶ **Durchschnittliche Laufzeit**

Terminus für die errechnete mittlere Laufzeit einer → Anleihe. Bei ihrer Definition gilt die Prämisse, dass die ex ante vorgesehenen Rückzahlungsraten durch eine Tilgung in einer Summe substituiert werden.

▶ **Durchschnittsverfahren** → Circa Notierung

▶ **DVFA**

Abk. für Deutsche Vereinigung für Finanzanalyse und Anlageberatung e.V. Die DVFA ist der Berufsverband der deutschen Investmentanalysten.

▶ **DVFA-Formel** → Gewinn je Aktie

▶ **Dynamischer Verschuldungsgrad** → Cash Flow

E

▶ **Earnings per Share** → Gewinn je Aktie

▶ **EASDAQ**

Abkürzung für European Association of Securities Dealers Automated Quotation Market. Bezeichnung für eine geplante Computerbörse in Europa. An dieser Börse sollen grenzüberschreitend die Aktien von schnell wachsenden Unternehmen jeglicher Größe gehandelt werden.

▶ **Ecart**

Unterschied oder Spanne zwischen Kursen, Preisen oder Zinssätzen (Zinsecart). Beispielsweise zwischen Geld- und Briefkurs, Kassa- und Terminkurs, Preisen von Kauf und Verkaufsoptionen.

▶ **Economic Value Added (EVA)**

Größe, die demonstriert, inwieweit durch eine Entscheidung für das Unternehmen Vermögen geschaffen oder vernichtet wird.

▶ **ECP** → Euro Commercial Papers

▶ **ECPP** → Euro Commercial Papers Programme

▶ **ECU**

(European Currency Unit) Die Europäische Rechnungseinheit wurde 1979 eingeführt, verlor aber mit Einführung des → Euro ihre Existenz. Die Eropean Currency Unit hatte folgende Funktionen:
(1) *Rechnungseinheit* in allen Bereichen der Gemeinschaftspolitiken der Europäischen Union (EU).

Da die Europäische Union noch nicht über eine gemeinsame Währung verfügte, wurde eine gemeinsame Recheneinheit als Wertmaßstab geschaffen. Hierdurch wurde es möglich, die

Einnahmen, Ausgaben, Forderungen und Verbindlichkeiten, die aus Aufgabenfeldern der EG resultieren entsprechend darzustellen. Obwohl es sich bei der ECU nicht um eine Währung handelte, diente sie dennoch als Maßstab zur Wertbestimmung monetärer Größen. Als Rechnungseinheit (Index) hatte sie im Zeitverlauf zugleich eine Wertsicherungsfunktion. Die ECU war aus der Europäischen Rechnungseinheit (ERE) hervorgegangen, wie diese war sie als Währungskorb konstruiert und als Summe der an ihm beteiligten festen Währungsbeträge definiert. Dabei konnte die Zusammensetzung des Währungskorbes u. U. neu bestimmt werden

Der Wert der ECU und ihre Umrechnungskurse im Verhältnis zu den anderen Währungen änderten sich börsentäglich, da diese sich auf Basis des Dollarkurses der einzelnen Korbwährungen errechneten. Die ECU-Kurse der einzelnen Korbwährungen durften gem. den Vereinbarungen des → Europäischen Währungssystems (EWS) nur plus/minus 2,25 % um ihre ECU-Leitkurse schwanken. Unter Berücksichtigung des Anteils der jeweiligen Währung am Korb, war die maximale Schwankungsbreite immer geringer als 5 %. Beispiel: Die höchst mögliche Schwankungsbreite der DM gegenüber dem ECU betrug: $2 \cdot 2,25 \cdot (1 ./. 0,30) = 3,15 \%$.

(2) *Rechen-, Transaktions- und Reserveeinheit* zwischen den am EWS beteiligten Zentralbanken. Im EWS diente die ECU als
- Bezugsgröße für den Wechselkursmechanismus;
- Basis für den Abweichungsindikator;
- Rechengröße bei allen Vorgängen, die sich innerhalb des Kredit- und Interventionsmechanismus vollzogen;
- Reservemedium und Zahlungsmittel der am EWS beteiligten Zentralbanken.

(3) *Denominierungseinheit* von Anleihen (ECU-Anleihen).

(4) *Medium* zur Abwicklung von Bankgeschäften.

Gem. § 3 Währungsgesetz untersagte die Deutsche Bundesbank das Unterhalten von ECU-Konten bei inländischen Kreditinstituten, nicht jedoch die Kapitalanlage in → ECU-Anleihen.

▶ **ECU-Anleihen**

In ECU denominierte → Anleihen, die 1981 erstmals emittiert wurden. Die Stückelung betrug mindestens 1000 ECU. Die Verzinsung der ECU-Anleihen entsprach in etwa dem gewogenen Durchschnitt aller Kapitalmarktzinsen der im ECU-Währungskorb enthaltenen Währungen.

ECU-Anleihen wurden sowohl als Festzinsanleihen (Straight Bonds) als auch als → Zerobonds, → Floating Rate Notes, → Optionsanleihen und → Wandelanleihen emittiert.

Der Erwerb von ECU-Anleihen durch Inländer war durch die Deutsche Bundesbank gestattet, obwohl die ECU von der Bundesbank nicht als Währung, sondern als Rechnungseinheit betrachtet wurde.

Indexierte DM-Verbindlichkeiten unterlagen gem. § 3 Währungsgesetz der Genehmigungspflicht durch die Deutsche Bundesbank. Insofern war die Emission von ECU-Anleihen durch inländische Banken nicht gestattet. Mit Wegfall der ECU werden in ECU denominierte Anleihen nicht mehr emittiert.

▶ **ECU-Clearingsystem**

Clearingsystem zur Abwicklung und Verrechnung von ECU-Transaktionen, welches 1987 seine Tätigkeit aufgenommen hatte. Die Bank für Internationalen Zahlungsausgleich (BIZ) in Basel fungierte als Buchungszentrale. Im Rahmen dieser Aufgabe räumte die BIZ aber keine Kredite zum Liquiditätsausgleich ein (keine Funktion als Lender of the Last Resort).

▶ **ECU-Schatzwechsel**

Auf → ECU lautende kurzfristige Staatspapiere, die durch die Bank von England emittiert wurden. ECU-Schatzwechsel werden nicht mehr emittiert. Die ECU-Schatzwechsel waren als Inhaberpapiere ausgestattet und hatten eine Laufdauer von drei und sechs Monaten. Das Mindestzeichnungsvolumen betrug 500 000 ECU. Weitere Beträge konnten im Vielfachen von 100 000 ECU gezeichnet werden.

▶ **ECU Warrant Issue**

Emission von ECU-Optionsscheinen (Call und Put Optionen), die zum Kauf bzw. Verkauf einer definierten Menge von → ECU zu einem definierten → Basispreis innerhalb einer bestimmten Frist berechtigten. ECU-Optionsscheine werden nicht mehr emittiert.

▶ **Effekten**

In Urkunden verbriefte → Wertpapiere, die vertretbar (fungibel), börsenfähig und zur Kapitalanlage geeignet sind (→ Aktien, Anleihen, Pfandbriefe, Kuxe usw.). Effekten sind i. d. R. leicht übertragbar und daher für den Handel an der → Effektenbörse geeignet. Vielfach wird der Begriff Effekten synonym mit Wertpapier gebraucht. Dies ist nicht zulässig, da zwar einerseits alle Effekten Wertpapiere sind, dennoch zahlreichen Wertpapieren die Effekteneigenschaft fehlt (z. B. Wechsel, Schecks, Banknoten).

▶ **Effektenabrechnung**

Abrechnung eines Kauf- oder Verkaufsauftrags, die dem Effektenkäufer bzw. -verkäufer durch seine Bank präsentiert wird. In ihr sind der Kauf- bzw. Verkaufskurs, die Stückzahl, Wertpapierbezeichnung, Steuern, Stückzinsen und der Börsenort aufgeführt.

▶ **Effektenarbitrage**

→ Arbitrage, die sich aus der gezielten Ausnutzung von Kursunterschieden von Effekten an unterschiedlichen Märkten ergibt. Der Zielsetzung entsprechend, wird zwischen Differenz- oder Ausgleichsarbitrage unterschieden.

▶ **Effektenbank**

(1) Bank, die sich als reine Emissionsbank betätigt, indem sie sich aktiv in die Gründung von Unternehmen einschaltet und dabei die Gründungsfinanzierung abwickelt. Dieser Typus einer Spezialbank existiert in der Bundesrepublik Deutschland im Gegensatz zu den USA und Frankreich nicht, da in Deutschland

derartige Bankgeschäfte durch die Universalbanken getätigt werden.

(2) Banken, die im Bereich des → Effektengeschäfts tätig sind.

▶ **Effektenbörse**

→ Börse, deren Handelsobjekte „verzinsliche Massenpapiere" (→ Effekten) sind; → Aktie, Kuxe (keine GmbH-Anteile wegen fehlenden Wertpapiercharakters), → Anleihen (keine Wechsel wegen fehlender Massenpapiereigenschaft; keine → Schatzanweisungen, da Verzinsung durch Diskont; keine Investment-Zertifikate – Effekteninvestment: Preisermittlung über den Effektenbestand des Investmentfonds). Die Effektenbörse ist eine Refinanzierungsstelle für Effektenbesitzer, die diese von den Emittenten bzw. Emissionsbanken (→ Emission) oder aber über die Börse erworben haben. Wertpapierbörsen in der Bundesrepublik Deutschland (Gründungsjahr der Börse in Klammern) in der Reihenfolge ihrer gegenwärtigen Bedeutung: Frankfurt/M. (1885), Düsseldorf (1875), München (1830), Hamburg (1558) und Stuttgart (1860), Berlin (1685), Hannover (1787), Bremen (1614); Börsenhandel, → Amtlicher Markt, → Geregelter Markt, → Freiverkehr → Börsenzulassung von Wertpapieren, → Termingeschäft.

Wertpapierbörsen im Sinne des Börsengesetzes sind Börsen, an denen Wertpapiere und Derivate gehandelt werden.

▶ **Effektenclearing**

Verfahren, bei dem an einzelnen Börsenplätzen die an der betreffenden Börse gekauften und verkauften Wertpapiere zwischen den am Handel beteiligten Banken im Clearingverfahren ausgeglichen werden. Dabei werden die Käufe und Verkäufe saldiert, wodurch lediglich ein Ausgleich der Salden erfolgt. Vgl.: → Clearstream.

▶ **Effektendepot**

Gem. § 3 DepotG zur Verwahrung und Verwaltung durch ein Kreditinstitut hinterlegte Effekten (→ Depot, → Depot A,B,C,D, → Depotgebühren, → Depotschein, → Depotstimmrecht).

▶ **Effektendepotbank** → Wertpapiersammelbank

▶ **Effekteneigenschaft** → Effekten

▶ **Effektenemission** → Emission

▶ **Effektengeschäfte**

Bankgeschäfte unterschiedlicher Art, die den An- und Verkauf von → Effekten auf Kommission, das → Depotgeschäft, das → Emissionsgeschäft sowie die Eigengeschäfte der Bank in Effekten umfassen.

▶ **Effektengirodepot**

Wertpapiere, die sich bei einer → Wertpapiersammelbank in Sammelverwahrung befinden.

▶ **Effektengiroverkehr**

Verfahren, welches die stückelose Übertragung von Effekten ermöglicht. Die Banken hinterlegen ihre Stücke, soweit diese zur → Girosammelverwahrung zugelassen sind, bei einer → Wertpapiersammelbank. Die Effekten können dann von Konto zu Konto buchmäßig übertragen werden.

▶ **Effektenkredit**

Kredit, zum Kauf von Wertpapieren gegen Verpfändung der zu erwerbenden oder bereits im → Depot befindlichen Wertpapiere (→ Lombardkredit).

▶ **Effektenlombard** → Lombardkredit

▶ **Effektenscheck** → Wertpapierscheck

▶ **Effektentermingeschäft** → Termingeschäft

▶ Effektenterminhandel

Börslicher Handel amtlich notierter Effekten per Termin, der sich in der Bundesrepublik Deutschland aber nur auf den Optionshandel von Aktien und Renten erstreckt (→ Optionsgeschäft).

▶ Effektenverwahrung

Verwahrung sowie Verwaltung von Effekten i. S. des DepotG, wobei gem. DepotG zwischen verschiedenen Verwahrarten zu unterscheiden ist (→ Depot, → Depotauszug, → Depotgebühren).

▶ Effektenverzinsung

Effektivverzinsung des in Effekten investierten Kapitals, die über oder unter der Nominalverzinsung liegen kann. Die Höhe der tatsächlichen Effektenverzinsung wird durch folgende Größen beeinflusst: Erwerbskurs, Emissionsagio oder -disagio, Rückzahlungskurs (pari bzw. mit Agio), Nominalzinssatz, Zinszahlungstermine, Laufzeit, Tilgungszeitpunkt und Tilgungsform. Die Berechnung erfolgt auf Basis finanzmathematischer Verfahren.

▶ Effektivwechsel

→ Wechsel, der hinter der Wechselnummer mit dem Zusatz „effektiv" versehen ist. Er muss in der angegebenen Währung gezahlt werden.

▶ Effektivzinsfuß

(1) Verzinsung in v. H. eines Kapitalbetrages unter zeitlicher Berücksichtigung aller Kosten- und Ertragsfaktoren, die zu Zahlungen führen. Er ist für alle Formen der Kapitalanlage bedeutsam, da bei der Berechnung alle Faktoren (z. B. Zeitpunkt und Umfang der Kapitalbindung sowie Kapitalfreisetzung, Agio, Disagio, Gebühren, Provisionen, Zinsen und ggf. Zinseszinsen, Zinszahlungstermine) zu berücksichtigen sind.

(2) tatsächlich entstehender Zins im Zusammenhang mit einer Kreditaufnahme unter zeitlicher Berücksichtigung aller anfal-

lender Kostenfaktoren, die zu Zahlungen führen (z. B. Kredit-volumen, Damnum, Nominalzins, Gebühren, Provisionen, sonstige Kosten im Zusammenhang mit der Kreditaufnahme, Termine der Zins- und Tilgungszahlung sowie ihre Wertstellung).

Der Effektivzins kann in beiden Fällen erheblich vom Nominalzins abweichen. Seine Ermittlung erfolgt auf Basis finanzmathematischer Verfahren, ggf. unter Einsatz von Taschenrechnern oder Computern.

▶ **EFTs** → Exchange Traded Funds (EFTs)

▶ **Ehrenausschuss** → Sanktionsausschuss

▶ **Ehrengericht** → Sanktionsausschuss

▶ **Eidesstattliche Versicherung**

Eid des Schuldners alle zur Erfassung seines Vermögens im Rahmen der → Zwangsvollstreckung erforderlichen Angaben nach bestem Wissen gemacht zu haben. Die Pflicht des Schuldners zur Leistung der Eidesstattlichen Versicherung besteht dann, wenn das vom Vollstreckungsgericht gepfändete Vermögens nicht zur Beitreibung der Forderungen der Gläubiger ausreicht.

▶ **Eigendepot**

(Depot A) Verwahrungsart im Depotgeschäft bei Drittverwahrung → Depot A,B,C,D.

▶ **Eigene Aktien**

Von einer Aktiengesellschaft ausgegebene → Aktien, die sich in ihrem Eigentum befinden. Die Gesellschaft darf gem. § 71(1) AktG eigene Aktien nur unter bestimmten, dort aufgeführten Voraussetzungen erwerben.

Aus eigenen Aktien stehen der Gesellschaft gem. § 71 b AktG keine Rechte zu. Hat die Gesellschaft unter Verstoß gegen § 71

Abs. 1 oder 2 AktG erworben, so müssen diese gem. § 71c Abs. 2 innerhalb eines Jahres veräußert werden.

Entfallen auf die Aktien, welche die Gesellschaft in zulässiger Weise erworben hat, mehr als 10 v.H. des Grundkapitals, so muss der Teil der Aktien, der diesen Satz übersteigt, innerhalb von drei Jahren veräußert werden.

Wurden Aktien, die innerhalb der vorgesehenen Fristen gem. § 71 Abs. 1 u. 2 AktG nicht veräußert, sind diese gem. § 237 AktG einzuziehen.

▶ **Eigenemission** → Emission (→ Selbstemission)

▶ **Eigenfinanzierung**

Finanzierung mit Eigenkapital, z. B. → Grundkapital der AG und KGaA, → Stammeinlage der GmbH, Kapitaleinlage des/der Kommanditisten und Kommanditkapital, Kapitaleinlage des Kaufmanns bei Einzelfirma bzw. der Gesellschafter bei OHG.

Hinzu kommen der Rechtsform entsprechend gesetzliche und freiwillige → Rücklagen sowie ggf. stille Reserven und → Rückgriffskapital (einrufbares Eigenkapital).

Arten der Eigenfinanzierung:
- Innenfinanzierung, vor allem → Gewinnthesaurierung,
- → Außenfinanzierung in Form der → Beteiligungsfinanzierung.

▶ **Eigengeschäft**

(Eigenhandel) Bezeichnung für
(1) alle Wertpapiergeschäfte, die ein Kreditinstitut für eigene Rechnung tätigt;
(2) → Tafelgeschäfte;
(3) alle Geschäfte, die ein Kreditinstitut bei Kundenaufträgen in amtlich nicht notierten Effekten tätigt.

▶ **Eigenkapital** → Eigenfinanzierung, → Garantiekapital, → nominelles Eigenkapital

▶ **Eigenkapitalquote**

Anteil des Eigenkapitals am Gesamtkapital (→ Verschuldungsgrad). Die Eigenkapitalquote ist in der Bundesrepublik Deutschland während der vergangenen Jahre laufend gesunken. Die Höhe der Eigenkapitalquote einer Unternehmung ist abhängig von der Größe, Rechtsform, Branchenzugehörigkeit und anderen Faktoren.

Zur Entwicklung der Eigenkapitalquote deutscher Unternehmen liegen inzwischen zahlreiche Analysen vor, die insbesondere auf den Zusammenhang von Eigenkaptialquote, Eigenkaptialrentabilität und Investitionstätigkeit abstellen.

Für 1993 wurden als durchschnittliche Eigenkapitalquoten errechnet:

Verarbeitendes Gewerbe	23,0%
davon:	
Elektrotechnik	25,7%
Maschinenbau	19,2%
Chemische Industrie	37,5%
Großhandel	14,5%

▶ **Eigenkapitalrentabilität**

Gewinn pro Einheit des eingesetzten Eigenkapitals innerhalb einer Zeiteinheit:

$$\text{EKR} = \frac{\text{Gewinn}}{\text{Eigenkapital}} \cdot 100$$

Auf Grund der spezifischen Interessenlagen von Aktionären, Eigentümer-Unternehmern, Manager-Unternehmern und Analysten werden die Eigenkapital- und Gewinngrößen unterschiedlich definiert. Dies führt zu differierenden Termini der Eigenkapitalrentabilität (→ Rentabilität).

▶ **Eigenkaptialkosten**

Die Unternehmung muss für jeder Art der Kapitalüberlassung i. d. R. ein Nutzungsentgelt zahlen. Dieses hat bei Fremdkapital in jedem Fall Kostencharakter. Auch beim Eigenkapital entstehen im Zusammenhang mit der Beschaffung, Tilgung und Marktpflege Kosten. Gewinnausschüttungen und Steuern werden nach h. M. als kalkulatorische Kosten angesehen. Diese kalkulatorischen Kosten machen den Hauptkostenbestandteil aus. Von besonderem Gewicht sind hier die Erwartungen der Anteilseigner im Hinblick auf die künftigen Gewinn- (Dividenden-)ausschüttungen, wobei zusätzlich das der Kapitalanlage inhärente Risiko im Hinblick auf alternative (weniger risikoreiche) Kapitalanlagemöglichkeiten von Bedeutung ist.

▶ **Eigenverwahrung**

Form der → Effektenverwahrung, bei der die Wertpapiere nach Erwerb übernommen und somit nicht bei einem Dritten zur Verwahrung hinterlegt werden.

▶ **Eigenwechsel** → Wechsel

▶ **Eilausschuss**

Gremium an der → EUREX, das gem. § 7 Abs. 3 BörsO der EUREX und § 35 Clearing-Bedingungen EUREX für zeitlich nicht aufschiebbare Maßnahmen gegenüber Börsenteilnehmern bzw. Clearing-Mitgliedern zuständig ist.

▶ **Eindecken**

Glattstellung einer offenen Position.

▶ **Einführung zum Börsenhandel** → Börseneinführung

▶ **Einführungskurs**

Kurs, zu welchen ein Wertpapier am → Einführungstag an der Börse zum ersten Mal notiert wird (→Börseneinführung).

▶ **Einführungsprospekt** → Börsenzulassung von Wertpapieren

▶ **Einführungstag**

Tag, an welchem ein Wertpapier nach seiner → Börsenzulassung im entsprechenden → Börsensegment erstmalig gehandelt wird (→ Börseneinführung).

▶ **Einfuhrfinanzierung** → Außenhandelsfinanzierung

▶ **Einheitsgründung** → Simultangründung

▶ **Einheitskurs**

(Kassakurs) Bezeichnung für den Kurs, der im Rahmen der → Einheitsnotierung im amtlichen Handel einmal börsentäglich festgestellt wird. Zum Einheitskurs werden im amtlichen Verkehr alle Börsenaufträge abgerechnet, die nicht im variablen Handel abgewickelt werden. Bei Papieren, die zum → variablen Handel zugelassen sind, erfolgt die Kursnotierung dagegen für jeden zu Stande gekommenen Umsatz. Hiervon abweichend muss die Abrechnung zum Einheitskurs bei Wertpapieren, die zum variablen Handel zugelassen sind dann zum Einheitskurs erfolgen, wenn die Börsenaufträge nicht den Mindestschluss (→ Schluss) umfassen, oder ein Abschluss im variablen Handel mangels eines Handelspartners unmöglich war oder lt. Kundenauftrag zum Einheitskurs abgewickelt werden soll.

▶ **Einheitsmarkt**

Spezielle Erscheinungsform des Kassahandels, bei der während einer Börsensitzung nur ein Kurs (→ Einheitskurs) festgestellt wird. Abgewickelt werden an diesem Markt

(1) sämtliche Kundenaufträge, die Wertpapiere betreffen, welche nicht zum → variablen Handel zugelassen sind;

(2) Kundenaufträge über zum variablen Handel zugelassenen Wertpapiere, die

    (a) ein Mindestvolumen bzw. eine Mindeststückzahl (→ Einheitsnotierung, → Schluss) nicht erreichen oder

    (b) auch solche Börsenaufträge für die im variablen Handel ein Abschluss mangels eines geeigneten Handelspartners unmöglich war und

    (c) Aufträge, die lt. Vorgabe des Kunden zum Einheitskurs abgewickelt werden sollen.

In die Preisfeststellung gehen alle Kundenkauf- und -verkaufsaufträge ein. Der Kurs wird dann vom → Kursmakler nach dem Meistausführungsprinzip ermittelt.

▶ **Einheitsnotierung**

Preisfestsetzungsverfahren an den → Effektenbörsen. Danach erfolgt, im Gegensatz zur → variablen (fortlaufenden) Notierung, die Preisfestsetzung während der Börsenzeit nur einmal. Vgl. auch: → Einheitskurs, → Einheitsmarkt.

▶ **Einheitswert**

Wert eines Wirtschaftsgutes oder einer wirtschaftlichen Einheit, der gem. §§ 19 Bewertungsgesetz ermittelt wird. Er ist Basis der Bemessungsgrundlage bei Steuerarten, die sich nicht an Einkommen, Gewinn oder Umsatz orientieren (Vermögensteuer, Erbschaftsteuer, Gewerbesteuer, Grundsteuer).

▶ **Einkommensaktien**

(Income Shares) → Aktien mit hoher Dividendenrendite; sie werden besonders von Anlegern geschätzt, die in erster Linie an hohen laufenden Gewinnausschüttungen interessiert sind (→ Renditedenken).

▶ **Einkommensteuer**

Erfasst als Steuerobjekt das Einkommen natürlicher Personen. Bemessungsgrundlage bildet das zu versteuernde Einkommen innerhalb eines Kalenderjahres. Erfasst werden dabei sieben Einkunftsarten. Der zu versteuernde Einkommensbetrag ergibt sich aus:

Bruttoeinkommen
– Werbungskosten

Gesamtbetrag der Einkünfte
– Sonderausgaben
– Freibeträge
– Verlustabzug
– außergewöhnliche Belastungen

---

zu versteuerndes Einkommen.

▶ **Einlagenfazilität**

Fazilität des → ESZB, den Geschäftspartner die Anlage von Guthaben zu einem ex ante definierten Zinssatz bis zum nächsten Geschäftstag ermöglicht.

▶ **Einlagengeschäft** → Banken

▶ **Einlagenpolitik der Deutschen Bundesbank**

Notenbankpolitisches Instrument, welches der Deutschen Bundesbank im Rahmen ihrer Notenbankpolitik zur Verfügung stand.
Die Deutsche Bundesbank konnte gem. § 17 BankG Bund, die
Sondervermögen (Ausgleichsfonds und ERP-Sondervermögen)
sowie die Länder dazu verpflichten, ihre liquiden Mittel auf Konten
bei der Deutschen Bundesbank zu halten. Eine anderweitige Einle-
gung und Anlage bedurfte dann der Genehmigung durch die Deutsche Bundesbank. Im Rahmen ihrer Entscheidungen hatte die
Bundesbank aber das Interesse der Länder an der Erhaltung ihrer
Staats- und Landesbanken zu berücksichtigen. Mit dem 1. Januar
1994 ist die Einlagenpflicht durch die Genehmigung andferer Anlagen gem. § 17 S. 2 BankG de facto aufgehoben worden. Mit Übergang der währungspolitischen Kompetenz auf das ESZB ist dieses
notenbankpolitische Instrument auch je jure nicht mehr existent.

▶ **Einlagensicherung**

Maßnahmen zum Schutz der Einleger vor den Folgen einer Bankin-
solvenz. Generell bieten sich an:
- vorbeugende Maßnahmen, die ergriffen werden um Insolvenzur-
  sachen nicht entstehen zu lassen;
- abschirmende Maßnahmen, die eingesetzt werden um eine akut
  bevorstehende Insolvenz abzuwenden oder bei gegebener Insolvenz den Schaden für die Einleger möglichst gering zu halten.

Die vorbeugenden Maßnahmen erfolgen im Rahmen des laufenden
Geschäfts primär durch die einzelnen Banken unter strikter Wahrung der durch die staatliche Bankenaufsicht gesetzten Normen
(z. B. vorbeugende Risikopolitik im Aktivgeschäft, → Kreditwürdigkeitsprüfung).

Die abschirmenden Maßnahmen im Zusammenhang mit einer drohenden Insolvenz werden durch die einzelne Bank, ihre Eigentümer (Aktionäre, Genossen, Gewährträger) u. U. unter Assistenz Dritter (Liquiditäts-Konsortialbank) ergriffen. Eine gegebene Insolvenz kann nur durch Dritte behoben werden. Dritte sind in erster Linie die Eigentümer (Aktionäre, Genossen, Gewährträger) des Kreditinstituts. Sind diese hierzu nicht in der Lage oder willens, erhalten Gläubiger einer Privatbank durch den Einlagensicherungsfonds, bei dem diese Institute Pflichtmitglieder sind, direkten Einlegerschutz. Gläubiger von Sparkassen oder Genossenschaftsbanken erhalten indirekten Einlegerschutz durch den Sparkassen-Stützungsfonds bzw. Garantiefonds und Garantieverbund der Genossenschaftsbanken. Diese Einrichtungen sind ihrer Zielsetzung entsprechend auf den Erhalt des jeweiligen Kreditinsituts ausgerichtet und gewähren aus diesem Grunde den Gläubigern indirekten Schutz.

▶ **Einlagenzertifikat** → Certificate of Deposit

▶ **Einmalemittent**

Emittent von Wertpapieren, der – im Gegensatz zu → Daueremittenten – den Kapitalmarkt ausgesprochen selten beansprucht.

▶ **Einmonats-EURIBOR-Future**

Produkt der → EUREX

Basiswert	European Interbank Offered Rate (EURIBOR) für Einmonats-Termingelder in Euro.
Kontraktwert	€ 3.000.000
Erfüllung	Erfüllung durch Barausgleich, fällig am ersten Börsentag nach dem Handelstag.
Preisermittlung	In Prozent auf drei Dezimalstellen auf der Basis 100 abzüglich gehandeltem Zinssatz.
Minimale Preisveränderung	0,005 Prozent; dies entspricht einem Wert von € 12,50.
Verfallmonate	Die sechs aufeinander folgenden Kalendermonate. Die längste Laufzeit beträgt demnach sechs Monate.

Letzter Handelstag – Schlussabrechnungstag –	Zwei Börsentage – soweit von der EURIBOR FBE/ACI an diesem Tag der für Einmonats-Euro-Termingelder massgebliche Referenz-Zinssatz EURIBOR festgestellt wird, ansonsten der davor liegende Börsentag – vor dem dritten Mittwoch des jeweiligen Erfüllungsmonats. Handelsschluss für den fälligen Kontraktmonat ist 11.00 Uhr MEZ.
Täglicher Abrechnungspreis	Volumensgewichteter Durchschnitt der Preise der letzten fünf zu Stande gekommenen Geschäfte, sofern diese nicht älter als 15 Minuten sind oder der volumensgewichtete Durchschnitt der Preise aller während der letzten Handelsminute zu Stande gekommenen Geschäfte, sofern in diesem Zeitraum mehr als fünf Geschäfte zu Stande gekommen sind. Ist eine derartige Preisermittlung nicht möglich oder entspricht der so ermittelte Preis nicht den tatsächlichen Marktverhältnissen, legt die EUREX den Abrechnungspreis fest.
Schlussabrechnungspreis	Der Schlussabrechnungspreis wird von der EUREX auf Grundlage des von der FBE/ACI ermittelten Referenzzinssatzes (EURIBOR) für Einmonatstermingelder in Euro um 11.00 Uhr MEZ am letzten Handelstag festgelegt. Bei der Festlegung des Schlussabrechnungspreises wird der EURIBOR-Satz auf das nächstmögliche Preisintervall (0,005; 0,01 oder ein Vielfaches) gerundet und anschließend von 100 subtrahiert.
Handelszeit	8.45 bis 19.00 Uhr MEZ
Zusandekommen von Geschäften (Pro-Rata-Matching)	Die Zusammenführung von Aufträgen und Quotes, die sich auf den Einmonats-EURIBOR-Future beziehen, erfolgt nach dem Pro-Rata-Matching-Prinzip

▶ **Einnahmen**

(1) Entstehen im Zusammenhang mit Einzahlungen, die unmittelbar aus dem Absatz von Gütern oder Dienstleistungen anfallen (Barverkäufe), ferner wenn bei Absatz von Gütern oder Dienstleistungen Kredite gewährt werden. Diese Einnahmen werden erst im Zuge der Kredittilgung zu Einzahlungen. Ferner resultieren Einnahmen aus dem Empfang von Vorauszahlungen, wobei Lieferungen oder Leistungen erst später erbracht werden (Kundenvorauszahlung).

(2) Alle in einem Unternehmen eingehenden Zahlungen (Geldzuflüsse) in Form von Bargeld (Bargeldzuflüsse) oder Buchgeld (Überweisung, Scheck). Aus diesem Grund ist in der betriebswirtschaftlichen Literatur oft der Terminus Einnahmen durch Einzahlungen ersetzt. Entsprechend ihrer Kapitalwirksamkeit unterscheidet man kapitalfreisetzende und kapitalzuführende Einnahmen.

▶ **Einnahmenplan**

Ist wie der Ausgabenplan ein Bestandteil des Liquiditätsplans (→ Finanzplan). Er gibt eine Übersicht über die kurzfristig zu erwartenden Einnahmen aus dem Umsatz (Barverkäufe, Verminderung des Debitorenbestandes), Zufluss neuer Mittel (Kapitalerhöhung, Kreditaufnahme), Rückzahlung gewährter Kredite, Mieteinnahmen, Verwertung von Anlagevermögen, Beteiligungserträgen, Kundenanzahlungen. Eine Prognose kann mithilfe der Direktmethode und der kombinierten Methode erfolgen (→ Finanzplanung). Die Vorhersage der Bareinnahmen aus dem Umsatz kann mithilfe des → Liquiditätsspektrums vorgenommen werden.

▶ **Einnahmenprognose** → Finanzplanung, → Liquiditätsspektrum

▶ **Einschuss** → Margin

▶ **Einsteigen**

Gängiger Börsenausdruck für den Kauf von Wertpapieren.

▶ **Einzeldepot**

→ Depot mit nur einer verfügungsberechtigten Person.

▶ **Einzelkurs**

Wird zwischen Käufer und Verkäufer von Wertpapieren im fortlaufenden Handel vereinbart. Im Unterschied zum → Gesamtkurs hat der Einzelkurs nur für ein spezifisches Effektengeschäft Geltung.

▶ **Einzelschuldbuchforderung**

Schuldbuchforderung eines einzelnen Gläubigers.

▶ **Einzelwertberichtigung** → Wertberichtigung

▶ **Einzugsverfahren**

(Einziehungsverfahren, Lastschriftverfahren, rückläufige Überweisung) Vom Konto des Zahlungsverpflichteten werden mit dessen Zustimmung Forderungen bei Fälligkeit per Einzug oder Abbuchung eingezogen.

Grundlage ist in jedem Fall die schriftliche Zustimmung des Zahlungsverpflichteten. Beim Einzugsverfahren gibt der Zahlungsverpflichtete seine Einzugsermächtigung gegenüber dem Zahlungsempfänger ab, während beim Abbuchungsauftragsverfahren der entsprechende Auftrag vom Zahlungsverpflichteten an sein Kreditinstitut gegeben wird.

Grundlage beider Varianten ist das Abkommen über den Lastschriftverkehr in der aktualisierten Fassung vom 1. 7. 1982. Danach ist der Abschluss einer Vereinbarung über den Einzug von Forderungen mittels Lastschriften notwendig, die der Zahlungsempfänger mit seiner Hausbank (1. Inkassostelle) abschließen muss.

Das Einzugsverfahren wird i. d. R. durch folgende Merkmale bestimmt:
- langfristig ausgerichteter Auftrag;
- Rechnungsvorlegung jeweils durch gleiche Gläubiger;
- Regelmäßigkeit der Rechnungslegung zu ungefähr gleichen Terminen (nicht unbedingt erforderlich).

Das System des Einzugsverfahrens ist vielseitiger anwendbar als das des → Dauerauftrags, da die Zahlungen der Höhe nach variieren können und die Terminfixierung nicht unbedingt gegeben ist. Vorteile für Gläubiger: Zahlungseingangszeiten verkürzt, Rationalisierungseffekte; Schuldner vermeidet Säumniszuschläge und kann von pünktlicher automatischer Erledigung auch schwankender Zahlungsverpflichtungen ausgehen.

▶ **Emission**

(Engl. Emission, Issue of Securities)

(1) Erstausgabe von → Effekten. Ziel einer Emission ist die vollständige, risikofreie und kostengünstige Unterbringung von Wertpapieren zur Kapitalbeschaffung.

(a) Bei der → Selbstemission bemüht sich die Emittentin (z. B. Unternehmung, öffentliche Hand) ohne Einschaltung Dritter um die Unterbringung der Wertpapiere. Dieser Weg steht i.d.R. nur Emittenten mit einem kleinen Kreis von potenziellen Interessenten offen (z. B. AG mit wenigen Großaktionären bei Kapitalerhöhung).

(b) Die → Fremdemission wird der Selbstemission allgemein vorgezogen und vollzieht sich unter Einschaltung eines Kreditinstituts (selten) oder eines Bankenkonsortiums mit entsprechender Platzierungskraft. Das Konsortium fungiert als Begebungs-,Übernahmekonsortium oder kombiniertesÜbernahme- und Begebungskonsortium (→ Fremdemission, → Emissionskonsortium, → Aktienemission). Die Fremdemission bewirkt i.d.R. ein erhebliches Ansteigen der → Emissionskosten.

(2) Benennung für alle Wertpapiere, die zu einer Emission zählen. Zunehmend wird die Platzierung von Wertpapieren im Rahmen der → Kurspflege erfolgreich praktiziert. Insbesondere Zentralbanken als → Konsortialführer (so z. B. die Deutsche Bundesbank) nutzen diese Methode bei der Unterbringung großer Volumina.

▶ **Emissionsbedingungen** → Emissionspolitik

▶ **Emissionsdisagio** → Disagio

▶ **Emissionsgeschäft**

Bezeichung für die Tätigkeit einer Bank im Zusammenhang mit der → Emission von Wertpapieren. Im Regelfall wird diese Tätigkeit im Rahmen eines → Emissionskonsortiums ausgeübt.

▶ **Emissionshaus**

Federführend beteiligte Bank an einer Wertpapieremission.

▶ **Emissionskonsortium**

Bei Bedarf zu gründendes Bankenkonsortium (Gesellschaft bürgerlichen Rechts, § 705 BGB) mit dem Ziel eine Wertpapieremission unterzubringen (beim mittelbaren → Bezugsrecht, → Fremdemission). In der Regel ist eine der beteiligten Banken Konsortialführerin, manchmal teilen sich auch mehrere Banken diese Funktion. In Deutschland ist die Einschaltung eines Emissionskonsortiums der Regelfall. Es fungiert zumeist als Übernahmekonsortium, d. h. die Emission wird gegen eine entsprechende Vergütung – abhängig vom Volumen, Standing der Emittentin, Kapitalmarktsituation – fest übernommen. Anschließend wird die Emission dann am Markt untergebracht. Im Falle von Schwierigkeiten werden Restbestände zunächst in den Eigenbestand genommen und später platziert. Bei Aktienemissionen müssen die → Jungen Aktien i. d. R. den Altaktionären zunächst zum Bezug angeboten werden.

Der Erfolg oder Misserfolg der Unterbringung einer Emission hängt ab von der → Platzierungskraft der Konsortialbanken und den Bedingungen der Emission einschließlich des Emissionsvolumens vor dem Hintergrund der allgemeinen Kapitalmarktsituation und den Emissionsbedingungen. Insofern wird das Konsortium die Emittentin vorab entsprechend beraten. Um vor möglichen Regressen aus der → Prospekthaftung geschützt zu sein und zur Vorbereitung der Börseneinführung, wird das Bankenkonsortium außerdem im Zusammenhang mit den Emissionsvorbereitungen die erforderlichen Prüfungen vornehmen bzw. durchführen lassen.

▶ **Emissionskosten**

Einmalige Finanzierungskosten bei der Aufnahme insbesondere langfristigen Eigen- oder Fremdkapitals, wie Aktien, Anleihen, Schuldscheindarlehen (Kosten der Kapitalbeschaffung).

(1) *Aktien:* Notariats- und Gerichtsgebühren (für Beurkundung von Protokollen, Abschriften, Eintragungen in das Handelsre-

gister); Druckkosten (Urkunden) ca. 100 000 bis 150 000 DM. Das Bankenkonsortium erhält auf Basis des Emissionsbetrages ca. 2% Managementgebühr, ca. 3% Prämie für das Platzierungsrisiko, ca. 2% Verkaufsprovision; Kosten der Börseneinführung 1%.

Insgesamt betragen hier die Emissionskosten 6% bis 9% des Emissionsvolumens. Sie sind nicht zuletzt von der Verhandlungsstärke der Emittentin abhängig.

(2) *Industrieobligationen:* Banken- und Börseneinführungsprovision; Kosten der Sicherheitenbestellung; Gebühr für Börsenzulassung; Werbe- und Druckkosten. Einmalige Gesamtkosten des Anleihebetrages ca. 4,5% bis 5,5%.

(3) *Schuldscheindarlehen:* ca. 1,5% bis 2% des Darlehensvolumens.

▶ **Emissionskredit**

Kredit, den die Emissionsbank (i. d. R. → Emissionskonsortium) dem Emittenten gewährt, indem sie die Aktien bzw. Anleihen vor der endgültigen Platzierung übernimmt und bevorschusst.

▶ **Emissionskurs**

(Ausgabekurs) Kurs, zu welchem ein neu emittiertes Wertpapier potenziellen Kapitalanlegern zur Zeichnung angeboten wird. Bezogen auf den Nennwert können → Aktien und → Anleihen mit einem → Agio (bei Anleihen äußerst selten), Anleihen aber auch mit einem → Disagio (bei Aktien gem. § 9 AktG verboten; → Unterpariemission) offeriert werden.

▶ **Emissionsmarkt**

Wichtigster Teil des → Kapitalmarkts, auf dem → Aktien, → Anleihen und → Pfandbriefe emittiert werden.

▶ **Emissionspolitik**

Summe aller Absichten, Ziele und Maßnahmen, die auf eine optimale Finanzierung durch Emission von Effekten abstellen. Im

Rahmen der Emissionspolitik ist zunächst die Entscheidung hinsichtlich des einzusetzenden Instruments (z. B. Aktie, Wandelanleihe etc.) zu treffen. Darauf aufbauend und unter Berücksichtigung der aktuellen Marktsituation werden die Folgeentscheidungen (z. B. bei einer Aktienemission: Form und Methode der Emission, Bezugsrecht, Emissionskurs, Bezugsverhältnis, Emissionszeitpunkt etc.) getroffen.

▶ **Emissionspreis** → Emissionspolitik

▶ **Emissionsprospekt** → Prospekt

▶ **Emissionsrating** → Rating

▶ **Emissionsstanding**

Eigenschaft, die eine Emittentin besitzen muss, damit die potenziellen Kapitalanleger überhaupt gewillt sind ihr Kapital in den zu emittierenden Titeln der Unternehmung zu den von ihr gewünschten Konditionen zu zeichnen. Es hängt somit von der Bonität der Emittentin ab und schlägt sich im → Rating und in den Emissionsbedingungen nieder.

▶ **Emissionsverfahren**

(1) Vorgehen bei der Ausgabe von Effekten. Das Verfahren vollzieht sich in den Stufen:
- Ausstellung der Effekten durch den Emittenten (Kapitalnachfrager);
- Übernahme durch Bank(en)/Bankenkonsortium im Konsortial-, Tender- oder kombinierten Konsortial-/Tenderverfahren oder
- Direktplatzierung durch den Emittenten im Zuge der Selbstemission.

(2) Im Sinne der Emissionstechnik: → Selbstemission, → Fremdemission, Konsortialverfahren (Emissionskonsortium, Fremdemission), → Tenderverfahren, → kombiniertes Konsortial-/Tenderverfahren.

(3) Im Hinblick auf die Distributionsmethoden des Emissionskonsortiums bei der Durchführung der Begebung:
- Auflegung zur Zeichnung (Subskription), Zeichnung, Zuteilung;
- freihändiger Verkauf: allmählicher Absatz entsprechend der Marktlage (Bankenkonsortium nimmt zwischenzeitlich die Effekten in die eigenen Bestände);
- „Vertrieb (Verkauf) unter der Hand": diskreter Verkauf an Kapitalsammelstellen (Fonds, Versicherer etc.) und/oder bestimmte Investorengruppen unter Umgehung der Öffentlichkeit.

▶ **Endfällige Anleihe**

(Gesamtfällige Anleihe) Bezeichnung für eine → Anleihe, die insgesamt zu einem Termin am Ende der Laufdauer getilgt wird.

▶ **Endfälligkeit**

Bezeichnet den Rückzahlungstermin einer → endfälligen Anleihe.

▶ **Enger Markt**

Bezeichnung für den Tatbestand, dass sich nur relativ wenige Stücke eines Wertpapiers im Umlauf befinden.

▶ **Entity-Theorie**

(Engl. Entity = Wesen) betrachtet im Gegensatz zur → Agency-Theorie die Aktiengesellschaft als Einheit mit eigenständigem „Wesen". Nicht der Aktionär ist folglich der unmittelbare Einkommensempfänger, sondern die Aktiengesellschaft. Diese teilt dann dem Aktionär später sein anteiliges Einkommen in Form der → Dividende zu.

Rittershausen modifiziert die Entity-Theorie dahingehend, dass der nicht ausgeschüttete Einkommensteil als Vermögenszuwachs des Aktionärs betrachtet wird. Über das Einkommen verfügt die Aktiengesellschaft, nicht jedoch der Aktionär.

▶ **Entscheidungstheorie, finanzwirtschaftliche** → Kapitaltheorie

▶ **EONIA**

Abk. für EURO Overnight Index Average. Seit dem 4.1.1999 von der Europäischen Zentralbank auf Basis effektiver Umsätze nach der Zinsmethode act/360 berechneter Durchschschnittsatz für Tagesgelder „Overnight" im Interbankengeschäft. Der EONIA wird über Bridge Telerate publiziert und komplettiert die → EURIBOR-Zinsfamilie.

▶ **Equipment Leasing** → Leasing

▶ **Equity Linked Issue** → Optionsanleihe, → Wandelanleihe

▶ **Equity Sweeteners**

Bezeichnung für Optionsrechte auf Aktien (→ Optionsanleihe).

▶ **Equity Warrants**

→ Optionsscheine, die grundsätzlich unter bestimmten Bedingungen das Recht zum Bezug von → Aktien verbriefen.

▶ **Erfolgsbeteiligung**

(1) Oberbegriff für alle Arten von Modellen, auf deren Basis Arbeitnehmer zusätzlich zu ihrem Grundgehalt am Erfolg bzw. Gewinn der Unternehmung beteiligt werden. Der Umfang der Erfolgsbeteiligung, der allen Mitarbeitern auf vertraglicher Basis zugestanden wird, ist vom erzielten Gewinn abhängig.
Die individuelle Erfolgsbeteiligung und ihre Nutzung sind vom Erfolgsbeteiligungssystem abhängig, das die Basis für das Erfolgsmaß (z. B. Steuerbilanzgewinn), die Form der Übertragung, Verteilung, Nutzungsmöglichkeit etc. regelt.

(2) Oberbegriff für alle Formen der Erfolgsbeteiligung im Zusammenhang mit der Kapitalüberlassung. Im Gegensatz zum Eigenkapital fehlt dem Fremdkapital i. d. R. die Erfolgsbeteiligung Ausnahme: → Gewinnobligation.

▶ **Erfüllungsfrist**

Bezeichnung für den Zeitraum, innerhalb dessen die Abwicklung von Geschäften in Aktien und Anleihen vollzogen wird. Die z.Zt. üblichen Erfüllungsfristen belaufen sich z. B. für Deutschland 2 Tage.

▶ **Ergebnisabführungsvereinbarung** → Gewinnabführungsvertrag

▶ **Erneuerungsschein**

(Certificate of Renewal, Talon, Zinsleiste) die Wertpapierurkunde besteht aus → Bogen (Zins- bzw. Dividendenscheinbogen) und → Mantel. Der Bogen setzt sich zusammen aus Zins- bzw. Dividendenschein (Gewinnanteilschein) und Erneuerungsschein. Der Erneuerungsschein ist der unterste Teil des Bogens.

Sind die Zins- bzw. Dividendenscheine eines Bogens verbraucht, so dient er dem Bezug weiterer Zinsschein- oder Dividendenscheinbogen. Er trägt den rechtlichen Charakter eines Legitimationspapiers.

Üblicher Text bei Aktien: „Erneuerungsschein zur Aktie im Nennwert von einem €. Gegen Rückgabe dieses Erneuerungsscheins werden neue Gewinnanteilscheine, deren Erster auf Nummer . . . zu lauten hat, nebst Erneuerungsschein ausgehändigt". Bei Zinsscheinbogen z. B.: „Erneuerungsschein zum Zinsscheinbogen des 6%igen Hypothekenpfandbriefes über 1000 €. Dem Inhaber dieses Erneuerungsscheines werden gegen dessen Rückgabe nach dem . . . Zinsscheine für weitere 10 Jahre, von denen der Erste am . . . fällig wird, nebst einem neuen Erneuerungsschein von der Kasse der (z. B.) Baden-Württembergischen Bank ausgehändigt".

▶ **Eröffnungskurs**

Erste Notierung eines Wertpapiers im variablen Verkehr, die nach der Börseneröffnung erfolgt.

▶ **ERP-Programm**

(European Recovery Program) ursprünglich ein Bündel von Maßnahmen, welches zur Unterstützung des Wiederaufbaus in Europa nach dem 2. Weltkrieg durch die Vereinigten Staaten von Amerika im Rahmen des Marshall-Plans ergriffen wurde. Insgesamt wurden 13 Mrd. US-$ zur Finanzierung von Lieferungen aus den USA nach Europa bereitgestellt. Diejenigen Beträge, die von der Bundesrepublik Deutschland nicht zurückgezahlt wurden, sind in das ERP-Sondervermögen eingestellt worden.

Heute verbindet sich mit dem Terminus „ERP-Programm" ein umfangreiches Finanzierungsprogramm, welches unter bestimmten Bedingungen öffentlich zinssubventionierte Darlehen (Förderkredite) aus dem ERP-Sondervermögen bereitstellt.

▶ **Erste Hypothek**

(1) Ist wirtschaftlich gesehen für den Gläubiger eine risikofreie Beleihung während ihrer gesamten Laufdauer. Dieser Tatbestand wird erreicht, indem der → Beleihungswert nur zu 60% angesetzt wird. Außerdem muss – soweit die erste Hypothek durch eine Hypothekenbank begeben wird – das beliehene Objekt einen dauerhaften Ertrag abwerfen;

(2) Technisch gesehen, stellt sie die Eintragung an erster Rangstelle im Grundbuch dar. Die technisch erste Hypothek kann über den Beleihungswert von 60% hinausgehen.

▶ **Erste Notierung**

Bezeichnung für
(1) den → Eröffnungskurs;
(2) den ersten Kurs einer Aktie oder einer Schuldverschreibung, der im Zuge der Neueinführung ermittelt wurde.

▶ **Erste Notiz** → Erste Notierung, → Eröffnungskurs

▶ **Erster Kurs** → Erste Notierung, → Eröffnungskurs,
→ Anfangskurs

▶ **Erträgnisschein** → Coupon

▶ **Ertragsdenken**

Leitet sich aus der → Gewinnthese ab und besagt, dass der Aktionär (allgemeiner: Investor) bei seiner Anlageentscheidung vom erzielten Jahresüberschuss ausgeht. Die Verteilung des Gewinns in Dividendenausschüttung oder/und Rücklagendotierung ist für ihn zweitrangig. Prämisse für alle mit dem Ertragsdenken zusammengehörigen Bewertungen und Schlussfolgerungen ist die Kenntnis des tatsächlich erwirtschafteten Jahresüberschusses. Da der im Jahresabschluss ausgewiesene Gewinn hierfür wenig geeignet ist, wird als Größe oft die Relation → Gewinn je Aktie empfohlen (→ Renditedenken).

▶ **Ertragskraft**

Zentrales Anlageentscheidungskriterium in der → Wertpapieranalyse und Grundlage der Kreditvergabe bei der dynamisch orientierten Kreditwürdigkeitsprüfung. Unter der Ertragskraft versteht man die langfristige Fähigkeit eines Unternehmens Gewinne zu erzielen. Da sie eine zukunftsbezogene Größe darstellt, sind Analysen der Geschäftsentwicklung Vermögenslage und Finanzierung vor allem unter dem Aspekt ihrer künftigen Ertragswirksamkeit zu sehen. Als Indikatoren der Ertragskraft gelten primär die künftige Umsatzentwicklung, der → Gewinn je Aktie und der → Cash Flow.

▶ **Ertragswert**

(1) Terminus für den → Barwert der erwarteten künftigen Reinerträge einer Unternehmung. Damit zielt der Ertragswert auf den (Gesamt-)Wert des Unternehmens ab. Er ist abhängig von der Höhe der erwarteten Reinerträge, dem zeitlichen Horizont, der für die Dauer des Anfalls künftiger Reinerträge erwartet wird, der Höhe des → Kalkulationszinssatzes sowie ggf. von der Erwartung in einen anfallenden Liquidationserlös (→ Liquidationswert). Die Ertragswertermittlung erfolgt mithilfe spezieller → Ertragswertverfahren.

(2) Größe, die bei der Ermittlung des → Beleihungswerts einer Immobilie berücksichtigt wird. Danach ist der Ertragswert der um den Erhaltungsaufwand verminderte kapitalisierte Jahres-

mietwert. Der Erhaltungsaufwand wird in x Prozent des kapitalisierten Jahresmietwerts angesetzt. Die Höhe des Ertragswerts hängt vom Alter und Zustand des Objekts ab.

(3) Im Zuge der Einheitswertermittlung für land- und forstwirtschaftliche Betriebe wird deren Wirtschaftsteil mit einem Ertragswert angesetzt. Grundlage hierfür bietet das Bewertungsgesetz (BewG).

▶ **Ertragswertkurs**

Soll den inneren Wert einer Aktie unter Berücksichtigung der Erwartungen über die künftigen Erträge darstellen und damit eine Hilfestellung zur Ermittlung des „richtigen" Wertes einer Aktie geben. Berechnung:

$$E_{wk} = \frac{\text{Ertragswert}}{\text{Grundkapital}} \cdot 100,$$

wobei Ertragswert (E):

$$E = \sum_{t=1}^{n} \frac{G_t}{(1 + i)^t}$$

G_t = erwarteter Gewinn der Periode t,

t = (Periode t = 1 . . . n),

i = Kalkulationszinsfuß.

Der Ertragswertkurs kann in seiner Höhe erheblich über- oder unterschätzt werden, da die Erwartungen über die künftige Gewinnentwicklungen nicht unbedingt eintreffen müssen und/oder der Kalkulationszinssatz falsch bemessen wurde.

▶ **Ertragswertverfahren**

Verfahren zur Ermittlung des → Ertragswerts einer Unternehmung.

Der spezifischen Fragestellung entsprechend wird der Ertragswert nach folgenden Verfahren errechnet:

(1) Ertragsverfahren bei unterstellter zeitlich begrenzter Lebensdauer der Unternehmung.

   (a) Die Ermittlung des Ertragswerts (Ew) erfolgt bei im Zeitablauf in unterschiedlicher Höhe anfallenden Reinerträgen. Wird kein Liquidationserlös erwartet, so errechnet sich der Ertragswert wie folgt:

$$E_w = \sum_{t=1}^{n} G \cdot q^{-t}.$$

G   = zukünftiger Gewinn (Reinertrag) des Jahres 1 – n

q   = Abzinsungsfaktor der Periode t mit q = 1 + i

Wird ein Liquidationserlös (L) erwartet, so wird dieser einbezogen und ebenfalls abgezinst. Die obige Formel ist entsprechend zu erweitern:

$$E_w = \sum_{t=1}^{n} G \cdot q^{-t} + \frac{L}{q^t}.$$

(b) Die Ermittlung des Ertragswerts bei im Zeitablauf in gleicher Höhe anfallenden Reinerträgen erfolgt unter Verwendung der Rentenbarwertformel:

$$E_w = \frac{G(q^n - 1)}{q^n(q - 1)}.$$

(2) Verfahren zur Ertragswertermittlung bei unterstellter unbegrenzter Lebensdauer der Unternehmung:

$$E_w = \frac{G(q^n - 1)}{q(q^n - 1)} = \frac{G}{i}.$$

Die Aussagefähigkeit des Ertragswertverfahrens ist von der Bestimmung des Kalkulationszinssatzes sowie von der Qualität der Prognose hinsichtlich der künftigen Reinerträge abhängig.

▶ **Erweiterte Due Diligence** → Due Diligence

▶ **Erweiterter Rat** → Europäische Zentralbank

▶ **Erweiterungsemission**

Variante einer Wertpapieremission, die durch ein Realkreditinstitut unter gleichen Konditionen der jeweils vorangegangenen Emission erfolgt.

▶ **Erwerbskapital**

Früher gebräuchlicher Ausdruck für → Geldkapital.

▶ **ESZB** → Europäisches System der Zentralbanken

▶ **Eta**

Kennzahl, die die Veränderung es Optionspreises in Reaktion auf eine 1 %ige Veränderung des Volatilität des Basisgutes misst.

▶ **EUREX**

Größte Terminbörse der Welt, die 1998 durch Fusion der Deutschen Terminbörse (DTB) und der Schweizer Terminbörse SOFFEX entstanden ist. Die EUREX ist als reine Computerbörse konzipiert und eröffnet damit die Möglichkeit, den standortunabhängigen Vollzug des Computerhandels über angeschlossene Terminals auf einer elektronischen Handelsplattform. Die Handelsrichtlinien und Zulassungsregeln sind harmonisiert. Es existiert ein gemeinsames Clearinghaus.

▶ **EUREX-Produkte**

(1) Geldmarktprodukte
   - → Einmonats-EURIBOR-Future
   - → Dreimonats-EURIBOR-Future
   - → Option auf-Dreimomonats-EURIBOR-Future
(2) Kapitalmarktprodukte
   - → Euro-SCHATZ-Future
   - → Option auf Euro-SCHATZ-Future
   - → Euro-BOBL-Future
   - → Option auf den Euro-BOBL-Future
   - → Euro-BUND-Future
   - → Option auf Euro-BUND-Future
   - → Euro-BUXL-Future
   - → CONF-Future
   - → Option auf CONF-Future
(3) Aktienprodukte
   - → Aktienoptionen auf 33 deutsche Basistitel
   - → Aktienoptionen auf 19 schweizerische Basistitel
   - → Aktienoptionen auf 3 finnische Basistitel

- → Low Exercise Price Options (LEPO) auf deutsche Basistitel
- → Low Exercise Price Options (LEPO)auf schweizerische Basistitel
- → Low Exercise Price Options (LEPO)auf finnische Basistitel

(4) Indexprodukte
- → DAX–Future
- → DAX-Option
- → FOX-Future
- → SMI-Future
- → SMI-Option
- → Dow Jones STOXX 50 bzw. Dow Jones EURO STOXX
- → Dow Jones EURO STOXX 50 Option
- → Dow Jones STOXX 50 Option
- → Dow Jones Nordic STOXX 50 Future
- → Dow Jones Nordic STOXX 50 Option

▶ **EURIBOR**

Abk. für European Interbank Offered Rate. Interbanken Geldmarktsatz für 1 Woche sowie 1 bis 12 Monatgelder. Mit dem 1. Januar 1999 wurden die nationalen Referenzzinssätze in Euroland – wie z. B. der → FIBOR – durch die EURIBOR-Zinsfamilie ersetzt. EURIBOR-Sätze werden als ungewichtete Durchschnitte aus den Briefsätzen von 57 Panelbanken –nach Eintritt aller EU-Staaten werden es 64 Banken sein (47 aus Euroland, 4 aus der übrigen EU und 6 aus Nicht-EU-Ländern) – gebildet.

Die jeweiligen Sätze gelten als die Prime Rate der berichterstattenden Banken. Zur Vermeidung von Verzerrungen werden die höchsten und niedrigsten 15 % der gemeldeten Sätze in die Berechnung nicht einbezogen. Die Berechnung der ungewichteten Durchschnittsätze erfolgt seit dem 30.12.98 durch Bridge Telerate nach der Zinsmethode act/360. Die ermittelten EURIBOR-Sätze werden an jedem → Target-Handelstag um 11.00 Uhr Brüsseler Zeit über Bridge Telerate publiziert.

Die EURIBOR-Sätze bilden die jeweiligen Bezugsgrößen für die meisten variablen Anleihen sowie die ausgehandelten variablen Kreditverträge in der EU.

Die EURIBOR-Familie wird durch den → EONIA für Tagesgeld vervollständigt.

▶ **Euro**

Europäische Währungseinheit, die mit dem In-Kraft-Treten der Europäischen Währungsunion an die Stelle der bisherigen Währungen der Teilnehmerländer im Euro-Währungsraum getreten ist. Für eine Übergangszeit, die mit dem 30.Juni 2002 endet, gelten die alten Geldzeichen der Teilnehmerländer weiter Der Barzahlungsverkehr beginnt mit dem 1.1.2002. Im unbaren Zahlungsverkehr kann bereits der Euro verwendet werden. Die Währungen der Teilnehmerländer wurden zum 1.Januar 1999 in einem festen Umtauschverhältnis zueinander unwiderruflich fixiert. Vgl. hierzu nachstehende Tabelle. Im Verhältnis zu den Währungen außerhalb des Euro-Währungsraums wird an den Devisenbörsen der Euro notiert.

Belgien	Bfr	40,3399
Deutschland	DM	1,95583
Finnland	Fmk	5,94573
Frankreich	FF	6,55957
Irland	IRL	0,787564
Italien	Lit	1936,27
Luxembourg	Lfr	40,3399
Niederlande	Hfl	2,20371
Oesterreich	ÖS	13,7603
Portugal	ESC	200,482
Spanien	Pta	166,386

Umrechnungskurse der Euroländer für 1 €
Quelle: Europäische Zentralbank

▶ **Euro-Aktien** → Euro Equities

▶ **Euro-Anleihen** → Euro-Kapitalmarkt

▶ **Euro-BOBL-Future**

Produkt der EUREX

Basiswert	Fiktive mittelfristige Schuldverschreibung der Bundesrepublik Deutschland oder der Treuhandanstalt mit $3^1/2$–5 –jähriger Laufzeit und einem Kupon von 6 Prozent.
Kontraktwert	€ 100.000
Erfüllung	Eine Lieferverpflichtung aus einer Short-Position in einem Euro-BOBL-Future kann nur durch bestimmte Schuldverschreibungen – nämlich Bundesanleihen, Bundesobligationen, Bundesschatzanweisungen oder börsennotierte, von der Bundesrepublik Deutschland uneingeschränkt und unmittelbar garantierte Schuldverschreibungen der Treuhandanstalt – erfüllt werden, die am Liefertag eine Restlaufzeit von $3^1/_2$ – 5* Jahren erfüllt werden. Die Schuldverschreibungen müssen ein Mindestemissionsvolumen von 4 Mrd. DM oder Neuemissionen ab dem 1.1.1999 von 2 Mrd. € aufweisen.
Preisermittlung	In Prozent vom Nominalwert; auf zwei Dezimalstellen.
Minimale Preisveränderung	0,01 Prozent; dies entspricht einem Wert von € 10.
Liefertag	Der zehnte Kalendertag des jeweiligen Quartalsmonats, sofern dieser Tag ein Börsentag ist, andernfalls der darauf folgende Börsentag.
Liefermonate	Die jeweils nächsten drei Quartalsmonate des Zyklus März, Juni, September und Dezember.
Leferanzeige	Clearing-Mitglieder mit offenen Short-Positionen müssen der EUREX am letzten Handelstag des fälligen Liefermonats bis zum Ende der Post-Trading-Periode anzeigen, welche Schuldverschreibungen sie liefern werden.
Letzter Handelstag	Zwei Börsentage vor dem Liefertag des jeweiligen Quartalsmonat. Handelsschluss für den fälligen Liefermonat ist 12.30 Uhr MEZ.
Täglicher Abrechnungspreis	Volumensgewichteter Durchschnitt der Preise der letzten fünf zu Stande gekommenen Geschäfte, sofern sie nicht älter als 15 Minuten sind oder der volumensgewichtete Durchschnitt der Preise aller während der letzten Handelsminute zu Stande gekommenen Geschäfte, sofern in diesem Zeitraum Geschäfte zu Stande gekommen sind. Ist eine derartige Preisermittlung unmöglich oder entspricht der so ermittelte Preis nicht den tatsächlichen Marktverhältnissen, legt die EUREX den Abrechnungspreis fest.

Schlussabrech-nungspreis	Volumensgewichteter Durchschnitt der Preise der letzten zehn zu Stande gekommenen Geschäfte, sofern sie nicht älter als 30 Minuten sind oder der volumensgewichtete Durchschnitt der Preise aller während der letzten Handelsminute abgeschlossenen Geschäfte, sofern in diesem Zeitraum mehr als zehn Geschäfte zusammengeführt wurden. Der Zeitpunkt der Festlegung des Schlussabrechnungspreises ist 12.30 Uhr MEZ des letzten Handelstages.
Handelszeit	8.30 bis 19.00 Uhr MEZ

* Ab dem Verfallmonat September 2000 gilt ein Lieferfenster von $4^1/_2$–$5^1/_2$ Jahren. Das Lieferfenster von $3^1/_2$–5 Jahren gilt somit nur noch für die Verfallmonate März und Juni 2000.

▶ **Eurobonds** → Euro-Kapitalmarkt

▶ **Eurobox (€BOX)**

Rentenindex, der zur → BOX-Rentenindexfamilie gehört und die Entwicklung festverzinslicher Staatsanleihen den Ländern der Euro-Zone (ohne Luxemburg) misst. Der €BOX untergliedert sich weiter in Länderindices (€BOX Austria, €BOX Belgium, €BOX Finland, €BOX France, €BOX Germany, €BOX Ireland, €BOX Italy, €BOX Netherlands, €BOX Portugal, €BOX Spain).

Der €BOX und seine Subindices (Länderindices) werden als Korbindex und als synthetischer Rentenindex (Notional-Bond-Konzept) errechnet. Auf Länderebene werden Laufzeitklassen von ein bis zehn Jahren berechnet. Auf aggregierter Ebene werden zudem für die Laufzeitklassen 15 Jahre (10,5 bis unter 17,5 Jahre), 20 Jahre 17,5 bis unter 22,5 Jahre) und 30 Jahre (22,5 Jahre und länger) Korbindices ermittelt. Sämtliche €BOX-Indices (einschließlich der Subindices) werden als Kurs- und Performanceindices berechnet.

▶ **Euro-Bund Future**

Produkt der EUREX

Basiswert	Fiktive mittelfristige Schuldverschreibung der Bundes-republik Deutschland $8^1/_2$ – $10^1/_2$ –jähriger Laufzeit und einem Kupon von 6 Prozent.
Kontraktwert	€ 100.000
Erfüllung	Eine Lieferverpflichtung aus einer Short-Position in einem Euro-BOBL-Future kann nur durch bestimmte Schuldverschreibungen – nämlich Anleihen der Bundesrepublik Deutschland mit einer Restlaufzeit von von $8^1/_2$–$10^1/_2$ Jahren erfüllt werden. Die Schuldverschreibungen müssen ein Mindestemissionsvolumen von 4 Mrd. DM oder Neuemissionen ab dem 1.1.1999 von 2 Mrd. € aufweisen.
Preisermittlung	In Prozent vom Nominalwert; auf zwei Dezimalstellen.
Minimale Preis-veränderung	0,01 Prozent; dies entspricht einem Wert von € 10.
Liefertag	Der zehnte Kalendertag des jeweiligen Quartalsmonats, sofern dieser Tag ein Börsentag ist, andernfalls der darauf folgende Börsentag.
Liefermonate	Die jeweils nächsten drei Quartalsmonate des Zyklus März, Juni, September und Dezember.
Leferanzeige	Clearing-Mitglieder mit offenen Short-Positionen müssen der EUREX am letzten Handelstag des fälligen Liefermonats bis zum Ende der Post-Trading-Periode anzeigen, welche Schuldverschreibungen sie liefern werden.
Letzter Handelstag	Zwei Börsentage vor dem Liefertag des jeweiligen Quartalsmonat. Handelsschluss für den fälligen Liefermonat ist 12.30 Uhr MEZ.
Täglicher Ab-rechnungspreis	Volumensgewichteter Durchschnitt der Preise der letzten fünf zu Stande gekommenen Geschäfte, sofern sie nicht älter als 15 Minuten sind oder der volumensgewichtete Durchschnitt der Preise aller während der letzten Handelsminute zu Stande gekommenen Geschäfte, sofern in diesem Zeitraummehr als fünf Geschäfte zu Stande gekommen sind. Ist eine derartige Preisermittlung unmöglich oder entspricht der so ermittelte Preis nicht den tatsächlichen Marktverhältnissen, legt die EUREX den Abrechnungspreis fest.

Schlussabrech-nungspreis	Volumensgewichteter Durchschnitt der Preise der letzten zehn zu Stande gekommenen Geschäfte, sofern sie nicht älter als 30 Minuten sind oder der volumensgewichtete Durchschnitt der Preise aller während der letzten Handelsminute abgeschlossenen Geschäfte, sofern in diesem Zeitraum mehr als zehn Geschäfte zusammengeführt wurden. Der Zeitpunkt der Festlegung des Schlussabrechnungspreises ist 12.30 Uhr MEZ des letzten Handelstages.
Handelszeit	8.30 bis 19.00 Uhr MEZ

▶ Euro-BUXL Future

Produkt der EUREX

Basiswert	Fiktive mittelfristige Schuldverschreibung der Bundesrepublik Deutschland mit 20- bis $30^{1}/_{2}$–jähriger Laufzeit und einem Kupon von 6 Prozent.,
Kontraktwert	€ 100.000
Erfüllung	Eine Lieferverpflichtung aus einer Short-Position in einem Euro-Buxl-Future kann nur durch bestimmte Schuldverschreibungen – nämlich Anleihen der Bundesrepublik Deutschland – mit einer Restlaufzeit von 20- bis $30^{1}/_{2}$ Jahren erfüllt werden. Die Schuldverschreibungen müssen ein Mindestemissionsvolumen von 10 Mrd. DM oder Neuemissionen ab dem 1.1.1999 von 5 Mrd. € aufweisen.
Preisermittlung	In Prozent vom Nominalwert; auf zwei Dezimalstellen.
Minimale Preisveränderung	0,01 Prozent; dies entspricht einem Wert von € 10.
Liefertag	Der zehnte Kalendertag des jeweiligen Quartalsmonats, sofern dieser Tag ein Börsentag ist, andernfalls der darauf folgende Börsentag.
Liefermonate	Die jeweils nächsten drei Quartalsmonate des Zyklus März, Juni, September und Dezember.
Leferanzeige	Clearing-Mitglieder mit offenen Short-Positionen müssen der Eurex am letzten Handelstag des fälligen Liefermonats bis zum Ende der Post-Trading-Periode anzeigen, welche Schuldverschreibungen sie liefern werden.
Letzter Handelstag	Zwei Börsentage vor dem Liefertag des jeweiligen Quartalsmonats. Handelsschluss für den fälligen Liefermonat ist 12.30 Uhr MEZ.

Täglicher Ab-rechnungspreis	Volumensgewichteter Durchschnitt der Preise der letzten fünf zu Stande gekommen Geschäfte, sofern sie nicht älter als 15 Minuten sind oder der volumensgewichtete Durchschnitt der Preise aller während der letzten Handelsminute zu Stande gekommenen Geschäfte, sofern in diesem Zeitraum mehr als fünf Geschäfte zu Stande gekommen sind. Ist eine derartige Preisermittlung unmöglich oder entspricht der so ermittelte Preis nicht den tatsächlichen Marktverhältnissen, legt die EUREX den Abrechnungspreis fest.
Schlußabrech-nungspreis	Volumensgewichteter Durchschnitt der Preise der letzten zehn zu Stande gekommen Geschäfte, sofern sie nicht älter als 30 Minuten sind oder der volumensgewichtete Durchschnitt der Preise aller während der letzten Handelsminute abgeschlossenen Geschäfte, sofern in diesem Zeitraum mehr als zehn Geschäfte zusammengeführt wurden. Der Zeitpunkt der Festlegung des Schlussabrechnungspreises ist 12.30 Uhr MEZ des letzten Handelstages.
Handelszeit	8.30 bis 19.00 Uhr MEZ

▶ **Euro-CD** → Certificate of Deposit

▶ **Eurocheque**

(Euroscheck) Scheck, der als → Barscheck aber auch als → Verrechnungsscheck Verwendung findet. Der Euroscheck ist auf Einheitsvordrucken ausgefertigt (Vereinheitlichung im Format, grafischer Gestaltung, ausgestattet mit ec-Zeichen auf der Vorder- und Rückseite, dem Nationalstaatssymbol, Zeile für die Kartennummer auf der Rückseite, im Beitragsfeld steht Währung an Stelle von DM, es fehlen die Worte „aus meinem/unseren Guthaben"). Er wird i. d. R. in Verbindung mit der von der Bank ausgegebenen Euroscheckkarte (→ Scheckkarte) benutzt. Das Kreditinstitut übernimmt bei Ausstellung eines jeden eurocheques in Verbindung mit der Scheckkarte die Garantiehaftung bis zu einer Höhe von 400 DM. Bei im Ausland in Fremdwährung ausgestellten Schecks ist die Garantiehaftung auf den im jeweiligen Land geltenden Garantiehöchstbetrag begrenzt. Im Inland (Ausland) ausgestellte Euroschecks müssen binnen 8 (20) Tagen vorgelegt werden. Euroschecks werden i. d. R. in den Staaten der Europäischen Gemeinschaft, den angrenzenden Mittelmeerländern sowie den Staaten Nordafrikas und einigen Ländern Osteuropas akzeptiert.

▶ **Euro Clear**

(Euro Clear Clearance System plc) Clearing-Organisation im internationalen Wertpapierhandel mit Sitz in Brüssel. Sie wurde 1968 durch die Morgan Guaranty Trust Company als eigene Abteilung gegründet und 1972 durch die Euro Clear Clearance System übernommen. Gesellschafter sind 125 Finanzinterdediäre.

Clearstream übt Dienstleistungsfunktionen in folgenden Bereichen aus:
- Abrechnung von Eurobond Geschäften,
- Wertpapierverwahrung,
- Clearing für über 90 international gehandelte europäische Aktien,
- Gold-Clearing.

Konkurrenz existiert durch → CEDEL mit Sitz in Luxembourg.

▶ **Euro Commercial Papers (ECP's)**

→ Commercial Papers, die von Unternehmen (Banken oder Nichtbanken) am → Euro-Dollar- oder → Euro-Kreditmarkt im Rahmen von Euro-Commercial-Paper-Programmen begeben werden. Sie unterscheiden sich von den in den USA üblichen Commercial Papers (US Domestic Commercial Papers) in erster Linie durch eine stärkere Standardisierung in der Stückelung und längere Laufzeiten aus. Auch existiert im Gegensatz zu den USA kein (laufzeitbezogener) gesonderter Zinssatz für Commercial Papers. Die Verzinsung der ECP's basiert i. d. R. auf → LIBOR oder einer anderen Offered Rate (z. B. → EURIBOR) als Referenzzinssatz.

▶ **Euro-Dollar**

Guthaben nichtamerikanischer Banken, die auf US-$ lauten. Sie werden auf dem → Euro-Dollarmarkt gehandelt.

▶ **Euro-Dollar Futures Contract**

Zinsterminkontrakt auf Dreimonats-Euro-Dollar-Einlage. Kontraktvolumen: 1 Mio. US-$: Mindestwertänderung: 25 US-$ je Basispunkt.

▶ **Euro-Dollarmarkt**

(Euro-Geldmarkt) ist als internationaler Geldmarkt ein Teilmarkt der internationalen Finanzmärkte. Während in den Anfangszeiten die gesamte Geschäftstätigkeit in US-Dollar als einziger Währungseinheit abgewickelt wurde, bildeten sich später eigene Marktsegmente für andere Währungen, wie £, DM, sfr., Yen. Auch die zunächst gegebene geographische Eingrenzung auf Europa mit dem Hauptfinanzplatz London, später zusätzlich Luxembourg, wurde aufgeweicht. Heute wird diese Marktbezeichnung allgemein für internationale Geldmärkte verwendet, die nicht eindeutig lokalisiert sind. Die in Asien gelegenen Euromärkte werden z. Zt. auch mit dem Terminus Asien-Dollarmarkt belegt. Auf den Euro-Dollarmärkten legen Banken, andere → Finanzintermediäre, Unternehmen, Regierungen und Privatpersonen kurzfristig liquide Mittel an, während aus dem gleichen Kreis entsprechende Finanzmittel nachgefragt werden.

In der Regel bieten die kapitalnachfragenden Unternehmen bestimmte Titel (mit/ohne Einschaltung von Banken) an. Sie erhalten im Gegenzug eine bestimmte Menge an Währungseinheiten und lösen nach Fristablauf die Papiere wieder ein. Die Kapitalanbieter nehmen diese Titel bis zur Endfälligkeit in ihr Portefeuille. Sie haben aber auch die Möglichkeit bei plötzlich auftretendem Liquiditätsbedarf die Papiere am Markt unter Kursabschlag zu veräußern.

Bei den Titeln handelt es sich um → Euro-Commercial Papers (ECP's), → Certificates of Deposit (CD's), Bankakzepte (Bankers Acceptances).

Die Verzinsung ist abhängig von der Laufzeit, Bonität des Kapitalnachfragers und vom Marktzinsniveau. Sie erfolgt auf der Basis → LIBOR (CD's auf → LIBID) plus Aufschlag (minus Abschlag). Die Papiere werden i. d. R. mit dem entsprechenden Diskont (abhängig vom Marktzinssatz, Laufzeit und Bonität) ausgegeben.

Die Grenzen zwischen Euro-Dollarmarkt und → Euro-Kredit-markt verschwimmen z. T., da sich in jüngster Zeit neue Finanzie-rungsformen auf Basis der Geldmarktinstrumente am Eurokredit durchgesetzt haben (→ Securitization, → Note Insurance Facility, → Revolving Underwriting Facility).

▶ **Euro Equities**

(Euro-Aktien) Aktien, die an den internationalen Kapitalmärkten platziert und gehandelt werden. Ihre wachsende Bedeutung zeigt die Tabelle. Für die sich über diese Märkte finanzierenden Unterneh-men ist einerseits die Kapitalkraft der dort operierenden Anleger von Bedeutung, die auch für die Zukunft die Platzierung von → jungen Aktien ermöglicht. Außerdem wird über diese Märkte eine stärkere Streuung des Aktienkapitals erreicht.

	1994	1995	1996	1997
Euro Equities	37,0	26,7	34,8	42,2
Other international Share Placements	8,0	14,3	22,9	42,9
Insgesamt	45,0	41,0	57,7	85,1

International Equities in Mrd. US-$

Quelle: OECD (Hrsg.), Financial Market Trends, Heft 69, Feb. 1998, S. 76

▶ **Euro GLOBEX**

Terminbörsenallianz zwischen den Pariser Terminbörsen Matif und Monep, der spanischen Derivatebörse Meff sowie der Mailänder Terminbörse Mif. Mit dieser Terminbörsenallianz soll zur LIFFE (London) sowie der EUREX (deutsch-schweizerischen Termin-börse) ein entsprechendes Gegengewicht gebildet werden.

▶ **Euro Interbank Offered Rate** → EURIBOR

▶ **Euro-Kapitalmarkt**

Internationaler Markt für mittel- bis langfristige Kapitalanlagen bzw. Finanzierungsquelle bei entsprechendem Kapitalbedarf. Kapitalnachfrager sind Länder (Staatsadressen), Industrieunternehmen, Banken oder andere Finanzintermediäre. Finanzierungsinstrumente sind Euro-Anleihen in allen Varianten, Anleihen mit Festzinssatz (→ Straight Bonds) und → Floating Rate Notes in allen Formen. Auch in den übrigen Komponenten der Anleihebedingungen (→ Anleihe-Ausstattung) finden sich im Vergleich zur klassischen Festzinsanleihe starke Variationen, was zu entsprechender Typenvielfalt geführt hat.

Die → Anleihen sind vornehmlich in US-$ denominiert. Daneben finden sich Anleihen hauptsächlich in Pfund Sterling, Yen, sfr., DM, € sowie indexiert in → SDR.

In wachsendem Umfang werden auch → Euro Equities über diesen Markt finanziert. Seit 1983 hat dieser Markt im Verhältnis zum → Euro-Kreditmarkt weiter an Bedeutung zugenommen.

▶ **Euro-Kreditmarkt**

Internationaler Markt für kurz- und mittelfristige Kredite sowie Darlehen. Diese werden den Kreditnachfragern (Unternehmen, Länder, Städte, Gemeinden etc.) von → Bankenkonsortien angeboten. Diese syndizierten Kredite oder Darlehen sind nur in äußerst seltenen Fällen mit Festzinssatz für die gesamte Laufdauer ausgestattet, da die Kreditgeber sich am → Euro-Dollarmarkt kurzfristig revolvierend refinanzieren müssen. Hierdurch entstehen den Banken Zinssatzänderungs- und Anschlussfinanzierungsrisiken. Das Zinssatzänderungsrisiko können sie in jedem Fall auf den Kreditnehmer überwälzen. Aus diesem Grund erfolgt periodisch – 3, 6 Monate – eine Zinsanpassung. Referenzzins ist z. B. → LIBOR. Hinzu kommt ein Aufschlag, der der Bonität des Kreditnehmers und der allgemeinen Marktsituation Rechnung trägt. Auf Grund der oben beschriebenen Technik (Zinsanpassung und -überwälzung tragen diese Kredite die Bezeichnung → „Roll-over Kredite". Das Risiko der Anschlussfinanzierung kann über „Escape-Klauseln" ausgeschlossen werden. Sie sollen den Banken die Möglichkeit einer vorfristigen Vertragsauflösung im Falle der nicht erhältlichen Anschlussfinanzierung eröffnen. Der Schuldner muss in diesem Fall den offenen Kredit sofort tilgen. Notenbanken, die BIZ und nationale Aufsichtsbehörden bezweifeln aber, dass in einer derartigen Situation dieser Mechanismus funktioniert. Die Kredite lauten i. d. R. über Beträge von 50 Mio. US-$ und darüber. Sie werden in US-$, £, DM, sfr., Euro herausgelegt. Die Bedeutung der Euro-Kredite hat relativ zu anderen Finanzierungsinstrumenten, die während der letzten Jahre entwickelt worden sind, erheblich abgenommen. Die Substitution erfolgte hauptsächlich aus zwei Gründen: Die neuen Instrumente sind im Vergleich zum Euro-Kredit kostengünstiger und ermöglichen eine flexible Anpassung an die Bedürfnisse des Kreditnehmers. Die neuen Finanzierungsinstrumente wurden durch eine Kombination von Geldmarkttiteln (→ Euronotes, → Euro Commercial Papers, → Certificates of Deposit), Einräumung von Kreditlinien (Back up Facilities) – nicht in allen Fällen – und Rollover-Technik erreicht (→ Securitization).

▶ **Euro LIBOR**

Euro LIBOR ist der Nachfolger der britschen LIBOR-Geldmarktsätze. Die Geldmarktsätze beziehen sich auf die gleichen Laufzeiten wie die der → EURIBOR-Familie und werden am Finanzplatz London an jedem Target-Handelstag publiziert. Sie sind als direkte Weiterführung der ECU-LIBORs anzusehen und stehen in Konkurrenz zur EURIBOR-Zinsfamilie.

▶ **Euro Medium Term Note**

am Euromarkt emittierte Medium Term Note.

▶ **Euronext**

Geplante Börsenorganisation, in welcher sich die drei nationalen Börsen in Paris, Brüssel und Amsterdam zusammenschließen wollen. Möglicherweise werden sich weitere Börsen der neuen Organisation anschließen. Die neue Börsenorganisation wird ihre Tätigkeit voraussichtlich ab Herbst 2000 aufnehmen.

▶ **Euronotation**

Französische Ratingagentur. Ihre Aufgabe besteht vornehmlich im → Rating von Aktien und Anleihen, die von französischen Unternehmen emittiert wurden.

▶ **Euronote**

Kurzfristiger Schuldtitel, der mit Laufzeiten bis zu 5 Jahren, der von ersten Adressen am Euromarkt emittiert wird. Euronotes werden i. d. R. revolvierend emittiert, wobei sie in Verbindung mit → Non-underwritten Facilities, → Note Issuance Facilities oder ihren Varianten von ersten Adressen am Euromarkt ein außerordentlich kostengünstiges Finanzierungsinstrument mittelfristiger Natur sind. Sie sind entweder mit → Coupon ausgestattet oder werden diskontiert emittiert.

▪ ▶ **EURO NM**

Initiative der europäischen Börsen, die nationale Märkte für Wachstumsunternehmen betreiben. Neben der Frankfurter Wertpapierbörse mit dem Neuen Markt beteiligen sich die Pariser Börse mit dem Nouveau Marché, die Börse in Brüssel mit dem EURO.NM Belgium, die Börse Amsterdam mit dem NMAX(Nieuwe Markt) sowie die Mailänder Börse mit dem (Nuovo Mercato). Vgl. auch: → Neuer Markt. Durch die fünf Börsen wurden gemeinsame Zulassungs-, Regulierungs- und Handelsregeln beschlossen. Die einheitliche Umsetzung ist noch nicht vollständig gelungen.

▶ **Euro Overnight Index Average** → EONIA

▶ **Euro Schatz Future**

Produkt der EUREX

Basiswert	Fiktive kurzfristige Schuldverschreibung der Bundesrepublik Deutschland oder der Treuhandanstalt mit $1^3/_4$– $2^1/_4$–jähriger Laufzeit und einem Kupon von 6 Prozent.
Kontraktwert	€ 100.000
Erfüllung	Eine Lieferverpflichtung aus einer Short-Position in einem Euro-Schatz-Future kann nur durch bestimmte Schuldverschreibungen – nämlich Bundesschatzanweisungen, Bundesobligationen oder börsennotierte, von der Bundesrepublik Deutschland uneingeschränkt und unmittelbar garantierte Schuldverschreibungen der

	Treuhandanstalt – erfüllt werden, die am Liefertag eine Restlaufzeit von $1^3/_4$–$2^1/_4$ Jahren haben. Die Schuldverschreibungen müssen ein Mindestemissionsvolumen von 4 Mrd. DM oder Neuemissionen ab dem 1.1.1999 von 2 Mrd. € aufweisen.
Preisermittlung	In Prozent vom Nominalwert; auf zwei Dezimalstellen.
Minimale Preisveränderung	0,01 Prozent; dies entspricht einem Wert von € 10.
Liefertag	Der zehnte Kalendertag des jeweiligen Quartalsmonats, sofern dieser Tag ein Börsentag ist, andernfalls der darauf folgende Börsentag.
Liefermonate	Die jeweils nächsten drei Quartalsmonate aus dem Zyklus März, Juni, September und Dezember.
Lieferanzeige	Clearing-Mitglieder mit offenen Short-Positionen müssen der EUREX am letzten Handelstag des fälligen Liefermonats bis zum Ende der Post-Trading-Periode anzeigen, welche Schuldverschreibungen sie liefern werden.
Täglicher Abrechnungspreis	Volumensgewichteter Durchschnitt der Preise der letzten fünf zu Stande gekommenen Geschäfte, sofern sie nicht älter als 15 Minuten sind oder der volumensgewichtete Durchschnitt der Preise aller während der letzten Handelsminute zu Stande gekommenen Geschäfte, sofern in diesem Zeitraum mehr als fünf Geschäfte zu Stande gekommen sind. Ist eine derartige Preisermittlung unmöglich oder entspricht der so ermittelte Preis nicht den tatsächlichen Marktverhältnissen, legt die EUREX den Abrechnungspreis fest.
Schlußabrechnungspreis	Volumensgewichteter Durchschnitt der Preise der letzten zehn zu Stande gekommenen Geschäfte, sofern sie nicht älter als 30 Minuten sind oder der volumensgewichtete Durchschnitt der Preise aller während der letzten Handelsminute abgeschlossenen Geschäfte, sofern in diesem Zeitraum mehr als zehn Geschäfte zusammengeführt wurden. Der Schlussabrechnungspreis wird um 12.30 Uhr MEZ am letzten Handelstag festgelegt.
Handelszeit	8.30 bis 19.00 Uhr MEZ

▶ **Euroscheck** → Eurocheque

▶ **Euroscheckkarte** → Scheckkarte

▶ **Euro-Sic**

Euro Clearing-System der Schweiz.

▶ **Europäische Option** → European Option

▶ **Europäische Währungseinheit** → ECU

▶ **Europäische Zentralbank (EZB)**

(European Central Bank) hat mit dem 1. Juli 1998 die Arbeit aufgenommen Ihre Vorgängerin war das Europäische Währungsinstitut (EWI). Mit dem Beginn der dritten Stufe nahm das Europäische System der Zentralbanken (ESZB) seine Arbeit auf. Damit hat die EZB am 1.Januar 1999 die geldpolitische Verantwortung für den gemeinsamen Währungsraum übernommen.

Oberstes Organ der EZB ist der EZB-Rat. Er bestimmt die Leitlinien der Geldpolitik und setzt sich aus den Gouverneuren der Teilnehmer-Notenbanken und den Mitgliedern des EZB-Direktorium zusammen. Von einigen Ausnahmen abgesehen, werden die Ratsbeschlüsse von den Mitgliedern mit einfacher Mehrheit gefasst.

Das Direktorium als weiteres Organ der EZB, führt die laufenden Geschäfte der Europäischen Zentralbank. Es setzt sich zusammen aus dem Präsidenten, dem Vizepräsidenten und bis zu weiterer vier Mitgliedern.

Als drittes Organ exisitiert der Erweiterte Rat der EZB. Dieser setzt sich aus dem Präsidenten und Vizepräsidenten der EZB und den Notenbankgouverneuren aller EU-Länder zusammen. Somit sind im Erweiterten Rat auch die EU-Länder vertreten, die nicht an der Währungsunion teilnehmen. Der Erweiterte Rat der EZB hat lediglich beratende Funktion und wird bei Fragen grundsätzlicher Art (z. B. Entscheidung über die Aufnahmen zusätzlicher Teilnehmerländer) konsultiert.

▶ **Europäisches System der Zentralbanken (ESZB)**

Das ESZB umfasst neben den Mitgliedern des → Eurosystems, die Nationalen Zentralbanken (NZBen) der Mitgliedstaaten, die den € mit Beginn der dritten Stufe der WWU zum 1. 1. 1999 nicht eingeführt haben. Das Europäische System der Zentralbanken wird vom EZB-Rat und dem Erweiterten Rat der Eurropäischen Zentralbank (→ EZB) geleitet.

▶ **Europäisches Währungssystem (EWS)**

Ehemaliges Währungssystem der Europäischen Gemeinschaft, durch das zwischen nahezu allen Währungen der Europäischen Gemeinschaft ein System fester Wechselkurse existierte (Ausnahmen: Griechenland und Großbritannien). Das System beruhte auf einem Wechselkursmechanismus, der die Abweichung der Wechselkurse von den bilateralen Leitkursen um ± 2,5 % (für die Lira ± 6 %) zuließ und die Notenbanken bei Über-/Unterschreiten zur Intervention verpflichtete. Die Interventionen erfolgten mithilfe eines Kreditsystems auf Basis der → ECU (European Currency Unit) nach einem eigens hierfür festgelegten System. Schließlich existierte ein Regelwerk für ein umfassendes finanzielles Beistandssystem. Mit Einführung des Europäischen Systems der Zentralbanken (ESZB)und des Euro hat das EWS aufgehört zu bestehen.

▶ **European Central Bank** → Europäische Zentralbank

▶ **European Option**

Bezeichnung für eine Kauf- oder Verkaufsoption, die – im Gegensatz zur → American Option – nur am Verfalltag ausgeübt werden kann.

▶ **European Style Option** → European Option

▶ **Eurosystem**

Die Europäische Zentralbank (EZB) und die Nationalen Zentralbanken (NZBen) der Mitgliedstaaten, die in den Euro in der dritten

Stufe der Wirtschafts- und Währungsunion (WWU) zum 1.1.1999 eingeführt haben, bilden das Eurosystem. Geleitet wird das Eurosystem wird → EZB-Rat und dem Direktorium der → EZB geleitet.

▶ **EUROTOP 100 Index**

Auf Realtime-Basis berechneter Aktienindex der Amsterdamer Optionsrealtimebörse (EOE-OPTIEBEURS). In diesen Aktienindex sind die 100 liquidesten Aktien aus neun Ländern (Belgien, Deutschland, Frankreich, Großbritannien, Italien, Niederlande, Schweiz, Schweden, Spanien) einbezogen. Auf den EUROTOP 100 werden an einigen Terminbörsen → Futures und → Optionen gehandelt.

▶ **EUROTRACK 100** → FTSE Eurotrack-100-Index

▶ **EUROTRACK 200** → FTSE Eurotrack-200-Index

▶ **EVA** → Economic Value Added

▶ **Evergreen Facility**

Kredit-Fazilität mit unbegrenzter Laufzeit. Die Evergreen Facility ist nur durch Kündigung aufhebbar.

▶ **EWI**

Abk. für Europäisches Währungsinstitut. Das EWI war die Vorläuferin der → Europäischen Zentralbank.

▶ **Ewige Anleihe**

→ Anleihe, die keinen festen Rückzahlungstermin ausweist (Perpetual Floater; → Floating Rate Note).

▶ **Ewige Rente**

Bezeichnung für einen Rentenwert ohne Laufzeitbegrenzung.

▶ **exB** → Kurszusätze

▶ **exBezugsrecht** → Bezugsrechtsabschlag, → Kurszusätze

▶ **exBR** → Kurszusätze

▶ **Exchange Electronic Trading**

Exchange Electronic Trading (→ XETRA)

▶ **Exchange Traded Funds (EFTs)**

Index Fonds. Bei dieser Produktinnovation handelt es sich um ein Hybrid, das zwischen Investmentfonds und Aktien angesiedelt ist. Die Fonds sind derart konstruiert, dass die in ihm enthaltenen Aktien in ihrer Diversifikation und jeweiligen Gewichtung exakt einen Index nachbilden. Im Vergleich zu klassischen Aktienfonds ist es ein weiteres Novum, dass die Fonds-Anteile an der Börse in einem speziellen Marktsegment (z. B. USA) laufend gehandelt werden.

▶ **exD** → Kurszusätze

▶ **exDiv** → Kurszusätze

▶ **Exercise Price** → Basispreis

▶ **Exit Bond**

Staatsanleihe (→ Anleihe), die von ihrem Emittenten zur Ablösung bestehender Kreditverbindlichkeiten begeben wird.

▶ **Exit Costs**

Auflösungskosten einer Position.

▶ **Exoten**

Wertpapiere (i. d. R. Schuldverschreibungen), die aus Ländern Südamerikas oder Schwarzafrikas stammen. Die Emittenten können diese Staaten selbst oder aber Unternehmen, die in diesen Staaten beheimatet sind, sein und zeichnen sich zumeist durch eine zweifelhafte → Bonität aus.

▶ **Exotische Optionen**

Sämtliche Optionsvarianten, die nicht den klassisch strukturierten Optionen (Plain Vanilla Optionen) in den Call- und Put-Varianten zuzuordnen sind. Entsprechend der Klassifizierung nach dem Kriterium der Gegenleistung bei Barausgleich ergibt sich folgende Unterscheidung:

(1) Festbetrag (z. B. Range Optionen),
(2) Differenz zwischen Basispreis und Marktpreis
    (a) Basispreis steht bei Emission fest
        (aa) Normales Optionsrecht
        (bb) Wandelbares Optionsrecht (Chooser Optionen)
        (cc) zum späteren Zeitpunkt entstehendes oder verfallendes Optionsrecht (Barrier Options, Knock-out Options, Digital Option)
    (b) Basispreis steht bei Emission nicht fest (z. B. Lookback-Optionen)

▶ **Expenses**

(Out of Pocket Expenses) Nebenkosten, die im Rahmen eines Kreditgeschäfts enstehen bzw. enstanden sind. Sie sind im Regelfall durch den Kreditnehmer zu übernehmen.

▶ **Expiration Date** → Verfalldatum

▶ **Expiry** → Verfalldatum

▶ **Exportbürgschaft** → Ausfuhrbürgschaft

▶ **Exportfactoring**

Das Ausfuhrgeschäft birgt für den Exporteur besondere Risiken. Dies ist vor allen Dingen in der Bonität der Abnehmer und durch das Problem der Rechtsverfolgung in ausländischen Staaten begründet. Hinzu kommt, dass ausländische Kunden mitunter sehr lange Zahlungsziele in Anspruch nehmen, wodurch der Exporteur nicht nur zum Lieferanten, sondern auch Kreditgeber seiner Kundschaft wird.

Je nach Vertrag übernehmen Factor-Institute auch für das Exportgeschäft die Finanzierungsfunktion – allein oder gemeinsam mit der Delkrederefunktion.Die Abwicklung vollzieht sich ähnlich wie beim klassischen → Factoring, mit dem Unterschied, dass zwei Factoring-Häuser (Export- und Import-Factor) eingeschaltet sind. Exportfactoring wird deshalb nur von solchen Factors betrieben, die in den betreffenden Partnerstaaten über Korrespondenten oder Schwestergesellschaften verfügen.

▶ **Exportfinanzierung** → Außenhandelsfinanzierung

▶ **Exportgarantie**

Für die im Ausland liegenden wirtschaftlichen und politischen Risiken von Warenlieferungen und Dienstleistungen übernimmt die Bundesrepublik Deutschland – unter bestimmten Bedingungen – die Deckung (Hermes-Deckung) in Form von Garantien oder Bürgschaften. Mit der Abwicklung sind die Hermes-Kreditversicherungs-AG (Federführung) und die Treuarbeit beauftragt.

▶ **Export-Leasing**

(Cross-Border-Leasing) Form der Exportfinanzierung, wobei ein oder mehrere inländische Investoren (Leasinggeber, z. B. Leasing-Gesellschaften, Banken, Großunternehmen) bei einem inländischen Produzenten einen Leasinggegenstand genau nach Wunsch des ausländischen Nutzers (Leasingnehmer) bestellen, kaufen und an den Leasingnehmer vermieten. Cross-Border-Leasing findet sich vor allem bei hochwertigen Exportgütern (z. B. Flugzeuge, Kraftwerke, Anlagen).
Der ausländische Leasingnehmer genießt vor allem folgende Vorteile:
- Durch Cross-Border-Leasing ist die volle Finanzierung der Anschaffungskosten gewährleistet ohne entsprechende Liquidität bereitstellen zu müssen.
- Der Leasingnehmer kann eine langfristige Nutzung zu flexiblen Zahlungsbedingungen sicherstellen (z. B. Kopplung der Leasingrate an erzielte Erträge).

- Cross-Border-Leasinggeschäfte sind für den Leasingnehmer in vielen Ländern bilanzneutral. Je nach den nationalen steuerrechtlichen Grundsätzen kann die Aktivierung des Leasinggegenstandes sowohl beim Leasinggeber als auch beim Leasingnehmer vorgenommen werden (Doppelaktivierungs- oder „Double Dip"-Leasing).
- Da der inländische Leasinggeber durch die Verrechnung der Abschreibung und der Finanzierungskosten seine Steuerlast verringert, können diese Einsparungen voll oder teilweise durch geringere Leasingraten an ausländische Leasingnehmer weitergegeben werden.

▶ **exQuay** → Incoterms

▶ **exShip** → Incoterms

▶ **Extendable Bond**

→ Anleihe, die dem Anleihegläubiger ein → Optionsrecht auf Verlängerung der Laufdauer bei im Regelfall gleichen Konditionen um einen ex ante fixierten Zeitraum einräumt.

▶ **External Indebtedness**

Verschuldung des Kreditnehmers
(1) gegenüber Gebietsfremden in nationaler (heimischer) Währung oder/und
(2) in Fremdwährung.

▶ **Extrinsic Value** → Zeitwert

▶ **exWorks** → Incoterms

▶ **EZB**

Abk. für → Europäische Zentralbank

▶ **EZB-Direktorium** → Europäische Zentralbank

▶ **EZB-Rat**

Umfasst alle Mitglieder des Direktoriums der Europäischen Zentralbank sowie die Zentralbankpräsidenten der Mitgliedsländer.

F

▶ Face Value

(a) Bezeichnet den Nominalwert einer Schuldverschreibung oder eines anderen Investments zum Zeitpunkt seiner Fälligkeit.

(b) → Notional Instruments

▶ Factoring

Leistungsangebot durch vertraglich fixierten Ankauf von Forderungen aus Lieferungen und Leistungen durch einen Factor. Hierbei handelt es sich um ein Kreditinstitut oder spezielles Finanzierungsinstitut. Factoring kann folgende Teilangebote umfassen:

- Finanzierungsfunktion: Barbevorschussung der ausstehenden Forderungen,
- Delkrederefunktion: Übernahme des Ausfallrisikos,
- Dienstleistungsfunktion: Übernahme der Debitorenbuchhaltung, Inkasso und Mahnwesen.

Entsprechend dem vertraglich fixierten Umfang, wird unterschieden in:

- Standardfactoring: alle Funktionen (Finanzierungs-, Delkredere- und Dienstleistungsfunktion).
- unechtes Factoring (Recourse Factoring): keine Delkrederefunktion,
- neues Factoring: keine Dienstleistungsfunktion,
- Inkasso-, (Maturity- oder Collecting-Factoring: keine Finanzierungsfunktion.

Wird dem Schuldner die Abtretung der Forderungen an den Factor mitgeteilt, so handelt es sich um notifiziertes Factoring. Erfolgt keine derartige Mitteilung an den Schuldner, so handelt es sich um nichtnotifiziertes Factoring.

Durch Factoring wird eine umsatzbezogene Finanzierung erreicht (de facto handelt es sich aber um eine Finanzierungsersatzmaßnahme). Entsprechend dem Rechnungsanfall erfolgt ein Aktivtausch auf der Sollseite der Bilanz. Ein Sperrbetrag von 10 – 20 % des jeweiligen Forderungsbetrages wird für evtl. Skontoziehungen, Reklamationen, Rabatte etc. nicht bevorschusst. Die Finanzierungsfunktion durch den Factor erfolgt aber lediglich im Rahmen des Standardfactoring. Dagegen wird im Rahmen des Maturity Factoring die Finanzierungsfunktion durch den Factor nicht erfüllt, da der Ankauf lediglich zum individuellen Fälligkeitszeitpunkt der Forderung erfolgt. Die Delkrederefunktion bietet einen vollständigen Schutz vor dem Ausfallrisiko. Die Kosten für die Inanspruchnahme der Delkrederefunktion sind von der Bönität der Abnehmer und der Länge der Zahlungsziele abhängig. Sie werden im Regelfall mit 0,1 – 0,5 % des Umsatzes berechnet. Allerdings sind hier auch gesonderte Berechnungsmodalitäten möglich. Die Dienstleistungsfunktion ist abhängig vom vereinbarten und mengenmäßigen Leistungsanfall. Entsprechend entstehen Kosten in Höhe von ca. 0,5 – 3,0 % des Gesamtumsatzes

Für die Unternehmen kann die Inanspruchnahme des Factoring u.U. folgende Vorteile haben:

- vorfristige Freisetzung des in den Außenständen gebundenen Kapital und damit die Erhöhung der Kapitalumlaufsgeschwindigkeit,
- Erhöhung der Liqudität,
- bei vereinbarter Ausübung der Delkrederefunktion durch den Factor: Aufhebung des Ausfallrisikos beim Klienten,
- bei vereinbarter Servicefunktion durch den Factor: entsprechende Funktionsausgliederung (Inkasso, Debitorenbuchführung, Mahnwesen) und damit u.U. ein Kostensenkungseffekt insbesondere bei kleinen Unternehmen.

	1995	1996	1997	1998
International	4,70	5,62	6,74	7,94
National	19,25	23,66	28,22	32,01
Insgesamt	23,95	29,28	34,96	39,95

Factoring-Umsatz in Deutschland in Mrd. DM
Quelle: Deutscher Factoring Verband

▶ **Fälligkeit**

Terminbezeichnung für die Einlösungsverpflichtung einer Verbindlichkeit. D. h., dass mit dem Zeitpunkt der Fälligkeit der Gläubiger die Leistung verlangen kann.

▶ **Fälligkeitshypothek** → Hypothek

▶ **Fair Value**

Theoretisch richtiger oder gerechter, da arbitragefreier Preis bzw. Wert eines Termininstruments (Option, Optionsschein, Futures und Swaps). Käufer und Verkäufer sind hier nicht schlechter gestellt als bei einem entsprechendem Kassageschäft.

▶ **fas** → Incoterms

▶ **FAZ-Aktienindex**

Gewichteter Kursindex, der sich nach *Paasche* errechnet. Veränderungen der Aktienkurse, die auf Kapitalveränderungen zurückgehen, werden durch einen Ausgleichsfaktor eliminiert. Durch Dividendenzahlungen bedingte Kursrückgänge werden wie Kursverluste behandelt. Erfasst werden die Kurse von 100 Aktiengesellschaften, deren Werte in Frankfurt variabel gehandelt werden und einem ausreichenden Grundkapital zum Börsenhandel zur Verfügung stehen (→ Free Float). Als Subindices werden zusätzlich folgende Branchenindices errechnet: Banken, Versicherungen, Elektroindustrie, Bau- und Grundstückswerte, Großchemie, Sonstige Chemiewerte, Versorgungsaktien, Auto- und Zulieferindustrie, Maschinenbau, Grundstoffe, Handel und Verkehr, Konsumgüter. Der Index ist mehrfach (1970, 1982, 1988, 1993) auf die jeweiligen Marktgegebenheiten neu ausgerichtet worden.

▶ **FAZ-Performance-Index**

→ Performanceindex, der die Wertentwicklung einer Anlage am deutschen Aktienmarkt insgesamt darstellt. Außerdem werden Sub-

Indices errechnet. Folgende Branchenindices existieren: Maschinenbau, Auto- und Zulieferindustrie, Versicherungen, Versorgungsaktien, Handel und Verkehr, Banken, Großchemie, sonstige Chemiewerte, Grundstoffe, Elektroindustrie, Konsumgüter, Bau- und Grundstückswerte. Der Performance-Index bezieht auch die Bardividenden ein, die auf die im Index enthaltenen 167 Aktien gezahlt werden. Als Basiszeitpunkt wurde der 30. Dezember 1962 mit einem Indexstand von 100 festgesetzt.

▶ Fazilitäten

Kreditlinien, die
(1) Korrespondenzbanken jeweils einander einräumen umso die laufende Geschäftstätigkeit im internationalen Zahlungsverkehr schneller abwickeln zu können;
(2) die am → Eurokreditmarkt den Kreditnehmern eingeräumt werden, die sich durch revolvierende Emissionen von → Euronotes oder Euro CD mittelfristig finanzieren, wobei die Programme durch → Note Issuance Facilities (NIF's) oder Varianten (z. B. RUF's) unterlegt werden.

▶ Fed Wire

Elektronisches System der Federal Reserve (US), welches generell als Clearing-, Kommunikations- und Übertragungssystem konzipiert wurde. Es dient vornehmlich Transaktions- und Abrechnungsprozessen bei Federal Funds und Staatspapieren.

▶ Federführende Bank

Das Kreditinstitut, welches im Rahmen einer Wertpapieremission für das gesamte → Konsortium die Administration übernimmt und insbesondere die Verhandlungen zwischen Konsortium und Emittent leitet.

▶ Feinsteuerungsoperationen

Befristete Transaktionen, die durch das ESZB zur Steuerung der Marktliquidität un der Zinssätze durch definitive Käufe und Verkäufe von Aktiva, Devisenswapgeschäfte oder die Hereinnahme von Termineinlagen realisiert werden. Die Durchführung erfolgt üblicherweise in Form von → Schnelltendern oder durch bilaterale Geschäfte. (Vgl.: → Offenmarktgeschäfte des ESZB).

▶ Feste Übernahme

Vollständige Übernahme einer Emission zu ex ante fixierten Bedingungen durch ein Emissionskonsortium (Übernahmekonsortium). Für den Fall, dass die Titel nicht vollständig im Markt untergebracht werden können, übernehmen die Mitglieder des Konsortiums die nicht platzierten Titel in die Eigenbestände (→ Emissionsverfahren).

▶ Festgeld

Befristete Einlage (→ Termineinlage), die bei Kreditinstituten auf eine ex ante festgelegte Laufzeit (Mindestlaufzeit 30 Tage bzw. 1 Monat) angelegt wird. Der Zinssatz für Festgeld richtet sich nach den Geldmarktsätzen für vergleichbare Fristen. Einleger sind Privatkunden, Unternehmen und Kreditinstitute.

▶ Festhypothek → Hypothek

▶ Festjahre

Zeitraum der Laufdauer, innerhalb dessen eine → Anleihe nicht kündbar ist.

▶ Festlaufzeit

Eigenschaft einer → Anleihe, die dem Anleihegläubiger zusichert, dass eine Konditionsänderung (in erster Linie Kündigung) während der Laufdauer ausgeschlossen ist.

▶ Festpreisverfahren

Klassisches Verfahren der Emissionskursfestsetzung im Zuge einer (Wertpapier-) → Emission. Bei diesem Verfahren der Emissionspreisfindung setzt die Emittentin allein oder gemeinsam mit der

Konsorttialbank (→ Fremdemission) den Bezugskurs der Wertpapiere fest. Allerdings ergibt sich bei Realisierung der Zielsetzung, die Emission schnell, vollständig und kostengünstig zu platzieren, die Schwierigkeit der Fixierung des optimalen Bezugskurses.

Bei den zwischenzeitlich außerordentlich stark gestiegenen Emissionsvolumina gewinnt das → Bookbuilding-Verfahren zunehmend an Bedeutung, da hier die Investoren in den Preisbildungsprozess einbezogen werden. Damit ist hier der Preis eine Funktion der Nachfrage und nicht, wie beim Festpreisverfahren, die Nachfrage eine Funktion des Preises.

Neben Festpreisverfahren und Bookbuilding-Verfahren hat das → Auktionsverfahren stark an Bedeutung erlangt.

▶ **Festsatztender**

Synonym für Mengentender (→ Tenderverfahren)

▶ **Festverzinsliches Wertpapier**

Alle Arten von Wertpapieren, bei denen für die gesamte Laufdauer eine feste Verzinsung festgelegt wurde. Gegensatz: Wertpapiere mit indexierter Verzinsung (→ Indexierte Anleihen) und Dividendenwerte (→ Aktien).

▶ **Festzinsanleihe**

→ Anleiheform, die durch feste halbjährliche oder jährliche Zinszahlungen charakterisiert ist, die über die gesamte Laufzeit unverändert bleiben (klassischer Anleihetyp). Vgl.: → Anleihebedingungen → Anleihe, → Industrieobligation

▶ **FIBOR**

Frankfurt Interbank Offered Rate. Interbanken Geldmarktsatz für 1 bis 12 Monatsgelder am Finanzplatz Frankfurt a. M., der – ebenso wie der Tagesgeld-Fibor – mit der → FIBOR-Überleitungsverordnung vom 10. Juli 1998 zum 1. 1. 1999 durch den → EURIBOR (Euro Interbank Offered Rate) und den → EONIA-Satz (Euro Overnight

Average Index) ersetzt wurde. Die FIBOR-Überleitungs-Verordnung wurde im Rahmen von § 3 Abs. 2 des Diskontsatz-Überleitungsgesetzes erlassen.

▶ **Fiktiver Kurs** → Taxkurs

▶ **Fill or Kill (FOK)**

Variante eines limitierten Auftrags, der zur Durchführung von Optionsgeschäften an Terminbörsen erteilt wird. Danach kann der Börsenauftrag nur sofort und vollständig ausgeführt werden. Kann die Order nicht zu den Konditionen der Auftragserteilung vollständig ausgeführt werden, ist sie hinfällig (→ Immidiate or Cancelled).

▶ **Finance Hedging**

Technik zur Absicherung gegen Wechselkursrisikien. Ansatzpunkt ist die Schaffung einer Gegenposition (plus oder minus) zu einem existierenden Währungsrisiko, d. h. zu einer offenen Währungsposition.

Beispiele:
Schließt ein deutscher Importeur eine Abwertung gegenüber dem US-$ nicht aus, so wird er für eine nach z. B. in 60 Tagen zu begleichende Währungsposition (z. B. 5 Mio. US-$)
(a) einen DM-Kredit aufnehmen,
(b) diesen für einen sofortigen Ankauf der entsprechenden Menge von Devisen am Kassamarkt verwenden (hier 5 Mio. US-$),
(c) die Devisen bis zur Fälligkeit der Zahlungen zinsbringend anlegen,
(d) zum Fälligkeitstermin aus seinem Devisenguthaben seine Zahlung leisten,
(e) die Rückzahlung des aufgenommenen DM-Kredits aus dem Erlös der importierten Güter vornehmen.
Schließt ein deutscher Exporteur eine Dollarabwertung gegenüber der DM nicht völlig aus, so wird er einem derartigen Risiko, das ihm durch die Abwertungsverluste seiner künftigen US-$ Forderungen (z. B. 1 Mio. US-$ in 3 Monaten) entstehen kann, wie folgt begegnen:

> (a) Aufnahme eines Dollarkredites,
> (b) sofortiger Verkauf am Kassamarkt (Tausch in DM),
> (c) zwischenzeitliche zinsbringende Anlage des DM-Betrages,
> (d) Tilgung des $-Kredits zum Zeitpunkt der Fälligkeit durch die entsprechende US-$ Forderungen,
> (e) Auflösung der DM-Anlage.
> Die Kosten des Hedging ergeben sich aus den Zinsdifferenzen.

▶ Financial Covenant

Bezeichnet die vertragliche Verpflichtung eines Kreditnehmers zur laufenden Realisierung bestimmter Bilanzrelationen.

▶ Financial Futures

(Finanzterminkontrakte) standardisierte → Terminkontrakte auf Finanztitel, die auf Basisgrößen lauten, die dem Geld-, Kapital- oder Devisenmarkt (Aktien, Anleihen, Devisen, Indices) zuzuordnen sind. Der Käufer bzw. Verkäufer eines Finanzterminkontrakts verpflichtet sich gegen Hinterlegung einer Kaution gegenüber der Börsen-Clearingstelle (Clearing House) das im Kontrakt definierte Finanzinstrument in einer bestimmten Menge zu einem bestimmten Preis zu kaufen oder zu verkaufen. Standardisiert sind die Kontrakteinheiten und die Erfüllungstermine. Im Regelfall erfolgen bei den Transaktionen, die den Kontrakten zu Grunde liegen, keine physischen Erfüllungen am Laufzeitende. Offene Kontrakte werden vielmehr während der Laufzeit durch entsprechende Gegengeschäfte glattgestellt. Dies geschieht, indem der Käufer (Verkäufer) eines Terminkontrakts einen identischen Terminkontrakt verkauft (kauft). Bei niedrigem Kontraktpreis ist durch den Käufer bzw. Verkäufer bei Abschluss ein Bargeldeinschuss (Initial Margin) an die Börsen-Clearingstelle (Clearing House) in Höhe von x% (ist jeweils individuell festgelegt) zu zahlen, die dem Margin Account gutgeschrieben wird. Börsentägliche Neuberechnungen können zu Gutschriften führen oder Nachschusszahlungen auslösen.

Financial Futures sind in den Formen von Currency Futures (Devisenterminkontrakte), Interest Rate Futures (Zinsterminkontrakte), Stock Index Futures (Terminkontrakte auf Börsenindizes) bekannt. Sie werden zu spekulativen Zwecken (Spekulationsinstrument) aber auch zum Hedging (Sicherungsinstrument) eingesetzt. Im Gegensatz zu den → Optionen ist die Zahl der Grundstrategien bei den Futures wesentlich geringer. Die Futures-Strategien ergeben sich aus der Kombination der zwei Basisstrategien Long Position und Short Position in Kontrakten unterschiedlicher Laufzeit.

▶ **Financial Intermediaries** → Finanzintermediäre

▶ **Financial Leasing** → Leasing

▶ **Financial Public Relations**

Beziehungen zwischen der Unternehmung und ihren Kapitalgebern, wie Gesellschaftern, Aktionären (→ Aktionärspflege), Kreditgebern (z. B. Banken, Versicherungen), Staat (z. B. Bundesaufsichtsamt für das Versicherungswesen), Finanzanalytikern, Presse (insbes. Wirtschaftsjournalisten). Sie sollen so ausgestaltet sein, dass der bezeichnete Kreis einen möglichst positiven Eindruck von der Unternehmung hat. Hierdurch werden getätigte Kapitalanlage bzw. Kredithingabe bestätigt und künftige Entscheidungen von Investoren im Sinne der Unternehmung erleichtert. Die Politik der Financial Public Relations umfasst also sämtliche Maßnahmen der Öffentlichkeitsarbeit mit dem Ziel die Unternehmung aus der Sicht des (potenziellen) Investors als grundsolide erscheinen zu lassen. Somit reduzieren sich alle Maßnahmen auf die Lösung eines Informations- bzw. Motivationsproblems. Möglichkeiten hierzu bieten: Aktionärsbriefe, Geschäftsberichte, Anzeigen und Artikel in Presseorganen, Pressekonferenzen, gezielte Informationen an bestimmte Personenkreise.

▶ **Financial Services** → Finanzdienstleistungen

▶ **Finanzabteilung** → Finanzorganisation

▶ **Finanzanalyse**

(Financial Analysis) Untersuchung einer Kapitalanlage (z. B. Kauf von Effekten, Kredithingabe, Zeichnung von Anteilen einer Unternehmung etc.) auf ihre mögliche Vorteilhaftigkeit bzw. Unvorteilhaftigkeit. Sie dient als Entscheidungsgrundlage für die Durchführung/Unterlassung von Investitionen oder Desinvestitionen. Die Finanzanalyse im Zusammenhang mit dem Erwerb von Aktien erfolgt auf Basis der → Fundamentalanalyse und/oder → Chartanalyse. Bei Anleihen, Commercial Papers und CD's spielen → Rating und → Duration eine große Rolle. Vor der Kreditvergabe schließlich steht die Kreditwürdigkeitsprüfung. Finanzanalyse wird unternehmensextern (Kapitalanleger, Banken, Finanzanalysen, Konkurrenz etc.) und unternehmensintern betrieben. Materielle Basis sind Bilanz, GuV und sonstige Daten (z. B.: Umsatz, Auftragslage, Investitionsplanung). Analyseschwerpunkte sind:
- Kapital-/Vermögensstruktur und Kapitalfluss (Mittelherkunft und -verwendung),
- Periodenerfolg (Herkunft und Verwendung).

Methoden und Techniken finden sich in einer Vielzahl von Rechenwerken (Bilanzanalyse; Kennzahlenanalyse; Kreditwürdigkeitsprüfung; Kapitalflussrechnung, wie z. B. Bewegungsbilanz, Funds Statement, Cash Flow Statement; Finanz-, Liquiditäts-, Investitionsplanung) ihren Niederschlag.

▶ **Finanzanlagen**

Gem. § 266 (2) HGB gehören hierzu:
(1) Anteile an verbundenen Unternehmen,
(2) Ausleihungen an verbundene Unternehmen,
(3) Beteiligungen,
(4) Ausleihungen an Unternehmen, mit denen ein Beteiligungsverhältnis besteht,
(5) Wertpapiere des Anlagevermögens,
(6) sonstige Ausleihungen.

Unter → Beteiligungen versteht der Gesetzgeber gem. § 271 (1) HGB Anteile an anderen Unternehmen, die (dazu) bestimmt sind dem eigenen Geschäftsbetrieb durch Herstellung einer dauernden Verbindung zu jenen Unternehmen zu dienen. Verbundene Unternehmen sind gem. § 271 (2) HGB solche Unternehmen, die als Mutter- oder Tochterunternehmen (§ 290 HGB) nach den Vorschriften über Vollkonsolidierung in den Jahresabschluss einzubeziehen sind. Tochterunternehmen, die gem. § 295 oder § 296 HGB nicht einbezogen werden, gelten ebenfalls als verbundene Unternehmen.

▶ **Finanzanzeigen**

(1) Bekanntmachungen einer Unternehmung zur Information der Wertpapierbesitzer und der darüber hinaus interessierten Öffentlichkeit (z. B. Einberufung einer Hauptversammlung, Veröffentlichung des Jahresabschlusses, Zulassungsprospekte in Börsenblättern, Einlösung von Dividenden- und Zwischenscheinen).

(2) Informationen von Banken, Finanzmaklern, Versicherungen etc. über ihre Tätigkeit. Beispiel: Mitwirkung z. B. in Emissionskonsortien (→ Tombstones, z. B. Anzeigen mit Ranking in EUROMONEY), bei Projektfinanzierungen, bei Unternehmensfusionen etc.

▶ **Finanzausschuss**

(Finance Committee, Financial Policy Committee) Einrichtung, die häufig in Großunternehmungen der USA anzutreffen ist, mit Entscheidungsbefugnis gegenüber den Divisions (Sparten) in allen Finanzangelegenheiten, inbesondere der Finanzstrategien und -planung. Sie sorgt für die Koordination der Interessen. Zusammensetzung: Mitglieder des Verwaltungsrats und/oder des Operating Management (Treasurer, Controller, Leiter des Beschaffungs-, Absatz-Fertigungsbereichs) sowie Outside-Direktoren. Vorsitzender ist der Vice-President für Finanzen, President oder Vorsitzender des Verwaltungsrates.

▶ **Finanzbedarf** → Kapitalbedarf

▶ **Finanzbudget** → Finanzplan

▶ **Finanz-Controlling**

Tätigkeiten des → Controllers in Abhängigkeit der jeweils umrissenen Aufgabenstellung. In der Regel umschließt das Finanz-Controlling sämtliche Maßnahmen im Bereich der Planung und Kontrolle, die der Realisierung der angestrebten → Finanzierungsziele dienen. Damit umfassen die Aktivitäten des Finanz-Controlling die Mitwirkung in den Planungsphasen (→ Finanzplanung) sowie eigenständige Aufgaben. Diese sind:

- fristgerechte Information des Finanzvorstands oder/und des Treasurers hinsichtlich der aktuellen Liquiditätslage, der Abweichungen von Planungszielen der kurz-, mittel- und langfristigen Finanzplanung und des Standes der aktuellen Kapitalbindungsplanung.
- Durchführung einer eingehenden Ursachenanalyse mit Berichtspflicht gegenüber dem Finanzvorstand und dem Treasurer.

▶ **Finanzdienstleistungen**

(Financial Services) umfassen allgemein alle Dienstleistungen, die von Kreditinstituten, Versicherungen und sonstigen Nichtbanken angeboten werden. Dies sind insbesondere sämtliche traditionelle Formen von Bank- und Versicherungsdienstleistungen. Auf Grund der juristisch gebotenen unternehmerischen Trennung von Banken und Versicherungsunternehmen (§ 1 Abs. 1 Nr. 1–9 KWG; § 1 Abs. 1 VAG, § 7 Abs. 2 VAG) gibt es im rechtlichen Sinne keine Möglichkeit, dass Banken oder/und Versicherer oder/und sonstige → Finanzintermediäre einheitliche und umfassende Finanzdienstleistungen anbieten. Banken und/oder Versicherer können somit lediglich ihre jeweiligen originären Dienstleistungen offerieren, wodurch – gemessen an den potenziellen Möglichkeiten und ggf. aus der Sicht des Kunden – die angebotene Finanzdienstleistung oftmals unvollkommen erscheint. Auf Grund der inzwischen veränderten Lage an den Finanzmärkten trachten die Anbieter von Finanzdienstleistungen inzwischen danach, ein möglichst umfassendes Angebot an Finanzdienstleistungen (Allfinanz) zu offerieren. Als Möglichkeiten bieten sich grundsätzlich folgende Wege an, wobei die Praxis inzwischen zahlreiche Varianten entwickelt hat:

- Beteiligung an anderen Unternehmen,
- Kooperation mit anderen Unternehmen (Versicherungen oder/ und Banken),
- Gründung von Tochterunternehmen sowie Praktizierung von Kooperationen,
- Beteiligungen an anderen oder/und Kooperationen mit anderen Unternehmen.

▶ **Finanzdisposition**

Phase der → Finanzplanung zur Beseitigung erwarteter Abweichungen vom finanziellen Gleichgewicht (→ Finanzierungsziele). Sie wird somit nach der Feststellung einer erwarteten Abweichung erforderlich oder auch dann, wenn kein quantitativer Kapitalbedarf besteht, jedoch die qualitativen Aspekte der Kapitalstruktur (Kosten, Fristigkeit, Unabhängigkeit) nicht den Finanzierungszielen entsprechen. Die Finanzdisposition kann sich auf den finanzwirtschaftlichen oder/und den leistungswirtschaftlichen Bereich beziehen (Finanzierungsersatzmaßnahmen oder Investitionen), da sie möglichst bei den Ursachen der Abweichungen ansetzt.

(1) Finanzdisposition bei Unterdeckung:

  (a) Einnahmen

- Finanzierung (i. w. S.): Durchführung von Kapitalerhöhungen, Aufnahme neuen Fremdkapitals, Finanzierung mit Kapitalzwischenformen;
- Finanzierungsersatz: Vermögensliquidation als Kapitalersatz bzw. Beeinflussung der Mengen und Zeitkomponente (z. B. Erhöhung des Kapitalumschlags durch zügigere Auftragsbearbeitung, schnellere Fakturierung, Verbesserung der Zahlungsbedingungen, Umsatzausdehnung, Abbau der Lagerbestände, Optimierung der Kassenhaltung, Rückforderung gewährter Kredite, Auflösung von Beteiligungen, Einsatz des → Factoring);

  (b) Ausgaben

- Finanzierung: Steuerstundung beantragen, Lieferantenziele in Anspruch nehmen, Tilgungsaussetzung bei Kre-

ditgebern beantragen, Gewinnausschüttungen reduzieren,
- Finanzierungsersatz: Aufträge stornieren oder strecken,
Skontierung einschränken, vermeidbare Ausgaben ver-
lagern, Verminderung der Lagerhaltung, Veränderung der
Bestellzeitpunkte, Nichtdurchführung oder zeitliche
Verlagerung geplanter Investitionen im Anlage- und Umlaufvermögen, Einsatz des → Leasing (→ Unterkapitalisierung).

(2) Finanzdisposition bei Überdeckung:
  (a) Einnahmensenkung
    - Investition: z. B. Gewährung von Lieferantenkrediten,
  (b) Ausgabenerhöhung
    - Investition (i. w. S.): Anlage überschüssiger Mittel au-
    ßerhalb der Unternehmung (z. B. in: Festgeld, Commer-
    cial Papers, Anleihen, Aktien, Beteiligungen, Gewährung
    von Darlehen, Krediten),
    - Definanzierung: → Kapitalherabsetzung, vorzeitige Kre-
    dittilgung,
    - Investitionen: vorzeitige Durchführung von Investitio-
    nen, Erhöhung der Lagerhaltung (→ Überkapitalsie-
    rung).

(3) Finanzdisposition bei unzureichender Kapitalstruktur: Umfinanzierung (z. B. Substitution von Fremdkapital durch Eigenkapital, kurzfristiges Fremdkapital durch langfristiches Fremd-
und/oder Eigenkapital, Lieferantenkredite durch Bankkredite
etc.).

▶ **Finanzengpass**

Situation, in der die Unternehmung ihre fälligen Ausgaben durch die
laufenden Einnahmen kurzfristig nicht oder aber nur unter erheblichen Schwierigkeiten decken kann. Zur Vermeidung einer derartigen Lage ist die laufende Kontrolle des → Finanzplans erforderlich,
da dann vorbeugende Maßnahmen (→ Finanzdisposition) eingeleitet werden können.

▶ **Finanzentscheidung**

Alle Entscheidungen, die im Zusammenhang mit der Festlegung der
→ Finanzierungsziele und ihrer Realisierung stehen. Insbesondere
sind dies Entscheidungen zur Sicherung der Liquidität (Finanzplanung und Finanzierung), im Zusammenhang mit der zwischenzeitlichen Anlage überschüssiger Mittel des Kapitalfonds, Investitions-
entscheidungen, Entscheidungen im Zusammenhang mit der Zahlungsverkehrsabwicklung etc. (→ Liquiditäts- und → Finanzplanung, → Risikopolitik, → Finanzdisposition → Liquiditäts- bzw. →
Finanzkontrolle, → Finanzorganisation, → Finanzpolitik).

▶ **Finanzflussrechnung** → Bewegungsbilanz, → Funds Statement, →
Cash Flow Statement

▶ **Finanzhedging** → Finance Hedging

▶ **Finanzielles Gleichgewicht** → Finanzierungsziele

▶ **Finanzierung**

I. e. S. die Deckung eines gegebenen Kapitalbedarfs; weitere Einschränkungen nach den Kriterien Form, Fristigkeit, Verwendungszweck des Kapitals sind möglich. I. w. S. umfasst Finanzierung
sämtliche Finanzdispositionen, d. h. Kapitalbeschaffung und -dis-
position bzw. -anlage (Investition und Kapitaltilgung).

(1) Unterscheidet man nach der *Finanzierungsquelle,* so erhält
man als Finanzierungsarten → Außenfinanzierung (exogene
oder Marktfinanzierung), → Innenfinanzierung (endogene oder
Selbstfinanzierung i. w. S.) sowie Zwischenformen (z. B. kon-
zerninterne Finanzierung).

(2) Nach der *Eigentümer-/Gläubigerstellung)* differenziert man
zwischen → Eigenfinanzierung (Finanzierung mit Eigenkapital), → Fremdfinanzierung (Finanzierung mit Fremdkapital)
sowie Zwischenformen (z. B. → Genuss-Schein, → Optionsanleihe, → Gewinnobligation, → partiarisches Darlehen).

	Außenfinanzierung	Innenfinanzierung
Eigenkapital bzw. Eigenfinanzierung	Beteiligungsfinanzierung z. B. Aktienemission, Aufnahme neuer Gesellschafter	Gewinnthesaurierung (Selbstfinanzierung i. e. S.)
Fremdkapital bzw. Fremdfinanzierung	Kreditfinanzierung (z. B. Anleihen, Hypothekarkredite, Schuldscheindarlehen, Commercial Paper, Darlehen etc.)	Eigengebildetes Fremdkapital (Rückstellungen, gestundete Steuern und/oder Abgaben)
Zwischenformen von Eigen- und Fremdfinanzierung	z. B. Finanzierung durch Emission von Genußscheinen, Optionsanleihe (equity linked), partiarisches Darlehen.	Bildung von Sonderposten mit Rücklagenanteil

Finanzierungsmatrix

Aus der Kombination dieser Kriterien ergibt sich vorstehende Übersicht.

(3) Legt man die *Fristigkeit* zu Grunde, so kann man langfristige (z. B. → Anleihen, → Hypothekarkredit, → Schuldschein-Darlehen) und kurzfristige Finanzierung (z. B. → Lieferantenkredit, → Kontokorrentkredit) unterscheiden.

(4) Der *Finanzierungsanlass* im Lebensprozess der Unternehmung führt zu der Unterscheidung zwischen einmaligem (Gründung, Wachstum, Fusion, Sanierung, Liquidation) und laufendem Finanzierungsanlass (Umsatzprozesse, z. B. Lieferantenkredite, kurzfristige Bankkredite).

Sonderformen der Finanzierung sind u. a. → Vorfinanzierung, Zwischenfinanzierung (→ Zwischenkredit, → Bauzwischenkredit), Anschlussfinanzierung, → Umfinanzierung, → Außenhandelsfinanzierung, → Absatzfinanzierung, → Projektfinanzierung.

Von Finanzierung zu trennen sind die → Finanzierungsersatzmaßnahmen: Kapitalfreisetzung

(a) im Anlagevermögen (vorzeitige Vermögensliquidation, → Kapitalfreisetzungs- und → Kapazitätserweiterungseffekt),

(b) im Umlaufvermögen (→Factoring, → Forfaitierung) sowie
(c) Fremdeigentum als Vermögensersatz (→ Leasing).

▶ **Finanzierungsanlass**

Kennzeichnet die Ursache der Finanzierungsmaßnahme. Man unterscheidet nach der Häufigkeit im genetischen Unternehmensprozess:

- einmalige Finanzierungsvorgänge im Zusammenhang mit folgenden Prozessen, die die Unternehmung betreffen und Kapitalbedarf induzieren: Gründung, Wachstum, Schrumpfung, Fusion, Sanierung, Liquidation;
- laufend notwendige Mittelbeschaffung im Zusammenhang mit den normalen leistungs- und finanzwirtschaftlichen Prozessen.

Eine weitere Unterscheidung setzt an der Planmäßigkeit ihres Auftretens an:

- Die Unternehmensleitung strebt im Hinblick auf die Realisierung der formulierten → Finanzierungsziele die planmäßige Mittelbeschaffung zur Kapitalbedarfsdeckung an. Als Instrumentarium hierzu dienen die → Finanz- und → Liquiditätsplanung.
- Ursachen unplanmäßiger Finanzierungsanlässe können unternehmensinterner (z. B. mangelhaftes Planungssystem) und/oder -externer Art (z. B. Zusammenbrechen der Absatzmärkte) sein. Sie können Finanzierungskosten verursachen und u. U. negativ auf die Kapitalstruktur wirken.

▶ **Finanzierungsarten** → Finanzierung

▶ **Finanzierungsersatz**

(Finanzierungssurrogate) umfasst alle Maßnahmen, die darauf ausgerichtet sind einen ursprünglich gegebenen Kapitalbedarf zu senken, umso auf entsprechende Finanzierungsmaßnahmen teilweise oder vollständig zu verzichten. Die Motive sind unternehmensinterner Art (z. B. Kostengesichtspunkte, Souveränitätsstreben) und/oder unternehmensexterner Art (z. B. mangelndes Kapitalangebot in bestimmten Marktsegmenten).

Grundsätzlich bieten sich Folgende drei Ansatzpunkte:

- Vermögensliquidation als Kapitalersatz (z. B. Verkürzung der Umschlagdauer, Verkauf von Forderungen, → Fortfaitierung, → Pensionsgeschäfte);
- Fremdeigentum als Vermögensersatz (z. B. Pacht einer Unternehmung als Ganzes, → Leasing);
- Funktionsausgliederung als Substanzersatz (z. B. → Franchising, → Factoring).

▶ **Finanzierungsgesellschaft** → Kapitalbeteiligungsgesellschaft

▶ **Finanzierungsgrundsätze** → Finanzierungsregeln

▶ **Finanzierungskennziffern** → Kennzahlen, → Finanzierungsregeln

▶ **Finanzierungskontrolle** → Finanzkontrolle

▶ **Finanzierungskosten**

(Kapitalkosten) sämtliche Kosten, die einem Unternehmen im Zusammenhang mit der Finanzierung eines gegebenen Kapitalbedarfs für den Kapitalüberlassungszeitraum einstehen. Man unterscheidet folgende Kostenkategorien:

(1) Nach der Häufigkeit ihres Entstehens: einmalige und laufende Finanzierungskosten.

Zu den einmaligen Kosten zählen die Kosten im Zusammenhang mit der Mittelbeschaffung (z. B. Provisionen, Sachkosten, Besicherungskosten, Kosten der Börseneinführung, Disagio, Steuern, → Emissionskosten, → Kreditkosten) sowie die Tilgungskosten (z. B. Rückzahlungsagio, Löschungskosten, Kosten der Auslosung, Kurssicherungskosten).

Die laufenden Kosten untergliedert man in die Kosten der Kapitalnutzung (z. B. Zinsen, Überziehungsprovisionen, Dividendenzahlungen, Steuern, Kurssicherungskosten), Kapitaldienstkosten (z. B. Kosten aus treuhänderischer Tätigkeit, aus

Zahlstellen und Bogenausgabedienst oder aus laufender Tilgung) sowie Marktpflegekosten (z. B. Kurspflegekosten).

(2) Nach dem Kriterium, welche Faktoren die Finanzierungskosten beeinflussen, gelangt man zur Unterscheidung zwischen quantitativen und qualitativen Kosten.

Bei den quantitativen Finanzierungskosten wird die Kapitalkostenhöhe durch die Preisbezugsbasis und den Preiszähler eindeutig bestimmt. Quantitative Kosten sind beim Eigenkapital die → Eigenkapitalkosten, beim Fremdkapital die → Fremdkapitalkosten. Die qualitativen Finanzierungskosten ergeben sich aus den Qualitätsmerkmalen des Kapitals, die sich in der Fristigkeit der Überlassungsdauer (→ Liquidität), den Sicherheitsansprüchen der Kapitalgeber, ihren Einflussbestrebungen auf die sich finanzierende Unternehmung (Streben nach → Unabhängigkeit) sowie dem Zinssatzänderungsrisiko. Zwischen den qualitativen Finanzierungskosten einerseits und/oder zunehmender Kapitalüberlassungsdauer und/oder Zinssatzänderungsrisiko besteht eine positive Korrelation, während zwischen den qualitativen Finanzierungskosten und den anderen beiden Merkmalen eine entgegengesetzte Wechselbeziehung vorliegt.

(3) Nach dem Kriterium des Kostenverhaltens: fixe sowie variable Kosten.

Die Unternehmensleitung strebt in der Regel „Optimierung" der Finanzierungskosten an. Die Möglichkeiten hierzu sind kurz- bis mittelfristig recht begrenzt (z. B. Substitution teuer finanzierten Kapitals durch kostengünstigere Mittel gleicher oder minderer Qualität, u. U. unter Verletzung des Postulats der → Fristenkongruenz). Langfristig gelingt eine Optimierung durch Schaffung einer optimalen Kapitalstruktur und Verlegung von Mittelbeschaffungsmaßnahmen über lange Zeiträume hinweg in besonders günstige Marktphasen.

▶ **Finanzierungs-Leasing** → Leasing

▶ **Finanzierungsregeln**

(Finanzierungsgrundsätze, Bilanzkennziffern) normierte Mindestanforderungen an die aus der Bilanz ersichtliche Kapitalstruktur der

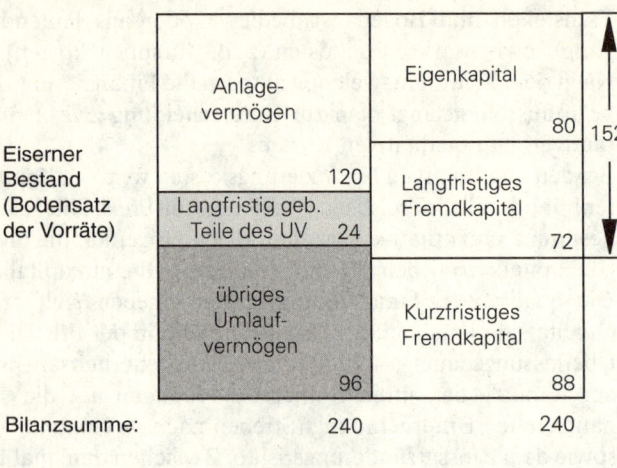

Bilanzsumme

Unternehmung. Sie werden abgeleitet aus dem Sicherheitsstreben der Kapitalgeber, das auf die Kapitalerhaltung ausgerichtet ist und sind in Form von Bilanzkennziffern definiert.

(1) *Horizontale* Finanzierungsregeln geben Hinweise auf die Kapitalverwendung und stellen somit Grundsätze dar, die vorschreiben, wie das Vermögen zu finanzieren ist.

(a) Die goldene Finanzierungsregel (goldene Bankregel) fordert die Übereinstimmung von Kapitalüberlassungs- und Kapitalbindungsdauer. Danach darf die Kapitalüberlassungsdauer nicht kürzer sein als die der Kapitalbindungsdauer (Fristenkongruenz). Langfristig gebundenes Vermögen – langfristiges Kapital, kurzfristig gebundenes Vermögen – kurzfristiges Kapital.

(b) Die goldene Bilanzregel fordert neben der Einhaltung der Fristenkongruenz zusätzlich die Berücksichtigung definierter Vermögens-/Kapitalrelationen. Sie wird unterschiedlich weit ausgelegt:

Variante A: Anlagevermögen ist durch Eigenkapital zu finanzieren;

Variante B: Anlagevermögen ist durch Eigenkapital und langfristiges Fremdkapital zu finanzieren;

Variante C: Anlagevermögen sowie langfristig gebundenes Umlaufvermögen sind durch Eigenkapital und langfristiges Fremdkapital zu decken.

Die Einhaltung der Regeln garantiert nicht unbedingt die Liquidität. Denn aus den Bilanzdaten über die einzelnen Positionen sind die Kapitalbindungs- und Kapitalüberlassungsfristen nicht eindeutig definierbar. Somit sind strukturelle Ungleichgewichte möglich. Hinzu kommt, dass sich die natürliche und künstliche Liquidität der einzelnen Vermögensgüter umkehren kann (z. B. Lagerbestände werden unverkäuflich). Eigenkapital hat nicht in jedem Fall langfristigen Charakter. Die Einhaltung der Regeln wird auf der Basis von Bilanzpositionen geprüft bzw. nachgewiesen, die für einen vergangenen Zeitraum gelten. Künftige Ein- und/oder Auszahlungsströme werden durch diese Kennzahlen nicht erfasst.

(2) *Vertikale* Finanzierungsregeln (Kapitalstrukturregeln) zielen auf die Einhaltung einer bestimmten Strukturierung des finanzierten Gesamtkapitals nach Eigen- und Fremdkapital ab. Ihre Einhaltung soll dem Gläubigerschutzinteresse – Minimierung des Risikos der Kapitalhingabe – dienen. Dem wird entsprochen, wenn der Anteil des Eigenkapitals am finanzierten Gesamtkapital möglichst hoch ist. Standardkennzahlen sind hier z. B.:

$$\text{Verschuldungsgrad} = \frac{\text{Fremdkapital}}{\text{Eigenkapital}} \cdot 100$$

$$\text{Eigenkapitalquote} = \frac{\text{Eigenkapital}}{\text{Gesamtkapital}} \cdot 100$$

Lange galt als Norm für Banken im Zuge der Kreditherauslage an Unternehmen die sog. 1:1-Regel. Sie bezog sich auf die Relation Eigen-/Fremdkapital. Inzwischen wurde diese Forderung schrittweise aufgeweicht. Eine hinreichend theoretische Begründung für eine definierte Norm (z. B. 1:1-Regel) existiert nicht.

Ein starres Festhalten an derartigen Normen würde einerseits die Ausnutzung des → Leverage-Effekts einschränken oder verhindern (Nichtbeachtung des Rentabilitätsziels) und andererseits die quantitative Kapitalausstattung erschweren. Schließlich kann die Finanzierung nicht losgelöst von der Kapitalverwendung gesehen werden.

Dennoch werden Finanzierungsregeln in unterschiedlichen Modifikationen im Rahmen von Bonitätsbeurteilungen durch Kreditinstitute, Versicherungen etc. praktiziert.

Beispiel:
Normen des Bundesaufsichtsamtes für das Versicherungswesen bei der Anerkennung der Deckungsstockfähigkeit von Schuldscheindarlehen an Industrieunternehmen:
- Eigenkapital ≥ 66,66% Anlagevermögen;
- langfristiges Fremdkapital ≥ 50% Anlagevermögen + langfristig gebundene Teile des Umlaufvermögens,
- Eigenkapital + langfristiges Fremdkapital: Anlagevermögen + langfristig gebundene Teile des Umlaufvermögens ≥ 120%,
- Eigenkapital ≥ 33,33% der Bilanzsumme.

▶ **Finanzierungsschätze**

Variante einer unverzinslichen (abgezinste) Schatzanweisung, die von der Bundesrepublik Deutschland seit 1975 begeben wird. Die Finanzierungsschätze werden zumeist den Geldmarktpapieren zugerechnet. Ihre Laufdauer beträgt ex Emission entweder knapp unter einem oder knapp unter zwei Jahre. Finanzierungsschätze werden nur noch als → Wertrechte begeben und sind in Stückelungen von 1.000 DM oder einem Vielfachen erhältlich. Die Titel werden nicht an der Börse gehandelt und können vor Ende der Laufdauer nicht zurückgegeben werden. Zinsberechnungsmethode: act/act. Eine Umstellung der Altemissionen auf € ist nicht erfolgt. Die Emission von Finanzierungsschätzen ist nach dem 31.12. 2001 nicht mehr vorgesehen.

▶ **Finanzierungssurrogate** → Finanzierungsersatz

▶ **Finanzierungsziele**

(Finanzwirtschaftliche Zielsetzung, „optimale" bzw. befriedigende Kapitalstruktur, permanent gegebenes finanzielles Gleichgewicht) Ausgleich von Kapitalbedarf und -deckung, d. h. das erforderliche Kapital ist rechtzeitig und in der erforderlichen Menge bereitzustellen (→ Kapitalbedarf). Bei der Abstimmung zwischen Kapitalbedarf und Kapitaldeckung ist die Gesamtzielsetzung der Unternehmung zu berücksichtigen, insbesondere die daraus abgeleiteten finanzwirtschaftlichen Teilziele und Nebenbedingungen, wie Rentabilität, Sicherheit, Liquidität, Unabhängigkeit (Souveränität). Rentabilitätsstreben ist auf möglichst geringe Finanzierungskosten,

Unabhängigkeitsstreben auf die Bewahrung der Souveränität der Unternehmensleitung vor den Einflüssen der Kapitalgeber, Liquiditätsstreben auf die Aufrechterhaltung der jederzeitigen Zahlungsfähigkeit der Unternehmung und Sicherheitsstreben auf die Kapitalerhaltung ausgerichtet.

Vgl.: → Finanzdisposition, → Finanzierungskosten, → Finanzplan, → Finanzplanung, Modigliani-Miller-Theorem, → Risiko, finanzielles, → Risikopolitik

▶ **Finanzinnovation**

Terminus, der einerseits lediglich neue Produkte an den Finanzmärkten umfasst (Produktinnovationen), andererseits veränderte oder erstmalig praktizierte finanzwirtschaftliche Vorgänge, die sich im Zeitablauf vollziehen (Prozessinnovationen) einbezieht.

Bei Produktinnovationen handelt es sich entweder um reine Finanzierungsinstrumente oder Instrumente zur Absicherung bestimmter Marktrisiken oder Finanzierungsinstrumente, mit denen Techniken zur Absicherung gegen Marktrisiken gekoppelt sind.

Die Produktionnovationen unterscheiden sich von bisherigen Instrumenten und/oder Techniken
• in einzelnen oder mehreren Teilkomponenten von bislang bekannten Instrumenten (Beispiele: → Anleihe-Ausstattung, → Ak-

tienindex-Anleihe. → Annuitäten-Anleihe, → Doppelwährungsanleihe, → Floating Rate Notes, → Zerobond);
- vollständig, da es sich um absolut neue Instrumente bzw. Techniken handelt (z. B. → Euronotes, → Commercial Papers; →
Certificates of Deposit, → Projektfinanzierung, Naked → Warrants);
- durch Veränderung bekannter oder neuer Instrumente infolge
Addition neuer, bis dato unbekannter oder bereits in anderem
Zusammenhang benutzter Techniken (z. B. Anleihen in Verbindung mit → Zins- und Währungsswaps, → Revolving Underwriting Facility, → Note Issuance Facility, → Forward Rate Agreements, Currency Futures, Interest-Futures, Cash Management
Account, → Kreditkarten).

Prozessinnovationen ergeben sich in erster Linie durch konsequente
Nutzung des hohen technischen Fortschritts in den Bereichen des
Nachrichtenwesens, Zahlungsverkehrs und der EDV (z. B. →
SWIFT, Cash Management Systeme).

Teilweise konnten die Finanzinnovationen nur entstehen, weil die
notwendigen institutionellen und/oder rechtlichen Voraussetzungen geschaffen wurden (z. B. → Geldmarktfonds, moderne Nach-
richtentechnik, Deregulation, Swap Network). Die Entwicklung
von Finanzinnovationen hat mehrere Ursachen. Allgemein werden
folgende Gründe genannt: stringente Bankengesetzgebung in den
USA (Regulation), die zu spät gelockert wurde; weltweiter Inflati-
onsprozess während der 70er-Jahre, Ölkrisen; starke Schwankungen
von Wechselkursen und Zinssätzen. Die Marktteilnehmer, insbesondere zunächst die Kapitalanlager, waren nicht mehr bereit die
Risiken zu tragen. Für die Banken ergab sich damit die Notwendigkeit zur Entwicklung geeigneter Refinanzierungsinstrumente. Inzwischen existiert eine Fülle von Instrumenten, die die wechselseitige Verlagerung von Risiken und Chancen zwischen den Marktteilnehmern erlaubt.

Die nationalen Bankenaufsichtsbehörden, Notenbanken und die
BIZ beurteilen inzwischen einen großen Teil der Finanzinnovatio-
nen sehr kritisch, da die Anwendung der neuen Instrumente bzw.
Techniken teilweise mit erheblichen Zins-, Liquiditäts- und/oder
Währungsrisiken verbunden ist.

▶ **Finanzintermediäre**

(Financial Intermediaries, sekundäre Finanzinstitute) Institutionen, die auf den Geld-, Kredit- und Kapitalmärkten neben den Geschäftsbanken zwischen Kapitalangebot- und -nachfrage vermitteln. Finanzintermeditation wird in einem erheblichem Umfang an den Effektenbörsen betrieben. Durch die Dienste der sekundären Finanzintitute (Versicherungsgesellschaften, Kapitalanlegegesellschaften, Bausparkassen etc) steigen die Anlage- und Finanzierungschancen der übrigen Marktteilnehmer. Daher wird oft von der Existenz der Marktintermediäre und ihren Aktivitäten auf den hohen Entwicklungsstand des jeweiligen Finanzmarktes geschlossen. Umgekehrt zeigt das Vorhandensein von Finanzintermediären jedoch, dass der Markt noch unvollkommen ist, da diese bei einem vollkommenen Markt mangels Gewinnchancen verschwinden müssten.

▶ **Finanzkommitee** → Finanzausschuss

▶ **Finanzkontrolle**

(Finanzierungskontrolle) umfasst alle Maßnahmen, die auf die Überwachung der Einhaltung der → Finanzpolitik ausgerichtet sind. Materielle Grundlage bietet die laufende Überwachung der verschiedenen Teilpläne. Bei festgestellten Abweichungen bieten die Informationen der Finanzkontrolle über einen Rückkopplungsprozess eine wesentliche Grundlage für Analysen hinsichtlich möglicher Konsequenzen, die daraus für die Unternehmung entstehen könnten (z. B. Unterdeckung).

▶ **Finanzkredit**

Bezeichnung für einen Kredit nach der Ursache seiner Entstehung. Danach ist ein Finanzkredit originär nicht mit leistungswirtschaftlichen Prozessen gekoppelt, wie dies z. B. bei der → Kundenzahlung, der → Kundenobligation und dem → Lieferantenkredit der Fall ist. Finanzkredite werden von Banken in den verschiedenen Formen des → Bankkredits, durch Versicherungsunternehmen, von anderen

Personen mit oder ohne Einschaltung von → Finanzintermediären unverbrieft, aber auch in verbriefter Form (→ Anleihen, → Commercial Papers etc.) gegeben. Finanzkredite werden durch die Kreditgeber in Form von ungebundenen Finanzkrediten (ohne Auflagen hinsichtlich der Mittelverwendung) oder gebundenen Finanzkrediten (Kreditvergabe ist mit der Auflage verbunden den Kredit zur Umfinanzierung eines bestehenden Kredits zu verwenden, z. B. → Bestellerkredit) herausgelegt.

▶ **Finanzkreditversicherung** → Kreditversicherung

▶ **Finanzleiter**

Leiter der Finanzabteilung bzw. der Abteilung Finanz- und Rechnungswesen (→ Finanzorganisation). Bei Großunternehmen ist er i. d. R. Mitglied der Geschäftsleitung (Finanzvorstand). In diesem Fall werden dem Finanzvorstand ein → Controller und ein → Treasurer für diese eigenständigen Bereiche unterstellt. Der Finanzleiter erhält bei Großunternehmen zudem Unterstützung durch den → Finanzstab.

▶ **Finanzmakler**

Vermittelt gewerbsmäßig Kredite (z. B. Schuldscheindarlehen, Darlehen, Konsumentenkredite, Hypothekarkredite , etc.), Umschuldungen, Risikokapital, Unternehmensbeteiligungen, Kauf und Verkauf ganzer Unternehmen.

▶ **Finanzmarketing**

Umfasst sämtliche Überlegungen, Absichten und Maßnahmen, die die systematische finanzwirtschaftliche Ausrichtung der Unternehmung auf die für sie relevanten Geld-, Kredit- und Kapitalmärkte bewirken. Die Notwendigkeit des Finanzmarketing ergibt sich grundsätzlich aus dem bekannten Umstand, dass Kapital ein knapper Faktor ist. Sie wird z. T. dadurch verstärkt, dass z. B. Zins- und Wechselkursrisiken, u. U. auch hohe Inflationsraten die Kapitalanleger stark hinsichtlich ihres Anlageverhaltens verunsichern. Diese werden u. U. nur dann zur Hergabe von Kapital an eine Unternehmung bereit sein, wenn ihre spezifischen Bedürfnisse durch die kapitalnachfragende Unternehmung berücksichtigt werden.

Finanzmarketing kann damit nur auf Grund einer eingehenden Marktanalyse erfolgen umso die Bedürfnisse der Kapitalanleger zu erkennen und darauf aufbauend das Marketinginstrumentarium zielgerichtet einzusetzen. Dieses Instrumentarium setzt sich zusammen aus der

- Kapitalbeschaffungsmengen- und -qualitätspolitik,
- Kapitalbeschaffungspreispolitik,
- Kommunikationspolitik,
- Beschaffungsmethode.

▶ **Finanzorganisation**

Die Finanzabteilung ist in kleineren und mittleren Unternehmungen oft mit dem Rechnungswesen zur Abteilung „Finanzen und Rechnungswesen", gelegentlich auch „Finanzen und Verwaltung", zusammengefasst.

Aufgaben solcher Finanzabteilungen sind Finanzverwaltung, Rechnungswesen, z. T. auch Organisation und allgemeine Verwaltung. (→ Finanzleiter). Große Unternehmungen haben häufig eine reine Finanzabteilung mit den Aufgaben: Organisation eines reibungslosen Finanzverkehrs, Sicherung der Liquidität, langfristige Finanzierung, Anlage freier Mittel, Verwirklichung einer befriedigenden Kapitalstruktur. In neuer Zeit liegt besondere Betonung auf der Finanzplanung, -organisation, -kontrolle und des finanziellen Informationssystems, d. h. der finanziellen Führungsaufgabe. Straffe Zentralisation der Finanzfunktion dominiert in Deutschland wie in den USA: Board bzw. Konzernspitze behalten sich selbst bei starker Dezentralisation der Organisation viele wichtige Finanzentscheidungen vor (z. B. Kreditaufnahme, Gewinnverteilung); vgl. Vorteile der kostengünstigen Kapitalbeschaffung, des kapitalsparenden Finanzausgleichs; Ausnahme in internationalen Konzernen.

In den USA sind oft drei Personen mit Finanzierungsfragen befasst: → Controller, → Treasurer, Vizepräsident Finanzen, daneben häufig noch das Finanzkomitee des Board.

▶ **Finanzplan**

Zusammenfassung der Ergebnisse der → Finanzplanung. Er besteht i. d. R. aus verschiedenen Teilplänen, z. B. kurzfristiger Finanzplan (Liquiditätsplan), langfristiger Finanzplan, Kreditplan, Debitorenbudget. Das Finanzbudget fasst die verschiedenen Teilpläne zusammen und lässt die Höhe des Finanzüberschusses bzw. -fehlbetrags erkennen. Die Abbildung zeigt das Grundschema eines kurzfristigen Finanzplans (Liquiditätsplan). Die Positionen Aus- und Einzahlungen sind nach verschiedenen Kriterien weiter aufzufächern. Eine Saldierung darf nicht erfolgen. Die Planungsintervalle sind in Wochen/Monate/Quartale zu definieren. Der Planungsprozess erfolgt durch Fortschreibung im rollierenden Verfahren. Der Zahlungsmittelbestand zu Beginn einer Periode (1) entspricht dem Endbestand an Zahlungsmitteln (7). Seine Höhe richtet sich nach der geforderten Mindestkassenhaltung.

Wesentliche Positionen eines langfristigen Finanzplans sind:

- Finanzbedarf (Grundstücke, Gebäude, Maschinen, RHB-Stoffe, Tilgungszahlungen);
- Finanzdeckung (Selbstfinanzierung, Abschreibungen, Anleihen, Bankkredit);
- Überdeckung/Unterdeckung (Differenzen aus Finanzbedarf und Finanzdeckung mit notwendigen Anpassungsmaßnahmen).

	Planungsintervalle			
1. Anfangsbestand an Zahlungsmitteln				
2. ./. voraussichtliche Auszahlungen				
3. Zwischensumme				
4. + vorausichtliche Einzahlungen				
5. Unterdeckung/Überdeckung				
6. Ausgleichs- bzw. Anpassungsmaßnahmen				
7. Endbestand an Zahlungsmitteln				

Grundschema eines kurzfristigen Finanzplans

▶ **Finanzplanung**

Hat unter den Gesamtplänen der Unternehmung, die sie koordiniert, eine Schlüsselfunktion. Sie ist daher mehr als nur eine Addition von Teilplänen.

Phasen der Finanzplanung:

(1) Zielbildungsprozess (→ Finanzierungsziele);

(2) Analyse der Ausgangslage (→ Finanzanalyse) und der für zukünftige finanzwirtschaftliche Entscheidungen relevanten Einflussgrößen (z. B. Lage des Kapitalmarkts, Rechts-, Wirtschafts- und Sozialordnung);

(3) Prognose der zukünftigen Entwicklung der Unternehmung (insbesondere Umsatzvorhersage. Prognose des Kapitalbedarfs, der Einzahlungs- und Auszahlungsströme) und der finanzwirtschaftlich bedeutsamen externen Einflussgrößen (→ Finanzprognose);

(4) Analyse der Finanzierungsalternativen zur Verwirklichung der finanzwirtschaftlichen Zielsetzung;

(5) Eigentliche Finanzentscheidung (→ Finanzdisposition);

(6) Realisierung der Finanzentscheidung;

(7) Kontrolle (Soll-Ist-Vergleich und Auswertung der Abweichungen). Die Ergebnisse der Finanzplanung werden im → Finanzplan (Finanzbudget) zusammengefasst.

Probleme bereiten der Finanzplanung vor allem die Interdepedenzen der Teilpläne und die unvollkommene Information. Unsicherheit der Erwartung erschwert die Finanzprognose (→ Risiko, finanzielles), insbesondere Unsicherheiten bei der Vorhersage künftiger Absatz- und Beschaffungspreise, Steuerpolitik (insbes. Abschreibungsmöglichkeiten), Nutzungsdauer der Anlagegüter, Kosten für neue Arbeitsplätze, des zusätzlichen Kapitalbedarfs auf Grund inflationärer Prozesse, des Volumen neuen Kapitalbedarfs für neue Produkte, Forschung, Entwicklung, neue Fertigungsprozesse. Es werden Alternativpläne zur Berücksichtigung der Unsicherheitt der Erwartung aufgestellt.

▶ **Finanzpolitik**

Summe aller Überlegungen, Absichten und Maßnahmen der Unternehmensleitung, die auf die Formulierung der Finanzierungsziele und ihre Realisierung ausgerichtet sind. Wesentliche Aktivitäten sind in diesem Zusammenhang: Festlegung der → Finanzierungsziele, → Finanzanalyse, → Finanzplanung, → Liquiditätsplanung, → Finanzdisposition, → Finanzkontrolle.

▶ **Finanzprognose** → Finanzplanung

▶ **Finanzstab**

Einrichtung, i. d. R. im Rang einer Abteilung, die dem → Finanzleiter oder dem Vorstand zugeordnet ist. Der Aufgabenbereich entspricht generell der typischen Funktion von Stäben: Analyse, Planung, Entscheidungsvorbereitung; er umfasst i. d. R. alle typischen Stabsfunktionen im Bereich „Finanzen", insbesondere die Finanz-, Investitions- und Erfolgsplanung. Teilweise sind die Funktionen auch auf die Bereiche Steuern und Bilanzen ausgedehnt.

▶ **Finanzstatus**

Gegenüberstellung der zu einem bestimmten Zeitpunkt fälligen Schulden und flüssigen Mittel. Ziel ist die Ermittlung des Liquiditätsüberschusses bzw. der -unterdeckung (→ Finanzplanung, → Liquiditätsmessung).

▶ **Finanzswitch** → Switchgeschäfte

▶ **Finanzterminkontrakte** → Financial Futures

▶ **Finanzvorstand** → Finanzleiter

▶ **Finanzwechsel,** → Wechsel, → Handelswechsel

▶ **Finanzwirtschaft**

Die Betriebswirtschaftslehre unterteilt in leistungswirtschaftliche (Beschaffung, Fertigung, Absatz) sowie finanzwirtschaftliche Funktionsbereiche der Unternehmung. Die Finanzwirtschaft kann in → Kapitalwirtschaft (Kapitalbeschaffung, -verwaltung, -verwendung) und → Zahlungsmittelwirtschaft (Zahlungsmittelbeschaffung, -verwaltung, -verwendung) gegliedert werden.

▶ **FIONIA**

Frankfurt Interbank Offered Rate für die Beschaffung von Tagesgeld overnight. FIONIA wurde zwischenzeitlich durch → EONIA substituiert.

▶ **FIONIA-Swap**

Swapvariante, die bis zum Ersatz von FIONIA durch → EONIA im OTC gehandelt wird. Die Finanzinnovation ermöglichte das Hedging von Tagesgeld gegenüber ein- bis zwölfmonatigen Zinssätzen.

▶ **FIPS** → Foreign Interest Payment Securities

▶ **Firmenwert** → Geschäftswert

▶ **Fixed Debt Option**

Optionsrecht, welches die auf Umwandlung von → Floating Rate Notes (variabel verzinsliche Anleihen) in Festzinsanleihen (→ Anleihen) einräumt. Gegensatz: → Floating Rate Debt Option.

▶ **Fixed Trust** → Investmentgesellschaft

▶ **Fixen**

Ein spekulatives → Fixgeschäft eingehen. Hierbei ist entweder der Verkäufer noch nicht im Besitz der Ware (→ Baisse-Engagement, → Leerposition) und/oder der Käufer tätigt das Geschäft in der Absicht die Ware zu veräußern.

▶ **Fixgeschäft**

Vertrag (gem. § 376 (1) HGB), bei dem die Leistung des einen Vertragspartners genau zu einem fixierten Zeitpunkt oder innerhalb einer definierten Frist zu erbringen ist.

▶ **Flat**

    (1) Kurs eines Schuldtitels unter Einschluss der bereits aufgelaufenen Zinsen;

    (2) Nettozinssatz;

    (3) Kommission oder Vergütung, die sich in v. H. des Nennwerts einer Schuldverschreibung errechnet und i. d. R. pro rata temporis fällig ist.

▶ **Flip-Flop Floating Rate Note**

Variante einer → Floating Rate Note, die dem Anleger das Recht einräumt den Titel in einen kürzer laufenden Titel einzutauschen und zu einem späteren Zeitpunkt den Tausch in umgekehrter Richtung zu wiederholen. Die Umtauschzeitpunkte sind im Regelfall definiert. Beide Titel unterscheiden sich dadurch, dass derjenige mit kürzerer Laufzeit mit einem niedrigeren Aufschlag auf den Basiszins ausgestattet ist.

▶ **Flipper**

(Dolphin) Bezeichnung für einen Investor, der im großen Umfang → Aktien von Unternehmen erwirbt, die neu an der Börse eingeführt werden. Er handelt in der Erwartung kurzfristig einsetzender hoher Kurssteigerungen ex Börseneinführung um sich anschließend von den Papieren unter Realisierung entsprechend hoher Kursgewinne wieder zu trennen.

▶ **Float-Float Swap**

Bezeichnung für den Austausch von Zinszahlungsverpflichtungen, die aus zwei verschiedenen → Floating Rate Notes resultieren (→ Swaps).

▶ **Floater** → Floating Rate Notes

▶ **Floating CD's** → Floating Rate CD's

340

▶ **Floating Expenses**

Kosten der →Börseneinführung.

▶ **Floating Rate CD's**

→ Certificates of Deposit, die mit einem variablem Zinssatz ausgestattet sind.

▶ **Floating Rate Debt Option**

Variante einer →Floating Rate Note, die mit dem Optionsrecht zum Tausch festverzinslicher in variabel verzinsliche Titel ausgestattet ist. Gegensatz:→ Fixed Debt Option

▶ **Floating Rate Note**

(Floater, Anleihe mit variabler Verzinsung) variabel verzinsliche →Anleihe, bei der die Verzinsung während der Laufzeit in definierten Zeitabständen (i.d.R. alle drei, sechs Monate) an das gegebene Marktzinsniveau angepasst wird. Insofern handelt es sich bei dem Floater um eine zinsindexierte Anleihe. Zur Abwicklungstechnik wird ein bestimmter Geldmarktsatz (z. B. → LIBOR, → EURIBOR) als Referenzzins definiert, zu (von) welchem definierte Aufschläge (oder Abschläge) zugerechnet (abgezogen) werden. Floater sind sowohl für Emittenten als auch für Investoren gleichermaßen interessant, was sich national wie international in hohen Emissionsvolumina niederschlägt. Floating Rate Notes haben die Besonderheit, dass sie im Regelfall mit einem vorzeitigen Kündigungsrecht durch die Emittenten (→ Call Option) ausgestattet sind. Kündigungsvarianten sind der „Stepped Call" (Kündigung nur zu Couponterminen möglich) und der „Rolling Call" (Kündigung zu jedem Termin nach Ablauf eines bestimmten Datums möglich).

Neben diesem klassischen Typ der Floating Rate Note's (international auch als Plain Vanilla FRN's bezeichnet) existieren zahlreiche Varianten: →Bull/Reverse Floating Rate Notes, →Cap Floater, → Collared Floater, → Convertible Floating Rate Notes, → Count Down Floater, Delayed Capped Floating Rate Notes (→ Delayed Cap), → Drop Lock Floating Rate Notes, → Dual Index Floating

Rate Notes,→ Floor Floater, → Flip-Flop Floating Rate Notes, Floating Rate Notes with Warrants Attached for Debt/Equity (Variante der → Optionsanleihe), → Floating Rate Debt Option, → Leveraged Floating Rate Note, → Mini-Max-Floater, → Mismatched Floating Rate Notes, → Partly-Paid Floating Rate Note, → Perpetual Floating Rate Note, → Reverse Floater,→ Stepp Down Issue, → Stepp Up Issue, → Umgekehrter Floater (Reverse Floater), → Undated Floating Rate Notes, → Variable Note.

▶ **Floating Rate Note with Warrants (Attached) for Debt**

Variable verzinsliche → Optionsanleihe, die mit dem Optionsrecht auf den Bezug von weiteren Anleihestücken ausgestattet ist.

▶ **Floating Rate Note with Warrants (Attached) for Equity**

Variabel verzinsliche → Optionsanleihe, die mit dem Optionsrecht auf den Bezug von Aktien ausgestattet ist.

▶ **Floor**

(1) (Zinsausgleichszertifikat) Optionsschein (Typ → European Option), der das Recht auf Zinsausgleichszahlungen verbrieft. Die Zinsausgleichszahlungen errechnen sich im Regelfall aus der Differenz um die ein bestimmter → Referenzzinssatz (z. B. EURIBOR) an einem Stichtag unter einer festgelegten Zinsuntergrenze liegt.

(2) Bezeichnung für eine garantierte Zinsuntergrenze, die teilweise bei → Floating Rate Notes (Floater) in den Anleihebedingungen festgeschrieben wird. Ihre Existenz garantiert den Investoren, dass die Verzinsung der Anleihe im Verlauf einer Niedrigzinsphase auf ein Minimalniveau festgeschrieben wird; Gegenteil: → Cap.

▶ **Floor Floater**

Variante einer klassischen Floating Rate Note, die eine Mindestverzinsung auch dann garantiert, wenn der Referenzzinssatz diesen vorgegebenen Mindestzinssatz unterschreitet.

▶ **Flop Option** → Flip-Flop Floating Rate Note

▶ **Flottante Wertpapiere**

Bezeichnung für noch nicht im festen Besitz befindliche Wertpapiere.

▶ **Flottantes Material**

(schwimmendes Material) Bezeichnung für Wertpapiere, in die nicht mit dem Ziel der Daueranlage investiert worden ist.

▶ **Flow of Funds** → Cash Flow Statement

▶ **Fluchtgelder** → Kapitalflucht

▶ **Flüssige Mittel** → Liquide Mittel

▶ **Flugzeughypothek**

Spezialhypothek; die im Rahmen einer solchen Finanzierung herausgelegten Kredite werden nicht durch Pfandbriefemission refinanziert. Das Flugzeug dient vielmehr als zusätzliche, notfalls verwertbare Sicherheit.

▶ **fob** → Incoterms

▶ **fob airport** → Incoterms

▶ **Focus Deutschland**

Computergestützter Realtime-Dienst der TELERATE, der den Benutzern Kapitalmarktberichte zur Verfügung stellt.

▶ **Fördergesellschaft für Börsen und Finanzmärkte in Mittel- und Osteuropa mbH**

Unternehmen der Gruppe Deutsche Börse mit Sitz in Frankfurt a. M. Das Unternehmen hat die Zielsetzung, einen Beitrag zum

Aufbau der mittel- und osteuropäischen Kapitalmärkte zu leisten sowie Kenntnisse über dnn Wertpapiermarkt in Deutschland zu vermitteln. Dies vollzieht sich durch die Realisierung von Beratungs- und Ausbildungsprojekten.

▶ **Förderungsgesellschaft** → Kapitalbeteiligungsgesellschaft

▶ **Fondsanteil** → Investment-Zertifikat

▶ **Footsie**

Übliche Abkürzung für den Financial Times Stock Exchange 100-Aktienindex (vgl.: → FTSE-100-Index).

▶ **for/fot** → Incoterms

▶ **Forderungen**

Sind gem. § 266 (2) HGB auf der Aktivseite der Bilanz auszuweisen, da sie Ansprüche der Unternehmung an andere Personen widerspiegeln. Finanzwirtschaftlich sind sie von Bedeutung, da sie Kapital binden und mit ihrer Gewährung das Risiko des teilweisen oder vollständigen Ausfalls verbunden ist. Schließlich ist mit ihrer Verwaltung u. U. ein hoher Aufwand verbunden. Von besonderer Bedeutung sind i. d. R. Forderungen aus Lieferungen und Leistungen (→ Lieferantenkredite). Eine vorsichtige Prognose des künftigen Forderungsbestandes ist mithilfe von Verweilzeitverteilungen im Rahmen der → Liquiditätsplanung möglich.

▶ **Forderungsabtretung**

(Zession, Abtretung) Von dem Verkauf der Forderungen ist die Abtretung der Forderungen zu unterscheiden. Sollte die Forderungsabtretung der Sicherung eines Darlehens der Bank gegenüber dem Kreditnehmer dienen, so erlischt erst dann das Kreditverhältnis nach der Auslegungsregel des § 364 Abs. 2 BGB (Erfüllungshalber), wenn der Drittschuldner an die Bank zahlt um seinerseits eine Leistung an den Kreditnehmer zu erbringen. Erfolgt eine Abtretung an

Erfüllungs statt (§ 364 Abs. 1 BGB), so erlischt das Kreditverhältnis unmittelbar mit der Abtretung.

Wird dagegen eine Forderung nach § 437 Abs. 1 BGB verkauft, so hat dieser Verkauf auf das Darlehensverhältnis keinen Einfluss. Der Verkäufer haftet nur für die Verität (rechtlicher Bestand) der Forderung, nicht jedoch für ihre Bonität (vgl. §§ 437, 438 BGB). Sowohl bei der Abtretung der Forderung an Erfüllungs statt als auch beim Verkauf einer Forderung an den Darlehensgeber (Bank) ist jedoch das wirtschaftliche Ziel das Darlehensverhältnis sofort zum Erlöschen zu bringen. Bei der Abtretung an Erfüllungs statt wird an Stelle der Darlehensrückzahlung eine andere Forderung abgetreten, während beim Forderungsverkauf zwei sich aufrechenbar gegenüberstehende Forderungen geschaffen werden. Die Pflicht des Käufers (Bank), den Kaufpreis zu zahlen und die Pflicht des Kreditnehmers (Forderungsverkäufer) das Darlehen zurückzuzahlen erlöschen durch Aufrechnung.

▶ **Forderungseinzug** → Inkasso

▶ **Forderungspapiere**

Bezeichnung für → Wertpapiere, die ein Forderungsrecht verbriefen.

▶ **Forderungsunterlegte Anleihetypen**

Anleihevarianten, die den → Pfandbriefe oder → Asset Backed Securities (ABS) zuzuordnen sind.

▶ **Forderungsverkauf** → Forderungsabtretung

▶ **Foreign Currency Bond**

→ Anleihe, bei der die Zinszahlungen in einer von der Emissionsdenomination abweichenden Währung geleistet werden. Foreign Currency Bonds können damit als Variante einer → Doppelwährungsanleihe angesehen werden.

▶ **Foreign Interest Payment Securities (FIPS)**

Variante einer Doppelwährungsanleihe mit unbegrenzter Laufdauer. In zehnjährigen Abständen existieren aber ein Gläubigerkündigungsrecht (→ Put Option) sowie ein Schuldnerkündigungsrecht (→ Call Option).

▶ **Forex Linked Bond**

Variante einer Indexanleihe, deren Tilgungsbetrag an den Wechselkurs einer anderen Währung gekoppelt ist.

▶ **Forfaitierung**

Regressloser Verkauf einer längerfristigen Forderung durch den Exporteur an eine Finanzierungsinstitution mit Stellung entsprechender Sicherheiten (z. B. Wechsel, Bankgarantie, Akkreditiv). Die Forfaitierung ist dementsprechend als eine auf Forderungsverkauf beruhende Vermögensliquidation zu verstehen, die Finanzierungs-, Delkredere- sowie Inkassofunktionen umschließt.

▶ **Fortlaufende Notierung** → Variable Notierung

▶ **Forward Forward**

Terminus für Vereinbarung über
(1) ein → Forward Forward Deposit, oder
(2) ein → Forward Forward Loan, oder
(3) zwei gleichzeitig abgeschlossene entgegengesetzte Devisentermingeschäfte mit jeweils unterschiedlicher Laufdauer.

▶ **Forward Forward Deposit**

Geldmarktgeschäft auf Termin, bei dem vereinbart wird, dass von einem späteren Zeitpunkt an (Tag des Vertragsabschlusses plus drei, sechs etc. Monate) eine Einlage zu Konditionen (Volumen, Denomination, Zissatz) hereingenommen wird, die bereits per Vertragsabschluss fixiert werden.

▶ **Forward Forward Loan**

Geldmarktgeschäft auf Termin, bei dem vereinbart wird, dass von einem späteren Zeitpunkt an (Tag des Vertragsabschlusses plus drei, sechs, neun Monate) ein Kredit in definierter Höhe zu – mit Vertragsabschluss fixierten Konditionen – herausgelegt wird.

▶ **Forward Rate Agreement (FRA)**

(Future Rate Agreement, Terminsatzgeschäft) unbedingtes, nicht börsengängiges Termingeschäft. Innerhalb dieses Termingeschäfts vereinbaren die Vertragspartner im Voraus für einen bestimmten Betrag einen Zinssatz für eine in der Zukunft liegende Periode (Referenzperiode, deren Beginn in der Zukunft liegt) und ein zu Grunde liegendes (fiktives) Nominalvolumen. Ein Kapitaltransfer erfolgt nicht. FRA's werden zum vertraglich vereinbarten Zeitpunkt im Wege des Zinsausgleichs durch die Zahlung der vereinbarten Zinsdifferenzen beglichen. Die Gesamtlaufdauer eines FRA beträgt höchstens 24 Monate und gliedert sich in eine Vorlaufzeit (beträgt mindestens einen Monat) und die daran anschließende Referenzperiode (läuft über maximal (12 Monate). Längere Zinsperioden können durch Verknüpfung mehrerer FRA's abgesichert werden.

FRA's werden in den unterschiedlichsten Laufzeiten gehandelt. Dabei wird die Kontraktzeit z. B. durch „3 gegen 6 Monate", „1 gegen 9 Monate", „6 gegen 12 Monate" ausgedrückt. Der Kontrakt „3 gegen 6 Monate" bedeutet z. B., dass die Vertragspartner eine Zinssatz (Kontraktzinssatzt) für einen 3 Monats-Zeitraum (Vorlaufzeit) mit Laufzeitbeginn in 3 Monaten (4. bis 6. Monat) vereinbaren. Zwei Banktage vor dem Datum des Zinslaufbeginns (Beispiel: Anfangs des 4. Monats) wird auf der Basis eines vereinbarten →Referenzzinssatzes der dem Geschäft zu Grunde liegende Marktzinssatz ermittelt und die sich ergebende Differenz zum Kontraktzins zwischen den Vertragspartnern ausgeglichen. Da die Zinsdifferenz vor Beginn der vereinbarten Laufzeit entrichtet wird, erfolgt eine Diskontierung. Ist der Marktzinssatz zum Zinslaufzeitbeginn höher (niedriger) als der vereinbarte Kontraktzins, erhält der Käufer

(Verkäufer) vom Verkäufer (Käufer) eine Ausgleichszahlung. Durch den Zinsausgleich können beide Vertragspartner unabhängig von der jeweiligen aktuellen Zinssitualtion der jeweiligen Interessenlage entsprechend sich entweder

(a) die notwendige Liqudität zum vereinbarten Kontraktzinssatz verschaffen oder

(b) ihnen später zufließende Mittel im Markt platzieren.

Forward Rate Agreements sind demnach vorwiegend Hedginginstrumente durch deren Einsatz sich der Käufer gegen das Risiko steigender Zinsen,, der Verkäufer gegen das Risiko sinkende Zinsen absichern kann.

Die Ausgleichszahlung berechnet sich nach der Formel:

$$\frac{\dfrac{(\text{Referenzzinssatz} - \text{FRA} - \text{Satz})}{100} \cdot \dfrac{\text{Referenzperiode}}{360}}{1 + \dfrac{\text{Referenzsatz}}{100} \cdot \dfrac{\text{Referenzperiode}}{360}} \cdot \text{nominaler Bezugsbetrag}$$

Dem internationalen FRA-Handel liegen im Regelfall die Bedingungen der British Banker's Association for Forward Rate Agreements („FRABBA" terms) zu Grunde.

FRA's ermöglichen die Begrenzung des Zinsänderungsrisikos ohne Einfluss auf die Liquiditätsposition. Das Kontrahentenrisiko ist auf die Höhe der Zinsausgleichszahlung begrenzt. Im Vergleich zu Financial Futures bieten die FRA's die Vorteile der größeren Flexibilität, des Fehlens von Einschussverpflichtungen und der maßgeschneiderten Gestaltung entsprechend der Zinsinkongruenzen und Zinserwartungen.

Neben der Nutzung des Forward Rate Agreement als Hedging-Instrument ist aber auch die Nutzung als spekulatives Instrument denkbar, indem mit Abschluss eines FRA zugleich eine offene Position gehalten wird.

▶ **Forward Swap**

Swap, der als Termingeschäft abgeschlossen wird.

▶ **FOX Future**

Produkt der → EUREX

Basiswert	Finnischer Aktienindex (FOX)
Kontraktwert	€ 10 pro Indexpunkt des FOX
Erfüllung	Erfüllung durch Barausgleich, basierend auf dem Schlussabrechnungspreis, fällig am ersten Börsentag nach dem letzten Handelstag.
Preisermittlung	In Punkten, auf eine Dezimalstelle
Minimale Preisveränderung	0,10 Punkte; dies entspricht einem Wert von € 1.
Verfallmonate	Die jeweils nächsten Quartalsmonate des Zyklus März, Juni, September, Dezember.
Letzter Handelstasg	Der dritte Freitag eines Verfallsmonats, sofern dies ein Börsentag ist, andernfalls der davor liegende Börsentag. Der Handel endet um 16:30 Uhr MEZ.
Täglicher Ab-rechnungspreis	Letztbezahlter Kontraktpreis; falls dieser älter als 15 Minuten ist oder nicht den aktuellen Marktverhältnissen entspricht, wird dieser von der EUREX festgelegt.
Schlussabrech-nungspreis	Der Wert des FOX-Index wird auf der Basis gewichteter Durchschnittspreise der im Index enthaltenen Wertpapiere für in der Markteröffnung sowie im fortlaufenden Handel an der Helsinki Exchanges Group Ltd. Von 9.10 Uhr bis 16.30 Uhr gehandelten Posten (gemäß Definition der Helsinki Exchanges Group Ltd.) berechnet.
Handelszeit	9.30 bis 16.30 Uhr MEZ

▶ **FOX-Option**

Produkt der → EUREX

Basiswert	Finnischer Aktienindex (FOX)
Kontraktwert	€ 10 pro Indexpunkt des FOX-Index
Erfüllung	Erfüllung durch Barausgleich basierend auf dem Schlussabrechnungspreis, fällig am Börsentag nach dem letzten Handelstag
Preisermittlung	In Punkten, auf eine Dezimalstelle

Minimale Preisveränderung	0,10 Punkte; dies entspricht einem Wert von € 1.
Letzter Handelstag	Der dritte Freitag des jeweiligen Verfallsmonats, sofern dies ein Börsentag ist, andernfalls der davor liegende Börsentag. Der Handel endet um 16.30 Uhr MEZ
Täglicher Abrechnungspreis	Letztbezahlter Kontraktpreis; falls dieser älter als 15 Minuten ist oder nicht den aktuellen Marktverhältnissen entspricht, wird dieser von der EUREX festgelegt.
Schlussabrechnungspreis	Der Wert des FOX-Index wird auf der Basis gewichteter Durchschnittspreise der im Index enthaltenen Wertpapiere für in der Markteröffnung sowie im fortlaufenden Handel an der Helsinki Exchanges Group Ltd von 9.10 bis 16.30 Uhr MEZ gehandelten ganzzahligen Posten (Helsinki Exchangs Group Ltd.) berechnet.
Ausübungszeit	Ausübungen sind nur am letzten Handelstag der Optionsserie bis zum Ende der Post-Trading-Periode möglich (europäische Art).
Verfallmonate	Die drei nächsten aufeinander folgenden Kalendermonate sowie die drei darauf folgenden Monate aus dem Zyklus März, Juni, September, Dezember; d. h., es sind Laufzeiten von max. 1,2,3, max 6, max 9 und max 12 Monaten verfügbar.
Ausübungspreise	Das Ausübungspreisintervall für FOX Optionen beträgt 25 Indexpunkte. Jeder Kontraktmonat wird mit mindestens fünf Ausübungspreisen eingeführt
Optionspramie	Zahlung des €-Gegenwertes der in Indexpunkten ausgedrückten Prämie am ersten Börsentag nach dem Kauftag
Handelszeit	9.30 bis 16.30 Uhr MEZ

▶ **FRA** → Forward Rate Agreement

▶ **FRABBA**

Standardvertrag für Forward Rate Agreements, der von der British Bankers' Association entwickelt wurde.

▶ **Franchising**

Besondere Form der absatzwirtschaftlichen Kooperation, die finanzwirtschaftliche Aspekte für den Franchise-Geber wie auch vor allem für den Franchise-Nehmer mit sich bringt. Bei Franchising liegt eine vertraglich geregelte, auf Dauer angelegte Zusammenarbeit zwischen rechtlich selbstständig bleibenden Unternehmern zu Grunde. Der Franchise-Geber erteilt dem Franchise-Nehmer gegen Zahlung einmaliger und/oder laufender Beträge die Genehmigung in einem festgelegten Rahmen über bestimmte Rechte zu verfügen.

Im Einzelnen handelt es sich um die Erlaubnis zur Benutzung einer Marke oder des Firmennamens des Franchise-Gebers, um die Erzeugung und/oder den Vertrieb einer Ware bzw. einer Warengruppe, um die Anwendung eines Produktionsverfahrens oder eine Rezeptur, um die Nutzung eines bestimmten Absatzprogramms. Der Franchise-Geber unterstützt den Franchise-Nehmer durch Beratung, Schulung usw. Im Rahmen des Franchise-Systems erfolgen Finanzierungsleistungen sowohl seitens des Franchise-Gebers als auch des Franchise-Nehmers.

▶ **Frankfurt Interbank Offered Rate** → FIBOR

▶ **Frankfurter Wertpapierbörse**

Größte deutsche Wertpapierbörse, deren Trägerin die Deutsche Börse AG ist. Börsenzeit 10.30 – 13.30 Uhr.

▶ **Free Carrier** → Incoterms

▶ **Free Float**

(1) Freier Vorgangspuffer;
(2) Freie Pufferzeit;
(3) Finanzwirtschaftliche Bezeichnung für die in einem Markt umlaufenden Titel einer Emission, die sich somit nicht in festen Händen befinden. Je höher die Quote der umlaufenden Titel am gesamten emittierten Titelbestand ist, desto günstiger wirkt sich dies auf die Effizienz der Kursbildung im entsprechenden

Marktsegment aus. Typisch ist, dass sich das → Blue-Chip-Segment (in Deutschland das DAX-Segment) durch einen hohen Free Float auszeichnet. Ein relativ hoher Float wird auch für das Blue Micro-Chip-Segment der Deutsche Börse AG, → SMAX, angestrebt. Das klassische → Small-Cap-Segment ist hingegen im Regelfall durch einen relativ niedrigen Free Float gekennzeichnet ist. Ein gewisser Ausgleich wird hier aber zumeist durch eine erhöhte Umlaufgeschwindigkeit geschaffen.

▶ **Free Lunch**

Terminus, der in der Arbitragetheorie für einen riskolosen Arbitragegewinn steht.

▶ **Freiaktie** → Gratisaktie

▶ **Freie Makler**

(Freimakler) freie, nicht vereidigte Makler, die neben den → Kursmaklern an den Börsen zur Teilnahme am Börsenhandel zugelassen sind. Diese unterliegen, soweit das Gesetz nichts Anderes bestimmt, wie die Kursmakler der Aufsicht durch die Börsenaufsichtsbehörde. Die Aufsicht umfasst sämtliche börslichen und außerbörslichen Geschäfte im Rahmen des Handelsgewerbes und bezieht sich auf die Einhaltung der börsenrechtlichen Vorschriften und Anordnungen. Die freien Makler übernehmen entweder im → Geregelten Markt oder im Optionshandel die Kursfestellung (skontroführende Makler). Sie sind aber auch für die im → Freiverkehr gehandelten Wertpapiere (Freiverkehrsmakler) zuständig.

▶ **Freie Rücklagen** → Rücklagen

▶ **Freight or Carriage Paid** → Incoterms

▶ **Freight/Carriage and Insurance Paid to** → Incoterms

▶ **Freihändiger Rückkauf**

Anleihetilgung durch den Emittenden per Rückkauf entsprechenden Materials am Markt.

▶ **Freijahre**

Zeitraum, innerhalb dessen nach Emission einer → Anleihe deren
Schuldner von der Tilgung freigestellt ist. Die Tilgung beginnt also
erst nach Ablauf der (in den Anleihebedingungen) fixierten Freijahre.

▶ **Freimakler** → Freiverkehrsmakler

▶ **Freiverkehr**

(Freiverkehrsmarkt) → Börsensegment, welches am 1. 5. 1988 geschaffen wurde. Dies geschah durch die Zusammenfassung der bis
dato existierenden Marktsegmente geregelter Freiverkehr und ungeregelter Freiverkehr. Im Freiverkehr werden die Wertpapiere gehandelt, die nicht zum → Amtlichen Handel, → Geregelten Markt
oder → XETRA zugelassen sind. Im Gegensatz zum → Amtlichen
Handel und → Geregelten Markt ist der Freiverkehr im Börsengesetz
nicht näher geregelt. Auch das Zulassungsverfahren ist im Gegensatz zu den anderen beiden Marktsegmenten stark vereinfacht. Im
Sinne v. § 2 Abs. 5 WpHG ist der Freiverkehr kein organisierter
Markt. Der Freiverkehrsmarkt unterliegt aber der Handelsüberwachung. Rechtliche Grundlagen: Richtlinien für den Freiverkehr,
Börsengesetz § 78. Vgl.: → Börsenzulassung.

▶ **Freiverkehrsausschuss**

Ist zuständig für Geschäfte (insbesondere Zulassung der Wertpapiere in einem vereinfachten Verfahren) in amtlich nicht notierten
Werten (→ Freiverkehr).

▶ **Freiverkehrsmakler**

Freimakler, die ihre Maklertätigkeit im Freiverkehrssegment (→
Freiverkehr) ausüben.

▶ **Freiverkehrsmarkt** → Freiverkehr

▶ **Fremddepot (Depot B)** → Depot A,B,C,D

▶ **Fremdemission**

Verfahren bei der Begebung (Erstplatzierung) von → Aktien und → Anleihen, bei dem die Unterbringung der Effekten im

(1) Konsortialverfahren zu festen Konditionen erfolgt. Hierbei wird im Zuge der Emission ein Bankenkonsortium (→ Emissionskonsortium) eingeschaltet, welches als → Übernahmekonsortium, → Begebungs- oder als kombiniertes Übernahme- und Begebungskonsortium fungiert.

(2) Tenderverfahren besorgt wird.

(3) Konsortial-/Tenderverfahren vollzogen wird. Es handelt sich hierbei um eine kombinierte Emissionstechnik.

Funktionsweise: Unterbringung einer Quote des Gesamtemissionsvolumens bei einem Begebungskonsortium im Konsortialverfahren sowie anschließende Platzierung der Restquote des Emissionsvolumens bei anderen Banken oder sonstigen → Finanzintermediären im Tenderverfahren.

Die Kosten der Fremdemission bei Aktienemissionen (Anleiheemissionen) belaufen sich auf 7%–9% (4,5%–5%) des Emissionsvolumens (→ Emissionskosten).

▶ **Fremdfinanzierung**

Deckung eines Kapitalbedarfs durch Fremdkapital im Rahmen der → Außen- oder/und → Innenfinanzierung.

(1) Bei der Außenfinanzierung mit Fremdkapital (Kreditfinanzierung) sind die Kapitalgeber Gläubiger der Unternehmung. Dies bedingt, dass mit der Kapitalhingabe i. d. R. im Gegensatz zum Eigenkapital

- das Fremdkapital keine Haftungsfunktion hat (Gläubigerstellung); ein Vermögensanspruch besteht lediglich in nomineller Höhe der Gläubigerforderung;

- das Nutzungsentgelt erfolgsunabhängig anfällt (evtl. variable

Verzinsung: → Floating Rate Notes, Floating CD's), was u. U. zu einer starken Liquiditätsbelastung führen kann;

- die Zinsen steuerlich absetzbar (Aufwand) sind (Ausnahme: § 8, Ziff. 1 GewStG);
- die Kapitalüberlassungsdauer i. d. R. (Ausnahme: Perpetual Floater) zeitlich ex ante begrenzt ist (in bestimmten Situationen u. U. vorfristige Rückzahlungsverpflichtung mit entsprechender Liquiditätsbelastung);
- i. d. R. keine oder geringere Informations- und/oder Mitspracherechte gegeben sind, was nur einen mittelbaren Einfluss auf die Unternehmensführung erlaubt.

Arten der Fremdfinanzierung unter Fristigkeitsaspekten:

(a) Kurzfristige Kreditfinanzierung (bis zu einem Jahr):
- → Kundenanzahlung,
- → Lieferantenkredit,
- → Bankkredit (→ Kontokorrent-, → Diskont-, → Akzept-, → Aval-, → Rembours-,→ Lombardkredit),
- → Industrie-Clearing,
- → Commercial papers (US-CP, Euro-CP),
- → Euronotes,
- Steuerschulden und sonstige Kredite.

Kreditsubstitute kurzfristiger Art sind u. a. → Factoring und → Forfaitierung.

(b) Langfristige Kreditfinanzierung:
- langfristiger Bankkredit (→ Bankdarlehen),
- → Anleihe (→ Industrieobligation, → Pfandbriefe, → Bankschuldverschreibungen, → Kommunalobligationen, Anleihen der öffentlichen Hand),
- → Schuldscheindarlehen.

Zu den Kreditsubstituten langfristiger Art zählen u. a. → Leasing und → Franchising.

Arten des Kreditkapitals sind der Handelskredit in Form des → Warenkredits (Lieferantenkredit, Kundenanzahlung) und der reine → Geldkredit (z. B. Kontokorrent-, Wechseldiskont-, Rembourskredit, Darlehen, Schuldscheindarlehen, Commercial Papers, Euronotes etc).

Wesentliche Einflussfaktoren auf die Quantität und Qualität der Kreditfinanzierung sind: Eigenkapitalquote, Quantität neuen zusätzlichen Eigenkapitals im Rahmen der anstehenden Gesamtfinanzierung, → Kreditwürdigkeit (→ Rating, erwartete Ertragskraft, → Leverage-Effekt), → Kreditsicherheiten, Finanzierungsanlass, Investitionsvolumen, -dauer, -risiko, gegenwärtige und erwartete Finanzierungsbedingungen für Eigen- und/oder Fremdkapital.

Die Besicherung erfolgt durch → Bürgschaft, Garantie, → Grundpfandrechte, → Verpfändung, → Sicherungsübereignung, Eigentumsvorbehalt.

(2) Die Innenfinanzierung mit Fremdkapital erfolgt durch die Bildung von → Rückstellungen gem. § 249 HGB.

▶ **Fremdkapital** → Kapital, → Fremdfinanzierung

▶ **Fremdkapitalkosten**

Sämtliche Kosten, die einer Unternehmung im Zusammenhang mit der → Fremdfinanzierung eines gegebenen Kapitalbedarfs im Kapitalüberlassungszeitraum entstehen. Die Kosten richten sich generell nach den an den Märkten relevanten Konditionen, der Kreditart (→ Anleihe, → Schuldscheindarlehen, → Diskontkredit, → Lieferantenkredit) und werden zusätzlich in erster Linie durch folgende Faktoren beeinflusst: → Kreditwürdigkeit des Kreditnehmers, Qualität der Besicherung, Länge der Kreditüberlassungsdauer.

Die Fremdkapitalkosten können unterschieden werden nach:

(1) der Häufigkeit ihres Entstehens in einmalige und laufende Kosten:

   (a) Einmalige Kosten:

- Beschaffungskosten, z. B. Gebühren, Provisionen, Besicherungskosten, Disagio, Emissions-, Börseneinführungskosten, Steuern.
- Tilgungskosten, z. B. Rückzahlungsagio, Kosten der Auslosung, Löschungskosten,
- Nutzungskosten, d. h. Kosten, die für die Kapitalnutzung zu Beginn (z. B. Wechseldiskont, → Zerobond) oder mit

Ende (z. B. Aufzinsungstyp des Zerobonds) der Kapitalnutzung anfallen);

(b) Laufende Kosten:

- Nutzungskosten, d. h. Kosten der Kapitalnutzung (Zinsen, Überziehungsprovisionen, Kurssicherungskosten),
- Kapitaldienstkosten, d. h. Kosten aus Zahlstellen- und Bogenausgabe- bzw. -erneuerungsdienst, Kosten für treuhänderische Tätigkeit,
- Marktpflegekosten, z. B. Kurspflegekosten.

(2) dem Kriterium, welche Faktoren die Fremdkapitalkosten beeinflussen:

(a) Quantitative Fremdkapitalkosten werden durch die Preisbezugsbasis und den Preiszähler unter Berücksichtigung des Faktors Zeit eindeutig bestimmt.

(b) Qualitative Fremdkapitalkosten ergeben sich in erster Linie aus der Kapitalüberlassungsdauer (generell gilt: Mit zunehmender Fristigkeit steigt der Zins), den Sicherheitsansprüchen der Kapitalgeber (Besicherungskosten), dem Zinssatzänderungsrisiko (z. B. Floater, Kredite mit begrenzter Zinsfestschreibung, u. U. bei revolvierenden Schuldscheindarlehen, Eurokrediten), Fristentransformationsrisiko (u. U. bei revolvierenden Schuldscheindarlehen, Eurokrediten).

(3) dem Kriterium des Kostenverhaltens.

(a) Fixe Fremdkapitalkosten:
Sie können vor allem unter Fristigkeitsaspekten (überproportionaler Kostenanstieg bei sinkender Laufdauer) die Vorteilhaftigkeit/Unvorteilhaftigkeit von Finanzierungsinstrumenten im Vergleich zu alternativen Finanzierungsmöglichkeiten umkehren.

(b) Variable Fremdkapitalkosten:
Die Fremdfinanzierung wird durch die Steuergesetzgebung gegenüber der Eigenfinanzierung begünstigt, da die Zinsen und sonstigen Nebenkosten der Fremdfinanzierung die ertragsteuerliche Belastung im Gegensatz zur Eigenfinanzierung vermindern.

▶ **Fremdkapitalquote** → Verschuldungsgrad

▶ **Fremdwährungsanleihe**

→ Anleihe, deren Emissionsdenomination nicht der des Währungsgebiets entspricht, in dem sie aufgelegt wird.

▶ **Fremdwährungskonto**

Auf ausländische Währung lautendes Bankkonto, welches bei einem Kreditinstitut im Inland gehalten wird.

▶ **Fristengliederung**

Dient der Abgrenzung von Forderungen und Verbindlichkeiten entsprechend ihrer Fristigkeit. Möglich sind zwei Ansatzpunkte. Dies sind

(a) entweder die ursprünglich vereinbarte Laufzeit oder Kündigungsfrist oder

(b) die Restlaufzeit am Stichtag.

Grundsätzlich hat sich die Kategorisierung nach (a) durchgesetzt, da im Regelfall lediglich Kreditnehmer und –geber über detaillierte Informationen verfügen. Für die Gliederung von in Wertpapieren verbrieften Forderungen und Verbindlichkeiten wird die längste Laufzeit laut Emissionsbedingungen herangezogen.

Die Bundesbank grenzt die Fristigkeitskategorien wie folgt ab:

• kurzfristig = täglich fällig sowie vereinbarte Laufzeit oder Kündigungsfrist bis 1 Jahr einschließlich,

• mittelfristig = vereinbarte Laufzeit oder kurzfristige Kündigungsfrist von über 1 Jahr bis 5 Jahre einschließlich,

• langfristig = vereinbarte Laufzeit oder Kündigungsfrist von über 5 Jahren.

▶ **Fristenkongruenz**

(Fristenausgleichsgewicht, horizontale Finanzierungsregel, goldene Bilanzregel bzw. Bankregel) Postulat, dass der Kapitalbedarf seiner

zeitlichen Bindung entsprechend finanziert wird (Kapitalbindungs-
und Kapitalüberlassungsdauer müssen deckungsgleich sein). Langfristige Investitionen sind durch langfristiges Kapital (Eigenkapital
oder/und langfristiges Fremdkapital) zu finanzieren (→ Anlagendeckungsgrad) kurzfristige Investitionen durch kurzfristiges Kapital
zu decken (→Finanzierungsregeln). Fremdkapital sollte nicht über
einen längeren Zeitraum gebunden werden, als es die Unternehmung erhalten hat. Mit der Formulierung dieser Forderung wird unterstellt, dass die Unternehmung das Fristentransformationsrisiko
ausschließt und das finanzielle Gleichgewicht wahrt.

In dieser strengen Form ist die Regel jedoch zu schematisch, da
grundsätzlich Vermögens- und Finanzierungsteile der Unternehmung einander nicht eindeutig zugeordnet werden können. Außerdem werden hierdurch
- die spezifischen Vermögensverhältnisse der Unternehmung nicht
  berücksichtigt. So ist z. B. die Kapitalbindungsdauer der Vermögensteile durch ihre Zuordnung nicht eindeutig definiert, da
  sich die natürliche Kapitalfreisetzung (natürliche → Liquidität)
  der Vermögensgüter umgekehrt zu ihrer zeitlichen Zuordnung
  verhalten kann. Unterstellt wird z. B., Finanzlagen seien langfristig, Vorräte kurzfristig gebundenes Vermögen. Vorräte können aber oft kurzfristig nicht abgebaut werden, binden somit
  u. U. langfristig Kapital (künstliche Liquidität). Finanzanlagen ist
  hingegen u. U. eine hohe künstliche Liquidität (shiftability) gegeben;
- die spezifischen Finanzierungsverhältnisse der Unternehmung
  nicht berücksichtigt, da Restlaufzeiten der Kredite, potenzielle
  Kreditreserven, Prolongationsmöglichkeiten unberücksichtigt
  bleiben. Außerdem ist ein möglicher strukturell bedingter Liquiditätsengpass (→ Finanzplanung) durch Einhaltung dieses Postulats nicht auszuschließen.

Zu umfangreich bemessene Ausstattung mit Eigen- oder langfristigem Fremdkapital kann die Rentabilität ungünstig beeinflussen. Eigenkapital steht grundsätzlich nicht unbefristet zur Verfügung (Personengesellschaften).

▶ **Fristenparallelität** → Fristenkongruenz

▶ **Fristentransformation**

Fähigkeit der Kreditinstitute kürzerfristige Einlagen in langfristige Kredite verwandeln zu können. Die Kapitalverlängerungsfunktion der Banken beruht auf dem Umstand, dass

- juristisch kurzfristige Einlagen durch entsprechendes Einlegerverhalten stillschweigend zu effektiv längerfristigen Einlagen werden;
- kurzfristige Einlagen, die abgehoben werden, durch neue Einlagen kompensiert werden;
- im Zeitverlauf die Anleger innerhalb ihres Portefeuilles ihre Einlagen umstrukturieren.

Die Fähigkeit zur Fristentransformation der Banken ist damit eine Resultante des Einlegerverhaltens und der Struktur des Einlagengeschäfts, die sich beide im Zeitverlauf verschieben können.

▶ **FRN** → Floating Rate Notes

▶ **Front Bond**

(Host Bond) Zinsoptionsanleihe mit beigefügtem Zinsoptionsschein (→ Bond Warrant). Dieser berechtigt zum Bezug einer Folgeanleihe (→ Back Bond) zu vorgegebenen Konditionen. Vgl.: auch → Harmless Warrant.

▶ **Front Running**

Bezeichnet

(a) das Vorkaufen von Händlern bei Wertpapieremissionen (per Selbstzuteilung) in Kenntnis hoher Orderaufträge durch die Kunden des eigenen Hauses. Den Kunden werden dann in diesem Fall weniger günstige Kurse abgerechnet.

(b) das Handeln von Analysten eines Brokers oder Bank an Märkten auf eigene Rechnung nach den vorgesehenen Empfehlungen bevor diese anschließend Kunden als offizielle Ansicht des Hauses zu angenommenen Gesamt- oder/und Teilmarktentwicklungen dargestellt werden.

▶ **FT Industrial Ordinary Index**

→ Aktienindex der Financial Times, der die dreißig bedeutendsten britischen Industrieaktien erfasst. Der FT Industrial Ordinary Index wird börsentäglich in der Zeit von 10 bis 15 Uhr von der Financial Times errechnet und publiziert.

▶ **FTSE 100 Index**

(Abk. für Financial Times Stock Exchange 100 Share Index) Aktienindex, der die Aktienwerte der 100 größten Aktiengesellschaften des Vereinigten Königreichs enthält. Der FTSE 100 Index wurde im Jahr 1984 mit dem Ziel eingeführt einen neuen Aktienindexkontrakt an der → LIFFE einzuführen.

▶ **FTSE Eurotrack 100 Index**

Europäischer → Aktienindex, der als → Laufzeitindex seit dem 29. Oktober 1990 täglich den Aktienkursverlauf von 100 Unternehmen des europäischen Kontinents und Irlands erfasst.

▶ **FTSE Eurotrack 200**

Europäischer → Aktienindex, der täglich den Aktienkursverlauf von 200 kontinentaleuropäischen und britischen Aktien auflistet. Auf diesen Index werden an verschiedenen Börsen → Optionen und → Futures gehandelt.

▶ **Full Service Broker**

Broker, der sich im Gegensatz zum → Discount Broker nicht nur auf die Entgegennahme und Abwicklung von Wertpapiergeschäften beschränkt, sondern zusätzlichen Service in Form von schriftlichen und/oder mündlichen Informationen bietet, die die Kunden für ihre Investitions- und Desinvestitionsentscheidungen benötigen. Die → Courtage der Full Service Broker liegt um bis zu 80% über jener der Discount Broker.

▶ **Fundamentalanalyse**

Methode zur Prognose von Aktienkursentwicklungen, die darauf basiert, dass der Kurs einer Aktie durch den „inneren Wert" einer Unternehmung determiniert ist. Der innere Wert der Unternehmung wird durch relevante betriebswirtschaftliche Größen, die für die gegenwärtige Ertragslage und die künftige Ertragsentwicklung der Unternehmung von Bedeutung sind, bestimmt. Er wird weiterhin durch unternehmungsexterne Parameter beeinflusst. Fundamentalanalytiker gehen davon aus, dass mittel- bis langfristig der errechnete innere Wert und der Börsenkurs zueinander in positiver Korrelation stehen. Driften beide Werte im Zeitverlauf auseinander, wird die Aktie der Unternehmung preiswert oder teuer. Die Anwendung einer einheitlichen Konzeption zur Errechnung des inneren Wertes ist bislang nicht erkennbar. Offensichtlich wird z. Zt. im Rahmen der Fundamentalanalyse die Methode der „present value theory" präferiert. Sie basiert auf dem Konzept der Kapitalwertmethode und errechnet als Kapitalwert den inneren Wert (Gegenwartswert der Aktie unter Berücksichtigung des Gewinns und einer angenommenen Wachstumsrate des Gewinns über einen definierten Zeitraum bei einem definierten Kapitalisierungszinsfuß).

▶ **Fundierte Schulden**

Langfristige Schulden (→ Konsolidierung).

▶ **Fundierung** → Konsolidierung, → Umfinanzierung

▶ **Fundierungsanleihen**

In → Anleihen umgewandelte Verbindlichkeiten (im Regelfall kurzfristiger Art).

▶ **Funds Statement**

(Statement of Sources and Application of Funds, Statement of Working Capital, Finanzflussrechnung, Kapitalflussrechnung)
(1) Cash i. S. von Barmitteln (Cash Flow Statement);

(2) Cash i. S. von Working Capital (Funds Statement).

Funds Statement hat Ähnlichkeit mit der Bewegungsbilanz, bezieht sich aber nur auf Veränderungen des working capital innerhalb einer Periode. Es lässt somit erkennen, wie sich der Teil des langfristigen Kapitals verändert hat, mit dem das langfristig gebundene Umlaufvermögen finanziert werden kann.

▶ **Fungibilität**

Allgemeine Kennzeichnung der Eigenschaft von Gütern, Devisen, Effekten und standardisierten Terminkontrakten, leicht austauschbar (handelbar marktgängig) zu sein. Fungibilität ist bei Effekten, Devisen und Terminkontrakten i. d. R. ohne weiteres erreichbar, nicht jedoch bei Waren. Hier ist vorab die Typisierung unerlässlich.

▶ **Fusion**

(Verschmelzung) rechtliche und wirtschaftliche Vereinigung zweier oder mehrerer vordem selbstständiger Unternehmen. Eine Fusion kann durch Aufnahme einer anderen Unternehmung oder durch Neubildung vollzogen werden.

Bei der Fusion durch Aufnahme verliert zumindest ein Unternehmen seine rechtliche und wirtschaftliche Selbstständigkeit. Sein Vermögen wird auf die aufnehmende Unternehmung übertragen. Die Fusion durch Neubildung hat zur Folge, dass die Vermögen der beteiligten Unternehmen zusammengefasst und in eine neue Unternehmung eingebracht werden. Fusionsmotive sind Diversifikationsstreben, Streben nach Marktmacht, Zielsetzung der kostengünstigeren Massenproduktion, Konzentration der Kapitalkraft.

Für die AG ist die Fusion gem. §§ 339–358 a AktG , für die GmbH gem. §§ 19 – 35 KapErhG geregelt.

▶ **Future Long Position**

Entsteht durch den Kauf eines Future-Kontrakts. Der Käufer eines Future-Kontrakts verpflichtet sich, am Liefer- bzw. Erfüllungstag den Basiswert zu einem im Voraus vereinbarten Preis (Kurs) zu übernehmen. Dabei erwartet der Käufer eine Anstieg der Kurse des

Basiswerts während der Kontraktlaufzeit. Die Höhe des aus einer Future Long Position resultierenden Gewinns hängt davon ab, wie weit der Future Kontrakt zum Zeitpunkt der Glattstellung bzw. bei Fälligkeit über dem vereinbarten Einstandspreis (-kurs) notiert. Damit ist mit einer Future Long Position eine theoretisch unbegrenzte Ertragsmöglichkeit gegeben. Das mit der Abnahmeverpflichtung verbundene hohe Verlustrisiko kann der Inhaber einer Long-Position nur dadurch ausräumen, indem er eine entsprechende → Future Short Position (d. h., selber Basiswert, gleiche Fälligkeit) eingeht.

▶ **Future Short Position**

Entsteht durch den Verkauf eines Future-Kontrakts. Der Verkäufer eines Future-Kontrakts verpflichtet sich, am Liefer- bzw. Erfüllungstag den Basiswert zu einem im Voraus vereinbarten Preis (Kurs) zu liefern. Dabei erwartet der Verkäufer einen fallenden Kurs (Preis) des Basiswerts während der Kontraktlaufzeit. Die Höhe des aus einer Future-Short-Position resultierenden Gewinns hängt davon ab, in welchem Umfang der Future-Kontrakt zum Zeitpunkt der Glattstellung bzw. bei Fälligkeit unter dem Einstandspreis (-kurs) notiert. Damit ist mit einer Future-Short-Position eine theoretisch sehr hohe Ertragsmöglichkeit verbunden. Das mit der Lieferverpflichtung verbundene hohe Verlustrisiko kann der Inhaber einer Future-Short-Position nur dadurch ausräumen, indem er eine entsprechende → Future Long Position (d. h., selber Basiswert, gleiche Fälligkeit) eingeht.

▶ **Futures Margin**

Einschusszahlung auf einen → Terminkontrakt.

▶ **Futures Option**

Option auf einen Futures-Kontrakt. Formen: → Futures Call Option, → Futures Put Option.

▶ **Futures Put Option**

Verkaufsoption auf einen Futures-Kontrakt, die ihrem Inhaber das Recht einräumt, ihn aber nicht dazu verpflichtet, innerhalb eines festgelegten Zeitraums oder zu einem vereinbarten Fälligkeitstermin einen → Terminkontrakt zu einem ex ante fixierten Basispreis gegen Prämienzahlung zu verkaufen.

▶ **Futures**

Standardisierte Terminkontrakte mit eindeutig festgelegten Eigenschaften. Im Rahmen eines Futureskontrakts verpflichtet sich die eine Vertragspartei eine definierte Menge einer „Ware" (Rohstoff oder Finanztitel) einer festgelegten Qualität zu einem festgesetzten Preis an einem bestimmten Ort zu liefern. Die andere Vertragspartei verpflichtet sich zur Abnahme. Dem Kontraktgegenstand entsprechend, spricht man von → Financial Futures (Finanzterminkontrakte) und die Commodity Futures (Warenterminkontrakte). Finanz- und Warenterminkontrakte werden an eigens dafür eingerichteten Terminbörsen (z. B. EUREX) gehandelt. Die physische Abnahme aus dem Kontrakt ist heute oftmals nicht mehr notwendig, da im Rahmen des Cash Settlement lediglich Ausgleichszahlungen erfolgen. Vgl. → Financial Futures.

▶ **Futures (Contract) Price**

Preis eines → Terminkontrakts.

▶ **Futures Calendar Spread**

Gleichzeitiger Kauf und Verkauf von Terminkontrakten mit unterschiedlichen Liefermonaten auf den gleichen Basiswert.

▶ **Futures Call Option**

Kaufoption auf einen Futures-Kontrakt, die ihrem Inhaber das Recht einräumt, ihn aber nicht dazu verpflichtet, innerhalb eines festgelegten Zeitraums oder zu einem vereinbarten Fälligkeitstermin einen → Terminkontrakt zu einem ex ante fixierten Basispreis gegen Prämienzahlung zu erwerben.

G

▶ **G** → Kurszusätze

▶ **Gamma**

(Gammafaktor) demonstriert den Umfang der Veränderung des → Delta in Reaktion auf die Änderung des zu Grunde liegenden Kurses (Preises) des Basisobjekts um eine Einheit.

▶ **Gamma-Faktor** → Gamma

▶ **Garantie** → Bankgarantie

▶ **Garantiegeschäft** → Banken

▶ **Garantiekapital**

(Haftungskapital)

(1) Eigenkapital (→ Eigenfinanzierung) einer Unternehmung unter dem Gesichtspunkt der Haftungsfunktion. Sein Volumen wirkt in positiver Korrelation zur Möglichkeit der Finanzierung mit Fremdkapital (→ Finanzierungsregeln) – Volumen und Kosten (→ Fremdkapitalkosten) – und fixiert damit letztendlich die Gesamtkapitalausstattung der Unternehmung. Im Besonderen Maße sind Kreditinstitute gem. §§ 10 10 a KWG gehalten mit ausreichend hohem Eigenkapitalanteil ausgestattet zu sein da die Eigenkapitalquote das Geschäftsvolumen limitiert.

(2) aus dem eingezahlten Grundkapital und dem Reservefonds zusammengesetztes Kapital bei Hypothekenbanken und Grundkreditanstalten. Es muss in einer bestimmten Relation zum Refinanzierungsvolumen (Umfang der im Umlauf befindlichen → Pfandbriefe zuzüglich der aufgenommenen Darlehen) stehen.

▶ **Garantiekonsortium**

Variante eines Emissionskonsortiums, welches sich im Zuge der Fremdemission gegenüber dem Emittenten zur Übernahme des Platzierungsrisikos (Placement Guarantee) verpflichtet. Das Garantiekonsortium übernimmt bei nicht vollständiger Nichtplatzierung der Emission als Selbstaufkäufer die restlichen Teile.

▶ **Garman-Kohlhagen-Modell**

Modifikation des → Black & Scholes-Modells, welches aufgrund seines speziellen Ansatzes inbesondere zur Beurteilung von Devisenoptionen (europäischer Typ) und Währungsoptionsscheinen eignet.

$$OS_{Call} = D \cdot e^{-r_a \cdot t} \cdot N(d_2) - X \cdot e^{-r_i \cdot t} \cdot N(d_1)$$

$$OS_{Put} = D \cdot e^{-r_a \cdot t} \cdot [N(d_2)-1] - X \cdot e^{-r_i \cdot t} \cdot [N(d_1)-1]$$

$$d_1 = \frac{\ln \dfrac{D}{X} + (r_i - r_a - 0{,}5\sigma^2) \cdot t}{\sigma\sqrt{t}}$$

$$d_2 = d_1 + \sigma\sqrt{t}$$

wobei:

OS_{Call}	= Callpreis
OS_{Put}	= Putpreis
D	= Devisenkurs
X	= Basispreis der Währung
r_i	= inländischer Zinssatz p.a.
ra	= ausländischer Zinssatz p.a.
N(di)	= Flächeninhalt unter der Verteilungsdichtefunktion der Standard-Normalverteilung
σ	= Erwartete Volatilität des Devisenkurses p.a.
t	= Restlaufzeit des Optionsscheins in Jahren
e	= Eulersche Zahl = 2,718281828

▶ **Geborenes Orderpapier** → Orderpapier

▶ **Gebundene Aktien** → Vinkulierte Aktien

▶ **Gedeckte Option** → Covered Option

▶ **Gedeckte Short Position**

Short Position, für die der zu Grunde liegende → Basiswert (Underlying) als Sicherheit im vollem Umfang effektiv hinterlegt wurde. Vgl.: → Covered Option

▶ **Gedeckter Optionsschein** → Covered Warrant

▶ **Gedeckter Stillhalter** → Stillhalter

▶ **Gefälligkeitsakzept** → Gefälligkeitswechsel

▶ **Gefälligkeitswechsel**

Wechselmäßige Geldverpflichtung, die aus Gefälligkeit (i. d. R. zur Hebung der Kreditfähigkeit) von Unternehmen eingegangen wird. Nebenabreden gegenüber Dritten haben – auch wenn diese Kenntnis davon hatten – rechtlich keinerlei Bedeutung. I. d. R. erwartet der Akzeptant, dass er aus dem Akzept nicht in Anspruch genommen wird. Tauschen zwei Personen Gefälligkeitswechsel gegenseitig ohne ein zu Grunde liegendes Warengeschäft (Finanzwechsel, → Wechsel) aus, so liegt i. d. R. Wechselreiterei (→ Akzeptaustausch) vor.

▶ **Gegenakkreditiv**

(Back to Back Credit) Unterakkreditiv zu einem bereits existierenden → Akkreditiv. Der begünstigte Exporteur des Originalakkreditivs beauftragt seine Hausbank zu Gunsten des Vorlieferers ein Gegenakkreditiv zu eröffnen um diesem eine akkreditivgemäße Sicherheit einzuräumen. Ein Gegenakkreditiv entspricht bis auf den Akkreditivbetrag und die Laufdauer den Bedingungen des Originalakkreditivs.

▶ **Gegengeschäft** → Kompensationsgeschäft

▶ **Gehebelte Floating Rate Note** → Leveraged Floating Rate Note

▶ **Gekorenes Orderpapier** → Orderpapier

▶ **Geld**

(1) Die Begriffsumschreibung setzt nach neuerer Auffassung an den Funktionen an, die das Geld erfüllt bzw. erfüllen soll. Diese Funktionen, die ein Zahlungsmittel erfüllen muss um als „Geld" charakterisiert zu werden, sind: Tauschmittel-, Recheneinheits- und Wertaufbewahrungsfunktion. Das Maß, in welchem diese Funktionen vom Geld erfüllt werden können, hängt vom Vertrauen der Wirtschaftssubjekte in das Geld (Preisstabilität) ab. Ursprünglich konnte diese Geldfunktion nur durch ein Aktivum (z. B. Gold, Silber) in einer bestimmten Qualität und Menge erfüllt werden. Inzwischen sind derartige Aktiva in modernen Volkswirtschaften durch abstrakte Forderungsrechte ersetzt worden. Der Emittent der Forderungsrechte garantiert, dass den Forderungsrechten im entsprechenden Umfang Aktiva gegenüberstehen. Die Funktionen des Geldes werden durch → Zentralbankgeld, → Geschäftsbankengeld und Geldsubstitute (Zahlungsanweisungen, Zahlungsverpflichtungen) erfüllt.

(2) → Kurszusätze.

▶ **Geld/Brief Spread**

(Bid Offer Spread, Bid Ask Spread) bezeichnet die Spanne zwischen Kauf- und Verkaufskurs.

▶ **Geldanlage** → Kapitalanlage

▶ **Geldarten**

(1) → Geschäftsbankengeld,
(2) → Zentralbankgeld.

▶ **Geldentwertung** → Inflation

▶ **Geldkapital**

In Geldwerten (z. B.: Termingelder, Bankguthaben, festverzinsliche Wertpapiere, Dividendenwerte) investiertes Vermögen.

▶ **Geldkredit**

Kredit, der in inländischen und/oder ausländischen Zahlungsmitteln gewährt und getilgt wird. Dies trifft auch für das Nutzungsentgelt (Zins) zu.

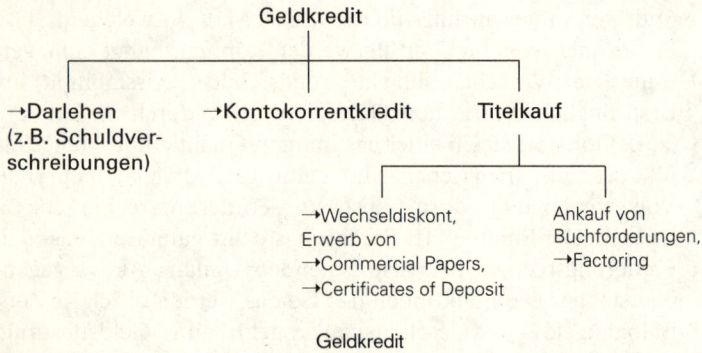

Geldkredit

▶ **Geldkurs**

(1) Derjenige Kurs an Effektenbörsen, zu welchem Nachfrage existiert, aber kein Angebot vorliegt;
(2) Ankaufskurs für Devisen durch Banken;
(3) Ankaufskurs, der durch → Market Maker verbindlich gestellt wird (→ EUREX).

▶ **Geldleihkredit** → Bankkredit

▶ **Geldmarkt**

(a) Allg.: Markt für kurzfristige Kredite;
(b) Im engeren Sinne: Geldmarkt und damit Markt für Notenbankgeld und Geldmarktpapiere (Tagesgeld-, Monatsgeld-, Diskont-, Devisenmarkt).

1999	Euro-Währungsgebiet						Vereinigte Staaten	Japan
	Tagesgeld	Einmonats-geld	Drei-monatsgeld	Sechs-monatsgeld	Zwölf-monatsgeld		Drei-monatsgeld	Drei-monatsgeld
Januar	3,14	3,16	3,13	3,10	3,06		4,99	0,35
Februar	3,12	3,13	3,09	3,04	3,03		5,00	0,38
März	2,93	3,05	3,05	3,02	3,05		4,99	0,20
April	2,71	2,69	2,70	2,70	2,76		4,97	0,18
Mai	2,55	2,57	2,58	2,60	2,68		4,98	0,12
Juni	2,56	2,61	2,63	2,68	2,84		5,17	0,10
Juli	2,52	2,63	2,68	2,90	3,03		5,30	0,12
August	2,44	2,61	2,70	3,05	3,24		5,46	0,13
September	2,43	2,58	2,73	3,1_	3,30		5,56	0,14
Oktober	2,50	2,76	3,38	3,46	3,68		6,20	0,24
November	2,94	3,06	3,47	3,48	3,69		6,09	0,31
Dezember	3,04	3,49	3,44	3,5_	3,83		6,13	0,33

Geldmarktsätze im Euro-Währungsgebiet, den USA und Japan

Quelle: Europäische Zentralbank

Die Geldmarktsätze (Zinssätze am Geldmarkt) richten sich in erster Linie nach der Liquiditätssituation der Marktteilnehmer in Abhängigkeit der Liquiditätssituation am Geldmarkt, der Offenmarktpolitik der Zentralnotenbank sowie nach der Fristigkeit. Geldmarktsätze unter Banken werden nicht offiziell Festgesetzt oder notiert. Typische Geldmarktsätze ist z. B. der → EONIA und die Sätze der EURIBOR-Zinsfamilie (→ EURIBOR).

Geldmarktpapiere (-titel) i. e. S. sind auf dem Geldmarkt gehandelte, notenbankfähige Wechsel, Schatzwechsel und unverzinsliche → Schatzanweisungen der öffentlichen Hand, aber auch Schuldverschreibungen mit kurzer Restlaufdauer (unter ein Jahr Restlaufdauer).

Zu den Geldmarktpapieren i.w.S., die an nationalen und internationalen Geldmärkten gehandelt werden, zählen die → Certificates of Deposit, → Commercial Papers und → Euro Notes mit Restlaufdauern unter einem Jahr.

Marktteilnehmer sind in erster Linie die Kreditinstitute, Geldmarktfonds, weiterhin im begrenzten Maße → Kapitalsammelstellen (z. B. Lebensversicherer) und öffentliche Verwaltungen.

Der Geldmarkt erfüllt in erster Linie eine Liquiditätsausgleichsfunktion zwischen den Banken. Damit wird zugleich ermöglicht fristgerecht notwendige liquide Mittel zinsgünstig zu beschaffen oder überschüssige Liquidität anzulegen. An den internationalen Märkten kommen als Marktteilnehmer Fonds, Versicherungen, Industrie- und Handelsunternehmen hinzu, die die Liquiditätsausgleichsfunktion des Marktes im verstärkten Maße für ihre Belange nutzen.

▶ **Geldmarktfloater**

Bezeichnung für die klassische → Floating Rate Note, deren laufende Verzinsung in kurzen Intervallen (im Regelfall alle drei oder sechs Monate) an die Entwicklung eines definierten Geldmarktsatzes (z. B. → LIBOR, → EURIBOR) gekoppelt ist. Gegensatz: → Kapitalmarktfloater.

▶ **Geldmarktfonds**

(Money Market Funds) Fonds, die ihre Mittel gem. § 7a KAAG in definierte Geldmarktinstrumente und/oder gem. § 7d KAGG

Bankguthaben mit Laufzeiten von bis zu einem Jahr anlegen. Unterschieden wir zwischen

(a) reinen Geldmarktfonds und

(b) geldmarktnahen Fonds.

Reine Geldmarktfondfstypen investieren die Mittel ausschließlich in hochliquide Geldmarktpapiere erster Bonität. Geldmarktnahe Fonds legen die Fondsmittel in Geldmarktpapieren sowie Schuldverschreibungen mit Restlaufdauern von unter einem Jahr an (→ Kurzläufer).

▶ **Geldmarktpapiere**

(Geldmarkttitel) i. e. S. sind auf dem Geldmarkt gehandelte → Schatzwechsel und unverzinsliche → Schatzanweisungen der öffentlichen Hand. Zu den Geldmarktpapieren i. w. S., die an nationalen und internationalen Geldmärkten gehandelt werden, zählen die → Certificates of Deposit, → Commercial Papers und → Euronotes mit Restlaufdauern von unter einem Jahr. Vgl.: → Geldmarkt

▶ **Geldmarktsätze** → Geldmarkt

▶ **Geldmarkttitel** → Geldmarktpapiere

▶ **Geldmarktzertifikat** → Certificate of Deposit

▶ **Geldmenge**

(1) I.w.S. sämtliche Aktiva, die Funktionen des → Geldes erfüllen können.

(2) I.e.S. das Geldvolumen (umlaufende Geldmenge), das sich aus Zentralbankgeld und Geschäftsbankengeld zusammensetzt. Diese Geldmengenaggregate bieten Ansatzpunkte notenbankpolitischer Maßnahmen (→ Notenbankpolitik). Allgemein wird die Ansicht vertreten, dass die Wirkungen der notenbankpolitischen Maßnahmen effizienter sind, wenn einzelne Komponenten der Geldmenge gezielt beeinflusst werden. Aus diesem Grund werden verschiedene Geldmengenarten (international i.d.R. mit M 1, M 2, M 3 bezeichnet) definiert.

Die Europäische Zentralbank unterscheidet:

- Die eng gefasste Geldmenge (M 1): Bargeld, d. h. Banknoten und Münzen sowie Guthaben, die ohne weiteres in Bargeld umgewandelt oder für bargeldlose Zahlungen eingesetzt werden können, d. h. täglich fällige Einlagen.
- Die „mittlere" Geldmenge (M 2): umfasst neben der eng gefassten Geldmenge (M1) Einlagen mit einer Laufzeit von bis zu zwei Jahren sowie Einlagen mit vereinbarter Kündigungsfrist von bis zu drei Monaten.
- Die weit abgegrenzte Geldmenge (M 3) umfasst neben M 2 vom → MFI-Sektor ausgegebene marktfähige Instrumente. Hierzu zählen bestimmte Geldmarktinstrumente (insbesondere Geldmarktfondsanteile, → Geldmarktpapiere und → Repogeschäfte).

▶ **Geldpolitik**

Synonym für institutionierende Währungspolitik. Sie ist auf die Ausgestaltung des Geldwesens eines Währungsraums (z. B. Notenbankgesetzgebung, Durchführung einer Währungsreform, Schaffung notwendiger Institutionen zu ihrer Realisierung) gerichtet und legt damit die Voraussetzungen für die Realisierung der funktionellen Währungspolitik (→ Notenbankpolitik).

▶ **Geldpolitik des ESZB**

Summe aller generellen und speziellen langfristig wirksamen Überlegungen, Absichten und Maßnahmen des Europaischen Systems der Zentralbanken (ESZB). Sie umfasst die operationalen Ziele sowie den Einsatz notenbankpolitischer Instrumente in Form von entsprechenden Maßnahmen.

Dabei kann das ESZB die angestrebten Ziele nur erreichen, wenn es gelingt die Wirtschaftssubjekte zu strategiekonformer Verhaltensweise zu beeinflussen. Dies soll durch die Variation bestimmter Aktionsparameter mit dem Ziel erfolgen, dass die Wirtschaftssubjekte Reaktion darauf bestimmte Verhaltensweisen zeigen. Entsprechende Wirkungen sollen sich – im Regelfall mit einem gewissen Time-lag – hierdurch bei den realwirtschaftlichen Größen (Investition, Konsum und Produktion) einstellen.

Das vorrangige Ziel der Geldpolitik des ESZB ist gem § 105(1) des EG-Vertrages die Preisstabilität. Weiterhin unterstützt – soweit dies ohne Beeinträchtigung des Ziels der Preisstabiität möglich ist – unterstützt das ESZB die Wirtschaftspolitik der Gemeinschaft.

Aktionsparameter bilden die Geldmenge, der Zins oder/und die Liquidität der Wirtschaft. Ihre Beeinflussung erfolgt über die Veränderung der Bedingungen an den Geld-, Kredit- und Kapitalmärkten durch den Einsatz der gelpolitischen Instrumente
- Offenmarktpolitik (→ Offenmarktpolitik des ESZB)
- Ständige Fazilitäten (→ Ständige Fazilitäten des ESZB)
- Mindestreservepolitik (→ Mindestreservepolitik des ESZB).

▶ **Geldvermögen**

(1) Summe aller um die Verbindlichkeiten bereinigten Forderungen eines Wirtschaftssubjekts oder einer Wirtschaftseinheit zu einem definierten Zeitpunkt.

(2) Die → Deutsche Bundesbank definiert abweichend. Sie bezeichnet die Summe der unbereinigten Forderungen als Geldvermögen und subtrahiert von ihnen die Verpflichtungen sowie den Aktienumlauf der Wirtschaftseinheiten. Daraus ergibt sich die Position Nettoforderungen oder Nettoverbindlichkeiten.

▶ **Geldvolumen** → Geldmenge

▶ **Gemeinschaftsdepot**

Sonderform des → Depots; Depotkonto zur Hinterlegung von Effekten für mehrere Kontoinhaber auf gemeinsame Rechnung. Über das Konto kann jeder einzeln („Oder"-Konto) oder gemeinschaftlich („Und"-Konto) verfügen.

▶ **Gemischte Fonds**

Semi Fixed Trusts (→ Investmentfonds) oder Management Companies (flexible Fonds), die sowohl Schuldverschreibungen (→ Anleihen) als auch → Aktien in ihrem Wertpapierbestand halten.

▶ **Genannter Kurs**

Börsenausdruck, der darauf hinweist, dass bei dem genannten Kurs wegen fehlenden Angebots oder fehlender Nachfrage kein Abschluss getätigt wurde.

▶ **Genehmigtes Kapital**

Form der → Kapitalerhöhung der AG gem. § 202 AktG.

▶ **Generalversammlung** → Genossenschaft

▶ **Genossenschaft**

Gesellschaften von nicht geschlossener Mitgliederzahl, welche die Förderung des Erwerbs oder der Wirtschaft ihrer Mitglieder mittels gemeinschaftlichen Geschäftsbetriebs bezwecken (§ 1 (1) Genossenschaftsgesetz (GenG)). Die eingetragene Genossenschaft ist juristische Person und Kaufmann (§ 17 GenG). Sie entsteht durch Eintragung in das Genossenschaftsregister gem. §§ 3, 13 GenG. Das „genossenschaftliche Prinzip" umfasst die Gleichberechtigung sämtlicher Mitglieder ohne Rücksicht auf die Höhe der Kapitalbeteiligung, die Selbstverwaltung sowie den gemeinschaftlich begründeten Geschäftsbetrieb.

Genossen zeichnen einen obligatorischen Geschäftsanteil und leisten Einzahlungen in Höhe von mindestens 10%. Die Höhe der Einzahlungen auf den Geschäftsanteil einschließlich der zugeschriebenen Gewinne, abzüglich realisierter Verlust ergibt gem. § 19 GenG das Geschäftsguthaben eines Genossen. Dieses Geschäftsguthaben ist die Basis für die Verrechnung der anteiligen jährlichen Gewinne bzw. Verluste und die Abfindung beim Austritt eines Genossen.

Organe der Genossenschaft sind:

• Generalversammlung, bei großen Genossenschaften Vertreterversammlung (Aufgaben: Satzungsgebung-, änderung, Genehmigung von Jahresabschluss, Gewinnverteilung, Entlastung, Bestellung, Berufung von Vorstand und Aufsichtsrat);

• Vorstand (Geschäftsführung und Vertretung nach außen):

● Aufsichtsrat (Überwachung des Vorstands bei seiner Geschäftstätigkeit).

Die Genossenschaft haftet für Verbindlichkeiten aus der Geschäftstätigkeit aus dem Genossenschaftsvermögen. Im Konkursfall haben Mitglieder gem. den statuarischen Regelungen keine, begrenzte oder unbegrenzte Nachschusspflicht.

▶ **Genüsse** → Genuss-Schein

▶ **Genussaktie**

Nicht mit der → Vorzugsaktie zu verwechselnder → Genuss-Schein, der mit Stimmrecht ausgestattet ist; in Deutschland ungebräuchlich.

▶ **Genussrecht** → Genuss-Schein

▶ **Genuss-Schein**

(Genussrecht, Participation Certificate) verbrieft Vermögens-, nicht aber Mitgliedschaftsrechte an einem Unternehmen und kann als Kapitalform eindeutig weder dem Eigen- noch dem Fremdkapital zugeordnet werden. Der Genuss-Schein verbrieft i. d. R. Ansprüche auf Anteil am Reingewinn, am Liquidationserlös oder auf den Bezug neuer Genuss-Scheine und ggf. Aktien. Die Verbriefung anderer Vermögensrechte ist durchaus möglich. Genuss-Scheine werden als Inhaber- oder Namenspapiere emittiert, wobei die Inhaberpapiere dominieren. Die Emission ist gem. § 221 (3) AktG an die Zustimmung von mindestens 3/4 Mehrheit des bei einer Hauptversammlung vertretenen Grundkapitals gebunden. Gem. § 221 (4) AktG haben die Aktionäre ein → Bezugsrecht. Genuss-Scheine werden einerseits zur Finanzierung eines gegebenen Kapitalbedarfs emittiert, andererseits soll ihre Ausgabe auch die Kapitalbeschaffung mithilfe anderer Instrumente erleichtern. Diese Aufgabe dominierte in Deutschland zumindest bis vor wenigen Jahren.

Im Unterschied zu → Aktien und → Anleihen bestehen keine gesetzlichen Vorschriften zur Ausgestaltung der Genussrechte. Dieser Umstand ist für die Emittenten vorteilhaft, da sie die Ausgestaltung auf ihre individuellen Bedürfnisse ausrichten können. Für die Investoren ergibt sich damit allerdings der Nachteil, dass sie vor jeder Anlageentscheidung eine eingehende Prüfung der vertraglichen Bedingungen vornehmen müssen. Dies nicht zuletzt deswegen, da fast alle Genuss-Scheine nachrangig sind. Somit können im Konkursfall die Investoren ihre Ansprüche erst geltend machen, wenn die vorrangigen Gläubiger bedient worden sind.

Die Emission von Genuss-Scheinen erfolgt im Zuge

- der Unternehmensgründung für besondere, nicht bewertbare Leistungen der Gründer (Gründeranteil, Part de Fondateur);
- des Unternehmenswachstums zum Bewertungsausgleich bei der Einbringung von Sacheinlagen und/oder Rechten;
- der Unternehmenssanierung zum Ausgleich eines vollständigen oder teilweisen Gläubigerverzichts oder an Aktionäre für den Verlust aus einer Kapitalherabsetzung (Besserungsschein) oder die Zuzahlung auf Aktien;
- der reinen Kapitalbeschaffung (Finanzierungsfunktion) in Form von Beteiligungsgenuss-Scheinen.

Genuss-Scheine wurden in jüngster Zeit auch von deutschen Unternehmen im stärkeren Umfang emittiert. Sie gewähren der Unternehmung generell den Vorteil, dass mit ihrer Ausgabe keinerlei Mitgliedschaftsrechte verbunden sind. Ihre Emission ist vorteilhaft im Vergleich zur Emission von → Stammaktien, weil sich die Aktionärsstruktur nicht verschiebt, im Vergleich zu stimmrechtslosen Aktien, da auch ein zeitlich begrenztes Aufleben des Stimmrechts nicht entstehen kann und im Vergleich zu Anleihen, da keine festen Zins- und Tilgungsverpflichtungen bestehen. Sie bieten schließlich generell den Vorteil, dass bei entsprechender Ausgestaltung, Körperschaft-, Gewerbeertragsteuer entfallen. Hierzu ist vor ihrer Emission eine entsprechende Abstimmung mit dem Bundesfinanzminister und dem zuständigen Landesfinanzminister notwendig.

I. d. R. verbriefen Genuss-Scheine ihren Inhabern Bezugsrechte bei der Emission neuer Genuss-Scheine. Die Laufdauer kann begrenzt oder unbegrenzt (mit/ohne Kündigungsrecht) sein.

Bei → Optionsgenuss-Scheinen handelt es sich um Optionsscheine, die in Verbindung mit Genuss-Scheinen emittiert werden.

Sie berechtigen unter bestimmten Bedingungen zum Bezug von Aktien der Emittentin. Die Optionsscheine sind i. d. R. von den Genuss-Scheinen abtrennbar und können gesondert gehandelt werden.

→ Wandelgenuss-Scheine verbriefen ihren Inhabern das Recht diese unter bestimmten Voraussetzungen sowie unter Zuzahlung eines Betrages in Aktien des Unternehmens zu tauschen.

▶ **Geregelter Freiverkehr**

→ Börsensegment, welches am 1. 5. 1988 zusammen mit dem ungeregelten Freiverkehr zum → Freiverkehr (3. Marktsegment) zusammengefasst wurde.

▶ **Geregelter Markt**

Zweites → Börsensegment (neben dem → Amtlichen Handel und → Freiverkehr) an den deutschen Wertpapierbörsen. Der Geregelte Markt ist i. S. v. § 2 Abs. 5 WpHG ein organisierter Markt.

- Die Zulassung(→ Börsenzulassung von Wertpapieren) erfolgt durch den Zulassungsausschuss nach Stellung eines Zulassungsantrags. Die Antragstellung ist durch den Emittenten gemeinsam mit einem Kreditinstitut oder einem anderem Emissionsbegleiter gem. § 71 (2) BörsG vorzunehmen. Folgende Zulassungsdokumente sind beizubringen:
  - (1) Unternehmen, die älter als ein Jahr sind: Unternehmensbericht mit den wesentlichen Angaben, die erforderlich sind um dem Publikum ein zutreffendes Urteil über den Emittenten und die Wertpapiere zu ermöglichen. Das Dokument muss mindestens die in der Verkaufsprospekt-Verordnung vorgesehenen Angaben enthalten.
  - (2) Unternehmen, die jünger als ein Jahr sind: eine aktuelle Zwischenübersicht, ein Ausblick über die Vermögens-, Ertrags-, Finanzlage für das laufende Geschäftsjahr sowie die Planzahlen für die folgenden drei Geschäftsjahre;
- Emissionsvolumen: Nennbetrag von mindestens 250 000 €;
- zugelassene Aktiengattungen: Stammaktien, Vorzugsaktien;

- Publikationssprache: Deutsch, für ausländische Unternehmen auch Englisch;
- Es besteht keine Haltepflicht für die Aktionäre;
- Der Handel in diesem Segment unterliegt der Handelsüberwachung (HüSt);
- Die Annahme des Übernahmekodex wird empfohlen.

Rechtliche Grundlagen: Börsengesetz § 71, Börsenordnung § 56. Vgl.: → Börsenzulassung.

▶ **Gesamtaktie** → Globalaktie

▶ **Gesamtfällige Anleihe** → Endfällige Anleihe

▶ **Gesamtkapital**

Summe des Eigenkapitals (z. B. Grundkapital der AG, Rücklagen und stille Reserven; → Eigenfinanzierung) und des Fremdkapitals (z. B. Rückstellungen, Verbindlichkeiten; → Fremdfinanzierung) der Unternehmung.

▶ **Gesamtkapitalrentabilität** → Rentabilität

▶ **Gesamtkündigung** → Kündigung von Anleihen

▶ **Gesamtkurs**

Börsenkurs, zu welchem der Markt weitgehend geräumt wird. Der Gesamtkurs gilt damit für eine Vielzahl von Aufträgen, die zu diesem Kurs abgerechnet werden können. Seine Bildung erfolgt auf Basis eines Verhandlungsergebnisses zwischen mehreren Händlern (Gegensatz: → Einzelkurs).

▶ **Gesamtplanung**

Gesamtheit aller Einzel- bzw. Teilpläne der Unternehmung und die daraus angestrebte Entwicklung in der Zukunft. Sie ist eine wesentliche Quelle des finanzwirtschaftlichen Informationssystems, der → Finanzplanung und der → Liquiditätsplanung.

▶ **Gesamttitel** → Globalaktie

▶ **Geschäftsanteil**

(1) Mitgliedschaftsrecht eines GmbH-Gesellschafters; erworben wird er im Zuge der Gründung oder durch Übernahme einer Stammeinlage der GmbH. GmbH-Anteile sind veräußerlich – soweit im Gesellschaftervertrag keine gegenteilige Vereinbarung steht – und vererblich. Wird die Einlage nicht rechtzeitig geleistet, erfolgt → Kaduzierung. Will ein GmbH-Gesellschafter die vereinbarte Nachschusspflicht auf die bereits geleistete Einlage nicht erfüllen, kann er seinen Geschäftsanteil der GmbH zur Verfügung stellen (Abandonnierung).

(2) Höchstbetrag, mit dem sich das einzelne Mitglied einer → Genossenschaft an dieser beteiligen kann.

▶ **Geschäftsbanken** → Banken

▶ **Geschäftsbankengeld**

(Buchgeld, Giralgeld) wird von den Kreditinstituten (Geschäftsbanken) in Form von Sichtguthaben geschaffen.

▶ **Geschäftsbericht**

(Annual Report) gesetzlich vorgeschriebene Veröffentlichung der Aktiengesellschaft bis zum In-Kraft-Treten des Bilanzrichtlinien-Gesetzes. Der Geschäftsbericht musste enthalten:
- Jahresabschluss (§ 149 AktG) mit Bestätigungsvermerk gem. § 167 AktG;
- Bericht des Vorstands gem. § 160 AktG;
- Bericht des Aufsichtsrates gem. § 171 (2) AktG;
- Gewinnverwendungsvorschlag gem. § 170 (2) AktG.

▶ **Geschäftsjahr**

Zeitraum, für den der Jahresabschluss einer Unternehmung erstellt werden muss. Gem. § 240 (2) HGB darf die Dauer eines Geschäftsjahres zwölf Monate nicht überschreiten.

▶ **Geschäftswert**

(Firmenwert) wird durch den Mehrwert ausgedrückt, den ein Unternehmen als Ganzes gegenüber der Summe der gemeinen Werte seiner einzelnen Wirtschaftsgüter (Vermögen und Schulden) hat. Dem Verfahren entsprechend, welches im Zuge der Unternehmensbewertung herangezogen wird, ergibt sich eine unterschiedliche Differenz zwischen dem Wert der Unternehmung als Ganzes und ihrem reinen Substanzwert. Unterschieden wird zwischen dem originären und dem derivativen Geschäftswert. Während der originäre Geschäftswert durch die erfolgreiche Tätigkeit der Unternehmung im Zeitablauf selbst geschaffen wird, entsteht der derivative Geschäftswert durch Erwerb gegen Entgelt. Der originäre Geschäftswert kann handels- und steuerrechtlich nicht aktiviert werden. Dagegen ist der derivative Geschäftswert gem. § 255 (4) HGB handelsrechtlich aktivierungsfähig und dann entweder in jedem folgenden Geschäftsjahr zu mindestens einem Viertel durch Abschreibungen zu tilgen, oder planmäßig über die Jahre der voraussichtlichen Nutzung abzuschreiben. Steuerrechtlich besteht für den derivativen Geschäftswert gem. § 6 Abs. 1 EStG ein Aktivierungsgebot.

▶ **Geschlossener Fond**

(Closed End Fund) → Investmentfonds mit fixiertem Gesellschaftskapital, der Anteile nur zeitweilig bis zu einem bestimmten Umlaufsvolumen emittiert, diese dann aber nicht zurücknimmt. Die Anteile werden im Regelfall am Markt gehandelt.

▶ **Geschlossener Immobilienfond** → Immobilienfonds

▶ **Gesellschafterdarlehen** → Stammeinlage, → partiarisches Darlehen

▶ **Gesellschaftsteuer**

Kapitalverkehrsteuer, die zum 1. 1. 1992 abgeschafft worden ist.

▶ **Gesperrte Stücke**

Bezeichnung für Aktien oder Anleihestücke, deren Inhaber sich bei der Zeichnung dazu verpflichtet haben die Stücke über einen definierten Zeitraum im eigenen Portefeuille zu halten und somit frühestens nach Fristablauf zu veräußern.

▶ **Gesprochene Kurse**

Kurse, die lediglich genannt wurden, zu denen aber keine Umsätze getätigt worden sind.

▶ **Gestrichen** → Kurszusätze

▶ **Gestrichen Brief** → Kurszusätze

▶ **Gestrichen Geld** → Kurszusätze

▶ **Gestrippte Anleihe** → Stripped Bond

▶ **Gewährleistung** → Bankgarantie

▶ **Gewährleistungsgarantie** → Leistungsgarantie

▶ **Gewährträgerhaftung**

Bezeichnung für die unbeschränkte Haftung von Körperschaften des öffentlichen Rechts (z. B. Gemeinden, Gemeindeverbände, Kreise, Länder), für die Verbindlichkeiten von öffentlich-rechtlichen Sparkassen, die sich in ihrem Eigentum befinden.

▶ **Gewerbebetrieb**

I. S. des Einkommen-, Körperschaft- und Gewerbesteuerrechts eine dauernde selbstständige und auf Gewinnerzielung gerichtete Tätigkeit, die sich als Beteiligung am allgemeinen wirtschaftlichen Verkehr darstellt. Sie ist aber weder als Ausübung von Land- und

Forstwirtschaft noch als Ausübung eines freien Berufs und auch nicht als reine Vermögensverwaltung anzusehen.

Gewerbebetriebe sind kraft Rechtsform die Kapitalgesellschaften; natürliche Personen und Personengesellschaften müssen die o. a. Kriterien gewerblicher Betätigung erfüllen, um als Gewerbebetrieb zu gelten.

▶ **Gewerbeertrag** → Gewerbesteuer

▶ **Gewerbekapitalsteuer**

Vermögensbezogener Teil der → Gewerbesteuer. Ab 1. 1. 1998 aufgehoben.

▶ **Gewerbesteuer**

Objektsteuer, durch die der Ertrag der Gewerbebetriebe – Ausnahmen § 3 GewStG – besteuert wird. Steuergegenstand ist gem. § 2 GewStG der im Inland betriebene Gewerbebetrieb. Die Besteuerungsgrundlage ist der Gewerbeertrag (§ 7 GewStG) zuzüglich weiterer Positionen gem. §§ 8 u. 9 GewStG abzüglich eines Freibetrages.

▶ **Gewinn je Aktie**

(Earnings per Share) wesentlicher Bewertungsfaktor im Rahmen der fundamentalen Aktienanalyse. Ziel ist den Gewinnbegriff einheitlich zu definieren um damit die Vergleichbarkeit über einen längeren Zeitraum zu ermöglichen. Er soll frei sein von Bewertungseinflüssen um dem tatsächlich erwirtschafteten Ergebnis zu entsprechen. Da der veröffentlichte Jahresüberschuss nur sehr beschränkt aussagefähig ist (Bewertungsspielraum) wird der der → Wertpapieranalyse zu Grunde gelegte Gewinn nach finanzanalytischen Gesichtspunkten ermittelt.

An Stelle des ausgewiesenen Bilanzgewinns einer AG hat sich in Deutschland der Gewinnbegriff der Deutschen Vereinigung für Finanzanalyse und Analyseberatung (DVFA Formel) durchgesetzt: Es wird vom ausgewiesenen Jahresüberschuss ausgegangen. Dieser wird von allen Sondereinflüssen, insbesondere von außerordentlichen, aperiodischen und dispositionsbedingten Aufwendungen und Erträgen bereinigt.

Die Kennzahl dient der Börsenbewertung von Aktien. Sie erlaubt eine Aussage über die → Ertragskraft eines Unternehmens und ermöglicht Vergleiche im Zeitablauf (Zeitvergleich) und zwischen einzelnen Unternehmen (Betriebsvergleich) auf der Basis des → Kurs/Gewinn-Verhältnisses. Eine Vergleichbarkeit ist aber nur dann gegeben, wenn die Berechnung nach einheitlichen Grundsätzen erfolgt. Die Höhe des Gewinns per Aktie wird entscheidend von der Kapitalstruktur beeinflusst. Gesellschaften mit relativ niedrigem Grundkapital weisen im Vergleich zu solchen, mit relativ hohem Grundkapital einen höheren Gewinn per Aktie auf. Die Aussagefähigkeit wird dadurch eingeschränkt.

▶ **Gewinnabführungsvertrag**

Verpflichtet eine Aktiengesellschaft oder eine Kommanditgesellschaft auf Aktien (§ 291 AktG) ihren gesamten Gewinn an das beherrschende Unternehmen abzuführen. Abschluss, Änderung und Wirksamwerden von Unternehmensverträgen regelt § 293 AktG. Steuerrechtlich werden derartige Vereinbarungen unter bestimmten Bedingungen bei Organschaftsverhältnissen anerkannt (§ 14 KStG). Das Einkommen der Organgesellschaft wird dann dem Organträger (Muttergesellschaft) zugerechnet und nur von diesem versteuert. Auch eine GmbH kann sich zur Gewinnabführung verpflichten.

▶ **Gewinnanteilschein**

(Dividend Coupon, Dividend Warrant) Aktienurkunden und → Genuss-Scheinen ist der sog. → Bogen beigefügt, der 10 bis 20 fortlaufend nummerierte Gewinnanteilscheine (Kupons, Coupons) enthält. Sie sind eine Form der Anteilscheine und heißen bei Aktien → Dividendenscheine. Gewinnanteilscheine verbriefen den Anspruch auf die Auszahlung des jeweils durch die Hauptversammlung festgestellten Reingewinns nach Maßgabe der Beteiligungshöhe. Sie dienen auch zur Behebung → Junger Aktie oder einer zusätzlichen Ausschüttung (Bonus). Im Regelfall verjährt der Auszahlungsanspruch auf einen fällig gewordenen Gewinnanteilschein nach vier Jahren.

▶ **Gewinnbeteiligung** → Erfolgsbeteiligung

▶ **Gewinnobligation**

(Gewinnschuldverschreibung, Income Bond, Participating Bond) Variante der → Industrieobligation, bei der als Nutzungsentgelt für die Kapitalüberlassung entweder neben einem festen Basiszins zusätzlich ein mit der Dividende gekoppelter Gewinnanspruch (Participating Bond) oder lediglich ein Gewinnanteil ohne Basiszinsanspruch (Income Bond) gewährt wird. Der Obligationär trägt somit das Risiko eines teilweisen oder vollständigen Nutzungsentgeltausfalls. Dieser Tatbestand kann eintreten bei Nichtrealisierung von Gewinnen oder im Fall der Gewinnthesaurierung. Die Gewinnobligation gewährt im Gegensatz zur → Aktie kein Beteiligungs- sondern lediglich ein Gläubigerrecht. Ihre Emission bietet sich in Kapitalmarktsituationen an, die für die Unterbringung von klassischen Festzinsanleihen ungünstig sind. Im Gegensatz zur stimmrechtslosen → Vorzugsaktie bietet sie den Vorteil, dass Mitgliedschaftsrechte in oder nach Zeiträumen der Gewinnlosigkeit nicht aufleben können.

▶ **Gewinnrendite**

Bezeichnet den insgesamt erwirtschafteten Gewinn je Aktie in v. H. des Aktienkurses.

▶ **Gewinnrücklage**

Rücklage gem. § 272(3) HGB, die im abgelaufenen oder einem früheren Geschäftsjahr aus dem Ergebnis gebildet worden ist. Gewinnrücklagen werden (mit Ausnahme der Sonderposten mit Rück-

lageanteil) somit aus thesaurierten Gewinnen (Gewinnthesaurierung) nach Abzug von Einkommen- und Gewerbeertragsteuer gebildet.

▶ **Gewinnschuldverschreibung** → Gewinnobligation

▶ **Gewinnspanne**

(Margin of Profit, Return on Sales, Umsatzgewinnrate, Umsatzrentabilität, Umsatzrendite) Gewinn in v. H. des Umsatzes. Die
umsatzbezogene Rentabilitätskennzahl gibt Hinweise auf die Ertragslage der Unternehmung in Verbindung mit der Kapitalumschlagshäufigkeit. Im Regelfall gilt, dass eine niedrige (hohe) Gewinnspanne eine hohe (niedrige) Kapitalumschlagshäufigkeit erfordert, damit ein bestimmter Return on Investment erwirtschaftet
wird.

$$G = \frac{\text{Gewinn (= Erlöse–Kosten)}}{\text{Umsatz (= Erlöse)}} \cdot 100$$

Umsatzbezogener Gewinn = Reingewinn vor Zinsen und Steuern
(Einkommen-, Körperschaft-, Vermögensteuern) lt. GuV. Umsatz =
Nettoumsatz (also abzüglich Mehrwertsteuer, Erlösschmälerungen,
Retouren).

Eine Erhöhung der Gewinnspanne (z. B. durch Erhöhung der
Verkaufspreise, Kostensenkung) wirkt sich u. U. positiv aus auf Liquidität (Verkaufspreise steigen, Barverkäufe liegen vor; Kostensenkungen, bei denen zugleich Barausgaben gesenkt werden) und
Rentabilität. Letztere ist abhängig von der Kapitalumschlagshäufigkeit und steigt bei geringer Kapitalumschlagshäufigkeit überproportional.

▶ **Gewinnsteuern**

Alle Steuern, die als Besteuerungsgrundlage von Gewinn ausgehen:
Einkommensteuer, Körperschaftsteuer, Gewerbeertragsteuer.

▶ **Gewinnthesaurierung**

Selbstfinanzierung im engeren Sinn, Finanzierung aus Gewinn. Der Vorgang der Gewinnthesaurierung vollzieht sich durch Einbehaltung des in der Periode erzielten Gewinns (Gewinn nach Steuern, Abschreibung, Ausschüttung). Die Gewinnthesaurierung ist für viele Unternehmungen von besonderer Bedeutung, weil oftmals externe Kapitalquellen nicht oder nur sehr schwer zu erschließen sind. Im Zuge der Gewinnthesaurierung stellt sich die Frage nach der Einbehaltung von Gewinnanteilen (in welchem Umfang?) und der Kapitalrückzahlung bzw. Kapitalauszahlung an den/die Unternehmer oder Dritte. Von wesentlicher Bedeutung ist damit für die Geschäftsleitung bei Nutzung dieses Finanzierungsinstruments die Frage nach dem Umfang der Gewinnverwendung und damit nach der Relation von Reinvestitions- und Ausschüttungsquoten. Die Fragestellung der optimalen Selbstfinanzierung konnte bislang nicht befriedigend gelöst werden, da das Entscheidungsproblem unter Einbeziehung folgender Größen zu lösen ist: Finanzierungsziele der Unternehmung, Ziel der Minimierung der Finanzierungskosten, der Optimierung der Steuerbelastung der Unternehmung, Art und Risiko der zu finanzierenden Investitionen, der Optimierung der Bilanzstruktur und der Optimierung der Kapitalrentabilität. Die Gewinnthesaurierung erfolgt in den Formen der offenen Selbstfinanzierung über die Bildung offener Rücklagen oder/ und die verdeckte Selbstfinanzierung durch Bildung stiller Reserven.

▶ **Gewinnthese**

These von der Bedeutungslosigkeit der Gewinnverwendung für die Aktienkursbildung. Allein der erwirtschaftete Jahresüberschuss, nicht aber seine Aufspaltung in Einbehaltung und Ausschüttung sei für die Höhe der Aktienkurse von Bedeutung. Die These wird damit begründet, dass die Gewinneinbehaltungen den Kapitalfonds eines Unternehmens erhöhen und über eine Stärkung der → Ertragskraft zu einer proportionalen Steigerung des Kurswerts der Aktien führen.

Die These hat folgende Prämissen: vollkommener Kapitalmarkt ohne Zutrittsbeschränkungen; Anleger verhalten sich rational; Anleger halten die Frage Kapitalausschüttung oder -einbehaltung für irrelevant, da sich nicht ausgeschüttete Gewinne in Kurssteigerungen niederschlagen. Das von *Modigliani* und *Miller* formulierte Modell enthält außerdem folgende Prämissen: Die Entscheidungen der Anleger werden unter der Annahme sicherer Erwartungen getroffen (spätere Version: Einbeziehung der unsicheren Erwartungen), die Unternehmen gehören zur gleichen Risikoklasse. Nur unter diesen Prämissen können sich einbehaltene Gewinne in entsprechend höheren Aktienkursen niederschlagen, die von den Anlegern – so deren Erwartungen – ggf. später bei Veräußerung realisiert werden können. Insofern reagieren die Aktionäre auf die Gewinnverwendung (Ausschüttung oder Thesaurierung) indifferent, wodurch die Gewinnverwendungspolitik keinen Einfluss auf Kursbildung hat (Gegensatz: → Dividendenthese).

▶ **Gezeichnetes Kapital**

Gem. § 272(1) HGB das Kapital, auf das die Haftung der Gesellschafter für die Verbindlichkeiten der Kapitalgesellschaft gegenüber den Gläubigern beschränkt ist. Soweit ausstehende Einlagen auf das gezeichnete Kapital existieren, sind diese entweder auf der Aktivseite der Bilanz vor dem Anlagevermögen gesondert auszuweisen oder getrennt vom gezeichneten Kapital abzusetzen.

▶ **Gezogener Wechsel** → Wechsel

▶ **Gilt Call Warrants**

Kaufoptionsscheine auf → Gilts (britische Staatstitel).

▶ **Gilt Edged Securities**

Staatspapiere, deren Zins- und Tilgungszahlungen durch das United Kingdom garantiert sind.

▶ **Gilt Future Contract**

Zinsterminkontrakt, der auf → Short Gilts oder → Long Gilts basiert.

▶ **Gilt Put Warrants**

Verkaufsoptionsscheine auf → Gilts (britische Staatstitel).

▶ **Gilt Warrants**

Optionsscheine auf → Gilts. Formen: → Gilt Call Warrants, → Gilt Put Warrants.

▶ **Gilts**

Festverzinsliche oder variabel verzinsliche britische Staatstitel. Laufzeitbezogen werden sie wie folgt bezeichnet: → Treasury Bills, → Short Gilts, Medium Gilts, → Long Gilts oder → Undated Gilts. Rückzahlbare Gilts werden nach dem Tilgungszeitpunkt in → Single-dated Gilts oder Double-dated Gilts klassifiziert. Vgl.: → Long Gilt, → Short Gilt

▶ **Giralgeld** → Geschäftsbankengeld

▶ **Girierungskredit** → Kreditleihe

▶ **Giro** → Indossament

▶ **Girogeschäft** → Banken

▶ **Girokonto**

Kontokorrentkonto, welches zur Abwicklung der Bankgeschäfte als laufendes Konto geführt wird. Im Regelfall werden Girokonten nicht mehr auf Guthabenbasis geführt, da sie im Rahmen einer eingeräumten Kreditlinie (→ Dispositionskredit) überzogen werden dürfen.

▶ **Girosammeldepot** → Sammelverwahrung

▶ **Girosammelverwahrung** → Sammelverwahrung

▶ **Giroverkehr** → Überweisungsverkehr

▶ **Gläubigereffekten**

Verzinsliche Wertpapiere, die Forderungsrechte verbriefen (→ Anleihen).

▶ **Gläubigereffekten mit Sonderrechten**

Verzinsliche Wertpapiere, die zusätzlich zu Forderungsrechten Sonderrechte auf
(1) den Umtausch in Aktien (→ Wandelanleihe),
(2) auf den Bezug von Aktien (→ Optionsanleihe),
(3) Gewinnbeteiligung (Gewinnobligation) verbriefen.

▶ **Gläubigerkündigungsrecht**

Recht der vorzeitigen Kündigung einer Schuldverschreibung durch die Gläubiger. Das Gläubigerkündigungsrecht kann über die gesamte Laufzeit der Schuldverschreibung, über einen Teilbereich der Laufzeit oder zu bestimmten Zeitpunkten eingeräumt werden. In Deutschland wird diese → Put Option üblicherweise in Form der → Degussa-Klausel gewährt.

▶ **Gläubigerschutz**

Der Gläubiger einer Forderung wird vom Gesetz regelmäßig nur vor Uneinbringlichkeit seiner Forderungen infolge unredlichen Verhaltens seines Schuldners geschützt. Dazu dienen vor allem Strafnormen (§§ 283–283 d, 289 StGB, 82 GmbHG, 399 ff. AktG), Kapitalerhaltungsvorschriften (§§ 30 GmbHG, 57 AktG) sowie zahlreiche Haftungsvorschriften, besonders im Recht der Kapitalgesellschaften und Personengesellschaften. Dem Schutz der Gläubiger dienen auch Normen über die Liquidation von Gesellschaften und über die Abwicklung von Insolvenzverfahren.

▶ Glamour Stocks

Bezeichnung für hochspekulative Aktien in den Vereinigten Staaten von Amerika.

▶ Glattstellen

Bezeichnung für
(1) einen Kauf oder Verkauf von Wertpapieren oder Devisen zum Ausgleich einer offenen Position;
(2) die Schließung einer offenen Position in Options- oder Terminkontrakten vor ihrem Verfalltermin durch ein entsprechendes Gegengeschäft.

▶ Gleichordnungskonzern → Konzern

▶ Gleichrangklausel

(Pari Passu Clause) kreditvertraglich verankerte Bedingung, welche die Verpflichtung des Schuldners enthält, die Gleichstellung der Kreditverbindlichkeiten mit anderen nichtbesicherten Kreditverbindlichkeiten sicher zustellen.

▶ Gleitzinsanleihe

Bezeichnung für eine Anleihe, bei der die periodisch anfallenden Zinszahlungen im Verlauf kontinuierlich steigen. Damit handelt es sich bei der Gleitzinsanleihe um eine Variante der → Staffelanleihe (Stepp up Bond).

▶ Global Bond

Urkunde, die zeitweise die Gesamtemission einer → Anleihe repräsentiert. Sie wird entweder zur Emissionskontrolle (Primärmarktkontrolle) und der damit ggf. verbundenen rechtlichen Auflagen geschaffen und verwendet oder bis zum Druck und der Aus-

lieferung effektiver Stücke eingesetzt. Vgl. dagegen: → Globalanleihe

▶ **Global Custody**

Verwahrung und Verwaltung international diversifizierter Wertpa-
pierportefeuilles internationaler Großkunden durch eine global
agierende Depotbank.

▶ **Global Note Facility**

Variante einer Commercial Paper Fazilität, die die Emission der →
Commercial Papers zugleich in den Vereinigten Staaten von Amerika und auf Märkten in Europa gestattet.

▶ **Globalaktie**

(Gesamtaktie) Urkunde, die mehrere oder alle Aktienrechte einer
Aktiengesellschaft vereinigt. Vorteile. Vermeidung hohen Druckkosten, Senkung der Verwahrungskosten, Vereinfachung der Divi-
dendenabrechnung. Vgl.: → Dematerialisierung, → Globalurkun-
den.

▶ **Globalanleihe**

(1) (Global Bond). Bezeichnung für eine Emission, die gleichzeitig
an den wesentlichen Finanzplätzen in Europa, Nordamerika
und Asien aufgelegt wird. Dabei müssen die u.U. jeweils äußerst
strengen nationalen Emissionsvorschriften beachtet werden.
Derartige Anleihen kombinieren durch die Zulassungsbedin-
gungen die Eigenschaften von inländischen Anleihen und durch
die Provisionsstruktur diejenigen der Euroanleihen. Globalanleihen können durch internationale oder nationale Clearingsysteme gehalten und verrechnet werden. Auf Grund der hohen
Liquidität bieten diese Schuldverschreibungen allerdings nur
eine niedrige Rendite. Emittenten sind nur erstklassige Adressen.

(2) Urkunde, die eine ganze Anleihe in einem Großstück oder aber
einen größeren Teilbetrag einer Anleihe in Form eines Großstücks

(mehrere Hundert Mio. Währungs- oder Rechnungseinheiten) verbrieft. Globalanleihen werden zur Vereinfachung des Wertpapierhandels und der Wertpapieraufbewahrung ausgegeben.

▶ **Globalstücke**

Sammelbezeichnung für → Globalaktien oder → Globalanleihen (2).

▶ **Globalurkunde**

Urkunde für Wertpapiere, die zur Vereinfachung der Wertpapieraufbewahrung und des Wertpapierhandels ausgestellt und bei → Wertpapiersammelbanken hinterlegt ist. Besitzübertragungen erfolgen dann durch die Wertpapiersammelbanken nur noch buchtechnisch auf den Wertpapiergirokonten (→ Globalaktie, → Globalanleihe (2), Wertpapiergiroverkehr, → Wertrechtsanleihe). Die Existenz der Globalurkunde bildet die Voraussetzung für die → Dematerialisierung.

▶ **Goldanleihe**

→ Anleihe, bei der die Tilgungs- sowie ggf. auch Zinszahlungen an die Entwicklung des Goldpreises (auf der Basis: Preis einer Unze, Preis eines Kilo-Barrens, Preis einer bestimmten Goldmünze) gekoppelt sind umso den Anleihegläubigern den von ihnen gewünschten Schutz vor Inflation zu gewähren.

▶ **Goldene Bankregel** → Finanzierungsregeln

▶ **Goldene Bilanzregel** → Finanzierungsregeln, → Anlagendeckungsgrad

▶ **Goldene Finanzierungsregel** → Finanzierungsregeln

▶ **Goldklausel**

→ Indexklausel, die vertraglich definierte Nominalgrößen an die Entwicklung des Goldpreises koppelt. Besondere Bedeutung hat die Goldklausel für die → Goldanleihe.

▶ **Goldzertifikat**

Urkunde, die gegenüber einer juristischen Person den Anspruch auf die Lieferung einer bestimmten Menge Goldes in einer definierten Qualität an einem bestimmten Ort oder die Zahlung des entsprechenden Gegenwertes verbrieft. Die Urkunde kann sowohl ein Inhaberpapier als auch ein Namenspapier (Begünstigter namentlich im Urkundentext erwähnt) sein. Gegen Vorlage eines Goldzertifikates durch den Inhaber bzw. Begünstigten wird die definierte Menge Gold ausgehändigt oder der Gegenwert ausgezahlt. Goldzertifikate werden in erster Linie von Kreditinstituten emittiert.

Da im Gegensatz zur Bundesrepublik Deutschland in Luxemburg auf Goldkäufe keine Mehrwertsteuer erhoben wird, erfolgen seit Jahren im verstärkten Umfang Kapitalanlagen, die in Goldzertifikaten verbrieft werden, bei deutschen Banken am Finanzplatz Luxemburg.

▶ **Good Till Cancelled (GTC)**

Variante eines uneingeschränkt limitierten Auftrags, der zur Durchführung von Optionsgeschäften an Terminbörsen erteilt wird. Danach hat der mit dieser Restriktion versehene Auftrag bis zum Widerruf Gültigkeit.

▶ **Good Till Date (GTD)**

Variante eines uneingeschränkt limitierten Auftrags, der zur Durchführung von Optionsgeschäften an Terminbörsen erteilt wird. Danach hat der mit dieser Ausführungsrestriktion versehene Auftrag nur bis zum definierten Zeitpunkt (angegebenes Datum) Gültigkeit.

▶ **Governmental Agency**

Bezeichnung für Körperschaften, die unterhalb der Staatsebene (aber im Interesse oder Auftrag des Staates) fungieren.

▶ **Graduated Rate Coupon Bonds** → Staffelanleihe

▶ Gratisaktie

(Berichtigungs-, Kapitalberichtigungs-, Wertberichtigungs-, Frei- oder Zusatzaktie) Bezeichnung für Aktien, die im Rahmen von → Kapitalerhöhungen aus Gesellschaftsmitteln gem. §§ 207–216 AktG ausgegeben werden. Bei Ausgabe von Gratisaktien z. B. im Verhältnis von 2 : 1 erhält ein Aktionär für zwei alte Aktien eine Gratisaktie.

Mit der Ausgabe von Gratisaktien ist kein Finanzierungseffekt verbunden, da keine neuen Kapitalien von außen zufließen. Es wird lediglich ein Passivtausch durch Umwandlung von Kapitalrücklage und Gewinnrücklagen in Grundkapital vollzogen. Der Bilanzkurs sinkt. Das Vermögen der Aktionäre bleibt unverändert. Nach Ausgabe von Gratisaktien im Verhältnis 2 : 1 hat der Aktionär drei Aktien mit einem Kurswert wie vorher die zwei Aktien.

Motive für die Ausgabe von Gratisaktien: Ist der Börsenkurs wegen zu hoher Rücklagen im Verhältnis zum Grundkapital sehr hoch, wird die Aktie schwer handelbar. Außerdem müssen hohe Nominaldividenden gezahlt werden, was nach außen u. U. negativ wirkt. Durch die → Kapitalverwässerung können nun die Nominaldividenden gesenkt werden. Die Aktienkurse sinken und die Aktien werden besser fungibel.

▶ Gratisoptionen

Optionsscheine vom Typ des → Call Warrant, die durch Schweizer Aktiengesellschaften ihren Aktionären neben einer Dividende gewährt werden. Der Aktionär kann innerhalb eines definierten Zeitraums unter Vorlage einer bestimmten Anzahl von Warrants und Zuzahlung eines bestimmten Betrages eine neue (junge) Aktie des Unternehmens beziehen. Der Bezugskurs über Gratisoptionen liegt im Regelfall knapp unter dem Börsenkurs. Da die Gratisoptionen an der Börse eingeführt werden, können sich die verkaufswilligen Inhaber von ihren Gratisoptionsscheinen trennen. Bei dem Instrument der Gratisoption handelt es sich also um Innovation, die Elemente der periodischen → Stockdividende, der Bezugsrechtskapitalerhöhung (→ Bezugsrecht) und der → Optionen (→ Optionsschein) miteinander verbindet. Die Vorteile dieses Verfahrens liegen in erster Linie für die Unternehmung im Zufluss eines hohen Agios bei der Optionsausübung. Die Aktionäre profitieren einerseits von Steuervorteilen, da der in den Gratisoptionen verbriefte Gewinnanteil nicht zu versteuern ist. Hinzu kommt, dass die Gratisoptionsscheine die Inhaber überproportional an Aktienkurssteigerungen teilhaben lassen.

▶ **Grauer Kapitalmarkt**

(Grey Market) Bezeichnung für denjenigen Teil des Kapitalmarkts, der von staatlicher Regulierung und Überwachung weitgehend bis vollständig ausgenommen ist. Der Markt ist damit auch schwer erfassbar.

Anlageformen des grauen Kapitalmarkts sind beispielsweise: Bankgarantien, Beteiligungssparpläne, Bestimmte Kredit- und Darlehensformen, Grundschuldbriefe, Warentermingeschäfte, die nicht an einer organisierten Warenterminbörse gehandelt werden.

▶ **Green Clause** → Akkreditivbevorschussung

▶ **Greenshoe**

(Greenshoe Option) Terminus für eine Mehrzuteilungsoption. Diese räumt einem → Emissionskonsortium im Rahmen eines → Bookbuilding-Verfahrens ggf. die Möglichkeit ein – über das ursprünglich anvisierte Emissionsvolumen hinaus – ein bestimmtes Volumen an Mehrzuteilungen zu Ursprungskonditionen am Markt zu platzieren. Der Greenshoe wird dem Emissionskonsortium nur für den Fall gewährt, dass die Nachfrage das ursprünglich anvisierte Emissionsvolumen erheblich überschreitet.Damit hat der Greenshoe eine Stabilisierungsfunktion und signalisiert bei Anwendung zugleich eine erfolgreiche Platzierung.

▶ **Greenshoe Option** → Greenshoe

▶ **Grenzertrag des Kapitals**

(Marginal Profit, Grenzrate des Kapitals) Gewinnzuwachs, der durch den Mehreinsatz der kleinsten Menge Kapitals erwirtschaftet

werden kann. In der Praxis ist er gleichzusetzen mit dem Differenzbetrag, den eine Währungseinheit (US-$) zusätzlicher Kapitaleinsatz
erbringt. Sinkt mit steigendem Kapitaleinsatz der absolute Ertrags-
zuwachs, erfüllt sich das Gesetz von der abnehmenden Grenzrate
des Kapitals.

▶ **Grenzinvestition**

Investitionen, die bei einem definierten → Kalkulationszinsfuß einen Kapitalwert von null oder eben darüber erwirtschaftet, bzw. deren → Interner Zinssatz nicht kleiner ist als der Kalkulationszinssatz
(→ Kapitalwertmethode).

▶ **Grenzkapitalkosten**

zusätzliche Ausgaben, die eine zusätzlich finanzierte Währungseinheit (z. B. DM, US-$) über ihre Rückzahlung hinaus verursacht.

▶ **Grenzrate des Kapitals** → Grenzertrag des Kapitals

▶ **Grey Market** → Grauer Kapitalmarkt

▶ **Großaktionär**

Aktionär, der im Besitz einer erheblichen Quote am Grundkapital
einer Unternehmung ist. Er kann somit entweder Rechte als →
Mehrheitsaktionär oder → Minderheitsrechte wahrnehmen.

▶ **Großbetrag -Scheckeinzugs-Verfahren (GSE-Verfahren)**

Verfahren der Deutschen Bundesbank zum Einzug der Gegenwerte
von Schecks im überregionalen Einzugsverkehr. Die Einzugsdauer
beträgt einen Tag. Gutschrift und Belastung erfolgen am selben Tag.

▶ **Große Coupontermine**

(Große Kupontermine) Termine (i. d. R. zum Quartalsbeginn), zu
denen Zinszahlungen aus zahlreichen Anleihen fällig werden.

▶ **Große Kupontermine** → Große Coupontermine

▶ **Große Stücke**

Bezeichnung für Wertpapiere (i. d. R. Schuldverschreibungen) mit einem Nennwert von 500 € oder darüber.

▶ **Großkredit**

Bankkredit an einen einzelnen Kreditnehmer, der insgesamt 15% des haftenden Eigenkapitals des Kreditinstituts überschreitet. Der Kreditbegriff und Personenkreis der hier einbezogenen Kreditnehmer ergeben sich aus § 19 KWG. Großkredite sind der Deutschen Bundesbank (Evidenzzentrale) unverzüglich anzuzeigen. Die Bundesbank leitet die Anzeige an das Bundesaufsichtsamt für das Kreditwesen weiter.

Großkredite dürfen gem. § 13 (2) KWG nur auf Grund eines einstimmigen Beschlusses der Geschäftsleiter herausgelegt werden. Alle Großkredite dürfen gem. § 13 (3) KWG zusammen das Achtfache des haftenden Eigenkapitals des Kreditinstituts nicht überschreiten, wobei das Volumen des einzelnen Großkredits gem. § 13 (4) KWG nur bis zu maximal 50% des haftenden Eigenkapitals ausmachen darf.

▶ **Growth Fund**

→ Investmentfonds, dessen Management eine Strategie des Kapitalwachstums verfolgt.

▶ **Gründeranteilsscheine**

Vorläufige Anteilsscheine einer Kapitalgesellschaft in Gründung, die an deren Gründer zum Zweck der zwischenzeitlichen Dokumentation über die Kapitalverhältnisse emittiert werden.

▶ **Gründungsfinanzierung**

Kapitalbeschaffung zum Aufbau einer neu zu gründenden Unternehmung. Darunter wird nicht nur die Finanzierung des Kapitalbedarfs für das Anlagevermögen, sondern auch die Deckung des Kapitalbedarfs für die gesamte Anlaufphase (Umlaufvermögen, Mindestkassenhaltung, Löhne, Gehälter, Mieten, Energiekosten etc.) verstanden.

Schwierigkeiten bereitet die Ermittlung des Kapitalbedarfs, da Erfahrungswerte aus der Vergangenheit (z. B. über das Zahlungsverhalten der Abnehmer) nicht vorliegen. Der Kapitalbedarf kann nicht mithilfe von Formeln (z. B. *Rieger*, *Lehmann*: Kapitaleinsatz × Kapitalbindungsdauer), sondern nur auf Basis eines Finanzplans ermittelt werden.

Das wesentliche Problem bei der Gründungsfinanzierung besteht in der ausreichenden Finanzierung mit Eigenkapital, da hiervon letztlich die Möglichkeiten der Fremdkapitalausstattung abhängt. Die Lösung des Problems der ausreichenden Eigenkapitalausstattung in der Gründungsphase ist nur individuell zu erreichen. Dennoch steht fest, dass sie wesentlich von der gewählten Rechtsform und der Aufnahme zusätzlicher Gesellschafter – u. U. unter einer gewissen Souveränitätseinschränkung – abhängt. Zusätzliches Eigenkapital kann u. U. durch die Einschaltung von Wagnisfinanzierungsgesellschaften beschafft werden (→ Venture capital). Das Ausmaß der Fremdfinanzierung, die i. d. R. im Rahmen von Bankkrediten erfolgt, hängt wesentlich von den Sicherheiten ab, die über das Eigenkapital hinaus eingeräumt werden können.

▶ **Grunderwerbsteuer**

Spezielle Bodensteuer, bei der der Bodenwert des Grundstücks im Zeitpunkt des Eigentümerwechsels den Steuergegenstand bildet.

▶ **Grundkapital**

(Nominalkapital, Aktienkapital, Capital Stock) gezeichnetes Kapital (Nominalkapital) der Aktiengesellschaft, das in → Aktien zerlegt ist. Der Mindestnennbetrag (→ Mindestkapital) beträgt 50 000 €. Das Grundkapital darf nicht mit dem Gesellschaftsvermögen verwechselt werden, dessen Höhe sich im Zeitpunkt des Gründungsaktes mit dem Grundkapital decken kann, während der Unternehmensexistenz aber ständigen Schwankungen unterliegt. Den Gesellschaftsgläubigern gegenüber erfüllt das Grundkapital die Garantie-funktion. Die Beteiligung des einzelnen Aktionärs an der AG entspricht bei → Nennwertaktien dem Verhältnis des Nennbetrags seiner Aktien zum Grundkapital und bei → Quotenaktien der Summe Bruchteile am Grundkapital.

▶ **Grundkredit** → Realkredit, → Hypothekarkredit

▶ **Grundpfandrecht**

Im Sachenrecht das Pfandrecht an Grundstücken. Grundpfand-rechte dienen hauptsächlich der → Kreditsicherung. Sie sind Verwertungsrechte, für die aus dem Grundstück Geldleistungen zu erbringen sind. Hierfür haftet der Wert des Grundstücks. Werden die Geldleistungen nicht erbracht, kann sich der Inhaber des Pfandrechts durch Zwangsvollstreckung (Zwangsverwaltung, Zwangs-versteigerung) in das Grundstück befriedigen. Grundpfandrechte sind entweder → Hypothek, → Grundschuld oder ⟩ Rentenschuld. Sie werden in Abt. III des Grundbuchs eingetragen.

▶ **Grundschuld**

Grundstücksbelastung der Art, dass eine bestimmte Geldsumme aus dem Grundstück zu zahlen ist (§ 1191 BGB). Bedeutsam ist sie wie die → Hypothek vor allem als Kreditsicherungsmittel. Im Unterschied zur Hypothek fehlt bei ihr die rechtliche Verbindung mit einer Forderung. Sie ist deshalb neben der Sicherung langfristiger Darlehen (z. B. → Hypothekarkredit), die regelmäßig durch Tilgungen abgetragen werden, auch zur Sicherung von → Kontokorrent-krediten geeignet, die in wechselnder Höhe in Anspruch genommen werden können. Auch wenn der Kredit vorübergehend nicht oder nicht in voller Höhe beansprucht wird, bleibt die Grundschuld entgegen der Hypothek in ihrer Höhe bestehen, da sie von einer persönlichen Forderung unabhängig ist und lediglich eine dingliche Haftung begründet. Sie besitzt zur Sicherung verschiedener Kreditarten ein höheres Maß an Mobilität und Anpassungsfähigkeit. Die Grundschuld kann wie die Hypothek als Brief- oder Buchgrund-schuld begründet werden.

▶ **Grundschuldbrief**

Wie bei der Hypothek kann eine Grundschuld als Buch- oder Brief-
grundschuld bestellt werden. Bei Letzterer wird ein Grundschuldbrief ausgestellt, der wegen seiner beweglicheren Übertragbarkeit
(schriftliche Abtretungserklärung und Übergabe) bevorzugt wird.

▶ **Grundsteuer**

Lässt sich als Real- oder Objektsteuer bzw. Substanzsteuer charak-
terisieren. Sie besteuert den inländischen Grundbesitz (§ 2 GrStG).
Wie die → Gewerbesteuer, ist sie eine Gemeindesteuer. Die Gemeinden entscheiden über wichtige Steuermultiplikatoren, die sog.
Hebesätze. Auf Grund dieser Kompetenz sind die Realsteuern in
hohem Maße standortsensibel. Die sog. Realsteuerkompetenz durch
Gewerbesteuer und Grundsteuer wird ausgeschaltet durch Kürzun-
gen bei der Gewerbeertragsteuer und der → Gewerbekapitalsteuer,
soweit betrieblicher Grundbesitz vorliegt. Die Grundsteuer geht von
einer fiktiven Ertragskraft des Grundbesitzes aus. Zum Grundbesitz
gehören nach dem Bewertungsgesetz das land- und forstwirtschaftliche Vermögen, das Grundvermögen und die Betriebsgrundstücke.
Ausgangsgrundlage ist der nach dem Bewertungsgesetz ermittelte
Einheitswert. Vor Anwendung der Hebesätze sind für die einzelnen
Grundbesitzkategorien (land- und forstwirtschaftlicher Grundbesitz
(Grundsteuer A); betriebliche Grundstücke und Wohnungsgrund-
stücke (Grundsteuer B) Messbeträge zu ermitteln. Auf diese Messbeträge wird der Hebesatz der individuellen Gemeinde festgesetzt.
Beim Besteuerungsverfahren ergibt sich eine Funktionsteilung zwi-
schen Finanzamt und Gemeinde.

▶ **GSC 100**

→ Aktienindex, der die 100 umsatzstärksten Werte aus dem Marktsegment der sog. German Smaller Companies umfasst. Hierbei
handelt es sich um ein typisches → Small Cap Segment.

▶ **GSE-Verfahren** → Großbetrag-Scheckeinzugs-Verfahren

▶ **Guillochen**

Bezeichnung für das Schutzlinienwerk auf Wertpapieren, das nach
Richtlinien für den Wertpapierdruck auf die Stücke aufzubringen ist.
Guillochen befinden sich auch auf Banknoten.

H

▶ **Habenzinsen**

Zinsen für von Kunden bei Banken eingelegte Guthaben. Ihre Höhe richtet sich – in Abhängigkeit der allgemeinen Marktsituation – nach der Art (Spareinlagen, → Festgelder, → Termineinlagen, → Sichteinlagen), der Dauer der Festlegung (Fristigkeit), der Höhe der Einlage sowie der Verhandlungsmacht des Kunden.

▶ **Händler- und Beraterregeln**

Verhaltensregeln für Wertpapierdienstleistungsunternehmen

▶ **Hängeposition**

Entsteht dadurch, dass hereingenommene Wertpapiere aufgrund der nicht eingetretenen Kursentwicklung nicht verkauft werden können bzw. sollen und somit zunächst im eigenen Bestand bleiben.

▶ **Haftungskapital** → Garantiekapital

▶ **Haftungsübernahme** → Delcredere

▶ **Halbdeckung**

Ist gegeben, wenn der Stillhalter einer Kaufoption die dieser zu Grunde liegenden → Basisobjekte nicht vollständig hinterlegen muss.

▶ **Handel mit fortlaufender Notierung** → Variabler Handel

▶ **Handel per Erscheinen**

Bezeichnung für den Handel von Wertpapieren bevor die effektiven Stücke lieferbar sind. Die Wertpapierlieferung erfolgt nach Erscheinen.

▶ **Handel per Termin** → Termingeschäfte

▶ **Handelsbilanz**

(1) Teilbilanz der Zahlungsbilanz.

(2) an handelsrechtliche Vorschriften (§§ 242 ff. HGB) gebundene Bilanz einer Unternehmung, die ein Kaufmann zu Beginn seines Handelsgewerbes und jeweils für den Schluss eines Geschäftsjahres zu erstellen hat.

Die Handelsbilanz ist eine auf den Ergebnissen der Buchhaltung beruhende Beständerechnung (Zeitpunktbetrachtung), die im Regelfall in Kontoform (§ 266 (1) HGB) aufgebaut ist. Die Aktivseite weist die Vermögensposten (alle im Unternehmen eingesetzten Wirtschaftsgüter und Geldmittel) aus, die Passivseite zeigt die Kapitalposten (Schulden der Unternehmung gegenüber Gläubigern und Beteiligten).

Die weiter gehende Strukturierung ist abhängig von der Unternehmensgröße (§§ 266, 267 HGB), der Rechtsform der Unternehmung und dem Geschäftszweig, den das Unternehmen ausübt (z. B. Banken, Versicherungen).

Als Teil des → Jahresabschlusses richtet sich die Handelsbilanz an einen unternehmensexternen Kreis (Eigentümer, Gläubiger, Belegschaft, allgemeine Öffentlichkeit). Sie soll über die Vermögens- und Ertragslage Auskunft geben.

Die Handelsbilanz bildet die Grundlage für die Steuerbilanz (→ Maßgeblichkeitsprinzip). Sie ist heute vielfach mit dieser identisch. Identität liegt dann vor, wenn die Handelsbilanz keine steuerliche Bewertungsregel verletzt. Die Handelsbilanz ist zudem auch die Basis der Gewinnausschüttung, da in ihr einerseits die Wertansätze noch vorsichtiger erfolgen, als es die Steuerbilanz zulässt, sie ande-

Aktiva	Passiva
A. Anlagevermögen	A. Eigenkapital
B. Umlaufvermögen	B. Rückstellungen
C. Rechnungsabgrenzungsposten	C. Verbindlichkeiten
	D. Rechnungsabgrenzungsposten

Grundstruktur einer Handelsbilanz

rerseits den nicht an der Geschäftsleitung partizipierenden Gesellschaftern, Aktionären und Kommanditisten die notwendigen Informationen zur Ertragslage liefert.

▶ **Handelsgesetzbuch (HGB)**

Handelsrechtliches Spezialgesetz für den Kaufmann vom 10. Mai 1897 mit allen späteren Änderungen.

▶ **Handelskredit**

→ Warenkredit in Industrie und Handel, im Unterschied zum Warenkredit gegenüber den Endverbrauchern (→ Konsumentenkredit) und zum → Bankkredit. Der Unternehmung wird von ihrem Lieferanten (→ Lieferantenkredit) oder/und von ihren Abnehmern (→ Kundenanzahlung) Kredit auf der Grundlage von Warenlieferungen eingeräumt.

▶ **Handelsüberwachungsstelle**

Börsenorgan, welches von einer Wertpapierbörse unter Beachtung von Maßnahmen der → Börsenaufsichtsbehörde eingerichtet und betrieben wird. Die Handelsüberwachungsstelle überwacht den täglichen Börsenhandel und die Börsengeschäftsabwicklung. Zu diesem Zweck erfasst sie die relevanten Daten über den Börsenhandel und Börsengeschäftsabwicklung. Sie wertet diese Daten systematisch und lückenlos aus und führt ggf. die notwendigen Ermittlungen durch. Im Falle von Unregelmäßigkeiten im Börsenhandel oder/und in der Börsengeschäftsabwicklung ist sie zur Information der Börsengeschäftsführung und der Börsenaufsichtsbehörde verpflichtet. Einzelheiten ihrer Aufgabenstellung und Kompetenzen sind gem. §§ 1b BörsG geregelt.

▶ **Handelswechsel**

(1) Wechsel, der auf Warenlieferungen basiert.
(2) die Deutsche Bundesbank definiert als Handelswechsel alle Wechsel, wenn ihnen ein Handels- oder Dienstleistungsgeschäft zu Grunde liegt. Außerdem müssen Handelswechsel

mindestens zwei Unterschriften tragen. Davon muss eine die eines Nichtbank-Unternehmens oder eines wirtschaftlich Selbstständigen mit Sitz in Deutschland sein. Allein die Bonität des Nichtbank-Verpflichteten ist zunächst entscheidend für die Einstufung des Handelswechsels als notenbankfähig. Allerdings sind weitere Voraussetzungen für die Erfüllung der Notenbankfähigkeit zu erbringen (Vgl.→ Notenbankfähige Sicherheiten). In jedem Fall muss bei einem Wechsel mit zwei Unterschriften zwingend der Bezogene die Bonitätskriterien erfüllen. Bei einem Wechsel mit drei Unterschriften kann die verlangten Voraussetzungen aber auch der Aussteller oder Indossant erfüllen.

▶ **Handelszeiten**

(1) Die Handelszeiten sind an den Wertpapierbörsen nicht einheitlich festgelegt. Es gelten für

Frakfurter Wertpapierbörse einschließlich Xetra	9.00–20.00 Uhr
Baden-Württembergische Börse zu Stuttgart	9.00–20.00 Uhr
Bayerische Börse zu München	9.00–20.00 Uhr
Berliner Börse	9.00–20.00 Uhr
Bremer Wertpapierbörse	9.00–20.00 Uhr
Hanseatische Wertpapierbörse Hamburg	9.00–20.00 Uhr
Niedersächsische Börse zu Hannover	9.00–20.00 Uhr
Rheinisch-Westfälische Börse zu Düsseldorf	9.00–20.00 Uhr
London Stock Exchange	8.00–16.30 Uhr Ortszeit
New York Stock Exchange (NYSE)	9.30–16.00 Uhr Ortszeit
NASDAQ	9.30–16.00 Uhr Ortszeit
Swiss Exchange	9.30–16.00 Uhr
• Aktien	9.00–17.00 Uhr
• Schweizer Anleihen	9.15–17.00 Uhr
• Sonstige Anleihen	9.30–17.00 Uhr

(2) Die Handelszeiten an Terminbörsen sind oft von denen der Wertpapierbörsen abweichend geregelt und gelten zudem nicht immer für alle Produkte einheitlich. Dies trifft auch für viele an der → EUREX eingeführten Handelsprodukte zu. Vgl.: daher die Handelszeiten für

Geldmarktprodukte: → Einmonats-EURIBOR-Future, → Dreimonats-EURIBOR Future,→ Option auf Dreimonats-EURIBOR-Future; Kapitalmarktprodukte: → Euro-Schatz-Future, → Option auf Euro-Schatz-Future, → Euro-BOBL-Future, → Option auf den Euro-BOBL-Future, → Euro-Bund-Future, → Option auf Euro-Bund-Future, → Euro-BUXL-Future, → CONF-Future, → Option auf CONF-Future;

Aktienprodukte: → Aktienoptionen auf deutsche Basistitel, → Aktienoptionen auf schweizerische Basistitel, → Aktienoptionen auf finnische Basistitel, → Low Exercise Price Options (LEPO) auf deutsche Basisititel, → Low Exercise Price Options (LEPO) auf schweizerische Basistitel, → Low Exercise Price Options (LEPO) auf finnische Basistitel;

Indexprodukte: → DAX-Future, → DAX-Option, → FOX-Future, → SMI-Future.

▶ **Harmless Debt Warrant** → Harmless Warrant

▶ **Harmless Warrant**

Verbriefte Optionsrechte vom Typ → Call Option, die im Zusammenhang mit der Emission einer → Optionsanleihe entstehen. Sie berechtigen während der Anleihelaufdauer zum Bezug von Anleihestücken einer oder mehrerer höher verzinslicher Folgeanleihen unter der Bedingung, dass im Zusammenhang mit der Optionsrechtsausübung die Ursprungsanleihestücke (→ Host Bond) zurückzugeben sind. Durch dieses Verfahren wird erreicht, dass das Gesamtanleihevolumen bis zum Ende der Laufdauer das der Ursprungsanleihe zu deren Emissionszeitpunkt nicht überschreitet.

▶ **Harmonisierter Verbraucherpreisindex (HVPI)**

Index, der ursprünglich zur Beurteilung der Preiskonvergenz in der zweiten Stufe der Wirtschafts- und Währungsunion geschaffen wurde. Insofern wurde der HVPI hinsichtlich des Erfassungsbereichs sowie der Standards für die Verfahren zur Qualitätsanpassung und zahlreicher technischer Einzelheiten in allen Mitgliedstaaten der EU weitgehend standardisiert. Die Werte für den HVPI werden periodisch durch Eurostat publiziert. Dies trifft auch für die 77 Komponenten des HVPI zu. Der Harmonisierte Verbraucherpreisindex erfüllt die Anforderungen der → EZB für ihre geldpolitischen Zwecke. Allerdings bezieht die EZB auch andere Preisindices für die Analyse der Preisentwicklung ein.

▶ **Harte Währungen**

Bezeichnung für Währungen, die frei konvertierbar sind.

▶ **Hauptpapier**

Bezeichnung für den Wertpapiermantel. Nebenpapier: → Bogen.

▶ **Hauptrefinanzierungsgeschäfte** → Offenmarktgeschäfte des ESZB

▶ **Hauptrefinanzierungsinstrument**

Regelmäßiges Offenmarktgeschäft, welches das ESZB durchführt (vgl. auch: → Offenmarktgeschäfte des ESZB). Hauptrefinanzierungsgeschäfte sind liquiditätszuführende Transaktionen mit einer Laufzeit von zwei Wochen, die wöchentlich über → Standardtender durchgeführt werden.

▶ **Hauptversammlung**

Organ der Aktiengesellschaft. In der Hauptversammlung (HV) üben die Aktionäre, soweit gesetzlich nicht anderweitig geregelt, ihre Rechte in den Angelegenheiten der AG aus. Die HV beschließt in allen Fällen, die im Gesetz und der Satzung gem. § 118 AktG ausdrücklich bestimmt sind. Dies sind insbesondere gem. § 119 AktG:
1. die Bestellung der Mitglieder des Aufsichtsrats mit Ausnahme derjenigen, soweit sie nicht zu entsenden oder als Aufsichtsratsmitglieder der Arbeitnehmervertreter zu wählen sind;

2. die Verwendung des Bilanzgewinns;
3. die Entlastung der Vorstands- und Aufsichtsratsmitglieder;
4. die Bestellung des Abschlussprüfers;
5. Satzungsänderungen;
6. Maßnahmen der Kapitalbeschaffung und -herabsetzung;
7. die Bestellung von Prüfern zur Prüfung von Vorgängen bei der Gründung oder der Geschäftsführung;
8. die Auflösung der Gesellschaft.

Über Fragen der Geschäftsführung kann die HV nur auf Verlangen des Vorstands entscheiden. Das Procedere der Entlastung von Vorstands- und Aufsichtsratsmitgliedern ist gem. § 120 AktG geregelt.

Die Einberufung einer → außerordentlichen Hauptversammlung ist gem. §§ 92(1), 122(1) AktG geregelt.

▶ **Hausbank**

(1) Bank, der ein Unternehmen vornehmlich oder ausschließlich die Besorgung der Bankgeschäfte überträgt.

(2) Bank, die einem Großunternehmen (oder einer öffentlichen Körperschaft) angegliedert ist, deren Geschäftstätigkeit vornehmlich auf die Bedürfnisse der Großunternehmung abgestellt ist. Sie ist allerdings i. d. R. darüber hinaus im allgemeinen Bankgeschäft tätig. Vorherrschend ist der Typ der Konzernbank, die neben der Abwicklung banküblicher Geschäfte auch spezielle Finanzierungs- und Verwaltungsaufgaben (→ Holdinggesellschaften) zu übernehmen hat.

(3) Bank, die für ein zentrales Kreditinstitut tätig wird, indem sie die Kredite weiterleitet und verwaltet.

▶ **Haushaltskredit**

Kredit, der von Bund, Ländern und/oder Gemeinden zur Finanzierung eines Haushaltsdefizits aufgenommen wird.

▶ **Haussammelverwahrung**

Seltene Form der Effektensammelverwahrung ohne Inanspruchnahme einer → Wertpapiersammelbank.

▶ **Hausse**

Positive Entwicklung an Börsenmärkten, die sich in einer gleichgerichteten Kursentwicklung ausdrückt.

▶ **Hausse-Engagement**

Bezeichnung für eine Kaufverpflichtung auf Termin, die in Erwartung von steigenden Kursen eingegangen worden ist.

▶ **Haussier**

(1) Wertpapierkäufer, der mit steigenden Börsenkursen rechnet und dementsprechend investiert;

(2) Marktteilnehmer, der ein → Hausse-Engagement aufbaut.

▶ **HDAX** → DAX 100

▶ **Heaven and Hell Bond**

Sonderform einer → indexierten Anleihe, bei der die Tilgungszahlungen an das Wechselkursverhältnis der Emissionswährung zu einer anderen Währung (z. B. US-Dollar/Yen) im Tilgungszeitpunkt gekoppelt werden.

▶ **Hebel**

(Leverage-Faktor, Leverage Indicator) Der Hebel eines Optionsscheins wird als eine statische Kennzahl verstanden. Er wird durch das Verhältnis aktueller Kurs des Basiswerts multipliziert mit dem Optionsverhältnis dividiert durch den Kurs des Optionsscheins dargestellt. Damit demonstriert die Kennzahl das Verhältnis Kapitalbetrag, der zum Kauf des Basiswerts aufgewendet werden müsste zu Kapitalbetrag, der zum Erwerb des Optionsscheins erforderlich wäre.

▶ **Hebeleffekt** → Leverage-Effekt

▶ **Hedge**

Bezeichnung für eine Position, die als Gegenposition zu einer offenen Position und den daraus möglicherweise resultierenden Risiken aufgebaut wurde bzw. aufgebaut werden soll.Vgl.: → Hedging.

▶ **Hedge-Faktor** → Hedge Ratio

▶ **Hedge Ratio**

(Hedge-Faktor) Maßgröße, die den Umfang der notwendigen Kontrakte zur Absicherung einer Kassaposition definiert.

▶ **Hedging**

Instrument der Risikopolitik zur teilweisen oder vollständigen Ausschaltung eines gegebenen Risikos durch Eingehen eines kompensatorischen Risikos. Die sich hierdurch ergebende Gesamtposition ist dann entsprechend ganz oder teilweise ausgeglichen. Hedging ist überall dort anwendbar, wo die Möglichkeit zum Aufbau einer Gegenposition besteht. Finanzwirtschaftlich ist Hedging im Zusammenhang mit der Abdeckung von Zins-, Kurs- und Wechselkursrisiken relevant. Zur teilweisen oder vollständigen Ausschaltung von Wechselkursrisiken ist Hedging hier in verschiedenen Formen möglich:

- Finance Hedging;
- Outright-Geschäfte;
- Währungsoptionen (→ Option);
- Devisen-Future-Geschäfte (→ Future).

▶ **Heimatbörse**

Bezeichnung für die Börse, in deren wirtschaftlichem Umfeld sich der Sitz und/oder die Hauptverwaltung eines Emittenten befindet.

▶ **Hell and Heaven Bond** → Aktienindex-Anleihe

▶ **Herabstempelung** → Kapitalherabsetzung

▶ **Hersteller-Leasing**

Beim → Leasing von Gegenständen direkt vom Hersteller, Händler oder einer denen nahe stehenden Gesellschaft steht aus der Sicht des Leasing-Gebers der Marketing- und Vertriebsgesichtspunkt der angebotenen Güter im Vordergrund. Ein nicht unerheblicher Umsatz wird dabei mit der nichtgewerblichen Kundschaft („Privat-Leasing") getätigt. Der Anteil des Hersteller-Leasings am gesamten Leasing-Geschäft beträgt etwas mehr als ein Drittel des Gesamtvolumens. Als Anbieter kommen vor allem Unternehmen aus dem Bereich der Fahrzeug-, Büromaschinen- und Computerindustrie infrage.

▶ **Hicks-Elastizität** → Modified Duration

▶ **High Flyer**

Bezeichnung für eine Aktie, die i. d. R. als hoch spekulativ angesehen wird, da ihre Kursentwicklung unter dem Aspekt möglicher hoher Ertragsaussichten der Unternehmung betrachtet wird.

▶ **High Tech-Aktien**

Bezeichnung von Aktien innovativer Unternehmen, die hohe Erträge erwirtschaften.

▶ **Hinterlegungsschein**

Bescheinigung über die in einem → Depot hinterlegten Wertpapiere. Der Hinterlegungsschein enthält i. d. R. nähere Angaben wie Zahl, Art der Verwahrung usw., beim Streifbanddepot (→ Sonderverwahrung) auch die Nummernbezeichnung. Nicht zu verwechseln ist er mit der Hinterlegungsbescheinigung für die Hinterlegung von Aktien bei der Teilnahme an einer → Hauptversammlung.

▶ **Hinterlegungsstellen**

Institutionen, bei denen die Aktionäre ihre Aktien zum Zweck der Teilnahme an der → Hauptversammlung hinterlegt haben. Die ordnungsgemäße Hinterlegung ist zugleich die Voraussetzung der Stimmrechtsausübung. Für die hinterlegten Aktien werden im Regelfall Stimmkarten ausgestellt. Die Hinterlegungsstellen werden mit der Einladung zur Teilnahme an der Hauptversammlung durch die Gesellschaft annonciert. Neben den dort aufgelisteten Kreditinstituten können die Wertpapiere aber auch bei einem Notar deponiert werden.

▶ Historische Volatilität

Kennzeichnet als Indikator die Varianz oder Standardabweichung der Schwankungsintensität eines Preises bzw. Kurses eines → Basisobjekts oder Finanzinstruments für einen zurückliegenden Zeitraum. Der Indikator wird zur Prognose der möglichen künftigen Volatilität eines Kurses oder Preises herangezogen. Besser ist hierzu aber möglicherweise die → Implied Volatility (Implizierte Volatilität) als Maß geeignet.

▶ Hochkuponanleihe

Bezeichnung für eine Anleihe, die sich durch hohe periodisch anfallende Zinszahlungen auszeichnet.

▶ Hockeystick

(Hockeystick Payoff Pattern) Bezeichnung für ein klassisch geknicktes Gewinn-/ Verlustprofil am Verfalltag einer → Option

▶ Höchstbetragsbürgschaft → Bürgschaft

▶ Höchstbetragshypothek → Hypothek

▶ Höchststimmrecht

Das statuarisch begrenzte Stimmrecht von Aktionären, die eine größere Anzahl von Aktien besitzen. Das Höchststimmrecht kann bei nichtbörsennotierten Gesellschaften per Satzung durch Festsetzung eines Höchstbetrags oder von Abstufungen begrenzt werden. Die Satzung kann gem. § 134 (1) AktG auch festlegen, dass zu den

Aktien, die dem Aktionär gehören, auch die Aktien rechnen, die einem anderen für seine Rechnung gehören.

▶ **Höchstwertprinzip**

Handlungsanweisung zur Realisierung des → Realisations- und → Imparitätsprinzips. Das Höchstwertprinzip besagt, dass von zwei möglichen Wertansätzen einer Verbindlichkeit jeweils der höhere zu wählen ist.

▶ **Holdinggesellschaft**

(Dachgesellschaft) Gesellschaft, die Aktien bzw. Gesellschaftsanteile anderer Unternehmen erwirbt um sie zu verwalten bzw. mit ihrer Hilfe die betreffenden Unternehmen zu beherrschen. Die Holding kann auch zur finanziellen Zusammenfassung eines Konzerns im In- und Ausland gegründet werden, indem Aktien oder Geschäftsanteile auf sie übertragen bzw. bei ihrer Gründung eingebracht werden.

▶ **Holländische Methode** → Tenderverfahren

▶ **Homebanking**

Abwicklung von Bankgeschäften durch die Privatkunden von zu Hause aus. Dem Bankkunden soll so die Möglichkeit eröffnet werden, auch außerhalb der Schalteröffnungszeiten z. B. Kontostände zu erfahren, Überweisungen oder Kapitalanlagen zu tätigen Kredite zu beantragen Informationen zu Aktien- Anleihe- und Devisenkursen etc. zu erhalten und ggf. entsprechend Aufträge zu erhalten. Realisierbar ist Homebanking allerdings nur, wenn eine geeignete Einrichtung besteht, die von den Banken und ihren Privatkunden akzeptiert wird. Denkbar ist die Realisierung bestimter Bankgeschäfte im Rahmen des des Homebanking auch mithilfe von Bankaußendienstmitarbeitern, die die Bankkunden außerhalb der üblichen Geschäftszeiten aufsuchen.

▶ **Horizontal-Spread**

(Calendar-Spread, Time-Spread) Kombinationsstrategie durch Kauf und Verkauf von Optionen, der gleichen → Optionsklasse mit gleichen Basispreisen aber unterschiedlichen Verfalldaten. Vgl.: → Spread (4), → Diagonal Spread, → Vertical Spread.

▶ **Host Bond**

(Front Bond) Bezeichnung für die Ursprungs- oder Ausgangsanleihe, die als Optionsanleihe im Zusammenhang mit → Harmless Warrants emittiert wird.

▶ **Hot Issue**

Bezeichnung für überzeichnete Neuemissionen von → Anleihen und → Aktien, für die nach der Emission starke Kursaufschläge erwartet werden.

▶ **HVPI** → Harmonisierter Verbraucherpreisindex

▶ **Hybrid Bond**

Anleihevariante, die Komponenten verschiedener Märkte (z. B. Kapital- und Geldmarktkomponenten) in sich vereinigt.

▶ **Hybride Finanzinstrumente** → Derivative Finanzinstrumente

▶ **Hybride Instrumente** → Derivative Finanzinstrumente

▶ **Hybride Systeme**

Börsenmärkte mit Handelssystemen die Elemente der → Order Driven Markets sowie → Quote Driven Markets aufweisen.

▶ **Hypax**

Von der Bayerischen HypoVereinsbank AG errechneter Aktienindex.

▶ Hypothek

(Mortgage) zur Sicherung einer Forderung dienende Belastung von Grundbesitz (Grundstück und Gebäude), die den Gläubiger berechtigt die Zahlung einer bestimmten Geldsumme aus dem Grundbesitz zu verlangen (→ Grundpfandrecht) und sich notfalls durch Verwertung desselben wegen seiner Forderung zu befriedigen (§§ 1113–1190 BGB). Das Entstehen oder Bestehen des Grundpfandrechts in Form der Hypothek ist vom Entstehen oder Bestehen einer persönlichen Forderung abhängig, zu deren Sicherung die Hypothek dient (akzessorisches Recht). Am häufigsten wird die Hypothek zur → Kreditsicherung verwendet, insbesondere für den langfristigen Bodenkredit (→ Hypothekarkredit). Hier erhält der Gläubiger ein rechtlich und im Wert beständiges Pfand, das er durch → Zwangsvollstreckung verwerten kann. Unter Risikogesichtspunkten ist zwischen 1. und 2. Hypothek zu unterscheiden.

Die Hypothek kann als Buch- oder Briefhypothek begründet werden. Anders als bei der Buchhypothek, die nur im Grundbuch eingetragen wird, erhält der Gläubiger bei der Briefhypothek nach der Eintragung im Grundbuch eine vom Grundbuchamt ausgestellte Urkunde, den → Hypothekenbrief. Er erleichtert die Übertragung der Hypothek, die durch Zession und Übergabe des Briefes außerhalb des Grundbuchs erfolgen kann.

Die normale Form der Hypothek ist die sog. Verkehrshypothek, die faktisch nur bei der Entstehung akzessorischen Charakter hat. Hinsichtlich des Bestands ist sie durch den öffentlichen Glauben des Grundbuchs gedeckt. Nach der Art der Tilgung wird unterschieden nach:

(1) Tilgungs- bzw. Annuitätenhypothek (Annuitäten, bestehend aus Zins- und Tilgungsbeträgen),

(2) Kündigungs- oder Fälligkeitshypothek (Rückzahlung in einem festen Betrag),

(3) Abzahlungshypothek (Rückzahlung in gleich bleibenden Tilgungsraten).

Neben der Verkehrshypothek (i.d.R. Briefhypothek) existiert die Sicherungshypothek, die im Gegensatz hierzu nur als Buchhypothek zulässig ist. Die Höchstbetragshypothek ist lediglich als eine Variante der Sicherungshypothek zu sehen. Hier wird nur ein Höchstbetrag definiert, bis zu welchem das Pfankdobjekt haften soll.

▶ **Hypothekarkredit**

(Boden-, Grund-, Immobilien-, Objekt-, Realkredit i. e. S.) durch → Grundpfandrechte gesicherter langfristiger Geldkredit in Darlehensform. Der Begriff Hypothekarkredit stellt in erster Linie auf die Sicherstellung ab: Verpfändung von Grundstücken und Gebäuden durch Bestellung von Grundpfandrechten (→ Hypothek, → Grundschuld, → Rentenschuld). Grundlage ist die dingliche Sicherstellung an einem Objekt, das die Tilgungs- und Zinsleistungen gewährleistet und primär haftet. Die Höhe des Hypothekarkredits hängt vom nachhaltigen Wert das Objekt ab und welche nachhaltigen Erträge aus dem Objekt erwirtschaftet werden können. Von zentraler Bedeutung ist demnach hier die Frage der Beleihung. Häufigstes Gundpfandrecht ist die Hypothek, daneben die Grundschuld.

▶ **Hypothekenbank**

Privatrechtliche → Realkreditinstitute, die in Rechtsform der Aktiengesellschaft und der Kommanditgesellschaft auf Aktien betrieben werden dürfen. Gem. § 2 Abs. 2 Hypothekenbankgesetz (Hyp-BankG) ist der Mindestnennbetrag des Grundkapitals mit 8 Mio. DM festgelegt.

Der Geschäftsbetrieb der Hypothekenbanken ist gem. § 1 Hyp-BankG hauptsächlich darauf gerichtet,

- inländische Grundstücke zu beleihen und auf Grund der erworbenen → Hypotheken Schuldverschreibungen (→ Pfandbriefe) auszugeben.

- Darlehen an inländische Körperschaften und Anstalten des öffentlichen Rechts oder gegen volle Gewährleistung durch eine solche Körperschaft oder Anstalt zu gewähren (→ Kommunaldarlehen) und auf Grund der erworbenen Forderungen Schuldverschreibungen (→ Kommunalschuldverschreibungen → Pfandbriefe) zu emittieren.

- Darlehen an einen Mitgliedstaat der Europäischen Gemeinschaft oder gegen Übernahme der vollen Gewährleistung durch einen solchen Staat gem. § 5 (1) HypBankG zu gewähren und die erworbenen Forderungen zur Deckung von Kommunalschuldverschreibungen unter Beachtung des § 5 Abs. 1 HypbankG zu verwenden.
- Darüber hinaus ist gem. § 5 Abs. 2–7 HypBankG den Hypothekenbanken die Ausübung ihrer Geschäftätigkeit auf einen sehr beengten Kreis zusätzlicher Aktiv- und Passivgeschäfte gestattet.

Die gemischten Hypothekenbanken (Bayerische Hypotheken- und Wechselbank, Bayerische Vereinsbank sowie die Norddeutsche Hypothekenbank) sind von diesen Bestimmungen ausgenommen, da sie vor In-Kraft-Treten des Hypothekenbankgesetzes existierten. Diese Banken dürfen alle banküblichen Geschäfte einer → Universalbank betreiben und sind damit diesen zuzurechnen.

▶ **Hypothekenbrief**

Öffentliche Urkunde, die vom Grundbuchamt bei der Erstellung einer Hypothek (Briefhypothek) und deren Eintragung ins Grundbuch ausgestellt wird. Sie enthält die Angaben der Eintragung (z. B. Grundstücksbezeichnung, Eigentümer, Darlehensbedingungen, vorgehende oder gleichstehende Eintragungen). Bedeutsam ist der Hypothekenbrief insbesondere für die Übertragung einer Hypothek. Der Hypothekenbrief ist Rektapapier, durch Zession und Übergabe übertragbar und legitimiert den Zessionar des Hypothekenbriefs als Gläubiger der Hypothek. Eine Eintragung im Grundbuch ist entgegen der Buchhypothek nicht erforderlich. Wird ein Teil der Hypothek abgetreten, kann über den abgetretenen Teil ein Teil-Hypothekenbrief ausgestellt werden. Die Konstruktion des Hypothekenbriefs bewirkt, dass ein hoher Grad der Mobilisierbarkeit des Kapitals in Grund und Boden erreicht werden kann. Nicht zu verwechseln mit → Hypothekenpfandbrief.

▶ **Hypothekenpfandbriefe**

→ Pfandbriefe, die durch private Hypothekenbanken ausgegeben werden (nicht zu verwechseln mit → Hypothekenbriefen). Hypothekenpfandbriefe umfassen auch → Schiffspfandbriefe.

▶ **Hypothekenregister**

Deckungsregister welches durch Hypothekenbanken zu führen ist. In dieses Register sind sämtliche (Brief-) Hypotheken, die zur Deckung von Pfandbriefen gewährt werden, aufzunehmen. Vgl. auch: → Hypothekarkredit, → Hypothekenbank, → Hypothekenbrief.

▶ **Hypothekenzins**

Hauptbestandteil des Hypothekarkreditpreises, der sich aus folgenden Komponenten zusammensetzt:
- Geldbeschaffungskosten (z. B. Pfandbriefzins, Spareinlagenzins),
- laufende Marge, die sich aus dem Verwaltungskostenbeitrag und dem Gewinnaufschlag ergibt.

Unterschieden wird nach festen, langfristig veränderbaren (→ Zinsanpassungsklausel) und variablen Hypothekenzinsen (→ Zinsgleitklausel).

Die Höhe der Hypothekenzinssätze richtet sich in erster Linie nach der Länge der Zinsfestschreibung in Abhängigkeit des jeweils aktuellen Kapitalmarktzinsniveaus.

▶ **Hypothetical Bond** → Notional Bond

I

▶ **i. L.**

Abk. für „in Liquidation", die als Firmenzusatz im Falle der Unternehmensauflösung zu verwenden ist.

▶ **IBCA**

Britische → Rating-Agentur.

▶ **IBIS**

Abk. für Integriertes Börsenhandels- und Informations-System der Frankfurter Wertpapierbörse AG. Das vollelektronische Handelssystem wurde 1991 in Betrieb genommen und inzwischen durch→ XETRA ersetzt. IBIS bot standortunabhängig Bankcn und Maklern die Möglichkeit, ausgewählte → Aktien → Anleihen und → Optionsscheine täglich zu handeln.

▶ **IBIS-R**

Abk.für Renten Offerten- und Handelssystem IBIS-R. Bei IBIS-R handelte es sich um ein computergestütztes Pfandbrief-Handelssystem der Deutsche Börse AG, das 1995 eingeführt wurde und nach Ablösung von IBIS durch XETRA inzwischen in XETRA integriert worden ist.

▶ **IBIS-System** → IBIS

▶ **IG Farben**

Abk. für die ehemalige IG Farbenindustrie (→ IG Liquis).

▶ **IG Liquis**

Abk. für die Liquidationsanteilscheine der ehemaligen IG Farbenindustrie AG (IG Farben).

▶ **IKB-MAX** → MAX-Index

▶ **Illiquidität** → Zahlungsunfähigkeit

▶ **Im Geld**

(In the Money) Eigenschaft einer → Option , die einen inneren Wert >0 hat. D.h., dass die Option bei sofortiger Ausübung einen positiven Wert aufweist. Eine → Call Option (→ Put Option) befindet sich im Geld, wenn der Kassakurs den → Basispreis übersteigt (den Basispreis unterschreitet).

▶ **Im Geld-Option**

(In the Money Option) Bezeichnung für eine Option, die bei sofortiger Ausübung einen inneren Wert (>0) aufweist. Eine Call (Put) Option befindet sich „im Geld", wenn der Basispreis unterhalb (oberhalb) des aktuellen Kurses liegt. Vgl.: → At the Money Option, → Out of the Money Option.

▶ **Immediate-or-Cancelled (IOC)**

Variante eines limitierten Auftrags, der zur Durchführung von Optionsgeschäften an Terminbörsen erteilt wird. Danach soll der Börsenauftrag sofort möglichst vollständig ausgeführt werden. Etwa nicht ausgeführte Teile werden annulliert.

▶ **Immobiliarkredit** → Realkredit, → Hypothekarkredit

▶ **Immobilienfonds**

Investmentfonds, bei dem das Fondsvermögen in Immobilien (unbewegliche Vermögensgegenstände) angelegt wird. Bei offenen Immobilienfonds wird das Fondsvermögen in Zertifikaten verbrieft. Damit sind diese handelbar, was dem Investor die Möglichkeit der jederzeitigen teilweisen oder vollständigen Trennung ermöglicht. Die Zahl der Investoren kann zudem durch das Fondsmanagement per Emission neuer Zertifikate jederzeit vergrößert werden. Dies ist bei geschlossenen Immobilienfonds nicht möglich. Der geschlossene Fonds gilt mit der vollständigen Zeichnung des notwendigen Kapitals zum Erwerb einer oder mehrerer ex ante im Prospekt definierter Immobilien als geschlossen. Zusätzliche Anteilscheine können vom Fondsmanagement nicht mehr emittiert werden.

▶ **Immobilienleasing**

Variante des Finanzierungs-Leasings mit der Ausrichtung auf Produktionsgebäude, Lagerhallen, Geschäfts- und Bürogebäude.

▶ **Immunisierungstechniken** → Portfolio Selection

▶ **Imparitätsprinzip**

Ausfluss des allgemeinen gültigen Prinzips der kaufmännischen Vorsicht (→ Vorsichtsprinzip) und des Gläubigerschutzes. Entsprechend der gebotenen Vorsicht dürfen einerseits noch nicht realisierte Gewinne nicht ausgewiesen werden. Andererseits müssen noch nicht realisierte, aber absehbare Verluste berücksichtigt werden.

Seinen Niederschlag findet das Imparitätsprinzip im → Niederstwertprinzip (für Vermögensgegenstände) und im → Höchstwertprinzip (für Verbindlichkeiten). Auf das → Realisationsprinzip wirkt das Imparitätsprinzip einschränkend.

▶ **Implied REPO Rate**

Ertrag i. v.H. (p.a.) pro Einheit des eingesetzten Kapitals einer Arbitrage zwischen Kassa- und Terminmarkt durch Kauf des Basiswerts am Kassamarkt auf Kredit und Wiederverkauf am Terminmarkt über einen Future-Kontrakt (Cash and Carry Arbitrage).

▶ **Implied Volatility**

(Implizierte Volatilität) stellt die antizipierte Kursveränderungsrate des → Underlying einer → Option über die Restlaufzeit dieser Option dar. Unterstellt wird bei diesem Ansatz, dass die vom Markt erkannten Optionspreise den theoretischen Optionspreisen entsprechen. Die implizierte Volatilität wird errechnet, indem der Marktpreis bzw. Kurs einer Option als „Fair Value" in ein Optionspreismodell eingesetzt und dieses nach der Volatilität aufgelöst wird.

▶ **Implizite Volatilität** → Implied Volatility

▶ **Importfinanzierung** → Außenhandelsfinanzierung

▶ **In the Money**

Eigenschaft einer Option, die bei sofortiger Ausübung einen inneren Wert aufweist. Vgl.: → In the Money Option.

▶ **In the Money Option**

Bezeichnung für eine Option mit einem inneren Wert >0. Die Option besitzt damit bei sofortiger Ausübung einen positiven Ausübungswert. D.h., dass der Basispreis der Calls (Puts) unterhalb (oberhalb) des aktuellen Kurses liegt.
Vgl: → At the Money, → Out of the Money.

▶ **Income Bond** → Gewinnobligation

▶ **Income Debentures** → Gewinnobligationen

▶ **Income Fund**

→ Investmentfonds, der ein möglichst hohes laufendes Einkommen erwirtschaftet und seine Erträge weitgehend ausschüttet.

▶ **Income Shares**

Aktien, die ihren Inhabern möglichst hohe Erträge abwerfen und sich durch Dividendenkontinuität auszeichnen.

▶ **Income Warrant**

Optionsschein, der Zinszahlungen abwirft und ein Ausübungsrecht trägt.

▶ **Incoterms**

(International Commercial Terms) international handelsübliche (einheitliche) Vertragsformeln, die bei Vereinbarung für Käufer und Verkäufer verbindlich sind. Herausgegeben sind sie von der Internationalen Handelskammer, Paris. Die Klauseln regeln die wesentlichen Pflichten des Käufers und Verkäufers, insbesondere die Regelung des Kosten- und Gefahrenübergangs.
Incoterms definieren:

- ex works (ab Fabrik, ab Werk);
- for/fot (free on rail/free on truck; frei Waggon/Lastwagen benannter Abgangsort);
- fas (free alongside ship; frei Längsseite Seeschiff bzw. Binnenschiff benannter Verschiffungshafen);
- fob (free on board; frei von Bord benannter Verschiffungshafen);
- cif (cost, insurance, freight; Kosten, Versicherung und Fracht benannter Bestimmungshafen);
- freight or carriage paid (frachtfrei benannter Bestimmungsort);
- ex ship (ab Schiff benannter Bestimmungsort);
- ex quai (ab Kai benannter Hafen);
- delivered at frontier (geliefert Grenze benannter Lieferort an der Grenze);
- delivered duty paid (geliefert verzollt benannter Bestimmungsort im Einfuhrland);
- fob airport (frei an Bord benannter Abflughafen);
- free carrier (frei Frachtführer an benanntem Ort);
- freight/carriage and insurance paid to (frachtfrei versichert benannter Bestimmungsort).

▶ **Index-Anleihen** → Indexierte Anleihen

▶ **Index-Fonds**

(Index Fund) → Investmentfonds, der so strukturiert ist, dass er in seinem Aufbau einem bestimmten, allgemein anerkannten Börsenindex entspricht. Der mit dieser Kapitalanlagestrategie verbundene Vorteil liegt einerseits darin, dass der Fonds im Ergebnis nicht schlechter abschneidet als der Börsenindex (z. B. → S & P 500).

Andererseits eröffnet diese Kapitalanlagestrategie die Möglichkeit der → Index Fund-Arbitrage mithilfe des → Programmhandels.

▶ **Index-Fund-Arbitrage**

Form der Differenzarbitrage (→ Arbitrage) im Rahmen des → Programmhandels, die durch die Bewertungsdifferenz zwischen einem → Index-Fonds und dem Finanzterminkontrakt (→ Financial Futures), der auf den selben Index gehandelt wird, möglich wird.

▶ **Index Futures** → Aktienindex-Terminhandel

▶ **Index Futures Contracts**

Indexterminkontrakte, die auf Basis unterschiedlicher Indizes (z. B. Aktienkursindizes) abgeschlossen werden können.

▶ **Index Linked Bonds**

Anglo-amerikanische Bezeichnung für → Anleihen, bei denen die Tilgung oder die laufende Zinszahlung (→ Indexed Coupon Bonds) an die Entwicklung eines Index gekoppelt ist.

▶ **Index Option**

Option auf einen Index. Sie räumt ihrem Inhaber das Recht ein einen Index-Wert zu kaufen (Call Option) oder zu verkaufen (Put Option).

▶ **Index-Optionsschein**

Optionsschein, der einen Index (im Regelfall → Aktienindex) als Underlying aufweist (→ Aktienindex-Optionsscheine) und das Recht auf Erhalt einer Ausgleichszahlung bei Überschreiten (Call-Optionsschein) bzw. Unterschreiten (Put-Optionsschein) des definierten Indexstands verbrieft.

▶ **Index Warrants** → Index-Optionsschein, → Aktienindex-Optionsschein.

▶ **Indexed Coupon Bonds**

→ Anleihen, deren Coupons (und die damit verbrieften periodischen Zinszahlungen) an die Entwicklung eines definierten Indexes gekoppelt sind (→ Indexierte Anleihen).

▶ **Indexierte Anleihen**

(Indexed Bonds) → Anleihen, bei denen die Emissionsdenomination (z. B. → Rechnungseinheiten-Anleihe) oder/und Zinszahlungen (z. B. →Floating Rate Notes) oder /und Tilgung (z. B. → Aktienindex-Anleihe, →Sachwertanleihe, Rechnungseinheiten-Anleihe) an einen Index gekoppelt sind (→ Anleihe-Ausstattung). Als Index kommen z. B. die Inflationsrate, die Aktienkursentwicklung oder die Veränderung von Währungsparitäten infrage. Die bislang bekannteste indizierte Schuldverschreibung stellte die Young-Anleihe dar, welche 1930 zur Finanzierung von Reparationszahlungen aus dem Ersten Weltkrieg begeben wurde und eine Bindung an die Goldpreisentwicklung aufwies. In der jüngsten Vergangenheit wurden im Zusammenhang mit der Restliberalisierung des deutschen Kapitalmarktes mehrere Anleihen mit einer Bindung an Aktienindizes aufgelegt und damit die Möglichkeit geschaffen durch Erwerb eines solchen Wertpapiers indirekt an der Kursentwicklung des gesamten Aktienmarktes teilzunehmen.

▶ **Indexklausel**

Vertragliche Zusicherung, nach der definierte Nominalgrößen an die Entwicklung eines bestimmten Index gekoppelt werden umso einen nachträglichen Schutz vor negativen Folgen einer Inflation zu erhalten. Derartige Wertsicherungsklauseln sind z. B. Zinsindexklauseln (→ Zinsgleitklausel, → Goldklausel).

▶ **Index-Portefeuilles**

Portefeuilles, die so strukturiert sind, dass sie in ihrem Aufbau einem bestimmten, allgemein anerkannten Börsenindex entsprechen. Der mit dieser Kapitalanlagestrategie verbundene Vorteil liegt einerseits darin, dass der Kapitalanleger im Ergebnis nicht schlechter abschneidet als der gewählte Börsenindex (z. B. → S & P 500). Andererseits eröffnet diese Kapitalanlagestrategie die Möglichkeit der → Index Fund-Arbitrage mithilfe des → Programmhandels.

▶ **Index-Terminkontrakte** → Aktienindex-Terminhandel

▶ **Indikative Swapsätze**

Swapsätze, die nicht gehandelt werden. Sie demonstrieren vielmehr als Indikatoren, welche Festzinsen für bestimmte Währungen und Laufzeiten näherungsweise bei Swaps vereinbart wurden.

▶ **Indorsed Bond**

→ Anleihe, bei der die Zins- und Tilgungsleistungen durch eine Unternehmung oder eine andere juristische Person, die nicht mit der Emittentin identisch ist, garantiert werden. Im Regelfall werden derartige einklagbare Verpflichtungen von Muttergesellschaften (→ Patronatserklärung) abgegeben.

▶ **Indossable Wertpapiere**

Wertpapiere, die durch → Indossament übertragbar sind (z. B. → Wechsel).

▶ **Indossament**

(Giro, Indorsement, Endorsement) Übertragungsvermerk auf einem Orderpapier, insbesondere beim → Wechsel. Mithilfe des Indossaments überträgt der Inhaber des Orderpapiers (Indossant, Girant) das Eigentum und damit das Recht aus dem Papier auf den von ihm im Indossament Genannten (Indossatar, Giratar).

Nach dem Wechselgesetz hat das Indossament eine dreifache Wirkung:

- die Rechtsübertragung (Transportfunktion: Alle Rechte aus dem Wechsel werden auf den Indossatar übertragen);

- die Haftungsübernahme (Garantiefunktion: Der Indossant haftet ebenso wie der Aussteller dem rechtmäßigen Wechselinhaber für Annahme und Zahlung des Wechsels);
- den Berechtigungsnachweis (Legitimationsfunktion: Eine ununterbrochene Kette von Indossaments beweist, wer den Wechsel zu Recht besitzt). Die übliche Form des Indossaments lautet: „Für uns an Fa. . . . oder Order . . . (Unterschrift)."

Man unterscheidet folgende Arten von Indossaments:

(1) Kurz- oder Blankoindossaments bestehen nur aus der Unterschrift des Indossanten. Es macht den Wechsel zum Inhaberpapier, da der Empfänger nicht namentlich genannt ist.

(2) Durch die sog. „Angstklausel" „ohne Obligo" schließt der Indossant für sich jede Mithaftung aus.

(3) Rektaindossament: Durch den Zusatz „nicht an Order" (Rektaklausel) wird die Weitergabe des Wechsels verhindert, der Indossant haftet nur dem Indossatar, nicht den weiteren Nachmännern.

(4) Inkassoindossament (Vollmachts- oder Prokuraindossament): Durch den Zusatz „zum Einzug" oder „zum Inkasso" wird der Wechselempfänger (meist ein Kreditinstitut) nur zum Einzug der Wechselsumme berechtigt. Eine Haftung trägt er nicht.

(5) Pfandindossament: Durch den Zusatz „Wert zum Pfand" wird der Wechsel nur zur Sicherung übergeben, der Indossant bleibt Eigentümer. Eine Weitergabe ist nur zum Inkasso möglich.

▶ **Indossant**

Übertragender eines (von) Orderpapiers (Orderpapieren).

▶ **Indossatar**

Übernehmender eines (von) Orderpapiers (Orderpapieren).

▶ **Industrieaktien**

Aktien von Industrieunternehmen im Gegensatz zu Bankaktien, Verkehrsaktien, Versicherungsaktien usw. Sie sind die größte Gruppe der börsennotierten Aktien und werden im Kursblatt im

Regelfall an erster Stelle geführt. Die Notierung erfolgt in alphabetischer Reihenfolge nach → Börsennamen.

▶ **Industrieanleihe** → Anleihe, → Industrieobligation

▶ **Industrie-Clearing**

Bezeichnung für kurzfristige Geldgeschäfte zwischen Nichtbanken zum Zweck eines Liquiditätsausgleichs. Hierbei handelt es sich ausschließlich um kurzfristige Geldgeschäfte ohne die Koppelung an ein leistungswirtschaftliches Grundgeschäft. Beim Industrie-Clearing handelt es sich also um einen „Geldmarkt unter Bankkunden unter Ausschaltung der Banken" *(Hahn)*. Ursache für seine Entstehung war die Absicht, durch direkte Kreditgeschäfte die Geschäftsbanken auszuschalten und Ertrags- bzw. Kostenvorteile zu erwirtschaften. Daneben gewinnen andere Motive, wie internationale Zinsarbitragegeschäfte, Finanz-Hedging etc. immer stärker an Bedeutung.

Partner im Industrie-Clearing sind nur Unternehmen erster Bonität. Industrie-Clearing wird i. d. R. in folgenden Formen abgewickelt: Tagesgeld, tägliches Geld, Termingeld und – bei zunehmender → Securitization – durch Unterlegung mit →Commercial Papers.

▶ **Industriegeldmarkt** → Industrie-Clearing

▶ **Industriekreditbank AG – Deutsche Industriebank**

Kreditinstitut mit Sonderaufgaben mit Sitz Düsseldorf/Berlin. Es entstand 1974 durch die Fusion der Industriekreditbank AG und der Deutschen Industriebank AG.

▶ **Industrieobligation**

Als Schuldverschreibung (→ Anleihe) von emissionsfähigen Industrie-, Handels- und Verkehrsunternehmen das klassische Instrument der langfristigen Kreditfinanzierung.

Die Emissionsfähigkeit ist in diesem Fall nicht von der Rechtsform abhängig, sondern vom Finanzierungsvolumen (wegen der hohen einmaligen und laufenden Kosten möglichst umfangreich) und von den Bonitätsforderungen des Marktes an die Emittentin:

- Im Regelfall kommen nur Unternehmen mit hohem Ansehen (Standing) infrage, was sich in einem entsprechenden → Rating niederschlägt.
- Bei geplanter künftiger Zulassung zum Handel sowie zur amtlichen Notierung an den deutschen Wertpapierbörsen müssen die erforderlichen Vorschriften gem. Börsengesetz und Börsenordnungen erfüllt sein.
- Prüfung auf → Deckungsstockfähigkeit durch Bundesaufsichtsamt für das Versicherungs- und Bausparwesen.

Man hat die Wahl zwischen → Eigen- oder → Fremdemission. Üblich ist die Fremdemission unter Einschaltung eines → Konsortiums (Übernahme- oder Begebungskonsortium).

Industrieobligationen existierten bis vor wenigen Jahren lediglich in Form der klassischen Festzinsanleihe (straight bond). Durch die marktbedingten Möglichkeiten und Notwendigkeiten der Variation Einzelner oder mehrerer Ausstattungsmerkmale (→ Anleihe-Ausstattung) entstanden zahlreiche neue Formen, z. B. → Floating Rate Notes in verschiedenen Varianten, → Zerobonds, Anleihen in Verbindung mit → Zins- und Währungsswaps.

Weitere Sonderformen, die der Kreditfinanzierung nicht eindeutig zugeordnet werden können, sind → Wandel- und → Optionsanleihen.

Die Festzinsanleihe hat in Abhängigkeit der jeweiligen Marktsituation i. d. R. in Deutschland folgende Ausstattungsmerkmale:

- Anleihevolumen: 50 Mio. € und darüber
- Nennbetrag: in €
- Stückelung: 100 €/500 €/1000 €/5000 €/10 000 €
- Verzinsung: fest über gesamte Laufzeit
- Zinstermine: halbjährlich/jährlich
- Ausgabekurs: pari/unter pari
- Rückzahlungskurs: pari/über pari
- Laufdauer: festgeschrieben
- Kündigungsmöglichkeit:
  - **(a)** durch Emittenten: möglich/nicht möglich
  - **(b)** durch Obligationär: i. d. R. nicht möglich/möglich (→ Degussaklausel)

- Tilgung:
  (a) Ratentilgung in gleich bleibenden Raten oder Annuitäten
  (b) Gesamttilgung am Ende der Laufzeit
  (c) freihändiger Rückkauf
- Besicherung: Grundpfandrechte, Bürgschaften, Sicherungsklauseln.

Industrieobligationen besitzen i. d. R. auf Grund ihrer Börsenfähigkeit eine hohe Fungibilität. In Abhängigkeit ihrer Nominalverzinsung und Restlaufdauer ist eine Investition in Festzinsanleihen bei sich verschiebenden Marktzinssätzen mit entsprechenden Kursrisiken bzw. -chancen verbunden. Das jeweilige Ausmaß hängt von der Restlaufdauer, dem Nominalzinssatz und dem Ausmaß der Marktzinsvariation ab. Bei → Zerobonds ist dieser Effekt stärker ausgeprägt. Bei → Floating Rate Notes ist die Wirkung einer Marktzinsverschiebung i. d. R. nicht so gravierend. Eine generelle Aussage ist in diesem Fall aber wegen der zahlreichen Produktabwandlungen lediglich eingeschränkt möglich, da z. B. Cap Floater, Mini-Max-Floater, Perpetual Floating Rate Notes, Mismatched FRN's, Drop Lock FRN's bei Variationen von Marktzinssätzen ihrer jeweiligen Ausstattung und Restlaufdauer entsprechend in ihrer Kursentwicklung unterschiedlich reagieren (Vgl. auch die anderen Variationen der → Floating Rate Notes).

Die mit der Festzinsanleihe verbundenen einmaligen Kosten im Rahmen des Emissionsvorgangs betragen ca. 4%-5,5% des Nominalbetrages. Sie setzen sich zusammen aus Kosten der Vorbereitung und Auflegung (Konsortialprovision, Gebühren für staatliche Genehmigung, Sonstige Kontroll- und Prüfkosten, Veröffentlichungs- und Druckkosten), Besicherungskosten und Kosten der Börseneinführung. Die laufenden Kosten umfassen die periodischen Zinszahlungen, Coupon-Einlösungsprovision, Marktpflegekosten, Tilgungskosten.

Die Industrieobligation hat als Finanzierungsinstrument in Deutschland laufend an Bedeutung verloren und ist im Inland weitgehend durch das → Schuldschein-Darlehen abgelöst worden. Außerdem sind die deutschen Unternehmen unter Einschaltung ihrer ausländischen Tochterunternehmen (reine Finanzierungsgesellschaften) mit ihren Anleihewünschen am Inlandsmarkt (→ Auslandsanleihen) und den internationalen Märkten aufgetreten. Als Grund hierfür wird angenommen, dass die Unternehmen über den Weg der Auslandsemissionen das inzwischen aufgehobene Genehmigungsverfahren gem. §§ 795, 808 a BGB umgangen haben. Die Finanzierung erfolgte allerdings in jüngster Zeit nicht in Form von klassischen Festzinsanleihen, sondern über die Emission von → Floating Rate Notes und → Optionsanleihen.

▶ **Inflation**

Anhaltende Preisniveausteigerungen bzw. Kaufkraftschwund des Geldes. Die Entstehung der Inflation wird allgemein in der Existenz einer inflatorischen Lücke gesehen. Sie ist gegeben, wenn das Güterangebot unterhalb der monetären Gesamtnachfrage liegt.

Problematisch sind Fragen der Inflationsmessung. Welcher Preisindex gilt als repräsentativer Indikator (z. B. Preisindex der Lebenshaltung, Preisindex für das Bruttoinlandsprodukt)? Welches Wägungsschema (Paasche-Index, Laspeyres-Index) wird in diesem Zusammenhang verwendet?

Nach dem Ausmaß der Preisniveausteigerung in einer Zeiteinheit wird zwischen schleichender, trabender oder Hyperinflation unterschieden.

Finanzwirtschaftlich ist die Inflation für die Unternehmung von erheblicher Bedeutung, da sie einerseits wachsenden Kapitalbedarf induziert, andererseits die Kapitalgeber in Phasen anhaltender Preisniveausteigerungen nicht mehr bereit sind das Geldentwertungsrisiko allein zu tragen. Sie werden dann versuchen dieses Risiko auf die Kapitalnachfrager abzuwälzen. Instrumente hierfür sind → Wertsicherungsklauseln und die Verkürzung der Kapitalüberlassungsdauer bei gleichzeitiger periodisch revolvierender Zinsanpassung in Koppelung an einen Referenzzinssatz mit Risikozuschlag.

▶ **Information Products Division**

Bietet allen als Institution der Gruppe Deutsche Börse AG allen Interessenten (Finanzmarktteilnehmern, Medien, Privatkunde) Informationen zu Preisen, Kursen, Umsätze, Indices, Statistiken und davon abgeleitete Kennzahlen.

▶ **Inhaberaktie**

(Bearer Share, Bearer Stock) → Aktie, die auf den Inhaber und nicht auf den Namen lautet. Diese Form ermöglicht gem. § 929 BGB eine schnelle und formlose Übertragung (Einigung und Übergabe). Die Inhaberaktie ist daher in Deutschland im Gegensatz zur → Namensaktie vorherrschend.

▶ **Inhabergrundschuld**

Grundschuld, die in der Weise bestellt wurde, dass der → Grundschuldbrief auf einen Inhaber ausgestellt ist (§ 1195 BGB).

▶ **Inhaberpapier**

Wertpapier, welches dadurch gekennzeichnet ist, dass jeder Inhaber ohne die Verpflichtung eines Berechtigungsnachweises am Papier, das verbriefte Recht geltend machen kann. Bei einem Inhaberpapier wird das verbriefte Recht durch Übereignung des Papiers (Einigung und Übergabe gem. § 929 (1) BGB) übertragen. Vgl.: → Orderpapier

▶ **Inhaberschuldverschreibung**

Schuldverschreibung (→ Anleihe), die mit einer Inhaberklausel versehen ist. Dieser Vermerk ist nicht ausdrücklich notwendig, wenn üblicherweise Inhaberpapiere vorliegen. Die Geltendmachung der mit der Inhaberschuldverschreibung verbundenen Rechte steht gem. § 793 BGB ausschließlich dem jeweiligen Besitzer zu.

Der Aussteller der Inhaberschuldverschreibung verpflichtet sich zur Leistung an den Inhaber der Urkunde, ohne dass der Inhaber ein Recht an der Urkunde nachweisen muss. Er kann ihm auch nur solche Einwendungen entgegensetzen, welche die Gültigkeit der Ausstellung betreffen oder sich aus der Urkunde ergeben oder dem Aussteller unmittelbar gegen den Inhaber zustehen (§ 796 BGB).

Die Leistungspflicht des Ausstellers wird somit durch die Vorlage der Urkunde eingeleitet, wobei der Aussteller auch durch die Leistung an einen nicht zur Verfügung berechtigten Inhaber befreit wird (§ 793 Abs. 1 BGB). Die Inhaberschuldverschreibung wird durch Übereignung übertragen. Auch der Erwerber einer gestohlenen Urkunde wird gem. § 935 Abs. 2 BGB Eigentümer und erwirbt damit das Recht aus dem Papier.

Der Vorteil der Inhaberschuldverschreibung ist im Gegensatz zur Namensschuldverschreibung in ihrer leichten Übertragbarkeit begründet. Aus diesem Grund sind die bedeutenden verzinslichen Wertpapiere ausschließlich Inhaberschuldverschreibungen.

▶ **Initial Margin**

(Initial Rate) Sicherheitsleistung, die bei der Eröffnung einer Position (eines Kontrakts) in Form eines Einschusses mit Geschäftsabschluss bei der Clearingstelle hinterlegt werden muss. Eine Initial Margin wird nicht immer verlangt.

▶ **Inititial Public Offering (IPO)**

Erstmaliges öffentliches Angebot von → Aktien am → Primärmarkt.

▶ **Inkasso**

(Forderungseinzug) Einzug von fälligen Forderungen durch finanzwirtschaftliche Institutionen (Kreditinstitute, Inkassogesellschaften, Post) für Dritte, sei es unentgeltlich oder gegen Inkassoprovision (Akkreditive, Schecks, verloste Wertpapiere, Wechsel). Anders als bei → Factoring kommt es dabei zu keinem Forderungsverkauf. Das Inkasso durch die Lastschrift (→ Einzugsverfahren) hat in vielen Fällen die Überweisung verdrängt, insbesondere bei periodischen Zahlungen unterschiedlicher Höhe (Strom, Gas, Telefon usw.).

▶ **Inkassoindossament**

Vollmacht-Indossament, i. d. R. nur für Unterschrift, welche die Bank zur Einziehung eines fälligen Wechselbetrages beauftragt. Nach dem Wechseleinzugsabkommen von 1977 wurde das Inkassoindossament durch einen Stempelaufdruck ersetzt.

▶ **Inkassowechel**

→ Wechsel, der von einem Kreditinstitut zum Inkasso hereingenommen wird.

▶ **Inlands-Leasing**

Liegt vor, wenn eine inländische Leasing-Gesellschaft als Leasing-Geber ein Geschäft mit einem inländischen Leasing-Nehmer abwickelt (→ Leasing).

▶ **Innenfinanzierung**

(Interne Finanzierung, endogene Finanzierung, Selbstfinanzierung i. w. S.) Bereitstellung von Kapital aus dem Unternehmen selbst heraus (Gegensatz: → Außenfinanzierung). Man unterscheidet:

(1) → Selbstfinanzierung i. e. S.: → Gewinnthesaurierung (Überschussfinanzierung, Finanzierung aus einbehaltenem Gewinn).

(2) Finanzierung aus langfristigen → Rückstellungen (→ Fremdfinanzierung).

(3) Finanzierung aus → Wertberichtigungen.

(4) Finanzierung durch Vermögensumschichtung (→ Finanzierungsersatz);
- Finanzierung aus Abschreibungen (→ Kapitalfreisetzungseffekt),
- Beschleunigung des → Kapitalumschlags,
- Senkung des betriebsnotwendigen Vermögens durch Rationalisierung,
- Senkung des betriebsnotwendigen Vermögens durch Verkauf (vorfristige Liquidation).

Vielfach wird die Heranziehung des → Cash Flow zur Bestimmung des Innenfinanzierungspotenzials empfohlen. Der Cash Flow wird dann der unterstellten Fristigkeit der Kapitalüberlassungsdauer entsprechend definiert. Für den langfristigen Cash Flow (mindestens ein Jahr) gilt:

> Gewinnvortrag
> + Rücklagenzuführung
> + Abschreibungen
> + Erhöhung der langfristigen Rückstellungen
> _____
> Cash Flow (langfristig)

Mit der Verwendung des Cash Flow wird unterstellt, dass die Unternehmung während der Rechnungsperiode tatsächlich über diese

Mittel in liquider Form verfügen konnte. Dies ist nur unter bestimmten Prämissen (kein Auseinanderfallen von Einzahlungen und Erträgen bzw. Auszahlungen und Aufwand) möglich. Sie werden aber in der Realität i. d. R. nicht zugleich erfüllt. Inwieweit der Cash Flow zur Beurteilung des Innenfinanzierungspotenzials herangezogen werden kann, ist somit zumindest strittig.

▶ **Innerer Wert**

(1) Spiegelt sich bei einer → Aktie entweder im errechneten → Ertrags- oder im Substanzwert;

(2) Errechnet sich bei einer Option aus der Differenz von Basispreis und Kassapreis des Basiswertes. Er ergibt sich bei einer → Call Option aus der positiven Differenz zwischen Kassa- und Basispreis. Eine → Put Option hat einen inneren Wert, wenn der Kassapreis unter den Basispreis liegt. Somit errechnet sich der innere Wert aus der positiven Differenz zwischen Basispreis und Kassapreis.

▶ **Innerttageskredit**

(Intraday Credit) Kredit mit einer Laufzeit von unter einem Geschäftstag. Die ESZB gewährt Geschäftspartnern unter bestimmten Voraussetzungen Innerttageskredite für Zwecke des Zahlungsverkehrs.

▶ **Insider**

Als Insider wird gem. § 13 WpHG betrachtet, wer

(1) als Mitglied des Geschäftsführung- oder Aufsichtsorgans oder als persönlich haftender Gesellschafter des Emittenten oder eines mit dem Emittenten verbundenen Unternehmens,

(2) auf Grund seiner Beteiligung am Kapital des Emittenten oder eines mit dem Emittenten verbundenen Unternehmens oder

(3) auf Grund seines Berufs oder seiner Tätigkeit oder seiner Aufgabe bestimmungsgemäß

Kenntnis von einer nicht öffentlich bekannten Tatsache hat, die sich auf einen Emittenten von → Insiderpapieren oder auf Insiderpapiere bezieht und geeignet ist im Falle ihres öffentlichen Bekanntwerdens den Kurs der Insiderpapiere erheblich zu beeinflussen (Insidertatsache).

Eine Bewertung, die ausschließlich auf der Basis öffentlich bekannter Informationen erstellt wird, ist keine Insidertatsache, selbst dann nicht, wenn sie den Kurs von Insiderpapieren erheblich beeinflussen kann. Vgl.: → Adhoc-Publizität

▶ **Insidergeschäfte, Verbot von**

Einem Insider ist es gem. § 14 WpHG verboten,

(1) unter Ausnutzung seiner Kenntnis von einer → Insidertatsache → Insiderpapiere für eigene oder fremde Rechnung oder für eine anderen zu erwerben oder zu veräußern,

(2) einem anderen die Insidertatsache unbefugt mitzuteilen oder zugänglich zu machen,

(3) einem anderen auf Grund der Basis seiner Kenntnis von einer Insidertatsache den Erwerb oder die Veräußerung von Insiderpapieren zu empfehlen.

Sollte ein Dritter Kenntnis von einer Insidertatsache haben, so ist es ihm verboten den Erwerb oder die Veräußerung von Insiderpapieren zu empfehlen.

Wer gegen das Verbot von Insidergeschäften gem § 14 WpHG handelt wird gem § 38 WpHG mit einer Freiheitsstrafe bis zu fünf Jahren oder mit einer Geldstrafe bestraft.

▶ **Insiderhandel** → Insidergeschäfte, Verbot von

▶ **Insiderpapiere**

Sind Wertpapiere, die

(1) an einer inländischen Börse zum Handel zugelassen oder in den Freiverkehr einbezogen sind oder

(2) in einem anderen Mitgliedstaat der Europäischen Gemeinschaften oder einem anderen Vertragsstaat des Abkommens über den Europäischen Wirtschaftsraum zum Handel an einem Markt im Sinne des § 2 Abs. 1 WpHG zugelassen sind. Der Zulassung zum Handel an einem Markt oder der Einbezie-

hung in den Freiverkehr steht gleich, wenn der Antrag auf Zulassung oder Einbeziehung gestellt oder öffentlich angekündigt ist.

Als Insiderpapiere gelten auch Rechte auf Zeichnung, Erwerb oder Veräußerung von Wertpapieren; Rechte auf Zahlung eines Differenzbetrages, der sich aus der Wertentwicklung von Wertpapieren bemisst; Terminkontrakte auf einen Aktien- oder Rentenindex sowie Rechte auf die Zeichnung, Erwerb oder Veräußerung von Finanzterminkontrakten, die Wertpapiere zum Gegenstand haben oder sich auf einen Index beziehen, in den Wertpapiere einbezogen sind oder sonstige Terminkontrakte, die zum Erwerb oder zur Veräußerung von Wertpapieren verpflichten. Einzelheiten sind gem. § 12 WpHG geregelt.

▶ **Insidertatsache**

Nicht öffentlich bekannter Tatbestand, der im Tätigkeitsbereich eines Emittenten eingetreten ist und wegen der Auswirkungen auf die Vermögens- und Finanzlage oder den allgemeinen Geschäftsverlauf des Emittenten geeignet ist den Börsenpreis der zugelassenen Wertpapiere zu beeinflussen, oder im Fall zugelassener Schuldverschreibungen die Fähigkeit des Emittenten seinen Verpflichtungen nachzukommen beeinträchtigen. Der Emittent hat vor einer Veröffentlichung die zu publizierende Tatsache

(1) der Geschäftsführung der Börsen, an denen die Wertpapiere zum Handel zugelassen sind,

(2) der Geschäftsführung der Börse, an denen ausschließlich Derivate i. S. des § 2-Abs. 2 WpHG gehandelt werden sofern die Wertpapiere Gegenstand der Derivate sind , und

(3) dem Bundesaufsichtsamt mitzuteilen. → Adhoc-Publizität

▶ **Insidervergehen, Strafverfahren bei** → Insidergeschäfte, Verbot von

▶ **Insolvenz**

Zahlungsunfähigkeit eines Schuldners, die sich in seinem Unvermögen niederschlägt, die ordnungsgemäßen Verpflichtungen dauerhaft erfüllen zu können. Insolvenzgründe sind in einer dauerhaften Zahlungsunfähigkeit, Überschuldung oder drohenden Zahlungsunfähigkeit zu suchen. Unternehmenspolitische Folgerungen einer Insolvenz münden in die Zwangsvollstreckung.

▶ **INSTINET** → Institutional Network

▶ **Institutional Network (INSTINET)**

Außerbörsliches elektronisches Handelssystem in den USA. Instinet ermöglicht institutionellen Investoren den kostengünstigen direkten Handel über einen Zentralcomputer.

▶ **Institutionelle Anleger**

Kapitalanleger, die auf Grund ihrer originären Geschäftstätigkeit die in ihr Portefeuille hereingenommenen Kapitalbeträge an den Finanzmärkten – insbesondere am Kapitalmarkt – investieren. Auf Grund der umfangreichen Kapitalbeträge, die sie (z. B. → Investmentfonds, Versicherungen) einsetzen, beeinflussen sie mit ihrer Investitions-, Desinvestitionstätigkeit oder Abstinenz in erheblichem Maße das Geschehen an den Finanzmärkten.

▶ **Institutionelles Leasing**

Wenn Dritte, herstellerunabhängige Gesellschaften das Leasing-Geschäft betreiben, steht die Finanzierungsfunktion im Vordergrund der Geschäftstätigkeit. Derartige Leasing-Gesellschaften sind meistens Tochter- bzw. Beteiligungsunternehmen von Kreditinstituten. Durch § 10 a KWG gelten solche Leasing-Unternehmen, sofern 40% des Kapitals mittelbar oder unmittelbar von übergeordneten Kreditinstituten gehalten werden, neuerdings als nachgeordnete Kreditinstitute, sodass sie mit unter die Regelung über die Eigenkapitalausstattung fallen. Das institutionelle Leasing hat am gesamten Leasing-Umsatz einen Anteil von knapp zwei Dritteln (ca. 13,5 Mrd. DM).

▶ **Interbank Rate**

Interbanksatz, Satz zu welchem sich Banken bei anderen Banken refinanzieren.

▶ **Interbank Spreads**

Margen im Interbankgeschäft.

▶ **Interbankenhandel**

Telefonischer Handel von Geld, Devisen, Wertpapieren, Edelmetallen zwischen Banken.

▶ **Interbankenmarkt**

Markt, auf dem Geschäfte des Geld- und Kreditverkehrs nur zwischen Banken (zwischen Geschäftsbanken und ggf. zwischen diesen und der Zentralbank) getätigt werden.

▶ **Interessewahrende Order (IW-Order)**

Kauf- oder Verkaufsauftrag, der möglicherweise den Kurs erheblich beeinflussen könnte. Hier erhält der Makler die Anweisung, der Marktsituation entsprechend die Abwicklung in mehreren Schritten vorzunehmen. IW-Orders unterliegen einer Meldepflicht gegenüber der → Handelsüberwachungsstelle. Dies gilt auch für die Dokumentation der Ausführungsschritte und die Abwicklung einer jeden IW-Order.

▶ **Interest Margin**

Zinsmarge einer Bank

▶ **Interest Netting**

Aufrechnung von Zinszahlungsströmen (variabler und fester Zinszahlungsstrom) bei Swapverträgen zu Roll-over-Terminen. Ausgezahlt werden daher nur die errechneten Differenzbeträge.

▶ **Interest Rate Cap**

Zinsobergrenze, Höchstzins, Maximalzins → Cap, → Floating Rate Notes.

▶ **Interest Rate Collar**

Zinsunter- und -obergrenze. → Floating Rate Notes.

▶ **Interest Rate Futures** → Financial Futures

▶ **Interest Rate Guarantee**

Variante einer Zinsoption, deren Ausübung nur zum Endtermin gestattet ist. Sie dient zwei Parteien als Sicherungsinstrument gegen unerwünschte Zinsentwicklungen in der Form, als einer der beiden Parteien – ausgehend von einem definierten Zinssatz – lediglich eine Zinssatzdifferenz ausgeglichen wird.

▶ **Interest Rate Option** → Option

▶ **Interest Rate Swap**

Zinsswap → Zins- und Währungsswap

▶ **Intergierter Swap** → Zins- und Währungsswap

▶ **Interimsdividende** → Abschlagsdividende

▶ **Interimsschein** → Zwischenschein

▶ **Intermediary Bank**

zwischengeschaltete Bank. Beispiel: Swaps

▶ **International Banking Facilities (IBF's)** → Bankenfreizonen in den USA

▶ **International Commercial Terms** → Incoterms

▶ **International Organisation of Securities Commissions (IOSCO)**

Organisation mit Sitz in Montreal. Ihre Aufgaben sieht sie in der Optimierung der Zusammenarbeit der nationalen Wertpapieraufsichtsbehörden, Verbesserung der Funktionsfähigkeit nationaler Kapitalmärkte, Entwicklung von Überwachungsinstrumentarien des internationalen Wertpapierhandels sowie im regelmäßigen Austausch von Informationen und Erfahrungen zwischen den Mitgliedern.

▶ **Internationale Finanzmärkte**

Finanzmärkte, die im Gegensatz zu den nationalen Finanzmärkten grenzüberschreitend existieren und somit nicht ein geographisch und/oder politisch fest umgrenztes Gebiet abdecken.

Sie werden nach folgenden Kriterien klassifiziert:
- Währungsdenomination, die den Kontrakten zu Grunde liegt (z. B. US-Dollar, €, £-Sterling, Yen, sfr.);
- geographischen Kriterien (z. B. Euro-Markt, Asien-Märkte);
- Fristigkeit der Kapitalüberlassung (z. B. Geldmärkte, Kapitalmärkte);
- Verbriefung oder Nichtverbriefung (z. B. Kapitalmärkte, Geldmärkte);
- Marktteilnehmer (z. B. Interbankenmarkt).

Die nähere Kennzeichnung erfolgt dann jeweils durch Kombination der oben bezeichneten Kriterien (z. B. Euro-Kapitalmarkt, Euro-Dollar-Markt, Asien-Dollar-Markt).

▶ **Internationaler Zahlungsverkehr** → Zahlungsverkehr, internationaler

▶ **Interner Zinssatz**

(Interner Zinsfuß, Internal Rate of Return) Bezeichnung für denjenigen Diskontierungssatz, bei dem sich für eine Investition ein Kapitalwert von null errechnet.

Der interne Zinssatz wird durch Nullsetzen der Kapitalwertformel (→ Kapitalwertmethode)

443

$$C_o = -I_0 + \sum_{t=1}^{n} R_t \cdot q^{-t} \quad (1)$$

$$I_o = \sum_{t=1}^{n} R_t \cdot q^{-1} \quad\quad (2)$$

und anschließende Auflösung der Gleichung (2) nach r (= interner Zinssatz in Dezimalbruchform) ermittelt.

Bei der Auflösung nach r ergeben sich aber u. U. Probleme (Polynom n-ten Grades mit bis zu n reellen Nullstellen für die Größe r). Daher erfolgt i. d. R. bei Polynomen höheren Grades die Lösung an einen Näherungswert r* mithilfe der regula falsi.

Errechnet werden Kapitalwerte ober- und unterhalb des gesuchten r bei beliebigen Zinssätzen.

Die Werte werden in folgende Formel eingesetzt:

$$r^* = i_1 - C_{o1} \cdot \frac{i_2 - i_1}{C_{o2} - C_{o1}}$$

Die errechneten Kapitalwerte für das **Beispiel** betragen:
$i = 0,12 \quad C_o = 2.250,23$
$i = 0,145 \quad C_o = -372,10$
$r^* = 0,1415$.

Der interne Zinsfuß r wird nun exakt durch schrittweise Veränderung der Versuchszinssätze ermittelt. Es ergibt sich für dieses Beispiel:
$r = 0,1413$.

Der interne Zinssatz kennzeichnet die Rentabilität des jeweils noch gebundenen Kapitals vor Abzug von Zinsen.

Die Frage nach der Vorteilhaftigkeit (Unvorteilhaftigkeit) einer Investition bei Anwendung des internen Zinssatzes als Entscheidungskriterium ist nur unter Heranziehung des Kalkulationszinsfußes i_k zu klären. Danach ist eine Investition vorteilhaft (unvorteilhaft), wenn $r \geq i_k$ ($r < i_k$). Der Kalkulationszinsfuß entspricht dem Marktzins plus Risikozuschlag.

Bei einem Vorteilsvergleich zwischen zwei sich einander ausschließenden Investitionen wird der interne Zinsfuß der Differenzinvestition berechnet. Liegt der interne Zinsfuß der Differenzinvestition über (unter) dem Kalkulationszinsfuß, ist die Investition, die in der Ausgangssituation die höhere (geringere) Kapitalbindung verursacht der Alternative vorzuziehen.

In bestimmten Situationen kann das Kriterium des internen Zinssatzes wegen seiner Mehrdeutigkeit im Rahmen der Entscheidung nicht herangezogen werden. Begründung: Polynom n-ten Grades mit bis zu n verschiedenen Nullstellen. Entsprechend ist auch die Anzahl der internen Zinssätze. Dieses Phänomen tritt bei mehrmaligen Vorzeichenwechsel der Zahlungsreihe auf. Aus diesem Grund wird die Anwendung dieses Verfahrens in der Literatur z. T. abgelehnt.

▶ **Interne Zinssatz-Methode**

→ Investitionsrechnungsverfahren bei Sicherheit (→ Interner Zinssatz).

▶ **Intra Contract Spreading**

(Intra Market Spreading, Intra Delivery Spreading) Spezielle Technik des → Spreading, bei der eine → Arbitrage über den gleichzeitigen Kauf und Verkauf gleicher Futures-Kontrakte mit unterschiedlichen Erfüllungsterminen angestrebt wird.

▶ **Intra Day Margin**

Sicherheitsleistung, deren Hinterlegung in bestimmten Marktsituationen während eines Börsentages zusätzlich erforderlich wird.

▶ **Intra Delivery Spreading** → Intra Contract Spreading

▶ **Intra Market Spreading** → Intra Contract Spreading

▶ **Intraday Credit** → Innerttageskredit

▶ **Intrinsic Value** → Innerer Wert (2)

▶ **Inventury Turnover** → Lagerhaltung

▶ **Inverse Zinsstruktur**

Ist gegeben, wenn die langfristigen Zinssätze für Kapitalanlagen unterhalb derjenigen für kurzfristige Anlagen liegen (→ Zinsstruktur).

▶ **Inverser Floater** → Umgekehrte Floating Rate Note

▶ **Investition**

Eine einheitliche Begriffsauslegung existiert in der Betriebswirtschaftslehre bislang nicht. Die Begriffe können i. d. R. einer der drei folgenden Gruppen zugeordnet werden:

(1) Der *leistungswirtschaftlich* orientierte Investitionsbegriff zielt auf die Gestaltung des Produktionsprozesses durch Kombination der hierzu notwendigen Anlagegüter ab (kombinationsorientiert). Eine Investition ist demnach entweder gegeben bei Beschaffung und Kombination von Anlagegütern zur Erstellung eines neuen Leistungspotenzials oder bei Beschaffungsmaßnahmen zur Leistungsoptimierung eines bereits existierenden Anlagenbestandes.

(2) Der *vermögensorientierte* Investitionsbegriff geht von bilanztechnischen Vorgängen aus. Das auf der Passivseite ausgewiesene Kapital ist in Vermögenswerten gebunden (Überführung abstrakten Kapitals in reale Vermögenswerte). Die Vertreter dieses Begriffs unterscheiden sich einerseits darin, dass sie Investition als (Transaktions-)Prozess oder/und Zustand verstehen. Andererseits werden von ihnen unterschiedliche Vermögenskategorien in das Investitionsvermögen einbezogen (nur Anlagevermögen; Anlage- und Umlaufvermögen; Anlage-, Umlauf- plus Finanzvermögen einschließlich der liquiden Mittel).

(3) Der *zahlungsstromorientierte* Investitionsbegriff versteht Investition vor dem Hintergrund, dass mit ihrer Durchführung Aus- und Einzahlungen (Kapitalbindung und -freisetzung) verbunden sind.

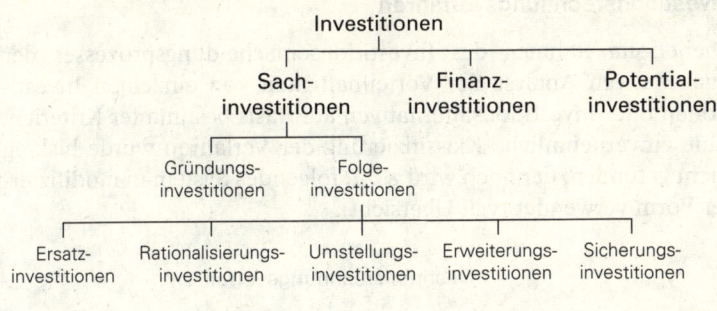

Investitionsarten

▶ **Investitionsarten**

Betriebliche Investitionen werden zum Zweck ihrer Charakterisierung nach folgenden Kriterien klassifiziert.

(1) nach der Überführung des Kapitals in die entsprechenden Vermögenskategorien:
- Sachinvestitionen,
- Finanzinvestitionen,
- Potenzialinvestitionen (Forschung, Entwicklung, Werbung, Ausbildung);

(2) nach dem zeitlichen Anfall im genetischen Unternehmensprozess:
- Gründungsinvestititionen,
- Folgeinvestitionen;

(3) nach dem vorherrschenden Investitionsmotiv:
- Ersatzinvestitionen,
- Rationalisierungsinvestitionen,
- Umstellungsinvestitionen,
- Erweiterungsinvestitionen
- Sicherungsinvestitionen.

Dabei kann eine Investition durchaus unterschiedlichen Arten zugeordnet werden.

▶ **Investitionsrechnungsverfahren**

Dienen im Rahmen des Investitionsentscheidungsprozesses der quantitativen Analyse der Vorteilhaftigkeit von einzelnen Investitionen oder Investitionsalternativen auf Basis bestimmter Kriterien. Eine einvernehmliche Klassifizierung der Verfahren wurde bislang nicht gefunden; dennoch wird z. Zt. folgendes System in modifizierter Form verwendet (vgl. Übersicht).

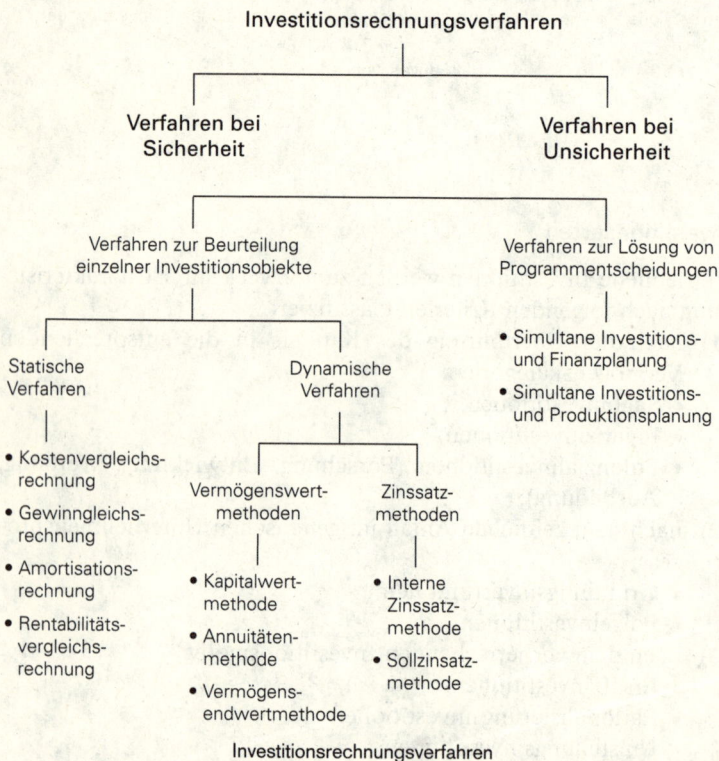

Investitionsrechnungsverfahren

▶ **Investititionskredit** → Anlagenkredit

▶ **Investment Banking**

Geschäftssparte des Bankgeschäfts, die sich mit Instrumenten zur Kapitalmarktfinanzierung von Unternehmen beschäftigt. Die Hauptaufgabe des Investment Banking besteht in der Vorbereitung, Betreuung und Durchführung von Wertpapieremissionen sowie in der Entwicklung neuer Wertpapierformen (→ Finanzinnovationen), die den spezifischen Bedürfnissen von Schuldnern und Anlegern entsprechen. Beispiele solcher Innovationen stellen neue Anleihekonstruktionen wie → Zerobonds, → Floating Rate Notes, → Stripped Bonds, → Doppelwährungsanleihen sowie mit zusätzlichen Optionsrechten versehene Schuldverschreibungen dar. Der Aufschwung des Investment Banking hängt mit der zunehmenden Verbriefung von Krediten (→ Securitization) zusammen, die dazu führte, dass das von Banken aus Kundeneinlagen refinanzierte Unternehmenskreditgeschäft teilweise durch Direktverschuldung der Kapitalnehmer am Wertpapiermarkt ersetzt wurde.

▶ **Investment-Anteil** → Investmentzertifikat

▶ **Investmentclub**

Gemeinschaft von Sparern (im Regelfall Kleinanleger), die auf gemeinsame Rechnung Wertpapiergeschäfte tätigen. Die Zahl der Investmentclubs wird für die USA mit über 17.000, Frankreich mit über 15.000, Deutschland mit über 5.000, Niederlande mit über 700, Großbritannien mit über 500 angegeben.

▶ **Investmentfonds**

Sondervermögen einer → Investmentgesellschaft des Vertragstyps, das aus dem, gegen Ausgabe von → Anteilscheinen eingelegten, Geld der Anleger gebildet wird. Dies Sondervermögen wird von der Investmentgesellschaft für gemeinschaftliche Rechnung der Einleger im eigenen Namen nach dem Grundsatz der Risikomischung in handelbaren und vertretbaren Werten (z. B. Wertpapiere, Immobilien, Waren, und Warenkontrakte) angelegt.

▶ **Investmentgeschäft** → Banken

▶ **Investmentgesellschaft**

(Investment Company, Investmenttrust, Kapitalanlagegesellschaft) Unternehmen, dessen Geschäftszweck es ist einen oder mehrere → Investmentfonds zu verwalten. Die deutschen (und österreichischen) Investmentgesellschaften werden als Kapitalanlagegesellschaften bezeichnet; ihr Geschäftsbereich ist darauf gerichtet, bei ihnen eingelegtes Geld im eigenen Namen für gemeinschaftliche Rechnung der Einleger nach dem Grundsatz der Risikomischung in Wertpapieren oder Grundstücken gesondert vom eigenen Vermögen anzulegen und über die sich hieraus ergebenden Rechte der Einleger (Anteilinhaber) Urkunden (→ Anteilscheine) auszustellen (§ 1 Abs. 1 KAGG, Gesetz über Kapitalanlagegesellschaften). Die Investmentgesellschaft dient primär der → Kapitalanlage und hat nur eine mittelbare Finanzierungsfunktion.

Eigentumsrechte und Beziehungen zwischen Investmentgesellschaft und Anteilinhaber können in der Form von Gesellschaftstypus und Vertragstypus gestaltet werden.

Beim Gesellschaftstypus wird das Verhältnis zwischen Anleger und Investmentgesellschaft durch ein dem Gesellschaftsrecht entnommenes Rechtsinstitut bestimmt; die Investmentgesellschaft (Aktiengesellschaft, GmbH) wird durch die Kapitalanleger getragen. Unternehmenskapital und Fondsvermögen bilden eine Einheit.

Beim Vertragstypus bilden Gesellschaftsvermögen der Investmentgesellschaft und das den Anlegern zustehende Fondsvermögen zwei getrennte Vermögensmassen. Somit kann eine Investmentgesellschaft mehrere verschiedenartige Fonds auflegen. Durch eine unterschiedliche Regelung der Eigentumsverhältnisse am Fondsvermögen ergeben sich zwei Variationen des Vertragstypus: die Treuhandlösung, bei der die Anteilinhaber einen schuldrechtlichen Anspruch (in angelsächsischer Rechtsordnung: Anspruch nach Billigkeitsrecht) gegen die Investmentgesellschaft auf das treuhänderisch verwaltete Vermögen besitzen und die Miteigentumslösung, bei der die Anteilsinhaber Miteigentümer des Fondsvermögens nach Bruchteilen sind (vorherrschend in den deutschsprachigen Ländern).

Je nach Rechtsform ergeben sich unterschiedliche Gestaltungsmöglichkeiten für den organisatorischen Aufbau der Investmentgesellschaft, doch wird die generelle Erscheinungsform der Investmentgesellschaft charakterisiert durch folgende Träger von Hauptfunktionen (die je nach rechtlicher Regelung teilweise in Personalunion ausgeübt werden können):

- Investmentgesellschaft i. e. S. als Emissionsorgan und Verwaltungsgesellschaft für die emittierten Fonds;
- Management (Anlageverwaltung) für Dispositionen über das Fondsvermögen (unterstützt durch Wertpapieranalysten bzw. Immobilienexperten);
- Depotbank (Treuhänder) zur Verwahrung und Verwaltung des Fondsvermögens;
- Vertriebsgesellschaft für den Groß- bzw. Einzelabsatz der Fondsanteile;
- Zahlstelle (transfer agent) zur Ausgabe und Rücknahme von Anteilen, Auszahlung von Ausschüttungen und Kontenführung für Sparprogramme;
- Börsenfirma (Broker) zur Ausführung der Börsengeschäfte.

Nach der Art des Kapitalaufbaus unterscheidet man die nur durch eine Kapitalart (i. d. R. durch Stammaktien bzw. GmbH-Anteile) finanzierten Non-leverage-Companies und die durch mehrere Kapitalarten finanzierten Leverage-Companies, die z. B. neben Stamm- und Vorzugsaktien auch Schuldverschreibungen emittieren und Kredite aufnehmen dürfen.

Hinsichtlich Ausgabe und Rücknahme von Aktien bzw. Anteilen lassen sich unterscheiden:

- Open-end-Gesellschaften, die sich zur ständigen Rücknahme ihrer Anteile verpflichten;
- Closed-end-Gesellschaften, die ein unveränderliches Kapital aufweisen und sich nur ausnahmsweise zur Rücknahme ihrer Anteile verpflichten.
- Offene Fonds geben laufend Anteile aus;
- Geschlossene Fonds ermittieren nur zeitweilig, i. d. R. bis zum Erreichen einer vorher festgelegten Umlaufhöhe von Anteilen.

Nach den Kompetenzen des Management bei Aufbau und Variation des Fondsvermögens können unterschieden werden:

- Fixed Trusts (starre Fonds), deren Wertpapierbestand von vornherein festgelegt ist; sie sind bereits fast völlig verschwunden;
- Semi-fixed Trusts (semiflexible Fonds), deren Portefeuille in bestimmten Grenzen veränderlich ist;
- Management Companies (flexible Fonds), die in ihrer Kapitaldisposition innerhalb gesetzlich festgelegter Grenzen völlig frei vorgehen können. Sie sind der Regelfall.

▶ **Investmentgrade**

Eigenschaft eines Wertpapiers, welches über ein Mindestrating (→ Rating) von BBB (Standard & Poors) bzw. Baa (Moodys) oder höher verfügt.

▶ **Investment Trust** → Investmentgesellschaft

▶ **Investmentzertifikat**

(Fondsanteil, Investmentanteil) Wertpapier, in dem die Eigentumsrechte am Vermögen eines → Investmentfonds verbrieft sind. Investment-Zertifikate lauten auf eine quotenmäßige Beteiligung am Fondsvermögen. Ihr Wert bemisst sich nach dem Nettowert des Fondsvermögens, dividiert durch die Anzahl der umlaufenden Anteile und wird i.d.R. von der → Investmentgesellschaft börsentäglich ermittelt und veröffentlicht.

Stand Ende	Publikumsfonds				Wertpapierfonds			Offene Immobilienfonds
	Zusammen	darunter:			Rentenfonds	Aktienfonds	Gemischte Fonds	
		Geldmarkt-fonds	Alters-vorsorge					
1995	3751,2	414,3			2058,7	593,6	141,5	543,1
1996	3885,0	366,1			2100,3	602,8	143,5	673,2
1997	4257,6	310,1			2149,0	887,0	168,2	743,2
1998	4638,5	367,4	14,3		2117,4	1119,6	223,2	796,5
1999	5366,3	427,9	37,1		2173,1	1406,9	278,1	983,3

Anteilumlauf der Publikumsfonds nach Fondsarten in Mio. Stück

Quelle: Deutsche Bundesbank

Stand Ende	Spezialfonds		Wertpapierfonds			Gemischte Fonds	Offene Immobilien- fonds
	Zusammen	Geldmarkt- fonds	Rentenfonds	Aktienfonds			
1995	2897,7	8,6	1114,5	195,4		1543,0	36,1
1996	3448,7	1,1	1290,1	252,4		1905,7	39,3
1997	4426,7	2,3	1500,6	373,0		2509,6	41,3
1998	5727,1	2,2	1890,4	469,7		3314,7	50,1
1999	6670,0	2,2	2186,2	546,4		3853,6	72,5

Anteilumlauf der Spezialfonds nach Fondsarten in Mio. Stück

Quelle: Deutsche Bundesbank

Stand Ende	Fondsvermögen insgesamt	Wertpapiere Zusammen	Aktien	Schuldverschreibungen	Geldmarktpapiere	Investmentanteile	Bankguthaben	Schuldscheindarlehen u. anderes Vermögen	Verbindlichkeiten
	Mio DM	Mio DM	Mio DM	Mio DM	Mio DM	Mio DM	Mio DM	Mio DM	Mio DM
1996	571 575	562 150	173 348	353 247	1 482	3 261	30 812	11 658	2 235
1997	785 215	774 824	297 289	427 288	2 178	3 586	44 483	12 912	2 521
1998	1 003 988	993 014	420 396	505 462	1 990	4 359	60 807	14 582	3 608
1999	Mio. € 782 974	Mio. € 777 983	Mio. € 352 527	Mio. € 389 631	Mio. € 846	Mio. € 3 349	Mio. € 31 630	Mio. € 8 242	Mio. € 3 251

Zusammensetzung des Vermögens der inländischen Wertpapierfonds -bis Ende 1998 in DM, ab 1999 in Mio. Euro –
Quelle: Deutsche Bundesbank

▶ **Investor Relations** → Aktionärspflege

▶ **IOSCO**

Abk. für → International Organisation of Securities Commissions.

▶ **IPO** → Inititial Public Offering

▶ **IW-Order** → Interessewahrende Order

J

▶ **Jahresabschluss**

Handelsbilanz, Gewinn- und Verlustrechnung sowie ggf. Lagebericht bilden gem. § 242 (3) HGB den Jahresabschluss. Er ist für das vergangene Geschäftsjahr gem. § 242 (3) HGB innerhalb der einem ordnungsgemäßen Geschäftsgang entsprechenden Zeit aufzustellen.

Der Jahresbericht hat gem. § 264 (2) HGB unter Beachtung der Grundsätze ordnungsmäßiger Buchführung ein den tatsächlichen Verhältnissen entsprechendes Bild der Vermögens- Finanz- und Ertragslage der Gesellschaft zu vermitteln.

- Regelung des Inhalts und der Form gem. § 264 (2) HGB,
- nach Grundsätzen ordnungsmäßiger Buchführung,
- klar und übersichtlich,
- vollständig gem. § 246 HGB,
- Ansatzvorschriften gem. §§ 246 ff. HGB sowie Bewertungsvorschriften gem. §§ 247 ff. HGB sind einzuhalten, umso insgesamt einen möglichst genauen Einblick in die Ertrags- und Vermögenslage der Gesellschaft zu erhalten.

▶ **Jahrescoupon**

Einmal jährlich anfallende Zinszahlungen bzw. Couponeinlösung bei → Anleihen. Im Gegensatz zum Halbjahrescoupon, bei dem die Zinszahlungen halbjährlich anfallen, erreicht der Schuldner durch Rationalisierung in der Bearbeitung sowie durch die Verschiebung der Zinszahlungen auf einen Termin eine Kostensenkung.

▶ **JEX**

Abk. für Jumbo-Pfandbrief-Index nach dem Notional-Bond-Konzept. Der Index umfasst alle derzeit in Deutschland gehandelten → Jumbo-Pfandbriefe. Die Konzeption des JEX orientiert sich an der des → REX. Er wird,→ wie der REX, minütlich aus Reuters-Kursen und auf der Basis von Börsenkursen errechnet und publiziert. Das ihm zu Grunde liegende Indexportfolio besteht aus nicht wirklich gehandelten Pfandbriefen, sondern aus 30 synthetischen Pfandbriefen mit ganzzahligen Laufzeiten zwischen einem und zehn Jahren und jeweils drei Kupontypen mit sechs, siebeneinhalb und neun Prozent.

▶ **JEXP**

Performanceindex, der Preisänderungen und Zinserlöse erfasst und damit in den gesamten Anlageerfolg am deutschen Markt für → Jumbo-Pfandbriefe misst.

▶ **Jobber**

Wertpapierhändler an der Londoner Börse, die für eigene Rechnung und im eigenen Namen handeln. Marktpartner sind Broker oder andere Jobber, nicht aber das Publikum.

▶ **Joint Venture**

Gemeinschaftsunternehmen, an welchem mindestens zwei voneinander unabhängige Unternehmen, mit Sitz jeweils in einem anderen Land, beteiligt sind. Die Beteiligungsquote sollte möglichst jeweils 50% betragen. Die Beteiligung an Jointventures durch mehrere Gesellschafter wird zunehmend beobachtet. Sitz des Gemeinschaftsunternehmens befindet sich im Land eines der Gesellschafter. Jointventures arbeiten als private Entwicklungsbanken (Bereiche: Export-, Entwicklungs-, Investitionsgüterfinanzierung), Consortium Banks für Dienstleistungen (Bereiche: Leasing, Factoring, Franchising, Investment Banking), Consortium Banks zur Abwicklung grenzüberschreitender Dienstleistungen (Bereiche: Effektenverkehr, z. B. EURODEAL, EUROCLEAR, CEDEL; Zahlungsverkehr, z. B. SWIFT; Kreditkontrolle, z. B. Institute of International Finance).

▶ **Jumbo-Anleihe** → Jumbo Bonds

▶ **Jumbo Bonds**

(Jumbo-Anleihen) an den Finanzmärkten übliche Bezeichnung für Anleihen, die sich durch große Emissionsvolumina (Losgrößen:

möglichst in Höhe von 500 Mio. und größer), Marktpflege der Titel (permanentes Stellen von Geld-/Briefspannen) und verbindliche Preisstellungen (über 25 Mio. € über Handelsbildsschirme) auszeichnen. Im Rahmen des Platzierungsverfahrens findet zunehmend das → Negotiated Fixed Price Reoffer-System Anwendung.

Insbesondere bei → Pfandbriefen haben sich die Jumbo-Emissionen (Jumbo-Pfandbriefe) durchgesetzt, da diese den Emittenten im Vergleich zu den bisherigen Daueremissionen erhebliche Kostenvorteile bieten. Hier waren bislang – bei einer nahezu unübersehbaren Titel- und Serienzahl – Emissionsvolumina von 10–20 Mio € nicht unüblich.

▶ **Jumbo-Pfandbiefe**

Hypotheken-Pfandbriefe und Kommunalobligationen mit einem Emissionsvolumen von mindestens 500 Mio. €, einem auf höchstens 1/4 % gebrochenen Kupon, fester Verzinsung und einer Laufzeit von einem halben und zehneinhalb Jahren. Vgl. auch: → Jumbo Bonds

▶ **Junge Aktien**

Bezeichnung für neue Aktien, die im Rahmen einer Grundkapitalerhöhung emittiert werden (→ Aktienemission).

▶ **Jungschein**

Bezeichnung für die unwiderrufliche Erklärung einer Aktiengesellschaft oder einer Anleiheemittentin gegenüber einer → Wertpapiersammelbank dieser die → jungen Aktien oder neuen Anleihestücke unmittelbar nach ihrer Drucklegung auszuliefern. Damit eröffnet der Jungschein die Möglichkeit auch noch nicht gelieferte Wertpapiere vor ihrer effektiven Lieferung bereits zu handeln.

▶ **Junk Bonds**

Risikoreiche Teilschuldverschreibungen (→ Anleihe), die in den USA oft im Rahmen von → Leveraged Buyouts emittiert werden. Junk Bonds sind hochverzinsliche Papiere mit niedrigem → Rating.

▶ Junktimgeschäft

→ Kompensationsgeschäft, bei dem das Gegengeschäft dem Basisgeschäft zeitlich vorgelagert ist.

K

▶ **K/CF** → Kurs-Cash Flow-Verhältnis

▶ **Kabelkurs**

Telegrafisch übermittelter Kurs.

▶ **Kaduzierung**

Zwangsausschluss von Mitgliedern einer GmbH oder einer AG, die mit ihren Zahlungen auf ihre Einlage auf Aktien bzw. Stammeinlage in Verzug geraten sind.

▶ **Kalkulationszinsfuß** → Kalkulationszinssatz

▶ **Kalkulationszinssatz**

(Kalkulationszinsfuß) Zinsfuß, mithilfe dessen bei bestimmten Verfahren der Investitionsrechnung (→ Kapitalwertmethode) die Vorteilhaftigkeit bzw. die Unvorteilhaftigkeit einer geplanten Investition geprüft wird. Der Kalkulationszinssatz erfüllt dabei zunächst die Zeitausgleichfunktion, da mit seiner Hilfe zu unterschiedlichen Zeitpunkten anfallende Zahlungen (Zeitwerte) auf einen Bezugszeitpunkt abzinst werden. Zugleich spiegelt dieser Zinssatz die Erwartungen des Investors bezüglich der zu erzielenden Mindestverzinsung des einzusetzenden Kapitals. Damit stellt sich für den Investor im Rahmen der Entscheidungsfindung das Problem, an welcher Größe er sich im Zuge der Quantifizierung des Kalkulationszinssatzes orientieren soll. Dies ist grundsätzlich davon abhängig, ob Kapital für die Unternehmung ein Engpassfaktor ist oder nicht.

Ergeben sich bei der Kapitalbeschaffung Engpässe, so wird sich der Kalkulationszinssatz entweder an der → Rentabilität der Grenzinvestition oder am Return on Investment, den ein Unternehmen durchschnittlich erwirtschaftet, ausrichten. Die Lösung dieser Fragestellung ergibt sich aus der Anwendung eines Investitionsmodells (Beispiel: → Capital Budgeting).

Ist Kapital quantitativ und qualitativ beliebig erhältlich, so richtet sich die Höhe des Kalkulationszinssatzes nach dem Kapitalkostensatz (i. d. R. Zinsniveau für langfristiges Fremdkapital, Kalkulationszinssatz für Eigenkapital). Letzterer bildet die Untergrenze, da das mit der Investition verbundene Risiko in Form einer Risikoprämie zu berücksichtigen ist, die im Kalkulationszins erfasst wird.

▶ **Kalkulatorische Zinsen** → Zinsen, kalkulatorische

▶ **Kapazitätserweiterungseffekt**

(*Lohmann-Ruchti*-Effekt) tritt dann ein, wenn die im Zuge eines → Kapitalfreisetzungseffekts dauerhaft freigesetzten Mittel nicht nur zur Reinvestition technisch und/oder wirtschaftlich verbrauchter Aggregate eingesetzt, sondern zusätzlich zu Erweiterungsinvestitionen in Maschinen gleicher Art verwendet werden.

Die Wirkungsweise wird am folgenden Beispiel deutlich: Eine Unternehmung investiert zum Ankauf von Maschinen je 6000 DM in drei aufeinander folgenden Jahren. Abschreibungsdauer: 3 Jahre, Abschreibungsmethode: linear. Die Finanzierung der drei Maschinen in Höhe von insgesamt 18 000 DM erfolgt zu den relevanten Zeitpunkten mit Eigenkapital. Die während der Periode 1 und 2 erwirtschafteten Abschreibungsbeträge werden unmittelbar zum Ende der Periode zwei in Maschine 4 investiert. Damit wird die ursprünglich geplante Periodenkapazität (definiert als Leistungsabgabe einer Maschine oder eines Anlagenbestandes in Mengeneinheiten in einer Periode) um 33,33 % erhöht. Mit Beendigung der wirtschaftlichen Nutzungsdauer erfolgt bei allen Maschinen eine permanente Reinvestition, die aus den im Rahmen des Kapitalfreisetzungseffekts gewonnenen Mitteln finanziert wird (vgl. Tab.).

Die Wirkungsweise des Kapazitätserweiterungseffekts ist abhängig von:
• der Existenz des Kapitalfreisetzungseffekts;

- der Reinvestition der Abschreibungsgegenwerte in gleichartige Anlagen, die auf dem gleichen technischen Stand bleiben; Preisstabilität;
- der Teilbarkeit der Gesamtanlage;
- der Verfügbarkeit zusätzlicher finanzieller Mittel für die wegen der Anlagenerweiterung notwendig werdende Ausdehnung des Umlaufvermögens sowie die Erhöhung der Lagerbestände und -kapazitäten;
- der permanent gegebenen Aufnahmefähigkeit und -bereitschaft des Marktes bei steigenden Fertigungskapazitäten.

Die Finanzierung ist nur mit Eigenkapital oder/und unkündbares Fremdkapital möglich, da die freigesetzten Mittel ausschließlich für Investitions- und Reinvestitionszwecke zur Verfügung stehen. Die Wirkung des Effekts kann unter realitätsfernen Prämissen (hoher Anfangsbestand an Aggregaten, unbegrenzte Teilbarkeit der Investitionsobjekte, kontinuierliche Kapitalfreisetzung sowie Investitions- bzw. Reinvestitionsmaßnahmen) einen Faktor von 2 erreichen (d. h. Verdoppelung der ursprünglich geplanten Periodenkapazität).

	Kapazitäts-aufbauphase			Reinvestitionsphase			
Jahr (Ende) Maschine	1	2	3	4	5	6	7
1	2000	2000	2000	2000	2000	2000	2000
2		2000	2000	2000	2000	2000	2000
3			2000	2000	2000	2000	2000
4			2000	2000	2000	2000	2000
Jahresabschreibung insgesamt	2000	4000	8000	8000	8000	8000	8000
Jahresabschreibungen kumuliert	2000	6000	8000	10000	12000	8000	10000
./. Ersatzinvestition			6000	6000	12000	6000	6000
Kapitelfreisetzung	2000		2000	4000		2000	4000
./. Kapazitätserweiterungsinvestition		6000					

Beispiel für Lohmann-Ruchti-Effekt

▶ **Kapital**

Umfasst im betriebswirtschaftlichen Sinne die Gesamtheit aller Sachmittel (→ Realkapital) und Finanzmittel (→ Geldkapital), die der Betriebswirtschaft zur Leistungserstellung und/oder Leistungsverwertung zur Verfügung stehen. Die Passivseite der Bilanz weist das Kapital von Volumen und Herkunft, untergliedert in → Eigen- und → Fremdkapital aus. Beide Kapitalarten unterscheiden sich in ihrer idealtypischen Ausprägung generell in folgenden Merkmalen (vgl. Übersicht).

Die Praxis zeigt abweichend von den reinen Kapitalformen (→ Beteiligungs- oder Kreditfinanzierung), bezogen auf die Merkmale (1)-(5), zahlreiche Varianten.

Zusätzlich existieren Kapitalzwischenformen, die spezifische Eigenschaften des Eigen- und Fremdkapitals miteinander verbinden. Es handelt sich hier um:

- unvollständige Eigenkapitalien (stimmrechtslose → Vorzugsaktie),
- Fremdkapitalien mit Eigenkapitalrechten (→ partiarische Darlehen, → Gewinnobligation, Gesellschafter-Darlehen),
- Genuss- oder Partizipationsschein.

Kriterien	Eigenkapital	Fremdkapital
(1) Vermögensanspruch	Quotenanspruch, wenn Liquiditätserlös > → Verbindlichkeiten	Nominalanspruch in Höhe der Gläubiger-forderung
(2) Haftung	volle Haftung, u. U. über Einlage hinaus, rechts-formabhängig	keine Haftung (Gläubigerstellung)
(3) Nutzungsentgelt	erfolgsabhängig (Gewinn und Verlust)	erfolgsunabhängig (fester Anspruch)
(4) Kapitalüberlassungs-dauer	im Normalfall unbegrenzt	im Normalfall begrenzt
(5) Einfluß auf Unter-nehmensentschei-dungen	mit oder ohne Einfluß, aber grundsätzlich Kontrollrechte	im Normalfall keinen Einfluß
(6) Steuerbelastung	Gewinn rechtsformab-hängig belastet ESt, KSt	Zinsen steuerlich absetz-bar (Aufwand), Ausnah-me: § 8, Ziff. 1 GewStG

▶ **Kapitalanlage**

(Geldanlage, Vermögensanlage, investment, investment of funds) Investition von Geldbeträgen zu anderen als Verbrauchszwecken in

- Geldanlagen (Nominalanlagen) in Form von z. B. Sparkonten, festverzinslichen Wertpapieren,
- Sachwerten in Form von Beteiligungen, Grundstücken usw.

Bei Kapitalanlagen ohne laufenden Ertrag wird u. U. einerseits auf überproportionale Wertsteigerungen des Anlageobjektes spekuliert. Dies ist u. U. bei der Anlage in Edelmetallen, Edelsteinen, Antiquitäten, Münzen, Briefmarken, Immobilien möglich. Die Wahrscheinlichkeit, dass diese Anlagestrategie gelingt, steigt (fällt) mit wachsender (sinkender) Inflationsrate. Andererseits können derartige Kapitalanlagen auch in Erwartung einer niedrigeren Besteuerung der Kapitalerträge auf Grund eines geringeren sonstigen Einkommens zum Fälligkeitszeitpunkt (z. B. in Form von → Zerobonds) vorgenommen werden.

Kapitalanlagen mit laufendem Ertrag umfassen entweder reine Gläubigerrechte (Spar- und Termineinlagen, Darlehen, fest oder variabel verzinsliche Wertpapiere, Rentenfondsanteile, Bauspar-, Versicherungsverträge) oder Eigentümer- bzw. Teilhaberrechte (Beteiligungserwerb an Unternehmen, z. B. Aktien, oder Immobilien in direkter Form oder indirekt über den Erwerb von Aktien- bzw. Immobilienfondsanteilen).

Die Ziele der Kapitalanlage liegen im Streben des Investors nach:
(1) Sicherheit: Minimierung des Risikos eines teilweisen oder völligen Herrschafts- und/oder Substanzverlustes;
(2) Rentabilität: Erwirtschaftung eines möglichst hohen Ertrags für den Zeitraum der Kapitalüberlassungsdauer;
(3) Liquidität: Optimierung der Kapitalanlage in der Form, dass Geldnähe der Kapitalanlage und ein eventueller Kapitalbedarf des Anlegers aufeinander abgestimmt sind: Minimierung der Risiken, die mit der künstlichen → Liquidität der Kapitalanlage zum Zeitpunkt t_{n-x} und/oder einer anderweitigen Finanzierung eines möglichen Kapitalbedarfs zum gleichen Zeitpunkt verbunden sind.

Die Verfolgung dieser Ziele in ihrer jeweils extremen Ausprägung führt zwangsläufig zu Zielkonflikten, weswegen entsprechende Zielkompromisse geschlossen werden müssen. Dies setzt eingehende Kenntnisse über Anlagealternativen einschließlich der ihnen innewohnenden Chancen und Risiken, Konditionen sowie Wirkungsmechanismen, Einflussfaktoren und Trends an den nationalen und internationalen Geld-, Kredit- und Kapitalmärkten voraus. Hinzu kommt die Beherrschung bestimmter Analyse- und Prognosetechniken – ggf. computerunterstützt. Vor diesem Hintergrund wird deutlich, dass die Kapitalanlagepolitik institutioneller Anleger (Investmentfonds, Lebensversicherer etc.) sowie diejenige bei großen individuell privat oder durch Treuhänder verwalteten Vermögen anders verläuft als bei kleinen Kapitalanlagevolumina (unter 100 000 €). Zu berücksichtigen ist schließlich, dass insbesondere bei kleinen Kapitalanlagen die Anlageentscheidung schwer reversibel ist, da mit einer eventuellen Desinvestition erhebliche Verluste verbunden wären (z. B. Kapitalanlage in Lebensversicherungen).

Die Ziele der Kapitalanlagepolitik werden in Form einer Zielfunktion formuliert, wobei eines der Ziele, im Normalfall das Rentabilitätsziel, die zu optimierende Variable bildet, während die anderen Ziele in Form von Nebenbedingungen Eingang finden.

▶ **Kapitalanlagegesellschaft** → Investmentgesellschaft

▶ **Kapitalaufstockung** → Kapitalerhöhung, → Gratisaktien

▶ **Kapitalbedarf**

(Finanzbedarf) Summe der lang- und kurzfristigen Mittel, die die Unternehmung zur Verwirklichung ihrer Zielsetzung benötigt.

(1) Langfristiger Kapitalbedarf: Ausgangspunkt ist die langfristige Unternehmensplanung mit der Prognose der erwarteten Gesamtentwicklung im Planungszeitraum, insbesondere: langfristiger Absatzplan (Absatzzeitraum, Art, Menge und Preise der Produkte, Umsatzplanung, Vertriebssystem), Beschaffungs-, Investitions- und Fertigungsplanung, Forschungs- und Ent-

wicklungsplanung, Planung des künftigen Umlaufvermögens einschließlich der Kassenhaltung.

Vor dem Hintergrund dieser Teilplanungen ist die Berücksichtigung erwarteter Kosten- und Gewinnentwicklungen, die Konjunkturreagibilität des Industriezweiges sowie die der eigenen Produkte von besonderer Bedeutung ($\rightarrow$ Finanzplan).

(2) Kurzfristiger Kapitalbedarf: Bedeutsam sind die langfristigen Dispositionen, die in die kurzfristige Periode fallen, weiterhin kurzfristige Saisonschwankungen und Absatzstockungen, die Fertigung auf Lager erfordern und somit kurzfristigen Kapitalbedarf induzieren ($\rightarrow$ Liquiditätsplan).

Neben diesen quantitativen Komponenten sind qualitative Aspekte des Kapitalbedarfs (Kapitalstruktur $\rightarrow$ Finanzierungsregeln) zu berücksichtigen ($\rightarrow$ Finanzierungsziele).

▶ **Kapitalbedarfsrechnung** $\rightarrow$ Kapitalbedarf

▶ **Kapitalberichtigung**

$\rightarrow$ Kapitalerhöhung aus Gesellschaftsmitteln durch Ausgabe von $\rightarrow$ Gratisaktien.

▶ **Kapitalberichtigungsaktie** $\rightarrow$ Gratisaktie

▶ **Kapitalbeteiligung der Arbeitnehmer**

Nach herrschender Meinung ausschließlich Beteiligung am eigenen Unternehmen. Sie kann in indirekter oder direkter Form erfolgen, wobei die direkte Form vorherrschend ist. Schuldrechtliche Forderungen (z. B. Arbeitnehmerdarlehen) fallen nicht unter diesen Begriff.

Die direkte Beteiligung ist bei nahezu allen Rechtsformen mit Ausnahme der AG bzw. KGaA nicht möglich (entweder technische Probleme oder Problem der Haftung). Hier ist nur die Möglichkeit einer Kapitalbeteiligung über den Weg der stillen Gesellschaft oder die Zeichnung von Genuss-Scheinen gegeben. Aus diesen Gründen ist die direkte Kapitalbeteiligung i. d. R. nur bei Aktiengesellschaften anzutreffen. Die Arbeitnehmer halten $\rightarrow$ Belegschaftsaktien. Der

Erwerb erfolgt mithilfe der Erfolgsbeteiligung und aus Eigenmitteln der Arbeitnehmer zu Vorzugskonditionen.

Die indirekte Kapitalbeteiligung der Arbeitnehmer erfolgt durch Mitgliedschaft in einem eigens hierfür gegründeten Verein oder in einer Gesellschaft bürgerlichen Rechts.

▶ **Kapitalbeteiligungsgesellschaft**

(Beteiligungsgesellschaft, Unternehmensbeteiligungsgesellschaft, Finanzierungsgesellschaft) Hierzu zählen i. w. S. die → Holding-Gesellschaft und → Investmentgesellschaft sowie i. e. S. die Finanzierungsgesellschaft. Zielsetzung ist die Zuführung von Eigenkapital (→ Beteiligungsfinanzierung) an mittelständische, nicht emissionsfähige Unternehmen, deren Fremdfinanzierungsmöglichkeiten durch eine zu geringe Eigenkapitaldecke und mangelnde bankmäßige Sicherheiten begrenzt sind. Durch eine Verbesserung der Kapitalversorgung sollen deren Wachstums- und Entwicklungsmöglichkeiten gefördert werden. Entsprechend dem Gründungsmotiv ist zwischen ertragswirtschaftlich und gemeinwirtschaftlich orientierten Gesellschaften zu unterscheiden. Kapitalgeber sind insbesondere Geschäftsbanken und Privatpersonen mit Ausnahme bei den öffentlich finanzierten Kapitalbeteiligungsgesellschaften. Von verschiedenen Kapitalbeteiligungsgesellschaften ist daran gedacht, bei genügend breitem Beteiligungsportefeuille Anteilscheine entsprechend dem Investmentprinzip durch einen „Unternehmensfond" beim Publikum zu platzieren (Beteiligungssparfonds, Partnerinvestmentgesellschaft).

Die Idee der Kapitalbeteiligungsgesellschaft hat durch das Konzept der Unternehmensbeteiligungsgesellschaft eine neue Variante erfahren. Nicht emissionsfähigen Unternehmen wird über die Beteiligung an Gesellschaften, die sich über die Börse refinanzieren, ein indirekter Zugang zum Kapitalmarkt eröffnet. Damit wird einmal den mittelständischen Unternehmen die Möglichkeit eröffnet Ihre Eigenkapitalbasis zu verbreitern, zum anderen soll durch die Möglichkeit vermögenswirksame Leistungen in Aktien einer Unternehmensbeteiligungsgesellschaft anzulegen die Beteiligung der Arbeitnehmer am Produktivvermögen gefördert werden. Rechtsform und Beteiligungsmöglichkeiten sind im Gesetz über Unternehmensbeteiligungsgesellschaften geregelt.

▶ **Kapitaldienst**

Zins- und Tilgungsdienst für aufgenommene Kredite.

▶ **Kapitalerhaltung** → Nominalprinzip

▶ **Kapitalerhöhung**

(Kapitalaufstockung)

(1) bei Unternehmen mit *variablem* Eigenkapital (Einzelunternehmung, Personengesellschaften): formlos durch unmittelbare Verbuchung auf dem Eigenkapitalkonto.

(a) *Einzelunternehmung:* Einzahlung von Mitteln aus dem Privatvermögen sowie durch Selbstfinanzierung. Außerdem ist die Kapitalerhöhung durch Aufnahme stiller Gesellschafter möglich, ohne dass hierdurch die Rechtsform geändert werden muss. Ansonsten bleibt nur die Möglichkeit der Umgründung.

(b) *OHG:* Einzahlungen von Mitteln aus den Privatvermögen der Gesellschafter, durch Selbstfinanzierung und/oder grundsätzliche Möglichkeit der Aufnahme neuer Gesellschafter. Allerdings erhöht sich bei zu großer Anzahl der Gesellschafter die Wahrscheinlichkeit intrapersoneller Konflikte bei der Ausübung der Führungsfunktionen.

(c) *KG:* Einzahlungen von Mitteln aus dem Privatvermögen des Komplementärs und durch Zahlungen der bisherigen Kommanditisten. Weiterhin durch Selbstfinanzierung sowie durch die Aufnahme eines weiteren Komplementärs sowie zusätzlicher Kommanditisten, die dann insgesamt entsprechende Zahlungen leisten. Da auch zwischen Komplementären leicht intrapersionelle Konflikte entstehen können, bleibt oft nur der Weg neue Kommanditisten zu gewinnen.

(2) bei Unternehmungen mit *festgelegtem Stamm- bzw. Grundkapital* (GmbH, AG, KGaA): gesetzlich geregelt.

(a) Aktiengesellschaft

- *Effektive* Kapitalerhöhung durch Ausgabe junger Aktien (Bilanzverlängerung): → Junge Aktien

  Die *ordentliche* Kapitalerhöhung begründet neue Mitgliedschaftsrechte, daher haben bisherige Aktionäre ein → Bezugsrecht) auf die jungen Aktien. Sie wird mit Dreiviertel-Mehrheit des vertretenen Grundkapitals oder, falls statuarisch davon abweichend festgelegt, mit entsprechender Mehrheit beschlossen. Unterpari-Emission junger Aktien (Ausgabe unter Nennwert) ist verboten. Das → Agio ist der gesetzlichen Rücklage zuzuweisen, nach neuem Bilanzrecht in die Kapitalrücklagen einzustellen.

  Die *bedingte* Kapitalerhöhung (Bezugsaktien) erfolgt nur unter bestimmten Bedingungen, wie Ausgabe von → Wandelanleihen oder Bezugsrechtsobligationen (→ Optionsanleihe, → Optionsgenuss-Schein), zur Vorbereitung einer Fusion mehrerer Unternehmen mit dem Ziel den alten Aktionären zukünftig den gleichen Beteiligungsanteil zu sichern (Aktionäre der aufzunehmenden Gesellschaft werden abgefunden) sowie zur Gewährung von Bezugsrechten an Arbeitnehmer (Erfolgsbeteiligung, → Belegschaftsaktien). Der Nennbetrag des bedingten Kapitals darf die Hälfte des Grundkapitals nicht übersteigen. Bedingtes Kapital ist in der Bilanz zu vermerken (§ 152 Abs. 1 AktG).

  Das *genehmigte* (autorisierte) Kapital dient der kurzfristig notwendigen Außenfinanzierung durch Emission neuer Aktien und der Ausgabe von Belegschaftsaktien; die Hauptversammlung ermächtigt den Vorstand zu einem späteren Zeitpunkt (aber innerhalb von höchstens fünf Jahren) das Grundkapital zu erhöhen. Die Außenfinanzierung mit Eigenkapital wird dadurch flexibler, da sie somit die optimale Kapitalmarktsituation unter Berücksichtigung des Finanzierungsvolumens ausnutzen kann. Das genehmigte Kapital darf die Hälfte des Grundkapitals nicht überschreiten.

- Kapitalerhöhung aus Gesellschaftsmitteln (Passivtausch). Das Grundkapital wird durch Ausgabe von → Gratisaktien berichtigt (Umwandlung offener Rücklagen im Grundkapital).Hier ist ein Finanzierungseffekt nicht gegeben.

(b) Gesellschaft mit beschränkter Haftung
Kapitalerhöhung: Das Stammkapital wird gegen Einzahlungen erhöht; kein genehmigtes Kapital und keine bedingte Kapitalerhöhung möglich.

▶ **Kapitalertragskraft** → Rentabilität

▶ **Kapitalflucht**

Legale oder illegale Verlagerung von Kapitalanlagen in andere(n) Staat(en). Die Motive hierfür sind:
- Steuerumgehung, die darauf abzielt, das Kapital in Niedrigsteuerländern anzulegen;
- Furcht vor drohendem Währungsverfall der inländischen Währung;
- Furcht vor politischen Risiken (Einschränkungen der Dispositionsfreiheit durch den Staat, z. B. Kapitalverkehrskontrollen, Aufhebung von Privilegien bei bestimmten Kapitalanlagen).

▶ **Kapitalflussrechnung** → Bewegungsbilanz, → Funds Statement, → Cash Flow Statement

▶ **Kapitalfreisetzungseffekt**

(Quasifinanzierung, Finanzierung durch Abschreibungen) Werden Abschreibungen über den Preis vergütet, fließen dem Unternehmen die Abschreibungsgegenwerte in Form liquider Mittel zu. Damit findet ein Desinvestitionsprozess seinen Abschluss: partielle Verflüssigung des Anlagevermögens (Vermögensumschichtung). Da im Regelfall nicht alle Abschreibungsgegenwerte sofort zur Reinvestition benötigt werden, stehen sie somit der Unternehmung zeitlich begrenzt zur Finanzierung anderer Investitionen zur Verfügung. Der Umfang dieses Fonds wächst mit der Anlagenintensität und der Länge der Anlagennutzungsdauer. Die Höhe des Fonds wird weiterhin durch das gewählte Abschreibungsverfahren beeinflusst (bei degressiver Abschreibung wird während der Anfangsphase im Gegensatz zur linearen Abschreibung mehr Kapital freigesetzt).

Die Höhe des freigesetzten Kapitals richtet sich somit nach der Anzahl der Anlagengegenstände und dem durch sie gebundenen Kapital, der Anlagen-nutzungsdauer sowie dem Abschreibungsverfahren. Unter bestimmten Bedingungen kann über die temporäre Freisetzung hinaus eine dauerhafte Kapitalfreisetzung erreicht werden, nämlich dann, wenn mehrere (gleichartige) Anlagegüter mit unterschiedlichsten nacheinander gelagerten Reinvestitionszeitpunkten vorhanden sind.

Die freigesetzten Mittel können entweder zur Finanzierung zusätzlicher Kapazitäten (→ Kapazitätserweiterungseffekt) oder für andere Investitionsvorhaben eingesetzt werden. Es bietet sich aber auch die Möglichkeit die freigesetzten Mittel im Rahmen des Gesamtinvestitionsvorhabens sofort wieder einzusetzen. Der dann eintretende Effekt bewirkt einen insgesamt niedrigeren Kapitalbedarf und folglich auch ein niedrigeres Finanzierungsvolumen für das gesamte Investitionsprojekt.

Bei dem Kapitalfreisetzungseffekt handelt es sich somit um eine Quasifinanzierung (Finanzierungsersatzmaßnahme), da der Unternehmung kein neues (zusätzliches) Kapital von außen zufließt. Es erfolgt lediglich eine Vermögensumschichtung (Aktivtausch, → Innenfinanzierung (4)). Die Finanzierungswirkungen beruhen lediglich darauf, dass über entsprechenden Umsatz erwirtschaftete Abschreibungen liquide Mittel in die Unternehmung (zurück-)fließen, die durch Gewinnminderung im Unternehmen verbleiben. Steuerlich zugelassener Ausgangswert ist der Anschaffungswert (ohne Rücksicht auf Wiederbeschaffungskosten).

Beispiel:
Eine Unternehmung investiert zu drei aufeinander folgenden Zeitpunkten je 6000 DM in eine Maschine. Die Abschreibung erfolgt linear über einen Zeitraum von drei Jahren. Die jährliche Abschreibung beträgt somit 2000 DM. Die Investitionsmittel werden vollständig mit Eigenkapital finan-

ziert. Nach vollständiger Abschreibung der Maschinen erfolgt jeweils die Reinvestition in eine neue Anlage. Mit dem Ende des zweiten Jahres wird eine dauerhafte Kapitalfreisetzung in Höhe von 6000 DM erreicht. Vgl. hierzu die nachstehende tabellarische Darstellung.

Maschine \ Jahr (Ende)	Kapazitäts-aufbauphase			Reinvestitionsphase			
	1	2	3	4	5	6	7
1	2000	2000	2000	2000	2000	2000	2000
2		2000	2000	2000	2000	2000	2000
3			2000	2000	2000	2000	2000
Jahresabschreibung insgesamt	2000	4000	6000	6000	6000	6000	6000
Jahresabschreibungen kumuliert	2000	6000	12000	12000	12000	12000	12000
./. Ersatzinvestition			6000	6000	6000	6000	6000
Kapitelfreisetzung	2000	6000	6000	6000	6000	6000	6000

▶ **Kapitalgeber**

Alle natürlichen und juristischen Personen (Eigentümer, Lieferanten, Abnehmer, Arbeitnehmer, Banken, Versicherungen, Kapitalbeteiligungsgesellschaften), die der Unternehmung Eigen- oder Fremdkapital befristet oder unbefristet zur Verfügung stellen.

Auch die öffentliche Hand kann mittels Steuerstundung, Darlehensgewährung, Subvention oder Bürgschaft als Kapitalgeber auftreten.

▶ **Kapitalgesellschaft**

Unternehmung, bei der im – Gegensatz zur Personengesellschaft – die Haftung der Gesellschafter auf die Kapitaleinlage (Beteiligungssumme) beschränkt ist (keine persönliche Haftung). Die Mitgliedschaft ist nicht auf eine persönliche Mitarbeit zugeschnitten. Die Kapitalgesellschaft ist eine juristische Person, hat also eine eigene Rechtsfähigkeit und fixes Nominalkapital; die Fungibilität der Kapi-

talanteile ist bei entsprechender Verbriefung (Aktien) und Börseneinführung u. U. sehr hoch, bei GmbH-Anteilen i. d. R. sehr gering.
Die Kapitalaufnahme am Kapitalmarkt setzt Emissionsfähigkeit voraus, die nur bei einem relativ kleinen Teil der Aktiengesellschaften
gegeben ist. Schwierigkeiten gibt es bei kleineren Aktiengesellschaften (aber: → Geregelter Markt) und Gesellschaften mit beschränkter
Haftung.

Typische Kapitalgesellschaften sind die Aktiengesellschaft und die
Gesellschaft mit beschränkter Haftung.

▶ **Kapitalherabsetzung**

Führt zur Verminderung des Eigenkapitals bzw. bei Kapitalgesellschaften zur Herabsetzung des Grund- bzw. Stammkapitals. Die
Möglichkeiten hierzu sind rechtsformspezifischer Natur.

(1) Kapitalgesellschaften

    (a) Gesellschaft mit beschränkter Haftung:

- Eine Kapitalherabsetzung zulasten von Rücklagen erfolgt
  durch Umwandlung und Auszahlung auf Basis eines Ge-
  sellschafterbeschlusses.
- Eine Kapitalherabsetzung durch Verminderung des
  Stammkapitals ist nur auf Grund eines entsprechenden
  Beschlusses der Gesellschafterversammlung (§ 47
  GmbHG) möglich; dreimalige Bekanntmachung in den
  Gesellschaftsblättern; Befriedigung derjenigen Gläubiger,
  die mit diesem Beschluss nicht einverstanden sind (§ 58
  GmbHG); Registeranmeldung des Kapitalherabset-
  zungsbeschlusses ist erst ein Jahr nach der dritten öffent-
  lichen Bekanntmachung möglich. Zahlungen können
  erst nach Registereintragung erfolgen.

    (b) Aktiengesellschaft: Eine Kapitalherabsetzung kann in drei
unterschiedlichen Formen auf der Basis eines Hauptversammlungsbeschlusses mit Dreiviertelmehrheit vorgenommen werden.

- Mit der ordentlichen Kapitalherabsetzung gem. §§ 222–
  228 AktG ist eine Teilliquidation verbunden. Neben der
  Dreiviertelmehrheit im Hauptversammlungsbeschluss ist

ihr Zweck anzugeben. Der Hauptversammlungsbeschluss ist dem Handelsregister zur Eintragung anzumelden. Erst mit der Eintragung gilt das Grundkapital als herabgesetzt. Die Kapitalherabsetzung hat grundsätzlich durch Herabsetzung des Aktiennennbetrages (Herabstempelung) zu erfolgen. Eine Ausnahme hiervon wird dann notwendig, wenn durch die Herabstempelung der Mindestnennbetrag unter € 1 sinken würde. In diesem Falle findet das Verfahren der Aktienzusammenlegung Anwendung.

- Die vereinfachte Kapitalherabsetzung gem. §§ 239–236 AktG dient der Sanierung, weswegen bei ihr keine Rückzahlung von Eigenkapital erfolgt.
- Die Kapitalherabsetzung durch Einziehung von Aktien gem. §§ 237–239 AktG kennt zwei Verfahren:
Einziehung nach Erwerb von eigenen Aktien;
Zwangseinziehung; diese ist aber nur erlaubt wenn sie in der ursprünglichen Satzung oder durch Satzungsänderung vor Übernahme oder Zeichnung von Aktien angeordnet oder gestattet war.
Bei Einziehung sind die Vorschriften über die ordentliche Kapitalherabsetzung gem. § 222 AktG zu befolgen. Dies gilt nicht, wenn Aktien, auf die der volle Nennbetrag oder der höhere Ausgabebetrag geleistet ist entweder der Gesellschaft unentgeltlich zur Verfügung gestellt oder zulasten des Bilanzgewinns oder einer anderen Gewinnrücklage eingezogen werden. In die Kapitalrücklage ist in diesen Fällen ein Betrag einzustellen, der insgesamt dem Nennbetrag der eingezogenen Aktien entspricht. Abweichend von den Vorschriften des § 222 (1) AktG kann in diesen Fällen die Hauptversammlung gem. § 237 (4) AktG die Kapitalherabsetzung mit einfacher Mehrheit beschließen.

(2) Personengesellschaften

    (a) Einzelunternehmung: Kapitalherabsetzung durch Gewinn- oder Privatentnahmen und bei realisierten Verlusten problemlos möglich;

(b) OHG: ähnlich wie bei der Einzelunternehmung. Allerdings können die Gesellschafter gem. § 122 HGB Privatentnahmen lediglich in Höhe von 4% ihres Kapitalanteils plus – soweit dies nicht zum Schaden der Gesellschaft gereicht – den diesen Betrag übersteigenden Anteil am Gewinn entnehmen. Jede weitere Entnahme bedarf eines Gesellschafterbeschlusses.

(c) KG: Für Komplementäre gilt die gleiche Regelung wie bei der OHG. Kommanditisten können nur Gewinnanteil – und diesen auch nur nach voller Leistung ihrer Kapitaleinlage – entnehmen. Über die Gewinneinlage hinaus kann lediglich eine Kapitalentnahme über die Herabsetzung der Kapitaleinlage erfolgen. Hierzu ist ein Gesellschafterbeschluss sowie seine Eintragung in das Handelsregister notwendig.

▶ **Kapitalintensität**

Menge des Kapitalstocks je Arbeitseinheit. Sie definiert somit die Kapitalausstattung je Arbeitsplatz.

▶ **Kapitalisierung**

(1) Berechnung des Gegenwartswertes wiederkehrender künftiger Zahlungen durch deren Diskontierung (→ Abzinsung);

(2) Synonym für → Börsenkapitalisierung.

▶ **Kapitalkoeffizient**

Quotient aus jahresdurchschnittlichem Bruttoanlagvermögen und Bruttowertschöpfung eines Jahres.

▶ **Kapitalkosten** → Finanzierungskosten

▶ **Kapitalmarkt**

Markt für mittel- und langfristiges Kapital (Beteiligungen; Aktien: Aktienmarkt; Kredite; festverzinsliche Wertpapiere, z. B. Anleihen, Hypothekenpfandbriefe: Rentenmarkt sowie andere Anlageformen).

Teile des Kapitalmarktes, die durch staatliche Regulierungen sowie Überwachung geprägt sind, werden als „Weißer Kapitalmarkt" bezeichnet, während der „Graue Kapitalmarkt" durch Nicht-Regulierung geprägt ist. Zu den hier möglichen Anlageformen vgl.: → Grauer Kapitalmarkt.

Der Handel von → Effekten erfolgt an Wertpapierbörsen (organisierter Kapitalmarkt) oder am freien (nicht organisierten) Kapitalmarkt, der Handel von → Wertpapieren, denen die Effekteneigenschaft fehlt, erfolgt am freien (nicht organisierten) Kapitalmarkt.

▶ **Kapitalmarkteffizienz**

Terminus, der grundsätzlich in zweifacher Hinsicht Anwendung findet. Danach zielt die Begriffsintention auf

(1) die Funktionseffizienz des Marktes. Sie kann erst dann optimiert werden, wenn vorhandene strukturhemmende Einflussfaktoren (z. B. bestimmte fixe Gebühren, Kommissionen etc.) beseitigt werden, wodurch der Markt auf ein höheres Wettbewerbsniveau angehoben werden kann.

(2) die Effizienz der Verarbeitung der Informationen an Kapitalmärkten. Diese Ausrichtung ist vor dem Hintergrund zu sehen, dass die Qualität der erhaltenen Informationen und ihre anschließende Verarbeitung die Wertpapierkursbildung entscheidend beeinflusst. Insofern geht es hier also um die Effizienz der Kursbildung. Danach ist ein Kapitalmarkt dann effizient, wenn sich in den Kursen der an diesem Markt gehandelten Wertpapiere zu jedem Zeitpunkt sämtliche Informationen spiegeln, die für die Kursbildung relevant sind. Hinsichtlich seiner (Informations-) Effizienzausprägung wird ein Kapitalmarkt als

• schwach effizient angesehen, wenn die Wertpapierkurse lediglich die vergangenheitsbezogenen Informationen vollständig einbeziehen;

• halbstreng effizient beurteilt, wenn angenommen wird, dass in den Wertpapierkursen sämtliche vergangenheitsbezogenen und aktuellen öffentlich zugänglichen Informationen enthalten sind;

• effizient angesehen, wenn über die zugänglichen öffentlichen Informationen hinaus auch sämtliche nicht-öffentliche Informationen in den Wertpapierkursen berücksichtigt wurden.

▶ **Kapitalmarktfloater**

Variante einer variabel verzinslichen Anleihe (→ Floating Rate Note), deren laufende Verzinsung jährlich an die Entwicklung eines langjährigen Renditeindices – in Deutschland REX-10 (Renditeindex für zehnjährige Bundesanleihen) – gekoppelt ist. Gegenteil: → Geldmarktfloater.

▶ **Kapitalmarktpapiere**

Wertpapiere aller Art, die am Kapitalmarkt gehandelt werden. Dies sind in erster Linie → Aktien und → Anleihen.

▶ **Kapitalmarktzins**

→ Zins für langfristige Geldanlagen auf dem → Kapitalmarkt.

▶ **Kapitalpreis**

Bezeichnung für Zinsen bzw. die → Finanzierungskosten (→ Fremdkapitalkosten, → Eigenkapitalkosten).

▶ **Kapitalproduktivität**

Verhältnis von Produktmenge (Produktionswert) zu einer Kapitaleinheit. Die Kapitalproduktivität zielt auf die mengenmäßige Ergiebigkeit des eingesetzten Kapitals ab. In der Tendenz ist sie sinkend, d. h., dass ein immer größer werdender Kapitaleinsatz zur Erstellung des gleichen Produktionsvolumens notwendig ist. Die Relation Investitionsaufwand zu Produktionsvolumen verschlechtert sich also.

▶ **Kapitalrentabilität** → Rentabilität

▶ **Kapitalrücklage**

Der Gesetzgeber unterscheidet grundsätzlich zwei Arten von Rücklagen. Es sind dies die Kapital- und die → Gewinnrücklagen.

Als Kapitalrücklagen sind gem. § 272 (2) HGB alle Beträge auszuweisen, die bei der Emission von Anteilen einschließlich von Bezugsanteilen über den Nennbetrag hinaus und bei der Ausgabe von → Anleihen für Wandlungs- und Optionsrechte zum Erwerb von Anteilen erzielt werden. Außerdem sind in die Kapitalrücklage einzustellen: die Beträge von Zuzahlungen, die Gesellschafter gegen Gewährung eines Vorzugs für ihre Anteile (→ Vorzugsaktien) leisten sowie sonstige Zuzahlungen der Gesellschafter in das Eigenkapital.

▶ **Kapitalsammelstellen**

Institutionen, bei denen sich durch freiwilliges Sparen oder Zwangssparen große Kapitalien ansammeln: Geschäftsbanken, Sparkassen, Bausparkassen, Investmentgesellschaften, Pensionsfonds, Versicherungen, Sozialversicherungsträger usw.

Sie haben, bedingt durch ihre großen Portefeuilles, einen erheblichen Einfluss auf die Entwicklungen der Geld- und Kapitalmarktkonditionen.

▶ **Kapitalseite der Bilanz** → Passivseite der Bilanz

▶ **Kapitalstruktur** → Finanzierungsziele, → Finanzierungsregeln

▶ **Kapitalstrukturregeln** → Finanzierungsregeln

▶ **Kapitaltheorie**

Finanzwirtschaftliche Entscheidungslogik, in der Gleichgewichts-Modelle konstruiert werden. Sie beschäftigt sich damit, wie unter bestimmten Prämissen auf Basis bestimmter Modellansätze Entscheidungen getroffen werden, die zu einer optimalen Unternehmensfinanzierung unter gleichzeitiger Berücksichtigung der optimalen Kapitalverwendung (Investition) führen.

Dabei existiert bislang kein in sich geschlossenes System einer Kapitaltheorie, sondern eine Vielzahl von Modellansätzen zu unterschiedlichen Teilaspekten, so z. B. Modelle zur Bestimmung des Kapitalvolumens (Modigliani-Miller-Theorem), Ausschüttungs- und Verschuldungsanalyse (*Gordon, Lintner*) etc.

Im Gegensatz zu älteren Modellansätzen heben neuere Ansätze die Prämisse des vollkommenen Marktes auf, berücksichtigen den Risikoaspekt im Rahmen der Investitions- und Finanzierungsentscheidungen und beziehen explizit spezifische alternative multipersonale Unternehmensziele mit ein.

Die Praktikabilität der (Entscheidungs-)Modelle ist allerdings gegenwärtig noch gering. Strittig ist z. B., welche Zielfunktionen in den Programmierungsmodellen für die Bestimmung der Höhe des Investitionsvolumens, der optimalen Zusammensetzung des Investitionsprogramms und optimalen Gestaltung des Finanzierungsprogramms (Kapitalstruktur) als Entscheidungsprämisse zu Grunde gelegt werden soll. Wie sollen die Interessenlagen der potenziellen Kapitalgeber berücksichtigt werden? Wie können nichtquantifizierbare Zielvorstellungen berücksichtigt werden? Zielkonflikte können nicht immer berücksichtigt werden. Auch bestimmte Verhaltensgrößen (Risikobereitschaft, Bonitätsvorstellungen usw.) potenzieller Kapitalgeber sind bislang nicht quantifizierbar und bleiben somit in den Modellen bislang unberücksichtigt.

▶ **Kapitalumschlag**

(Capital Turnover) Umschlagsgeschwindigkeit (-häufigkeit) des Kapitals (Gesamtkapitalumschlag) bzw. Vermögens pro Jahr, d. h. Grad der Nutzung des investierten Kapitals.

Ein Kapitalumschlag von 2 p. a. bedeutet, dass mit je 1 € Kapital 2 € Umsatz erzielt werden können. 1 € des Gesamtkapitals durchläuft zweimal p. a. den Kreislauf: Ausgabe – Eingang von Roh-, Hilfs- und Betriebsstoffen (RHB) – Produktion – Ausgang von Fertigerzeugnissen – Geldeingang. Der Kapitalumschlag ist eine wichtige Komponente zur Ermittlung des Kapitalbedarfs. Seine Erhöhung (Senkung) vermindert (erhöht) den → Kapitalbedarf der Unternehmung. Die Kapitalumschlagshäufigkeit beeinflusst zusammen mit der Umsatzgewinnrate die $\rightarrow$ Rentabilität des gesamten Kapitaleinsatzes.

$$\text{Gesamtvermögensumschlag} = \frac{\text{Jahresumsatz}}{C}$$

C = durchschnittliches investiertes Kapital (Gesamtkapital = Gesamtvermögen) oder umsatzbezogenes Kapital (ohne $\rightarrow$ Finanzanlagen). Betriebsfr.emde Vermögensteile werden ausgegliedert.

Teilvermögensumschläge:

$$\text{Debitorenumschlagshäufigkeit} = \frac{\text{Zieleinkauf}}{\varnothing \text{ Bestand an Forderungen}}$$

$$\text{Kreditorenumschlagshäufigkeit} = \frac{\text{Zieleinkauf}}{\varnothing \text{ Bestand an Verbindlichkeiten}}$$

$$\text{Lagerumschlagshäufigkeit} = \frac{\text{Jahresumsatz}}{\varnothing \text{ Lagerbestand}}$$

$$\text{RHB-Umschlagshäufikgeit} = \frac{\text{Verbrauch an RHB}}{\varnothing \text{ Bestand an RHB}}$$

Der durchschnittliche Bestand errechnet sich wie folgt:

$$\frac{\text{Anfangsbestand} + \text{Endbestand}}{2}$$

eine Erhöhung des Kapitalumschlags ($\rightarrow$ Kapitalumschlagsdauer) gelingt durch Senkung der Lagerbestände, Verkauf nicht ausgenutzter Anlagen, $\rightarrow$ Leasing, Beschleunigung des Debitorenumschlags, Beschleunigung des Fertigungsprozesses, Abbau von Eingangs-, Zwischen- und Endlagern, veränderte Abschreibungspolitik (z. B. Verkürzung der Abschreibungsfr.isten, degressive Abschreibungen, Sonderabschreibungen), Anhebung des Mengenumsatzes. Als Effekt fließt investiertes Kapital (Anlage- und Umlaufvermögen) schneller zurück. Dies hat positiven Einfluss auf:
- Rentabilität: kann steigen, schneller wenn z. B. freigesetzte Mittel aus dem Umsatzprozess ausscheiden und die Kapitalbasis sinkt

(Rückzahlung von Verbindlichkeiten oder wenn der Umsatz bei gleich bleibendem Kapitaleinsatz erhöht wird);

- Liquidität: Liquiditätsverbesserung, wenn freigesetzte Mittel nicht aus dem Umlauf ausscheiden, sondern dem Liquiditätsfonds zugeführt werden;
- Elastizität i. S. der raschen Anpassungsfähigkeit: erhöht sich;
- Kapitalbedarf: sinkt;
- Risiko der Kapitalgeber: vermindert sich, da die Kapitalbindungsfrist reduziert wird.

▶ **Kapitalumschlagsdauer**

(Prozessgeschwindigkeit) reziproker Wert der Kapitalbindungsdauer. Die Kapitalumschlagdauer bezeichnet die Geschwindigkeit des betrieblichen Umsatzprozesses im leistungswirtschaftlichen Bereich (Beschaffung, Fertigung, Absatz) und finanzwirtschaftlichen Bereich der Unternehmung. Ihre Erhöhung (Senkung) gelingt im leistungswirtschaftlichen Bereich durch Verkürzung (Verlängerung) der Lagerdauerzeiten bei den Eingangs-, Zwischen-, Endlagern und Verkürzung (Verlängerung) der Fertigungsprozesse. Eine Erhöhung (Senkung) im finanzwirtschaftlichen Bereich wird bewirkt durch: Verminderung (Erhöhung) der → Debitorenumschlagsdauer und Erhöhung (Senkung) der → Kreditorenumschlagsdauer.

Grundsätzlich wird die Unternehmung bemüht sein die Prozessgeschwindigkeit in der Richtung zu variieren, dass sich die Kapitalbindungsdauer je Prozess verkürzt, da dann ein entsprechender → Kapitalfreisetzungseffekt eintritt. Ein Geschäftsvolumen in der bisherigen Größenordnung kann dann mit einem geringeren Kapitaleinsatz finanziert werden. Inwieweit hierdurch das Liquiditäts- und Rentabilitätsstreben miteinander in Konflikt geraten, ist im Einzelfall zu prüfen.

▶ **Kapitalverkehrssteuern**

Unter diesem Terminus wurden die inzwischen abgeschafften Gesellschafts- und Börsenumsatzsteuer subsumiert.

▶ **Kapital-Vermögensstrukturregeln** → Finanzierungsregeln

▶ **Kapitalverwässerung**

Tritt bei der Aktiengesellschaft bei einer Grundkapitalerhöhung dann ein, wenn nicht im gleichen Verhältnis der Unternehmenswert dem erhöhten Grundkapital angepasst wird (→ Kapitalerhöhung). Kapitalverwässung ist somit immer dann gegeben, wenn → Gratisaktien (Passivtausch) ausgegeben werden oder die Emission von → jungen Aktien unter Börsenkurs der alten Aktien erfolgt. Hierdurch sinkt somit der Kurs der alten Aktie (→ Leichtermachen).

Beispiel:
Börsenkurs der alten Aktien 80 €, Emissionskurs (Bezugskurs) der jungen Aktien 30 €; Bezugsverhältnis 6:1. Neuer Durchschnittswert je Aktie 72,86 € (Berechnung: vgl. → Bezugsrecht). Der neue Kurs liegt somit um 7,14 € unter dem bisherigen Kurs (Wert der alten Aktien ist gesunken), womit die Verwässerung des Grundkapitals und je Aktie deutlich wird; die Substanzverminderung der alten Aktien ist eingetreten.

Kapitalverwässerung tritt auch bei der Ausgabe der → Gratisaktien auf (Umwandlung von Rücklagen in Grundkapital; Passivtausch): Die Erhöhung des nominellen Grundkapitals erfolgt ohne effektiven Mittelzufluss. Je Aktie bzw. je € Grundkapital wird nach der Kapitalerhöhung eine geringere Substanz repräsentiert.

Kapitalverwässerung erhält man auch, wenn neue Aktien einer anderen Gattung (z. B. stimmrechtslose → Vorzugsaktien) zu einem unter dem Kurs der Stammaktien liegenden Wert aber mit gleichen Gewinnrechten wie diese ausgegeben werden.

Eventuell tritt sie auch bei der Emission von → Wandelanleihen ein, sofern die Wandelobligationäre von ihrem Umtauschrecht Gebrauch machen.

Ein geldlicher Ausgleich des durch Kapitalverwässerung eingetretenen Verlusts erfolgt i. d. R. in begrenztem Umfang durch die Gewährung eines → Bezugsrechts.

▶ **Kapitalverwässerungsschutzklauseln**

Vertraglicher Vorbehalt, der einen oder mehrere Vertragspartner vor den Folgen einer → Kapitalverwässerung, die u.U. im Zuge einer → Kapitalerhöhung eintreten kann, schützen soll.

▶ **Kapitalwertmethode**

(Net Present Value Method) dynamisches Investitionsrechenverfahren. Ermittelt wird bei gegebenem Kalkulationszinsfuß der Kapitalwert Co einer Investition. Er errechnet sich aus den auf einen Bezugszeitpunkt abgezinsten Rückflüssen (Ein- und Auszahlungen) einer Investition, vermindert um ihre Anschaffungsauszahlungen.

$$C_o = -I_0 + \sum_{t=1}^{n} R_t \cdot q^{-t}$$

C_0 = Kapitalwert,

R_t = Rückfluss (Einzahlungs- oder Auszahlungsrückfluss) in der Periode t,

q^{-t} = Abzinsungsfaktor der Periode t mit q = 1 + i,

I_o = Auszahlung zur Anschaffung der Investition in t_o.

Das Vorteilhaftigkeitskriterium für eine einzelne Investition (absolute Vorteilhaftigkeit) besagt, dass bei gegebenem Kalkulationszinsfuß Co $\geq$ sein muss. Eine Investition ist somit vorteilhaft (unvorteilhaft) bei positivem (negativem) Kapitalwert C_o.

Beispiel: Investition mit einer Anschaffungsauszahlung von 50 000 €; Rückflüsse (in €) in den Perioden $t_1 - t_4$: t_1: 17 200, t_2: 17 500, t_3: 17 500, t_4: 16 500. Bei einem Kalkulationszins von i = 0,12 errechnet sich ein C_o = 2250,23 € (vgl. Tab.).

Die Höhe des Kalkulationszinsfußes richtet sich i. d. R. an den Finanzierungskosten oder am Kapitalmarktzins für alternative Kapitalanlagen (jeweils untere Grenze) aus.

Jahr (Periodenende)	Rückflüsse (Zeitwert)	Abzinsungsfaktor i = 0,12	Barwerte der Periodenrückflüsse
1	17.200	0,89286	15.357,14
2	17.500	0,79719	13.950,89
3	17.500	0,71178	12.456,15
4	16.500	0,63552	10.486,05
Barwerte der Rückflüsse			52.250,23
Anschaffungsauszahlung I_0			–50.000,00
Kapitalwert C_0			2.250,23

▶ **Kapitalwiedergewinnungsfaktoren** → Wiedergewinnungs-faktoren

▶ **Kapitalwirtschaft**

Kann bei der Unternehmung in drei Sektoren unterteilt werden:
- Kapitalbeschaffung (klassische Finanzierung) ist die Beschaffung von Geldkapital (z. B. Bankkredite) auf dem Kreditmarkt. Der Kapitalnehmer ist zur Nutzung des beschafften Kapitals entsprechend den vertraglichen Vereinbarungen (Zahlung des vereinbarten Nutzungsentgelts etc.) berechtigt.
- Kapitalverwendung umfasst die Kapitaldisposition in Vermögenswerte (Investition) durch die Unternehmung.
- Kapitaltilgung bezieht sich auf die fristgerechte Rückzahlung des beschafften Kapitals.

▶ **Kappa** → Vega

▶ **Kartoffelfuture**

(WTB-Kartoffel-Future) standardisierter Terminkontrakt (Future) auf Kartoffeln der an der Warenterminbörse in Hannover auf vorwiegend fest kochende Speisekartoffeln der auf Basis der EU-Normen festgesetzten Handelsklasse 1 gehandelt wird.

▶ **Kassageschäft**

(Kassengeschäft) Ausdruck für → Börsengeschäfte, deren Merkmal eine kurzfristige Erfüllung (Lieferung, Abnahme und Bezahlung) ist. Bei Kassageschäften in Wertpapieren hat z. B. die Zahlung des Kaufpreises bei Lieferung zu erfolgen (Gegensatz: → Termingeschäft).

▶ **Kassahandel**

Börsenhandel, bei welchem sämtliche Geschäfte (Kassageschäfte) mit sofortiger (in Deutschland zweitägiger) Erfüllung am Kassamarkt abgewickelt werden. Der Kassahandel erfolgt in den Marktsegmenten → Einheitsmarkt sowie im →Variablen Handel. Die

Handelszeiten im Kassamarkt sind börsentäglich an der Frankfurter Wertpapierbörse für deutsche Aktien und Optionsscheine von 9.00 Uhr bis 20.00 Uhr. Die Kassakurse auf dem Parkett werden um 12.00 Uhr festgestellt, die untertägigen Auktionen finden in → XETRA um 13.00 Uhr und 17.30 Uhr statt. Im Gegensatz zum Kassahandel erfolgt im Terminhandel (→ Terminmarkt) die Erfüllung zu einem späteren Zeitpunkt. Vgl. → Handelszeiten.

▶ Kassakurs

(1) Börsenkurs bei → Kassageschäften (→ Einheitskurs).
(2) Preis für eine Währung, die innerhalb zweier Tage nach Geschäftsabschluss geliefert bzw. beschafft wird

▶ Kassamarkt

→ Kassahandel. Gegensatz: → Terminmarkt.

▶ Kassa-Order

Börsenauftrag, der noch am gleichen Tag zur Ausführung gelangen soll.

▶ Kassenhaltung

Kasse besteht aus Bargeld und Sichtguthaben auf Konten bei Banken und Postgiroämtern. Der Umfang der Kassenhaltung ist abhängig vom Liquiditätsstreben (i. S. der Zahlungsfähigkeit) der Unternehmensleitung. Er wird somit zunächst durch die Höhe der Ein- und Auszahlungsströme, die für einen bestimmten Zeitraum (möglichst kurz) prognostiziert werden, bestimmt. Berücksichtigt werden weiterhin mögliche Abweichungen von den Erwartungen über Zahlungseingänge und Zahlungsverpflichtungen. Die Unternehmensleitung wird im Rahmen der Kassenhaltungspolitik versuchen die Kassenhaltung so zu gestalten, dass die laufenden Zahlungsverpflichtungen termingerecht im vollen Umfang bei gleichzeitiger Minimierung des negativen Rentabilitätseffekts geleistet werden.

Die Literatur schlägt die Lösung des Problems mithilfe unterschiedlicher Kassenhaltungsmodelle vor (*Baumol*-Modell; *Bera-*

nek-Modell; Modell *Miller-Orr*). Diese können aber aus verschiedenen Gründen nicht vollständig überzeugen.

▶ **Kassenobligationen**

Inhaberschuldverschreibungen mit mittlerer Laufzeit und hoher Stückelung. Sie werden in Deutschland durch den Bund und die Ländern emittiert. Ausstattung: feste Verzinsung, Tilgung in einem Betrag. Variante: → variable Kassenobligation. Die Laufzeiten der Titel bewegen sich im Spektrum 1 – 8 Jahre. Kassenobligationen sind börsennotiert und werden im Geregelten Markt gehandelt. Die Titel sind mündelsicher, deckungsstockfähig und pensionsfähig.

▶ **Kassenschein** → Kassenobligationen

▶ **Kassenverein** → Wertpapiersammelbank

▶ **Kategorie-1-Sicherheiten** → Refinanzierungsfähige Sicherheiten

▶ **Kategorie-2-Sicherheiten** → Refinanzierungsfähige Sicherheiten

▶ **Kaufoption**

(Call Option) Option, die ihren Erwerber berechtigt, aber nicht verpflichtet innerhalb einer bestimmten Frist oder zu einem bestimmten Zeitpunkt vom Verkäufer die Lieferung des → Basisobjekts zum → Basispreis zu erwerben.

▶ **Kaufsignal**

In der Chartanalyse üblicher Begriff. Ein Kaufsignal gibt dem Chartanalytiker (Chartanalyse, → Charts) einen Hinweis zum Erwerb des betreffenden Wertpapiers. Gegenteil: → Verkaufssignal.

▶ **Kautionseffekten**

Eigene Effekten einer Bank, die diese zur Sicherstellung einer Vertragserfüllungsverpflichtung, die ihr Kunde gegenüber einer Behörde eingegangen ist, bei dieser Behörde hinterlegt.

▶ **Kautionswechsel** → Schuldwechsel

▶ **KCV** → Kurs-Cash Flow-Verhältnis

▶ **Kennzahlen, finanzwirtschaftliche**

Standardkennzahlen, die im Rahmen der finanzwirtschaftlichen →
Kennzahlenanalyse Anwendung finden und bestimmte Analysefel-
der abdecken sollen. Ihre Anwendung erfolgt i. d. R. in einem
mehrperiodischen Unternehmens- und Branchenvergleich.

Basismaterial sind die Bilanz und GuV für die jeweils einbezogenen zurückliegenden Perioden sowie Planbilanzen für Prognose-
zwecke. Zur Verbesserung der Aussagefähigkeit müssen die einzelnen Kennzahlen weiter aufgeschlüsselt oder andere Kennzahlen zu
Erklärungszwecken herangezogen werden.

Die Aussagefähigkeit einer Analyse mithilfe von Kennzahlen erhöht sich durch die Anwendung von Kennzahlensystemen. Denn
die den Systemen inhärente Systematik schließt jegliche Willkür im
Hinblick auf die Einbeziehung oder Nichteinbeziehung von Kennzahlen im Rahmen einer Analyse aus.

Die bislang existierenden Systeme können in zwei Kategorien
eingeordnet werden:

• logisch-deduktive Systeme (z. B. Du Pont-System) und
• empirisch-induktive Systeme (z. B. Beaver).

Bislang konnte aber keines der Systeme überzeugen. Eine Theorie
als Basis für ein logisch-deduktives Kennzahlensystem, welches eine
Insolvenz- bzw. eine Nicht-Insolvenzprognose zulässt, existiert bis
dato noch nicht.

Die empirisch-induktiven Systeme sind zu wenig getestet, gelten
i. d. R. nur für bestimmte Branchen in bestimmten Ländern und
halten wissenschaftstheoretischen Kriterien nicht stand.

▶ **Kennzahlenanalyse, finanzwirtschaftliche**

Verfahren, welches mithilfe von finanzwirtschaftlichen → Kennzahlen in gewissen Grenzen eine Unternehmensanalyse erlaubt. Die
Basisdaten liefert einerseits das Rechnungswesen der Unterneh-

mung. Da eine Kennzahlenanalyse nur vor dem Hintergrund der Branchen- sowie der gesamtwirtschaftlichen Entwicklung sinnvoll ist, wird zusätzlich eine Fülle von unternehmensexternen Daten in die Analyse einbezogen. Kennzahlenanalyse ist nur im mehrperiodischen Zeit-, Branchen- und Betriebsvergleich sinnvoll. Im Regelfall werden in erster Linie die Felder Rentabilität, Liquidität, Finanzierung, Aktivität und Investition abgedeckt.

Jede Kennzahlenanalyse ist allerdings von begrenztem Wert, da selbst die jüngsten Bilanz- und GuV-Daten im Analysezeitpunkt veraltet sind. Hinzu kommt, dass das Basismaterial durch die Bewertungsspielräume, welche das Handels- und Steuerrecht einräumen, u. U. stark manipuliert wird. Kennzahlenanalyse sollte unter Heranziehung eines Kennzahlensystems erfolgen, da eine willkürliche Auswahl einzelner Kennzahlen eine gewisse Manipulationsmöglichkeit eröffnet. Aber auch Kennzahlensysteme sind nicht vorbehaltlos anwendbar (→ Kennzahlen, finanzwirtschaftliche).

▶ **KGV** → Kurs-Gewinn-Verhältnis

▶ **KISS**

Abkürzung für das Kurs-Informations-Service-System der Frankfurter Wertpapierbörse. Das System erfasst und übermittelt seit dem 16. 9. 1987 in Echt-Zeit die Kurse aller an der Frankfurter Wertpapierbörse amtlich gehandelten → Aktien. Seit dem 4. 1. 1988 werden auch die der → Wandelanleihen, → Optionsanleihen und → Optionsscheine erfasst. Der Markt kann durch KISS vor der Kursfeststellung durch Anzeigen entsprechender Symbole auf stärkere Kursabweichungen, Rationierungen, Dividendenabschläge u. a. aufmerksam gemacht werden. Unmittelbar nach der Kursfeststellung gibt der Kursmakler über sein Eingabegerät den Kurs in das System ein. Ein Plausibilitätstest überprüft die Kurseingabe und weist den Makler auf stärkere Kursschwankungen hin. Diese werden überprüft und können bei Fehlern unmittelbar korrigiert werden. KISS informiert jeden Makler über die Titel seines Skontros und über Monitorgruppen im Aktien- und Rentensaal die Börsenbesucher über die Kursentwicklung der 100 meistgehandelten Aktien. Über weitere Bildschirme erfolgen Informationen über den Marktverlauf mit jeweils 14 Standard- oder Trendwerten. KISS errechnet (jede Minute neu) einen Laufindex (→ Deutscher Aktienindex), der sich aus den Kursen von 30 Aktien zusammensetzt und zeigt diesen an.

▶ **Kiwi Bonds**

In neuseeländische Dollar denominierte Euro-Anleihen.

▶ **Kleinaktie** → Minderaktie

▶ **Kleinaktionär**

Aktionär, der lediglich Aktien einer Unternehmung im geringen Umfang besitzt.

▶ **Kleine Aktiengesellschaft**

Mit dem 10. 8. 1994 ist das Gesetz für kleine Aktiengesellschaften in Kraft getreten. Damit wurde kein neuer Typus einer Aktiengesellschaft geschaffen, der auf Unternehmen mit geringem Umsatz, wenig Mitarbeitern oder/und geringer Ertragskraft zugeschnitten ist. Ausgerichtet ist die kleine Aktiengesellschaft auf Gesellschaften mit kleiner Zahl von Anteilseignern.Damit ging es darum auch andere Unternehmen und Mittelständler für die Rechtsform der Aktiengesellschaft zu interessieren. Im Ergebnis soll die kleine Aktiengesellschaft

(1) bei Neugründungen als Alternative zur GmbH,
(2) im Hinblick auf einen Rechtsformwechsel als Alternative zur GmbH

gesehen werden. Die Vorteile der kleinen Aktiengesellschaft liegen in erster Linie darin, dass eine Einpersonen-AG möglich ist; in der vereinfachten Gründungsprüfung; der Erweiterung der Satzungsautonomie hinsichtlich der Gewinnverwendung und der Ausgabe von Aktien(§10 Abs. 5 AktG); der Vereinfachung der Hauptversammlung(Einberufung,teilweiser Verzicht der Beurkundung);Erleichterung des Bezugsrechtsaus-schlusses, Ausschluss der Vorzugsaktionäre bei HV-Beschlüssen zur Kapitalerhöhung und -herabsetzung. Schließlich müssen bei kleinen AGs Arbeitnehmer auch dann nicht mehr im Aufsichtsräten beteiligt werden, wenn die Unternehmung unter 500 Beschäftigte hat.

▶ **Kleine Stücke**

Stücke einer Schuldverschreibung unter 500 € Nennwert. Hierfür erfolgt ggf. auf dem Kurszettel der Kurszusatz kl. St.

▶ **Kleinkredit**

Kredit zur Finanzierung von Konsumausgaben. Er wurde vor 15–20 Jahren i. d. R. bis zu einer Höhe von 2000 DM eingeräumt. Heute werden Kleinkredite i. d. R. mit höheren Beträgen herausgelegt. Die Tilgung und Zinszahlung erfolgt in monatlich gleich bleibenden Raten. Kleinkredite sind in Abhängigkeit von Kredithöhe und -laufzeit durch Gehaltsabtretung, Bürgschaft oder dinglich abgesichert.

▶ **Knapp behauptet**

Börsenüblicher Terminus für einen Kursverlauf, der das Niveau des Vortags – mit u. U. leichten Unterschreitungen – gehalten hat.

▶ **Knock out Feature**

Bezeichnung für eine Klausel in den Optionsbedingungen bei → Cash or Share Certificates. Danach erlischt das Tilgungsoptionsrecht des Emittenten auf Zahlung einer bestimmten Summe oder Lieferung von Titeln für den Fall, dass der Kurs des → Basisobjekts während einer bestimmten Periode einen bestimmten Wert überschreitet.

▶ **Knock out-Optionen**

(Barrier Options, Up/Out Options, Down/Out Options) Bezeichnung für an den Devisen- und Edelmetallmärkten verbreitete Call- oder Put-Optionsvarianten (sog. exotische Optionsvarianten), die grundsätzlich wie klassische Call- oder Put-Optionen funktionieren.

Im Gegensatz zu diesen erlöschen sie aber nicht nur am Ende der jeweiligen Laufzeit, sondern u. U. schon eher. Dieser Fall tritt dann ein, wenn der Preis (Kurs) des Basisgutes ein festgelegtes Niveau (Schwelle) erreicht bzw. unter- (Putvariante) oder überschreitet (Call-Variante).

▶ **Knock out-Optionsschein** → Optionsschein mit Zwangsauslösung

▶ **Körperschaftsteuer (KSt)**

Ertragsteuer auf das Einkommen inländischer juristischer Personen. Steuerpflichtige Körperschaften sind nach § 1 KStG: Kapitalgesellschaften, Erwerbs- und Wirtschaftsgenossenschaften, Versicherungsvereine a. G., gewerbliche Betriebe von juristischen Personen öffentlichen Rechts. Unbeschränkt steuerpflichtig (sämtliche Einkünfte) sind Unternehmen, die ihren Sitz oder Geschäftsleitung in der Bundesrepublik Deutschland haben.

Ausländische Körperschaften haben nur das inländische Einkommen zu versteuern (beschränkte Körperschaftsteuerpflicht gem. § 2 KStG).

Der Körperschaftsteuertarif beträgt gem. § 23 KStG im Regelfall 40% auf die thesaurierten Gewinne des zu versteuernden Einkommens. Bei Gewinnausschüttung sinkt der Tarif auf die Ausschüttungsbelastung von 30%.

Die Eigentümer haben die ausgeschütteten Gewinne der Einkommen- oder Körperschaftsteuer zu unterwerfen. Die bereits geleisteten und bescheinigten Körperschaftsteuerzahlungen werden dann bei der Berechnung der abschließenden Steuerschuld berücksichtigt (körperschaftsteuerliches Anrechnungsverfahren).

▶ **Kofinanzierung**

Gemeinsame Finanzierung von Großprojekten durch mehrere Kreditgeber.

▶ **Kombinierte Optionsstrategie**

Besteht aus einer Verknüpfung verschiedener Optionen. Sie dient dem Investor der Abbildung eines Risikoprofils, welches dem seiner Markteinschätzung entspricht. Die Konstruktion erfolgt grundsätzlich durch das gleichzeitige Eingehen zweier Terminpositionen. Diese beziehen sich auf den Gleichen → Basiswert. Die angestrebte Kombinationsstrategie wird durch die Zusammensetzung angebotener Grundstrategien (→ Long Call,→ Long Put, → Short Call und → Short Put) vollzogen und stellt durch Addition der jeweiligen Gewinn- und Verlustchancen der einzelnen Optionen das Gesamtrisikoprofil dar.

▶ **Kombiniertes Konsortial-/Tenderverfahren** → Fremdemission

▶ **Kombiniertes Übernahme- und Begebungskonsortium**

Form eines Emissionskonsortiums, welches die Elemente eines → Begebungs- und → Übernahmekonsortiums in sich vereinigt. D. h., dass das Konsortium eine Tranche einer Emission im Übernahmeverfahren (auf Rechnung und Risiko der Konsortialbanken), die andere Tranche einer Emission im Begebungsverfahren (reine Platzierung – im Regelfall bei den Altaktionären) übernimmt.

▶ **Kombizinsanleihe**

Anleihevariante, die durch die Kombination eines → Zerobonds (Nullkuponanleihe) und einer → Hochkuponanleihe entsteht. Der Konstruktionseffekt ist derart, dass der Investor während der ersten Jahre der Laufdauer keinerlei Verzinsung seiner Anlage erhält. Während der Schlussphase, die sich über mehrere Jahre erstreckt, werden dagegen hohe Zinszahlungen geleistet. Die Kurse von Kombizinsanleihen steigen demnach bis zum ersten Termin der Zinszahlungen und fallen dann bis zum Tilgungszeitpunkt auf das Niveau des Tilgungskurses.

▶ **Kommanditaktionär**

Bezeichnung für den Aktionär einer Kommanditgesellschaft auf Aktien. Seine Beteiligung beschränkt sich auf das in Aktien zerlegte Grundkapital der Gesellschaft. Er ist in seinen Rechten den Aktionären einer klassischen Aktiengesellschaft gleichgestellt und haftet nicht persönlich für die Verbindlichkeiten der Kommanditgesellschaft auf Aktien.

▶ **Kommanditgesellschaft (KG)**

Personengesellschaft, die mindestens zwei Gesellschafter hat. Davon haftet mindestens ein Gesellschafter mit seinem gesamten Vermögen für die Verbindlichkeiten der Gesellschaft (Komplementär). Mindestens ein zweiter Gesellschafter haftet bis zur Höhe seiner Kapitaleinlage (Kommanditist). Die Kommanditgesellschaft wird allgemein als Variante zur Offenen Handelsgesellschaft gesehen. Bei den Rechtsmerkmalen der Kommanditgesellschaft gem. §§ 161 – 171 HGB sind weiterhin neben den Vorschriften des OHG die Vorschriften für die BGB-Gesellschaft zu berücksichtigen.

▶ **Kommanditgesellschaft auf Aktien (KGaA)**

Ist als Kapitalgesellschaft (§§ 278 – 290 AktG) eine mit eigener Rechtspersönlichkeit ausgestattete juristische Person. Die KGaA verfügt über mindestens einen persönlich haftenden Gesellschaften (→ Komplementär), der den Gläubigern der Gesellschaft mit seinem gesamten Vermögen im vollen Umfang haftet. Die → Kommanditaktionäre haften mit ihren in Aktien verbrieften Einlagen.

▶ **Kommanditist**

Teilhaber einer Kommanditgesellschaft. Er haftet im Gegensatz zum → Komplementär nur begrenzt auf seine Einlage, wobei für die Haftungsbegrenzung die Eintragung in das Handelsregister maßgebend ist. Aktionäre von Kommanditgesellschaften auf Aktien werden als → Kommanditaktionäre bezeichnet.

▶ **Kommunalanleihe**

(Kommunalschuldverschreibung, → Öffentlicher Pfandbrief) Anleihe, die von Städten, Gemeinden und Gemeindeverbänden am Kapitalmarkt begeben wird (im Gegensatz zu Staatsanleihen stets genehmigungspflichtig). Als Sicherheit dienen Vermögen und Steuerkraft der Emittenten. Die Kommunalanleihe ist mündelsicher.

Werden von einer Hypothekenbank Kommunalschuldverschreibungen nach § 1 Nr. 2 HypBankG oder § 5 Abs. 1 Nr. 1 HypBankG emittiert, so sind auf diese Schuldverschreibungen und die ihnen zu Grunde liegenden Darlehensforderungen die Vorschriften des HypBankG mit der Maßgabe anzuwenden, dass an die Stelle der Hypothekenpfandbriefe die Kommunalschuldverschreibungen, an die Stelle der Pfandbriefgläubiger die Gläubiger der Kommunalschuldverschreibungen, an die Stelle der Hypotheken die Kommunaldarlehen und an die Stelle des Hypothekenregisters das Deckungsregister für die zur Deckung der Kommunalschuldverschreibungen bestimmten Kommunaldarlehen und Ersatzwerte treten.

Kommunalschuldverschreibungen dürfen auch unter der Bezeichnung „Öffentlicher Pfandbrief" emittiert werden.

▶ **Kommunaldarlehen**

Darlehen einer → Hypothekenbank an inländische Körperschaften und Anstalten des öffentlichen Rechts oder an Dritte gegen volle Gewährleistung durch eine solche Körperschaft oder Anstalt.

▶ **Kommunalobligation** → Öffentliche Pfandbriefe

▶ **Kommunalschuldverschreibung** → Kommunalanleihe,
→ Öffentliche Pfandbriefe

▶ **Kompensation**

Erledigung von Wertpapier-Kauf- oder Verkaufsaufträgen durch eine Bank, indem sie diese gegen ihr vorliegende gleichartige Gegenaufträge unter Umgehung der Börse verrechnet. Die Kompensationspraxis findet aber in Deutschland keine Anwendung, da sich die

Banken gem. AGB grundsätzlich dazu verpflichtet haben die Kundenaufträge über die Börse zu leiten. Ausgenommen hiervon sind Aufträge für die durch den Kunden anders lautende Aufträge gegeben werden.

▶ **Kompensationsgeschäft**

(Tauschgeschäft, derivatives → Switchgeschäft) Bezeichnung für Abwicklungen des Handelsverkehrs zwischen zwei Partnern auf der Basis Ware gegen Ware. Im internationalen Handel erreichen solche Geschäfte inzwischen nach Berechnungen der OECD eine Quote von 8–10%. Hauptursachen für das starke Anwachsen seit 1980 sind die internationale Schuldenkrise, protektionistische Importregelungen, mangelnde Absatzorganisation auf den relevanten Absatzmärkten, zu hohe Fertigungskapazitäten.

Formen:

(1) → Bartergeschäft: Wertgleicher Tausch von Waren oder/und Dienstleistungen zwischen zwei Partnern ohne Geldleistungen.

(2) Kompensationsgeschäft

  (a) Vollkompensation

  • Gegengeschäft: Der Verkäufer einer Ware verpflichtet sich die Gegenleistung nicht in Geldzahlungen aus dem Erlös der Ware sondern in wertgleichen Waren des Käufers zu akzeptieren. Das Gegengeschäft ist innerhalb eines bestimmten Zeitraums abzuwickeln.

  • Kompensationsgeschäft mit Rückkaufsvereinbarung (Rückkaufsgeschäfte, Buy back Agreement). Der Käufer erhält eine Fertigungsanlage schlüsselfertig montiert, Rohre für Gaspipeline etc. geliefert. Der Verkäufer verpflichtet sich zur Abnahme eines Teils der Produktion (z. B. Abnahme einer bestimmten Gasmenge) innerhalb eines künftigen Zeitraums.

  (b) Teilkompensation

  Der Lieferant verpflichtet sich Waren in einem bestimmten Prozentsatz des ursprünglichen Lieferwerts abzunehmen. Der Rest wird durch den Abnehmer in Valuta beglichen.

Die originären Switchgeschäfte (Finanzswitchgeschäfte) werden im Gegensatz zu den derivativen Switchgeschäften (Waren-), Barter-

oder Kompensationsgeschäften ohne Einschaltung eines Dritten abgewickelt.

▶ **Kompensationskurs** → Liquidationsauszahlungskurs

▶ **Komplementär**

Persönlich haftender Gesellschafter einer → Kommanditgesellschaft oder → Kommanditgesellschaft auf Aktien. Er haftet für die Verbindlichkeiten der Gesellschaft ohne Einschränkung mit seinem gesamten Vermögen. Als Komplementäre können natürliche oder juristische Personen fungieren.

▶ **Konditionalität**

Bindung von Neukrediten, die durch den IWF eingeräumt werden, an die Erfüllung, Einhaltung oder Verfolgung bestimmter gesamtwirtschaftlicher Zielsetzungen. Sie kann auch die Voraussetzung für den Zugang zu neuen Devisenkrediten durch Geschäftsbanken sein, da durch diese potenziellen Kreditnehmern die Einräumung neuer oder zusätzlicher Kredite von Erfüllung der Konditionalität abhängig machen.

▶ **Konditionen**

Beschreiben die Bedingungen, zu denen eine → Anleihe emittiert wird oder ein Kredit erhältlich ist. Hierzu gehören: Nominalzins, Laufdauer, Emissionskurs, Tilgungskurs, Tilgungsart, Freijahre.

▶ **Konkurs**

In der Konkursordnung (KO) geregeltes gerichtliches Verfahren, in dem alle Gläubiger anteilig (d. h. gleichmäßig, aber nur teilweise) durch → Zwangsvollstreckung in das gesamte Vermögen des Gemeinschuldners (Konkursmasse) befriedigt werden sollen.

Die Voraussetzung zur Einleitung eines Konkursverfahrens ist im Falle einer dauerhaft vermuteten Zahlungsunfähigkeit (Illiquidität) gem. § 102 (1) KO gegeben. Zahlungsunfähigkeit ist gem. § 102 (2) KO insbesondere dann anzunehmen, wenn Zahlungseinstellung erfolgt ist. Für Kapitalgesellschaften sowie sonstige juristische Personen und nicht rechtsfähige Vereine gilt als weiterer Konkursgrund ihre Überschuldung.

Der Konkurs kann durch ein Vergleichsverfahren abgewendet werden (Vergleich). Die Eröffnung des Konkurses erfolgt auf Antrag des Gemeinschuldners oder eines Konkursgläubigers vom Konkursgericht. Damit wird das Vermögen des Schuldners gem. § 6 KO dem Konkursverwalter unterstellt, der die Konkursmasse verwertet und nach Rang und Prozentsatz an die Konkursgläubiger verteilt. Die Konkursgläubiger haben gem. § 138 KO ihre Forderungen innerhalb eines bestimmten Zeitraums anzumelden.

Gläubiger, denen gem. §§ 47–51 KO ein Absonderungsrecht zusteht, sind aus der Konkursmasse vorab zu befriedigen. Aus der Konkursmasse sind Massekosten (gem. § 58 KO) und Masseschulden (gem. § 59 KO) zu bedienen. Die Rangordnung ergibt sich aus § 60 KO. Die restliche Konkursmasse wird gem. § 61 KO verteilt.

▶ **Konsolidation**

(Unifizierung) Zusammenfassung älterer → Anleihen zu einer neuen (konsolidierten) Gesamtanleihe mit günstigeren Bedingungen (z. B. niedrigerem Zinsfuß); gelegentlich auch als → Konsolidierung bezeichnet. Die einzelnen Abschnitte der Anleihe werden als → Consols bzw. Konsols (abgeleitet von consolidated stocks) bezeichnet.

▶ **Konsolidierte Gesamtanleihe** → Konsolidation

▶ **Konsolidierung**

(1) Umfinanzierung (Fundierung): Umwandlung kurzfristiger Verbindlichkeiten in langfristige, z. B. durch Ausgabe von Anleihen (fundierte oder konsolidierte Schulden oder Fundierungsanleihen), Aufnahme langfristiger Kredite, Passivtausch bei der → Kreditorenfinanzierung, Außenfinanzierung mit Eigenkapital.

(2) → Konsolidation.

▶ **Konsols** → Consols

▶ **Konsortialführerin**

(Book Runner) Kreditinstitut, welches im Rahmen eines → Emissionskonsortiums die Geschäftsführung und Vertretung übernimmt. Im Regelfall übernimmt die Konsortialführerin die größte Quote der Emission.

▶ **Konsortialgeschäft**

Trägt die Merkmale des Partizipationsgeschäfts (von zwei oder mehreren Personen oder Unternehmen gemeinsam durchgeführtes Geschäft mit bestimmter Verteilung der Haftung und des Erfolgs). Es ist meist im Bankgewerbe anzutreffen, wobei als Geschäfte i. d. R. Emissionsgeschäfte (→ Emissionskonsortium), Kreditvergaben (Konsortialkredit), Bürgschaftsübernahmen infrage kommen.

Die Konsortialführung wird (u. U. im jährlich wechselnden Turnus) durch ein beteiligtes Kreditinstitut übernommen. Der Konsortialführer führt das Konsortialkonto. Die Konsortialmitglieder sind anteilsmäßig am Gewinn und Verlust beteiligt. Der Konsortialführer erhält für seine Dienste eine ex ante vereinbarte Vergütung (Führungsprovision).

▶ **Konsortialnutzen**

Bezeichnung für die Vergütung (→ Bonifikation), welche die Emittentin an die Mitglieder eines Emissionskonsortiums zahlt.

▶ **Konsortialrisiko** → Kreditrisiko

▶ **Konsortialverfahren** → Fremdemission

▶ **Konsortialvergütung** → Konsortialnutzen

▶ **Konsortium**

Bei Bedarf gegründeter Zusammenschluss von Unternehmen zu einer Gesellschaft Bürgerlichen Rechts (§ 705 BGB), wie z. B. das Bankenkonsortium und dessen häufigste Erscheinung, das →

Emissionskonsortium. Das Konsortium ist eine Außengesellschaft. Die Vertretung gegenüber Dritten erfolgt durch einen zur Geschäftsführung berufenen Konsorten. Basis des Konsortiums ist ein formfreier Konsortialvertrag. Das Konsortium wird i. d. R. mit der Erreichung des gesetzten Ziels aufgelöst.

▶ **Konsumentenkredit**

(Konsumkredit, Konsumtivkredit, Anschaffungsdarlehen, Kleinkredit)Kredit, den Teilzahlungsbanken oder Universalbanken an wirtschaftlich Unselbstständige herausreichen. Er dient zur Finanzierung privaten Konsum (Kauf von Fahrzeugen, Möbeln, Gebrauchsgütern, Reisen). Die Laufzeit ist zumeist auf den Zeitraum sechs Monate bis vier Jahre ausgelegt:

- Kreditbetrag bis zu 10 000 €
- Haftung des Kreditnehmers: 30 Jahre
- Absicherung durch Lohnabtretung
- Konditionen: 0,4% – 1,0% pro Monat, bezogen auf die Lohnsumme.

▶ **Konsumentenkreditversicherung**

Versichert Darlehen (Kleinkredite, Anschaffungsdarlehen, Dispositionskredite an Gehalts- und Lohnempfänger, Risiken aus der Vergabe von Scheckkarten) der Geschäftsbanken, genossenschaftlichen Kreditinstitute und Sparkassen an private Kreditnehmer. Der Versicherungsfall ist gegeben, wenn die Zahlungsunfähigkeit des Schuldners und die aller eventuell Mitverpflichteten gegeben ist.

▶ **Konsumtivkredit** → Konsumentenkredit

▶ **Kontokorrent**

(Kontokorrentkonto, Girokonto) Bezeichnung für ein gem. §§ 355 ff. HGB geführtes Konto. Auf dem Kontokorrent schlagen sich alle Ansprüche und Leistungen einschließlich Zinsen laufend nieder. Mindestens einmal jährlich sind die gegenseitigen Ansprüche aufzurechnen (zu saldieren). Wird der Saldo von beiden Kontrahenten anerkannt, so wird er auf neue Rechnung vorgetragen. Damit sind die ursprünglichen Einzelforderungen untergegangen und können nicht mehr selbstständig eingeklagt, verpfändet oder abgetreten werden. Das Kontokorrentkonto dient i. d. R. zur Abwicklung aller Bankgeschäfte. Girokonten sind Kontokorrentkonten, die nur auf Guthabenbasis geführt werden.

▶ **Kontokorrentkredit**

(Buchkredit). Formale Grundlage ist die Existenz eines Kontokorrentkontos (→ Kontokorrent). Der Kreditnehmer erhält eine bestimmte Kreditlinie (Höchstgrenze für Kreditbeanspruchung) zugesagt. In der Regel gilt diese Zusage für drei bis sechs Monate, wird dann aber jeweils prolongiert. Dabei erfolgt die langfristige Zusage in der Erwartung, dass sich das Konto zumindest jeweils einmal während der Abrechnungsperiode „umschlägt", d. h. ein Kontostandswechsel erfolgt. Die Begründung für diese Forderung ist darin zu suchen, dass die Banken an einem Einfrieren von Kontokorrentkrediten nicht interessiert sind. Der Kontokorrentkredit eignet sich daher insbesondere als Saisonkredit, Überbrückungs- oder Zwischenkredit. Bei Überschreiten der Kreditlinie ohne vorherige Rücksprache mit der Bank entsteht im entsprechenden Umfang ein → Überziehungskredit.

Die Kreditbesicherung erfolgt i. d. R. durch → Bürgschaften, → Forderungsabtretungen, → Grundpfandrechte, → Sicherungsübereignungen, Verpfändungen von Waren oder Effekten.

Die Kredittilgung vollzieht sich über die Zahlungseingänge auf dem Kontokorrentkonto. Der Kontokorrentkredit ist somit ein sehr flexibles Finanzierungsinstrument. Die Kosten des Kontokorrentkredits errechnen sich auf Grund der jeweiligen Berechnungsmethode. Folgende Varianten sind denkbar:

(1) Nettozinssatz, der alle Preisbestandteile enthält und X-Prozentpunkte über einem vereinbarten Referenzzins liegt.

(2) Zusätzlich zum Nettozinssatz wird eine Bereitstellungsprovision erhoben.

(3) Sollzinssatz, der X-Prozentpunkte über einem vereinbarten Referenzzins liegt.Oder Sollzins, der einseitig ohne Bindung an

einen Referenzzins definiert und periodisch variiert wird. Zusätzlich wird eine Kreditprovision berechnet, die entweder dem Sollzins zugeschlagen oder auf Differenz zwischen Kreditlinie und in Anspruch genommenen Kredit oder auf den Spitzenbedarf der Abrechnungsperiode berechnet wird.

Wurde ein Überziehungskredit in Anspruch genommen, fällt die Überziehungsprovision in Höhe von ca. 1,55 bis 4,5 % p. a. an. Schließlich werden Kontoführungsgebühren und Porti berechnet. Die Wertstellung (Valutierung) beeinflusst u.U. zusätzlich die Kosten nicht unerheblich.

▶ **Kontrakt**

Bezeichnung für die Abschlusseinheit, die an Terminbörsen für Options- und Futuresgeschäfte vorgeschrieben ist. Die Kontraktspezifikationen sind bis auf den Preis des Kontrakts standardisiert. Festgelegt sind bei Futures- und Optionskontrakten somit folgende Größen: Menge und Qualität des Basiswerts sowie die Laufzeit. Bei Optionskontrakten ist außerdem die Angabe des Basispreises definiert.

▶ **Kontraktgröße**

Die vorgeschriebene Mindestgröße eines → Kontrakts ist für jeden Terminkontrakt gesondert festgelegt, wenn auch jede Terminbörse für Kontrakte verwandter Basiswerte möglichst gleichgroße Kontraktgrößen konstruiert.

▶ **Konversion**

(1) Konvertierung
(2) Conversion

▶ **Konversionsanleihe** → Konvertierung

▶ **Konvertibilität**

Berechtigung jederzeit inländische in ausländische → Währung und umgekehrt zum Zweck einmaliger oder laufender Transaktionen umzutauschen sowie Guthaben in beliebiger ausländischer Währung zu halten.

Volle Konvertibilität ist gegeben, wenn jede Person berechtigt ist jede beliebige Währung gegen eine andere zu tauschen, zu transferieren oder als Guthaben zu halten. Eingeschränkte Konvertibilität liegt vor, wenn entweder der zur Konvertibilität ermächtigte Personenkreis eingeschränkt ist (z. B. nur Exporteure und Importeure oder nur Inländer oder nur Ausländer) oder/und die Konvertibilität sich auf bestimmte Transaktionen beschränkt oder/und Guthaben in ausländischer Währung nicht gehalten werden dürfen.

▶ **Konvertierbare Schuldverschreibung** → Wandelanleihe

▶ **Konvertierung**

Auf Initiative eines Anleiheschuldners zurückgehende Änderung bestehender Anleihebedingungen (Zinsfuß, Laufzeit und/oder Tilgungsmodalitäten), durch die sich der Schuldner auf dem Kapitalmarkt entsprechend günstigere Konditionen verschaffen will. Jede Änderung von Anleihebedingungen sowie die Umwandlung einer alten in eine neue, sog. Konvertierungsanleihe, zu Gunsten des Schuldners ist rechtsstaatlich nur dann zulässig, wenn die zur Konversion vorgesehene Anleihe bereits nach den ursprünglichen Anleihebedingungen kündbar gewesen wäre. Mit der Kündigung bzw. Konvertierung stellt der Anleiheschuldner seine Gläubiger vor die Wahl, einer Zinsherabsetzung, einer Laufzeitveränderung und/oder einer Änderung des Tilgungsverfahrens zuzustimmen oder die bare Auszahlung des Tilgungsbetrages zu verlangen. Im Falle der Zustimmung zur Konvertierung nimmt der Gläubiger gegen Eintausch der alten Urkunden neue Anleihestücke entgegen.

Bekannteste Beispiele von Herabkonvertierungen sind die nichtrechtsstaatliche Zinssenkungsaktion 1935 und das Londoner Schuldenabkommen für die deutschen Auslandsschulden.

Eine Kündigung von Anleihen zum Zweck der Heraufkonvertierung wird die Schuldnerin u. U. dann vornehmen, wenn bei steigendem Zinsniveau der Anleihekurs extrem fällt.

Bei einigen Perpetual Floatern (Sonderformen der ewigen Renten) besteht u. U. die Möglichkeit der Konvertierung auf Initiative der

Anleihegläubiger. In diesem Falle können die Gläubiger den Umtausch ihrer Anleihestücke ohne Tilgungsverpflichtung in solche mit zeitlicher Begrenzung verlangen.

▶ **Konvexität** → Convexity

▶ **Konzern**

Nach Aktienrecht (§ 18 AktG) die Zusammenfassung zweier oder mehrerer rechtlich selbstständiger Unternehmen unter einheitlicher Leitung.

Konzernarten:

- Ein Unterordnungskonzern ist gegeben, wenn gem. § 17 (1) AktG auf ein abhängiges rechtlich selbstständiges Unternehmen ein anderes Unternehmen einen beherrschenden Einfluss ausüben kann.
- Von einem Gleichordnungskonzern spricht man, wenn gem. § 18 (1) AktG zwei rechtlich selbstständige Unternehmen, ohne dass ein Abhängigkeitsverhältnis besteht, unter einheitlicher Leitung zusammengefasst sind.

Ein Konzern ist zwar eine Unternehmung, die in mehrere rechtlich selbstständige Teile gegliedert ist, wirtschaftlich jedoch stellt er eine Einheit dar. Der Konzern verfügt im Gegensatz zu den einzelnen Konzernunternehmen nicht über eine eigene Rechtspersönlichkeit. Der Zusammenhalt erfolgt mittels Kapitalbeteiligung und auf Basis vertraglicher und statuarischer Bindungen. Dieses Instrumentarium ermöglicht die Willensdurchsetzung der Konzernführung.

Die Gründe zur Konzernbildung sind vielschichtig. Sie liegen in erster Linie im Streben nach besserer Marktdurchdringung, Diversifikation, Stärkung der Kapitalbasis, Realisierung von Synergieeffekten.

▶ **Konzernclearing**

Liquiditätsausgleich zwischen einzelnen Konzerngliedern, der i. d. R. von einer zentralen Finanzstelle (Konzernbank, Zentralfinanzabteilung) durchgeführt wird.

Der Vorteil des Konzernclearing liegt in der Möglichkeit der Liquiditätsoptimierung und damit in der Möglichkeit die Kassenhaltungsquote zu senken.

Ein dem Revolving-System ähnlicher Effekt ist beim Konzern-clearing insofern gegeben, als aus fortlaufend von der Konzernclearingstelle abzulösenden Kassenvorräten langfristig ausleihbare Mittel geschaffen werden können.

▶ **Konzertzeichnung** → Überzeichnung

▶ **Korbindex-Konzept**

Rentenindex-Konzept, bei dem die einzelnen Anleihen in den Index entspechend ihrem Anteil am Gesamtanteil (Gesamtvolumen aller berücksichtigten Anleihen) gewichtet eingehen.

▶ **Kosten, finanzwirtschaftliche** → Finanzierungskosten

▶ **Kotieren, Kotierung** → Quotieren

▶ **Kraftloserklärung von Wertpapieren**

Wird in folgenden Fällen notwendig:
(1) bei abhanden gekommenen oder vernichteten Aktien (auch bei Schuldverschreibungen). Sie erfolgt durch das sog. Aufgebotsverfahren (§ 72 AktG), richterliches Ausschlussurteil;
(2) wenn unrichtig gewordene Urkunden trotz Aufforderung nicht zur Berichtigung oder zum Umtausch eingereicht wurden;
(3) wenn bei einer → Kapitalherabsetzung (§ 226 AktG) die notwendigen Urkunden zur Herunterstempelung oder zum Umtausch nicht eingereicht werden;
(4) im Falle der → Kaduzierung (Zwangsausschließung).
In den Fällen (2) bis (4) erfolgt die Kraftloserklärung durch die Gesellschaft selbst. Die Bekanntmachung und genaue Bezeichnung geschieht in den Gesellschaftsblättern.

▶ **Kredit**

(Credit, Loan, Facility) leihweise Überlassung von Geld oder Naturalien an einen Dritten unter der Vereinbarung, dass nach einer bestimmten Zeit eine bestimmte Summe (bzw. bestimmte Menge von Naturalien) zurückzuzahlen (-zugeben) ist. Außerdem wird i. d. R. eine zusätzlich laufende oder einmalige Zinszahlung als Nutzungs-

Typologisierungsmerkmal	Kreditarten
Gegenstand des Kreditvertrages	Naturalkredit, Geldkredit, Kreditleihe
Laufzeit	kurzfristiger, mittelfristiger, langfristiger Kredit
Kreditgeber	Lieferantenkredit, Kundenkredit (-anzahlung), Bankkredit, Versicherungskredit
Kreditverwendung	Produktivkredit, Konsumptionskredit
Besicherung	einfach persönlich gesicherter Kredit (Blankokredit), verstärkt persönlich gesicherter Kredit, dinglich gesicherter Kredit (Realkredit)

Typisierung von Krediten nach unterschiedlichen Merkmalen

entgelt für die Kreditgewährung vereinbart. Basis eines jeden Kredits ist das Vertrauen (lat. credere = vertrauen) in die künftige Zahlungswilligkeit und -fähigkeit der kreditnehmenden Person (→ Kreditwürdigkeit).

▶ **Kreditanstalt für Wiederaufbau (KfW)**

Kreditinstitut mit Sonderaufgaben (1948 gegründet). Sitz ist Frankfurt/Main. Die wesentlichen Aufgaben sind z. Zt.:
- Herauslage von Krediten für Investitionsvorhaben an deutsche Unternehmen für Zwecke der Strukturpolitik,
- Exportfinanzierung für Lieferungen an Investitionsgütern, die für Entwicklungsländer bestimmt sind,
- Gewährung langfristiger Darlehen an Entwicklungsländer.

Die Refinanzierung tätigt die Bank am Kapitalmarkt durch Emission von Anleihen und Aufnahme von Schuldscheindarlehen und aus öffentlichen Mitteln.

▶ **Kreditauftrag** → Kreditauftragskredit

▶ **Kreditauftragskredit**

(Kreditauftrag) Form der → Kreditleihe, bei der die Kreditleistung der Bank oder einer anderen Institution darin besteht, dass diese ein drittes Kreditinstitut beauftragen im eigenen Namen auf eigene Rechnung einem Begünstigten einen Kredit zu gewähren (§ 778 BGB). Die auftraggebende Bank haftet der dritten Bank gegenüber für die aus der Kreditgewährung entstehende Verbindlichkeit des Begünstigten wie ein Bürge. Der Kreditauftragskredit kommt vor allem bei der Außenhandelsfinanzierung vor (→ Rembourskredit, → Akzeptkredit).

Der Kunde tilgt den Kredit entweder direkt bei der beauftragten Bank (z. B.: Bank beauftragt eine international tätige Bank einem ihrer Kunden einen Akzeptkredit zu gewähren. Einige Tage vor Fälligkeit stellt der Bankkunde der Akzeptbank den Wechselgegenwert zur Verfügung). Oder der Kunde leistet an die auftraggebende Bank, die ihrerseits an die Akzeptbank zahlt.

▶ **Kreditauskunft**

Auskunftserteilung und -einholung durch eine Bank bei einer Anfrage oder im Zusammenhang mit eigener Kreditgewährung. Bei der Auskunftseinholung bedient sich die Bank der Wirtschaftsauskunfteien (z. B. → Schufa) sowie anderer Banken. Bei der Auskunftserteilung gibt sie – streng vertraulich – unter Wahrung der Interessen des Kunden die gewünschte Auskunft. Zulässigkeit, Umfang sowie Inhalt von Bankauskünften richten sich nach Nr. 10 AGB und finden ihren Niederschlag in den Grundsätzen für die Durchführung des Bankauskunftsverfahrens zwischen Kreditinstituten.

Im Regelfall handelt es sich um Fragen nach der → Kreditwürdigkeit und dem Geschäftsgebaren. Häufig sind auch Auskunftserteilungen und -einholungen im Auslandsgeschäft (→ Bankauskunft).

▶ **Kreditbanken** → Banken

▶ **Kreditbedingungen**

Bedingungen, die der Kreditgeber dem Kreditnehmer im Zusammenhang mit der Kreditgewährung stellt.

Ausgangspunkt aller Überlegungen im Zusammenhang mit der Formulierung von Kreditbedingungen ist einerseits, dass jede Kreditgewährung aus der Sicht des Kapitalgebers eine Investition darstellt. Herrschaftsrechte werden durch ihn nur dann geltend gemacht, wenn es sich für die Bedienung und Kapitalsicherung als unbedingt notwendig erweist. Aus der Sicht des Kreditnehmers soll durch die Kreditbedingungen sein Souveränitätsstreben möglichst nicht berührt werden.

Hauptbestandteile der Kreditbedingungen sind:

- Kredithöhe. Sie wird in Abhängigkeitder Kreditverwendung, Verhandlungsstärke und Bonität des Kreditnehmers einschließlich der Besicherungsmöglichkeiten eingeräumt.
- Kreditpreis. Er hängt ab von der Marktlage, der Bonität des Kreditnehmers und seiner Verhandlungsstärke (→ Finanzierungskosten).
- Bonitätsanforderungen. Sie richten sich nach der Kredithöhe sowie -verwendung.
- Kreditbesicherung. Sie variiert mit der Bonität, Kredithöhe, -laufdauer und -verwendung;
- Laufdauer und Tilgungsmodalitäten.

Über die Flexibilität der Ausgestaltung entscheiden neben der Verhandlungsmacht des Kreditnehmers Faktoren, die das Handeln des Kreditgebers bestimmen. Diese sind z. B. die Marktsituation, gesetzliche (z. B. KWG, VAG) sowie ggf. statuarische Vorschriften.

Im Regelfall sollten und werden die Kreditbedingungen nur einen geringen Einfluss auf die Souveränität der Unternehmensleitung des Kreditnehmers haben. Dies ist auch dann der Fall, wenn der Kreditgeber die Einhaltung gewisser „Richtlinien" fordert (Festlegung des Kreditverwendungszwecks, Einhaltung von Finanzierungsregeln, Existenzprüfung eingeräumter Sicherheiten).

In speziellen Situationen (i. d. R. Verschlechterung der wirtschaftlichen Lage des Kreditnehmers) wird sich der Kreditgeber zur Wahrung seiner eigenen Belange u. U. das Recht zur teilweisen Mitentscheidung oder – im Extremfall – zur Alleinentscheidung in den relevanten Unternehmensbelangen herausnehmen (Verbot einer weiteren Neuverschuldung, Auflage zur Verbesserung der Eigenkapital-/Fremdkapital-Relation etc.).

▶ **Kreditbilanz** → Kreditstatus

▶ **Kreditderivate**

Sind → derivative Finanzinstrumente, die es ermöglichen, Kredit-ausfallrisiken(in diesem Fall Basisobjekte bzw. Underlyings) am Kapitalmarkt handeklbar zu machen. D. h., dass durch ein Kredit-derivat ein Kreditrisiko auf einen Dritten gegen eine Prämie über-tragen werden kann.

▶ **Kreditfähigkeit**

(1) Fähigkeit rechtsgültige Kreditgeschäfte abzuschließen, sich also in rechtswirksamer Weise einer Bank gegenüber zu verpflichten.

(2) Vertretbarkeit einer Kreditgewährung unter wirtschaftlichen Aspekten (→ Kreditwürdigkeitsprüfung).

▶ **Kreditgarantie** → Bankgarantie

▶ **Kreditgeschäft** → Banken

▶ **Kreditinstitut** → Banken

▶ **Kreditkarte**

Ausweis, der seinem Inhaber die Möglichkeit zur Leistung bargeld-loser Zahlungen eröffnet. Kreditkarten sind somit Instrumente des bargeldlosen Zahlungsverkehrs. Neben der Zahlungsfunktion hat die Kreditkarte Kreditfunktion, Scheckgarantiefunktion (z. B. bei Bankkreditkarten), Identifikationsfunktion. Entsprechend der An-zahl der beteiligten Parteien unterscheidet man zwischen (Univer-sal-)Kreditkarten des „Drei-Parteien-Systems" und des Spezialkre-ditkarten („Zwei-Parteien-System").

(1) Universalkreditkarten (Drei-Parteien-System): Kreditkartene-mittenten sind Universalkreditkartengesellschaften (z. B. Diners Club, VISA, American Express, EUROCARD), bran-chenbeschränkte Kreditkartengesellschaften, Kreditinstitute, Fachverbände etc. Die Kreditkarte wird dem Inhaber nach → Kreditwürdigkeitsprüfung auf Grund eines Vertrages, der zwi-schen ihm und dem Kreditkartenemittenten abgeschlossen

wurde, ausgehändigt. Der Kreditkartenemittent schließt mit Hotels, Kaufhäusern, Einzelhändlern etc. Verträge, die den Kreditkarteninhabern die Abnahme von Lieferungen und/oder Leistungen gegen Vorlage der Karte und Leistung seiner Unterschrift auf einem speziellen Rechnungsformular ermöglicht. Auf das Rechnungsformular wird mithilfe einer speziellen Vorrichtung die Prägung der Kreditkarte übertragen.

Der Kartenemittent vergütet die Lieferungen und Leistungen unter Abzug eines Diskonts (i. d. R. 3–6%). Die geleisteten Zahlungen zieht der Kartenemittent im Einzugsverfahren vom Bankkonto des Karteninhabers ein. Bis auf eine Jahresgebühr sowie evtl. eine Aufnahmegebühr entstehen dem Karteninhaber keine Kosten.

(2) Spezialkreditkarten: Parteien sind das die Kreditkarten ausstellende Unternehmen (z. B. Warenhäuser, Mineralölkonzerne, Luftfahrtgesellschaften, Krankenversicherer) und der Kreditkarteninhaber.

▶ **Kreditkonditionen** → Kreditbedingungen

▶ **Kreditkonsortium** → Bankenkonsortium

▶ **Kreditkontrolle**

(Kreditüberwachung) Feststellung, ob sich die bei der → Kreditwürdigkeit ermittelten und der Kreditvergabeentscheidung zu Grunde gelegten Daten zum Nachteil des Kreditgebers verändert haben. Dabei ist nur eine Orientierung an chrakteristischen Tatbeständen möglich. Diese hängen im Wesentlichen von der Art des Kredits und der Sicherung ab. Als Schwerpunkte der Kreditkontrolle sind anzusehen: Umstände, die zu einer ungünstigen Beurteilung des Kreditnehmers Anlass geben; Einhaltung der Zinszahlungs- und Kredittilgungsverpflichtungen nach Beitragshöhe und Termin; Wert der dinglichen Sicherheiten; Überschreitung von Kreditlinien; Einhaltung von Vereinbarungen über die Verwendung des Kredits; Entwicklung der Erfolgs- und Liquiditätslage; andere inner- und außerbetriebliche Umstände, die auf die Kreditwürdigkeit entscheidend einwirken.

Die Ergebnisse der laufenden Kreditkontrolle sind mit denen der → Kreditwürdigkeitsprüfung zu vergleichen und bei der Feststellung von Abweichungen ist deren Größe und Ursache festzustellen. Bei bedeutenden Abweichungen sind Konsequenzen zu ziehen (z. B. zusätzliche Anforderung von → Kreditsicherheiten, Kündigung des Engagements).

▶ **Kreditkosten**

Gesamte Kosten eines Kredits (→ Fremdkapitalkosten), bestehend aus Zinsen, Provisionen und Nebenkosten. Für die einzelnen Kreditarten ergeben sich je nach Art, Höhe und Laufzeit, z. T. unter Berücksichtigung der Wertstellung, unterschiedliche Kosten (→ Akzeptkredit, → Diskontkredit, → Kontokorrentkredit, → Lieferantenkredit, → Hypothekarkredit).

▶ **Kreditleihe**

Übertragung der → Kreditwürdigkeit einer Bank oder eines Dritten (Lieferanten, Bund, Länder, Kreditgarantiegemeinschaften) auf den Kreditnachfrager, der sich auf dieser Basis bei der eigenen Bank oder bei einem Dritten einen Geldkredit beschaffen kann. Dies geschieht durch Abgabe der Zusicherung für den Fall Zahlungen zu leisten, dass der Kreditnehmer seine vertraglichen Verpflichtungen nicht einhält.

Die Kreditleihe kommt vor in Form des Wechselunterschriftenkredits als → Akzeptkredit, als Lieferantenkredit durch → Akzeptantenwechsel und als Girierungskredit, der durch zusätzliche Indossierung des Wechsels seitens einer Bank oder einer anderen hervorragenden Unternehmung entsteht (bedeutungslos). Kreditleihe findet sich weiterhin in Form des → Avalkredits und des → Kreditauftragskredits.

▶ **Kreditlinie**

(Kreditrahmen) Höchstgrenze eines Kreditspielraums, der von der Bank ihrem Kunden (z. B. Einzelperson oder Unternehmung) eingeräumt wird. Damit ist kein Ausschöpfungsgrad festgelegt. Die „offene Kreditlinie" ergibt sich aus der Differenz zwischen dem eingeräumten Höchstbetrag und der in Anspruch genommenen Kreditsumme.

▶ **Kreditmarkt**

Umfasst den → Kapitalmarkt (langfristig) und den → Geldmarkt (kurzfristig).

▶ **Kreditmarktpapiere**

Papiere des → Kapitalmarkts (z. B. Anleihestücke) und des → Geldmarkts (z. B. → Commercial Papers), die Forderungen verbriefen.

▶ **Kreditoren**

Kurzfristige Verbindlichkeiten aus Lieferungen und Leistungen.

▶ **Kreditorenfinanzierung**

(Warenbestandsfinanzierung) Variante zur Finanzierung von Warenbeständen, die mehrere schon bestehende Finanzierungsarten sowie eine Dienstleistungsfunktion miteinander verbindet.

Der Kreditorenfinanzierer erwirbt von seinem Klienten alle Verbindlichkeiten gegenüber Dritten aus Warenlieferungen und Leistungen. Er löst die Verbindlichkeiten durch Bezahlung ab, während der Kreditnehmer sich seinerseits dem Kreditorenfinanzierer gegenüber zur Zahlung eines genau festgelegten Teils der Verkaufserlöse verpflichtet.

Kapitalbedarfs- und Liquiditätswirkungen: Der Zahlungsausgang bei dem kreditnehmenden Einzelhändler erfolgt später als die sonst notwendigen Zahlungen an die Lieferanten; die → Kreditorenumschlagdauer steigt, das Kapital des Einzelhandelsbetriebes ist kürzer gebunden, da der Auszahlungszeitpunkt näher an den Einzahlungszeitpunkt heranrückt. Der Kapitalbedarf sinkt und die Liquidität erhöht sich.

Kreditorenfinanzierung ist immer eine Verknüpfung von Finanzierung mit anderen Dienstleistungsfunktionen. Das Kreditinstitut führt zugleich die Lieferantenbuchführung und Einkaufsjournale des Kunden.

Kosten der Kreditorenfinanzierung:

- Pauschalgebühr für Kreditgewährung und Dienstleistungsfunktion (z. B. 3% vom Wert der bezahlten Rechnungen),
- Zinsen für die zinspflichtigen Resttage (erst ab 61. Tag nach dem Rechnungsdatum wirksam, vorher tritt die Pauschalgebühr an die Stelle der Zinsen),
- Buchungsgebühren, berechnet nach Buchungszeilen,
- Kreditversicherung (berechnet nach Kredithöhe und Sicherheiten des Kreditnehmers).

Die Gesamtkosten sind also relativ hoch, können aber auch wegen der damit verbundenen Dienstleistungen nicht mit den üblichen Bankzinsen verglichen werden.

▶ **Kreditorenumschlag**

Gibt an, wie oft sich die Verbindlichkeiten innerhalb eines Jahres umschlagen bzw. wie lang die mittlere Zahlungsfrist gegenüber Lieferanten ist.

$$\text{Kreditorenumschlag} = \frac{\text{Zieleinkauf}}{\text{durchschnittlicher Kreditorenbestand}}$$

Die durchschnittliche Laufzeit der Verbindlichkeiten wird durch die

$$\text{Kreditorenumschlagsdauer} = \frac{360}{\text{Kreditorenumschlag}} \quad \text{definiert.}$$

Dagegen errechnet sich der durchschnittliche Kreditorenbestand wie folgt:

$$\text{durchschnittlicher Kreditorenbestand} = \frac{\text{Zieleinkauf}}{\text{Kreditorenumschlag}}$$

Beispiel:
Umsatz eines Unternehmens 2 Mio. DM; Materialeinsatz 500 000 DM (Zieleinkauf); Durchschnittsbestand an Verbindlichkeiten: Lieferantenschulden 125 000 DM, Wechselverbindlichkeiten 125 000 DM.
  Kreditorenumschlag = 2; Kreditorenumschlagsdauer = 180 Tage. Das Unternehmen nimmt 6 Monate Lieferantenkredit in Anspruch.Beansprucht das Unternehmen ein längeres (kürzeres) Ziel, dann sinkt (steigt) der Kreditorenumschlag und steigt (sinkt) die Kreditorenumschlagsdauer. Damit sinkt (steigt) der Kapitalbedarf.

▶ **Kreditorenumschlagsdauer**

Durchschnittliche Zeitspanne zwischen Eingang (und Verbuchung) einer Lieferantenrechnung auf Grund von empfangenen Waren oder Leistungen und ihrer Bezahlung. Diese Verbindlichkeiten haben Kreditcharakter.

Grundlage zur Ermittlung der Kreditorenumschlagsdauer ist das Kreditorensammelkonto des Unternehmens.

$$\text{Kreditorenumschlagsdauer} = \frac{360}{\text{Kreditorenumschlag}}$$

Die Ausweitung der Kreditorenumschlagsdauer bedeutet eine entsprechende Verlängerung der Kreditdauer und damit sinkenden Kapitalbedarf. Als Liquiditätsziel steht die Kreditorenumschlagsdauer i. d. R. im Gegensatz zur Skontoinanspruchnahme unter Rentabilitätsaspekten.

Zur Entscheidung, ob das Zahlungsziel in Anspruch zu nehmen oder mit Skontoabzug zu zahlen ist, wird bei gegebenen Zahlungsbedingungen die Skontorentabilität errechnet (→ Skonto).

▶ **Kreditplafondierung**

Beschränkung der Kreditherauslage der Kreditinstitute auf Basis eines Gentlemen's Agreement zwischen ihnen und der Notenbank oder administrativen Verfügungen der Notenbank. Das Instrument zielt auf die direkte Beeinflussung des Kreditangebots der Geschäftsbanken. Dabei kann der Einsatz des Instruments in seiner

Intensität von der Kreditrationierung bis hin zum Kreditstopp für bestimmte Kreditarten und definierte Gruppen von Kreditinstituten variiert werden. Mit dem Einsatz der Kreditplafondierung verbinden sich zahlreiche Probleme. Zunächst birgt die Anwendung des Instruments immer die Gefahr in sich, dass mittel- bis langfristig Marktstrukturen festgeschrieben werden. Mit selektivem Einsatz kann eine Verschiebung der Marktstrukturen erfolgen. Weiterhin besteht die erhebliche Gefahr, dass der Umfang der Kreditplafonds nicht richtig bemessen wird, weswegen die angestrebte restriktive Wirkung ausbleibt oder übertroffen wird. Daher ist die Definition von Kreditplafonds nur nach eingehender monetärer Analyse vorzunehmen und ggf. kurzfristig neu zu formulieren. Für einen erfolgreichen Einsatz des Instruments ist weiterhin relevant: die Einbeziehung der Finanzvermittler in die Plafondierung, wie die Einhaltung des Plafonds durch die Banken und Finanzvermittler garantiert wird und wie eine Umgehung durch Banken, Finanzvermittler und Nichtbanken verhindert werden kann.

▶ **Kreditpolitik** → Notenbankpolitik

▶ **Kreditprovision**

Teilpreis im Kreditgeschäft, der früher neben dem Sollzins, bei unterschiedlicher Spezialzurechnung auf bestimmte Leistungselemente, teils als Risikoprämie, teils als Bearbeitungsgebühr gesondert berechnet wurde (Preisspaltung). Berechnungsgrundlage war der tatsächlich in Anspruch genommene Kredit. Heute wird i. d. R. ein Nettozins berechnet, in dem dann die Kreditprovision enthalten ist.

Preispolitik mittels Preisspaltung und Berechnung von Teilpreisen ist heute ausgesprochen selten.

▶ **Kreditprüfung** → Kreditkontrolle, → Kreditwürdigkeitsprüfung

▶ **Kreditrahmen** → Kreditlinie

▶ **Kreditreserve**

Die einer natürlichen oder juristischen Person zur Verfügung stehende Kreditsumme in Form eingeräumter, jedoch noch nicht ausgeschöpfter Kreditmöglichkeiten, z. B. die offene → Kreditlinie, aber auch potenzielle Reserven durch bisher noch nicht genützte → Kreditsicherheiten. Die Kreditreserve ist Teil der Liquiditätsreserve. Ihr Umfang hängt von der → Kreditwürdigkeit ab und steht in positiver Korrelation zur Liquidität einer natürlichen Person oder eines Unternehmens (→ Finanzierungsziele, → Risikopolitik).

▶ **Kreditrisiko**

Risiko, das dem Kreditgeber durch Kreditvergabe oder dem Kreditnehmer im Zusammenhang mit einer Kreditaufnahme entsteht.

(1) Risiken des Kreditgebers:

Der Ursache entsprechend, erfährt das Risiko des Kreditgebers die folgende Auffächerung:

(a) Originäre Risiken sind kundendeterminiert:

- Bonitätsrisiko (aktives Risiko): Risiko, dass durch Insolvenz des Kapitalnehmers der in Anspruch genommene Kredit einschließlich Zinsen, Gebühren, Provisionen nicht oder nur teilweise zurückgezahlt wird.
- Liquiditätsrisiko (passives Risiko): Tilgungszahlungen und/oder Zahlungen der vereinbarten Zinsen, Provisionen, Gebühren erfolgen nicht zu den vereinbarten Zeitpunkten.
- Länderrisiko: Gefahr, dass das Domizilland des Kreditnehmers (u. U. nur zeitweise) aus wirtschaftlichen und/oder politischen Gründen Zahlungsleistungen des Kreditnehmers verhindert. Länder- und Bonitätsrisiko sind dann miteinander identisch, wenn Kredite an einen Staat oder ein Staatsunternehmen herausgelegt sind oder aber staatlich verbürgt sind.
- Sicherungsrisiko: Gefahr des Untergangs oder Wertverlusts von → Kreditsicherheiten.

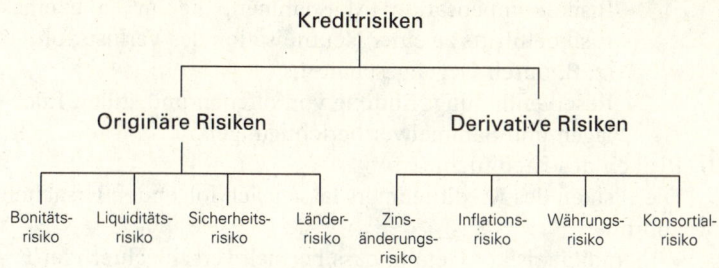

Risiken des Kreditgebers

(b) Derivative Risiken resultieren aus der Refinanzierung:

- Zinsänderungsrisiko: Gefahr der Zinsspannenveränderung (allgemeines Zinsniveau steigt über den im Kreditvertrag vereinbarten Zins).
- Inflationsrisiko: Gefahr der Geldwertverschlechterung.
- Währungsrisiko: Gefahr der Devisenkursänderung im Falle von Kreditvergaben in Währungseinheiten, die nicht in gleicher Währung refinanziert sind.
- Konsortialrisiko: wird dann schlagend, wenn ein Konsortialmitglied oder mehrere Mitglieder eines Kreditkonsortiums nicht in der Lage ist bzw. sind, Folgen aus schlagend gewordenen Risiken (wie oben beschrieben) ihrer Quote entsprechend zu übernehmen.

  Der Kreditgeber kann versuchen das Kreditrisiko durch Einsatz risikopolitischer Maßnahmen zu minimieren. Diese werden eingesetzt im Rahmen der Risikovorbeugung durch → Kreditwürdigkeitsprüfung, Prüfung der → Kreditsicherheiten und → Kreditkontrolle;

- Risikoübertragung durch Risikoabwälzung (z. B. Rückbürgschaft, Zinsanpassungsklausel, Zinsgleitklausel), Risikokalkulation und Risikoversicherung (→ Kreditversicherung).
- Risikoteilung: z. B. durch Metageschäfte, Konsortien (→ Bankenkonsortium), Kautionsgemeinschaften.
- Risikostreuung: Verteilung des Risikos in sachlicher, örtlicher, zeitlicher und persönlicher Hinsicht.

- Risikokompensation: Maßnahmen, die im Falle eines Risikoeintritts zu einer Neutralisation des Verlusts führen (z. B. durch Gegengeschäfte).
- Reservenbildung: Bildung von offenen und stillen Rücklagen und Sammelwertberichtigungen.

(2) Risiken des Kreditnehmers

Die Risiken des Kreditnehmers lassen sich folgenden Ursachen zuordnen:

- Liquiditätsrisiko: Gefahr, dass bei sich verschlechternder Ertragslage die Zins- und Tilgungsverpflichtungen den Kreditnehmer so stark belasten, dass seine Zahlungsfähigkeit gefährdet wird oder, dass bei nicht fristenkongruenter Finanzierung die notwendige Anschlussfinanzierung misslingt.
- Zinsänderungsrisiko: Gefahr der Zinssatzsteigerungen mit negativen Auswirkungen auf die Liquidität der Unternehmen. Sie tritt nur ein, wenn über die Gesamtlaufzeit des Kredits kein Festzins vereinbart wurde.
- Währungsrisiko: Gefahr der Devisenkursänderung im Falle der Kreditaufnahme in ausländischen Währungseinheiten. Sie tritt ein, wenn die inländische (ausländische) Währung zur ausländischen (inländischen) Währung eine Abwertung (Aufwertung) erfährt.
- Deflationsrisiko: Gefahr der Geldwertsteigerung.

Die Risikopolitik des Kreditnehmers besteht in der Risikovorbeugung durch gute Ausstattung mit Eigenkapital, Beziehungspflege zu den Kapitalgebern und Vermeidung offener Positionen.

▶ **Kreditsicherheiten**

(Sicherheiten) dienen der Sicherung des Kreditgebers für den Fall des Eintretens wirtschaftlicher Schwierigkeiten bei dem Kreditnehmer, die Kreditbedienung gefährden. Sie sollen das bei der Kreditwürdigkeitsprüfung festgestellte Risiko abdecken und so im Falle einer Zahlungsunfähigkeit des Kreditnehmers dem Kreditgeber Befriedigung gewähren.

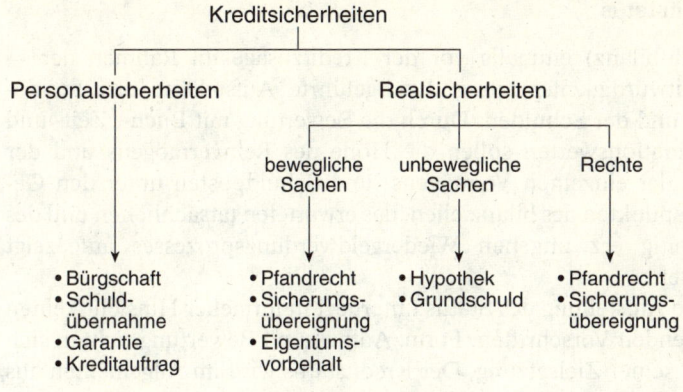

Kreditsicherheiten

Als Kreditsicherheiten können Personalsicherheiten und Realsicherheiten dienen. Bei den

- Personalsicherheiten wird die Sicherheit durch die Übernahme der Haftung für den Kredit seitens einer dritten Person im Rahmen einer Bürgschaft, Schuldübernahme oder Kreditauftrag geleistet.
- Real(Sach)sicherheiten besteht die Sicherheit in der Bereitstellung im weitesten Sinn. In Betracht kommen die Verpfändung, Sicherheitsübereignung (Waren) beweglicher Sachen und Rechte (Forderungen und Wertpapiere) und die Begründung von Rechten an Grundstücken und grundstücksgleichen Rechten (Hypothek, Grundschuld).

Die Eignung des Sicherungsmittels als Kreditsicherheit richtet sich nach den folgenden Kriterien:

- Höhe und Ralisierbarkeit des Besicherungswertes,
- Kosten und Ertrag der Bestellung, Verwaltung und Verwertung,
- Auswertung der Verwertung auf die wirtschaftliche Situation des Kreditnehmers.

▶ **Kreditsicherung**

Abdeckung des im Rahmen der → Kreditwürdigkeitsprüfung aufgedeckten → Kreditrisikos mithilfe von → Kreditsicherheiten.

519

▶ **Kreditstatus**

(Kreditbilanz) einmalig vor der Kreditzusage im Rahmen der →
Kreditwürdigkeitsprüfung durchgeführte Aufstellung des Vermögens und der Schulden. Durch die Bewertung mit Buch-, Zeit- und
Liquidationswerten sollen die Höhe des Reinvermögens und der
Wert der einzelnen Vermögens- und Schuldposten unter den Gesichtspunkten des bilanziellen, des erwarteten tatsächlichen und des
vorzeitig erzwungenen Wiedergeldwerdungsprozesses aufgezeigt
werden.

Die Aufstellung des Status unterliegt in formeller Hinsicht keinen
bindenden Vorschriften. Form, Aufbau und Bewertung richten sich
nach seiner Zielsetzung. Der Kreditstatus wird im Allgemeinen aus
der Handelsbilanz entwickelt.

In materieller Hinsicht unterscheidet sich der Kreditstatus von der
Bilanz: kein organischer Zusammenhang zur G+V-Rechnung, fehlende Kontinuität zur vorhergehenden Bilanz, Berücksichtigung
von Eventualverbindlichkeiten (z. B. Bürgschaften, schwebende
Geschäfte), des Rechts einzelner Verbindlichkeiten auf bevorzugte
Befriedigung und von belastbarem Privatvermögen, Kennzeichnung
der verpfändeten, abgetretenen Vermögensgegenstände.

Der Kreditstatus ermöglicht Aussagen über die Vermögensstruktur, stille Reserven, Zahlungsbereitschaft (Liquidität), rechtliche
Struktur (gesichertes und ungesichertes Vermögen), mögliche
Pfänder, Tragbarkeit einer weiteren Verschuldung. Da der Status auf
historischen Werten und seiner Zeitpunktbetrachtung beruht, ist
seine Aussagefähigkeit beschränkt.

▶ **Kreditüberwachung** → Kreditkontrolle

▶ **Kreditversicherung**

Versicherung gegen das Risiko eines teilweisen oder vollständigen
Forderungsausfalls (Zinsen und oder Tilgungsbeträge), der einem
Kreditgeber aus der Krediteinräumung entstehen kann. Die Ausge-
staltung des Vertrages ist den Gegebenheiten des einzelnen Kredit-
geschäfts angepasst und bietet Schutz vor Forderungsausfällen und
Vermögensschäden, stellt Bürgschaften und Garantien.

▶ **Kreditwechsel** → Wechsel

▶ **Kreditwürdigkeit**

Ist gegeben, wenn eine Kreditgewährung unter persönlichen und sachlichen Gesichtspunkten vertretbar erscheint, d. h. wenn erwartet werden kann, dass der Kreditnehmer willens und fähig ist den sich aus dem Kreditvertrag ergebenden Verpflichtungen (Zins- und Tilgungs-zahlungen) fristgerecht und im vollen Umfang nachzukommen.

▶ **Kreditwürdigkeitsprüfung**

Erfassung, Auswertung und Beurteilung der sich im Zusammenhang mit einer Kreditgewährung ergebenden Risiken (→ Kreditrisiken). Dabei werden die Verhältnisse des Antragstellers, seine Bereitschaft und Fähigkeit zur fristgerechten Erfüllung der Tilgungs- und Ver-zinsungsverpflichtungen überprüft und anschließend über die Kre-ditvergabe entschieden. Die Kreditwürdigkeitsprüfung umfasst die Prüfung der

(1) Rechtlichen Verhältnisse des Kreditsuchenden: Prüfung von Rechts- und Geschäftsfähigkeit, Güterstand und Vertretungs-befugnis des Antragstellers bei juristischen Personen;

(2) Persönlichen Vertrauenswürdigkeit: Prüfung der Zahlungs- und Geschäftsmoral, Zuverlässigkeit bei der Erfüllung vertraglicher Verpflichtungen, geschäftlichen und beruflichen Qualifikatio-nen (von besonderer Bedeutung bei nicht dinglich gesicherten Personalkrediten);

(3) Wirtschaftliche Lage und deren mögliche Entwicklung:

    (a) Strukturanalyse:

- Entwicklung und gegenwärtiger Stand des Unterneh-mens (Gründung, Umgründung, Sitzverlegung, mögliche Veränderungen im Geschäftsgegenstand und -umfang, Geschäftsleitung);
- Rechtliche Verhältnisse (Haftungsumfang, Konzern oder konzernähnliche Bindungen, Beteiligungen an anderen Unternehmen, sonstige Vertragsbindungen);
- Wirtschaftliche und technische Grundlagen (Beschaf-fungs-, Fertigungs-, Forschungspotenzial, Marketing,

Produkte, Konkurrenzanalyse, Konjunkturprognose für die relevanten Absatzmärkte, mittel- und langfristige Planung einschließlich Finanzplanung).

(b) Bilanzanalyse:
Wird heute im Regelfall computerunterstützt betrieben und ermöglicht damit relativ problemlos die Errechnung zahlreicher finanzwirtschaftlicher → Kennzahlen, die dann ausgewertet werden. Sie ist auf folgende Felder in einem mehrperiodischen Branchen- und Betriebsvergleich ausgerichtet:

- Ertrag (absolute und realtive Größen/Umsatzrelationen, Kapitalumschlagsgeschwindigkeit, Gewinnverwendungspolitik);
- Liquidität (i. S. der Zahlungsfähigkeit des Unternehmens, des Liquiditätsgrades von Vermögensteilen, Vermögensdeckung i. S. der fristenkongruenten Finanzierung, Liquiditätsbelastung durch Tilgungsleistungen),
- Finanzierung (im Hinblick auf die Haftungssubstanz und damit auf die Sicherheit, Fristigkeit der Finanzierungsmittel, Kapitalquellen, Kapitalstruktur);
- Investition (Investitions- und Abschreibungspolitik, Vermögensstruktur, Ausnutzung des eingesetzten Vermögenspotenzials).
- Grundlagen sind die Bilanz, GuV, Bewegungsbilanz, Liquiditätsplanung.

▶ **Kreditzinsen** → Zinsen

▶ **Krumme Aufträge**

Bezeichnung für Verkaufs- oder Kaufaufträge von Werten, die an der → Börse variabel gehandelt werden (→ variable Notierung) und nicht durch eine → Schlusseinheit (50 Stück) teilbar sind.

Beispiel:
Auftrag über den Ankauf von 220 Aktien der VW AG. In diesem Fall werden 200 Aktien im variablen Handel angekauft. Der Rest wird zum → Einheitskurs abgerechnet.

▶ **Krummes Bezugsverhältnis**

Ist gegeben, wenn sich das Bezugsverhältnis (→ Bezugsrecht) in einer komplizierten Relation niederschlägt.

▶ **Kündigung von Anleihen**

Anleiheschuldner haben oft das Recht (→ Call Option) , diese den ursprünglich vereinbarten Anleihebedingungen (insbesondere nachhaltig veränderte Kapitalmarktlage) entsprechend zu kündigen (häufig nach 5–7 Jahren) und vorzeitig zurückzuzahlen oder die Anleihe mit neu festgelegten Zins- und Tilgungsmodalitäten anzubieten (→ Konversion). Die Kündigung kann eine Teil- oder Gesamtkündigung (Rückzahlung des gesamten ausstehenden Anleihebetrags) sein.Vgl. : → Callable Bond.

Den Gläubigern steht grundsätzlich kein Kündigungsrecht (→ Put Option) zu. Ausnahmen gibt es bei Sonderformen, z. B. Perpetual Floating Notes (→ Floating Rate Notes) und Anleihen, die mit der → Degussaklausel ausgestattet sind. Diese Kündigungsrechte werden generell
(1) bei Emittenten mit sehr geringer Bonität oder
(2) in äußerst schwierigen Kapitalmarktlagen
in die Anleihebedingungen aufgenommen.

▶ **Kündigungsgelder** → Termineinlagen

▶ **Kündigungshypothek** → Hypothek

▶ **Kulis** → Kurzlaufende liquide DM-Inhaberschuldverschreibungen

▶ **Kulisse**

Bezeichnung für den Wertpapierhandel, der von Maklern und Banken, die am Börsenhandel teilnehmen, für eigene Rechnung erfolgt.

▶ **Kumulative Dividende**

(Nachzahlungspflichtige Dividende) Verpflichtung zur Dividendennachzahlung auf → Vorzugsaktien gem. § 193 (1) AktG, wenn auf Grund schlechter Ertragslage eine Dividendenzahlung ausfällt. In diesem Falle ist in den Folgeperioden eine entsprechende Nachzahlung vorzunehmen (gem. § 140 (2) AktG). Vorteile für diese Aktionäre bestehen in zweifacher Hinsicht: Schwankende Ertragslagen werden mittelfristig ausgeglichen und im Falle von stimmrechtslosen Vorzugsaktien erhalten deren Inhaber unter bestimmten Bedingungen gem. § 140 (2) AktG ein zeitlich befristetes Stimmrecht.

▶ **Kumulative Vorzugsaktien** → Vorzugsaktien, → Kumulative Dividende

▶ **Kundenanzahlung**

(Abnehmerkredit, Anzahlung, Vorauszahlungskredit) Kredit des Auftraggebers an seinen Lieferanten und somit eine spezielle Form des Handelskredits. Der Auftraggeber zahlt vor Erhalt der vertraglich vereinbarten Lieferung oder/und Leistung zu bestimmten Terminen, die zumeist fertigungstechnisch im Zusammenhang mit dem Erstellungsfortschritt der zu erbringenden Lieferung oder/und Leistung zu sehen ist, bestimmte Teilbeträge. Die Höhe und Frequenz der Zahlungen hängen von den Usancen der jeweiligen Branche und der konjunkturellen Situation ab (Auslastungsgrad und Auftragslage). Der Kredit wird zinslos gewährt und ist kurz- bis mittelfristiger Natur.

Die Ursache für die Kreditinanspruchnahme liegt letztlich in der langen Kapitalbindungsdauer, die mit der Planung, Vorbereitung und Erstellung der Projekte verbunden ist. Die Kundenanzahlung senkt, dem Umfang sowie Zeitraum seiner Gewährung entsprechend, die Zwischenfinanzierungskosten des Auftragnehmers. Auch wird in einem gewissen Maße das Risiko der Nichtabnahme durch den Besteller reduziert. Der Auftraggeber ist dann an einer Einräumung einer Kundenanzahlung interessiert, wenn er dadurch günstigere Lieferzeiten oder Preiszugeständnisse erhalten kann. Teilweise werden Anzahlungen auch eingeräumt um hohe Preissteigerungsraten für z. B. bestimmte Rohstoffe oder/und Wechselkursrisiken zumindest teilweise auszuschließen. Allerdings bieten sich hier i. d. R. effizientere Möglichkeiten an.

Kundenanzahlungen kommen vor im Großanlagengeschäft (Herstellung von schlüsselfertigen Anlagen, wie Kraftwerke, Fabriken), im Schiffs- und Flugzeugbau, in der Bauindustrie, in der Maschinenbauindustrie (Herstellung von Spezialmaschinen, Industrierobotern etc.), im Zusammenhang mit der Erstellung von umfangreichen Sachverständigengutachten.

▶ **Kundenfinanzierung** → Absatzfinanzierung

▶ **Kundenkredit** → Absatzfinanzierung

▶ **Kundenobligation**

Von emissionsfähigen Handelsunternehmen ausgegebene Obligationen, deren Gläubigerkreis nur auf die Kunden der Unternehmung beschränkt ist (in Deutschland nicht üblich).

▶ **Kupon** → Coupon

▶ **Kuponbogen** → Bogen

▶ **Kuponeffekt** → Couponeffekt

▶ **Kurs**

Preis von (an der Börse gehandelten) Wertpapieren, Devisen und fungiblen (vertretbaren) Waren. Der Kurs ist als Marktpreis das Ergebnis des im Zeitpunkt der Kursbildung bestehenden Verhältnisses von Angebot und Nachfrage (→ Kursfeststelllung).

Vgl.: → Bilanzkurs, → Einheitskurs, Ertragswertkurs, → Kassakurs, → Parikurs, → Prozentkurs, → Schlusskurs, → Stückkurs, → variabler Kurs

Kursbezeichnung	Definition
Anfangskurs (Schluß-kurs)	Kurs bei Börsenbeginn (-ende) für Wertpapiere, die zum Handel mit fortlaufenden Notierungen zugelassen sind.
Börsenkurs	Preis für eine Einheit des gehandelten Börsenwerts.
Devisenkurs	Festgestellter Kurs für Zahlungsanweisungen an das Ausland.
Einheitskurs	Der von den Kursmaklern täglich für jedes Papier festgelegte offizielle Kurs.
Kassakurs	Kurs für im Kassamarkt abgeschlossene Geschäfte (→ Kassageschäft): → Einheitskurs, → variable Notierung
Parikurs	Kurs = Nominalwert
Tageskurs	Gültiger Kurs für den Abrechnungs- bzw. Ausführungstag
Taxkurs	Kurs für ein nicht im Börsenhandel befindliches oder längere Zeit nicht notiertes Papier, der auf Schätzung beruht.
Terminkurs	Kurs für im Terminmarkt abgeschlossene Geschäfte (→ Termingeschäfte)
variabler Kurs	Der für bestimmte Wertpapiere fortlaufend notierte (im variablen Handel) Kurs.

▶ **Kursabschlag**

Ergibt sich, wenn sich aus bestimmten Gründen an der Börse niedrigere Kursnotizen erfolgen. Kursabschläge werden vornehmlich in Form eines

- Dividendenabschlags, Bezugsrechtsabschlags,
- Kursabschlags bei der Emission von → Gratisaktien (Berichtigungsaktien),
- Kursabschlags einer Liquidationsrate wirksam,
- Zinsabschlag.

Vgl. auch: → Kurszusätze.

▶ **Kursarbitrage**

→ Arbitrage, die sich durch Ausnutzung von Kursdifferenzen börsennotierter Güter ergibt.

▶ **Kursaussetzung**

Aussetzung der Kursnotiz (→ Kurszusätze) erfolgt entweder auf Grund fehlender Nachfrage bzw. fehlenden Angebots oder aus sonstigen Gründen (z. B. bei Verdacht auf Insidertrading).

▶ **Kursberechnung** → Kursfeststellung

▶ **Kursbericht** → Kurszettel

▶ **Kursberichtigung**

Erfolgt durch entsprechenden → Kurszusatz in Form eines schwarzen Rechtecks oder schwarz umrandeten Rechtecks.

▶ **Kursblatt** → Börsenkursblatt

▶ **Kurs-Cash Flow-Verhältnis (KCV oder K/CF)**

Aktienkurs dividiert durch → Cash Flow je Aktie. Kennzahl, die neben dem KGV (Kurs-Gewinn-Verhältnis) zunehmend in der → Fundamentalanalyse Verwendung findet. Das KCV bzw. K/CF wird allgemein als Indikator angesehen, der die Beziehung zwischen dem Kurswert der Aktie und dem dahinter stehenden leistungswirtschaftlichen Potenzial demonstriert.

▶ **Kursfestsetzung** → Einheitskurs, → Einheitsnotierung

▶ **Kursfeststellung**

Preisfeststellung von Wertpapieren an den Wertpapierbörsen. Kursfeststellung und Veröffentlichung erfolgen je nach Börsenordnung durch Mitglieder des Börsenvorstands unter Hinzuziehung von Kursmaklern oder ausschließlich durch → Kursmakler.

(1) Variable Kurse: Fortlaufende Notierung aller an der Börse tatsächlich zu Stande gekommenen Kurse. Der Variable Handel
in Deutschland ist begrenzt. Der Kursmakler setzt

    (a) bei Aktien nur dann den Kurs fest, wenn bei der Geschäfts-
vermittlung ein Mindestvolumen von 50 Stück oder ein
Vielfaches bzw. 3.000 DM oder ein Mehrfaches,

    (b) bei Anleihen: Wandelanleihen Nennwert mindesten 5000,
festverzinsliche Wertpapiere von Bund, Bahn oder Post

    mindestens 0,5 Mio € Nennwert umfasst (jeweils Mindest-
schluss).

(2) *Einheitskurs:* Bei Aktien mit kleinen Umsätzen wird täglich
durch Konzentration der Nachfrage und des Angebots auf einen
Zeitpunkt ein Einheitskurs gerechnet. Ziel ist es die meisten
Wertpapiere abzurechnen (größtmöglicher Umsatz, → Stauprinzip).

(3) Kursfeststellung für Wertpapiere im *Auktionsverfahren*
durch Gebot und Zuruf zu verschiedenen Kursen oder durch
Festsetzung eines Einheitskurses nach Angebot und Nachfrage.

▶ **Kurs-Gewinn-Verhältnis (KGV)**

(Price-Earning Ratio bzw. PER) Verhältniszahl, die sich aus der Gegenüberstellung des Kurses einer Aktie mit dem auf diese Aktien
entfallenden Reingewinn ergibt. Der gesamte Reingewinn der Gesellschaft muss zu diesem Zweck auf die gesamten Aktien, die sich
im Publikumsbesitz befinden, umgerechnet werden. Da der in der
Bilanz veröffentlichte Jahresgewinn nur sehr beschränkt aussagefähig ist, empfiehlt es sich den Gewinn je Aktie zu Grunde zu legen.
Das Kurs-Gewinn-Verhältnis zeigt, zum wievielfachen des Peri-
oden-Reingewinns eine Aktie gehandelt bzw. bewertet wird. Zeit-
und Unternehmensvergleiche ermöglichen die Aussage über die
Preiswürdigkeit einer Aktie (Über- oder Unterbewertung), wobei
diese umso preiswürdiger ist, je niedriger das Kurs-Gewinn-Verhältnis ist. Dabei rechtfertigen Wachstumsaktien ein höheres Kurs-
Gewinn-Verhältnis als Renditewerte. Die KGV-Ermittlung ist sub-
jektiv geprägt, zumal – entsprechend der Zielsetzung – die Bildung

einer Reihe von KGV's erfolgen kann. Hier bietet sich z. B. an die Berechnung eines KGV an, welches auf

(1) den Gesamtmarkt (z. B. alle DAX-Werte),

(2) eine Branche (Branchen-KGV),

(3) ein Marktsegment (bezogen auf das entsprechende → Börsen-segment): marktsegmentiertes KGV (z. B. Geregelter Markt, Neuer Markt),

(4) ein einzelnes Unternehmen (Vgl. Tab.) oder

(5) das historische KGV gerichtet ist.

	KGV
British Airways	6
Colgate-Palmolive	32
Coca-Cola	33
Daimler Chrysler	8
Deutsche Bank	30
Deutsche Telekom	127
Thyssen-Krupp	23

Kurs-Gewinn-Verhältnisse ausgewählter deutscher und ausländischer Aktien
Quelle: Das Wertpapier, Nr. 5/2000

▶ **Kursintervention**

Direktes oder indirektes Eingreifen von Einzelinteressenten oder Interessengruppen an der Börse zur Verhinderung unerwünschter Kursverläufe (insbesondere Kursabschwächungen) von Wertpapieren. Die Kursintervention ist somit ein Instrument der → Kurspflege.

▶ **Kursmakler**

(Amtliche Makler) Den Kursmaklern obliegt die Feststellung der amtlichen Börsenpreise an den Wertpapierbörsen (→ Effekten-börse). An der Warenbörse wirken sie bei der amtlichen Feststellung mit. Insofern sind an Börsen, an denen Börsenpreise amtlich festgestellt werden Kursmakler zu bestellen. Die Bestellung und Entlassung der Kursmakler erfolgt durch die Börsenaufsichtsbehörde nach Anhörung der Börsengeschäftsführung. Kursmakler dürfen Eigengeschäfte soweit tätigen, als diese zum Spitzenausgleich erfolgen.

▶ **Kursmaklerkammer**

Ist gem. § 30 (6) BörsG an jeder Börse als Körperschaft öffentlichen Rechts zu bilden. Sie wirkt bei der Bestellung und Entlassung von Kursmaklern neben der Börsengeschäftsführung mit. Außerdem ist sie von der Börsengeschäftsführung vor Verteilung der Geschäfte unter den einzelnen Kursmaklern zu hören.

▶ **Kursnotierung**

Bezeichnung für den festgestellten Börsenkurs.

▶ **Kurspflege**

(1) Die Kurspflege bei Aktien ist schwierig und soll insbesondere eine zu große Disproportionalität zwischen „Geschäftsentwicklung der Unternehmung" und „Aktienkursentwicklung" vermeiden helfen. Auch spekulative Kursbewegungen sollen dadurch weitgehend eliminiert werden. Ein geeignetes Mittel dürften hier aber die umfassende und tatsachengemäße → Publizität sein. Große Bedeutung kommt der Kurspflege bei einer bevorstehenden → Kapitalerhöhung zu. Die Emissionsbanken werden hier bestrebt sein den Kurs der Aktien in die Höhe zu treiben um den Bezug junger Aktien zu fördern.

(2) Die Aufgabe der Kurspflege am Rentenmarkt besteht darin, den Börsenkurs nicht zu sehr unter den Emissionskurs fallen zu lassen. Die wird möglicherweise allerdings dann schwierig, wenn das Marktzinsniveau erheblich über den Nominalzins der Schuldverschreibung steigt, was notwendigerweise – insbesondere bei einer langen Restlaufzeit – zur Kurssenkung niedrig verzinslicher Papiere führt.

(3) Das Instrument der Kurspflege wird aber sehr oft auch als Emissionsweg benutzt. Das Emissionskonsortium hält in diesem Fall einen bestimmten Teil des Emissionsvolumens in den eigenen Büchern und bringt die Titel dann schrittweise für eigene Rechnung im Markt unter.

(4) Kurspflege ist u.U. zugleich ein Instrument der Notenbank um im Rahmen der → Offenmarktpolitik die ihr als notwendig er-

scheinenden notenbankpolitischen Maßnahmen erfolgreich durchzuführen.

▶ **Kurspflegekonsortium** → Bankenkonsortium

▶ **Kursregulierung** → Kurspflege

▶ **Kurssicherung**

Maßnahme zur Ausschaltung des Wechselkursrisikos. Sie ist von Bedeutung für Exporteure und Importeure, da durch Wechselkursschwankungen erwartete Gewinne aus den Basisgeschäften nicht realisiert werden, ggf. entstehen Verluste in erheblicher Größenordnung sowie für Kapitalanleger.
Instrumente der Wechselkurssicherung:
- → Finance Hedging;
- Devisentermingeschäfte (Outright-Transaktionen);
- Devisen- bzw. Währungsoptionen (→ Option);
- Currency Futures (→ Financial Futures);
- Wechselkursversicherung;
- Diskontierung von Fremdwährungswechseln;
- Währungsklauseln (→ Valuta-Klausel).
Im langfristigen Bereich kann die Kurssicherung auch durch die Finanzierungsformen: Aufnahme von Fremdwährungskrediten, das Exportfactoring (→ Factoring) sowie die Emission von Fremdwährungsanleihen und die → Fortfaitierung erfolgen.

▶ **Kursspanne**

Bezeichnet den Bereich, innerhalb dessen der Kursmakler den Kurs auf Basis der ihm vorliegenden Aufträge feststellen wird. Vor der Festlegung des Eröffnungs- und des Einheitskurses ruft der Kursmakler die für ihn verbindliche Kursspanne aus.

▶ **Kursstreichung** → Kursaussetzung

▶ **Kursstützung** → Kurspflege

▶ **Kursverwässerung** → Kapitalverwässerung

▶ **Kurswert**

Kennzeichnet den Wert eines Wertpapiers aufgrund seines Börsenkurses. Zu unterscheiden ist zwischen dem Kurswert bei Stücknotiz (→ Stücknotierung) und demjenigen bei Einheitsnotiz (→ Einheitsnotierung). Bei der Stücknotierung (Notierung von Effekten in Währungseinheiten pro Stück) entspricht der Kurswert dem Kurs des Wertpapiers. Bei der Prozentnotierung (Notierung von Effekten in v.H. des Nominalwerts) ergibt sich nach der Formel:

$$\text{Kurswert} = \frac{\text{Nominalbetrag} \cdot \text{Kurs}}{100}$$

▶ **Kurszettel**

(Kursblatt, Kursbericht) Liste der Kurse, die von den amtlichen Börsenbehörden (im Amtlichen Kursblatt) herausgegeben wird. Kurszettel enthalten im → Amtlichen Handel und → Geregelten Markt festgestellten sowie die im →Freiverkehr ermittelten Kurse und die von Banken zusammengestellten Kurse sonstiger unnotierter Papiere (Beilagen zum amtlichen Börsenblatt). Die Veröffentlichung erfolgt durch Börsen- oder Tageszeitungen.

Bei der Gestaltung des Kurszettels wird grundsätzlich unterschieden zwischen festverzinslichen Wertpapieren und Aktien des Inlands sowie ausländischen Rentenwerten und Aktien. Neben dem Tageskurs geben Kurszettel auch Auskunft über den Vortageskurs, die Wertpapier-Kenn-Nummer und die Stückelung. Von großer Bedeutung, weil sie die Marktlage des jeweiligen Wertpapiers erläutern, sind die → Kurszusätze.

▶ **Kurszusätze**

Zusätze zu den Börsenkursen, die der genaueren Kennzeichnung der Marktlage dienen.

Bei beträchtlichen positiven oder negativen Abweichungen des festzustellenden Kurses vom Vortagskurs werden gesonderte Hinweise in Form von → Minuszeichen bzw. → Pluszeichen notwendig.

b, bz, bez	bezahlt: alle Aufträge ausgeführt;
bG	bezahlt Geld; zum Kurs limitierte Kaufaufträge konnten nicht vollständig ausgeführt werden (Nachfrageüberhang);
bB	bezahlt Brief: zum Kurs limitierte Verkaufsaufträge konnten nicht vollständig ausgeführt werden (Angebotsüberhang);
B	Brief: Es fanden keine Umsätze statt; nur limitierte Verkaufsaufträge lagen vor;
G	Geld: Es fanden keine Umsätze statt; nur limitierte Kaufaufträge lagen vor;
etw. BG ebG	etwas bezahlt Geld; nur ein kleiner Teil der Kaufaufträge konnte untergebracht werden;
etw. BB ebB	etwas bezahlt Brief; nur ein geringer Teil der Verkaufaufträge konnte untergebracht werden;
exD, exDiv	Aktie wird ohne Dividendenanspruch für das abgelaufene Jahr gehandelt (Dividendenabschlag);
exB, exBR, exBez	ausschließlich Bezugsrecht; Aktie wird mit Bezugsrechtsabschlag (ohne Anspruch auf Bezug junger Aktien) gehandelt;
ex BA	ohne Berichtigungsaktien; Aktie wird ohne Anspruch auf Bezug von Berichtigungs- oder Zusatzaktien gehandelt;
r rat	Rationiert
rat G	rationiert Geld. D.h., die zum Kurs und höher limitierten Kaufaufträge sowie die unlimitierten Kaufaufträge konnten nur beschänkt ausgeführt werden.
Rat B	rationiert Brief. D.h., die zum Kurs und niedriger limitierten und die unlimitierten Verkaufsaufträge konnten nur beschränkt ausgeführt werden.
*	kleine Kauf- und Verkaufsaufträge konnten nicht gehandelt werden.
T, tax	geschätzter Kurs einer Aktie. Umsätze haben nicht stattgefunden.
–	gestrichen; mögliche Ursachen: Kauf- und Verkaufsaufträge lagen nicht vor; amtliche Streichung.

Kurszusätze

▶ **Kurze Sicht**

Terminus für kurze Laufzeit.

▶ **Kurzindossament** → Indossament

▶ **Kurzläufer**

→ Anleihen mit kurzer Laufdauer, i.d.R. vier Jahre bis unter ein Jahr Restlaufdauer, wobei entweder die Restlaufdauer oder die Gesamtlaufdauer gemeint sein kann. Bei derartigen Anleihen sind das Zinssatzänderungs- und damit das Kursrisiko des Anlegers im Vergleich zu Anleihen mit langer Laufdauer (Langläufer) i. d. R. nicht so hoch. Der Kurs der Anleihe ist abhängig von ihrem Nominalzinssatz, dem aktuellen Marktzinssatz, der Marktzinsänderung und von der Restlaufdauer (→ Duration).

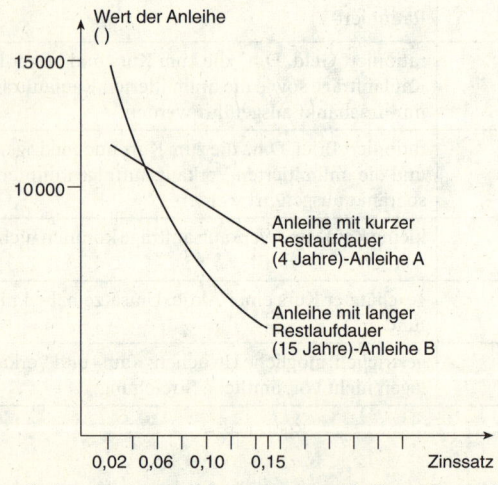

Wertveränderungen von Anleihen mit unterschiedlicher Restlaufdauer

Zinssatz	Anleihe 10 000 € Restlaufdauer 4 Jahre	Anleihe 10 000 € Restlaufdauer 15 Jahre (Langläufer)
↓ 0,02	11.523,09	15.139,71
0,03	11.115,13	13.581,38
0,04	10.725,98	12.223,68
0,05	10.354,60	11.037,97
0,06	10.000,00	10.000,00
0,07	9.661,28	9.089,21
0,08	9.337,57	8.288,10
0,09	9.028,08	7.581,79
↑ 0,10	8.732,05	6.957,57
0,11	8.448,78	6.404,57
0,12	8.177,59	5.913,48
0,13	7.917,87	5.476,33
0,14	7.669,03	5.086,27
0,15	7.430,52	4.737,37

Wertveränderungen zweier Anleihen von jeweils 10.000 €, Nominalzins jeweils 6%, Restlaufdauer 4 und 15 Jahre, Zinsvariation zwischen 2% und 15%.

▶ **Kurzlaufende liquide DM-Inhaberschuldverschreibungen**

(Kulis) abgezinste Geldmarktpapiere, die von Geschäftsbanken (inbes. Vereinsbank AG) emittiert wurden.

▶ **Kux**

Anteil (Anteilschein) an einer bergrechtlichen Gewerkschaft. Seit dem 1. 1. 1986 besteht diese Rechtsform allerdings nicht mehr, da mit diesem Termin noch bestehende Gesellschaften aufzulösen waren. Vorher konnten derartige Unternehmen aber entweder in eine Kapitalgesellschaft umgewandelt werden oder mit einer Kapitalgesellschaft fusionieren.

Kuxe lauteten nicht auf einen bestimmten Nennbetrag, sondern auf eine bestimmt Quote (vergleichbar mit der → Quotenaktien). Das Vermögen der bergrechtlichen Gewerkschaft war somit in 100, 1000 oder ein Vielfaches davon – bis zu höchsten 10 000 Stück aufgeteilt. Kuxscheine lauteten auf Namen (Namenspapiere; → Wertpapier) und waren im Gewerkenbuch eingetragen.

Übertragungsmöglichkeiten der Kuxscheine waren:

- durch schriftliche Abtretungserklärung und Übergabe,
- durch Blankozession (Blankoindossament).

Kuxscheinbesitzer (Gewerke) konnten bei Kapitalbedarf der Gesellschaft auf Beschluss der Gewerkenversammlung zu Zahlung von Zubußen verpflichtet werden. Sie konnten sich hiervon befreien, indem sie ihre Kuxe ohne Gegenleistung an die Gewerkschaft zurückgaben (vom Abandonrecht Gebrauch machen).

Kuxe hatten zuletzt in Deutschland als Finanzierungs- und damit Kapitalanlageinstrument kaum noch Bedeutung, da sich die Aktie hierzu besser eignete. Seit dem 18. 9. 1970 wurden Kuxe an den deutschen Börsen nicht mehr gehandelt. Aus diesen Gründen erfolgte auch die Umwandlung der meisten bergrechtlichen Gewerkschaften in die Rechtsform der Aktiengesellschaft schon frühzeitig vor In-Kraft-Treten der gesetzlichen Regelung.

▶ **KV**

Abk. für Kassenverein (→ Wertpapiersammelbank)

L

▶ **Länderanleihen**

Neben Bund, Gemeinden und sonstigen öffentlichen rechtlichen Körperschaften gibt es auch → Anleihen, die von den Ländern emittiert werden. Die mittel- und langfristigen Länderanleihen werden als Finanzierungsinstrument eingesetzt, um große, durch den ordentlichen Haushalt nicht oder nur schwer zu deckende Beträge für Investitionszwecke (z. B. Straßen-, Kanalbau, Investitionen im Hochschulbereich etc.) zu finanzieren. Allerdings präferieren die Bundesländer das → Schuldscheindarlehen als Finanzierungsinstrument gegenüber den Länderanleihen.

▶ **Länder-Jumbo**

Bezeichnung für eine gemeinsame Großanleihe mehrerer Bundesländer (Variante einer → Länderanleihe) mit einem Emissionsvolumen von einer Mrd. € bis zu mehreren Mrd. €. Der sog. Länder-Jumbo stellt eine → Sammelanleihe dar, bei der die beteiligten Bundesländer die Schuldendienst-Verpflichtungen (Zins- und Tilgungsleistungen) entsprechend ihrer jeweiligen Quote am Gesamtvolumen übernehmen. Die Anleihe wird von einem Bankenkonsortium platziert, wobei die Konsortialmitglieder im Regelfall zugleich als Market Maker fungieren.

▶ **Länderrating** → Rating

▶ **Länderrisiko** → Rating

▶ **Längerfristige Refinanzierungsgeschäfte** → Offenmarktgeschäfte des ESZB

Liquiditätszuführende Transaktionen mit einer Laufzeit von drei Monaten, die vom ESZB monatlich über Standardtender durchgeführt werden (vgl.: → Offenmarktpolitik).

▶ **Lagerumschlag**

(Inventory Turnover) gibt an, wie oft der durchschnittliche Lagerbestand im Jahr umgesetzt wird (Umschlagshäufigkeit).

$$\text{Lagerumschlag} = \frac{\text{Jahresumsatz}}{\text{durchschnittlicher Lagerbestand}}$$

Jahresumsatz = Einstands- oder Verkaufspreise
durchschnittlicher Lagerbestand = 1/2 (Anfangsbestand + Endbestand).

Die Lagerdauer in Tagen (LD) errechnet sich damit:

$$\text{LD} = \frac{1}{\text{L}} \cdot 360$$

Beispiel:

Jahresumsatz	10000000 DM
durchschnittlicher Lagerbestand	2000000 DM
1 Jahr: 360 Tage	
L = 5; LD = 72.	

Ein Lagerumschlag von 5 p. a. bedeutet eine durchschnittliche Lagerumschlagsdauer von 72 Tagen (= Lagervorrat).

Eine Erhöhung des Lagerumschlags und damit eine Verminderung der Lagerdauer ist möglich durch folgende Maßnahmen (→ Finanzierungsersatz): Rationalisierung, schnellerer Materialdurchfluss, Verminderung der Lagerbestände, organisatorische Änderungen im Beschaffungs- oder/und Absatzbereich (Logistik). Auswirkungen: sinkender Kapitalbedarf, d. h. zur Finanzierung des Umsatzes ist ein geringerer Kapitaleinsatz je Umsatzeinheit notwendig. Damit ergeben sich generell positive Wirkungen auf Rentabilität, Liquidität und Risiko (→ Kapitalumschlag). Die Maßnahmen sind aber zugleich auf ihre Wirkungen im leistungswirtschaftlichen Bereich der Betriebswirtschaft zu überprüfen, da sich negative Wirkungen einstellen können. So ist eine Absenkung zu hoher Lagerbestände in den Eingangslägern mit dem Risiko einer Produktionsunterbrechung im

Falle von Lieferungsverzögerungen oder -unterbrechungen (z. B. Streiks) verbunden.

Die unternehmensbezogene Beobachtung des Kennzahlenprofils im Zeitablauf bietet u. U. bei Vergleich zum Branchendurchschnitt oder/und Unternehmen gleicher Größe mit gleichem oder ähnlichem Leistungsangebot die Möglichkeit, gewisse Rückschlüsse auf zu hohe oder zu niedrige Lagerhaltung und die damit verbundenen Effekte auf Kapitalbedarf Rentabilität usw. zu ziehen.

▶ **Lambda λ**

Stellt die prozentuale Veränderung eines Optionspreises dividiert durch die prozentuale Veränderung ihres Basispreises dar und ist damit ein Maß für die Elastizität der Option auf Preisveränderungen des Basiswertes (Underlying).

▶ **Landesbodenbriefe**

Schuldverschreibungen, die durch die Landesbodenkreditbank, München, emittiert werden. Die Titel sind mündelsicher und deckungsstockfähig. Landesbodenbriefe sind den → Öffentlichen Pfandbriefen zuzuordnen.

▶ **Landesrentenbriefe**

Schuldverschreibungen, welche die DSL-Bank, Deutsche Siedlungs- und Landesrentenbank, emittiert.

▶ **Landesschatzanweisungen**

Kurz- und mittelfristige → Schatzanweisungen, die von den Ländern begeben werden. Variante: → Null-Kupon Schatzanweisungen.

▶ **Landeszentralbank (LZB)**

Als Hauptverwaltung ein unselbstständiger Teil der → Deutschen Bundesbank innerhalb eines Bundeslandes. Die LZB hat im Rahmen der Aufgabenstellung innerhalb des eigenen Bereichs eigenständige Befugnisse in Verwaltungsangelegenheiten sowie in der Durchführung der einheitlich geregelten Geschäfte. Sie wird von einem Vorstand geleitet. Ihm steht ein Präsident vor, der vom Bundespräsidenten ernannt wird. Die Präsidenten der Landeszentralbanken sind zugleich Mitglieder des Zentralbankrates (→ Deutsche Bundesbank).

▶ **Landwirtschaftsbriefe**

Von der Landwirtschaftlichen Rentenbank emittierte festverzinsliche Schuldverschreibungen. Diese sind mündelsicher und deckungsstockfähig.

▶ **Langläufer**

Bezeichnung für Anleihen mit langer Laufdauer, i.d.R. 5 und mehr Jahre, wobei entweder die Rest- oder Gesamtlaufdauer gemeint sein kann. Gegenteil: → Kurzläufer.

▶ **Lastschrift**

Bezeichnung für die buchungstechnische Belastung der Soll-Seite eines Kontos.

▶ **Lastschriftverfahren** → Einzugsverfahren

▶ **Laufende Verzinsung**

Verzinsung einer festverzinslichen Schuldverschreibung, bezogen auf den Kaufpreis. Die Laufzeit und der Tilgungsbetrag bleiben unberücksichtigt.

▶ **Laufzeit**

Generelle Kennzeichnung für Zeitraum einer Kreditüberlassung, wobei das Laufzeitende durch den (letzten) Rückzahlungstermin definiert ist (→ Anleihe-Ausstattung). Eine Verkürzung der Laufzeit entsprechend den vertraglichen Vereinbarungen ist u. U. möglich durch vorzeitige Kündigung oder verstärkte Tilgung.

▶ **Laufzeitfonds**

→ Investmentfonds mit ex ante definierter begrenzter Laufzeit. Der Investor legt das Kapital für einen bestimmten Zeitraum im Fonds – wie beim Termingeld – fest an (u. U. ist eine vorzeitige Auflösung möglich). Mit Terminablauf wird der Fonds aufgelöst und dem Investor das Kapital einschließlich der erwirtschafteten Rendite ausgezahlt.

▶ **Laufzeitindex**

Bezeichnung für einen → Aktienindex oder Rentenindex, der im Verlaufe einer Börsensitzung kontinuierlich in definierten Zeitabständen (im Regelfall alle 60 Sekunden) neu berechnet und publiziert wird. Beispiele: → DAX, → FT SE Eurotrack-100-Index.

▶ **Laufzeitzins**

Zinssatz, der für jeden Laufzeitmonat gleich bleibend aus dem Ursprungskapital errechnet wird. Erfolgte Tilgungen werden nicht berücksichtigt.

▶ **LBO** → Leveraged Buy Out

▶ **Lead Manager**

Bezeichnung für die Bank(en) an der Spitze eines Kredit- oder → Anleihekonsortiums. Er (sie) ist (sind) für die Zusammensetzung des Konsortiums, Fragen der Konditionen- und Vertragsgestaltung, Vertragsdokumentation etc. zuständig.

▶ **Leasing**

Besondere Form der Gebrauchsüberlassung gegen Entgelt. Der Leasing-Vertrag kann mit einem Mietvertrag identisch sein, kann aber auch wesentliche Elemente eines Kaufvertrages enthalten.

Handelt es sich um Leasing-Verträge von vornehmlich kurz- und mittelfristiger Dauer, die zudem jederzeit kündbar sind, so liegt *Operating-Leasing* vor. Wegen des häufigen Wechsels des jeweiligen Nutzers (Leasing-Nehmer) schafft der Vermieter (Leasing-Geber) den Leasing-Gegenstand weitgehend nach seinen Vorstellungen unter dem Aspekt der jederzeitigen Wiederverwertung an (Zweierbeziehung zwischen Leasing-Geber und Leasing-Nehmer; typischer Mietvertrag nach §§ 535 ff. BGB).

Das meistens mittel- und langfristige *Finanzierungs-Leasing* (Financial Leasing) fußt hingegen durchweg auf einer Dreierbeziehung. Der Leasing-Nehmer sucht den entsprechenden Leasing-Gegenstand ggf. unter Beratung des Leasing-Gebers beim Lieferanten aus, der Leasing-Geber schafft ihn an und schließt mit dem Leasing-Nehmer den Leasing-Vertrag ab. Beim Finanzierungs-Leasing handelt es sich um das eigentliche Leasing, bei dem ein mietähnliches Vertragsverhältnis vorliegt, verknüpft mit kauftypischen Risiken wie Verlustgefahr, Beschädigung etc., die der Leasing-Nehmer zu verantworten und finanziell zu tragen hat (atypischer Mietvertrag).

Innerhalb des Finanzierungs-Leasings sind mehrere Arten zu unterscheiden. Die wichtigsten sind:
- → Mobilien-Leasing und → Immobilien-Leasing (objektbezogendes Einteilungskriterium);
- → Hersteller-Leasing und → institutionelles Leasing (funktionsbezogenes Einteilungskriterium);
- → Inlands-Leasing und → Export-Leasing (regionsbezogenes Einteilungskriterium);
- Spezial-Leasing-Verträge: Hier wird das Leasing-Objekt (Immobilien bzw. Mobilien) auf die besonderen Bedürfnisse des Leasing-Nehmers zugeschnitten, die wirtschaftliche Zurechnung erfolgt immer beim Leasing-Nehmer;
- Sale and Lease Back-Verträge: Diese sind insbesondere im Bereich des Immobilien-Leasing von Interesse. Im Falle einer notwendigen Liquiditäts- oder Erfolgsverbesserung kann z. B. eine Immobilie (u. a. Verwaltungsgebäude) an einen Leasing-Geber verkauft werden, um sie von ihr zurückzuleasen.

▶ **Leeraktien**

Bezeichnung für Aktien einer Aktiengesellschaft, die nicht voll ein-gezahlt sind. Neben diesen Leeraktien existieren aber zugleich voll eingezahlte Aktien des gleichen Unternehmens.

▶ **Leere Obligation**

Bezeichnung für eine → Optionsanleihe nach Abtrennung des ur-sprünglich zugehörigen Optionsscheins.

▶ **Leere Stücke**

Optionsschuldverschreibungen ohne Optionsscheine.

▶ **Leerposition**

Bezeichnet die Lage eines Verkäufers, der eine offene Position (un-gedeckte Position) durch sein → Baisse-Engagement eingegangen ist. Die mit der Leerposition verbundene Gewinnmöglichkeit (Ver-lustgefahr) liegt in der möglichen positiven (negativen) Differenz zwischen Verkaufs- und Einstandskurs.

▶ **Leerverkauf**

(Blankoverkauf) Verkauf von Wertpapieren (Waren) an der Börse (Warenbörse), ohne dass sie sich im Besitz des Verkäufers befinden. Der Verkäufer tätigt ein derartiges Geschäft in der Erwartung, dass die Kurse zum Erfüllungstermin ein niedrigeres Niveau haben, da er sich dann zu einem niedrigeren Einstandskurs eindecken kann.

▶ **Legal Tender**

Angelsächsische Bezeichnung für ein gesetzliches Zahlungsmittel (z. B. sfr., Schilling).

▶ **Leichte Aktien**

Bezeichnung für Aktien, die einen niedrigen Kurs haben. Die Ursache kann in einer ungünstigen Bewertung durch den Markt oder – häufiger – in einer hohen Stückelung des Grundkapitals (äußerst niedriger Nennwert oder sehr geringe Quote am Grundkapital) liegen. Da im Ausland oft kein Mindestnennwert vorgeschrieben ist oder → Quotenaktien möglich sind, finden sich leichte Aktien dort öfter.

▶ **Leichtermachen einer Aktie**

Bezeichnung für das gezielte Absenken des Börsenkurses einer Aktie mit dem Ziel sie hierdurch leichter handelbar zu machen. Methoden sind:
- Verringerung des Nennwertes (in Deutschland Untergrenze 1 Euro) oder Absenkung der Quote (→ Splitting),
- Emission (Junge Aktien) zu einem Kurs, der erheblich unter dem Börsenkurs liegt (→ Bezugsrecht). Hierdurch entsteht → Kapitalverwässerung.

▶ **Leistungsbilanz**

Unter(Teil-)bilanz der Zahlungsbilanz, die die Handels-, Dienstleistungsbilanz sowie die Bilanz der unentgeltlichen Übertragungen zusammenfasst (enthält).

▶ **Leistungsgarantie**

(Gewährleistungsgarantie) → Bankgarantie zur Sicherstellung von Forderungen gegen einen Exporteur, der seine Leistungsverpflichtungen nicht frist- oder vertragsgerecht erfüllt hat.

▶ **Leitbörse**

Führende Börse eines Wirtschaftsraums. Deren Kursentwicklung wirkt bestimmend auf das Geschehen der kleineren Nachbarbörsen. Für Deutschland übt die Frankfurter Wertpapierbörse die Leitbörsenfunktion aus.

▶ **Letter of Credit**

(1) anglo-amerikanische Bezeichnung für → Dokumentenakkreditiv

(2) Kreditbesicherungsgarantie, die eine inländische Bank ihren inländischen Kunden einräumt, damit dieser bei einer Bank im Ausland leichter einen Kredit aufnehmen kann.

▶ **Letter Stocks**

(1) Bezeichnung für die Aktien einer US-amerikanischen Unternehmung, die nicht börsengängig sind. Ihre Emission ist nur auf Basis eines „special letter" der → Securities and Exchange Commission (SEC) möglich. Demnach erklärt die emittierende Unternehmung der SEC, dass die zu emittierenden jungen Aktien nur für eine endgültige Platzierung (im Pakethandel) vorgesehen sind. Eine spätere Veräußerung der Letter Stocks wird damit ex ante ausgeschlossen.

(2) Bezeichnung für US-Aktien, die noch nicht zum amtlichen Börsenhandel zugelassen sind.

▶ **Letzter Kurs**

Bezeichnung für den Kurs, der im variablen Handel am Börsentag zuletzt notiert wurde.

▶ **Leverage Companies** → Investmentgesellschaft

▶ **Leverage Effekt**

(1) (Financial Leverage Effekt, Trading on the Equity, Income Gearing) Hebelwirkung, bei der durch einen vermehrten Einsatz von Fremdkapital die Eigenkapitalrentabilität erhöht wird. Der Effekt wird aber nur unter der Bedingung wirksam, dass zwischen der Gesamtkapitalrentabilität und dem Fremdkapitalzins eine positive Differenz besteht. Die Höhe dieser Differenz und das Ausmaß des Verschuldungsgrades stehen in positiver Korrela-

tion zur Wirkung des Leverage-Effektes. Die Wirkungsweise des Leverage-Effektes veranschaulicht das nachstehende Beispiel mit Grafik.

Eigenkapital	675	450	225
Fremdkapital	225	450	675
Gesamtkapital	900	900	900
Gewinn (Ertrag) des Gesamtkapitals	108	108	108
Zinsen für Fremdkapital	18	36	54
Gewinn (Ertrag nach Zinsen)	90	72	54
Rentabilität des Eigenkapitals*	13,3 %	16,0 %	24,0 %

* (Gewinn nach Zinsen für Fremdkapital im Verhältnis zu Eigenkapital) x 100
Rentabilität des Gesamtkapitals: 12 %; Zinsen für Fremdkapital: 8 %

Der Zusammenhang lässt sich allgemein wie folgt demonstrieren:

$$\text{EKR} = \text{GKR} + (\text{GKR} - \text{FKR}) \frac{\text{FK}}{\text{EK}}$$

EK = Eigenkapital
FK = Fremdkapital
GKR = Gesamtkapitalrentabilität
EKR = Eigenkapitalrentabilität
FKR = Fremdkapitalrentabilität (= Fremdkapitalzins)

Aus folgenden Gründen wird der Leverage Effekt nur begrenzt genutzt:

• Er kann sich auch umkehren (negativer Leverage Effekt), damit die Eigenkapitalrentabilität negativ beeinflussen und in letzter Konsequenz die Unternehmensexistenz bedrohen. Dieses Ergebnis tritt dann ein, wenn die Differenz zwischen Gesamtkapitalrentabilität und Fremdkapitalzins so groß wird, dass die entstehenden Verluste nicht mehr aufgefangen werden können. Die Ursache kann leistungswirtschaftlicher Art (z. B. ungünstige Entwicklungen an den Absatz- und Beschaffungsmärkten) oder/und finanzwirtschaftlicher Art (z. B. steigende Zinssätze bei notwendigen Anschlussfinanzierungen) sein. Die ungünstige Eigenkapital-/Fremdkapitalstruktur verstärkt die Wirkung.

- Mit steigendem Verschuldungsgrad werden die Fremdkapitalgeber zusätzliche Mittel nur noch zu steigenden Zinssätzen herauslegen, wodurch sich der Leverage Effekt stark abschwächt.
- Fremdkapital kann nur bis zu einem bestimmten Umfang Eigenkapital ersetzen, da die Kreditgeber aus Risikogesichtspunkten die Einhaltung gewisser Konventionen verlangen (→ Finanzierungsregeln, → Verschuldungsgrad).

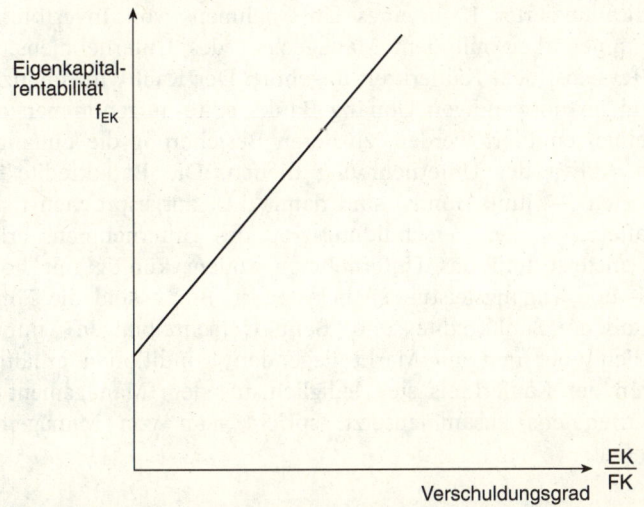

Leverage-Effekt unter der Prämisse, dass bei steigendem Verschuldungsgrad der Fremdkapitalzins konstant bleibt

(2) Hebeleffekt, der in positiver Korrelation bewirkt, dass bei Futures und Optionen die Änderungen (in positiver und negativer Richtung) i. v. H. des Options- und Futurepreises im Regelfall sehr viel stärker ausgeprägt sind als die Änderungen i. v. H. des Basispreises.

▶ **Leverage Fund**

Investmentfonds, der zum Zweck der Erwirtschaftung hoher Erträge in starkem Maße die hierzu notwendigen Investitionen mit Krediten finanziert. Derartige Fonds sind in der Bundesrepublik Deutschland nicht zugelassen.

▶ **Leverage Risk**

Tritt ein, wenn sich der negative → Leverage Effekt einstellt.

▶ **Leveraged Buy Out**

Kreditfinanzierter Kauf eines Unternehmens von Investoren in Zusammenarbeit mit dem Management des Unternehmens, das i. d. R. selbst dem Käuferkreis angehört. Der Kauf wird finanziert, indem im notwendigen Umfang Bankkredite aufgenommen oder Anleihen emittiert werden, zu deren Besicherung die umfangreichen Aktiva der Unternehmung dienen. Die Bankkredite und Anleihen (→ Junk Bonds) sind damit u.U. ausgesprochen risikobehaftetet, da der Verschuldungsgrad des Unternehmens erheblich ansteigt und das Unternehmen zudem künftig mit hohen Zins- und Tilgungsleistungen belastet ist. Somit sind die Fremdkapitalien (Bankkredite und Schuldverschreibungen) nur zu deutlich über den am Markt liegenden Konditionen erhältlich. Soweit der Käuferkreis sich lediglich aus dem Management des Unternehmens zusammensetzt, spricht man von Management Buy Out.

▶ **Leveraged Floating Rate Note**

(Gehebelter Floater) Variante einer klassischen → Floating Rate Note. Sie eröffnet aufgrund der Konstruktion ihrer Verzinsungsmodalitäten (Hebeleffekt) ihren Inhabern bei steigenden Marktzinssätzen im Vergleich zu klassischen Floating Rate Notes hohe Kursgewinne. Bei sinkenden Marktzinsen können entsprechende Risiken schlagend werden.

Beispiel: Emission der Dresdner Bank International Finance im Februar 1994. Emissionskurs 100; Verzinsung während der Ersten beiden Jahre 5,125%, danach zweimal Sechs-Monats-Libor minus 6,9%.

▶ **Leveraging**

Finanzierungsvorgang, bei dem Fremdkapital zum Zweck der Substitution von Eigenkapital aufgenommen wird. Gegenteil: → Deleveraging.

▶ **Liability Swap** → Zins- und Währungsswap

▶ **LIBID**

(London Interbank Bid Rate) Zinssatz, zu dem eine Londoner Bank mit erstklassigem Standing (prime bank) bereit ist Geldmarktkredite am internationalen Interbankenmarkt aufzunehmen.

▶ **LIBOR**

(London Interbank Offered Rate) Zinssatz, zu welchem am Finanzplatz London Banken bereit sind anderen Banken Geld zu verleihen. Bei den Beteiligten handelt es sich grundsätzlich um Londoner Banken mit erstklassigem Standing (prime banks). Der Zinssatz bildet sich grundsätzlich frei am Markt, d. h. ohne Zentralbankeinfluss. LIBOR war bis Ende 1998 i. d. R. der Basiszinssatz für alle internationalen Kreditgeschäfte (z. B. Eurodollarkredite) am Londoner Markt,wobei auf den LIBOR jeweils ein Aufschlag (spread), z. B. $1^3/8$ etc., in Abhängigkeit on der Bonität des Kreditnehmers erfolgte. Für diese Geschäfte findet heute im Regelfall der → EURO-LIBOR Anwendung. LIBOR-Sätze existieren für alle wesentlichen Währungen und für typische Laufzeiten (1, 3, 6, 12 Monate).

▶ **Libor Flat**

Libor ohne Aufschlag bzw. Spread oder Margin.

▶ **Libor in Arrears Swaps**

Variante einer klassischen Zins-Swap-Konstruktion, bei welcher der Zinssatz am Ende einer jeden Zahlungsperiode und nicht zu deren Beginn festgelegt wird.

▶ **Lieferantenakzept** → Akzeptkredit

▶ **Lieferantendarlehen**

Darlehen des Lieferanten (i. d. R. Produzent) an seinen Abnehmer. Es ist ein langfristiger Geldkredit und dient zur Beschaffung von Investitionsgütern (Einrichtungen, Ausrüstungen), die in einem erheblichen Umfang über u. U. lange Zeiträume Kapital binden. Deren Existenz ist die Voraussetzung zum Absatz der vom Darlehensgeber (Lieferanten) gelieferten Produkte. Die Darlehensnehmer sind oft nicht in der Lage diesen Kapitalbedarf ohne Schwierigkeiten zu finanzieren. Insofern ist das Lieferantendarlehen ein Instrument der indirekten Absatzfinanzierung und dient zugleich der Sicherung der Absatzwege. Von Bedeutung ist das Lieferantendarlehen in bestimmten Branchen, wie Brauereien (→Brauereidarlehen), Getreidemühlen, Ölfirmen, Großhandel.

▶ **Lieferantenkredit**

(Supplier Credit, Trade Credit) kurzfristiger Kredit, der dadurch zu Stande kommt, dass der Abnehmer von Lieferungen oder Leistungen vom Lieferanten eingeräumte Zahlungsziele ausnutzt. Der Abnehmer erhält somit keinen Kredit in Form von Geldmitteln. Lediglich die Zahlungsverpflichtung wird um durchschnittlich ein bis zwei Monate hinausgeschoben.
Die Vergabe ist wie folgt möglich:
• in unverbriefter Form (→ Buchkredit; sehr häufig);
• in verbriefter Form als → Schuldwechsel oder → Akzeptkredit.
Ein Lieferantenkredit wird i. d. R formlos gewährt (keine umfangreichen Kreditprüfungen) und ist leicht erhältlich, da er für den Lieferanten ein absatzpolitisches Instrument darstellt (→ Absatzfinanzierung). Die Besicherung erfolgt i. d. R. durch Eigentumsvorbehalt.

Kreditprolongation ist meist ohne Schwierigkeiten möglich. Somit besitzt der Abnehmer ein flexibles Finanzierungsinstrument. Die Kosten des Lieferantenkredits (→ Skonto) sind jedoch i. d. R. erheblich höher als beim Bankkredit.

▶ **Lieferklauseln** → Incoterms

▶ **Liefermonat**

(Contract Month) derjenige Monat, in dem ein Future-Kontrakt fällig wird.

▶ **Lieferungsgarantie**

→ Bankgarantie zur Sicherstellung von Forderungen gegen einen Exporteur, der seine Lieferverpflichtungen nicht frist- oder vertragsgemäß erfüllt hat.

▶ **LIFFE**

(London International Futures Exchange) bedeutendste europäische Börse für Financial Futures (→ Finanzterminkontrakte). Außerdem werden Devisenoptionen (→ Optionen) in Form von US-$/£ gehandelt.

▶ **LIMEAN**

(London Interbank Mean Rate) → Referenzzinssatz, der den Mittelwert zwischen London Interbank Bid Rate (→ LIBID) und London Interbank Offered Rate (→ LIBOR) darstellt.

▶ **Limit**

(1) bei Aufträgen an Effektenbörsen jener feste Kurs, der bei Verkauf (Kauf) nicht unterschritten (überschritten) werden darf. Limitierte Aufträge müssen ausgeführt werden, wenn der limitierte Kurs an der Börse festgestellt wird. Limits gelten den Börsenusancen entsprechend entweder

(a) auf einen bestimmten Tag beschränkt (Tageslimit) oder

(b) bis zum jeweiligen Monatsende und müssen dann erneuert werden (Ausnahme: vorherige Zeitlimitierung durch den Auftraggeber). Bei → Circa-Aufträgen können Ausführungen auch dann erfolgen, wenn der → Circa-Kurs geringfügig vom limitierten Auftrag abweicht.

(2) bei Aufträgen von DTB-Optionen jener feste Preis (Obergrenze oder darunter), zu dem der Auftrag ausgeführt werden muss. Zu unterscheiden ist zwischen:

- eingeschränkt limitierten Aufträgen: sofortige Ausführung oder Nichtausführung in den Varianten → Fill or Kill oder → Immediate or Cancel;

- uneingeschränkt limitierte Aufträge in den Varianten → Good Till Cancelled oder → Good Till Date.

(3) Bei Devisenhandelsgeschäften gelten die Limits nur jeweils für den Tag, an welchem die Auftragserteilung erfolgt.

(4) Bezeichnung für → Kreditlinie

▶ **Limit Down**

Bezeichnet die größtmögliche Kursänderung in v.H. oder in Punkten, um die sich der Kurs eines Terminkontraktes an einer Warenbörse nach unten verschieben darf.

▶ **Limit Up**

Bezeichnet die größtmögliche Kursänderung i. v.H. oder in Punkten, um die sich der Kurs eines Terminkontraktes an einer Warenbörse nach oben verschieben darf.

▶ **Limitgebühr**

Gebühr, mit der Bankkunden durch Kreditinstitute bei der Nichtausführung limitierter Aufträge (→ Limit) belastet werden.

▶ **Linienchart**

Stellt über einen längeren Zeitraum hinweg eine Kursentwicklung dar, indem die täglich ermittelten Kurse (z. B. Schlusskurse) in das

Chartblatt eingetragen und durch eine Linie miteinander verbunden werden.

▶ **Lipaps** → Bulis

▶ **Liquidation**

(1) Materielle Liquidation: Veräußerung vorhandener Vermögenswerte bei der Auflösung einer Unternehmung. Die Gläubigerbefriedigung erfolgt aus dem Erlös der Vermögensgegenstände. Der verbleibende Rest wird unter den Gesellschaftern entsprechend ihrem Kapitalanteil verteilt. Mit der Auflösung der Unternehmung wird diese zu einer Auflösungsgesellschaft, die nach außen durch den Zusatz „i. L." gekennzeichnet ist.

Allgemeine Gründe für eine Liquidation sind: Unrentabilität des Unternehmens, Erreichung des Betriebszwecks, Ausscheiden der (des) Gesellschafter(s) durch Tod, Krankheit. Das AktG (vgl. § 260 (1)) nennt folgende Gründe: Ablauf der in der Satzung bestimmten Zeit; Beschluss der Hauptversammlung (drei Viertel Mehrheit des bei der Beschlussfassung anwesenden Grundkapitals); durch Eröffnung des Konkursverfahrens über das Vermögen der Gesellschaft; Ablehnung des Konkursverfahrens mangels Masse. Die Auflösungsgründe lt. § 60 (1) GmbHG entsprechen denen des AktG weitgehend. Zu Beginn der Liquidation ist gem. § 270 (1) AktG eine Eröffnungsbilanz einschließlich eines erläuternden Berichtes zu erstellen. Im weiteren Verlauf ist nach Beendigung eines jeden Geschäftsjahres ein Jahresabschluss einschließlich eines Geschäftsberichtes aufzustellen.

Im Rahmen der Liquidation ist vor allem den Gläubigerschutzinteressen Rechnung zu tragen, was in erster Linie bei Kapitalgesellschaften wegen ihrer begrenzten Haftung erforderlich ist.

(2) Formelle Liquidation erfolgt im Rahmen der → Umwandlung im Wege der Einzelübertragung. Bei der Erstellung der Liquidationsbilanz ist bei den Wertansätzen vom Weiterbestand der Betriebswirtschaft auszugehen, da hier lediglich eine Änderung der Rechtsform erfolgt.

(3) Abwicklung von → Termingeschäften an der Börse (Skontration).

▶ **Liquidationsauszahlungskurs**

(Kompensationskurs) durch den Börsenvorstand festgelegter Kurs. Es handelt sich hierbei um einen Abrechnungskurs, der für den Fall Anwendung findet, dass im Terminhandel für Geschäfte keine Kompensation durch entsprechende Gegengeschäfte möglich ist.

▶ **Liquidationswert**

Wert eines Vermögensgegenstandes (bzw. die Summe der Veräußerungswerte aller Vermögensgegenstände) der (die) bei der Auflösung (→ Liquidation) eines Unternehmens erzielt wird. Die Unternehmung wird dann lediglich als Ansammlung von wirtschaftlichen Gütern gesehen. Die Ermittlung des Vermögenswertes erfolgt unter Zugrundelegung schlechtester Verwendungsverhältnisse und ungünstigster Art der Realisierung. Die Stilllegung der Betriebswirtschaft und Einzelverwertung wird unterstellt. Die Realisierung des Liquidationswertes hängt von der Marktgängigkeit des Vermögensgegenstandes und der allgemeinen Marktlage ab.

Der Liquidationswert ist einer der Wertansätze im → Kreditstatus, der bei der → Kreditwürdigkeitsprüfung Anwendung findet. Er soll im Rahmen der Kreditentscheidung aufzeigen, in welchem Umfang die Rückzahlungsfähigkeit aus den Vermögensgütern unter dem Aspekt ihrer künstlichen → Liquidität gewährleistet ist. Insofern dient er damit der Feststellung des maximalen Verlustrisikos.

▶ **Liquidator**

Bezeichnung für die Person, welche die → Liquidation einer Unternehmung durchführt.

▶ **Liquide Mittel**

(Flüssige Mittel) Kassenbestände (Bargeld), Bank- und Postscheckguthaben sowie bei Bedarf sofort liquidierbare Vermögensbestände (Schecks, rediskontfähige Wechsel, Wertpapiere) der Unternehmung.

▶ **Liquidität**

Wird in der betriebswirtschaftlichen Literatur mit unterschiedlichen Inhalten belegt und zielt, der jeweiligen Definition entsprechend, auf folgende Tatbestände ab:

(1) *Absolute* Liquidität bezeichnet die Nähe eines Gutes zum Geldstadium. Sie zielt auf die Eigenschaft der Güter zur Rückwandlung in Geld ab und kann sich grundsätzlich auf zwei unterschiedlichen Wegen vollziehen:

    (a) Die *natürliche* (echte) Liquidität (Self Liquidating Period) ist auf den Prozess der regulären Geldwerdung ausgerichtet. Gekennzeichnet ist somit der Zeitraum, innerhalb dessen sich im Rahmen des üblichen Umsatzprozesses die Wiederverflüssigung vollzieht.

        • Aktivseite: „Vermögensliquidität". Bildung von Liquiditätsklassen entsprechend der Dauer der Wiederverflüssigung:

        • Passivseite: Klassifizierung nach der Länge der Kapitalüberlassungsdauer (Fälligkeiten).

    (b) *Künstliche* Liquidität (Shiftability) zielt auf die Möglichkeit der Abkürzung des Zeitraums der natürlichen Liquidität ab. Dies ist durch Verkauf eines Gutes in seinem aktuellen Zustand, d. h. vor Ende des Umsatzprozesses (mit oder ohne → Disagio) möglich. Ob Güter des Anlage- oder Umlaufvermögens schnell liquidierbar sind, hängt von ihrer generellen Marktgängigkeit und der jeweiligen Marktlage ab. Die künstliche Liquidität kann auch für die Aktiv- und Passivseite der Unternehmensbilanz errechnet werden.

Zu beachten ist, dass die Feststellung der absoluten Liquidität kein Urteil über die Zahlungsbereitschaft der Unternehmung erlaubt.

(2) Die *relative* Liquidität stellt auf die Unternehmensliquidität i. S. der jederzeitigen Zahlungsfähigkeit ab, wobei Verbindlichkeiten und Vermögenswerte einander gegenübergestellt werden.

    (a) Die *statische* Liquidität zielt auf die zeitpunktbezogene Liquidität ab, wobei Vermögensteile zu Verbindlichkeiten unter Fristigkeitsgesichtspunkten in Relation gesetzt werden. Instrumente sind:

Vermögensart	noch zu durchlaufen	Liquiditätsklasse
Kasse/Bank	-	1.
Wechsel Forderungen	mit Restlaufzeit bis zu 3 Monaten Debitorenziel	2.
Fertigerzeugnisse	Lagerzeit, Debitorenziel	3.
RHB-Stoffe	Lagerzeit vor Produktion Produktionsprozeß, Lagerzeit nach Produktion, Debitorenziel	4.

Vermögensliquidität

- Liquiditätsbilanz (-status);
- Finanzierungsregeln:

Kurzfristig: z. B. Relation Umlaufvermögen zu Verbindlichkeiten (stets Betrachtung der Vermögens- *und* Kapitalsphäre). Liquiditätsgrade erhält man entweder kumulativ unter Bildung von Schichtenbilanzen oder zeitlich gestaffelt.

Langfristig: Anlagendeckungsgrad.

(b) Die *dynamische* (Unternehmens-)Liquidität stellt auf die Zeitraumbetrachtung ab. Sie eröffnet vor allem die Möglichkeit der Liquiditätsplanung (Basis der zukunftsorientierten Liquiditätspolitik), zugleich nachträgliche Kontrollrechnung. Instrumente sind u. a. Finanzplan, Kapitalflussrechnung, Cash Flow-Analyse.

Grundsätzlich ist die Gewährleistung der Liquidität i. S. der jederzeitigen Zahlungsfähigkeit für jede Unternehmung von immenser Bedeutung, da der Tatbestand der Zahlungsunfähigkeit gem. §§ 102, 209 KO ein Konkursgrund ist.

▶ **Liquidität dritten Grades** → Liquiditätskennzahlen

▶ **Liquidität ersten Grades** → Liquiditätskennzahlen

▶ **Liquidität zweiten Grades** → Liquiditätskennzahlen

▶ **Liquiditätsanalyse**

Laufende oder zeitweise Untersuchung im Hinblick auf die Einhaltung der Zahlungsfähigkeit der Unternehmung (relative → Liquidität). Zu ihrer Durchführung existieren zwei unterschiedliche Ansatzpunkte:

(1) Analyse der (zeitpunktbezogenen) statischen Liquidität: Vermögensteile werden zu Verbindlichkeiten unter Fristigkeitsgesichtspunkten in Relation gesetzt. Instrumente sind u. a. → Liquiditätsbilanz, → Liquiditätskennzahlen, →Anlagendeckungsgrad. Da die mit diesen Methoden gewonnenen Informationen vergangenheits- und stichtagsbezogen sind, ist ihr Aussagewert hinsichtlich der gegenwärtigen und künftigen Unternehmensliquidität i. d. R. höchst zweifelhaft. (→ Liquiditätskennzahlen).

(2) Analyse der (zeitraumbezogenen) dynamischen Liquidität: Sie eröffnet die Möglichkeit der Liquiditätsplanung und auf deren Basis die der laufenden Kontrolle. Instrumente sind u. a. → Finanzplan, → Kapitalflussrechnung, Cash Flow-Analyse (→ Cash Flow).

An Liquiditätsanalyse interessierte Personenkreise sind

• unternehmensintern: Finanzvorstand, Finanzcontroller (Controller), Treasurer.

• unternehmensextern: Aktionäre, Lieferanten, Kreditgeber (insbesondere Banken). Die Informationen der unternehmensexternen Interessenten sind allerdings i. d. R. (mit Ausnahme der Banken) äußerst eingeschränkt.

▶ **Liquiditätsbilanz**

Unter Liquiditätsgesichtspunkten gegliederte Handelsbilanz: oft auch als Liquiditätsstatus bezeichnet. Die Fristenstaffelung der Aktiva erfolgt nach dem Grad der Flüssigkeit der Vermögenswerte, z. B. langfristig gebundenes Vermögen (Anlagevermögen plus langfristig gebundenes Umlaufvermögen), kurzfristig gebundenes Vermögen (nicht betriebsnotwendiges Anlagevermögen, kurzfristiges Umlaufvermögen). Die Fristenstaffelung der Passiva wird nach der tatsächlichen Fälligkeit vorgenommen (z. B. langfristiges, mittelfristiges, kurzfristiges Kapital). Ergänzung der Aktivseite auf offene Kreditlinien, der Passivseite auf Ausgaben der kommenden Periode, die aus der Bilanz nicht ersichtlich sind, sind üblich. Bei der Aufstellung der Liquiditätsbilanz zu internen Zwecken sind die stillen Reserven aufzulösen.

Die Liquiditätsbilanz ist kein Ersatz für → Finanzplanung. Sie erleuchtet die auf den Bilanzstichtag bezogene Liquiditätsanalyse.

▶ **Liquiditätsbudget** → Finanzplan

▶ **Liquiditätsgrundsätze**

Leiten sich aus dem Liquiditätsstreben der Unternehmensleitung ab. Dieses ist darauf ausgerichtet, die Liqudität (i. S. der Zahlungsfähigkeit) der Unternehmung zu jedem Zeitpunkt zu gewährleisten, zugleich aber auch, soweit kein Zielkonflikt entsteht die übrigen Finanzierungsziele zu berücksichtigen.

Im Einzelnen spiegeln sich die Liquiditätsgrundsätze im Streben nach unbedingter Vermeidung kurzfristiger Liquiditätsengpässe, im Streben nach Fristenkongruenz, in der Disposition kurzfristig aktivierbarer Zahlungsmittelreserven und in der exakten zeit- und volumensmäßigen Disposition der Anlage von Zahlungsmittelüberschüssen.

▶ **Liquiditätskennzahlen**

Kennzahlen zur Messung der statischen (bilanziellen) → Liquidität. Ihre Ergebnisse sollen Auskunft über das kurzfristige finanzielle Gleichgewicht der Betriebswirtschaft geben. Die Darstellung erfolgt generell durch die Gegenüberstellung von bestimmten Vermögensteilen zu kurzfristigen Verbindlichkeiten. Die verschiedenen Kennzahlen unterscheiden sich dadurch, dass ihre Zähler mit unterschiedlichen Inhalten belegt sind. Die Kennzahlenbildung erfolgt in der Praxis und Literatur nicht immer einheitlich.

Folgende Liquiditätskennzahlen finden i. d. R. Anwendung:

$$\text{Liquidität 1. Grades} = \frac{\text{liquide Mittel}}{\text{kurzfristige Verbindlichkeiten}} \cdot 100$$

Dabei umfassen

- die liquiden Mittel: Kasse, Bank-, Postscheckguthaben, Schecks;
- die kurzfristigen Verbindlichkeiten: sämtliche Bilanzpositionen, die einen zeitlich entsprechenden Zahlungsmittelabfluss induzieren können.

Die Liquidität ersten Grades (Acid-Test Ratio, Liquid Ratio) soll Maßstab dafür sein, in welchem Umfang die liquiden Mittel die kurzfristigen Verbindlichkeiten decken. Ein Verhältnis von 1:1 oder ein Wert von 100 belegt aber nicht, dass sich die Unternehmung im finanziellen Gleichgewicht befindet. Es soll lediglich den Hinweis geben, ob die Unternehmung im Zeitpunkt der Bilanzerstellung ihre kurzfristigen Verbindlichkeiten begleichen konnte (kann). Unberücksichtigt bleiben die Kreditreserven. Die Werte dieser Kennzahl liegen daher i. d. R. deutlich unter 100%.

$$\text{Liquidität 2. Grades} = \frac{\text{monetäres Umlaufvermögen}}{\text{kurzfristige Verbindlichkeiten}} \cdot 100$$

Das monetäre Umlaufvermögen umfasst: Kasse, Bank-, Postscheckguthaben, Schecks, Forderungen aus Lieferungen und Leistungen, Wertpapiere.

Die Liquidität 2. Grades (Quick Ratio) soll zeigen, ob die Unternehmung unter Einbeziehung ihres Umlaufvermögens mit hoher künstlicher Liquidität die kurzfristigen Verbindlichkeiten abdecken kann. Die Forderung nach einer Erfüllung von 100% könnte gerechtfertigt sein, da die offenen Kreditlinien dem externen Analysten oft nicht bekannt sind. Die Werte für diese Kennziffer differieren der jeweiligen Branchenzugehörigkeit entsprechend und schwanken zudem im Zeitablauf um einen Mittelwert in positiver Korrelation zur konjunkturellen Entwicklung.

$$\text{Liquidität 3. Grades} = \frac{\text{Umlaufvermögen}}{\text{kurzfristige Verbindlichkeiten}} \cdot 100$$

Diese Kennziffer (Current Ratio) soll Hinweise darüber geben, in wieweit die kurzfristigen Verbindlichkeiten durch das gesamte zu verflüssigende Umlaufvermögen abgedeckt werden können. In den USA wird die Einhaltung eines Verhältnisses von 2:1 (Two-to-onerate) gefordert. Da die natürliche Liquidität großer Teile des Umlaufvermögens oft länger als ein Jahr ist, scheint diese Forderung nicht völlig unberechtigt. Die künstliche Liquidität wäre in diesen Fällen u. U. nur unter Hinnahme großer → Disagios möglich.

Berechnungen zeigen, dass die deutschen Industrie- und Handwerksunternehmen in positiver Korrelation zur konjunkturellen Entwicklung bei der Liquidität 2. Grades Werte zwischen 82% und 89%, bei der Liquidität 3. Grades Werte zwischen 180% und 186% ausweisen.

Folgende Ansatzpunkte bieten eine generelle Möglichkeit zur Verbesserung ungünstiger Werte für alle Liquiditätsgrade:

- Kapitalfreisetzung im Rahmen von → Finanzierungsersatz (Verkauf von Anlagevermögen) und Einsatz der freigesetzten Mittel zur Absenkung der kurzfristigen Verbindlichkeiten oder/und Erhöhung der liquiden Mittel, des monetären Umlaufvermögens bzw. des kurzfristigen Umlaufvermögens.
- Aufnahme langfristigen Kapitals zur Herabsetzung der kurzfristigen Verbindlichkeiten (Substitution) oder/und Erhöhung der liquiden Mittel, des monetären Umlaufvermögens bzw. des kurzfristigen Umlaufvermögens.

Derartige Maßnahmen werden aber, soweit auf → Windowdressing ausgerichtet, – im Rahmen einer umfassenden Finanzanalyse (z. B. → Working Capital) schnell erkannt.

Kritik: Liquiditätskennzahlen geben keinerlei Hinweise auf die Liquidität i. S. der Zahlungsfähigkeit der Unternehmung, da

- sie lediglich auf einen bestimmten Stichtag bezogen sind, der i. d. R. über einen längeren Zeitraum zurückliegt,
- sie nur Auskunft über durchschnittliche, nicht aber über tatsächliche Deckungsrelationen geben,
- einerseits künftige Zahlungsverpflichtungen durch sie naturgemäß nicht erfasst werden, andererseits das Finanzierungspotenzial (z. B. offene Kreditlinien) nicht einbezogen ist,
- Bilanzpositionen i. d. R. nicht unter Liquiditätsgesichtspunkten bewertet sind, was die Aussagefähigkeit der Kennzahlen zusätzlich vermindert.

Lediglich unter folgenden Voraussetzungen sind Liquiditätskennzahlen in gewissen Grenzen aussagekräftig: Der Zeitvergleich der

Unternehmenswerte erstreckt sich über mehrere Perioden, wobei zugleich Werte vergleichbarer Unternehmen (Branche, Größe, Rechtsform) herangezogen werden sollten. Bei sich im Zeitablauf oder z. B. im Branchenvergleich abnorm entwickelnden Profilen bedarf es einer eingehenden Ursachenanalyse, wobei das Niveau und die Entwicklung anderer Kennzahlen (→ Kennzahlenanalyse) oft erste Hinweise liefern. Problematisch ist die Anwendung von Standards, wie z. B. die 2:1 (Bankers) Rule oder Bankers Rate, wenn durch ihre Anwendung die Finanzsituation der Unternehmung schematisch bewertet wird (→ Finanzierungsregeln).

▶ **Liquiditätskennziffern** → Liquiditätskennzahlen

▶ **Liquiditätsklasse** → Liquidität

▶ **Liquiditätskontrolle**

Überwachung der → Liquidität (i. S. der jederzeitigen Zahlungsfähigkeit) der Unternehmung. Sie erfolgt je nach Bedarf täglich, wöchentlich oder in größeren Zeitabständen und kann zeitpunkt- oder zeitraumbezogen sein (→ Liquiditätsplanung).

▶ **Liquiditätskosten**

Entstehen dadurch, dass die Betriebswirtschaft zur Realisierung des Liquiditätsziels die notwendigen liquiden Mittel (Barreserven) vorhält oder Finanzierungsquellen offen hält (z. B. Zusicherung umfangreicher Kreditlinien bei →Kontokorrentkrediten, Einräumung einer → Revolving Underwriting Facility) oder durch → Finanzierungsersatz kurzfristig liquide Mittel im notwendigen Umfang beschafft.

▶ **Liquiditätsmessung**

Erfolgt oft unternehmensextern um Auskunft über die Liquiditätssituation zu erhalten. Instrumentarium: → Liquiditätskennzahlen, → Working Capital, → Liquiditätsbilanz. Die gewonnenen Ergebnisse werden im Zeitverlauf analysiert sowie mit denen anderer Unternehmen der gleichen Branche, Rechtsform, Größe verglichen.

Kritisch anzumerken ist, dass eine Liquiditätsmessung mithilfe dieser Instrumente weder über die augenblickliche Liquiditätslage einer Unternehmung Auskunft gibt (Basis der Daten zurückliegende Stichtagsbilanz; → Liquiditätskennzahlen) noch werden künftige Einzahlungs- und Auszahlungsströme erfasst. Eine derartige Aussage ist nur mithilfe der → Finanzplanung möglich.

▶ **Liquiditätspapiere** → Offenmarktpolitik

▶ **Liquiditätsplan** → Finanzplan

▶ **Liquiditätsplanung**

Planungsansatz, der zur Realisierung folgender Ziele vorgenommen wird:
- Sicherstellung der ständigen Zahlungsfähigkeit der Unternehmung;
- Vermeidung einer Überliquidität, die die → Rentabilität der Unternehmung beeinträchtigt.

Die Liquiditätsplanung erfolgt im Rahmen der kurzfristigen → Finanzplanung.

▶ **Liquiditätspolitik**

Umfasst die Summe aller Überlegungen, Absichten und Maßnahmen, die auf die Gewährleistung der ständigen Zahlungsfähigkeit einer Unternehmung (→ Finanzplanung) ausgerichtet sind und zugleich Überliquidität vermeiden.

▶ **Liquiditätsquote**

(1) Anteil der freien → Liquiditätsreserven der Banken in v. H. an ihrem Einlagevolumen.
(2) Maßzahl zur Ermittlung der statischen (bilanziellen) Unternehmensliquidität (→ Liquiditätskennzahlen).

▶ **Liquiditätsreserve**

Umfasst Kassen-, Bank-, Postscheckbestände, diskontierfähige Besitzwechsel, Wertpapiere des Umlaufvermögens, sonstige Teile des Umlaufvermögens mit hohem Liquiditätsgrad sowie kurzfristig realisierbare Finanzreserven (z. B. offene Kreditlinien, zugesagte Kredite, geplante Kapitalerhöhungen). Liquiditätsreserven sind notwendig zur Sicherung des finanziellen Gleichgewichts der Unternehmung (→ Finanzierungsziele, → Finanzplanung, → Risikopolitik). Ihre optimale Dimensionierung geschieht vor dem Hintergrund, dass durch zu niedrige Reserven u. U. das → Liquiditätsrisiko schlagend werden kann, in jedem Fall aber die Unternehmensleitung in ihrem Souveränitätsstreben beeinträchtigt wird und dass zu hohe Reserven die → Rentabilität negativ beeinflussen. Die Höhe und Struktur der Liquiditätsreserve ergeben sich damit aus den jeweils verfolgten Finanzierungszielen. Weitere Einflussfaktoren sind die Risikofreudigkeit der Unternehmensleitung, Stabilität, Volumina und Struktur der Zahlungsströme, Industriezweig, Konjunkturlage, Branchenusancen (→ Liquiditätsspektrum).Die Berechnung der Liquiditätsreserve erfolgt auf der Basis des kurzfristigen → Finanzplans.

▶ **Liquiditätsrisiko**

Gefahr, dass die Unternehmung zu irgendeinem Zeitpunkt nicht in der Lage sein könnte ihren ordnungsgemäßen Zahlungsverpflichtungen fristgerecht und im vollen Umfang zu entsprechen (→ Zahlungsbereitschaft). Das Liquiditätsrisiko wird im Rahmen der → Liquiditätspolitik und → Liquiditätsplanung berücksichtigt.

▶ **Liquiditätsspektrum**

Zeigt, innerhalb welcher Zeit und in welcher Höhe nach Rechnungserstellung die fakturierten Beträge eingegangen sind. Damit zeigt das Liquiditätsspektrum bestimmte Zusammenhänge zwischen dem Umsatz eines bestimmten Zeitraums und der Höhe und zeitlichen Staffelung der Zahlungseingänge der folgenden Periode. Es lässt z. B. erkennen, dass vom Umsatz einer bestimmten Periode in

Höhe von 500.000 € eine Woche nach der Fakturierung 15% der Gesamtsumme, nach zwei Wochen weitere 30%, nach drei Wochen weitere 10% und nach vier Wochen die restlichen 45% eingegangen sind. Einsatzmöglichkeiten bieten sich im Rahmen der → Liquiditäts- bzw. kurzfristigen → Finanzplanung, indem das Liquiditätsspektrum der Vergangenheit auf die anstehenden Planungsperioden übertragen wird. Da das Liquiditätsspektrum letztlich die durchschnittlichen Zahlungsgewohnheiten der Vertragspartner widerspiegelt, ist seine Anwendung (z. B. im Rahmen der Finanzplanung) nicht ganz unproblematisch, denn sie führt ggf. zu falschen Planansätzen. Einerseits kann sich im Zeitablauf die Zusammensetzung der Vertragspartner ändern, was bei dann anderen Zahlungsgewohnheiten zu einem anderen Liquiditätsspektrum führt. Andererseits können sich die Zahlungsgewohnheiten auch bei den bisherigen Vertragspartnern u. U. kurzfristig durch z. B. konjunkturelle Einflüsse, Änderungen der allgemeinen Zahlungsmoral, neue Zahlungskonditionen etc. verschieben.

▶ **Liquiditätsstatus** → Liquiditätsbilanz

▶ **Liquid-Pfandbriefe**

Ehemals Bezeichnung für Pfandbriefe mit einem Emissionsvolumen von über 1 Mrd. DM, für die ein liquider Markt bestand. Heute werden vergleichbare Titel als → Jumbo-Pfandbriefe bezeichnet.

▶ **Lit**

Abkürzung für littera (lat.), der Buchstabe. Aufdruck auf Aktienurkunden um die verschiedenen Aktienserien ihrer jeweiligen Stückelung entsprechend zu kennzeichnen.

▶ **Loan** → Anleihe

▶ **Lohmann-Ruchti-Effekt** → Kapazitätserweiterungseffekt

▶ **Lombarddepot**

Bezeichnung für ein Effektendepot bei der Deutschen Bundesbank, welches Kreditinstitute zum Zweck der schnellen Aufnahme eines Lombardkredits unterhalten mussten. Im Lombarddepot enthaltene Wertpapiere mussten die Eigenschaft der Lombardfähigkeit aufweisen. Die Möglichkeit zur Einreichung lombardfähiger Wertpapiere war durch eine Mengenbegrenzung in Form eines Lombardkontingents (Lombardlinie) eng begrenzt.

Mit der Integration in das ESZB hat die Deutsche Bundesbank die Befugnis zu eigenen währungspolitischen Entscheidungen verloren. Das Instrument der Lombardpolitik findet durch das ESZB keine Anwendung. Damit ist das Lombarddepot entfallen.

▶ **Lombardeffekten**

Bezeichnung für die von einem Kreditinstitut lombardierten Effekten.

▶ **Lombardfähige Wertpapiere**

Wertpapiere, die zum Zweck der Aufnahme von Lombardkrediten beleihbar sind.

▶ **Lombardfähigkeit**

Besitzen allgemein alle Wertpapiere, die hohe Qualitätsansprüche befriedigen und damit von Kreditinstituten beleihbar sind. Dies sind in der Regel sämtliche Schuldverschreibungen des Bundes, der Länder und Kommunen, staatlicher Sondervermögen aber auch Aktien und Anleihen ausgesuchter Unternehmen.

▶ **Lombardierung**

Gewährung eines Kredits durch die Beleihung von Wechseln, Wertpapieren, Waren oder anderen Pfändern.

▶ **Lombardkasse AG**

Haus- und Depotbank der Wertpapiermakler. Sie hat die Funktion der Liquiditätsversorgung der Wertpapiermakler für deren Eigengeschäfte.

▶ **Lombardkontingent** → Lombarddepot

▶ **Lombardkontingent**

In Phasen restriktiver Notenbankpolitik könnten Banken versucht sein bei weitgehend ausgenutzten Rediskontkontingenten ihre Versorgung mit Zentralbankgeld durch Aufnahme von Lombardkrediten bei der Notenbank zu erreichen. Damit werden aber kurzfristige Lombardkredite zur Dauerrefinanzierung eingesetzt und somit die Zielsetzungen der Notenbankpolitik konterkariert. Die Zentralbank kann dem entgegenwirken, indem sie die Lombardierung begrenzt. Dies geschieht, indem Lombardkredite nach Volumen und Dauer nur gewährt werden, wenn sie im Monatsdurchschnitt eine bestimmte, an dem Rediskont des einzelnen Kreditinstituts orientierte Linie (z. B. 15% des Rediskontkontingents) nicht überschreiten. Die Deutsche Bundesbank hat das Instrument der Lombardlinie zuletzt im Zeitraum September 1979 bis Februar 1980 eingesetzt. Das ESZB sieht eine Lombardierung nicht vor.

▶ **Lombardkredit**

Kurzfristiger Bankkredit, der gegen die Verpfändung beweglicher Vermögensobjekte (gem. §§ 1204–1296 BGB), die zudem einen hohen Liquiditätsgrad aufweisen müssen, gewährt wird.

Derartige Vermögensobjekte sind grundsätzlich: Effekten, Wechsel, Edelmetalle und Waren. Da sich die Lombardierung auf das Rechtsinstitut der Verpfändung gründet, müssen Effekten (Effektenlombard), Wechsel (Wechsellombard) und Edelmetalle (Edelmetallombard) – sehr selten – der Bank ausgehändigt werden. Waren (Warenlombard) werden i. d. R. gegen Dispositionspapiere (handelsrechtliche Orderpapiere) oder gegen eine Sicherungsübereignung verpfändet.

Obwohl die Vermögensgegenstände einen hohen Liquiditätsgrad (leicht realisierbar) aufweisen müssen, ist eine Beleihung zum vollen Marktwert im Beleihungszeitpunkt nicht möglich.

Im Fall des Effektenlombards bewegt sich der Lombardkredit i. d. R. zwischen 50% und 75% (teilweise bis zu 90%) des Kurswerts der verpfändeten Papiere.

▶ **Lombardlinie** → Lombardkontingent

▶ **Lombardsatz**

(Lombardzins, Lombardzinssatz) Zins, zu welchem die Deutsche Bundesbank den Kreditinstituten gegen die Verpfändung bestimmter Wertpapiere und Schuldbuchforderungen bis Ende des Jahres 1998 kurzfristige Kredite einräumte.

▶ **Lombardverzeichnis**

Bezeichnung für eine ehemals existente Liste der Deutschen Bundesbank, welche die bei ihr beleihbaren lombardfähigen Wertpapiere enthielt.

▶ **Lombardzins** → Lombardsatz

▶ **London Interbank Bid Rate** → LIBID

▶ **London Interbank Offered Rate** → LIBOR

▶ **London International Financial Futures Exchange** → LIFFE

▶ **Long**

Bezeichnet
(1) den Besitz von Kassainstrumenten (z. B. Aktien, Anleihen, Devisen etc.);
(2) eine Futures- oder Options-Kaufposition.
Gegensatz: → Short

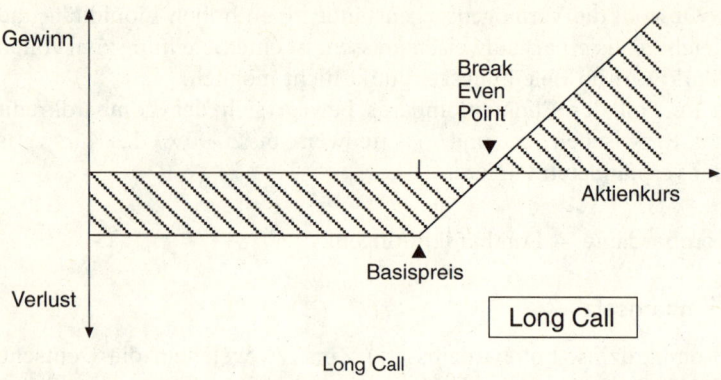

Long Call

▶ Long Call

Eine der vier Grundstrategien im Optionshandel. Sie wird durch den Kauf einer Kaufoption (Call) realisiert. Die Position beinhaltet das Recht die erworbene Option zu den vereinbarten Bedingungen auszuüben (Kauf) oder verfallen zu lassen. Mit dieser Strategie wird auf steigende Kurse des Basiswerts spekuliert. Das Verlustrisiko ist auf die Optionsprämie begrenzt.

▶ Long Call Emission

(Long Call Issue) → Anleihe, die nach Ablauf von festgelegten Freijahren vorzeitig, d. h. vor Endfälligkeit, durch den Emittenten gekündigt werden kann.

▶ Long Call Option

Bezeichnet eine Kaufposition in Kaufoptionen.

▶ Long Dated Option

Bezeichnung für eine Option, die zum Zeitpunkt ihrer Auflegung eine Laufdauer von über einem Jahr aufweist.

▶ Long Futures Kontrakt

Bezeichnung für eine Kaufposition in börsennotierten Terminkontrakten.

▶ Long Gilt

Langlaufender britischer Staatstitel (→ Gilt) mit einer (Rest-) Laufzeit von über fünfzehn Jahren.

▶ Long Hedge

Erwerb eines Termin- oder Optionskontrakts zum Zweck eines Hedging gegen Zins-, Wechselkursrisiken oder Risiken, die aus Aktienkursentwicklungen entstehen könnten.

▶ Long Position

Bezeichnet eine Kaufposition eines Marktteilnehmers in einem Kassainstrument, einem Optionskontrakt oder einem Terminkontrakt. Gegenteil: → Short Position

▶ Long Put

Eine der vier Grundstrategien im Optionshandel. Sie wird durch den Kauf einer Verkaufsoption realisiert. Der Inhaber der Position hat

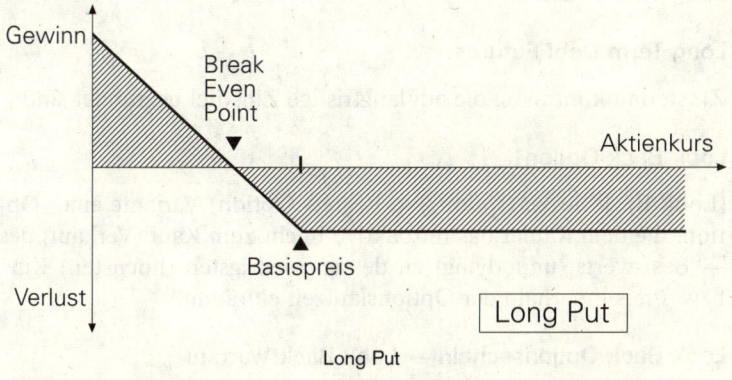

Long Put

das Recht die erworbene Option zu den vereinbarten Konditionen auszuüben (d. h. die Basiswerte zu verkaufen) oder verfallen zu lassen. Soweit der Investor die der Option zu Grunde liegenden Basiswerte in seinem Bestand hält, spricht man von einem protective Put. Erwirbt der Investor die Position ohne die zu Grunde liegenden Basiswerte in seinem Bestand zu halten hat er eindeutige Erwartungen in fallende bis stark fallende Kursee, da er in diesem Fall an den Kursrückgängen partizipiert. Die Gewinnmöglichkeiten sind bei dieser Strategie ist unbegrenzt. Allerdings kann der Kurs des Basiswerts nicht unter null fallen.

▶ **Long Put Option**

Bezeichnung für eine erworbene Verkaufsoption.

▶ **Long Straddle**

Strategie im Optionshandel. Sie wird durch den gleichzeitigen Kauf einer äquivalenten Zahl von Call- und Put-Optionen mit jeweils gleichem Basisobjekt, Basispreis sowie übereinstimmender Fälligkeit realisiert.

▶ **Long Strangle** → Strangle

▶ **Long Strap** → Strap

▶ **Long Strip** → Strip

▶ **Long Term Debt Futures**

Zinsterminkontrakte, die auf langfristige Zinstitel begründet sind.

▶ **Look Back Option**

(Look Back Strike Option, No Regrets Option) Variante einer Option, die dem Käufer das retroaktive Recht zum Kauf (Verkauf) des → Basiswerts (underlying) zu dessen niedrigsten (höchsten) Kurs bzw. Preis innerhalb der Optionslaufzeit einräumt.

▶ **Look Back Optionsschein** → Look Back Warrant

▶ **Look Back Strike Option** → Look Back Option

▶ **Look Back Warrant**

(Look Back Optionsschein) Optionsscheinvariante, die ein retro-aktives Optionsrecht verbrieft und in den Varianten Call Look Back Warrant oder Put Look Back Warrant vorkommt. Der Look Back Warrant räumt dem Inhaber das Recht ein denjenigen Kurs als Basispreis zu wählen, der für ihn im Verlauf der Ausübungsfr.ist am günstigsten ist. Dies ist bei der Call-Variante (Put-Variante) der niedrigste (höchste) Kurs. Im Regelfall werden als Basiswerte Aktienindices gewählt, wobei die Look Back Warrants zudem oft als Europäische Optionen ausgelegt sind.

▶ **Loroeffekten**

Bezeichnung für → Effekten, die sich im Besitz, nicht jedoch im Eigentum eines Kreditinstituts befinden.

▶ **Low Exercise Price Options (LEPO) auf deutsche Basistitel**

Produkt der → EUREX

Adidas	Bay.Hypo. und Vereinsbank	Allianz-Holding
Degussa-Hüls	Consors Discount	BASF
Henkel Vz	Dresdner Bank	Bayer
Linde	EM TV & Merchandising AG	Commerzbank
MAN	Fresenius Medical Care (FME)	Daimler Chrysler
Metro	Lufthansa	Deutsche Bank
Schering	Mobilcom	VEBA
Karstadt	Preussag	VW
	Thyssen	
	BMW	
	VIAG	

Kontraktgröße	Kontrakt bezieht sich in der Regel auf 100 Aktien des zu Grunde liegenden Basiswerts. Die Basiswerte Münchener Rückversicherung und Allianz haben eine Kontraktgröße von 50 Aktien.
Minimale Preisveränderung	Optionspreise haben Preisabstufungen von € 0,01
Erfüllung	Physische Lieferung von 50 bzw. 100 Aktien des zugrundekiegenden Basiswertes
Erfüllungstag	Zwei Börsentage nach der Ausübung.
Letzter Handelstag	Der dritte Freitag eines Verfallmonats, sofern dieser ein Börsentag ist, andernfalls der davorliegede Börsentag.
Täglicher Abrechnungspreis	€ 1 unter dem letztbezahlten Kurs des Basistitels.
Ausübungszeit	Ausübungen sind an jedem Börsentag während der Laufzeit bis 19.00 Uhr möglich (amerikanische Art); mit Ausnahme des Tages eines Dividendenbeschlusses.
Verfallmonate	Die beiden nächsten Monate des Zyklus März, Juni, September und Dezember.
Ausübungspreise	Alle LEPO-Kontrakte haben einen Ausübungspreis von € 1.
Handelszeit	9.00 bis 17.30 Uhr MEZ
Optionsprämie	Zahlungen des entsprechenden €-Wertes in voller Höhe am ersten Börsentag, der dem Kauftag folgt.

▶ **Low Exercise Price Options (LEPO) auf nordische Basistitel**

Produkt der → EUREX.
Basiswerte mit LEPO-Kontrakten:
UPM-Kymmene Oyj
Nokia Oyi
Sonera Yhtymä Oyi
Stora Enso Oyi
Tieto Enator Corporation
Pohjola Group Insurance Corporation B

Helsinki Telefone
Corporation
Orion
Corporation B
Raiso Group plc
Sampo Insurance Company plc
Metso Corporation
Metsä-Serla Corporation B
Fortum Corporation B
Huhtamamäki Van Leer Oyj

Kontraktgröße	Jeder Kontrakt bezieht grundsätzlich auf 100 Aktien des zu Grunde liegenden Basiswerts.Die Basiswerte Stora Enso oyiR, Raiso Group plc, Sampo Insurance Company plc, Metso Corporation, Metsä-Serla Corporation B, Fortum Corporation, Huutamamäki Van Leer Oyj, haben eine Kontraktgröße von 500 Aktien.
Minimale Preis-veränderung	Die minimale Preisveränderung von LEPO-Kontrakten beträgt € 0,01
Erfüllung	Physische Lieferung von 100 (bzw. 500 Aktien) des zu-grundekiegenden Basiswertes
Erfüllungstag	Vier Börsentage nach der Ausübung (t+4).
Letzter Handelstag	Der dritte Freitag eines Verfallmonats, sofern dieser ein Börsentag ist, andernfalls der davor liegede Börsentag.
Täglicher Ab-rechnungspreis	€ 1 unter dem letzten gehandelten Kurs des Basistitels.
Ausübungszeit	Ausübungen sind an jedem Börsentag während der Laufzeit bis 18.30 Uhr MEZ möglich (amerikanische Art).
Verfallmonate	Die beiden nächsten Monate des Zyklus März, Juni, September und Dezember.
Ausübungspreise	Alle LEPO-Kontrakte haben einen Ausübungspreis von € 1.
Handelszeit	9.30 bis 16.30 Uhr MEZ
Optionsprämie	Zahlbar an dem Börsentag, der dem Kauftag folgt (in voller Höhe).

▶ **Low Exercise Price Options (LEPO) auf schweizerische Basistitel**

Produkt der → EUREX
Basistitel mit LEPO-Kontrakten:
ABB N
Adecco N
Ciba Spezialitäten-chemie Holding N
Clariant N
Credit Suisse Group N
Holderbank I
Lonza Group AG
Nestlé N
Novartis N
Rentenanstalt/Swiss Life N
Sair Group N
Schweizerische Rückversicherung N
Sulzer N
Swissco
The Swatch Group N
UBS AG N
Zurich Allied

Kontraktgröße	Kontrakt bezieht sich in der Regel auf 10 Aktien des zu Grunde liegenden Basiswerts.	
Minimale Preis-veränderung	**Optionspreis**	**Preisabstufung**
	sfr. 0,10 bis sfr. 9,90	sfr. 0,10
	sfr. 10 bis 19,80	sfr. 0,20
	sfr. 20 bis 299,50	sfr. 0,50
	sfr. 300 und höher	sfr. 1,00
Erfüllung	Physische Lieferung von 10 Aktien des zugrundekie-genden Basiswertes	
Erfüllungstag	Drei Börsentage nach der Ausübung.	
Letzter Handelstag	Der dritte Freitag eines Verfallmonats, sofern dieser ein Börsentag ist, andernfalls der davor liegede Börsentag.	
Täglicher Ab-rechnungspreis	sfr. 1 unter dem letztbezahlten Kurs des Basistitels.	

Ausübungszeit	Ausübungen sind an jedem Börsentag während der Laufzeit bis 18.30 Uhr CET möglich (amerikanische Art.
Verfallmonate	Die beiden nächsten Monate des Zyklus März, Juni, September und Dezember.
Ausübungspreise	Alle LEPO-Kontrakte haben einen Ausübungspreis von sfr. 1.
Handelszeit	9.00 bis 16.55 Uhr MEZ
Optionsprämie	Zahlungen des entsprechneden €-Wertes in voller Höhe am ersten Börsentag, der dem Kauftag folgt.

▶ **Lustlos**

Bezeichnet ein Börsengeschäft bei geringen Börsenumsätzen.

▶ **Luxibor**

(Luxembourg Interbank Offered Rate) Interbanken-Geldmarktsatz am Bankplatz Luxembourg. Er hat am Platz Luxembourg die gleiche Funktion wie der → LIBOR.

▶ **LYON (Liquid Yield Option Note)**

Nullkupon-Anleihe (→ Zerobond), die unter bestimmten Bedingungen in → Aktien der emittierenden Unternehmung konvertiert werden kann. Die LYON ist somit eine Sonderform der → Wandelanleihe.

▶ **LZB**

Abkürzung für Landeszentralbank. Es handelt sich hierbei um eine Hauptverwalung der Deutschen Bundesbank.

M

▶ **M1**

M 1, als eng gefasste Geldmenge definiert, umfasst Bargeld, d. h.
Banknoten und Münzen sowie Guthaben, die ohne weiteres in
Bargeld umgewandelt oder für bargeldlose Zahlungen eingesetzt
werden können, d. h. täglich fällige Einlagen.

▶ **M2**

Die „mittlere" Geldmenge M 2 umfasst neben der eng gefassten Geldmenge → M1 Einlagen mit einer Laufzeit von bis zu zwei Jahren sowie
Einlagen mit vereinbarter Kündigungsfrist von bis zu drei Monaten.

▶ **M3**

Die weit abgegrenzte Geldmenge M 3 umfasst neben der mittleren
Geldmenge → M 2 vom → MFI-Sektor ausgegebene marktfähige
Instrumente. Hierzu zählen bestimmte Geldmarktinstrumente
(insbesondere Geldmarktfondsanteile, → Geldmarktpapiere und
→ Repogeschäfte).

▶ **Mahnbescheid**

Gerichtliche Zahlungsaufforderung im Rahmen eines abgekürzten
Verfahrens zur Erlangung eines rechtskräftigen und vollstreckbaren Titels (§§ 688 ff. ZPO). Er wird auf Antrag des Gläubigers
durch das Amtsgericht erlassen, in dessen Bezirk der Gläubiger
seinen Wohnsitz hat. Dabei prüft das Gericht nicht die sachliche
Berechtigung des geltend gemachten Anspruchs. Wird gegen den
Mahnbescheid innerhalb von zwei Wochen Widerspruch eingelegt,
so gibt das Amtsgericht den Rechtsstreit an das nach §§ 12 ff. ZPO
zuständige Gericht ab und das normale Gerichtsverfahren wird
eingeleitet. Wird kein Widerspruch eingelegt, so ergeht auf Antrag
auf einen Vollstreckungs.Dieser steht einem Versäumnisurteil
gleich und kann innerhalb von zwei Wochen mit Einspruch ange-

fochten werden. Bleibt er unangefochten, dient er als Vollstreckungstitel.

▶ **Maintenance Level**

Mindestniveau für eine Sicherheitsleistung. Vgl.: → Mindesteinschuss

▶ **Maintenance Margin** → Mindesteinschuss

▶ **Major Market Index (MMI)**

Aktienindex, der die Kurse von 20 → Blue Chips umfasst, die an der New York Stock Exchange gehandelt werden. Der Index ist preisgewichtet und weist eine hohe Korrelation (ca.98 %) zum → Dow Jones Index auf. Auf den Major Market Index (MMI) werden auch Optionsscheine oder andere → Derivative Finanzinstrumente gehandelt (→ MMI Aktieninex Optionsscheine).

▶ **Makler** → Freie Makler, → Kursmakler

▶ **Makler Courtage**

Gebühr(→ Courtage, Maklergebühr, Maklerlohn), welche der Makler für seine Vermittlungstätigkeit erhält.

▶ **Maklergebühr** → Makler Courtage

▶ **Maklerkammer** → Kursmaklerkammer

▶ **Maklerlohn** → Courtage

▶ **Maklertagebuch** → Skontro

▶ **Management Buy Out**

Übernahme eines Unternehmens durch sein Management. Die bisherigen Aktionäre werden durch Aufkauf ihrer Anteile abgefunden. Die Finanzierung erfolgt im Regelfall durch Kreditfinanzierung aus

Bankkrediten oder durch Anleiheemissionen (→ Junk Bonds). Die Kreditbesicherung erfolgt durch die umfangreichen Aktiva des Unternehmens.Management Buy Out ist insofern lediglich eine Variante des → Leveraged Buy Out, da hier die Übernahme des Unternehmens unter Mitwirkung oder unter Ausschluss des Managements durch Dritte von außerhalb des Unternehmens erfolgt.

▶ **Management Fee**

Provision, die an die Führungsmitglieder eines (Emissions-) Konsortiums (bzw. bei nur einer Konsortialführerin nur an diese) zu zahlen ist.

▶ **Management Group**

Führungsgruppe eines (Emissions-) Konsortiums.

▶ **Management Shares**

Aktien, die sich im Besitz des Vorstands und von führenden Mitarbeitern einer Aktiengesellschaft befinden. Sie werden häufig Angehörigen des Managements als Tantieme überlassen.

▶ **Mandatory Convertible Instruments**

Schuldtitel, die zu einem definierten Zeitpunkt in Stamm- oder Vorzugsaktien umzuwandeln sind. Mandatory Convertible Instruments werden von US-Banken emittiert.

▶ **Mantel**

(1) Bei *Wertpapieren:* Bezeichnung für die gefaltete Doppelseite der (eigentlichen) Wertpapierurkunde im Unterschied zum → Bogen und → Erneuerungsschein. In ihm ist bei Aktien und Kuxen das Mitgliedschaftsrecht, bei Anleihen das Forderungsrecht und bei Investmentanteilen das Miteigentumsrecht als Hauptrecht verbrieft. Zusammen mit dem Bogen stellt der Mantel die Urkunde der Wertpapiere dar; nur beide zusammen sind verkäuflich.

(2) Bei *Gesellschaften:* sämtliche Anteile einer Aktiengesellschaft, bergrechtlichen Gewerkschaft oder Gesellschaft mit beschränkter Haftung, die noch keine Geschäfte betreibt bzw. nicht mehr tätig ist oder sich in Liquidation befindet.

▶ **Mantelabtretungsvertrag**

Vertrag über eine → Forderungsabtretung, in dem sich der Schuldner gegenüber seiner Bank verpflichtet, für abgetretene, aber inzwischen eingezogene Forderungen andere Forderungen an das Kreditinstitut abzutreten. Die Höhe des in Anspruch genommenen Kredits ist maßgebend für den Gesamtbetrag der abzutretenden Forderungen.

▶ **Mantelstücke**

Bezeichnung für Wertpapiere, die derzeit lediglich ohne → Bogen geliefert werden können.

▶ **Marge**

(1) Spanne zwischen An- und Verkaufspreis oder zwischen Soll- und Habenzinssatz;

(2) bei der → Arbitrage die Kursdifferenz zwischen verschiedenen Plätzen.

▶ **Margin**

(Bareinschuss, Initial Margin) Sicherheitsleistung (Einschuss oder Nachschuss), die zur Risikoabsicherung einer Terminposition zu stellen ist. Bei Futures wird zwischen → Initial Margin und → Variation Margin, die dem täglichen Gewinn- bzw. Verlustausgleich dient, differenziert. Bei Optionen ist die Hinterlegung der Margin nur bei Existenz einer → Short Position erforderlich.

▶ **Margin Account**

Konto, auf welches die → Margin einzuzahlen ist und gehalten werden muss.

▶ **Margin Call**

(Sicherheitsnachforderung) Ein Margin Call erfolgt, wenn eine hinterlegte Sicherheitsleistung für ein Termingeschäft nicht mehr ausreicht. In diesem Fall ist ein entspechender Nachschuss zu leisten.

▶ **Margin Parameter**

Invariante, die die maximalen Preisschwankungen der Basiswerte bis zum kommenden Börsentag spiegelt. Margin Parameter werden von der Eurex Clearing festgelegt und bei Bedarf angepasst.

▶ **Mark to Market**

Bezeichnung für

(1) den Prozess der börsentäglichen Feststellung einer Risikoposition sowie ihres (teilweisen) Ausgleichs. Dies geschieht durch die preisliche Bewertung einer Position oder eines Portfolios auf Basis der relevanten aktuellen Parameter. Daran schließen sich die erforderliche Sicherheitenanpassung sowie die Gewinn- bzw. Verlustverrechnung an.

(2) für die börsentägliche Verrechnung von Gewinnen oder Verlusten, die sich aus der Verrechnung von börsentäglich bewerteten Terminmarktposititionen zu den entsprechenden Positionen des Vortages ergeben. Diese schlagen sich in einer positiven oder negativen Differenz und damit potenziellen Gewinnen oder Verlusten nieder. Vgl. auch: → Variation Margin.

▶ **Market Maker**

(1) Professioneller Börsenhändler, der gleichzeitig größere Mengen von Wertpapieren zu einem (relativ niedrigeren) Geldkurs nachfragt und zu einem (relativ höheren) Briefkurs anbietet und dadurch die Preisfindung der betreffenden Wertpapiere ermöglicht. Mit der Inanspruchnahme der Dienstleistung des Market-Makers, dessen Gewinn in der Marge zwischen Geld- und Briefkurs besteht, sind für den Marktpartner drei Vorteile ver-

knüpft: Erstens hat er unabhängig von der Marktlage stets einen Partner für den sofortigen Abschluss eines Geschäfts, zweitens ist die Bonität der Market-Maker unzweifelhaft und drittens kommt ein marktgerechter Kurs für die Transaktion zu Stande. Da die Market-Maker in harter Konkurrenz miteinander stehen, sind die von ihnen festgelegten Preise in der Regel marktnah. Im Falle falscher Kursfestsetzung kumulieren sich bei einem Market-Maker Angebots- oder Nachfragepositionen, während eine zu große Marge zwischen Geld- und Briefkurs sofort zu starkem Umsatzrückgang führt. Daher wird im Market-Maker-Prinzip neben dem in Deutschland vorherrschenden Auktionsprinzip ein effizientes börsliches Kursermittlungsverfahren gesehen.

(2) Marktteilnehmer der → EUREX. Er ist während der offiziellen Handelszeit dazu verpflichtet, jederzeit verbindliche → Brief- und → Geldkurse zu stellen.

▶ **Marketability**

(Liquidity) Terminus, der auf die → Liquidität eines Aktivums abzielt und in unterschiedlicher Extension Verwendung findet. Marketability besitzen alle Aktiva, die

(1) einen hohen Liquiditätsgrad aufweisen und somit problemlos handelbar sind,

(2) in großen Volumina nachgefragt oder angeboten (gehandelt) werden können, ohne dass dies eine nennenswerte Preisänderung (Kursänderung) bewirkt.

▶ **Marktbreite**

Ist an organisierten Finanzmärkten gegeben, wenn eine große Investorenzahl im Markt engagiert ist.

▶ **Marktfähigkeit von Wertpapieren** → Börsenfähigkeit

▶ **Marktfinanzierung** → Außenfinanzierung

▶ **Marktgängigkeit von Wertpapieren**

Ist gegeben, wenn regelmäßige hohe Tagesumsätze erfolgen. Dies setzt im Regelfall die →Börsenzulassung zum → amtlichen Handel mit allen damit verbundenen Bedingungen voraus.

▶ **Marktkapitalisierung**

(Börsenkapitalisierung, Börsenwert) Marktpreis einer Aktiengesellschaft. Sie errechnet sich aus der Summe aller → Aktien multipliziert mit deren Börsenkurs.

▶ **Marktsegemente** → Börsensegmente

▶ **Markttiefe**

Ist an einem Finanzmarkt gegeben, wenn – bedingt durch ein entsprechendes Angebot (und vice verca) – Kauf- und Verkaufspreise in zeitlich kurzen Abständen gestellt werden.

▶ **Maßgeblichkeitsprinzip**

Nach diesem Prinzip ist für die steuerliche Gewinnermittlung für Gewerbetreibende die nach den Grundsätzen ordnungsmäßiger Buchführung erstellte Handelsbilanz maßgeblich (§ 5 EStG). D. h., die Ansätze der Handelsbilanz für die Steuerbilanz sind bindend, soweit nicht steuerliche Vorschriften zu beachten sind. Soweit Vorschriften der Handelsbilanz den steuerlichen Spezialvorschriften widersprechen, sind diese entsprechend zu korrigieren. Die Nutzung steuerlicher Vorteile setzt einen entsprechenden Ansatz in der Handelsbilanz voraus (umgekehrte Maßgeblichkeit).

▶ **Master Agreements**

Einheitliche Verträge, die insbesondere den Eigenheiten unterschiedlicher derivativer Geschäfte Rechnung tragen und überwiegend an den OTC-Märkten verwendet werden.

▶ **Matador-Anleihen**

Marktübliche Bezeichnung für Peseten-Auslandsanleihen.

▶ **Matching**

Bezeichnung für die Abgleichung von Transaktionen zwischen direkten Marktteilnehmern.

▶ **Materialknappheit**

(Materialmangel) bezeichnet ein zu niedriges Angebot bei gegebener Nachfrage. Die Konsequenz kann eine Kursstreichung sein.

▶ **Materialmangel** → Materialknappheit

▶ **Maxi-Floating Rate Note**

→ Floating Rate Note, die mit einer Höchstzinsbegrenzung ausgestattet ist.

▶ **MAX-Index**

(IKB-MAX) Abkürzung für Mittelstandsaktien-Index, einen Aktien-Index, den die IKB Deutsche Industriebank AG entwickelt hat. Dieser Aktienindex umfasst 100 Aktien (Stamm- oder Vorzugsaktien), die im Amtlichen Handel oder am Geregelten Markt notiert werden, eine Börsenkapitalisierung von höchstens 600 Mio. DM aufweisen sowie möglichst konzernunabhängig sind. Der Index wird im wöchentlichen Berechnungsintervall (Mittwochskurse) errechnet. Sein Stichtag wurde auf den 31. 12. 1987 (gleich 1000) fixiert und ermöglicht damit einen guten Vergleich zum → DAX.

▶ **MDAX**

Midcap-Index der Deutsche Börse AG. Dieser Index deckt die Werte der zweiten Reihe, die sind die 70 variabel gehandelten → Aktien des

Mid Cap-Segments (→ Mid Caps). Es handelt ich dabei um jene Werte aus dem →DAX 100 (Werte 31 – 100), die nicht durch den → DAX erfasst werden. Der MDAX wird sowohl als Performanceindex als auch als Kursindex berechnet. Er wird als Laufzeitindex minütlich errechnet und publiziert. Als Basis wurde der 30.12.87 mit einem Wert von 1000 gewählt.

▶ Medium Term Notes

Schuldverschreibungen, die ein Laufzeitspektrum von unter einem Jahr bis zu dreißig Jahren aufweisen. Dies ist allerdings von den Usancen im jeweiligen Markt abhängig. Medium Term Notes werden im Rahmen von Medium Term Notes Programmen emittiert und platziert.

▶ Medium Term Notes Programm (MTN)

Rahmenvereinbarung, die zwischen einem Emittenten und einem Bankenkonsortium geschlossen wird. Danach können laufend → Medium Term Notes in Tranchen emittiert werden. Jede Tranche kann bei Auflegung den jeweiligen Erfordernissen des Emittenten hinsichtlich der Laufdauer, Denomination, Verzinsung (fest, variabel), Tilgungsmodalitäten etc. entsprechen. Die Banken treten als Arrangeure und Händler, nicht aber als „Underwriter" auf.

▶ Mega-Anleihe

Bezeichnung für eine → Anleihe mit einem Emissionsvolumen von über 10 Mrd. US-$, oder deren Gegenwert.

▶ Mehrheitsaktionär

Bezeichnung für einen Aktionär (Großaktionär) oder eine einheitlich handelnde Aktionärsgruppe der oder die sich im Besitz von mindestens 50% des Aktienkapitals einer Aktiengesellschaft (Mehrheitsbeteiligung) befindet. Mittels des Stimmrechts kann der Mehrheitsaktionär einen tief greifenden Einfluss auf die AG ausüben. Das entscheidende Problem liegt im Ausgleich der möglichen Interessenkonflikte zwischen Mehrheitsaktionär, der Aktiengesellschaft und den → Minderheitsaktionären (→Minderheitsrechte).

▶ **Mehrheitsbeteiligung** → Beteiligung

▶ **Mehrstimmrechtsaktie**

Aktie besonderer Gattung, die dem Eigentümer ein erhöhtes, z. B. 100-faches, Stimmrecht einräumt. Diese Aktien wurden in Deutschland immer in Form von vinkulierten Namensaktien (→ Namensaktie) ausgegeben. Grundsätzlich ist die Emission von Mehrstimmrechtsaktien in Deutschland gem. § 12 (2) AktG unzulässig. Soweit Mehrstimmrechte noch existieren, erlöschen diese gem. § 5 (1) EGAktG am 1. Juni 2003, wenn nicht zuvor die Hauptversammlung mit einer Mehrheit die mindestens ³/₄ des bei der Beschlussfassung vertretenden Grundkapitals umfasst, ihre Fortgeltung beschlossen hat. Hiervon unabhängig kann die Hauptversammlung gem. § 5 (2) EGAktG die Beseitigung der Mehrstimmrechte mit einer Mehrheit beschließen, die mindestens 50 v.H. des bei der Beschlussfassung vertretenden Grundkapitals bedarf.

▶ **Meistausführungsprinzip** → Stauprinzip

▶ **Mengentender** → Tenderverfahren

▶ **Merger**

Anglo-amerikanische Bezeichnung für Fusion, die in den Verschmelzungsformen Fusion durch Aufnahme gem. § 339 Abs. 1 Ziff. 1 AktG oder Fusion durch Neubildung gem. § 339 Abs. 1 Ziff. 2 AktG erfolgen kann.

▶ **Metakredit**

Kredit, der von zwei Partnern (i. d. R. Banken) zu gleichen Teilen herausgelegt wird.

▶ **Mezzanine Capital**

Spezielle Form privaten Beteiligungskapitals in den USA. Es setzt sich i. d. R. aus festverzinslichen nicht dinglich gesicherten Darlehen sowie u.U. einer Erfolgsbeteiligung in Form von Bezugsrechten auf Aktien (Stock Options) zusammen. Gegebenenfalls sind mit einer Mezzanine Finanzierung für die Kapitalgeber auch Kaufoptionen auf eine bestimmte Quote am Grundkapital des finanzierenden Unternehmens verbunden. De facto existieren viele Varianten der Mezzanine-Finanzierung.Mezzanine Capital wird bilanziell nach dem dinglich besicherten erstklassigen Fremdkapital und vor dem Eigenkapital im Zwischenstock ausgewiesen.

▶ **MFIs**

Abk. für Monetäre Finanzinstitute. MFIs umfassen drei Gruppen von Instituten:

(1) die Zentralbanken,

(2) die gebietsansässigen Kreditinstitute im Sinne des Gemeinschaftsrechts der EU. Diese sind definiert als Unternehmen, deren Tätigkeit darin besteht, Einlagen und andere rückzahlbare Gelder des Publikums entgegenzunehmen (einschließlich der Erlöse aus dem Verkauf von Bankschuldverschreibungen an das Publikum)und Kredite auf eigene Rechnung zu gewähren.

(3) alle sonstigen gebietsansässigen Finanzinstitute, deren wirtschaftliche Tätigkeit darin besteht, Einlagen bzw. Einlagensubstitute von anderen Wirtschaftssubjekten als MFIs entgegenzunehmen und auf eigene Rechnung (zumindest im wirtschaftlichen Sinne) Kredite zu gewähren und/oder in Wertpapieren zu investieren. Hierzu sind insbesondere die Geldmarktfonds zuzurechnen.

Vom MFI-Sektor wird der sog. Geldhaltungssektor abgegrenzt. Dieser besteht – mit Ausnahmen der Zentralregierungen – aus allen im Euro-Währungsgebiet ansässigen → Nicht-MFIs. Zentralregierungen bilden einen geldneutralen Sektor (Ausnahme: Verbindlichkeiten von Zentralregierungen, die als Sonderposten in die Abgrenzung der → monetären Aggregate mit einbezogen sind).

▶ **M-Formation**

Idealisierte Kurs-Umsatzformation, die den Chartisten auf eine obere Trendumkehr hinweist.

▶ **Micro Hedge**

Bezeichnung für Hedging von Einzelpositionen.

▶ **Mid Caps**

Bezeichnung für die Aktien von gut eingeführten Unternehmen mit einer Marktkapitalisierung von 500 Mio. bis 1000 Mio. €. In Deutschland werden alle Aktien aus dem → DAX 100, die nicht zu den 30 DAX-Werten gehören (bzw. im DAX enthalten sind) in das Mid Cap-Segment eingeordnet. Vgl: → DAX, → DAX 100, → Blue Chips, → Small Caps

▶ **Millionenkredit**

Kredit von 3 Mio. DM und darüber, den ein Kreditinstitut an einen Kreditnehmer herauslegt bzw., der von einem Kreditnehmer in Anspruch genommen wird. Kreditinstitute und gewisse Finanzdienstleistungsinstitute haben gem. § 14 KWG der Bundesbank bis zum Fünzehnten der Monate Januar, April, Juli und Oktober diejenigen Kreditnehmer anzuzeigen deren Verschuldung ihnen gegenüber zu irgendeinem Zeitpunkt während der dem Meldetermin vorhergehenden drei Kalendermonate drei Mio. DM oder mehr betragen hat. Dies gilt bei Gemeinschaftskrediten auch dann, wenn die Verschuldung bei einem einzelnen Kreditinstitut unter drei Mio. DM gelegen hat.

▶ **Minderaktie**

Ehemals Kleinaktie in Deutschland, die einen Anteil an einer Aktiengesellschaft mit qualitativ gleichen Rechten wie die übliche Stammaktie verbriefte. Sie war jedoch auf einen sehr niedrigen Nennwert ausgestellt. Durch die stärkere Stückelung und den damit verbundenen niedrigeren Kaufpreis wollte man den Kreis der Kleinaktionäre zur Anlage in Produktivvermögen anreizen und zugleich ihre Handelbarkeit erleichtern.

Nach dem Zweiten Weltkrieg wurde die Minderaktie in Deutschland im Zusammenhang mit der Vermögenspolitik favorisiert und fand mit der zugleich praktizierten Privatisierung von Staatsbetrieben (z. B. VW) eine entsprechende Verbreitung (Volksaktie).

▶ **Minderheitsaktionär**

Bezeichnung für einen Aktionär oder eine einheitlich handelnde Gruppe von Aktionären, dessen bzw. deren Aktienbesitz ausreicht einen Minderheitenschutz in Anspruch nehmen zu können (→ Minderheitsrechte).

▶ **Minderheitsbeteiligung** → Beteiligung

▶ **Minderheitsrechte**

(Minoritätsrechte) Minimalrechte einer bestimmten Gruppe von Aktionären. Sie werden durch Aktienrecht zum Schutz vor Benachteiligungen durch den Mehrheitsaktionär eingeräumt. Die Ausübung von Minderheitsrechten ist im Einzelfall an den Besitz eines bestimmten Anteils am Grundkapital und/oder eines festen Nennbetrags geknüpft.

Die Minderheitsrechte erstrecken sich in erster Linie auf das Recht zur Einberufung der Hauptversammlung gem. § 122 (1) AktG, das Auskunftsrecht gem. § 131 AktG, die Bestellung von Sonderprüfern gem. § 142 (2) AktG und die Geltendmachung von Ersatzansprüchen gem. § 147 AktG.

▶ **Mindestbietungssatz** → Tenderverfahren

▶ **Mindesteinlage**

Höhe der Einlage auf einen Geschäftsanteil an einer Genossenschaft, zu der jedes Mitglied einer Genossenschaft verpflichtet ist.

▶ **Mindesteinschuss**

(Mindest-Margin, Maintanance Margin) Bezeichnung für die Einschussleistung, die von einem Marktteilnehmer im Hinblick auf eine offene Terminkontraktposition mindestens hinterlegt werden muss. Sie wird i. v.H. der Initial Margin definiert.

▶ **Mindestkapital**

Der Terminus beschreibt die Mindestausstattung von Unternehmen in Form einer Gesellschaft mit beschränkter Haftung (GmbH) oder Aktiengesellschaft (AG) mit Eigenkapital. Entsprechend ist die GmbH mit einem Mindeststammkapital von 25 000 € auszustatten, während die Aktiengesellschaft ein Grundkapital mit einem Mindestnennwert von 50 000 € aufweisen muss.

▶ **Mindest-Margin** → Mindesteinschuss

▶ **Mindestnennbetrag**

(1) des Grundkapitals bei Aktiengesellschaften gem. § AktG 50.000 €
(2) bei Aktien
 (a) → Summen- oder Nennwertaktien lauten auf einen festen Geldbetrag. Der Mindestnennbetrag in Deutschland ist gem. § 8 (2) AktG 1 €. Höhere Nennbeträge müssen jeweils auf volle Euro lauten.
 (b) → Stückaktien lauten gem. § 8 (3) AktG auf keinen Nennbetrag und sind am Grundkapital im gleichen Umfang beteiligt. Dabei darf der auf die einzelne Aktie anteilige Anteil am Grundkapital einen Euro nicht unterschreiten. Der Anteil am Grundkapital ergibt sich bei Stückaktien nach der Zahl der Aktien.

▶ **Mindestnennwert des Grundkapitals der Aktiengesellschaft (AG)**

Das Grundkapital der Aktiengesellschaft muss gem. § 7 AktG 50 000 € betragen.

▶ **Mindestreservebasis**

Summe der Bilanzposten, welche die Basis für die Berechnung des zu erfüllenden Mindestreserve-Solls eines Kreditinstituts bilden.

▶ **Mindestreserveerfüllungsperiode**

Zeitraum, innerhalb dessen die Kreditinstitute ihrer Verpflichtung zur Mindestreservehaltung zu nachkommen müssen. Die Mindesterfüllungsperiode umfasst im ESZB einen Monat. Sie beginnt jeweils am 24. Kalendertag eines jeden Monats und endet am 23. Kalendertag des Folgemonats.

▶ **Mindestreserven des ESZB**

Das ESZB verlangt nach Artikel 19.1 von den Kreditinstituten, dass sie den Mindestreservevorschriften des ESZB entsprechende Mindestreserven auf Konten bei den nationalen Zentralbanken (NZBen) unterhalten. Dabei gelten die Mindestreservevorschriften gleichermaßen auch für Zweigstellen im Euro-Raum von Instituten, die ihren eingetragenen Sitz außerhalb des Euro-Raums unterhalten

Die Höhe der jeweils zu haltenden Mindestreserve richtet sich nach seiner → Mindestreservebasis, wobei den Geschäftspartnern die Durchschnittserfüllung gestattet ist. Die Erfüllung der Mindestreserve bemisst sich innerhalb einer einmonatigen Mindestreserveerfüllungsperiode auf Basis der durchschnittlichen Kalendertagesendguthaben auf den Konten der Geschäftspartner. Die Mindestreserveguthaben der einzelnen Kreditinstitute werden zum Satz für die Hauptrefinanzierungsgeschäfte verzinst. Guthaben, die die erforderlichen Mindestreserven übersteigen, werden nicht verzinst.

Die Mindestreserveerfüllungsperiode beträgt einen Monat – jeweils vom 24. Kalendertag eines Monats bis zum 23. Kalendertag des Folgemonats.

Erfüllt ein Kreditinstitut seine Mindestreservepflicht ganz oder teilweise nicht, ist die EZB befugt, Sanktionen zu verhängen.

▶ **Mindestreservepolitik**

Instrument der Zentralbankpolitik, welches die Notenbank zur Stabilisierung der Geldmarktsätze aber auch zur Beeinflussung des Geldangebots und damit der Kreditgewährung der Geschäftsbanken einsetzt. Ansatzpunkt ist die Giralgeldschöpfungsfähigkeit der Kreditinstitute, die dadurch beeinflusst wird, dass die Notenbank die Geschäftsbanken zur Unterhaltung einer Mindestreserve bei ihr veranlasst. Die Höhe der Mindestreserve ergibt sich aus einem Mindestreservesatz als Prozentsatz auf bestimmte Verbindlichkeiten. Funktionsweise der Mindestreservepolitik: Durch Erhöhung (Senkung) der Mindestreservesätze vermindert (erweitert) sich tendenziell das Geld- bzw. Kreditpotenzial der Geschäftsbanken. Eine Mindestreservesatzerhöhung (-senkung) soll damit über das verringerte (vermehrte) Geld- und Kreditangebot am Markt zinserhöhend (zinssenkend) wirken. Vgl.: → Mindestreservepolitik des ESZB.

▶ **Mindestreservepolitik der Deutschen Bundesbank**

In der Bundesrepublik Deutschland waren bis zum Übergang der währungspolitischen Kompetenz auf das ESZB, gem. §1 der Anweisung der Deutschen Bundesbank über Mindestreserven (AMR), alle Kreditinstitute i. S. der §§ 1, 53 (1) KWG mindestreservepflichtig. Die zu haltenden Mindestreserven wurden nicht verzinst. Von der Mindestreservepflicht waren ausgenommen: Sozialversicherungsträger, Versicherungsunternehmen, gemeinnützige Wohnungsbauunternehmen, Unternehmen des Pfandleihgeschäfts, bestimmte Organe der staatlichen Wohnungsbaupolitik, Kapitalanlagegesellschaften, Wertpapiersammelbanken, Kreditinstitute in Liquidation, vom Bundesaufsichtsamt entbundene Unternehmen.

Die Reservesätze wurden in Prozent der reservepflichtigen Verbindlichkeiten gegenüber Gebietsansässigen und gegenüber Gebietsfremden getrennt erhoben. Die Differenzierung nach Verbindlichkeiten ergab sich aus dem unterschiedlichen Liquiditätsgrad (→ Liquidität). Dabei erfolgte für reservepflichtige Verbindlichkeiten gegenüber Gebietsansässigen eine Differenzierung nach Sichtverbindlichkeiten, befristeten Verbindlichkeiten und Spareinlagen, wobei sich eine weitere Differenzierung nach Progressionsstufen ergab. Bei Reservepflichtigen Verbindlichkeiten gegenüber Gebietsfremden erfolgte die Differenzierung lediglich nach Sichtverbindlichkeiten, befristeten Verbindlichkeiten und nach Spareinlagen. Allerdings konnten gesonderte Sätze auf die jeweiligen Zuwächse berechnet werden. Die Berechnung der Mindestreserveverpflichtung war in der AMR festgelegt.

Die Mindestreservepolitik hatte im Verlauf der letzten Jahre der Zuständigkeit der Deutschen Bundesbank an Gewicht verloren. Die Ursachen lagen einerseits darin, dass dieses notenbankpolitische Instrument im Vergleich zu anderen Instrumenten im Hinblick auf die Steuerung der Geldmenge nicht in entsprechender Sensibilität einsetzbar war. Andererseits war ihre wettbewerbsverzerrende Wirkung auf die Struktur der deutschen Kreditwirtschaft deutlich erkennbar. Nicht zuletzt konnte schließlich die durch ihren Einsatz erheblich bewirkte Benachteiligung des deutschen Geldmarkts (die Bundesbank bot auf die zuhaltenden Mindestreserven keine Verzinsung) gegenüber ausländischen Geldmärkten nicht übersehen werden.

▶ **Mindestreservepolitik des ESZB**

Die geldpolitischen Funktionen des Mindestreservesystems des ESZB sind in erster Linie auf zwei Zielrichtungen ausgerichtet. Es sind dies die

- Stabilisierung der Geldmarktsätze und
- Herbeiführung oder Vergrößerung der strukturellen Liquiditätsknappheit.

Im Hinblick auf die Stabilisierungsfunktion wird davon ausgegangen, dass durch die Durchschnittserfüllung im Mindestreservesystem den Kreditinstitute ein Anreiz gegeben wird Liquiditätsschwankungen abzufedern. Durch die Herbeiführung oder Vergrößerung der Liquiditätsknappheit könnte das ESZB besser in die Lage versetzt werden effizienter als Liquiditätssteller zu fungieren. Zu Einzelheiten vgl.: → Mindestreserven des ESZB.

▶ **Mindestschluss** → Schluss

▶ **Mindeststammkapital der Gesellschaft mit beschränkter Haftung (GmbH)**

Das Stammkapital der Gesellschaft mit beschränkter Hanftung (GmbH) muss gem. § 5 GmbHG mindestens 25.000 € betragen. Die Stammeinlage jeden Gesellschaftzers muss sich auf mindestens 250 000 € beziffern.

▶ **Mini Max Floater**

Variante der → Floating Rate Note, die mit einer Zinsober- und Zinsuntergrenze ausgestattet ist. Im Gegensatz zu → Collared Floating Rate Notes ist die Zinssatzdifferenz ausgesprochen eng definiert. Üblich sind bei Mini Max Floatern Zinssatzdifferenzen zwischen den jeweiligen Ober- und Untergrenzen von maximal 100 – 200 Basis Points.

▶ **Mini Tap**

(Taplet) darunter wird – in Verbindung mit dem Gilt Edged Market – eine weitere zusätzliche Emission im Volumen von ca. 100 – 300 Mio. £ Sterling zu einer bereits im Umlauf befindlichen Anleihe verstanden.

▶ **Minimum Price Fluctuation**

Kleinstmögliche Wertschwankung (aufwärts oder abwärts) eines Terminkontraktpreises (→ Financial Futures).

▶ **Minoritätsrechte der Aktionäre** → Minderheitsrechte

▶ **Minusankündigung** → Minuszeichen

▶ **Minuszeichen**

Bei beträchtlichen Abweichungen des festzustellenden Kurses vom Vortagskurs wird ein gesonderter Hinweis durch den Kursmakler auf der Kursanzeigetafel erforderlich. Vgl.: → Kurszusätze.

Bei festverzinslichen Wertpapieren (ausgenommen: Optionsan-leihen, Wandelobligationen, Genuss-Scheinen) wird eine voraus-sichtliche negative Kursveränderung von mehr als 1,5% bis 3% durch ein Minuszeichen, mehr als 3% durch zwei Minuszeichen angezeigt. Bei Aktien wird ein Kursverfall von mehr als 5% bis 10% durch ein Minuszeichen, von mehr als 10% bis 20% durch zwei Minuszeichen und von über 20% durch ein dreifaches Minuszei-chen angezeigt.

▶ **Mirror Swap**

Bezeichnung für einen → Swap, der zum Zweck des Ausgleichs of-fener (ungedeckter) Zahlungsverpflichtungen aus einem vorherge-henden Swap kreiert wird.

▶ **Mismatch Risk**

(1) Risiko, welches aus Laufzeit-, Währungs- und/oder Volumen-sinkongruenzen resultiert;
(2) Risiko aus einer offenen Swap-Position.

▶ **Mismatched Floating Notes** → Floating Rate Notes

▶ **Mismatched Position**

Ungedeckte (Kauf- oder Verkaufs-)Position an einem Markt, die nicht durch eine entsprechende Gegenposition gedeckt ist.

▶ **Mitarbeit des Kapitalgebers**

Bei der → Aussenfinanzierung an die Hingabe von Kapital ge-knüpfte Bedingung, dass der Kapitalgeber im Unternehmen ver-antwortlich tätig wird. Dies bedeutet grundsätzlich Mitspracherecht und die Einräumung von Entscheidungsbefugnis. Beides ist abhängig von der Art des beschafften Kapitals und seiner rechtlichen Einstu-fung im kapitalsuchenden Unternehmen.

Mitarbeit des Kapitalgebers ist systemimmanent bei Eigenfinan-zierung durch Aufnahme eines unbeschränkt haftenden Gesellschafters (Offene Handelsgesellschaft, Komplementär der Kommanditgesellschaft), sie ist möglich bei Beschaffung beschränkt haftenden Eigenkapitals in Abhängigkeit von Rechtsform und individueller Regelung (Normalfall beim geschäftsführenden Gesellschafter der Gesellschaft mit beschränkter Haftung; Ausnahmefall beim Kommanditisten und Aktionär). Sie ist systemfremd bei Finanzierung durch nichthaftendes (Fremd-)Kapital.

Grundgedanke: Wer das Risiko des Kapitalverlusts (u. U. des Verlusts seines gesamten Vermögens) trägt, soll auch über den Einsatz seines Kapitals entscheiden können. Die Ausgestaltungsmöglichkeiten der Mitarbeit und der damit verbundenen Mitspracherechte sind nahezu unbegrenzt. Nach dem Ausmaß der Verantwortung, die der Kapitalgeber im Rahmen der Mitarbeit übernimmt, wird unterschieden in:

- beratende, sparten- oder funktionsverantwortliche sowie unternehmerische (leitende) Mitarbeit;
- nach der Dauer der Mitarbeit in sporadische oder kontinuierliche Mitarbeit.

Im Hinblick auf ihr Unabhängigkeitsstreben wird die Unternehmensleitung eine Begrenzung oder Minimierung der Mitarbeit anstreben.

▶ **Mitgliedschaftspapier** → Wertpapier

▶ **Mitgliedschaftsrecht** → Aktionärsrechte

▶ **Mittelherkunft** → Bewegungsbilanz

▶ **Mitteilungen für die Aktionäre und an Aufsichtsratsmitglieder**
→ Aktionärsmitteilungen

▶ **Mittelkurs**

Arithmetisches Mittel zwischen Geld- und Briefkurs.

▶ **Mittelstandsaktien-Index** → MAX-Index

▶ **Mittelverwendung** → Bewegungsbilanz

▶ **ML Global Government Bond Index**

Internationaler Anleihe-Index, der von Merrill Lynch publiziert wird. Im ML Global Government Bond Index sind 763 Staatsanleihen aus neun Ländern erfasst. Der Index wird als Weltindex und in Form von neun Länderindices publiziert. Die in ihm erfassten → Festzinsanleihen müssen eine Mindestrestlaufdauer von einem Jahr aufweisen und zudem endfällig sein.

▶ **MMI** → Major Market Index

▶ **MMI Aktienindex Optionsscheine**

Kauf- oder Verkaufs-Optionsscheine (→ Optionsschein) vom Typ der → American Option auf den → Major Market Index (MMI) die der Marktlage entsprechend von der Emittentin ausgestattet werden.

Beispiel:
von der Citibank AG wurden Call- und Put-Optionsscheine vom Typ der → amerikanischen Option emittiert.

Auslösungsmöglichkeit: jederzeit zwischen dem 14. November 1991 bis zum 17. November 1992; Valuta: 14. November 1991; Mindestausübungsmenge: 100 Optionsscheine oder ein ganzzahliges Mehrfaches davon;

(1) MMI Aktienindex Call-Optionsschein:
Emissionsvolumen: 10 Millionen Kauf-Optionsscheine Optionsrecht:

Der Inhaber eines Call-Optionsscheins hat nach Maßgabe der Optionsbedingungen das Recht auf Zahlung eines Differenzbetrages. Der Differenzbetrag ist $1/10$ der in US-$ ausgedrückten Differenz, um den der MMI Aktienindex am Ausübungstag den Basispreis überschreitet. Der Differenzbetrag wird in DM ausgezahlt und richtet sich nach dem US-$/DM Geldkurs, der an dem den Ausübungstag folgenden Tag an der Frankfurter Devisenbörse festgestellt wird. Basiskurs: US-$ 325. Anfänglicher Verkaufspreis: DM 4,95.

---

(2) MMI Aktienindex Put-Optionsschein:
Emissionsvolumen: 10 Millionen Verkaufs-Optionsscheine Options-recht. Der Inhaber eines Put-Optionsscheins hat nach Maßgabe der Optionsbedingungen das Recht auf Zahlung eines Differenzbetrages. Der Differenzbetrag ist $1/10$ der in US-\$ ausgedrückten Differenz, um den der MMI Aktienindex am Ausübungstag den Basispreis unter-schreitet. Der Differenzbetrag wird in DM ausgezahlt und richtet sich nach dem US-\$/DM Geldkurs, der an dem den Ausübungstag fol-genden Tag an der Frankfurter Devisenbörse festgestellt wurde. Ba-siskurs: US-\$ 325. Anfänglicher Verkaufspreis: DM 4,45.

▶ **MMMDAs** → Money Market Deposit Accounts

▶ **MMMFs** → Money Market Mutual Funds

▶ **Mobiliarkredit**

Bankkredit, zu dessen Besicherung bewegliche Gegenstände, ins-besondere Waren und Wertpapiere (→ Lombardkredit) dienen. Ihm steht der Immobiliarkredit (→ Hypothekarkredit) gegenüber, der durch unbewegliche Gegenstände, insbesondere Grundstücke und Gebäude besichert ist. Mobiliar- und Immobiliarkredit sind → Re-alkredite i. w. S.

▶ **Mobilien-Leasing**

Das → Leasing beweglicher Gegenstände beansprucht den Haupt-teil des Leasing-Umsatzes in Deutschland. Fahrzeuge, Büroma-schinen sowie EDV-Anlagen vereinigen allein über die Hälfte des Leasing-Volumens, wobei das Mobilien-Leasing am Gesamt-Lea-sing ca. 83% innehat. Der Anteil der über Mobilien-Leasing vorge-nommenen Investitionen beträgt etwa über 10% der Gesamtinvesti-tionen im Ausrüstungsbereich.

▶ **Mobilisierungspapiere** → Offenmarktpolitik

▶ **Modified Duration**

(Modifizierte Macauly-Duration, Hicks-Elastizität) Größe, welche die Barwertänderung eines Investments (im Regelfall einer Schuldverschreibung) in Reaktion auf eine Änderung des Marktzinssatzes demonstriert. Die modified Duration (MD) unterscheidet sich von der → Duration, indem die Duration durch den Term (1+i) dividiert wird.

Modified Duration (MD) = $\dfrac{D}{(1 + r)}$

Die Elastizität (Preisveränderung) eines Anleihekurses E_A auf Marktzinssatzveränderungen errechnet sich nach folgender Formel:
$E_A = -$ MD × Zinsveränderung × Anleihekurs.

Da das Durations-Konzept (→ Duration) – abweichend von der Realität – eine flache Zinskurve unterstellt, berechnet die Modified Duration die Kurswertveränderung von Anleihen in Reaktion einer Marktzinsveränderung unter der Prämisse, dass zwischen Marktzinsveränderung und Kursveränderung ein linearer Zusammenhang besteht. Dadurch wird im Regelfall durch die Modified Duration der tatsächliche – im Regelfall mehr oder weniger stark konvexe – Verlauf der Barwertfunktion nicht berücksichtigt. Der hierdurch auftretende Konvexitätsfehler führt zwangsläufig zu einem prognostizierten Marktpreis, der bei einer Marktzinsveränderung u. U. vom tatsächlich eintretenden Marktpreis nicht unerheblich abweicht. Die Methode unterschätzt also bei steigenden Marktzinsen die Kursverluste und überschätzt die Kursgewinne bei fallenden Marktzinsen. Zur Vermeidung zu hoher Abschätzungsfehler sollte die Modifizierte Duration daher nur im Hinblick auf geringfügige Marktzinssatzverschiebungen (max. 100 BP) Anwendung finden. Ansonsten empfiehlt sich das Konzept der Konvexität (→ Convexity), da das Konvexitätsmaß zu genaueren Prognosewerten führt.

▶ **Modifizierte Duration** → Modified Duration

▶ **MOF** → Multiple Option Financing Facility

▶ **Momentum**

Trend- und Einzelwertindikator, der in der technischen Wertpapieranalyse Verwendung findet, indem er Kursveränderungen aus dem Vergleich Kurswert (Indexwert) zum Durchschnittskurs (Durchschnittsindex) einer vorhergehenden Periode (10 Tage, 30 Tage, 12 Monate) demonstriert. Ein steigendes Momentum wird als positiver Markttrend, ein fallendes Momentum als negativer Markttrend gedeutet.

▶ **Mona**

(Monthly Overnight Average) Bezeichnung für einen Tagesgeldindex, der täglich von der Deutschen Bank AG in Zusammenarbeit mit Reuters berechnet und publiziert wird. Mona wurde bis zum 1. Juli 1996 von der Deutschen Bank AG im Zusammenhang mit einem neuartigen Zinsswap (Fiona-Zinsswap), der zur Absicherung gegen Tagesgeldschwankungen angeboten wird, als Benchmark verwendet. Diese Funktion hat der → EONIA übernommen.

▶ **Monatsgeld**

Am → Geldmarkt gehandeltes Leihgeld, das auf einen Monat determiniert ist bzw. am Monatsultimo fällig wird. Die Zinsberechnung erfolgt stets für 30 Tage.

▶ **Monetäre Finanzinstitute** → MIFs

▶ **Monetäres Aggregat**

Ist definiert als die Summe des Bargeldumlaufs zuzüglich der ausstehenden Beträge bestimmter Verbindlichkeiten von Finanzinstituten, die einen hohen Geldgrad oder eine hohe Liquidität (i.S. von Geldnähe) im weitesten Sinne aufweisen. Das Eurosystem hat eine eng gefasste Geldmenge →M1, eine „mittlere" gefasste Geldmenge →M2 und eine weit gefasste Geldmenge → M3 festgelegt. Diese Aggregate unterscheiden sich hinsichtlich des Geldgrads der einbezogenen Aktiva (vgl. hierzu → Geldmenge).

▶ **Money Back Warrant**

Optionsscheinvariante, die ihrem Inhaber unter bestimmten Bedingungen die Rückzahlung des ursprünglich gezahlten Emissionspreises garantiert.

▶ **Money Dealing System**

Kommunikations- und Handelssystem von Reuters. Das System bietet zwei Partnern (i. d. R. Banken) die Möglichkeit einer Kontaktaufnahme zum Zweck des Abschlusses von Devisenhandelsgeschäften. Die notwendigen Informationen werden über einen Terminal eingegeben und per Bildschirm angezeigt. Getätigte Geschäftsabschlüsse werden zeitgleich mithilfe eines Druckers bestätigt.

▶ **Money Market Certificates**

Geldmarktzertifikate, welche von US-Kreditinsttituten emtittiert werden. Mindeststückelung: 10.000 US-$; Laufdauer: 26 Wochen; Verzinsung: gekoppelt an die US-Schatzwechselrate.

▶ **Money Market Deposit Accounts (MMDAs)**

Geldmarktkonten, die von Privatpersonen und Unternehmen bei Banken eröffnet werden können. Den Kontoinhabern ist im begrenzten Maße die Nutzung des Money Market Account zu Transaktionszwecken gestattet (bis zu sechs Überweisungen, davon bis zu höchstens drei Transaktionen per Scheck zu Gunsten Dritter, pro Konto und Monat). Das Money Market Deposit Account soll ein Mindestguthaben von 2500 US-$ aufweisen. Zinsrestriktionen oder vertragliche Vorschriften hinsichtlich einer Mindestlaufdauer der Kapitaleinlagen dürfen nicht existieren.

▶ **Money Market Fund**

→ Geldmarktfonds in den USA, die in kurzfristige Geldmarkttitel investieren. Die Fondsgesellschaften arbeiten eng mit Kreditinstituten und Versicherern zusammen. Kapitalanleger erhalten auf ihre Kapitalanlagen im Vergleich zu alternativen (kurzfristigen) Investitionsmöglichkeiten eine höhere Verzinsung. Außerdem haben die Anleger die Möglichkeit Schecks gegen ihre Einlagen auszustellen wodurch sich der Liquiditätsgrad der Einlagen erhöht.

▶ **Money Market Mutual Funds (MMMFs)**

→ Geldmarktfonds mit Transaktionscharakter, die den Einlegern die Möglichkeit bieten auf ihre Einlage Schecks ausstellen zu können.

▶ **Montanwerte**

Aktien von Unternehmen des Bergbaus, der Eisen und Stahl erzeugenden Industrie, die in der Rechtsform der AG oder KGaA geführt werden. Im Kursblatt werden sie in der Rubrik „Industrieaktien" ausgewiesen.

▶ **Moral Suasion**

Notenbankpolitisches Instrument, mithilfe dessen durch die Vertreter der Notenbank versucht wird durch „gütliches Zureden" die Einsichtsfähigkeit der verantwortlichen Personen der Kreditwirtschaft zu beeinflussen. Hierdurch soll (ohne Druck) ein ihren Vorstellungen konformes Verhalten der Kreditinstitute erreicht werden.

▶ **Moratorium**

(Stundung, Zahlungsaufschub, Fälligkeitsaufschub) befristeter, zweiseitig (vertraglich) vereinbarter Zahlungsaufschub fälliger Zins- und/oder Tilgungszahlungen, den ein in Zahlungsschwierigkeiten geratener Schuldner gegenüber seinen Gläubigern erreicht hat (Sanierung).

Im internationalen Zahlungsverkehr ist das Moratorium ein vom Staat einseitig verfügter Zahlungsaufschub bzw. Zahlungsunterbrechung gegenüber ausländischen Gläubigern.

▶ **Mortgage**

Angelsächsische Bezeichnung für Hypothek.

▶ **Mortgage Backed Securities**

Wertpapiere, die durch einen Pool von Hypotheken unterlegt sind.

▶ **Mortgage Bonds**

→ Anleihen, die hypothekarisch gesichert sind.

▶ **MSCI-Index**

Börsentäglich veröffentlichter Aktienindex, der vom Morgan Stanley Capital International publiziert wird. Der MSCI-Aktienindex wird auf Laspeyres-Basis berechnet. Er basiert auf 1470 Aktienkursen aus 20 Ländern und repräsentiert ca. 60 % der Börsenkapitalisierung dieser Länder. Der MSCI-Aktienindex wird als Weltindex sowie in Form regionaler Indices (Nordamerika, Europa, Nordische Länder, Pazifik sowie Ferner Osten) (20 Länder-Indices und 38 Branchen-Indices) publiziert.

▶ **MTNs** → Medium Term Notes

▶ **Mündelgeld** → Mündelsicherheit

▶ **Mündelsichere Papiere**

In § 1807 BGB festgelegte und als besonders risikolos und wertbeständig erachtete Werte:
- sichere Hypotheken, Grund- oder Rentenschulden,
- verbriefte Forderungen gegen die Bundesrepublik Deutschland oder gegen ein Bundesland sowie Schuldbuchforderungen,
- verbriefte Forderungen, deren Verzinsung von der Bundesrepublik oder von einem Land gewährleistet ist,
- Wertpapiere (insbesondere Pfandbriefe und Kommunalschuldverschreibungen, sofern sie zur Anlegung von Mündelgeld für geeignet erklärt sind; ferner verbriefte Forderungen gegen eine kommunale Körperschaft oder die Kreditanstalt einer solchen Körperschaft, wenn sie zur Anlegung von Mündelgeld für geeignet erklärt sind),
- Anlagen bei einer inländischen öffentlichen Sparkasse, die zur Anlegung von Mündelgeld für geeignet erklärt ist.

Nach der Verordnung über die Mündelsicherheit der Pfandbriefe und verwandten Schuldverschreibungen sind zur Anlegung von Mündelgeld alle Schuldverschreibungen geeignet, die von einer

Hypothekenbank im Sinne des Hypothekenbankgesetzes, von einer öffentlich-rechtlichen Kreditanstalt im Sinne des Pfandbriefgesetzes und von einer Schiffpfandbriefbank im Sinne des Schiffsbankgesetzes ausgegeben worden sind. Ferner sind mündelsicher gewisse Schuldverschreibungen der Deutschen Genossenschaftskasse, der Kreditanstalt für Wiederaufbau und der Deutschen Ausgleichsbank.

▶ **Mündelsicherheit**

Nach § 1806 BGB hat der Vormund (vom Vormundschaftsgericht bestellter Vertreter minderjähriger oder entmündigter Personen) das zum Vermögen des Mündels gehörende Geld (Mündelgeld) verzinslich anzulegen soweit es nicht zur Bestreitung von Ausgaben bereitzuhalten ist. Die objektive Mündelsicherheit bestimmt, in welchen Werten die Anlage zu erfolgen hat (→ mündelsichere Papiere), während die subjektive Mündelsicherheit festlegt, welche Kreditinstitute unter gewissen Voraussetzungen zur Anlage von Mündelgeld geeignet sind (z. B. Sparkassen). Zweck der Mündelsicherheitsvorschriften des BGB ist für Mündelgeld eine risikolose Anlage vorzuschreiben die den Bestand des Mündelvermögens gewährleistet.

Das Erfordernis der Mündelsicherheit ist nicht nur auf die Anlage von Mündelgeld beschränkt. Wirtschaftlich bedeutsamer sind die gesetzlichen und vertraglichen Bestimmungen, die die Mündelsicherheitsvorschriften für entsprechend anwendbar erklären, z. B. für Anlagen von Versicherungen, Innungen, Kreishandwerkerschaften, Selbstverwaltungskörperschaften, Versorgungsanstalten, Stiftungen usw. Die Kritik an den Mündelsicherheitsbestimmungen weist vor allem darauf hin, dass Inflation und Währungsreform zu einer Entwertung der „mündelsicheren Werte" geführt haben und dass die Beschränkung der Anlagemöglichkeiten (z. B. keine Aktien) dem Interesse des Mündels an einer optimalen Anlage und Streuung seiner Mittel zuwiderläuft.

▶ **Multiple Capital Structure Company**

US-amerikanische Aktiengesellschaft, deren Aktienkapital aus unterschiedlichen Wertpapiergattungen zusammengesetzt ist.

▶ **Multiple Exchange Rate**

Gespaltener Wechselkurs.

▶ **Multiple Option Financing Facility (MOF)**

Absicherungsfazilität, die dem Kreditnehmer im Gegensatz zur →
Note Issuance Facility (NIF) die Möglichkeit der Finanzierung des
Kapitalbedarfs über eine Palette unterschiedlicher kurzfristiger Finanzierungsinstrumente (Notes, Commercial Papers, Bankers' Acceptances etc.) eröffnet. Gleichzeitig erhält der Kreditnehmer u. U.
die Möglichkeit sich in unterschiedlichen Währungen zu verschulden. MOF's werden nur erstklassigen Adressen eingeräumt. Sie haben daher lediglich begrenzte Bedeutung.

▶ **Multiplier Bond**

→ Anleihe, bei der die Zinszahlungen den Intentionen des Anleihe-
gläubigers entsprechend entweder in zusätzliche Anleihestücke investiert oder in bar ausgeschüttet werden.

▶ **Municipal Bonds**

(Municipals) Bezeichnung für Kommunalschuldverschreibungen,
u.U. auch für Schuldverschreibungen eines US-amerikanischen
Bundesstaates.

▶ **Mutual Fund**

→ Investmentfonds mit unbeschränkter Emissionshöhe (Open End-
Typ).

N

▶ **Nachbezugsrecht** → kumulative Dividende

▶ **Nachbörse**

Wertpapiergeschäft, welches nach Börsenschluss zwischen Banken abgewickelt wird.

▶ **Nachbörslicher Handel** → Nachbörse

▶ **Nachemission** → Erweiterungsemission

▶ **Nachgebend**

Bezeichnung für rückläufige Börsenkurse.

▶ **Nachprämiengeschäft**

(Rückprämiengeschäft) Form des bedingten Termingeschäfts, bei welchem der Terminverkäufer das Wahlrecht hat, entweder zum Prämienkurs zu erfüllen oder gegen Zahlung der Prämie zurückzutreten. Vgl.: → Prämiengeschäft, → Vorprämiengeschäft.

▶ **Nachrangige Verbindlichkeiten**

(Nachrangiges Haftkapital) Kapitalbeträge, die sowohl Eigen- als auch Fremdkapitalbestandteile besitzen. Nachrangige Verbindlichkeiten sind zum einen Fremdkapital, da sie Gläubiger-Schuldner-Beziehungen widerspiegeln und wie „normales" Fremdkapital mit einer entsprechenden Verzinsung zurückgezahlt werden. Zum anderen stellen sie aber auch Eigenkapital dar, da sie im Verlustfalle nach Aufzehrung der sog. primären Sicherheitsrücklage (Grundkapital, Gewinne etc.) vor allen anderen Verbindlichkeiten des Unternehmens zur Haftung bzw. Verlustabdeckung herangezogen werden. Um dieses Risiko nachrangiger Verbindlichkeiten gebührend zu entlohnen, ist z. B. ein Risikoaufschlag auf die Verzinsung denkbar.

Der Begriff „nachrangige Verbindlichkeiten" ist gesetzlich nicht geregelt, sondern allein im Rahmen des Kreditvertrages zwischen Gläubiger und Schuldner zu konkretisieren, wobei die Ausstattung dieser Verbindlichkeiten im Hinblick auf Kündigung, Rückzahlung und Verzinsung sowie Laufzeit im Vertrag festzulegen ist. Allerdings muss im Kreditvertrag ein Passus enthalten sein, der bestimmt, dass die als nachrangig auszuweisende Verbindlichkeit im Liquidations- bzw. Haftungsfall hinter alle anderen Unternehmensverbindlichkeiten zurücktritt. Obwohl nachrangige Verbindlichkeiten im Rahmen der Diskussion um die Haftungsfunktion bestimmter Eigenkapital- schichten gemäß §§ 10, 12 und 13 KWG einige Relevanz erhalten haben, spielen sie in der Bundesrepublik Deutschland nur eine ge- ringe Rolle.

▶ **Nachschuss**

Geldleistung, die insbesondere von Gesellschaftern beim Vorliegen gesetzlich oder satzungsmäßig festgelegter Voraussetzung über die Einlage hinaus zu erbringen ist (→ Nachschusspflicht).

▶ **Nachschusspflicht**

(1) Gesetzlich, satzungsmäßig oder vertraglich festgelegte Ver- pflichtung für Gesellschafter, beim Vorliegen bestimmter Vo- raussetzungen zu ihrer Einlage noch einen → Nachschuss, der beschränkt oder unbeschränkt sein kann, zu leisten. Keine Nachschusspflicht besteht bei OHG, KG, KGaA und AG.

   (a) Nachschusspflicht bei der GmbH: Gemäß § 26 GmbHG kann im Gesellschaftsvertrag bestimmt werden, dass die Gesellschafter über den Betrag der Stammeinlage hinaus die Einforderung von Nachschüssen beschließen können. Dabei ist eine Beschränkung der Nachschusspflicht mög- lich. Wird eine unbeschränkte Nachschusspflicht be- schlossen (§ 27 Abs. 1 GmbHG), so kann sich der Gesell- schafter dadurch von ihr befreien, dass er innerhalb eines

Monats nach der Aufforderung zur Einzahlung seinen Geschäftsanteil, falls er vollständig einbezahlt ist, der Gesellschaft zur Befriedigung aus demselben zur Verfügung stellt (Abandonnierung).

(b) Nachschusspflicht bei Genossenschaften: Nach §§ 105 ff. Genossenschaftsgesetz sind die Genossen dann zum Nachschuss verpflichtet, wenn der Konkursfall vorliegt und die Konkursmasse zur Befriedigung der Gläubiger nicht ausreicht. Bei der eGmbH liegt eine beschränkte Nachschusspflicht vor, bei der eG ist sie unbeschränkt.

(c) Nachschusspflicht war auch bei der bergrechtlichen Gewerkschaft gegeben. Insbesondere bei Kapitalbedarf oder Verlustabschlüssen konnten die Eigentümer der Kuxe zu Nachschüssen, auch als Zubuße bezeichnet, verpflichtet werden. Die Höhe der Nachschüsse wurde jeweils von der Gewerkenversammlung festgelegt. Durch Abandon (Aufgabe des Kuxes) konnten sich die Gewerken der Nachschusspflicht entziehen.

(2) → Margin Call

▶ **Nachsichtwechsel** → Wechsel

▶ **Nachzugsaktie**

(Deferred Share) heute in Deutschland nur noch sehr selten anzutreffende Aktienvariante. Bei diesem Aktientyp (mit Mehrstimmrecht ausgestattete Vorzugsaktie) erfolgt erst dann eine Dividendenzahlung, wenn die → Dividendenansprüche der Stammaktionäre befriedigt sind. Das früher diesen Nachteil ausgleichende Mehrstimmrecht ist heute bei Neuemissionen unzulässig (vgl.: → Mehrstimmrechtsaktie). Nachzugsaktien unterscheiden sich von → Stammaktien im Regelfall durch Buchstabenaufdruck Lit. B.

▶ **Naked Position**

Bezeichnung für
(1) eine ungedeckte → Option;
(2) eine offene Position, die nicht durch → Hedging gesichert ist.

▶ **Naked Warrant**

Variante des klassischen → Optionsscheins. Er wird ohne Koppelung an ein anderes Finanzierungsinstrument zu einem bestimmten Kurs (Preis) emittiert und repräsentiert ein selbstständiges Optionsrecht, das an der Börse gehandelt wird. Der naked Warrant eröffnet dem Inhaber innerhalb eines definierten Zeitraums unter Zuzahlung den Bezug von Aktien, Anleihestücken oder Währungseinheiten (Currency Warrants).

▶ **Namensaktie**

Aktie, die auf Namen des Inhabers lautet (geborenes Orderpapier). Der Aktionär muss in das → Aktienbuch der AG eingetragen sein, da nur die in das Aktienbuch eingetragene Person Aktionärsrechte ausüben kann. Nach Indossierung und Übergabe muss der Gesamtvorgang gem. § 68 AktG dem Vorstand der AG angezeigt werden. Dieser veranlasst dann die Eintragung in das Aktionärsbuch. Wird der Übertragungsvorgang an die Zustimmung des Vorstands per Satzung erschwert, liegen vinkulierte Namensaktien vor. Die Anwendung dieses Aktientyps dient dem Schutz vor Überfremdung und findet sich oft bei Versicherungs-Aktien-Gesellschaften. Diese Unternehmen brauchen i. d. R. zum laufenden Geschäftsbetrieb keine sehr hohe Kapitalausstattung, weswegen die Aktien dieser Gesellschaften in der Regel nicht voll eingezahlt sind. Insofern ist der Überfremdungsschutz zwingend notwendig, da zur Übernahme ein vergleichsweise geringer Kapitaleinsatz notwendig wäre. In zwei Fällen (§ 55 (1) und § 110 AktG) schreibt der Gesetzgeber die Emission vinkulierter Namensaktien vor.

Aktien müssen als Namensaktien ausgegeben werden, wenn sie vor Einzahlung des vollen Einlagebetrages (Nennwert oder Nennwert plus Agio) ausgegeben werden. Werden Aktien als → Nebenverpflichtungsaktien (§ 55 (1) AktG) emittiert oder ist ihren Inhabern ein Entsendungsrecht in den Aufsichtsrat eingeräumt (§ 101 AktG), müssen diese als vinkulierte Namensaktien emittiert werden.

▶ **Namensanleihe**

Auf den Namen des Inhabers ausgestellte Stücke einer → Anleihe, die per → Indossament übertragbar sind.

▶ **Namenskommunalobligation**

Schuldverschreibungen, die auf den Gläubigernamen lauten und von Hypothekenbanken emittiert werden.

▶ **Namenspapier** → Wertpapier

▶ **Namenspfandbriefe** → Namensschuldverschreibung

▶ **Namensschuldverschreibungen**

(Namenspfandbriefe) Schuldverschreibungen, die auf den Gläubigernamen lauten. → Namenskommunalobligation.

▶ **NASDAQ**

(National Association of Securities Dealers Automated Quotations) Bezeichnung für ein US-amerikanisches Kommunikationssystem. NASDAQ hat die Aufgabe, die Geld- und Briefkurse für über 5000 Aktien, die → Market Maker stellen über ein zentrales Computersystem landesweit anzuzeigen. Diese Aktien werden im → Over the Counter Market gehandelt. Die Kurse können von allen NASDAQ-Mitgliedsfirmen jederzeit abgefragt werden. NASDAQ erhöht somit die Markttransparenz erheblich und ermöglicht zugleich landesweit Abschlüsse zu den günstigsten Brief- und Geldkursen. Der Handel erfolgt bei Aufträgen bis zu 500 Stück im Regelfall automatisch über das NASDAQ-Computersystem. Aufträge über 500 Stück werden im telefonischen Direktkontakt abgewickelt, was bei Orders unter 500 Stück grundsätzlich auch möglich ist.

▶ **NASDAQ INTERNATIONAL**

Kommunikationssystem der National Association of Securities Dealers (NASD). Das System hat die Aufgabe, ca. 1.500 US-ameri-

kanische Aktien und ADRs (→ American Depositary Receipts) von
europäischen Aktien zu registrieren. Der Handel erstreckt sich ar-
beitstäglich von 8.30 Uhr bis 17.00 Uhr Londoner Zeit.

▶ **Nasse Stücke**

Bezeichnung für → Pfandbriefe einer Emission, die noch nicht im
Umlauf (noch in Verwahrung des Treuhänders) sind, weil sie bisher
nicht untergebracht werden konnten. Da sie noch nicht emittiert
wurden, besteht Bilanzierungsverbot.

▶ **Near Money** → Quasigeld

▶ **Nebenplatz**

Ort, an dem im Gegensatz zum Bankplatz die Deutsche Bundesbank
keine Zweiganstalt unterhält.

▶ **Nebenverpflichtungsaktie**

→ Aktie gem. § 55 (1) AktG, deren Besitz mit einer Nebenverpflich-
tung verbunden ist. Die Aktionäre können laut Satzung zur Erbringung von wiederkehrenden Leistungen neben den Einlagen auf das
Grundkapital verpflichtet werden. Art und Umfang der nicht in Geld
bestehenden Leistungsverpflichtung müssen in den Aktien und →
Zwischenscheinen angegeben werden. Inwieweit die Leistungen
entgeltlicher oder unentgeltlicher Art sind, ist durch die Satzung
festgelegt. Eine Nebenverpflichtungsaktie ist grundsätzlich eine
vinkulierte Namensaktie (→ vinkulierte Aktie). Nebenverpflichtungsaktien sind ein wichtiges Sicherungsinstrument zur Rohstoff-
beschaffung und finden damit in erster Linie Anwendung bei Unternehmen, die landwirtschaftliche Produkte verarbeiten (Beispiel:
Zuckerrübenindustrie).

▶ **Nebenwerte**

Bezeichnung für die Aktien kleiner Aktiengesellschaften, in denen
an der Börse nur geringe Umsätze getätigt werden.

▶ **Negative Orderklausel**

Klausel (nicht an Order), deren Einfügung in ein Namenspapier die Übertragung per Indossament ausschließen soll.

▶ **Negative Pledge Clause**

Negativklausel → Negativerklärung

▶ **Negativerklärung**

(Negativklausel) schriftlich fixierte Verpflichtung eines Kreditnehmers gegenüber seinem(n) Kreditgeber(n) ohne dessen (deren) Einwilligung Vermögensgegenstände von Bedeutung weder zu veräußern noch zu Gunsten Dritter zu beleihen. Den Kreditgebern wird ferner zugesichert, dass sie im Zuge künftiger (neuer) Kreditaufnahmen oder bei Neuemissionen von Schuldverschreibungen gegenüber den neuen Gläubigern keinesfalls gleich oder schlechter gestellt werden. Auch wird ihnen eine nachträgliche gleichrangige Besicherung zugesagt, wenn spätere Gläubiger eine solche erhalten. Negativerklärungen sind im Zuge der Inanspruchnahme von Blankokrediten der Emission von → Industrieanleihen, → Euro-Commercial Papers, → Medium Term Notes etc. üblich.

▶ **Negativklausel** → Negativerklärung

▶ **Negotiable Orders of Withdrawal (NOW)**

Übertragbare Zahlungsanweisungen zu Gunsten eines Dritten, die ein Sparkonto belasten. Der Vorteil, der mit diesem Zahlungsverkehrsinstrument verbundenen Anwendung liegt für den Bankkunden darin, dass Guthaben auf seinem Sparkonto verzinst werden. Negotiable Orders of Withdrawal gibt es nur in den USA.

▶ **Negotiated Fixed Price Reoffer-System**

(Negotiated Fixed Price Reoffer-Verfahren) Bezeichnung für ein spezielles Platzierungsverfahren (→ Platzierung), welches sich durch ein besonderes Sytem der Preisfindung auszeichnet, um hierdurch besonders große Emissionsvolumina (→ Jumbo-Bonds Global Bonds) unterbringen zu können. Zentraler Bestandteil dieses Verfahrens ist das „Open Pricing", bei dem die Investorenrendite in Form eines Abschlags zu einer Referenzanleihe (z. B. 12 – 16 Basispunkte über Bundesobligation Serie 105) angegeben wird. Der besondere Vorteil des „Negotiated Fixed Price Reoffer" Systems liegt darin, dass seine Anwendung für das Funktionieren eines Sekundärmarktes sorgt.

▶ **Negotiationskredit**

(Negoziierungskredit, negotiation credit) bei der → Außenhandelsfinanzierung üblicher → Diskontkredit. Er entsteht durch Ankauf von Tratten, die auf den Importeur oder dessen Bank gezogen sind, durch eine Bank im Land des Exporteurs. Diese Form der kurzfristigen Außenhandelsfinanzierung kommt meist in Verbindung mit einem → Dokumentenakkreditiv oder einem Zahlungsversprechen anderer Art vor.

Negotiationskredite finden in drei relevanten Varianten Anwendung:

(1) Der Exporteur zieht einen Wechsel auf den Importeur und lässt bei einer Bank in seinem Heimatland die Tratte zusammen mit Versanddokumenten diskontieren. Voraussetzung: Es bestehen vertragliche Vereinbarungen zwischen Importeur und seiner Hausbank einerseits sowie zwischen Importeurbank und der diskontierenden Bank im Exportland andererseits. Die Importeurbank gibt die Ermächtigung „Authority to Purchase".

(2) Die Tratte wird auf die Bank des Importeurs gezogen. Die Bank des Exporteurs erhält dann von der Bank des Importeurs die Ermächtigung zum Ankauf des Bankakzepts (einschließlich der Dokumente): „Order to Negotiate".

(3) Die Bank des Importeurs gibt dem Exporteur gegenüber direkt ein Zahlungsversprechen in Form eines „Commercial Letter of Credit" (CLC) ab. Der Exporteur kann dann die nichtakzeptierte Tratte zusammen mit den Dokumenten bei jeder Bank seiner Wahl diskontieren lassen („Unrestricted CLC").

Bei dem „restricted commercial letter of credit" ist die ankaufende Bank vorgeschrieben.

▶ **Negoziierungsakkreditiv**

Dokumentäres → Akkreditiv, welches einem Exporteur als Begünstigtem eines Akkreditivs die Möglichkeit eröffnet eine von ihm auf den Akkreditiv-Auftraggeber oder einen anderen im Akkreditiv benannten Bezogenen gezogene Sicht- oder Nachsichttratte zusammen mit den Dokumenten bei seiner Hausbank diskontieren zu lassen.

▶ **Negoziierungskredit** → Negotiationskredit

▶ **NEMAX 50**

Aktienindex, der die 50 liquidesten Werte des Neuen Marktes umfasst. Die Überprüfung und ggf. Anpassung des Portfolios erfolgt halbjährlich.

▶ **NEMAX All Share**

Aktienindex, der die Entwicklung des Neuen Marktes misst. Bei Neuaufnahmen oder Löschungen im Neuen Markt erfolgt eine Indexanpassung.

▶ **Nennbetrag** → Nennwert

▶ **Nennkapital** → nominelles Eigenkapital

▶ **Nennwert**

(1) Auf → Anleihen angegebener Geldbetrag, der die Basis für die Verzinsung und Höhe der Forderung des Inhabers gegen den Emittenten im Falle der Tilgung darstellt.

(2) Auf → Aktien angegebener Geldbetrag. Er definiert den Betrag, der auf die einzelne Aktie am zerlegten gesamten Grundkapital entfällt. Nennbeträge lauten bei Aktien auf 1 € (→ Mindestnennbetrag gem. § 8 (1) AktG) oder ein Vielfaches davon.

Der Nennwert weicht insbesondere bei Aktien häufig stark vom Kurs-(Markt-)wert ab. Die Differenz zwischen Nennwert und Kurswert ist bei Anleihen von der Differenz zwischen Marktzins und Nominalzins unter Einbeziehung der Restlaufdauer abhängig.

▶ **Nennwertaktie**

(Nennbetrags-, Summenaktie) lautet auf einen festen Nennbetrag. Gem. § 8 (2) AktG beträgt der Mindestnennbetrag der Nennwertaktie einen €. Aktien unter einem Nennbetrag von 1 € sind gem. § 8 (2) nichtig. Höhere Aktiennennbeträge müssen gem. § 8 (2) AktG auf volle € lauten.

Der Anteil am Grundkapital bestimmt sich gem. § 8 (3) AktG bei Nennbetragsaktien nach dem Verhältnis ihres Nennbetrags zum Grundkapital. Vgl. aber auch → Aktienarten.

▶ **Nennwertlose Aktie** → Quotenaktie

▶ **Nennwertloses Wertpapier**

Bezeichnung für ein Wertpapier, welches auf den Bruchteil eines Vermögens und damit nicht auf einen bestimmten Nennwert lautet. Nennwertlose Wertpapiere sind z. B. die → Quotenaktie oder → Kuxe.

▶ **Netting-Klauseln**

(Aufrechnungsklauseln) finden Anwendung im Rahmen von OTC-Geschäften im Rahmen sog. → Master Agreements. Sie haben das Ziel einen Beitrag zur Reduzierung des Adressenrisikos zu leisten. Anwendung finden insbesondere die Varianten: → Close out-Klausel und → Novationsklausel.

▶ **Netto-Cash Flow** → Cash Flow

▶ **Nettodividende**

(Brutto-) Dividende abzüglich Kapitalertragsteuer

▶ **Nettozins**

Kreditzins (→ Zinsen), der sämtliche Teilpreise (Zinsen, Gebühren, Provisionen und Spesen) umfasst. Heute ist beim → Kontokorrentkredit die Berechnung des Nettozinses üblich, da hierdurch die Vergleichbarkeit und Markttransparenz erhöht wird.

▶ **Neue Aktie** → Junge Aktie

▶ **Neuer Markt**

Neues Handelssegment der Frankfurter Wertpapierbörse (FWB) für Aktien kleiner und mittlerer wachstumsstarker Unternehmen aus Branchen mit innovativen Produkten oder Dienstleistungen. Der Neue Markt wurde 1997 mit der Zielsetzung eröffnet einem Kreis von kleinen und mittleren wachstumsorientierten Unternehmen an risikobewusste nationale und internationale Investoren heranzuführen um auf diesem Wege einerseits den Investoren rentable Kapitalanlagemöglichkeiten zu ermöglichen und den Unternehmen andererseits im gleichen Zuge Möglichkeiten der Eigenkapitalfinanzierung zu erschließen. Die Unternehmen des Neuen Marktes sind international ausgerichtet und betreiben eine aktive Investor Relations Politik (→ Aktionärspflege).

Die Zugangsvoraussetzungen für Emittenten des Neuen Marktes sind wie folgt definiert:

- Emissionsvolumen mindestens 10 Mio. DM;
- Streubesitz möglichst (mindestens) 25 (15) Prozent;
- ausschließlich Stammakten;
- Verpflichtung eines Betreuers zum Handel;
- Emissionsprospekt nach internationalen Standards;
- Haltepflicht der Aktionäre mindestens sechs Monate;
- Akzeptanz des Übernahmekodex;
- Publikationen in deutscher und englischer Sprache;
- Emission möglichst über 50 Prozent aus Kapitalerhöhung.

Folgepflichten für die Emittenten:

- Jahresabschlüsse (IAS,US-GAAP oder GoB mit Überleitung ; Offenlegung des Anteilsbesitzes von Aufsichtsrat und Vorstand, Veröffentlichung spätestens nach vier Monaten);
- Quartalsberichte(Angaben zum Geschäftsverlauf, wichtige Kennzahlen, Publikation spätestens nach zwei Monaten);
- Analistenveranstaltung mindestens einmal jährlich;
- Unternehmenskalender (Termine von Hauptversammlung, Publikation der Quartalsberichte etc).

▶ **New York Interbank Offered Rate** → NYBOR

▶ **Nicht eingezahltes Kapital** → Mindestkapital

▶ **Nicht-marktfähige Sicherheiten**

Nicht-marktfähige Sicherheiten zählen zur Kategorie 2 der vom ESZB akzeptierten, refinanzierungsfähigen Titel. Diese können für geldpolitische Operationen des Europäischen Systems der Zentralbanken und für die Besicherung von → Innertageskrediten Verwendung finden.

Der Kreis der Nicht-marktfähigen Sicherheiten sowie die Zulassungskriterien ist für die Bundesrepublik Deutschland z. Zt. wie folgt definiert:

	Handelswechsel	Kreditforderungen an Handel und Industrie
Mindestlaufzeit	1 Monat	1 Monat
Maximale Restlaufzeit	6 Monate	2 Jahre
Mindestbetrag	nicht erforderlich	10 000 Euro
Währung	Auf Euro oder nationale Währung lautend	Auf Euro oder nationale Währung lautend
Sitz des Schuldners	Deutschland	Deutschland
Bonitätsbeurteilung des Unternehmens	Mindestens ein Wechsel-mitverbundener muss von der Deutschen Bundesbank als notenbankfähig eingestuft sein.	Schuldner der Kreditforderung muss von der Deutschen Bundesbank als notenbankfähig eingestuft worden sein.
Bewertung	Abzinsung mit dem 3-Monats-EURIBOR-Satz	Nennwert
Bewertungsabschlag	2 %	2 %
Weitere Bedingungen	Wechselinkasso durch die Deutsche Bundesbank	Gewährung nach deutschem Recht, keine Kontokorrentkredite

Zulassungskriterien für die Nicht-marktfähigen Sicherheiten

▶ **Nicht-MFIs**

Sind alle im Euro-Währungsgebiet ansässigen privaten Haushalte, nicht-finanzielle Kapitalgesellschaften und Finanzinstitute, die keine → MFIs sind, sowie Länder, Gemeinden und Sozialversicherungsträger. Zentralregierungen bilden einen geldneutralen Sektor (Ausnahme: Verbindlichkeiten von Zentralregierungen, die als Sonderposten in die Abgrenzung der → monetären Aggregate mit einbezogen sind).

▶ **Nicht notierte Aktien**

Aktien, für die kein amtlicher Kurs festgestellt wird. Zu ihnen gehören die → unnotierten Werte, die zum → Freiverkehr zugelassen sind, sowie die nur im Telefonverkehr (nicht an der Börse) gehandelten Papiere.

▶ **Nicderstwertprinzip**

Handlungsanweisung zur Verwirklichung des → Realisations- und → Imparitätsprinzips. Das Niederstwertprinzip findet in zwei Ausprägungen Anwendung:
   (1) Das gemilderte Niederstwertprinzip gewährt ein Wertansatzwahlrecht bei der Bewertung von Vermögensgegenständen des Anlagevermögens gem. § 253 (2) HGB.
   (2) Das strenge Niederstwertprinzip fordert, dass von zwei oder mehreren möglichen Wertansätzen stets der niedrigere genommen werden muss. Es ist anzuwenden bei der Bewertung von Vermögensgegenständen des Umlaufvermögens gem. § 253 (3) HGB.

▶ **Niedrigsteuerländer** → Steueroasen

▶ **NIF**

Abk. für → Note Issuance Facility.

▶ **Nikkei 225 Aktienindex**

Marktgewichteter japanischer Aktienindex, der aus 225 japanischen Werten mit hoher Marktkapitalisierung ermittelt wird.

▶ **Nikkei-Index**

Bezeichnung für eine Reihe von japanischen Aktienindices. Im Normalfall dürfte bei einem fehlenden näheren Hinweis der → Nikkei 225 Aktienindex gemeint sein.

▶ **No Regrets Option** → Lookback Option

▶ **Nochgeld** → Bedingtes Termingeschäft

▶ **Nochgeschäft**

Variante der → bedingten Termingeschäfte. Hierbei handelt es sich um die Verbindung eines → Fixgeschäftes mit bis zu n → Prämiengeschäften. Nochgeschäfte sind gegenwärtig ohne praktische Bedeutung.

Beispiel:
Der „Wähler" eines Nochgeschäfts muss zunächst ein Grundgeschäft (z. B. 50 Stück Dunlop Rubber-Aktien) erfüllen und hat darüber hinaus das Recht, entweder die Erfüllung des gleichen Geschäftes gem. Vertrag „noch" bis zu n-mal (z. B.: 1 x 50,2x 50,...n x 50 Aktien) zu verlangen oder gegen Entrichtung von ein, zwei oder n Nochprämien zurückzutreten.

▶ **Nominal Bond** → Notional Bond

▶ **Nominalkapital** → Nominelles Eigenkapital, → Grundkapital

▶ **Nominalwert** → Nennwert

▶ **Nominalzins** → Nominalzinsfuß

▶ **Nominalzinsfuß**

Zinsfuß bei Fremdfinanzierungen, welcher im Finanzierungsvertrag vereinbart wird (bei Wertpapierfinanzierungen auch auf dem Wertpapier, z. B. Obligation). Die effektive Verzinsung ist hiervon regelmäßig abweichend (→ Effektivzinsfuß, → Effektenverzinsung).

▶ **Nomineller Kurs**

Genannter Kurs, der ohne Umsatz zu Stande gekommen ist.

▶ **Nominelles Eigenkapital**

Bilanziell ausgewiesenes → Grundkapital der Aktiengesellschaft
(Mindestnennbetrag 50 000 € und → Stammeinlage der Gesellschaft
mit beschränkter Haftung – Mindestnennbetrag 25 000 € – sowie
Geschäftsguthaben der Genossenschaften). Normalerweise ist das
nominelle Eigenkapital nicht mit dem haftenden Eigenkapital (Haftungskapital, → Garantiekapital) identisch, da zum nominellen Eigenkapital weder Rücklagen noch Gewinnvortrag gehören. Das
Nominelle Eigenkapital ist stets zum Nennwert zu bilanzieren; ein
Aufgeld ist bei einer Überpari-Emission gem. § 150(1) AktG und
272(2) HGB in die → Kapitalrücklage einzustellen soweit es den
Betrag der Emissionskosten übersteigt.

▶ **Non Call Bullet**

Endfällige, unkünbare Anleihe

▶ **Non Clearing-Mitglied**

Börsenteilnehmer der → EUREX, der kein Clearing-Mitglied ist und
nur mit einem General Clearing-Mitglied oder einem Direkt Clearing-Mitglied eine Clearingvereinbarung schließen muss.

▶ **Non Leverage Companies** → Investmentgesellschaft

▶ **Non Traded Options**

→ Optionen, die börsenmäßig nicht gehandelt werden.

▶ **Non Underwritten Facility**

Platzierungsvereinbarung ohne Übernahmeverpflichtungen; Variante der → Note Issuance Facility ohne Absicherungsfazilität. Dies
bedeutet, dass die Banken eine Eintrittsverpflichtung bei der No-
tesemission im Rahmen der Platzierungsbemühungen nicht abgeben. Das Plazierungs- und Anschlussfinanzierungsrisiko verbleiben
somit beim Schuldner. Somit eignen sich Non-underwritten Facilities generell nur zur Finanzierung kurzfristigen Kapitalbedarfs. Die
Finanzierungskosten sind für diesen Fall extrem niedrig, da sie ne-

ben dem Referenzzinssatz plus Aufschlag nur eine geringe Händlerprovision (Dealer Fee) umfassen.

▶ **Nonvaleurs**

Wertlose Güter, vor allem wegen zeitweiser oder dauerhafter Zahlungsunfähigkeit des Emittenten wertlos scheinende oder wertlos gewordene Wertpapiere (Sammlerstücke). Als Nonvaleurs werden auch umlaufende Wertpapiere, die nahezu wertlos geworden sind, bezeichnet.

▶ **Nordic STOXX 30 Future**

Produkt der → EUREX

Basiswert	Skandinavischer Aktienindex Dow Jones Nordic STOXX 30
Kontraktwert	€ 1 pro Indexpunkt des Dow Jones Nordic STOXX 30
Erfüllung	Erfüllung durch Barausgleich basierend auf dem Schlussabrechnungspreis, fällig am ersten Börsentag nach dem letzten Handelstag.
Preisermittlung	In Punkten auf eine Dezimalstelle
Minimale Preisveränderung	1 Indexpunkt; dies entspricht einem Wert von € 1.
Verfallmonate	Die jeweils nächsten Quartalsmonate des Zyklus März, Juni, September, Dezember.
Letzter Handelstag	Der dritte Freitag eines Verfallmonats, sofern dies ein Börsentag ist, andernfalls der davor liegende Börsentag. Der Handel endet um 12:00 Uhr MEZ.
Täglicher Abrechnungspreis	Letztbezahlter Kontraktpreis; falls dieser älter als 15 Minuten ist oder nicht den aktuellen Marktverhältnissen entspricht, wird dieser von der EUREX festgelegt.
Schlussabrechnungspreis	Durchschnittspreis der zwischen 11.50 Uhr und 12.00 Uhr MEZ am letzten Handelstag berechneten Indexwerte des Dow Jones Nordic STOXX 30-Index. Der Schlussabrechnungspreis wird um 12.00 Uhr MEZ am letzten Handelstag festgelegt.
Handelszeit	10.00 bis 17.00 Uhr MEZ

▶ **Nordquote**

Bezeichnung für das geplante elektronische Netzwerk der nordischen Wertpapierbörsen Dänemarks, Finnlands, Norwegens und Schwedens. Das System soll im Verbund den Handel dieser Börsen unterstützen und die Markttiefe verbessern.

▶ **Nostroeffekten**

Effekten, die sich im Eigentum einer Bank befinden.

▶ **Nostrogeschäfte**

Wertpapiergeschäfte einer Bank in eigener Rechnung.

▶ **Note Issuance Facility (NIF)**

Absicherungsfazilität, die auf dem konzeptionellen Ansatz der → Revolving Underwriting Facility (RUF) basiert. Sie unterscheidet sich von dieser hauptsächlich darin, dass die Notes nicht vom → Sole Placing Agent sondern von einem → Tender Panel am → Primärmarkt platziert werden.

Wie bei der RUF handelt ein Arrangeur die Konditionen mit den Underwriting Banks aus. Underwriting Banks sind z. T. auch Mitglieder des Tender Panels. Das Tender Panel vertreibt im Bietungsverfahren die Notes. Der Zuschlag erfolgt zu Niedrigzinsgeboten. Ist die Platzierung der Notes auf dem Sekundärmarkt nicht möglich, übernehmen die Underwriting Banks die Notes bis zur vereinbarten „back up line". Für diesen Fall ist (wie bei der RUF) ein Höchstzinssatz (Referenzzins plus Aufschlag) vereinbart. Weitere Kosten entsprechen jenen der Revolving Underwriting Facility. Im Vergleich zur RUF stellt sich die Finanzierung über eine NIF für die sich finanzierende Unternehmung günstiger, da eine Distribution der Notes über ein Tender Panel i. d. R. zu deutlich günstigeren Konditionen als über einen Sole Placing Agent erfolgt.

▶ **Notenbank**

(Währungsbank, Zentralbank, Zentralnotenbank) Institution einer Volkswirtschaft oder eines Wirtschaftsraums, die zum Zweck staatlicher Währungshoheit, die ihr übertragen worden ist, als anerkannte Währungsautorität fungiert und zudem oft unternehmerisch disponiert. In erster Linie wird die Währungsbank die Volkswirtschaft oder den Wirtschaftsraum mit Zentralbankgeld versorgen und die Abwicklung des Zahlungsverkehrs sichern. Ansonsten wird im Rahmen der → Notenbankpolitik das Ziel der Geldwertstabilität angestrebt. Die Verfolgung weitere Subziele ist denkbar. Dabei erscheint die Realisierung aller Ziele zum gleichen Zeitpunkt und/oder über einen mehr oder weniger langen Zeitraum hinweg unmöglich. Zur Zielerreichung setzt die Zentralbank das notenbankpolitische Instrumentarium ein. Die Notenbank kann in ihrer Politik regierungsgebunden aber auch völlig regierungsunabhängig sein. Außerdem können der Notenbank durch die Regierung zusätzliche Aufgaben (z. B. Bankenaufsicht) übertragen werden. Im Eurosytem fungiert die Europäische Zentralbank (EZB) als Notenbank.

▶ **Notenbankfähige Sicherheiten**

Für alle liquiditätszuführende Operationen der → ESZB sind gem. § 18.1 der Satzung ausreichende Sicherheiten zu stellen. Diese müssen definierte Voraussetzungen erfüllen, damit sie für die geldpolitischen Operationen des ESZB geeignet sind.

Unterschieden wird zwischen zwei Gruppen von Sicherheiten, die für die geldpolitischen Operationen des ESZB und für die Besicherung von Innertageskrediten verwendet werden können. Differenziert wird somit zwischen

Kategorie-1-Sicherheiten bzw. Kategorie-2-Sicherheiten. Grundsätzlich bestehen hinsichtlich der Qualität der Sicherheiten und ihre Eignung für die unterschiedlichen geldpolitischen Operationen des ESZB keinerlei Unterschiede.

Die Kategorie-1-Sicherheiten umfassen marktfähige Schuldtitel, die einheitliche und in der gesamten Währungsunion geltende Zulassungskriterien erfüllen.

Die Kategorie-2-Sicherheiten umfassen weitere marktfähige und nicht-marktfähige Sicherheiten, die für die nationalen Finanzmärkte und Bankensysteme von besonderer Bedeutung sind. Hier legen die nationalen Zentralbanken – vorbehaltlich der EZB-Mindeststandards – die Zulassungskriterien fest. Vgl.: zu den Zulassungskriterien an die Nicht-marktfähigen Sicherheiten, die für Deutschland gültig sind: → Nicht- marktfähige Sicherheiten

▶ **Notenbankfähige Wechsel**

Wechsel gelten dann in Deutschland als notenbankfähig, wenn sie auf € lauten. Bis zur Einführung des Euro-Bargeldes können die Wechsel auch auf eine der Teilnehmerwährungen denominiert sein. Ein in einem Nicht-Mitgliedsland zahlbar gestellter Wechsel muss in € oder DM denominiert sein. Die Restlaufzeit für Wechsel (bis zum Verfalltag und nicht bis zum gesetzlichen Zahlungstag) muss mindestens einen Monat, darf aber nicht länger als sechs Monate betragen. Der Schuldner muss überdies ein Nichtbank-Unternehmen oder ein wirtschaftlich Selbstständiger mit Sitz in Deutschland sein. Zur Feststellung der Notenbankfähigkeit bedient sich die Deutsche Bundesbank der Jahresabschlüsse der Schuldner. Als Handelswechsel definiert die Bundesbank alle Wechsel, die die Unterschrift eines Nichtbank-Unternehmens oder wirtschaftlich Selbstständigen mit Sitz in Deutschland tragen. Es genügen zwei Unterschriften. Relevant für die Einstufung des Notenbankwechsels als notenbankfähig ist allein die Bonität des Nichtbank-Verpflichteten.

▶ **Notenbankpolitik**

(Synonym: Geldpolitik) Summe aller generellen und speziellen langfristig wirksamen Überlegungen, Absichten und Maßnahmen der Notenbank (Zentralbank). Sie umfasst die operationalen Ziele sowie den Einsatz notenbankpolitischer Instrumente im Rahmen entsprechender Maßnahmen.

Die Zentralbank kann ihre angestrebten Ziele nur erreichen, wenn es ihr gelingt die Wirtschaftssubjekte zu strategiekonformer Verhaltensweise zu beeinflussen. Dies kann durch die Variation bestimmter Aktionsparameter mit dem Ziel erfolgen, dass die Wirtschaftssubjekte in Reaktion darauf bestimmte Verhaltensweisen zeigen. Entsprechende Wirkungen sollen sich (mit einem gewissen time-lag) hierdurch bei den realwirtschaftlichen Größen (Investition, Konsum und Produktion) einstellen. Aktionsparameter bilden die Geldmenge, der Zins oder/und die Liquidität der Wirtschaft. Ihre Beeinflussung erfolgt über die Veränderung der Bedingungen an den Geld-, Kredit- und Kapitalmärkten.

Vgl.: → Geldpolitik des ESZB

▶ Notierung

(Börsennotierung) Festsetzung der amtlichen Börsenkurse durch den Börsenvorstand, der diese Aufgabe den amtlichen → Kursmaklern übertragen kann. In Deutschland erfolgte die Notierung ursprünglich fast ausnahmslos in v. H. des Nennwerts (Prozentnotierung); seit 1. 7. 1969 werden für Aktien nur noch Notierungen in Währungseinheiten pro Stück vorgenommen (→ Stücknotierung, → Circa-Notierung, → Variable Notierung).

▶ Notional Bond

(Fiktive Anleihe, Hypothetical Bond, Nominal Bond, Synthetische Anleihe) Bezeichnung für eine künstliche, d. h. gedachte Anleihe. Notional Bonds finden in ihrer standardisierten Form bei einer hypothetischen (fiktiven) Ausstattung mit Festzins und konstanter Restlaufdauer als Referenzgut für Futures auf Anleihen, aber auch bei der Generierung von Rentenindices Verwendung.

▶ Notional Bond-Konzept

Renten-Index-Konzept, in dem → Notional Bonds generiert werden.

▶ Notional Instruments

Fiktive, künstlich geschaffene Finanzinstrumente, die real nicht existieren aber als Referenzgut von erheblicher Bedeutung sind. Sie werden in wesentlichen Komponenten aus anderen Finanztiteln abgeleitet. Ihre vertragliche Erfüllung erfolgt wiederum durch Umrechnung in existierende Finanztitel.

▶ **Novationsklausel**

Variante einer → Netting-Klausel (Aufrechnungs-), die im Rahmen von fremdwährungsbezogenen Geschäften am OTC-Markt verwendet werden. Bei der Novationsklausel vereinbaren zwei Vertragsparteien die Aufrechnung gegenseitiger Forderungen und Verbindlichkeiten. Aufgrund einer sog. Schuldnerumschuldung gehen die aufgerechneten Forderungen und Verbindlichkeiten unter. Neue Verbindlichkeiten und Forderungen werden damit nur in Höhe des entstandenen Saldos begründet.

▶ **NOW Accounts**

Spezielle scheckfähige Sparkonten mit Transaktionscharakter in den USA, auf die vom Kontoinhaber zu Gunsten Dritter → Negotiable Orders of Withdraw ausgestellt werden können. Guthaben auf NOW-Accounts werden verzinst.

▶ **N-Titel**

Unverzinsliche Schatzanweisungen des Bundes oder der Länder, die vor ihrer Fälligkeit nicht zurückgenommen werden müssen. Allenfalls in einer gesonderten Rückkaufaktion kann dies durch die Deutsche Bundesbank erfolgen.

▶ **Nullbogen**

Wertpapiermäntel und -bogen, die anstatt mit Stücknummern mit Nullen gekennzeichnet sind. Sie werden als Belege im Zuge des Verfahrens der → Börsenzulassung verwendet.

▶ **Null-Kupon Schatzanweisung**

Variante einer Schatzanweisung, bei der während der Laufdauer keine Zinszahlungen erfolgen. Die Konstruktion der Null-Kupon Schatzanweisung entspricht derjenigen der Nullkoupon-Anleihe (→ Zerobond) in der Form des Aufzinsungstyps.

> **Beispiel:**
> Null-Kupon Schatzanweisung des Landes Niedersachsen von 1992 –
> 2007, Emissionskurs: 37,39%, Emissionsrendite: 7,40%, Rückzahlung:
> 15. Mai 2007, Stückelung: 1000 DM.

▶ **Nullkuponanleihe** → Zerobond

▶ **Nummernkonto**

Wird im Bankbetrieb nicht unter dem Namen und der Anschrift des
Kunden sondern lediglich unter der Kontonummer geführt. Bei
Kontoeröffnung wird im Gegensatz zum anonymen Konto eine
Identitätsprüfung durchgeführt. Die Verbindung zwischen Konto-
nummer und Kontoinhaber ist nur einem beschränkten Kreis lei-
tender Mitarbeiter einer Bank bekannt. Da bei Kontoverfügungen
eine Identitätsprüfung durchgeführt wird, ist die Sicherheit größer
als beim anonymen Konto. Die Diskretion von Nummernkonten
wird entscheidend dadurch tangiert, inwieweit bei zivil- und strafrechtlichen Delikten im Rahmen von Auskunfts- und Rechtshilfe-
ersuchen Einblick verlangt werden kann. Nummernkonten haben in
der Schweiz und in Luxemburg eine besondere Bedeutung erlangt.

▶ **Nutzungsdauer, wirtschaftliche**

Zeitraum des rentabilitäts-, liquiditäts- und risikooptimalen Einsat-
zes eines aktivierungspflichtigen Wirtschaftsgutes in einem Unternehmen. Sie ist vergleichbar mit der handelsrechtlichen Abschreibungsdauer. Die Nutzungsdauer wird durch den wirtschaftlichen
Ersatzzeitpunkt unter Berücksichtigung steuerrechtlicher Aspekte
bestimmt. Eine Vorherbestimmung ist nur möglich, wenn das Wirt-
schaftsgut keiner qualitativen Weiterentwicklung unterworfen ist
(bei Konstanz aller anderen Parameter, die im Rahmen der Entscheidung berücksichtigt werden). Die wirtschaftliche Nutzungsdauer ist nicht mit der technischen Lebensdauer eines Investitions-
gutes identisch. Das Investitionsgut kann technisch durchaus funk-
tionsfähig sein, während die wirtschaftliche Nutzungsdauer nicht
mehr gegeben ist.

▶ **NYBOR**

(New York Interbank Offered Rate) Briefsatz ausgewählter Referenzbanken für Ausleihungen von Drei- und Sechs-Monatstermingeldern an erste Adressen im Interbankenhandel. Er hat die gleiche Funktion wie der → LIBOR oder → EURIBOR.

▶ **NYSE**

Abk. für New York Stock Exchange.

▶ **NYSE Composite Index**

Bezeichnung für einen anerkannten US-amerikanischen Börsenindex, dessen Portefeuille dem Gesamtwert des New York Stock Exchange (NYSE) Marktes entspricht. Der Index umfasst 1505 notierte Aktien, die nach dem Marktwert der Einzelwerte gewichtet sind.

Beim NYSE Composite Index Handel auf Termin (→ Financial Futures) wird der Kontrakt wie der Index notiert. Der Kontraktwert ergibt sich aus der Multiplikation des aktuellen Indexes mit dem Faktor 500. Die kleinstmögliche Änderung des Indexes, die sich als Kursänderung des Futures-Kontrakts niederschlägt, beträgt 0,05 Indexpunkte = 25 \$.

- Tägliche Schwankungsbegrenzung des Preises: keine.
- Kontraktmonate: März, Juni, September, Dezember.
- Letzter Handelstag: vorletzter Geschäftstag des Abwicklungsmonats.
- Abwicklungstag: letzter Geschäftstag des Abwicklungsmonats.
- Abwicklung: Barabwicklung auf Basis der Differenz, die sich aus dem Abwicklungspreis des vorletzten Handelstages und dem Wert des NYSE Composite Index zum Handelsschluss am letzten Handelstag ergibt.

O

▶ **Objektkredit** → Realkredit, → Hypothekarkredit

▶ **Obligation** → Anleihe

▶ **Obligationär**

Inhaber von Obligationen (→ Anleihe).

▶ **Obligo**

(1) Angstklausel („ohne Obligo" = ohne Gewähr) zur Haftungsbefreiung beim Wechsel (→ Indossament);
(2) Ausschaltung einer Gewähr bei Auskünften;
(3) gesamte Verbindlichkeiten eines Schuldners (banktechnischer Ausdruck).

▶ **Odd Lot**

Bezeichnung in den USA für einen Börsenauftrag, bei dem die Anzahl der Aktien oder Anleihen geringer ist als ein Round Lot (→ Schlusseinheit). Das Round Lot beträgt an der New York Stock Exchange (NYSE) 100 Aktien (beim Handel mit institutionellen Investoren auch 500 Stück) und bei Anleihen 1000 $ oder 5000 $ Nominalwert. Investoren, die ein Odd Lot kaufen oder verkaufen, zahlen eine höhere Vermittlungsgebühr.

▶ **Odd Lot-Index**

Relation, die sich aus der Zahl der getätigten Odd Lot-Verkäufe (→ Odd Lot) dividiert durch die getätigten Odd Lot-Käufe (basierend auf einem 10-Tage-Durchschnitt) ergibt. Hat der Odd Lot-Index einen Wert < 1 (> 1), signalisiert er einen allgemeinen Nachfrageüberhang (Angebotsüberhang).

▸ **Oder-Depot**

→ Depot, welches mehreren Personen gehört, die auch getrennt darüber verfügen können.

▸ **Öffentliche Anleihe**

→ Anleihe der öffentlichen Hand zur Deckung eines langfristigen Kapitalbedarfs, der durch gewöhnliche Einnahmen nicht finanziert werden kann. Meist geht es um die Finanzierung kapitalintensiver Projekte (z. B. Kanäle, Krankenhäuser etc.), bei denen das Kapital zudem langfristig gebunden ist. Emittenten sind Bund, Länder, Gemeinden, Bahn, Post, öffentlich-rechtliche Zweckverbände. Eine dingliche Besicherung der öffentlichen Anleihen, → Kassenobligationen und →Schatzanweisungen erfolgt nicht.

▸ **Öffentliche Kredite**

Direkte oder indirekte (weitergeleitete) Kredite der Kommunen, Länder und des Staates an private Unternehmen im Rahmen der staatlichen Förderprogramme. Die Kreditgewährung erfolgt zu Vorzugskonditionen und ist an die Erfüllung bestimmter Voraussetzungen (z. B. Unternehmensgröße, Branche, Standort, Vermögensstand) gebunden. Die Kredite werden in erster Linie durch die Kreditanstalt für Wiederaufbau (KfW) und die Deutsche Ausgleichsbank gewährt.

▸ **Öffentliche Pfandbriefe**

Frühere Bezeichnung Kommunalobligationen. Umfassen: Kommunalanleihen, Kommunalobligationen, Kommunalschatzanweisungen, Landesbodenbriefe, Bodenkulturverschreibungen, kommunalverbürgte Anleihen für Schiffsbaufinanzierung und Schuldverschreibungen mit anderer Bezeichnung, wenn Letztere nach § 8 Abs. 2 des Gesetzes über die Pfandbriefe und verwandten Schuldverschreibungen öffentlich-rechtlicher Kreditanstalten (i.d.Fassung v. 13.12.1960) ausgegeben worden sind. Vergleichbare Schuldverschreibungen, die von Spezialkreditinstituten emittiert werden, sind hier nicht zu subsummieren.

Die Schuldverschreibungen werden wie der → Pfandbrief von Hypothekenbanken und öffentlich-rechtlichen Kreditinstituten emittiert. Aus den Emissionserlösen erhalten die öffentlichen Körperschaften Darlehen. Möglich ist auch eine Darlehensvergabe an andere Darlehensnehmer (kommunalverbürgte Kredite). Durch die Deckung der Öffentlichen Pfandbriefe mit Kommunaldarlehen, deren Verzinsung und Tilgung aus der Steuerkraft der Kommunen gewährleistet wird, gelten diese als ebenso sicher wie Pfandbriefe, obwohl im Allgemeinen keine grundpfandrechtliche Sicherheit dahinter steht.

▶ **Öl-Optionsscheine**

→ Optionsscheine vom Typ einer Call-Option, die zum Erhalt eines positiven Barausgleichs auf der Basis des definierten Terminkontrakts an einer Terminbörse berechtigt.

▶ **Off the Exchange Markets**

(OTE-Markets) Bezeichnung für Wertpapiermärkte, die den Handel von Wertpapieren außerhalb der Börsen (Beispiel Seaq-International) ermöglichen. Die Off the Exchange Markets sind insbesondere für multinationale Unternehmen von Bedeutung, da hier eine größere Markttiefe zum Zweck der besseren Abstützung vermutet wird.

▶ **Offenbarungseid**

Wurde zwischenzeitlich durch → Eidesstattliche Versicherung ersetzt.

▶ **Offene Immobilienfonds** → Immobilienfonds

▶ **Offene Investmentfonds** → Investmentgesellschaft

▶ **Offene Position**

Devisenposition, die nicht abgedeckt ist und somit ein Kursrisiko darstellt. Sie existiert in zwei Ausprägungen, als → Long Position und als → Short Position.

▶ **Offener Fonds** → Investmentgesellschaft

▶ **Offenes Depot**

→ Depot, bei welchem dem Kreditinstitut durch den Kunden die zu verwahrenden Effekten unverschlossen zum Zweck der Verwahrung übergeben worden sind.

▶ **Offenmarktgeschäfte des ESZB**

Offenmarktgeschäfte bilden das Hauptinstrument des ESZB zur Steuerung der Zinssätze und der Bereitstellung von Liquidität am Markt sowie der Signalisierung des geldpolitischen Kurses. Die Offenmarktgeschäfte werden hinsichtlich

(a) der jeweiligen Zielsetzung,

(b) der zeitlichen Abstände, in ihrer Durchführung und

(c) der angewendeten Verfahren in die vier Gruppen: Hauptrefinanzierungsinstrument, längerfristige Refinanzierungsgeschäfte, Feinsteuerungsoperationen und strukturelle Operationen strukturiert.

Das wichtigste offenmarktpolitische Instrument bilden die befristeten Transaktionen, die bei allen der nachstehend aufgeführten Gruppen eingesetzt werden. Die Emission von Schuldverschreibungen durch die Europäische Zentralbank ist das bedeutendste Instrument für strukturelle liquiditätsabsorbierende Geschäfte. Feinsteuerungsoperationen kann das ESZB über

- definitive Käufe bzw. Verkäufe
  (Geschäfte, bei denen durch das ESZB refinanzierbare Aktiva definitiv am Markt gekauft bzw. verkauft werden),
- Devisenswapgeschäfte
  (gleichzeitige Vornahme einer Kassa- und Termintransaktion in € gegen Fremdwährung) und die
- Hereinnahme von Termineinlagen

realisieren.

Merkmale der verschiedenen Offenmarktinstrumente:

1. Hauptrefinanzierungsoperationen
   Über Hauptrefinanzierungsoperationen wird dem Finanzsektor der größte Teil des Refinanzierungsvolumens zur Verfügung ge-

	Transaktionsart		Laufzeit	Rhythmus	Verfahren
	Liquiditätsbereitstellung	Liquiditätsabschöpfung			
Hauptrefinanzierungsinstrument	Befristete Transaktionen		Zwei Wochen	Wöchentlich	Standardtender
Längerfristige Refinanzierungs-Geschäfte	Befristete Transaktionen		Drei Monate	Monatlich	Standardtender
Feinsteuerungsoperationen	Befristete Transaktionen Devisenswaps	Devisenswaps Hereinnahme von Termineinlagen Befristete Transaktionen	Nicht standardisiert	Unregelmäßig	Schnelltender
	Definitive Käufe	Definitive Verkäufe		Unregelmäßig	Bilaterale Geschäfte
Strukturelle Operationen	Befristete Transaktionen	Emission von Schuldverschreibungen	Standardisiert/nicht standarisiert	Regelmäßig und unregelmäßig	Standardtender
	Definitive Käufe	Definitive Verkäufe		Unregelmäßig	Bilaterale Geschäfte

Offenmarktgeschäfte des ESZB
Quelle: Europäische Zentralbank

stellt. Die liquiditätszuführenden Transaktionen werden regelmäßig wöchentlich dezentral durch die nationalen Zentralbanken durchgeführt.

Sie haben im Regelfall eine Laufdauer von zwei Wochen und werden über Standardtender veranstaltet. Zugelassen sind alle Kategorie-1- und Kategorie-2-Sicherheiten.

Alle Geschäftspartner, welche die allgemeinen Sicherheiten erfüllen, sind zugelassen.

2. Längerfristige Refinanzierungsgeschäfte

Über längerfristige Refinanzierungsgeschäfte mit jeweils dreimonatiger Laufzeit sollen dem Finanzsektor zusätzliche Refinanzierungsmittel längerfristiger Natur zur Verfügung gestellt werden. Das ESZB tritt bei diesen Geschäften im Regelfall als Preisnehmer auf und wählt für die Geschäfte im Regelfall Zinstender, seltener Mengentender. Die längerfristigen Refinanzierungsgeschäfte werden dezentral von den Nationalen Zentralbanken in Form von Zinstendern durchgeführt. Sie haben im Regelfall eine Laufdauer von drei Monaten. Alle Geschäftspartner, welche die allgemeinen Zulassungskriterien erfüllen, können Gebote abgeben, sowohl die Kategorie-1- als auch die Kategorie-2-Sicherheiten sind zur Besicherung dieser Geschäfte zugelassen – soweit nicht eine Einschränkung durch die Nationalen Zentralbanken erfolgt –.

3. Feinsteuerungsoperationen

Feinsteuerungsoperationen werden zur Steuerung der Marktzinssätze und Liquidität in Form befristeter Offenmarktgeschäfte eingesetzt um die Wirkung unerwarteter Liquiditätsschwankungen auf die Zinssätze auszugleichen. Es handelt sich daher um liquiditätszuführende oder liquiditätsabsorbierende Geschäfte.

Diese in der Laufzeit nicht standardisierten Geschäfte finden unregelmäßig statt. Liquiditätszuführende Geschäfte werden im Regelfall über Schnelltender (ggf. auch über bilaterale Geschäfte), liquiditätsabsorbierende Geschäfte über bilaterale Geschäfte über die nationalen Zentralbanken abgewickelt. Im Einzelfall kann der EZB-Rat entscheiden, ob in Ausnahmefällen zur Feinsteuerung durch die EZB befristete Transaktionen durchgeführt werden. Das ESZB kann eine begrenzte Zahl von Geschäftspartnern zur Teilnahme an befristeten Transaktionen zur Feinsteuerung bestimmen. Zur Besicherung der befristeten Transaktionen sind die Kategorie-1- und Kategorie-2-Schierheiten gleichermaßen geeignet.

4. Strukturelle Operationen

Das ESZB setzt strukturelle Operationen in Form befristeter Transaktionen zum Zweck der Beeinflussung seiner eigenen strukturellen Position gegenüber der des Finanzsektors ein. Dabei handelt es sich grundsätzlich um liquiditätszuführende Operationen, die regelmäßig oder unregelmäßig durchgeführt werden, nicht von vornherein standardisiert sind und in Standardtendern durchgeführt werden. Diese werden dezentral von den nationalen Notenbanken abgewickelt. Sämtliche Geschäftspartner, welche die geforderten Zulassungskriterien erfüllen, können Gebote für die strukturellen Operationen in Form von befristeten Transaktionen abgeben. Die Kategorie-1- und Kategorie-2-Sicherheiten sind gleichermaßen zur Unterlegung zugelassen.

▶ **Offenmarktpolitik der Deutschen Bundesbank**

Mit dem Übergang der währungspolitischen Kompetenz auf das ESZB hat die Deutsche Bundesbank keine eigenständige Geldpolitik und damit auch Offenmarktpolitik. Rechtsgrundlage ihrer Offenmarktgeschäfte bildeten für die Deutsche Bundesbank §§ 15, 21 BBankG. Gem. § 21 BBankG durfte die Bundesbank zur Regelung des Geldmarktes am offenen Markt zu Marktsätzen kaufen und verkaufen:

- rediskontfähiges Wechselmaterial,
- Schuldwechsel und Schatzanweisungen, Schuldverschreibungen und Schuldbuchforderungen des Bundes, der Sondervermögen des Bundes oder eines Landes;
- zum amtlichen Handel zugelassene Schuldverschreibungen.

Um jederzeit sicherzustellen, dass der Bundesbank das notwendige Material für ihre Offenmarktoperationen zur Verfügung stand, hatte der Bund gem. § 42 BBankG auf Verlangen der Bundesbank Schatzwechsel und unverzinsliche Schatzanweisungen (Mobilisierungspapiere) bis zum Nennbetrag der Ausgleichsforderungen auszuhändigen. Darüber hinaus musste der Bund, nachdem die erwähnten Mobilisierungspapiere vollständig in Umlauf gebracht waren, gegebenenfalls auf Verlangen der Bundesbank zusätzlich Schatzwechsel und unverzinsliche Schatz-anweisungen (Liquiditätspapiere) bis zu einem Volumen von maximal 8 Mrd. DM aushändigen.

Im Rahmen ihrer Offenmarktpolitik tätigte die Bundesbank außerdem Offenmarktgeschäfte über Wertpapiere mit Rückkaufsvereinbarung (Wertpapierpensionsgeschäfte) sowie Offenmarktgeschäfte über Wechsel mit Rückkaufsvereinbarung (Wechselpensionsgeschäfte, (Pensionsgeschäfte). Diese Variante der Offenmarktpolitik setzte die Bundesbank seit Herbst 1984 verstärkt ein. Sie erlaubte einerseits die Substitution des Instruments Lombardpolitik und gestattete andererseits eine elegantere und effizientere Geldmarktsteuerung. Dies zeigte sich nicht zuletzt darin, dass sich im Zeitverlauf die Geldmarktzinsen zum Pensionssatz hin orientiert hatten.

Die Partner bei den Wertpapierpensionsgeschäften waren nur Kreditinstitute, die der Mindestreservepflicht unterlagen, wobei die Geschäfte im Ausschreibungsverfahren angeboten wurden. Bei den Wechselpensionsgeschäften wurden Geschäfte nur mit Banken getätigt, denen Rediskontkontingente eingeräumt waren.

Die Wertpapierpensionsgeschäfte sind dann im Zeitverlauf für die Banken zu einem Instrument der Dauerrefinanzierung geworden.

Die Offenmarktpolitik zielte generell auf die Beeinflussung der Zinssätze (vor allen Dingen am Geldmarkt) und auf die freien Liquiditätsreserven der Banken ab. Da die verschiedenen Offenmarktgeschäfte in ihrer Wirkung sehr unterschiedlich waren, konnte eine Beurteilung nur im Einzelfall vor dem Hintergrund der Ausgangslage sowie der Art und Intensität der Maßnahmen vorgenommen werden.

▶ **Offenmarktpolitik des ESZB**

Die Offenmarktpolitik des ESZB zielt generell auf die Beeinflussung der Zinssätze (vor allen Dingen am Geldmarkt) und auf die Liquidität am Markt (über die freien Liquiditätsreserven der Banken) ab und will außerdem Signale hinsichtlich der geldpolitischen Richtung geben. Da die verschiedenen Offenmarktgeschäfte in ihrer Wirkung sehr unterschiedlich sind, kann eine Beurteilung nur im Einzelfall vor dem Hintergrund der Ausgangslage sowie der Art und Intensität der Maßnahmen vorgenommen werden. Dem ESZB stehen zur Durchsetzung seiner Intentionen verschiedene Arten unterschiedlicher Instrumente (→ Offenmarktgeschäfte des ESZB) zur Realisierung der Offenmarktpolitik zur Verfügung.

▶ **Offer**

(1) Angebot
(2) → Brief

▶ **Offset-Account**

Konto, welches der Verrechnung zwischen zwei Ländern in einer Drittwährung dient.

▶ **Offshore Fund**

Bezeichnung für → Investmentfonds, die ihren Sitz im Ausland haben. Offshore Funds bieten im Vergleich zu Onshore Funds folgende Vorteile:
● eine geringere oder keinerlei Aufsicht durch Behörden, da nationale Reglementierungen weitgehend fehlen;
● weit gehende steuerliche Präferenzen.

▶ **Offshore-Finanzzentren**

Bezeichnung für internationale Finanzplätze, an denen Banken vornehmlich oder ausschließlich mit Gebietsfremden ihre Geschäftstätigkeit ausüben.
Offshore-Finanzzentren zeichnen sich durch folgende Vorteile aus:
● weit gehende Abstinenz notenbankpolitischer Maßnahmen (insbesondere Befreiung von Mindestreserveverpflichtungen für Einlagen von Gebietsfremden);

- keinerlei Beschränkungen und Kontrollen im internationalen Kapitalverkehr mit Gebietsfremden;
- außerordentlich niedrige oder keine Ertragsteuerbelastung;
- ausgezeichnete Infrastruktur.

Wichtige Offshore-Finanzzentren sind: London, Luxembourg, New York, Singapore, Nassau-Bahamas, Cayman Islands, Willemstad. Die Offshore-Finanzzentren sind von den jeweils nationalen Finanzmärkten streng getrennt, da die oben genannten Vorteile für diese Märkte im Regelfall nicht gegeben sind.

Auf Grund der außerordentlich günstigen Entwicklung der Offshore-Finanzzentren sind zu Abwehrzwecken in den USA und Japan → Bankenfreizonen eingerichtet worden, die die gleichen Funktionen erfüllen.

▶ **Oil Indexed Bond**

Anleihe (→ Indexed Coupon Bond, Indexierte Anleihe), deren Coupons an einen Rohölpreisindex gekoppelt sind.

▶ **Omega** → Vega

▶ **On the Close**

Bezeichnung für auf den Börsenschluss abzurechnende Börsenorders.

▶ **Opals**

Abkürzung für Optimised Portfolios as Listed Securities. Spezielles Wertpapier, welches von Morgan Stanley für institutionelle Investoren entwickelt wurde. Die Anlage in dieses Investments bietet den kapitalanlegenden Unternehmen oder anderen Großanlegern die Chance mit dieser Transaktion die gesamten Aktienmärkte in verschiedenen Ländern zugleich abzudecken. Insofern können Opals als ein Aktienkorb bezeichnet werden, dessen Wert sich wie ein spezifisch entwickelter Index entwickelt. Opals werden im Regelfall zu 10.000 Einheiten gehandelt. Kleinere Einheiten sind denkbar, wobei der minimale Investitionsbetrag bei 125.000 US-$

liegt. Die Laufdauer von Opals beträgt drei Jahre mit jeweils halb-jährlichen Ausschüttungen. Während der Laufdauer kann der Investor Opals kündigen und zugleich in die jeweils repräsentieren-den Aktien tauschen. Dies bedeutet, dass die Opals entsprechend unterlegt sind.

▶ Open Interest

Bezeichnet die Summe aller zu einem bestimmten Zeitpunkt offenen Kontrakt-Positionen (Kauf-und Verkaufspositionen eines Future-Kontrakts oder einer Optionsserie). Das Open Interest gilt als ein Indikator für die Liquidität eines Kontraktes. Mit steigendem open interest entwickelt sich gleichgerichtet die Liquidität.

▶ Open Outcry

„Offener Zuruf" in Form eines Zurufs oder Zeichens auf dem Bör-senparkett, der zur Kontraktpreisermittlung erfolgt.

▶ Open Pricing → Negotiated Fixed Price Reoffer-System

▶ Open-end Fund

→ Investmentfonds, der das Portefeuille laufend erweitern und um-strukturieren kann, seine Anteilsscheine permanent und in unbe-grenzter Höhe emittiert aber auch zurücknimmt.

▶ Opération blanche

Bestimmte Taktik bei der Ausübung des → Bezugsrechts ohne Zu-zahlung. Will bzw. kann der Aktionär bei einer → Kapitalerhöhung keine zusätzlichen Mittel investieren, besteht die Möglichkeit Be-zugsrechte zu verkaufen. Aus dem Erlös kann der Erwerber die auf die restlichen Bezugsrechte entfallenden neuen Aktien finanzieren.

Die Anzahl der jungen Aktien, die ohne Zuzahlung erhältlich ist, errechnet sich wie folgt:

$$\text{Anz}_{Akt} = (BZ \times RWBZ) : BZK + (RWBZ \times BZV)$$

wobei:

Anz_{Akt} = Anzahl der ohne Zuzahlung erhältlichen Aktien
BZ   = Anzahl der Bezugsrechte
RWBZ = Rechnerischer Wert des Bezugsrechts
BZK   = Bezugskurs der jungen Aktie
BZV   = Bezugsverhältnis

▶ Opportunitätskosten

(Opportunity Costs) Nutzenentgang, der durch den Verzicht auf eine Alternativanlage entsteht. Die Anwendung des Konzepts der Opportunitätskosten setzt die Existenz eines Allokationsproblems voraus. Der jeweiligen Definition entsprechend, können die Opportunitätskosten auch z. B. als entgangener Gewinn (bezogen auf Kapitaleinsatz: Rentabilität) oder als entgangene Umsätze aus nicht getätigter alternativer Investitionsmöglichkeit etc. interpretiert werden. Das Opportunitätskosten-Prinzip kann nahezu bei allen finanzwirtschaftlichen Fragestellungen im Hinblick auf eine optimale Anlageentscheidung angewendet werden. So muss der Gewinn, der z. B. durch die Investition in eine Kapitalanlage A getätigt wird, immer höher sein als derjenige, der bei einer Investition in die Anlagenalternative C mit der nächsthöheren Gewinnmöglichkeit angefallen wäre.

▶ Optimised Portfolios as Listed Securities → Opals

▶ Option

Berechtigt den Käufer, verpflichtet ihn aber nicht gegen Zahlung einer Prämie (→ Optionsprämie) eine bestimmte Menge (Kontraktgröße) eines → Basisobjekts zum fixierten → Basispreis (Exercise Price) innerhalb einer bestimmten Periode (→ American Option) oder zum Ende der Optionsfrist (→ European Option) zu kaufen (→ Call Option) oder zu verkaufen (→ Put Option). Der Verkäufer (→ Stillhalter) der Option verpflichtet sich bei Ausübung der Option durch den Käufer zu den vereinbarten Konditionen jederzeit zu liefern oder abzunehmen. Für diese eingegangene Verpflichtung erhält der Stillhalter eine Prämie.

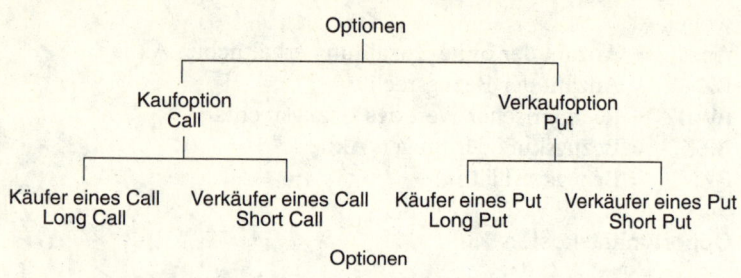

Optionen

Käufer und Verkäufer (Stillhalter) einer Call-Option bzw. einer Put-Option realisieren mit ihrer Handlungsweise jeweils unterschiedliche Basisstrategien: → Long Call, → Short Call, → Long Put, → Short Put.

Auf diesen Basisstrategien aufbauend, kann eine Vielzahl von Kombinationsstrategien realisiert werden

Basisobjekte können alle denkbaren *Kassainstrumente*, aber auch Terminkontrakte auf Währungen, Zinsen oder Indizes sein.

Börsengehandelte Optionen sind in ihren wesentlichen Elementen standardisiert sind. Dies sind:

- Die Qualität des zu Grunde liegenden Instruments (Basisobjekts);
- Einheit/Menge des Basiswerts;
- Art der Ausübungsmöglichkeit (→ American Option, → European Option)
- → Basispreis (Strike Price, Ausübungspreis),
- → Verfallsdatum
- Art der Lieferung (physische Lieferung, → Cash Settlement).

Optionen, des gleichen Typs (Call oder Put Option) sind, wenn ihnen der gleiche Basiswert zu Grunde liegt, einer Optionsklasse zugeordnet. Soweit Optionen im Typ, dem Basispreis und Verfalldatum miteinander identisch sind, gehören sie einer Optionsserie an.

Optionen, denen Standardisierungsmerkmale weitgehend fehlen, werden am OTC-Markt gehandelt (OTC-Optionen). Ihr Vorteil liegt gegenüber den börsengehandelten Optionen für die Nutzer darin, dass sie auf die jeweiligen Bedürfnisse individuell zugeschnitten werden. Damit ist aber die Fungibilität der OTC-Optionen auch eingeschränkt.

Die Höhe Optionsprämie richtet sich entsprechend Nachfrage und Angebot, wird aber maßgeblich vom Kurs des Basiswertes und seiner → Volatilität, der Laufzeit, der Entwicklung der Zinssätze und bei Aktienoptionen nach anstehenden Dividendenausschüttungen beeinflusst.

Der Börsenhandel von Optionen vollzieht sich an speziellen Börsen (z. B. → EUREX, LIFFE, etc.). Vgl. zu Handelsprodukten an der EUREX: → Terminbörse (DTB) werden folgende Handelsprodukte angeboten: → EUREX-Produkte.

▶ **Option auf den BOBL-Future** → Option auf den Euro-BOBL-Future

▶ **Option auf den BUND-Future** → Option auf den Euro-BUND-Future

▶ **Option auf CONF-Future**

Produkt der → EUREX

Basiswert	Future auf eine fiktive langfristige Anleihe der Schweizerischen Eidgenossenschaft mit einer Laufzeit von 8–13 Jahren und einem Kupon von 6 Prozent.
Kontraktwert	Ein CONF-Future-Kontrakt.
Erfüllung	Die Ausübung einer Option auf einen CONF-Future-Kontrakt resultiert für den Käufer sowie für den zugeteilten Verkäufer in entsprechenden CONF-Future-Position. Die Position wird auf der Grundlage des vereinbarten Ausübungspreises im Anschluss an die Post-Trading-Periode des Ausübungstages eröffnet.
Preisermittlung	In Punkten auf zwei Dezimalstellen.
Minimale Preisveränderung	0,01 Prozent; dies entspricht einem Wert von sfr. 10.
Letzter Handelstag –Schlussabrechnungstag –	Sechs Börsentage vor dem ersten Kalendertag des Verfallsmonats der Option.
Täglicher Abrechnungspreis	Letztbezahlter Kontraktpreis; falls dieser älter als 15 Minuten ist oder nicht den aktuellen Marktverhältnissen entspricht, wird dieser von der EUREX festgelegt.

Ausübungszeit	Ausübungen sind an jedem Börsentag während der Laufzeit bis zum Ende der Post-Trading-Periode möglich (amerikanische Art).
Verfallmonate	Die drei nächsten aufeinander folgenden Monate aus dem Zyklus März, Juni, September und Dezember; d. h. es sind Laufzeiten von 1,2,3 sowie max. 6 Monaten verfügbar.
	Zu Grunde liegende Future-Kontrakte: Verfallmonate März, Juni, September und Dezember; Fälligkeitsmonat des zu Grunde liegenden Futures und Verfallsmonat der Option sind identisch.
	Übrige Verfallmonate: Fälligkeitsmonat des zu Grunde liegenden Futures ist der dem Verfallmonat der Option folgende Quartalsmonat.
Ausübungspreise	Ausübungspreise haben feste Preisabstufungen von 0,50 Punkten (z. B. 117,00 ; 117,50;118,00). Jeder Kontraktmonat wird mit neun Ausübungspreisen eingeführt.
Optionsprämie	Die Prämienabrechnung erfolgt nach dem „future style"-Verfahren
Handelszeit	8.30 bis 17.00 Uhr MEZ

▶ **Option auf Dreimonats-EURIBOR-Future**

Produkt der → EUREX

Basiswert	Dreimonats-EURIBOR-Future. Der Nominalwert eines Future-Kontrakts beträgt € 1.000.000.
Kontraktwert	Ein Dreimonats-EURIBOR-Future-Kontrakt.
Erfüllung	Die Ausübung einer Option auf einen Dreimontas-EURIBOR -Future-Kontrakt resultiert für den Käufer sowie für den zugeteilten Verkäufer in einer entsprechenden Dreimonats-EURIBOR-Future-Position. Die Position wird auf der Grundlage des vereinbarten Ausübungspreises im Anschlss an die Post-Trading-Periode des Ausübungstages eröffnet.
Preisermittlung	In Punkten; auf drei Dezimalstellen.

Minimale Preisveränderung	0,005 Prozent; dies entspricht einem Wert von € 12,50.
Letzter Handelstag - Schlussabrechnungstag –	Zwei Börsentage vor dem dritten Mittwoch des jeweiligen Erfüllungsmonats –soweit von der EURIBOR FBE/ ACI an diesem Tag der für Euro-Termingelder maßgebliche Referenz-Zinssatz EURIBOR festgestellt wird, ansonsten der davor liegende Börsentag. Handelsschluss für den fälligen Kontraktmonat ist 11.00 Uhr MEZ.
Täglicher Abrechnungspreis	Letztbezahlter Kontraktpreis; falls dieser älter als 15 Minuten ist oder nicht den aktuellen Marktverhältnissen entspricht, wird dieser von der EUREX festgelegt.
Ausübungszeit	Ausübungen sind an jedem Börsentag während der Laufzeit bis zum Ende der Post-Trading-Periode möglich (amerikanische Art).
Verfallmonate	Die vier nächsten Monate aus dem Zyklus März, Juni, September und Dezember; d. h. es sind Laufzeiten von 3, 6, 9 sowie max. 12 Monaten verfügbar. Fälligkeitsmonat des zu Grunde liegenden Futures und Verfallmonat sind identisch.
Ausübungspreise	Ausübungspreise haben feste Abstufungen von 0,10 Punkten (z. B.(96,40; 96,50; 96,60). Jeder Verfallmonat wird mit 21 Ausübungspreisen geführt.
Optionsprämie	Die Prämienberechnung erfolgt nach dem „future style"-Verfahren.
Handelszeit	8.30 bis 19.00 Uhr MEZ

▶ **Option auf einen Cap** → Caption

▶ **Option auf Euro-BOBL-Future**

Produkt der → EUREX

Basiswert	Future auf eine mittelfristige Schuldverschreibung des Bundes oder der Treuhandanstalt mit einem Kupon von 6 Prozent und einer Restlaufzeit von $3^1/_2$–5 Jahren* (Euro-BOBL-Future).
Kontraktwert	Ein Euro-BOBL-Future-Kontrakt.

Erfüllung	Die Ausübung einer Option auf einen Euro-BOBL-Future-Kontrakt resultiert für den Käufer sowie für den zugeteilten Verkäufer in einer entsprechenden Euro-BOBL-Future-Position. Die Position wird auf der Grundlage des vereinbarten Ausübungspreises im Anschluss an die Post-Trading-Periode des Ausübungstages eröffnet.
Preisermittlung	In Punkten auf zwei Dezimalstellen.
Minimale Preis-veränderung	0,01 Prozent; dies entspricht einem Wert von € 10.
Letzter Handels-tag – Schlussab-rechnungstag –	Sechs Börsentage vor dem ersten Kalendertag des Verfallsmonats der Option.
Täglicher Ab-rechnungspreis	Letztbezahlter Kontraktpreis; falls dieser älter als 15 Minuten ist oder nicht den aktuellen Marktverhältnissen entspricht, wird dieser von der EUREX festgelegt.
Ausübungszeit	Ausübungen sind an jedem Börsentag während der Laufzeit bis zum Ende der Post-Trading-Periode möglich (amerikanische Art).
Verfallmonate	Die drei nächsten Monate sowie der darauf folgende Monat aus dem Zyklus März, Juni, September und Dezember; d. h. es sind Laufzeiten von 1,2,3 sowie max. 6 Monaten verfügbar. Zu Grunde liegende Future-Kontrakte: a) Verfallmonate März, Juni, September und Dezember: Fälligkeitsmonat des zu Grunde liegenden Futures und Verfallsmonat der Option sind identisch. b) Übrige Verfallsmonate: Fälligkeitsmonat des zu Grunde liegenden Futures ist der dem Verfallmonat der Option folgende Quartalsmonat.
Ausübungspreise	Optionsserien haben Ausübungspreise mit Preisabstufungen von 0,25 Punkten (z. B. 104,00; 104,25; 104,50). Jeder Kontraktmonat wird mit neun Ausübungspreisen eingeführt.
Optionsprämie	Die Prämienabrechnung erfolgt nach dem „future style"-Verfahren
Handelszeit	8.30 bis 19.00 Uhr MEZ

* Ab dem Verfallmonat September 2000 gilt ein Lieferfenster von 4$^{1}/_{2}$–5$^{1}/_{2}$ Jahren. Diese Änderung wird somit erstmals mit der Einführung des Optionsverfallsmonats September 2000 am 23. 02. 2000 wirksam.

▶ Option auf Euro-BUND-Future

Produkt der → EUREX

Basiswert	Future auf eine fiktive langfristige Schuldverschreibung des Bundes mit einem Kupon von 6 Prozent und einer Restlaufzeit von $8^{1}/_{2}$ – $10^{1}/_{2}$ Jahren.
Kontraktwert	Ein Euro-BUND-Future-Kontrakt.
Erfüllung	Die Ausübung einer Option auf einen Euro-BUND-Future-Kontrakt resultiert für den Käufer sowie für den zugeteilten Verkäufer in einer entsprechenden Euro-BUND-Future-Position. Die Position wird auf der Grundlage des vereinbarten Ausübungspreises im Anschluss an die Post-Trading-Periode des Ausübungstages eröffnet.
Preisermittlung	In Punkten auf zwei Dezimalstellen.
Minimale Preisveränderung	0,01 Prozent; dies entspricht einem Wert von € 10.
Letzter Handelstag – Schlussabrechnungstag –	Sechs Börsentage vor dem ersten Kalendertag des Verfallmonats der Option.
Täglicher Abrechnungspreis	Letztbezahlter Kontraktpreis; falls dieser älter als 15 Minuten ist oder nicht den aktuellen Marktverhältnissen entspricht, wird dieser von der EUREX festgelegt.
Ausübungszeit	Ausübungen sind an jedem Börsentag während der Laufzeit bis zum Ende der Post-Trading-Periode möglich (amerikanische Art).
Verfallmonate	Die drei nächsten aufeinander folgenden Monate sowie der darauf folgende Monat aus dem Zyklus März, Juni, September und Dezember; d. h. es sind Laufzeiten von 1,2,3 sowie max. 6 Monaten verfügbar. Zu Grunde liegende Future-Kontrakte: Verfallmonate März, Juni, September und Dezember; Fälligkeitsmonat des zu Grunde liegenden Futures und Verfallsmonat der Option sind identisch. Übrige Verfallmonate: Fälligkeitsmonat des zu Grunde liegenden Futures ist der dem Verfallmonat der Option folgende Quartalsmonat.

Ausübungspreise	Optionsserien haben Ausübungspreise nit Preisabstu-fungen von 0,50 Punkten (z. B. 104,00; 104,50; 105,00). Jeder Kontraktmonat wird mit neun Ausübungspreisen eingeführt.
Optionsprämie	Die Prämienabrechnung erfolgt nach dem „future style"-Verfahren
Handelszeit	8.30 bis 19.00 Uhr MEZ

▶ **Option auf Euro-SCHATZ-Future**

Produkt der → EUREX

Basiswert	Future auf eine fiktive kurzfristige Schuld-verschreibung des Bundes oder der Treuhandanstalt mit $1^3/_4$–$2^1/_4$-jähriger Restlaufzeit und einem Kupon von 6 Prozent (Euro-SCHATZ-Future).
Kontraktwert	Ein Euro-SCHATZ-Future-Kontrakt.
Erfüllung	Die Ausübung einer Option auf einen Euro-SCHATZ-Future-Kontrakt resultiert für den Käufer sowie für den zugeteilten Verkäufer in einer entsprechenden Euro-Bund-Future-Position. Die Position wird auf der Grundlage des vereinbarten Ausübungspreises im Anschluss an die Post-Trading-Periode des Ausübungstages eröffnet.
Preisermittlung	In Punkten auf zwei Dezimalstellen.
Minimale Preis-veränderung	0,01 Prozent; dies entspricht einem Wert von € 10.
Letzter Handels-tag – Schlussab-rechnungstag –	Sechs Börsentage vor dem ersten Kalendertag des Verfallsmonats der Option.
Täglicher Ab-rechnungspreis	Letztbezahlter Kontraktpreis; falls dieser älter als 15 Minuten ist oder nicht den aktuellen Marktverhältnissen entspricht, wird dieser von der EUREX festgelegt.
Ausübungszeit	Ausübungen sind an jedem Börsentag während der Laufzeit bis zum Ende der Post-Trading-Periode möglich (amerikanische Art).

Verfallmonate	Die drei nächsten Monate sowie der darauf folgende Monat aus dem Zyklus März, Juni, September und Dezember; d. h. es sind Laufzeiten von 1,2,3 sowie max. 6 Monaten verfügbar. Zu Grunde liegende Future-Kontrakte: Verfallmonate März, Juni, September und Dezember. Fälligkeitsmonat des zu Grunde liegenden Futures und Verfallsmonat der Option sind identisch. Übrige Verfallmonate:Fälligkeitsmonat des zu Grunde liegenden Futures ist der dem Verfallmonat der Option folgende Quartalsmonat.
Ausübungspreise	Optionsserien haben Ausübungspreise mit Preisabstufungen von 0,25 Punkten (z. B. 103,00; 103,25; 103,50). Jeder Kontraktmonat wird mit neun Ausübungspreisen eingeführt.
Optionsprämie	Die Prämienabrechnung erfolgt nach dem „future style"-Verfahren
Handelszeit	8.30 bis 19.00 Uhr MEZ

▶ **Option Currency**

Bezeichnung für eine Optionsdevise.

▶ **Option on a Cap** → Caption

▶ **Option on Futures**

Call- oder Put-Option auf einen Futures-Kontrakt (→ Futures).

▶ **Option Spread** → Spread

▶ **Option Warrant** → Optionsschein

▶ **Option Writer**

Angelsächsische Bezeichnung für den → Stillhalter bei Optionskontrakten.

▶ **Optional Dividend**

Dividendenzahlung, bei welcher dem Aktionär das Wahlrecht zusteht, ob sie in bar oder in Form zusätzlicher Aktien (→ Stockdividende) ausgeschüttet wird.

▶ **Optional Redemption**

Freiwillige vorfristige Anleihetilgung (vollzieht sich im Regelfall per freihändiger Rückkauf).

▶ **Optionen, Ausübungsstil**

(1) American Option
(2) European Option

▶ **Options Hedging**

→ Hedging durch Optionsstrategien.

▶ **Options Spread**

Gleichzeitiger Kauf und Verkauf von Optionen desselben Typs, die allerdings im Verfalldatum und/oder Basispreis differrieren. Varianten:→ Diagonal-Spread, → Horizontal-Spread,→ Vertikal-Spread.

▶ **Options Swap** → Swaption

▶ **Optionsanleihe**

(Optionsobligation, Optionsschuldverschreibung, Warrant Issues, Warrant Bond) Bezeichnung i. w. S. für besondere → Anleihen, die von Aktiengesellschaften emittiert werden. Die klassischen Optionsanleihen verbriefen ihrem Inhaber unter bestimmten Bedingungen das Recht (Optionsrecht) auf den Bezug von Aktien der Emittentin (Equity Linked Issue).

Nach der Art der Bezugsmöglichkeit werden zwei Typen von Optionsanleihen unterschieden: → Wandelanleihen und Optionsanleihen (Bezugsrechtsobligation), die im Emissionszeitpunkt in Verbindung mit einem (mehreren) → Optionsschein(en) ausgestattet sind.

Neben der Equity Linked Issue sind inzwischen weitere neuartige Varianten der Optionsanleihe eingeführt worden. Sie eröffnen ihrem Inhaber die Option zum Bezug von:

- festverzinslichen Anleihestücken einer Folgeanleihe der Emittenten (Optionsanleihe ausgestattet mit Zins-Warrants; Bond-Warrants);
- Aktien und Anleihestücken einer Folgeanleihe der Emittentin (Optionsanleihe ausgestattet mit Aktien- und Bond-Warrants);
- Partizipationsscheinen der Emittentin;
- einer bestimmten Menge von Währungseinheiten zu einem bestimmten Kurs (Optionsanleihe ausgestattet mit Währungswarrants; Currency-Warrants);
- einer bestimmten Menge eines Edelmetalls (i. d. R. Gold), Rohöl.

(1) Die mit einem *Aktien-Warrant* ausgestatteten Optionsanleihen (equity linked issues) geben dem Inhaber das Recht innerhalb einer definierten Frist sowie zu einem bestimmten Bezugskurs Aktien der Emittentin zu erwerben. Im Gegensatz zur Wandelanleihe bleibt die Anleihe aber nach der Optionsausübung bis zur Tilgung als normale Festzinsanleihe weiter bestehen. Damit erhält die Unternehmung bei Optionsausübung über das zur Verfügung gestellte langfristige Fremdkapital hinaus zusätzliches Eigenkapital.

Die rechtlichen Voraussetzungen zur Emission von mit Aktien-Warrants ausgestatteten Optionsanleihen entsprechen nach herrschender Meinung grundsätzlich denen der Wandelobligation, wenn auch die Optionsanleihe im AktG nicht ausdrücklich aufgeführt wird. Demnach ist gem. §§ 221 (1), 193 (1) AktG die Emission von der Zustimmung eines Hauptversammlungsbeschlusses abhängig, der mindestens 3/4 des von der Beschlussfassung vertretenen Kapitals umfassen muss. Die Aktionäre haben gem. §§ 221 (4), 186 AktG ein → Bezugsrecht.

Die Optionsanleihe wird bis zum Ende ihrer Laufdauer wie eine normale Festzinsanleihe verzinst. Der Nominalzins liegt als Ausgleich für die mit dem Optionsrecht verbundene spekulative Komponente immer deutlich unterhalb einer vergleichbaren Festzinsanleihe. Dies gilt generell für alle Typen von Optionsanleihen.

Bei der Emision einer mit Aktien-Warrants ausgestatteten Optionsanleihe sind neben den bei einer Industrieobligation üblichen Komponenten (Laufdauer, Nominalzinssatz, Zinszahlungstermine, Disagio, Besicherung etc.) folgende Größen zusätzlich festzulegen:

- das Optionsverhältnis: Es gibt an, wieviele Aktien mit einem Optionsrecht bezogen werden können.
- der Optionskurs (Bezugskurs): Er bestimmt den Kurs (Preis), zu welchem die Aktien bei Optionsausübung erhältlich sind.
- die Optionsfrist: Sie definiert den Zeitraum, innerhalb dessen das Optionsrecht ausgeübt werden kann.

Der rechnerische Wert des Optionsrechts (Substanzwert) im Zeitpunkt ist abhängig vom Optionsverhältnis, dem im Zeitpunkt aktuellen Börsenkurswert der Aktie, dem Optionskurs und der restlichen Optionsfrist. Der Marktwert des Optionsrechts kann allerdings vom rechnerischen Wert erheblich abweichen (→ Optionsschein).

Die Option kann mit der Optionsanleihe bis zum Zeitpunkt der Optionsausübung untrennbar gekoppelt sein. In der Regel ist aber das Optionsrecht abtrennbar und wird dann als Optionsschein (Warrant) an der Börse selbstständig handelbar. Bis zum Ende der Optionsfrist besteht somit die Möglichkeit, dass amtliche Notierungen für die Anleihe mit Optionsrecht (Anleihe cum), die Anleihe ohne Optionsrecht (Anleihe ex) und den Optionsschein erfolgen.

Die Möglichkeiten zum Schutz der Optionsrechtsinhaber vor einer → Kapitalverwässerung entsprechen denen, die zum Schutz der Wandelobligationäre zur Verfügung stehen. Es sind dies entweder die Gewährung eines Bezugsrechts auf Aktien im Zuge einer Kapitalerhöhung, wobei eine entsprechende vertragliche Zusicherung ex ante für die Inhaber des Optionsrechts u. U. unwirksam ist (vgl. § 187 (2) AktG) oder die Verminderung des Optionskurses bzw. -preises.

Wie die Wandelobligation, dient die Optionsanleihe generell als Finanzierungsinstrument in Zeiten schwieriger Kapitalmarktlage (i. d. R. allgemein hohes Zinsniveau und niedrige Aktienkurse) und als Vehikel zur langfristigen Gewinnung neuer Aktionäre.

Die Optionsanleihe bietet dem emittierenden Unternehmen folgende spezifische Vorteile: Es erhält Fremdkapital für einen langen Zeitraum zu Marktkonditionen, die deutlich unter denen für vergleichbare Festzinsanleihen liegen. Im Gegensatz zur Wandelobligation steht der Unternehmung dieses Kapital auch nach der Optionsausübung weiterhin zur Verfügung. Insofern ist der mit diesem Instrument verbundene Finanzierungseffekt größer. In einer späteren Phase fließt der Unternehmung (bei Ausübung des Optionsrechts) neues Eigenkapital unter Einbringung hoher Agios zu, wobei die hiermit verbundenen Emissionskosten deutlich unter denen liegen, die im Rahmen einer ordentlichen Kapitalerhöhung entstehen. Mit Optionsausübung verbessert sich die EK/FK-Relation. Im Gegensatz zur Wandelanleihe ist hier jedoch der Effekt zunächst nicht so hoch, da das Fremdkapital weiterhin für einen begrenzten Zeitraum in der Unternehmung verbleibt.

Bei einer Variante der Equity Linked Issues kann die Anleiheschuldnerin das Optionsrecht zum Bezug von Aktien einer anderen Unternehmung verbriefen. Equity Linked Issues werden außerdem nicht nur zu Festzinskonditionen sondern auch als → Floating Rate Notes ohne/mit → Cap oder → Collar und als Fremdwährungsanleihen emittiert.

(2) Eine mit einem *Bond-Warrant* ausgestattete Optionsanleihe (Ursprungs-Anleihe = Host Bond) berechtigt deren Inhaber unter bestimmten Bedingungen zum Bezug eines oder mehrerer festverzinslicher Anleihestücke einer Folgeanleihe der Emittentin. Dabei besitzt die über den Bond-Warrant zu erwerbende Anleihe (Back Bond) i. d. R. die gleichen Ausstattungsmerkmale wie die Ursprungsanleihe (Ausnahme: u. U. der Nominalzinssatz, der aber auch ex ante für die Folgeanleihe festgelegt wird). Die Emittentin erhält damit bei Optionsausübung zusätzliches Fremdkapital, welches seiner Qualität nach dem der Ursprungsanleihe entspricht.

Bei der Emission einer mit Bond Warrants ausgestatteten Optionsanleihe sind neben den bei einer Industrieanleihe üblichen

Komponenten (Nominalzins, Emissionsvolumen, Laufdauer, Zinszahlungstermine, Besicherung) folgende Größen zusätzlich festzulegen:

- das Optionsverhältnis: Es gibt an, welcher Nominalwert der Folgeanleihe pro Optionsschein bezogen werden kann.
- der Optionskurs (Bezugskurs, Bezugspreis): Er definiert den Kurs, zu welchem die Folgeanleihe erworben werden kann (z. B. pari = 100%).
- die Optionsfrist: Sie bestimmt den Zeitraum, innerhalb dessen das Optionsrecht ausgeübt werden kann.

Der rechnerische Wert des Optionsrechts ist abhängig vom Optionsverhältnis, dem aktuellen Börsenkurswert der Folgeanleihe, dem Optionskurs sowie der restlichen Optionsfrist. Der Marktwert des Optionsrechts kann vor dem Hintergrund der jeweils aktuellen Kapitalmarktsituation, den Erwartungen der Marktteilnehmer im Hinblick auf die künftige Zinsentwicklung und der restlichen Optionsfrist vom rechnerischen Wert abweichen.

Die Emittentin hat mit der Emission von mit Bond Warrants verknüpften Optionsanleihen zunächst den Vorteil, dass sie das notwendige Fremdkapital zu Marktkonditionen erhält, die deutlich unter denen für vergleichbare Anleihen liegen. Sie kann hierdurch vermeiden, dass sie das Instrument einer mit Aktien-Warrants ausgestatteten Optionsanleihe oder der Wandelobligation einsetzen muss. Hinzu kommt, dass die Emissionskosten der Folgeanleihe deutlich unter denen einer klassischen Festzinsanleihe liegen.

Mit der Emission von Bond Warrants ist für die Unternehmung bei einem Marktzinsniveau unterhalb des Effektivzinses, den eine Kapitalanlage in eine Folgeanleihe bietet, generell das Risiko der Optionsausübung verbunden. Wird es schlagend, erhält die Unternehmung Kapitalien in bestimmten, i. d. R. umfangreichen, Quantitäten, die langfristig im Vergleich zu den im Optionszeitpunkt aktuellen Marktkonditionen ungünstig finanziert sind und die sie zu diesem Zeitpunkt u. U. zudem nicht benötigt.

Diese Risiken sind aber gut überschaubar und werden in ihren möglichen Wirkungen durch die außerordentlich günstigen

Konditionen, zu denen die Ursprungsanleihe emittiert werden konnte überkompensiert.

Für die Unternehmung bietet sich u. U. die Möglichkeit derartige Optionsanleihen mit dem vorzeitigen Kündigungsrecht auszustatten. Dem Inhaber einer derartigen Optionsanleihe mit Kündigungsrecht wird i. d. R. vor Fristablauf das Recht zum Bezug einer neuen Anleihe durch Umtausch der alten Optionsanleihe eingeräumt. Nach Fristablauf ist ein Bezug der neuen Anleihe durch Bareinzahlung möglich. Diese Variante eröffnet der Emittentin die Möglichkeit einer optimalen Steuerung des ausstehenden Anleihevolumens in Abhängigkeit von den aktuellen Zinskonditionen am Kapitalmarkt.

(3) Optionsanleihen, die mit *Aktien* und *Bond Warrants* ausgestattet sind, kombinieren die oben beschriebenen Möglichkeiten.

(4) Optionsanleihen, die zum Emissionszeitpunkt mit *Partizipations-Warrants* verbunden sind, eröffnen die Option innerhalb eines definierten Zeitraums zu einem bestimmten Bezugskurs einen oder mehrere → Genuss-Scheine (Partizipationsscheine) der Emittentin zu erwerben. Die rechtlichen Voraussetzungen der Emission entsprechen gem. § 221 (3) AktG denen der Wandelobligation. Die Aktionäre haben gem. §§ 221 (4), 186 AktG ein Bezugsrecht.

Zusätzlich zu den bei einer Industrieobligation üblichen Komponenten sind bei der Emission einer Optionsanleihe dieses Typs folgende Komponenten festzulegen:

- das Optionsverhältnis;
- der Optionskurs, also der Preis, zu welchem der Partizipationsschein erworben werden kann;
- die Optionsfrist.

Der rechnerische Wert des Optionsrechts ist abhängig vom Optionsverhältnis, dem aktuellen Börsenkurswert des Partizipationsscheins (ggf. auch dem der Aktie) und der restlichen Optionsfrist.

Der Vorteil in der Finanzierung mit dieser Variante liegt für die Unternehmung darin, dass sie bei Optionsausübung Kapital erhält, welches lediglich Vermögensrechte, nicht jedoch Mitgliedschaftsrechte repräsentiert. Damit können keine Verschiebungen innerhalb der Aktionärsstruktur erfolgen und unter bestimmten Voraussetzungen erhebliche steuerliche Vorteile erzielt werden.

(5) Die mit *Währungsoptionsscheinen* ausgestatteten Optionsanleihen (Devisenoptionsanleihe), bieten die Möglichkeit, während einer bestimmten Optionsfrist eine definierte Menge von Währungseinheiten, i. d. R. US-$, zu einem bestimmten Kurs zu kaufen. Die damit verbundenen Währungswarrants eröffnen dem Anleger die Möglichkeit in die Aufwertung der betreffenden Währung zu spekulieren (Termingeschäft). Da der Währungsbetrag mit Ablauf der Optionsfrist hier (im Gegensatz zum Devisentermingeschäft) nicht gekauft werden muss, ist der höchstmögliche Verlust auf den Kaufpreis des Optionsscheins beschränkt. I. d. R. können auch hier die Optionsscheine abgetrennt und an der Börse selbstständig gehandelt werden. Die mit dieser Konstruktion für den Investor verbundene extrem spekulative Komponente, die andererseits u. U. für die Emittentin das Eingehen erheblicher Währungsrisiken per Termin bedeutet, eröffnet die Finanzierung der Kapitalien zu äußerst niedrigen Zinssätzen.

(6) Optionsanleihen werden auch mit dem *Recht zum Bezug* einer quantifizierten Menge *von Edelmetallen* (i. d. R. Gold) zu einem festgelegten Preis innerhalb eines vorgegebenen Zeitraums emittiert. Diese Variante bietet somit dem Zeichner durch die Indexierung Schutz vor den Folgen einer möglichen Inflation. Auch mit diesem Instrument kann das Fremdkapital zu besonders günstigen Konditionen finanziert werden, wobei mit dieser Konstruktion für die Emittentin das hohe Risiko von Preissteigerungen bei den Edelmetallpreisen verbunden ist.

▶ **Optionsanleihe mit Rückgaberecht**

Form der → Optionsanleihe, bei der die → Optionsscheine am Ende der Laufdauer bei Nichtausübung des Optionsrechts von der Emittentin zu einem im Voraus festgelegten Preis zurückgenommen werden.

> **Beispiel:**
> Optionsanleihe der Nordic Investment Bank, Helsinki, vom April 1988:
> fünfjährige, unkündbare Anleihe, ausgestattet mit Kupon von 4,875 Prozent;
> Emissionsvolumen 200 Mio. DM;
> Emissionskurs: 140,5%;
> jedes Anleihestück im Wert von 1000 DM war mit zusätzlich 20 Optionsscheinen ausgestattet;
> jeder Optionsschein berechtigte zum Kauf von 50 US-$ zum Preis von 1,6730 zu jedem beliebigen Zeitpunkt im Zeitraum der Gesamtlaufdauer.
> Bei Nichtausübung der Option wurde die Rücknahme der Optionsscheine am Ende der Laufdauer zum Preis von 20,25 DM je Optionsschein zugesichert.

▶ **Optionsbewertungsansätze** → Optionspreismodelle

▶ **Optionsgenuss-Schein**

→ Genuss-Schein, der von einer → Aktiengesellschaft emittiert wird und mit Optionsrechten auf den Bezug von → Aktien der Emittentin ausgestattet ist. Die Optionsrechte sind im Regelfall abtrennbar und können nach → Börseneinführung an der/den Börse(n) eigenständig gehandelt werden. Grundsätzlich haben die → Aktionäre ein Bezugsrecht. Zur Sicherung des Optionsrechts ist ein bedingtes Kapital (→ Kapitalerhöhung) zu schaffen.

▶ **Optionsgeschäft**

Bedingtes → Termingeschäft, welches den Käufer berechtigt, ihn aber nicht verpflichtet gegen Zahlung einer Prämie (Optionsprämie) ein → Basisobjekt zum → Basispreis (exercise price) innerhalb einer bestimmten Periode (→ American Option) oder zum Laufzeitende (→ European Option) zu kaufen (→ Call Option) oder zu verkaufen (→ Put Option). Die Prämie, die der Optionskäufer dem Vertragspartner (→ Stillhalter) zahlt, ist demnach als Ausgleich für dessen Risiko aus der fortbestehenden Verpflichtung zur Vertragserfüllung zu sehen. Die → Optionsprämie wird in ihrer Höhe einerseits von der Laufzeit (Prämie steigt mit zunehmender Laufzeit und fällt mit abnehmender Laufzeit auf null) und dem Basispreis der Option beeinflusst. Andererseits beeinflussen weitere Größen optionsspezifischer Natur den Optionspreis. Dieses sind z. B. das Optionshandelsvolumen, die Marktgängigkeit des Basisobjekts, die → Volatilität des zu Grunde liegenden Marktes, das Zinsniveau am Kapitalmarkt, die Börsentendenz etc. Basisobjekte von Optionen können auf börsenfreien Instrumenten oder Terminkontrakten auf Währungen (→ Devisenoptionen), Zinsen (→ Zinsoptionen) Indices oder Waren basieren.

Eine Option kann der Marktlage entsprechend eine → Am Geld-Option (At the Money Option), → Aus dem Geld-Option (Out of the Money Option) oder → Im Geld-Option (In the Money Option) sein. Der Optionshandel vollzieht sich sowohl in Form börsennotierter Kontrakte als auch außerbörslich im OTC-Markt.

▶ **Optionsklasse**

Standardisierte → Optionen desselben Typs (Call oder Put), die den gleichem Basiswert betreffen, werden einer Optionsklasse zugeordnet.

▶ **Optionsobligation** → Optionsanleihe

▶ **Optionsprämie**

Prämie, die den der Optionskäufer an den Optionsverkäufer (→ Stillhalter) für die Ausübung des Optionsrechts zu zahlen hat.

▶ **Optionspreis**

Derjenige Preis, den der Käufer einer Option an den → Stillhalter bei Geschäftsabschluss zahlt.

▶ **Optionspreismodelle**

Ansätze zur Optionswertbestimmung. Beispiel: → Black & Sholes Modell → German-Kohlhagen-Modell, Geske Call Modell, Geske/

Johnson Put Modell, Kassouf Modell, Samuelson Modell, Shelton Modell

▶ **Optionsrecht** → Option, → Optionsanleihe, → Optionsgeschäft, → Optionsschein

▶ **Optionsschein**

(Warrant) Verbrieft grundsätzlich das eigenständige Optionsrecht zum Bezug (Call) oder oder Verkauf (Put) innerhalb einer bestimmten Laufzeit (Typ: American Option) oder zum Laufzeitende (Typ: European Option) folgender →Basiswerte (Underlyings) in einem definierten Bezugsverhältnis zu einem bestimmten Basispreis:

- Aktien,
- Anleihen (Zinsoptionsscheine),
- Partizipationsscheinen,
- ausländische Währungseinheiten,
- Waren (Edelmetallmengen, Rohölmengen)
- Synthetische Finanzprodukte (Körbe – Baskets –, Indices, Optionen, Futures).

Entsprechend werden Optionsscheine in Call- oder Put-Optionsscheine differenziert und dem Basiswert entsprechend als Aktien-, Zins-, Partizipationsoptions-, Währungsoptions-(Currency Warrants), Warenoptions- (Commodity Warrants), Indexoptionsscheine (i.d.R. näher z. B. Aktienindexoptionsscheine) oder Basket Warrants, etc. bezeichnet.

Statt einer physischen Lieferung wird im Zuge der Optionsausübung oft nur der Barausgleich (→ Cash Settlement) vorgenommen. Traditionell wurden Optionsscheine im Zuge einer Finanzierung durch Ausgabe einer → Optionsanleihe emittiert. Seit über zehn Jahren werden Optionsscheine durch Unternehmen ohne die Koppelung an ein Finanzierungsinstrument als → Naked Warrants ausgegeben. Emittenten der Naked Warrants sind ausschließlich Banken. Optionsscheine in Verbindung mit Genuss-Scheinen werden im Zeitpunkt der Emission an das Instrument Genuss-Schein gekoppelt. Anschließend können diese – wie bei → Optionsanleihen (s. u.) – abgetrennt und gesondert gehandelt werden. Sie verbriefen die Möglichkeit innerhalb eines bestimmten Zeitraums unter Zuzahlung eines bestimmten Betrages zum Bezug von Aktien der emittierenden Unternehmung.

Auch der in Verbindung mit einer Optionsanleihe emittierte Optionsschein kann im Regelfall nach der Emission von ihr abgelöst und separat gehandelt werden. Somit sind hier drei Arten von Optionsscheinen zu unterscheiden:

- nicht abtrennbare,
- abtrennbare und
- abgetrennte Optionsscheine.

Nach Abtrennung der Optionsscheine wird die Optionsanleihe zu einer normalen Festzinsanleihe degradiert.

Zur Bewertung von Optionsscheinen werden im Regelfall die statischen Kennzahlen → Innerer Wert (Substanzwert, Intrinsic Value), → Zeitwert, → Aufgeld bzw. Prämie (in DM und/oder i. v.H.), → Hebel herangezogen.

(1) Der Innere Wert (Substanzwert, Intrinsic Value) errechnet sich aus der Differenz zwischen Basispreis und Kurs des Basiswerts. Dabei ist das Optionsverhältnis zu berücksichtigen. Ein Optionsschein wird entweder

(a) einen inneren Wert aufweisen und damit → „In the Money sein" oder

(b) keinen inneren Wert besitzen, da er entweder → „At the Money" oder → „Out of the Money" ist. Dabei kann der Substanzwert vom tatsächlichen Kurswert (Börsenkurs) erheblich abweichen.

Für einen Call-Aktienoptionsschein gelten:

Der Innere Wert (Substanzwert) errechnet sich in Abhängigkeit des Aktienkurses KA_t, des Optionspreises O und des Optionsverhältnisses bv wie folgt:

Innerer Wert (Substanzwert) = SW_{AC} = $(KA_t - BP) \times BV$
wobei:

SW_{AC} = Substanzwert oder Innerer Wert Optionsschein
K_{AT} = Kurs der Aktie im Zeitpunkt t
BP = Basispreis
BV = Bezugsverhältnis

(2) Der Zeitwert eines Optionsscheins errechnet sich aus der Differenz Optionsscheinkurs zu Innerem Wert. Die Höhe des Zeitwerts wird wesentlich von der Restlaufzeit und der Volatilität des Basiswerts bestimmt.

Für einen Call-Aktienoptionsschein gilt:

Zeitwert = $ZW_{AC} = O_{BK} - SW_{AC}$

wobei:

ZW_{AC} = Zeitwert Call Optionsschein
O_{BK} = Börsenkurs des Optionsscheins
SW_{AC} = Substanzwert oder Innerer Wert Optionsschein

Die Höhe des Zeitwerts wird maßgeblich von der Volatilität des Basiswerts und der Restlaufzeit des Optionsscheins bestimmt.

(3) Das Aufgeld (Prämie) gibt bei einem Call-Optionsschein (Put-Optionsschein) an, um wie viel Währungseinheiten (z. B. US-$) der Erwerb (Verkauf) des Basiswertes durch Kauf des Optionsscheins und die sofortige Ausübung des Optionsrechts teurer ist als der direkte Kauf (Verkauf). Das Aufgeld kann in Währungseinheiten oder i. v. H berechnet werden. In diesem Zusammenhang ist für die analytische Beurteilung des Optionsscheins die mit ihm verbundene Hebelwirkung (Leverage-Effekt) von Bedeutung. Sie basiert auf dem Bezugskurs, zu dem die Aktie bei Optionsausübung bezogen werden kann und bewirkt im Zusammenhang mit einer relativ konstanten Prämie, dass der Kurs des Optionsscheins auf die Aktienkursschwankungen in positiver Korrelation überproportional reagiert.

Für den Call-Aktienoptionsschein gilt:

$$\text{Aufgeld (Prämie)} = A_{AC} = BP + \frac{O_{BK}}{bv} - KA_t$$

wobei:

A_{Ac} = Aufgeld(Prämie)
BP = Bezugskurs
O_{BK} = Börsenkurs des Optionsscheins
BV = Bezugsverhältnis (Optionsverhältnis)
K_{At} = Börsenkurs der Aktie

Bei unterschiedlichen Optionsschein-, Aktienkursen und u.U. stark unterschiedlichen Bezugsverhältnissen, ist es im Regelfall zum Zweck der besseren Vergleichbarkeit von Vorteil die relative Prämie zu errechnen:

Aufgeld (Prämie)

$$A_{A_C}(\%) = \frac{\left(BP + \dfrac{OBK}{BV}\right) - K_{A_t}}{K_{A_t}}$$

(4) Der Hebel demonstriert als statische Kennzahl (bei Konstanz der Optionsprämie) die Veränderungsrate i.v.H., um welche sich der Kurs des Optionsscheins verschieben würde, wenn sich der Kurs des Basiswerts um einen Prozentpunkt bewegt. Damit demonstriert der Hebel annäherungsweise, in welchem Maße sich die Kursvariation des Basiswerts positiv oder negativ auf den Wert des Optionsscheins auswirkt.

Für den Call-Aktienoptionsschein gilt:

$$\text{Hebel in \% des Optionsscheinpreises} = H_{A_C}(\%) = \frac{K_{A_t}}{\dfrac{OBK}{BV}}$$

BV = Bezugsverhältnis (Optionsverhältnis)
KA_t = Aktueller Aktienkurs (Basiswert) im Zeitpunkt t
O_{BK} = Börsenkurs Optionsschein
H_{AC} = Hebel Aktien

Die entsprechenden Kennzahlen errechnen sich für Zins- und Währungsoptionsscheine wie folgt:

Währungs-optionsscheine: Call	**Innerer Wert** (Kurs Basiswert-Basispreis) $IW_C = (m \cdot w) - (m \cdot b)$
	Aufgeld/Prämie/Zeitwert (Optionspreis – innerer Wert) $A_C = S + (m \cdot b) - (m \cdot w)$
	Aufgeld/Prämie in % zum Aktienkurs $$A_C(\%) = \left(\frac{(m \cdot b) + s}{m \cdot w} - 1\right) \cdot 100$$

Call

Hebel

$$h_C = \frac{(m \cdot b) + s}{s}$$

Put

Innerer Wert (Basispreis – Kurs Basiswert)
$$IW_p = BP - KK$$

Aufgeld/Prämie

$$A_p = s - (m \cdot b) + (m \cdot w)$$

Aufgeld in %

$$a_P(\%) = \left(1 - \frac{(m \cdot b) - S}{m \cdot w}\right) \cdot 100$$

Hebel

$$h_P = \frac{(m \cdot b) \quad s}{s}$$

m = Menge der zugrunde liegenden Währung
b = Basispreis der Währung
S = Optionspreis
w = aktueller Währungskurs
c = Call
p = Put

Zinsoptionsscheine:
Call

Innerer Wert
$$IW_{ZC} = KK - BP$$

Aufgeld/Prämie

$$A_C = C \cdot \frac{N}{100} + BP - KK$$

Aufgeld in %

$$A_C = \left(\frac{C \cdot \dfrac{N}{100} + BP}{KK} - 1\right) \cdot 100$$

Call	**Hebel**

$$H_{ZC} = \frac{BP}{P} \cdot \frac{N}{100} - P$$

Put	**Innerer Wert**

$$IW_{ZP} = KK - BP$$

Aufgeld/Prämie

$$A_{ZP} = P \cdot \frac{N}{100} - BP + KK$$

Aufgeld in %

$$A_{ZP}(\%) = \left(1 - \frac{BP - P \cdot \dfrac{N}{100}}{KK}\right) \cdot 100$$

Hebel

$$H_{ZP} = \frac{BP \cdot \dfrac{N}{100} - P}{P}$$

N = Anleihenominal
BP = Basispreis
C = Preis des Kaufoptionsscheins
P = Preis des Verkaufsoptionsscheins
KK = Preis des Underlying

▶ **Optionsschein mit Zwangsauslösung**

(Barrier-Optionsschein, Knock out-Optionsschein) Variante des klassischen → Optionsscheins (in der Ausprägung eines Call- oder Put-Optionsscheins). Der Barrier-Optionsschein unterscheidet sich insofern vom klassischen Optionsscheintyp, als er auch vor Ablauf verfallen kann. Dieser Tatbestand tritt dann ein, wenn der Kassapreis des Basisobjekts einen definierten Wert bei der Call-Variante erreicht oder überschreitet bzw. bei der Put-Variante er-

reicht oder unterschreitet. Der Optionsschein mit Zwangsauslösung entspricht damit grundsätzlich in seiner Konstruktion der
Knock out-Option.

▶ **Optionsschuldverschreibung** → Optionsanleihe

▶ **Optionsserie**

Umfasst Optionen derselben Klasse und desselben Typs mit identischem Basispreis und Verfalldatum.

▶ **Optionstypen**

Optionen sind als zwei Typen existent. Es sind dies die
- Kaufoption (→ Call Option) und die
- Verkaufsoption (→ Put Option).

▶ **Optionsverkäufer** → Stillhalter

▶ **Order**

Bezeichnung für einen Börsenauftrag und damit in erster Linie eine
bestimmte Menge eines Wertpapiers zu kaufen oder zu verkaufen.

▶ **Order to Negotiate** → Negotiationskredit

▶ **Orderdriven Markets**

(Auktionsmärkte, Auktionsbörse) Bezeichnung für Märkte an der
Präsenzbörse, die unter Einschaltung von Maklern dem Auktionsprinzip folgen. Entsprechend der Preisfestsetzungsform können an
den deutschen Präsenzbörsen zwei Typen von Orderdriven-Markets
unterschieden werden:
(1) Markt mit einer Preisfeststellung (Einheitsmarkt), an welchem
   diese nach dem Handelsprinzip erfolgt. Dabei wird in der Weise
   verfahren, dass bei gegebener Orderlage der höchste Umsatz
   realisiert wird (→ Stauprinzip; Prinzip der → Einheitsnotierung). Überhänge im Angebot oder der Nachfrage können
   durch den → Kursmakler evtl. durch Selbsteintritt oder Men-

genrationierung ausgeglichen werden → Spitzenausgleich).
→ Kurszusätze erhöhen die Markttransparenz.

(2) Fortlaufender Handel (→ variable Notierung). Markt für den Wertpapierhandel mit hohen Umsätzen. Hier erfolgt zu Beginn der Handelszeit die Auftragsausführung nach dem → Stauprinzip. Zur Mitte der Börsenzeit wird desgleichen im fortlaufenden Handel für sämtliche Aufträge, die nicht ausführbar waren und sämtliche Aufträge, die nicht auf die Mindestschlussgröße (→ Schluss) oder ein Vielfaches lauten, ein Einheitskurs festgestellt.

Gegensatz zu Orderdriven Markets: → Quote Driven Markets und → Hybride Systeme

▶ Orderklausel

Durch die Klausel „an Order des . . ." werden → Wertpapiere zu gekorenen Orderpapieren und damit durch → Indossament übertragbar.

▶ Ordermangel

Bezeichnung für eine Börsentendenz, die durch ein geringes Ordervolumen gekennzeichnet ist.

▶ Orderpapier

→ Wertpapier, welches auf den Namen lautet. Man unterscheidet:

(1) geborene Orderpapiere (Namensaktie, Scheck,Wechsel). Ihre Übertragung ist ohne ausdrückliche Orderklausel möglich. Ausnahme: Ausschluss durch → negative Orderklausel;

(2) gekorene Orderpapiere (kaufmännische Anweisung, Konnossement, Ladeschein, Lagerschein) wird erst durch Klausel (Orderklausel) zum Orderpapier und damit nur in diesem Fall per Indossament übertragbar. Ohne Orderklausel sind diese Papiere → Rektapapiere. Die Rechte aus einem Rektapapier können nur abgetreten werden.

▶ **Orderschuldverschreibung**

Schuldverschreibung, die auf den Namen einer bestimmten Person lautet. Die Schuldnerin verpflichtet sich danach an einen bestimmten (namentlich genannten) Gläubiger zu zahlen. Orderschuldverschreibungen werden per Indossament übertragen.

▶ **Ordinary Share** → Stammaktie

▶ **Organisation, finanzwirtschaftliche** → Finanzorganisation

▶ **Organkredit**

Kredit, den eine Unternehmung Mitgliedern ihres Aufsichtsrats, Vorstands, leitenden Angestellten (einschließlich deren Ehepartnern und/oder minderjährigen Kinder) sowie dem gleichen Personenkreis abhängiger oder verbundener Unternehmen einräumt. Organkredite können, falls ihr Volumen ein Monatsgehalt übersteigt, nur mit Zustimmung des Aufsichtsrates vergeben werden.

Bei Kreditinstituten ist der Personenkreis auf alle Beamten und Angestellten sowie deren Ehefrauen und Kinder erweitert. Zusätzlich werden alle Kredite an Kommanditisten, an Gesellschafter einer Personengesellschaft oder GmbH, die nicht an der Geschäftsleitung beteiligt sind, an Unternehmen, an denen das Kreditinstitut mit 25% oder mehr beteiligt ist (auch in umgekehrten Fall) als Organkredite betrachtet.

▶ **OTC** → Over the Counter Market.

▶ **OTC-Option**

(Over the Counter Option) Bezeichnung für eine → Option, der kein standardisierter Kontrakt zu Grunde liegt. OTC-Optionen sind nicht quotiert (→ Quotieren).

▶ **OTE-Markets** → Off the Exchange Markets

▶ **Out of the Money**

(Aus dem Geld) Eigenschaft einer Option mit negativem Ausübungswert. Vgl.→ Out of the Money Option.

▶ **Out of the Money Option**

Bezeichnung für eine Option mit negativem Ausübungswert bei sofortiger Ausübung. Die Option hat somit zu diesem Zeitpunkt keinen inneren Wert. Eine Call Option (Put Option) ist Out of the Money (Aus dem Geld), wenn der Kassakurs des Basiswertes unter (über) dem Basispreis der Calls (Puts) liegt. Vgl.dagegen: → At the Money Option, → In the Money Option.

▶ **Outright-Devisengeschäft**

Devisengeschäft, bei welchem ein Devisenbetrag nur zu einem ex ante bestimmten Tag (Erfüllungstag) gekauft oder verkauft wird. Kann als ein mögliches Instrument der Sicherung von Währungsforderungen oder -verbindlichkeiten aus Waren- oder Dienstleistungsgeschäften eingesetzt werden.

▶ **Outright-Geschäft**

(Outright-Termingeschäft, Solo-Geschäft) Termingeschäft ohne Kassagegengeschäft (Swapgeschaft) und umgekehrt. Es wird im Rahmen der Kurssicherung oder bei Spekulation auf Devisenkursänderung eingesetzt.

▶ **Over the Counter Market (OTC)**

(1) Bezeichnung für außerbörslichen Handel mit börsennotierten Wertpapieren,
(2) Freiverkehrsmarkt für nicht zum offiziellen Börsenverkehr zugelassene Wertpapiere in den USA. OTC ist umfangsmäßig der bedeutendste Wertpapiermarkt der Welt. Auf diesem Markt werden vornehmlich Bank- und Versicherungsaktien, öffentli-

che und private Anleihen, Investmentanteile sowie sämtliche Neuemissionen vor der amtlichen Börseneinführung gehandelt. Der OTC wird als Bewährungsmöglichkeit vor der offiziellen Börseneinführung angesehen. Zu den Nachteilen dieses Marktes gehören relativ große Spannen zwischen An- und Verkaufspreisen der gehandelten Werte sowie der weitgehend fehlende Schutz vor Betrugsrisiken, weshalb die in Deutschland oft geforderte Einführung eines dem OTC entsprechenden Börsenmarktes bereits aus Anlegerschutzgesichtspunkten scheitern dürfte.

(3) Bezeichnung für den außerbörslichen Handel mit Terminkontrakten. Derartige Terminkontrakte (OTC-Optionen und Forwards) haben keine standardisierten Kontraktspezifikationen.

▶ **Over Spot**

Devisenkursnotierung mit → Report.

▶ **Overbought**

Bezeichnung für einen überkauften Markt, bei dem allgemein mit Kurskorrekturen nach unten gerechnet wird. Die Ursache wird in sehr hohen Kurssteigerungen der jüngsten Vergangenheit gesehen.

▶ **Overnight CD's**

→ Certificates of Deposit (CD's) mit einer Laufzeit von einem Tag.

▶ **Overnight Indexed Swap** →Tagesgeldindizierter Swap

▶ **Overshooting**

Bezeichnet ungewöhlich extreme Wechselkursbewegungen, die plötzlich auftreten, fundamental aber nicht erklärbar sind.

▶ **Oversold**

Bezeichnung für eine Markt, bei welchem allgemein mit Kurskorrekturen nach oben gerechnet wird, da die Kurse allgemein als zu niedrig eingeschätzt werden.

P

▶ **P-1, P-2, P-3**

(Prime) Ratingsymbole (vgl. → Rating) von Moody's für kurzfristige Titel (→ Geldmarktpapiere). Im Gegensatz hierzu verwendet Standard & Poor's die Symbole A,B,C,D.

▶ **Packing Credit**

(Anticipatory Credit, Advance Against a Documentary Credit) Akkreditiv-Sonderform, die unter bestimmten Bedingungen mit der Gewährung eines Vorschusses (Vorauszahlung) an den Exporteur verbunden ist (→ Akkreditivbevorschussung).

▶ **Paketabschlag**

Preisnachlass auf den Börsenkurs, der beim → Pakethandel dem Käufer durch den Verkäufer des → Aktienpakets eingeräumt wird.

▶ **Pakethandel**

Handel von → Aktienpaketen, der sich im Regelfall außerhalb der Börse vollzieht (→ Paketzuschlag, → Paketabschlag).

▶ **Paketwechsel** → Pakethandel

▶ **Paketzuschlag**

Preisaufschlag auf den Börsenkurs, der beim → Pakethandel durch den Käufer dem Verkäufer des → Aktienpakets gezahlt wird.

▶ **Paper Rating** → Rating

▶ **Para Banking** → Para Banking-Services

▶ **Para Banking-Services**

Bezeichnung für → Finanzdienstleistungen, die von Nichtbanken oder despositenbankähnlichen Institutionen angeboten werden und Substitute zu traditionellen Bankleistungen darstellen. Para Banking-Services werden in den verschiedenen Mitgliedsländern der OECD unter unterschiedlichen gesetzlichen Rahmenbedingungen angeboten. Die Palette der einzeln oder gekoppelt angebotenen Para Banking-Services umfasst:

- Konsumfinanzierung (→ Konsumentenkredit);
- → Leasing (i. S. von Financial Leasing);
- → Factoring;
- Devisenhandel;
- → Forfaitierung, Cross Border-Leasing (→ Export-Leasing), → Bartergeschäfte;
- Bereitstellung von → Garantien und → Avalen;
- Ausgabe von → Kreditkarten und Reiseschecks sowie Bereitstellung anderer Zahlungsverkehrseinrichtungen (→ Zahlungsverkehr, nationaler);
- Gewährung von → Hypothekarkrediten und Wohnungsbaufinanzierung.

▶ **Parallelanleihe**

Finanzierung eines bestimmten Kapitalvolumens durch die Emission mehrerer festverzinslicher Anleihen an verschiedenen Kapitalmärkten zur gleichen Zeit, wobei die → Anleiheausstattungen (z. B. Währungseinheit, Zinssatz etc.) den jeweiligen Marktgegebenheiten entsprechen und insofern voneinander abweichen.

▶ **Parallelkredit**

(Back to Loan) Bezeichnung für eine zwischen zwei multinationale Unternehmen getroffene Vereinbarung, nach der sie jeweils der in ihrem Heimatland residierenden Tochtergesellschaft ihres Vertragspartners einen Kredit in Landeswährung einräumen. Beide Kredite sind ihrem Volumen und ihrer Laufdauer kongruent.

▶ **Parallelwandelanleihe** → Wandelanleihe

▶ **Pari**

Nennwert und Kurswert sind identisch.

▶ **Pari Passu Clause** → Gleichrangklausel

▶ **Pari-Emission**

Wertpapieremission, bei der der Emissionskurs dem Nennwert entspricht.

▶ **Parikurs**

Bezeichnung für den Kurs, der exakt dem Nennwert des Wertpapiers entspricht.

▶ **Paris Interbank Offered Rate** → PIBOR

▶ **Parität**

Beschreibt
(1) die Austauschrelation zweier Währungen zueinander;
(2) eine Option in dem Moment, wenn diese – bei einem Zeitwert von Null – zu ihrem Inneren Wert (→ Innerer Wert) gehandelt wird;
(3) einen Terminkontrakt in dem Moment, wenn seine Notierung dem Kassakurs des → Basiswertes entspricht.

▶ **Paritätische Beteiligung** → Beteiligung

▶ **Parkett**

Ort an welchem physisch der Börsenhandel an einer → Präsenzbörse stattfindet. Gegenteil: → Computerbörse.

▶ **Parkettbörse** → Präsenzbörse

▶ **Partiarisches Darlehen**

(Gesellschafterdarlehen) gewinnbeteiligtes Darlehen, welches eine Personalgesellschaft durch ihre Gesellschafter erhält.

Die Unternehmung erhält durch die Gesellschafter zusätzliches Kapital, welches im Zeitpunkt des Kapitalzu- oder abflusses in der Machtstruktur des Gesellschaftskreises keinerlei Verschiebungen auslöst. Die Gesellschafter erhalten eine Verzinsung, die sich i. d. R. am Unternehmenserfolg orientiert und damit u. U. deutlich über derjenigen für alternative Kapitalanlagen liegt. Soweit Unternehmen mit festen Eigenkapitalien ausgestattet sind (GmbH, AG, KGaG, KG) die den Gesellschaftern (oder einem Teil von ihnen) ein Entnahmerecht verwehren, bietet sich das partiarische Darlehen an. Zudem erfolgt bei Darlehenseinräumung keine Erweiterung des Haftungsumfangs der nicht voll haftenden Gesellschafter. Steuerliche Vorteile sind für die Unternehmung nicht unbedingt gegeben. Sie sind im Einzelfall zu prüfen, da durch die Rechtsprechung im erheblichen Umfang spezielle Regelungen erfolgten und der Fiskus zunächst davon ausgeht, dass zumindest bei Personengesellschaften partiarische Darlehen als Eigenkapitalanteile anzusehen sind.

▶ **Partizipating Bonds**

Festverzinsliche Schuldverschreibungen in den USA, die mit einer Gewinnbeteiligung ausgestattet sind. Entsprechen grundsätzlich der → Gewinnobligation.

▶ **Partizipation**

Gelegenheitsgesellschaft zur Abwicklung eines Partizipationsgeschäfts in Form einer Gesellschaft des bürgerlichen Rechts (BGB-Gesellschaft) gem. §§ 705 ff. BGB.

▶ **Partizipationsschein**

Wertpapier, das Vermögensrechte, nicht aber Mitgliedschaftsrechte an einer Aktiengesellschaft verkörpert. Partizipationsscheine werden in der Schweiz als Finanzierungsinstrument verwendet und sind dem deutschen → Genuss-Schein ähnlich.

Auf Grund des fehlenden Stimmrechts dieser Wertpapiere können sich Unternehmen gegen eine Überfremdung schützen und dennoch risikotragendes, da unter Umständen an Verlusten partizipierendes Kapital beschaffen. Aufseiten der Anleger sind jedoch keinerlei gesetzliche Regelungen vorgesehen, die es ihnen ermöglichen, steuernd auf die Geschäftspolitik der emittierenden Unternehmung einzuwirken. Insofern ist der Partizipationsschein wie auch der deutsche Genuss-Schein ein Mittel zwingendes Aktienrecht zu umgehen.

▶ **Partly Paid Floating Rate Note**

Variante einer → Floating Rate Note, bei welcher der Investor im Zeitpunkt der Emission lediglich einen Teilbetrag (z. B. 30%) einzahlt und erst nach Ablauf einer definierten Zeitspanne (z. B. 3 oder 6 Monate) den Restbetrag. Es handelt sich hierbei also zugleich um die Variante einer → Teilzahlungsanleihe.

▶ **Partly Paid Note**

(Teileingezahltes Wertpapier). Schuldverschreibung, bei welcher der Investor im Zuge der Emission einen Teilbetrag der Gesamtzeichnung entrichtet. Die Restsumme entrichtet er gemäß Anleihebedingungen in einer Summe zu einem definierten Zeitpunkt bzw. mehreren Teilbeträgen zu exakt festgelegten Terminen.

▶ **Passive Scheckfähigkeit**

Eigenschaft Scheckbezogener zu sein. Gem. Art. 3 ScheckG können Schecks nur auf öffentliche und private Kreditinstitute gezogen werden. Postschecks sind im Sinne des Scheckgesetzes keine Schecks.

▶ **Passivgeschäfte**

Bankgeschäfte, die zur Refinanzierung dienen. Dies sind insbesondere das Depositengeschäft (Hereinnahme von Sicht- und Termineinlagen), das Spareinlagengeschäft, die Emission von Pfandbriefen, Kommunalobligationen und anderer Anleihen.

▶ **Passivseite der Bilanz**

Zusammenstellung sämtlicher Kapitalkonten bzw. des Gesamtkapitals einer Unternehmung, ausgedrückt in Währungseinheiten. Die Passivseite gibt Auskunft über die Herkunft des Kapitals, das zur Finanzierung der auf der →Aktivseite der Bilanz ausgewiesenen Vermögenswerte verwendet wurde. Die Gliederung regelt sich generell nach § 266 (3) HGB.

Große und mittelgroße Unternehmen (§ 267 Abs. 2, 3 HGB) müssen die in der Passivseite bezeichneten Posten gesondert und in der geforderten Reihenfolge ausweisen. Für kleine Kapitalgesellschaften (§ 267 Abs. 1 HGB) gilt dies nicht. Sie können eine verkürzte Bilanz aufstellen, die lediglich die mit Buchstaben und römischen Zahlen bezeichneten Posten gesondert und in der geforderten Reihenfolge enthält.

Passivseite
A. Eigenkapital
    I.   Gezeichnetes Kapital
    II. Kapitalrücklage
    III. Gewinnrücklagen
        1. gesetzliche Rücklage
        2. Rücklage für eigene Anteile
        3. satzungsmäßige Rücklagen
        4. andere Gewinnrücklagen
    IV. Gewinnvortrag/Verlustvortrag
    V. Jahresüberschuss/Jahresfehlbetrag
B. Rückstellungen
        1. Rückstellungen für Pensionen und andere Verpflichtungen
        2. Steuerrückstellungen
        3. sonstige Rückstellungen
C. Verbindlichkeiten
        1. Anleihen, davon konvertibel
        2. Verbindlichkeiten gegenüber Kreditinstituten
        3. erhaltene Anzahlungen auf Bestellungen
        4. Verbindlichkeiten aus Lieferungen und Leistungen
        5. Verbindlichkeiten aus der Annahme gezogener Wechsel und der Austellung eigener Wechsel

---

> 6. Verbindlichkeiten gegenüber verbundenen Unternehmen
> 7. Verbindlichkeiten gegenüber Unternehmen, mit denen ein Beteiligungsverhältnis besteht
> 8. sonstige Verbindlichkeiten
>   davon aus Steuern
>   davon im Rahmen der sozialen Sicherheit
> D. Rechnungsabgrenzungsposten

▶ **Passivwechsel**

→ Schuldwechsel, bei denen das Unternehmen Schuldner ist (→ Akzept). (Gegensatz: Aktivwechsel).

▶ **Patronatserklärung**

Bezeichnet generell den Tatbestand, dass eine Muttergesellschaft dem (den) Kreditgeber(n) ihrer Tochtergesellschaft eine Verpflichtungserklärung zu Kreditsicherungszwecken abgibt. Inhalt und Umfang der Patronatserklärung sind nicht normiert und richten sich nach den jeweiligen Erfordernissen. Sie reichen von der einfachen Auskunftserteilung über die Beteiligungsverhältnisse bis hin zur Verlustübernahmeverpflichtung.

▶ **Pay Back-Methode**

Verfahren zur Berechnung der → Amortisationszeit.

▶ **Pay Back-Periode**

Zeitraum, innerhalb dessen der im Zusammenhang mit einer Investition gebundene Kapitalbetrag wieder zurückgeflossen ist. Die Berechnung der Wiedergewinnungszeit bzw. → Amortisationszeit erfolgt ohne Berücksichtigung des Zeitmoments mithilfe der statistischen Amortisationsrechnung und mit Berücksichtigung des Zeitmoments im Rahmen der dynamischen Amortisationsrechnung.

▶ **Pay Out-Periode** → Amortisationszeit

▶ **Payment in Kind Bonds (PIK)**

→ Anleihen die ihrem Emittenten für einen definierte Zeitraum (5 – 10 Jahre) die Option einräumen zum Coupontermin entweder die fälligen Zinszahlungen in bar zu leisten oder den Anleihegläubigern eine Anleihe im Gegenwert der fälligen Zinsleistungen zu übereignen.

▶ **PcKISS**

Abk. für Personalcomputer-Kurs-Informations-Service-System. PC-gestütztes Instrument, das den Kapitalanlegern ermöglicht per Personalcomputer Informationen der Deutschen Börsen einschließlich XETRA und der Eurex real-time zu erhalten.

▶ **Penny Shares**

(Penny Stocks) in den Vereinigten Staaten von Amerika und Kanada existierende Aktien mit sehr niedrigen Nennbeträgen und Kursen (z. T. unter einem Dollar). Sie sind i. d. R. hochspekulative Papiere.

▶ **Penny Stocks** → Penny Shares

▶ **Pensionsfonds** → Pensionsrückstellung

▶ **Pensionsgeschäfte**

„Alle Vereinbarungen, nach denen Vermögensgegenstände (z. B. Wechsel, Wertpapiere, Darlehensforderungen) gegen Zahlung eines Betrages auf einen anderen (Pensionsnehmer) mit der Maßgabe übertragen werden, dass sie zu einem im Voraus bestimmten oder von dem Pensionsnehmer zu bestimmenden Zeitpunkt gegen Entrichtung des empfangenden oder eines im Voraus vereinbarten anderen Betrages zurückerworben werden müssen..." (Monatsbericht der Deutschen Bundesbank, Nov. 1965). Demnach handelt es sich bei einem Pensionsgeschäft um die Koppelung eines Kassa- und

Termingeschäfts. Bei echten Pensionsgeschäften verpflichtet sich der Pensionsnehmer gegenüber dem Pensionsgeber zur Rückgabe der Vermögensgüter. Eine derartige vertragliche Verpflichtung besteht bei dem unechten Pensionsgeschäft für den Pensionsnehmer nicht. Im Regelfall wird sich der Pensionsnehmer aber mündlich zur Rückgabe der Vermögensgüter per Termin verpflichten. Vgl. auch: → Repurchase Agreement, → Wertpapierpensionsgeschäft.

▶ **Pensionsrückstellung**

Rückstellungen für ungewisse Verbindlichkeiten, die gem. § 249 (1) HGB gebildet werden müssen (Passivierungspflicht). Sie entstehen auf Grund vertraglicher Zusagen einer Unternehmung gegenüber Arbeitnehmern ihnen und ggf. auch ihren Angehörigen Alters- oder Invaliditätszusatzversorgung zu gewähren. Die Bildung von Pensionsrückstellungen wird steuerrechtlich gem. § 6 a EStG nur anerkannt, wenn bestimmte Voraussetzungen erfüllt sind. Gem. § 6 a EStG darf die Pensionsrückstellung nur zu ihrem Teilwert angesetzt werden. Dieser Teilwert entspricht dem Barwert der künftigen Pensionszusagen bei einem Kalkulationszinsfuß von 6%.

Mit der Bildung von Pensionsrückstellungen ist ein Finanzierungseffekt verbunden, wenn die Unternehmung in der laufenden Periode einen Gewinn erwirtschaftet, denn Pensionsrückstellungen mindern als Aufwand bzw. Betriebsausgabe den Gewinn. Ein Abfluss von Zahlungsmitteln erfolgt nicht.

Voraussetzung ist allerdings, dass ein Gewinn erwirtschaftet und nach Steuern im notwendigen Umfang zur Bildung von Pensionsrückstellungen im Unternehmen verbleibt.

Der Finanzierungseffekt ist besonders effektiv während der Aufbauphase des Pensionsfonds und bei Ausbau des Systems (z. B. Erweiterung des Kreises der Berechtigten, Erhöhung der Pensionszusagen). Von einem bestimmten Stadium ab steht der Unternehmung aus dem Pensionsfond ein fixiertes Kapitalvolumen zur Verfügung.

▶ **PER – Kennziffer**

Price/Earnings/Ratio → Kurs/Gewinn/Verhältnis

▶ **per Aval**

Vermerk hinter der Unterschrift des Bürgenden bei Wechselbürg-schaften (→ Akzept).

▶ **per Erscheinen**

Handel mit noch nicht erschienenen Wertpapieren an der Börse.

▶ **Perfect Hedge**

Vollständiges → Hedging einer offenen Kassa-Position durch eine gegenläufige Terminkontrakt-Position.

▶ **Performance**

(1) Erfüllung, Leistung;
(2) Ausdruck für die Wertentwicklung bzw. den Wertzuwachs von Kapitalanlagen, insbesondere von Investmentanlagen; gibt den Anlageerfolg wieder. Die Performance – für bestimmte Vergleichsperioden unter Berücksichtigung der Ertragsausschüttungen in v. H. ausgedrückt – spiegelt den (Anlage-)Erfolg eines Fonds-Managements.Vgl.: → Performance-Fund, → Performance-Index

▶ **Performance Fund**

→ Investmentfonds, dessen Anlageziel auf hohe Wertzuwächse ausgerichtet ist.

▶ **Performance-Index**

Index, der die Wertentwicklung bzw. den Wertzuwachs von Kapitalanlagen misst bzw. aufzeigt.Vgl. z. B.: → CDAX, → FAZ-Perfomance-Index, PexP.

▶ **Perpetual** → Perpetual Bond

▶ **Perpetual Bond**

(Perpetual) Anleihe ohne Laufzeitbegrenzung. Derartige Anleihen werden in Deutschland nicht emittiert. Variante: → Perpetual Floating Rate Note.

▶ **Perpetual Floater** → Perpetual Floating Rate Note

▶ **Perpetual Floating Rate Note**

(Perpetual Floater) Variante einer → Floating Rate Note, deren Laufdauer unbegrenzt ist. Normalerweise ist diese Anleihe nicht mit einem Kündigungsrecht durch den Anleihegläubiger (Put Option) ausgestattet. Bekannt sind vielmehr einige Emissionen, die sowohl mit einem Kündigungsrecht durch den Schuldner (Call Option) als auch durch die Gläubiger (Put Option) ausgestattet sind. Diese Kündigungsrechte können aber immer erst nach Ablauf einer definierten Zeitspanne ex Emissionsdatum (Ausübungsbeginn der Put- und Call-Option nicht unbedingt zeitgleich) ausgeübt werden.

▶ **Perpetual Warrant**

Optionsschein, der den Bezug von Aktien zu einem festen Preis garantiert. Im Gegensatz zum klassischen Optionsschein sind aber weder ein Ausübungszeitpunkt noch ein Bezugszeitraum definiert

▶ **Perpetuals**

Bezeichnung für Schuldverschreibungen ohne Laufzeitbegrenzung. Vgl. auch: → Perpetual Bond, → Perpetual Floating Rate Note

▶ **Persönlicher Kleinkredit** → Teilzahlungskredit

▶ **Persönliches Anschaffungsdarlehen** → Teilzahlungskredit

▶ **Personalcomputer-Kurs-Informations-Service-System** → pcKISS

▶ **Personalkredit**

(Blankokredit) unbesicherter Bankkredit (reiner Personalkredit), der an besonders kreditwürdige Kunden herausgelegt wird. Grundlage hierfür ist das Vertrauen der für die Kreditherauslage zuständigen Personen in die absolut gegebene gegenwärtige und zukünftig erwartete Kreditwürdigkeit und -fähigkeit des Kreditnehmers. Auf dieser Annahme beruht das Vertrauen der Bank in die Fähigkeit des Kunden, fristgerecht und in vollem Umfang die vereinbarten Nutzungsentgelte (Zinsen, Provisionen etc.) und die Tilgungsraten zu leisten. Die notwendigen Informationen liegen der Bank i. d. R. vor, da ein Personalkredit im Normalfall nur an langjährige Kunden herausgelegt wird. Derartige Informationen sind z. B.:

- die letzten Steuer- und Handelsbilanzen mit den dazugehörigen Gewinn- und Verlustrechnungen;
- eine Zwischenbilanz oder ein Kreditstatus zum Zeitpunkt des Kreditantrags;
- ein Finanzplan bei projektorientierter Finanzierung bzw. die kurz-, mittel- und langfristige Finanzplanung des Unternehmens;
- Zahlenmaterial über Auftragslage, Umsatzentwicklung, Forschungs- und Investitionspläne;
- Berichte von Auskunfteien.

Neben dem reinen Personalkredit werden unter dem Begriff oft auch die sog. verstärkten Personalkredite subsumiert. Hierbei handelt es sich um Kredite, die – im Gegensatz zu Realkrediten – auf personenbezogene Sicherheiten abstellen. Dies sind die einfach persönlich gesicherten Kredite (z. B. Ankauf von Sola- oder trassiert eigenen Wechseln) sowie die verstärkt persönlich gesicherten Kredite z. B. Bürgschaftskredite, durch Wechsel oder Versicherungspolicen besicherte Kredite, Wechseldiskont).

▶ **Personalobligationen**

→ Anleihen, die von emissionsfähigen Unternehmen ausgegeben werden. Die Unterbringung ist auf den Mitarbeiterkreis begrenzt und erfolgt i. d. R. zu besonders günstigen Bedingungen. Personalobligationen werden daher auch als → Optionsanleihen oder → Gewinnobligationen emittiert.

▶ **Personalsicherheiten** → Kreditsicherheiten

▶ **PEX**

Kursindex für den Pfandbriefsektor, der durch den Verband deutscher Hypothekenbanken und den Verband der öffentlichen Banken entwickelt worden ist. Seine Konzeption (Notional Bond-Konzept) entspricht der des → REX.

Der PEX und seine Subindices stellen die Preisentwicklung des deutschen Pfandbriefmarktes und der einzelnen Laufzeitsegmente rückwirkend bis zum 30. 12. 1987 dar. Dem PEX liegen analog zum → REX 30 sythetische Anleihen für die Laufzeitklassen von einem bis zu zehn Jahren mit drei Couponklassen mit 6,00 %, 7,50 % und 9,00 % zu Grunde. Als Inputdaten werden börsentäglich von 40–50 deutschen Pfandbriefemittenten Primärmarktrenditen angegeben. Zur Vermeidung von Verzerrungen werden die jeweils niedrigsten und höchsten 25 % der Renditemeldungen gestrichen. Anschließend wird aus den restlichen 50 % der Renditemeldungen für jede Laufzeitklasse das arithmetische Mittel gebildet.

▶ **PEXP**

Der Performanceindes PEXP misst die Wertentwicklung eines hypothetischen Pfandbriefportfolios – aus dem weder Geld abgezogen noch neues investiert wird –, unter Einbeziehung der Preisentwicklungen und Zinserlöse. Seine Konzeption entspricht grundsätzlich der des → REXP.

▶ **Pfandbrief mit variabler Verzinsung**

→ Pfandbrief, dessen laufende Verzinsung entsprechend der einer → Floating Rate Note in die Entwicklung eines → Referenzzinssatzes (im Regelfall → EURIBOR) gekoppelt ist.

▶ **Pfandbriefe**

Schuldverschreibungen, die von privaten Hypothekenbanken, öffentlich-rechtlichen Kreditanstalten sowie Schiffspfandbriefbanken emittiert werden. Sie dienen diesen Institutionen zur Finanzierung von → Hypothekarkrediten, die sie gewähren. Für die Emission und Deckung der Pfandbriefe bestehen spezielle Vorschriften, die für Hypothekenbanken im Hypothekenbankgesetz (HypBankG), für öffentlich-rechtliche Kreditanstalten im öffentlichen Pfandbriefgesetz und für Schiffshypothekenbanken im Schiffsbankgesetz geregelt sind. Der Gesamtbetrag der umlaufenden Pfandbriefe muss in Höhe des Nennwertes jederzeit durch Hypotheken von mindestens gleicher Höhe und mindestens gleichem Zinsertrag gedeckt sein (ordentliche Deckung). Gem. § 6 (1) HypG können bestimmte Ausgleichs-, Deckungsforderungen und Erstattungsansprüche auch verwendet werden. Ein Pfandbrief gilt als im Umlauf befindlich, wenn der Treuhänder ihn gem. § 30 Abs. 3 HypBankG ausgefertigt und der Bank übergeben hat. Wird ein Pfandbrief dem Treuhänder zur Verwahrung zurückgegeben, scheidet er aus dem Umlauf für die Dauer der Verwahrung aus. Der Gesamtbetrag der im Umlauf befindlichen Hypothekenpfandbriefe und Kommunalschuldverschreibungen einer Hypothekenbank darf den 60-fachen Betrag ihres haftenden Eigenkapitals nicht überschreiten. Die Voraussetzung der Ausgabe von Pfandbriefen ist gem § 9 HypBankG geregelt. Dabei ist festgelegt, dass als Deckung für Hypothekenpfandbriefe nur Hypotheken benutzt werden dürfen, welche den Vorschriften über die Beleihungsgrenze und den Beleihungswert entsprechen müssen (§ 11 HypBankG). Die durchschnittlichen Laufzeiten von Pfandbriefen sind marktabhängig und schwanken im Zeitablauf. Während früher durchaus Laufzeiten von 25 bis zu 50 Jahren üblich waren, schwanken die Laufzeiten heute zwischen 10 und 25 Jahren. Tilgungsformen: im Normalfall endfällige Schuldverschreibungen, abweichend hiervon aber auch regelmäßige Tilgung nach Ablauf von einigen Freijahren. Pfandbriefe sind festverzinsliche Wertpapiere und sind in Abhängigkeit der Restlaufdauer, der Marktzinssatzentwicklung, ihres Normalzinssatzes und der Tilgungsform u.U. zinsreagibel. Sie sind dennoch in erster Linie für institutionelle Anleger ein beliebtes Anlageinstrument, da sie mündelsicher und deckungsstockfähig sind.

Der Anteil der Pfandbriefe an den umlaufenden Wertpapieren ist im Verlauf des letzten Jahrzehnts stark rückläufig. Die Ursachen liegen hauptsächlich in der überproportionalen Inanspruchnahme des Kapitalmarktes durch andere Emittenten, in der Substitutionskonkurrenz der Universalbanken (Finanzierung aus einer Hand) und Bausparkassen sowie in der verminderten Bauaktivität mit entsprechend geringerem Kapitalbedarf, was sich auf die Entwicklung des Refinanzierungsvolumens der Hypothekenbanken auswirkte. Vgl. auch → Jumbo-Anleihen

Die Deutsche Börse AG bietet zur Handelsstimulierung inzwischen das neue Handelssystem → Xetra an.

▶ **Pfanddepot (Depot C)** → Depot A, B, C, D

▶ **Pfandindossament** → Indossament

▶ **Pfandrecht** → Verpfändung

▶ **Pflichtblatt der Börse** → Börsenblatt

▶ **Pflichteinlage** → Mindestkapital, → Stammeinlage

▶ **PIBOR**

(Paris Interbank Offered Rate) ehemals Interbanken-Geldmarktsatz am Bankplatz Paris. Heute durch EURIBOR ersetzt.

▶ **PIK** → Payment in Kind Bonds

▶ **PIN**

Die Persönliche Identifikations-Nummer (PIN) wird jeder berechtigten Person zur Absicherung ihrer persönlichen Belange in der Elektronischen Datenverarbeitung sowie im Bildschirmtext zugeordnet. Die PIN wird durch einen Zufallsgenerator entwickelt und besteht aus einer Kombination von Zahlen und/oder Buchstaben. Die berechtigte Person kann bei bestimmten Bereichen (Verfügungen am Geldautomaten oder über BTX) nur unter Eingabe der PIN Zugriff erhalten. Die Persönliche Identifikations-Nummer kann jederzeit gesperrt werden.

▶ PIPE

Abk. für Price Information Project Europe. Geplantes europäisches Kursinformationssystem, an das sich alle Wertpapierbörsen der Europäischen Gemeinschaft anschließen werden.

▶ Placement

Bezeichnung für die Unterbringung von Neuemissionen im Primärmarkt.

▶ Placement Guarantee

Garantie eines Platzierungsinstituts oder eines -konsortiums (Garantiekonsortium) gegenüber einem Emittenten die Neuemission am Markt vollständig unterzubringen. Damit trägt das Platzierungsinstitut bzw. das -konsortium das Risiko der Nichtplatzierung (Placing Risk, → Placement Risk). Wird dieses Risiko schlagend, müssen das Platzierungsinstitut bzw. das -konsortium die nicht platzierten Titel als Selbsaufkäufer zunächst in die eigenen Bestände übernehmen.

Vgl.: → Emissionskonsortium, Kombiniertes Übernahme- und Begebungskonsortium, → Übernahmekonsortium, → Fremdemission.

▶ Placement Risk

Bezeichnet das Risiko, welches ein Platzierungsinstitut eingeht, indem es dem Emittenten gegenüber die Erstplatzierung einer Wertpapieremission vollständig oder teilweise (im Rahmen eines Emissionskonsortiums) garantiert. → Emissionskonsortium, → Kombiniertes Übernahme- und Begebungskonsortium, → Übernahmekonsortium, → Fremdemission, → Placement Guarantee.

▶ Placierung

Endgültige Unterbringung von Wertpapieren (Aktien, Schuldverschreibungen) bzw. eines Aktienpakets durch ein Bankenkonsortium. Anleger können das breite Publikum und/oder institutionelle

Großanleger (z. B. Lebensversicherungsgesellschaften, Investmentfonds) sein.

▶ **Placierungskraft**

Fähigkeit einer Bank oder eines Bankenkonsortiums, eine Emission von Wertpapieren (Aktien Schuldverschreibungen) schnell und vollständig am Markt unterzubringen.

▶ **Placing Agent** → Platzierungsinstitut

▶ **Placing Power** → Placierungskraft

▶ **Placing Risk** → Placement Guarantee

▶ **Plafond A** → AKA-Kredite

▶ **Plafond B** → AKA-Kredite

▶ **Plafond C** → AKA-Kredite

▶ **Plain Vanilla Fixed Coupon Bond**

Anglo-am. Bezeichnung für eine klassisch strukturierte Festzinsanleihe (→ Anleihe).

▶ **Plain Vanilla Floating Rate Note**

Klassisch strukturierte → Floating Rate Note, die keine zusätzlichen Eigenschaften (z. B. Optionsrechte) aufweist.

▶ **Plain Vanilla Issue**

Anglo-am. Bezeichnung, die für die Emission einer klassisch strukturierten Anleihe verwendet wird. Die Plain Vanilla Issue weist damit keinerlei Besonderheiten in ihrer Konditionengestaltung (Zins, Laufdauer, Emissions- und Tilgungskurs) auf. Vgl.: → Plain Vanilla Floating Rate Note, Plain Vanilla Fixed Coupon Bond (→ Festzinsanleihe).

▶ **Plain Vanilla Swap**

Klassische Form des Zins-Swaps. Hier bleibt der für die Zinsberechnung relevante Nominalbetrag über die gesamte Swap-Laufzeit konstant.

▶ **Plain Vanilla Optionen**

Klassisch strukturierte Optionen in der Call- oder Put-Variante, die keine zusätzlichen Eigenschaften aufweisen. Im Gegensatz hierzu stehen die → Exotischen Optionen.

▶ **Planbilanz**

Teil der umfassenden Prognoserechnung. Sie dient – auf der Grundlage bestimmter Erwartungen über den Eintritt künftiger Ereignisse – der Information über die erwarteten Bestandsveränderungen und künftige Kapitalstruktur. Soweit die Planbilanz als → Bewegungsbilanz erstellt wird, ist auf Basis ihrer Daten eine quantitative und qualitative Kapitalbedarfsprognose möglich.

▶ **Platzierung** → Placierung

▶ **Platzierungsinstitut**

(Placing Agent) Bank, die als Konsortialmitglied oder eigenständig die Erstplatzierung von Wertpapieren betreibt. → Emissionskonsortium, → Übernahmekonsortium, → Placement Guarantee.

▶ **Platzierungskonsortium** → Bankenkonsortium

▶ **Pluszeichen**

Bei beträchtlichen Abweichungen des festzustellenden Kurses vom Vortagskurs wird ein gesonderter Hinweis auf der Kursanzeigetafel durch den Kursmakler erforderlich (→ Kurszusätze).

Bei festverzinslichen Wertpapieren (ausgenommen: Optionsanleihen, Wandelobligationen, Genuss-Scheinen) wird eine voraussichtliche positive Kursveränderung von mehr als 1,5% bis 3%

durch ein Pluszeichen, mehr als 3% durch zwei Pluszeichen angezeigt.

Bei Aktien wird ein Kurssprung von mehr als 5% bis 10% durch
ein Pluszeichen, von mehr als 10% bis 20% durch zwei Pluszeichen
und von über 20% durch ein dreifaches Pluszeichen angezeigt.

▶ **Point** → Basis Point

▶ **Point & Figure-Analyse** → Point and Figure Chart

▶ **Point of Sale Banking**

(POS-Banking) Moderne technische Systeme ermöglichen heute im
Einzel-, Groß- und Fabrikhandel beim Warenausgang (am Point of
Sale) optische Artikelerfassung. In Verbindung damit erfolgt die automatische Datenverarbeitung einschließlich der Rechnungserstellung. Neuere technische Einrichtungen ermöglichen es zusätzlich
die Zahlungsverkehrsabwicklung zum Kaufzeitpunkt in den Prozess
einzubeziehen, umso die konventionelle Zahlungsverkehrsabwicklung zu substituieren. Dieser Vorgang vollzieht sich, indem der ge-
schuldete Kaufbetrag beleglos direkt vom Bankkonto des Kunden
abgebucht wird.

Voraussetzung hierzu ist, dass der Forderungsbetrag der Bank
elektronisch übermittelt wird und die Gutschrift auf dem Konto des
Gläubigers (Händlers) bei gleichzeitiger Abbuchung vom Bankkonto des Käufers gutgeschrieben wird. Dieser Prozess kann nur
abgewickelt werden, wenn an der Kasse oder einem speziellen Terminal (Point of Sale) eine Personalidentifikation und -überprüfung
des Kunden erfolgt. Als Instrument wird die PIN (Personalidentifi-
kationsnummer), die dem Kunden durch die Bank zugeteilt wird,
eingesetzt. Die Abwicklung der Transaktion erfolgt erst, nachdem
die Bonität des Kunden überprüft wurde. Dies kann auf elektronischem Wege in der Bank im online-Verkehr oder im offline-Verkehr
durch technische Einrichtungen am Verkaufspunkt mithilfe einer →
Chip-Karte erfolgen.

In Europa und den USA werden zurzeit unterschiedliche Systeme
getestet. Vorteile des Point of Sale-Banking liegen für den Handel in

Kostensenkungen durch verminderte Kassierzeiten, kürzere Wertstellungszeiten, geringere Bargeldhaltung und die Reduzierung von Bargeld- und Schecktransaktionen. Außerdem können die Risiken des Scheckmissbrauchs, des Diebstahls, der Beraubung und des betrügerischen Handelns von Angestellten erheblich verringert werden. Dem stehen zum Teil erhebliche Investitionen in die notwendigen technischen Einrichtungen mit einem entsprechenden Kapitalbedarf gegenüber. Inwieweit die hierdurch entstehenden Kosten durch die Kostensenkungen aufgefangen werden oder/und auf die Kunden abgewälzt werden können, steht bislang nicht eindeutig fest.

Als Vorteile des Point of Sale Banking für den Kunden werden die schnellere Zahlungsabwicklung, die Verringerung der Kassenhaltung sowie das geringere Beraubungs- und Diebstahlsrisiko genannt. Nachteilig sind steigende Kontoführungsgebühren der Bank.

▶ **Point and Figure Chart**

→ Chart, bei der wie bei der Bar Chart auf der Ordinate die Preise (Kurse) eingetragen werden. Im Gegensatz zur Bar Chart fehlt aber bei der Point and Figure Chart eine vorübergehende Zeiteinteilung auf der Abszisse. Point and Figure Charts finden vor allen Dingen in den USA Verwendung.

▶ **Pool**

(1) Zusammenschluss
(2) Bezeichnung für den Bestand von nach Gattungen zusammengefasster Wertpapiere.

▶ **Portefeuille**

Gesamtbestand an Anlagewerten oder Wertpapieren (Effektenportefeuille) von Banken, Versicherungsgesellschaften, Investmentfonds und Privatpersonen.

▶ **Portfolio** → Portefeuille

▶ **Portfolio Insurance**

(Portfolio-Versicherung) Sammelbezeichnung für verschiedene Formen von Hedging-Strategien, die in erster Linie darauf ausgerichtet sind große Portfolios vor Kursverlusten zu schützen. Dies vollzieht sich unter gleichzeitiger Wahrung der Chance sich möglicherweise zwischenzeitlich ergebende Kursgewinne realisieren zu können. Die Portfolio-Versicherung erfolgt im Rahmen des → Programmhandels. Ihre Instrumente sind:

(1) → Optionen
- Kauf von Verkaufsoptionen auf bestehende Aktienpositionen;
- gleichzeitiger Kauf von Geldmarktpapieren und Kaufoptionen auf Aktien.

(2) → Financial Futures (Kauf oder Verkauf von Finanzterminkontrakten).

▶ **Portfolio Selection**

Mathematisch abgeleitete Anlagestrategien, die zur optimalen Zusammenstellung eines Effektendepots herangezogen werden. Das optimale Portefeuille wird auf Basis der Wahrscheinlichkeitsverteilungen für die Gewinnerwartung einzelner Anlagen unter Berücksichtigung der subjektiven Risikopräferenz des einzelnen Investors gebildet. Für das Management von Aktien- und Rentenportefeuilles wurden unterschiedliche Strategien entwickelt; eine Notwendigkeit, die sich schon allein aus den unterschiedlichen Risiken, die diesen Effektarten innewohnen, ergab.

▶ **Portfolio Turnover**

Portefeuilleumschichtung. Sie erfolgt bei institutionellen Anlegern in gewissen Grenzen ständig (→ Portfolio Selection).

▶ **Portfolio-Versicherung** → Portfolio Insurance

▶ **POS-Banking** → Point of Sale-Banking

▶ **Positioning**

Bezeichnet die Bereitschaft, eine eingegangene Position, die ein latentes Änderungsrisiko enthält aufgrund einer eingehenden Analyse der gegenwärtigen Lage und der Einschätzung der künftigen Entwicklung ungesichert zu halten.

▶ **Positionslimit**

Maximale Anzahl offener Positionen auf derselben Marktseite, die ein Investor in Optionen oder Terminkontrakten(Futures) eingehen kann.

▶ **Postanleihen**

→ Anleihen, die von der Deutschen Bundespost emittiert wurden.

▶ **Power Bond**

Variante einer → Umgekehrten Floating Rate Note (Reverse Floating Rate Note) mit folgendem Verzinsungsverfahren:

$$\text{Coupon} = \sqrt{\text{Festzinssatz}^2 - \text{Referenzzinssatz}^2}$$

▶ **Power Warrant**

Optionsscheinvariante, die sich dadurch von klassischen Optionsscheinen unterscheidet, dass der Optionsscheininhaber bei Fälligkeit den quadrierten inneren Wert erhält. Dabei ist die Auszahlungshöhe durch einen → Cap begrenzt.

▶ **Prämie**

(1) → Prämiengeschäft
(2) → Optionsschein

▶ **Prämiengeschäft**

Form des → bedingten Termingeschäfts zur Risikominderung von → Termingeschäften. Gegenwärtig werden in der Bundesrepublik

Deutschland bedingte Termingeschäfte nur noch als Prämienge-schäft in der Spezialform des Optionsgeschäfts ausgeführt. Der Wähler des Prämiengeschäfts hat das Recht, entweder zum Prämi-enkurs zu erfüllen oder gegen Entrichtung der Prämie zurückzutre-ten. Beim → *Vorprämiengeschäft* hat der Terminkäufer die Option (Strategie: Spekulation à la Hausse unter Rückversicherung à la Baisse), beim → *Nachprämien-* oder Rückprämiengeschäft verfügt der Terminverkäufer über die Option (Strategie: Spekulation à la Baisse unter Rückversicherung à la Hausse). Der maximale Verlust des Optionsinhabers beschränkt sich auf die Prämie.

▶ **Präsenzbörse**

(Parkettbörse) Börsentypus, bei welchem der Handel in den eigenen Räumen nur unter Anwesenheit und Tätigwerden der Börsenhänd-ler stattfinden kann. Im Gegensatz zur klassischen Präsenzbörse hat sich zwischenzeitlich als innovativer Typ die → Computerbörse he-rausgebildet.

▶ **Präsenzhandel**

Bezeichnung für den Handel an der → Präsenzbörse.

▶ **Präziswechsel** → Wechsel

▶ **Pre Trading-Periode**

Vorbörsliche Phase an der → EUREX. Während dieses Zeitab-schnitts können Aufträge und Quotes eingegeben werden. Ein Handel findet jedoch während der Pre Trading-Periode nicht statt.

▶ **Preferred Share** → Vorzugsaktie

▶ **Preferred Stock** → Vorzugsaktie

▶ **Premium Bond**

Bezeichnung für eine Anleihe, die am Markt über pari gehandelt wird, da ihr → Coupon oberhalb des derzeitigen Marktzinses für entsprechende Titel mit äquivalenter Laufzeit liegt.

▶ **Premium Margin**

Ist vom → Stillhalter einer Optionsposition bis zum Verfall oder Ausübung zu hinterlegen.

▶ **Price Information Projekt Europe** → PIPE

▶ **Price-Earning Ratio** → Kurs-Gewinn-Verhältnis

▶ **Primadiskonten**

Synonym für Privatdiskonten

▶ **Primärmarkt**

(Primary Market) Markt, an dem sich der Erstabsatz eines neu emittierten Wertpapiers vollzieht. Gegenteil: → Sekundärmarkt.

▶ **Primapapiere**

Synonym für Privatdiskonten

▶ **Primary Market** → Primärmarkt

▶ **Primary Underwriters**

Mitglieder eines Übernahmekonsortiums. Sie bieten nach vollständiger Übernahme einer Wertpapieremission anderen Kreditinstituten an bestimmte Quoten zu zeichnen.

▶ **Prime Bank** → LIBOR

▶ **Prime Paper**

Bezeichnung für → Commercial Paper mit einem → Rating, welches auf eine außerordentlich hohe Bonität hinweist.

▶ **Prime Rate**

Allgemein derjenige Zinssatz, zu welchem die großen amerikanischen Banken kurzfristige Kredite an Industrieunternehmen erster Bonität herauslegen.

▶ **Primex Trading**

Neue, elektronische Börse in den USA, die mit dem 2. Quartal im Jahr 2000 ihre Tätigkeit aufnehmen wird. Über Primex sollen alle Aktien gehandelt werden, die auch an den bestehenden US-amerikanischen Börsen ge- und verkauft werden. Gründungsmitglieder sind: Goldman Sachs, Merrill Lynch sowie Madoff Investment Securities.

▶ **Principal Issue**

Bezeichnung für einen Anleihemantel (→ Mantel), der als → Zerobond gehandelt wird. Die Principal Issue ist aus einer Festzinsanleihe entstanden, bei der die Zinsscheine vom Anleihemantel getrennt und veräußert wurden.

▶ **Priority Share** → Vorzugsaktie

▶ **Privatbank**

Kreditinstitut mit erwerbswirtschaftlicher Zielsetzung, dessen Träger private Kapitalgeber sind.

▶ **Privatbörse**

Terminus für einen lokal stattfindenden Markt für fungible Güter (z. B. Briefmarken, antike Münzen), der staatlich weder genehmigt noch überwacht wird.

▶ **Privatdiskonten**

Erstklassige Geldmarktpapiere der Banken, die bis Ende 1991 börsentäglich an der Frankfurter Wertpapierbörse gehandelt wurden.

Dabei handelte es sich um DM-Akzepte der zum Privatdiskontmarkt zugelassenen Akzeptbanken. Sie dienten der Finanzierung von Einfuhr-, Ausfuhr, und Transithandelsgeschäften oder von grenzüberschreitenden Lohnveredelungsgeschäften.

Die Bundesbank handelte Privatdiskonten bis Ende 1991 am Geldmarkt. Sie kontraktierte aber nur mit der Privatdiskont-AG (Makler für den Handel mit Privatdiskonten) direkt. Für den Ankauf von Privatdiskonten existierte eine Sonder-Refinanzierungslinie, die mit Ablauf des Jahres 1991 aufgehoben wurde. Privatdiskonten wurden danach nicht mehr begeben.

▶ **Private Placement** → Privatplatzierung (2)

▶ **Privatplacierung** → Selbstemission

▶ **Privatplatzierung**

Bezeichnung für ein Platzierungsverfahren, das
(1) im Rahmen einer → Selbstemission praktiziert wird,
(2) im Rahmen einer → Fremdemission die Titel – abweichend von den Usancen – nicht öffentlich zur Zeichnung aufgelegt werden. Die Titel werden in diesem Fall durch das → Emissionskonsortium lediglich einem ausgewählten Kreis von institutionellen Anlegern und/oder der Privatkundschaft zur Zeichnung angeboten. Ein → Sekundärmarkt wird u.U. nicht aufgebaut, da die Investoren am Investment in diese Titel im Regelfall bis zum Laufzeitende interessiert sind. Im Fall einer vorzeitig notwendigen Desinvestition kann zumeist ein Markt gestellt werden.

▶ **Privileged Stock** → Vorzugsaktie

▶ **Produktenbörse** → Warenbörse

▶ **Programmhandel**

(Programm-Trading) Anwendung computergestützter Marktanalyseprogramme zur Vorgabe von Kauf- bzw. Verkaufsentscheidungen auf der Basis mathematischer Modelle durch einen Computer. Die

Notwendigkeit und Vorteilhaftigkeit des Computereinsatzes ergibt sich aus dessen Fähigkeit, große Datenmengen (Kassa-, Terminkurse, Zinssätze, Dividenden, Steuern, Transaktionskosten) schnell und zielgerecht verarbeiten zu können. Damit eröffnet sich die Möglichkeit Kursentwicklungen auf unterschiedlichen Märkten zu überwachen und auszuwerten, umso ggf. kurzfristig agieren bzw. reagieren zu können. Der Einsatz des Programmhandels erfolgt zu Zwecken

- der → Arbitrage zwischen Kassa- und Terminmarkt (Formen: → Aktienindex-Arbitrage; → Index Fund-Arbitrage),
- des → Hedging (→ Portfolio Insurance),
- des Kaufs bzw. Verkaufs auf Basis charttechnischer Analysen (→ Chartanalyse, → Charts).

▶ **Programm-Trading** → Programmhandel

▶ **Projektfinanzierung**

(Projekt Financing) Finanzierung eines selbstständigen Projekts, das in der Lage sein muss nach einer gewissen Anlaufzeit aus eigener Kraft den erforderlichen Kapitaldienst zu erfüllen.

Bei den selbstständigen Projekten handelt es sich um ausgesprochen kapitalintensive Investitionsvorhaben, die Volumina von über 500 Mio. € (i. d. R. mehrere Mrd. €) über einen längeren Zeitraum binden. Insofern müssen derartige Projekte nach einer gewissen Anlaufphase einen entsprechenden Cash Flow und ein hohes Ertragspotenzial ausweisen.

In der Regel können selbst große multinational tätige Unternehmen Kapitalbedarfe dieser Größen- und Zeitordnung nicht ohne Schwierigkeiten finanzieren. Außerdem kann durch den Einsatz des Instruments Projektfinanzierung das eigene Finanzierungspotenzial geschont (Finanzierung „off balance sheet") und das mit der Projektinvestition verbundene Risiko u. U. eingegrenzt werden.

Bei den zu finanzierenden Projekten handelt es sich zunächst um Investitionsvorhaben im Zusammenhang mit der Exploration im Energiesektor (z. B. Erschließung von Ölfeldern, Bau von Pipelines). Aber auch im Nichtenergiesektor (z. B. Exploration von Erzvorkommen, Bau von Verkehrssystemen etc.) sind Projektfinanzierungen üblich.

Die mit einem Projekt verbundenen Risiken werden allgemein in folgenden Bereichen gebündelt:

- Geologisches Risiko (nur relevant bei Explorationsvorhaben): Risiko der Fehleinschätzung im Hinblick auf die tatsächliche Quantität und Qualität der abbaufähigen Bodenschätze;
- Fertigstellungsrisiko: Risiko der nicht fristgerechten Erstellung des Projekts und/oder der Überschreitung der Investitionskosten;
- Verfahrenstechnische Risiken und Betriebsrisiken: Risiken, die in der Beauftragung nicht ausreichend qualifizierter Ingenieure, der Anwendung nicht geeigneter Verfahren und einer nicht ausreichenden Ausrüstung liegen;
- Absatz- und Preisrisiko: Risiko der Fehleinschätzung hinsichtlich der Absatzmengen und/oder -preise;
- Politisches Risiko: Risiko des Konzessionsentzuges, staatliche Einflussnahme, Verstaatlichung, Änderung von Devisenbestimmungen, Verbot von Transferzahlungen etc.

Unternehmen, die als Projektträger (sponsors) auftreten, versuchen zumindest einen Teil der Risiken auf die finanzierenden Banken, Lieferanten oder Abnehmer zu übertragen. Insofern wird zwischen drei Finanzierungsformen und den mit ihnen verbundenen Rückgriffsmöglichkeiten auf den/die Sponsor/Sponsoren unterschieden:

- non recourse financing, bei der das Risiko nicht bei dem Sponsor liegt (sehr selten);
- limited recourse financing, bei der die Risiken auf die verschiedenen Partner (Sponsor, Kreditgeber, Lieferanten, Abnehmer, Konstruktionsbüros etc.) anteilsmäßig verteilt werden (allgemein üblich);
- full recourse financing, bei der der Sponsor das Risiko im vollen Umfang trägt. Hier geht es lediglich um die Finanzierung des Projekts, wobei der Sponsor das volle Risiko trägt. Er will lediglich erreichen, dass der Investitions- und Finanzierungsvorgang für ihn selbst bilanzneutral, wie bei den anderen beiden Finanzierungsformen, verlaufen.

Im Rahmen der Projektfinanzierung wird das sich hierfür bildende → Bankenkonsortium eine umfangreiche Projektanalyse erarbeiten, auf Basis ihres Ergebnisses eine Beurteilung vornehmen und anschließend die Sponsoren beraten.

Die Sponsoren gründen eine Projektträgergesellschaft. Anschließend erfolgt die Finanzierung der Projektträgergesellschaft zunächst durch Einbringung entsprechenden Eigenkapitals der Gesellschafter. Im Rahmen der Projektfinanzierung wird dann Fremdkapital durch das Bankenkonsortium am Euromarkt beschafft. Das hier gegebene Problem besteht darin, dass das Projekt während der Erstellungsphase und auch geraume Zeit nach Nutzungsbeginn selten das Kapital für den vollständigen Kapitaldienst freisetzt. Insofern wird das Bankenkonsortium den notwendigen Kapitalbedarf zunächst in Form von Euro-Krediten (Roll-over-Kredite auf Referenzzinsbasis plus Aufschlag) beschaffen.

Da die Kapitalbindung langfristig ist, wird später die weit gehende fristenkongruente Finanzierung auf Anleihebasis in Form von → Floating Rate Notes angestrebt.

Das Bankenkonsortium überwacht während der Aufbauphase die Projektrealisierung. In den sich anschließenden Phasen wird einerseits die Einhaltung des Kapitaldienstes kontrolliert, andererseits für die notwendige Kapitalbereitstellung im Zuge der Anschlussfinanzierung gesorgt.

▶ **Prokuraindossament** → Indossament

▶ **Prolongation**

(Verlängerung, Vertragsverlängerung) finanzwirtschaftlich von Bedeutung im Zusammenhang mit einer Fristverlängerung bei einem Bankkredit, → Wechsel (→ Wechselprolongation) und dem → Termingeschäft.

▶ **Property Dividend**

(Sachwertdividende) Dividendenausschüttung in Sachwerten, z. B. in den USA in Form von Wertpapieren, die die Unternehmung im Portefeuille hat (i. d. R. von Tochtergesellschaften).

▶ **Prospekt**

(Börsenprospekt, Emissionsprospekt, Zeichnungseinladung, Zeichnungsprospekt)

(1) Bei Emissionen: Kurze Veröffentlichung, die zur Zeichnung des neu ausgegebenen Wertpapiers auffordert und die wichtigsten Angaben über Gesellschaft und die Emissionsbedingungen enthält.

(2) Bei Börseneinführung: Der vor Einführung zu veröffentlichende ausführliche Bericht, von dessen Vorlage nur Bund, Länder und Mitgliedstaaten der Europäischen Gemeinschaft befreit sind (§ 41 Börsengesetz). Der Prospekt muss alle für die Beurteilung des Wertpapiers wesentlichen Angaben enthalten, insbesondere Verwendungszweck und Nennbetrag der Emission, Kündigungs- und Beleihungsbedingungen, Kennzeichnung der Wertpapierurkunde, Sicherstellung, Vorzugsrechte, Zweck und Umfang der Gesellschaft, Rechte Dritter an der Gesellschaft, Kapitalhöhe und -zusammensetzung, Gewinnverteilungsvorschriften und Gewinnentwicklung der letzten fünf Jahre, letzte Bilanz und Erfolgsrechnung, Höhe der Hypothekarschulden und Anleihen usw.

Der Prospekt muss in einer Zeitung („Pflichtblatt") bzw. im Bundesanzeiger veröffentlicht werden (→ Zeichnung von Wertpapieren, → Börsenzulassung).

▶ **Prospektbefreiung** → Börsenzulassung von Wertpapieren

▶ **Prospekthaftung**

Sind in einem → Prospekt Angaben, welche für die Beurteilung des Wertes erheblich sind, falsch, unrichtig oder unvollständig, haften bei grobem Verschulden gem. § 45 BörsG diejenigen, die den Prospekt erlassen haben, sowie diejenigen, von denen der Erlass ausgeht (kapitalsuchende Unternehmung und i. d. R. Bank) (→ Börsenzulassung von Wertpapieren).

▶ **Provision**

Form der Vergütung für die Ausführung oder Vermittlung von Dienstleistungen. Provisionen sind in Form von Bankprovisionen üblich, die von Kreditinstituten für die von ihnen erbrachten bzw. zu erbringenden Leistungen im Kreditgeschäft, Zahlungsverkehr, für den An- und Verkauf sowie die Verwahrung und Verwaltung von Effekten, im Emissionsgeschäft, bei der Vermögensberatung und -verwaltung etc. verlangt werden. Soweit andere Personen (z. B. Makler, Vermögensverwalter usw.) derartige Geschäfte ausüben, erheben auch sie üblicherweise für ihre Tätigkeiten Provisionen.

▶ **Prozentkurs**

Börsenkurs eines Wertpapiers, der in v.H. des → Nennwertes angegeben wird (→ Prozentnotierung). Gegenteil: → Stückkurs.

▶ **Prozentnotierung**

Notierung des Börsenkurses für ein Wertpapier i. v.H. seines Nominalwertes. In Deutschland ist diese Kursangabe für Schuldverschreibungen üblich.

▶ **Prozentnotiz** → Prozentnotierung

▶ **Prozessgeschwindigkeit** → Kapitalumschlagdauer

▶ **Publikationspflicht** → Publizität

▶ **Publikumsaktie**

Aktie, die von einem breiten Anlegerkreis gehalten wird.

▶ **Publikumsgesellschaft**

Aktiengesellschaft, deren Aktien breit gestreut sind.

▶ **Publizität**

Information der Öffentlichkeit durch die Unternehmung zum Zweck der besseren Information. Sie erfolgt auf der Basis gesetzlicher Bestimmungen und/oder freiwillig. Unterschieden wird in gesetzliche und freiwillige Publizität. Dabei ist mit der gesetzlichen Publizität nicht unbedingt eine Information der breiten Öffentlichkeit verbunden.

(1) Gesetzliche Publizität (Offenlegungspflicht)

    (a) Registerpublizität:

- Bestimmte Informationen (z. B. Gründung, Gesellschafter, Kapitalverhältnisse) müssen dem Handelsregister zugeleitet werden. Dieser Art von Publizität unterliegen alle Rechtsformen;
- Pflicht zur Einreichung von Jahresabschlüssen zum Handelsregister.

    (b) Rechnungslegungspublizität:

- Pflicht zur Bekanntgabe des Jahresabschlusses an Aufsichtsbehörden (z. B. Banken an das Bundesaufsichtsamt für das Kreditwesen und an die Bundesbank);
- Pflicht zur Bekanntgabe des Jahresabschlusses an Mitglieder, Aktionäre bzw. die Hauptversammlung (z. B. bei Bausparkassen in Form der GmbH, Familien-AGs);
- Pflicht zur Veröffentlichung im Bundesanzeiger (z. B. bei der AG);
- Pflicht zur Veröffentlichung des Jahresabschlusses von Kapitalgesellschaften gem. HGB zum Schutz von Gläubigern und Anteilseignern. Der Umfang ist größenabhängig und nimmt mit zunehmender Größe zu. Hinsichtlich der Größe gelten gem. § 267 HGB drei Merkmale. Danach müssen Kapitalgesellschaften an zwei aufeinander folgenden Bilanzstichtagen drei Merkmale erfüllt haben. Als Kriterien gelten

        (aa) die Höhe der Bilanzsumme,

     (bb) der Umfang der Umsatzerlöse und
     (cc) die Zahl der Arbeitnehmer.
- Aktiengesellschaften gem. AktG sowie Unternehmen anderer Rechtsformen gem. → Publizitätsgesetz in Gesellschaftsblättern.

(c) Börsenpublizität:
     Zu unterscheiden in: Publizität der börsennotierten AG und Publizität der Börse selbst.

(2) Freiwillige Publizität vollzieht sich in Form von → Zwischenberichten wie Quartals- oder Halbjahresberichten, Aktionärsbriefen, Presseinformationen, Werkszeitschriften usw. Das Problem ist hierbei das Informationsbedürfnis der Öffentlichkeit zu erkennen und es in die für die Unternehmung befriedigender Weise zu decken. Der Vorteil liegt für die Unternehmung in einer Verbesserung des „Goodwill", der Personal- und Kapitalbeschaffungsmöglichkeiten und des Absatzes (Werbeeffekt). Der Informationsgrad der Publizität hängt entscheidend von der qualitativen Komponente ab. Dies wird vor allem bei der Rechnungslegungspublizität deutlich. Diese besitzt nur dann eine Aussagefähigkeit, wenn die veröffentlichten Daten nicht manipuliert sind (Probleme: Bilanzpolitik, Bewertungsvorschriften, Gewinnverschleierung).

▶ **Publizitätsgesetz (PublG)**

Regelt die Pflicht zur Veröffentlichung von Jahresabschlüssen für Unternehmen unabhängig von ihrer Rechtsform. Diese haben grundsätzlich dann öffentlich Rechenschaft zu geben, wenn für für drei aufeinander folgende Abschluss-Stichtage zwei der folgenden Tatbestände gem. § 1 (1) PublG realisiert sind:
- die Bilanzsumme übersteigt 125 Mio. DM,
- die Umsatzerlöse des Unternehmens übersteigen in den zwölf Monaten vor dem Abschluss-Stichtag 250 Mio. DM,
- das Unternehmen hat in den zwölf Monaten vor dem Abschluss-Stichtag mehr als 5000 Arbeitnehmer beschäftigt.

Die Jahresabschlüsse dieser Unternehmen unterliegen außerdem einer Pflichtprüfung durch Wirtschaftsprüfer.

Unter diesen Prämissen sind Großunternehmen in der Rechtsform einer Personenhandelsgesellschaft oder eines Einzelkaufmanns, einer bergrechtlichen Gewerkschaft, des Vereins, dessen Zweck auf einen wirtschaftlichen Geschäftsbetrieb ausgerichtet ist, der rechtsfähigen Stiftung bürgerlichen Rechts, wenn sie ein Gewerbe betreibt, gem. § 3 (1) PublG zur Publizität verpflichtet. Die erweiterte Publizität i. S. der aktienrechtlichen Publizitätsvorschriften gilt auch für eine Körperschaft, Stiftung, Anstalt des öffentlichen Rechts, die gem. § 1 HGB Kaufmann sind oder als Kaufmann ins Handelsregister eingetragen sind. Die Vorschriften gelten nicht gem. § 3 (2) HGB für Unternehmen in der Rechtsform einer Genossenschaft oder Versicherungsgesellschaften auf Gegenseitigkeit, kommunale Eigenbetriebe ohne eigene Rechtspersönlichkeit und Urheberrechtsgesellschaften, rechtsfähige Stiftungen Bürgerlichen Rechts, soweit sie ein Gewerbe betreiben. Die Nichteinhaltung der Publizitätsvorschriften wird gem. §§ 17 ff. PublG geahndet.

▶ **Purchase Fund**

Tilgungsfond, den ein Emittent einrichtet um Anleihestücke freihändig zurückzukaufen, falls der Kurs unter ein bestimmtes Niveau (i. d. R. Rückzahlungskurs) fällt. Die Einrichtung des Fonds wird zumeist in den Anleihebedingungen garantiert. Er hat somit eine Marktpflegefunktion.

▶ **Put** → Put Option

▶ **Put Bond**

Variante einer → Anleihe, die ihrem Inhaber ein vorfristiges Tilgungsrecht einräumt.

▶ **Put Call Parität**

(Put Call Parity) wird verstanden als Gleichgewichtsbedingung zwischen einem Put und einem Call, einer Position im → Basiswert (wobei die Optionslaufzeit und der Basispreis identisch sein müssen) sowie einem Kredit in Höhe des diskontierten Wertes des Basispreises.

▶ **Put Call Parity** → Put Call Parität

▶ **Put Call Ratio**

Größe, die die Relation Volumen der gehandelten Verkaufs- (Puts) zum Volumen der gehandelten Kaufoptionen (Calls) in einem Optionsmarkt darstellt.

$$\text{Put Call Ratio} = \frac{\text{Gehandelte Puts}}{\text{Gehandelte Calls}}$$

Allgemein gilt, dass die Entwicklung der Put Call Ratio und die der Marktentwicklung für das Basisobjekt in negativer Korrelation zueinander zu sehen sind. Demnach wird im Regelfall unterstellt, dass eine steigende Put Call Ratio auf eine erwartete negative Markteinschätzung (sinkende Kurse im Markt für das Basisobjekt) durch die Investoren hindeutet. Eine sinkende Put Call Ratio wird allgemein als Indikation für den umgekehrten Tatbestand im Markt für das Underlying angesehen.

▶ **Put Exercice Price**

Kurs, zu welchem eine Verkaufsoption ausgeübt werden kann. Entspricht damit dem → Basispreis einer Verkaufsoption.

▶ **Put Look Back Warrant** → Look Back Warrant

▶ **Put Option**

(1) Synonym für Verkaufsoption. Berechtigung, nicht aber Verpflichtung, eine bestimmte Menge eines Handelsobjekts (Basisobjekt) zu einem vereinbarten Kurs oder Preis (Basispreis strike price) innerhalb eines festgelegten Zeitraums oder zu einem vereinbarten Zeitpunkt zu verkaufen (→ Option). Basisobjekte sind Kassainstrumente, Terminkontrakte auf Währungen, Zinsen und Indices. Für dieses Recht zahlt der Erwerber der Option dem Verkäufer eine Prämie.

(2) Bezeichnung für das vorzeitige Kündigungsrecht des Gläubigers einer Schuldverschreibung (→ Gläubigerkündigungsrecht).

Dieses Kündigungsrecht wird, im Gegensatz zur → Call Option (Schuldnerkündigungsrecht), sehr selten eingeräumt. In Deutschland ist die Put Option im Regelfall in Form der → Degussa-Klausel üblich.

▶ **Put Warrant**

→ Optionsschein, der seinem Inhaber das Recht zum Verkauf einer ex ante definierten Sache unter bestimmten Bedingungen (Preis, Zeitpunkt bzw. Zeitraum) einräumt.

Q

▶ **Qualifizierte Mehrheit**

Mehrheitsverhältnisse (Aktienmehrheit) sind im Zusammenhang mit Abstimmungen im Rahmen von → Hauptversammlungen oder Gesellschafterversammlungen von Bedeutung.

Neben der sog. einfachen Mehrheit (über 50% der Stimmen) ist insbesondere bei Kapitalgesellschaften die qualifizierte Mehrheit relevant.

Laut gesetzlicher und satzungsmäßiger Regelung können bestimmte Beschlüsse der Gesellschafter nur Rechtskraft erlangen, wenn eine qualifizierte Mehrheit vorliegt, d. h. eine größere als die einfache Stimmen- und/oder Kapitalmehrheit bzw. eine Mehrheit von drei Viertel der abgegebenen Stimmen.

Eine Mehrheit von mindestens drei Viertel des bei Beschlussfassung vertretenen Grundkapitals wird im Rahmen von Hauptversammlungen der Aktiengesellschaft benötigt bei:

Satzungsänderung	gem. § 179 AktG
Kapitalherabsetzung	gem. § 222 AktG
Abberufung von Aufsichtsratsmitgliedern	gem. § 103 AktG
Fusionsbeschlüsse	gem. § 319 AktG
Auflösung der Gesellschaft	gem. § 262 AktG

Das GmbHG sieht ebenfalls die qualifizierte Mehrheit vor: Im Falle der geplanten Änderung des Gesellschaftsvertrags ist gem. § 53 (2) GmbHG eine Mehrheit von drei Vierteln der abgegebenen Stimmen notwendig.

▶ **Qualitätswettbewerb**

Form des Wettbewerbs, bei der die Unternehmen mit den Eigenschaften ihrer am Markt angebotenen Waren und Dienstleistungen konkurrieren. Ziel ist es Präferenzen bei den potenziellen Kunden für die eigenen Produkte zu schaffen und Nachfrageimpulse auszulösen. Qualitätswettbewerb erstreckt sich nicht nur auf die Variation der gebrauchstechnischen Eigenschaften der Erzeugnisse, die Steigerung der Produktgüte und die Formgebung des Produkts, sondern auch auf die Verpackung und den Service.

Im Bankensektor erfolgt der Qualitätswettbewerb unter der Zielsetzung der Schaffung von Präferenzen gegenüber den Leistungen der eigenen Bank und Abbau vorhandener Präferenzen gegenüber den Produkten anderer Kreditinstitute. Dies geschieht durch Verbesserung der Qualität der Einzelleistung (Variation der Bonitätsanforderungen und der Anforderungen an die zu stellenden Sicherheiten im Kreditgeschäft, Zuverlässigkeit und Schnelligkeit im Zahlungsverkehr, Beratung im Wertpapier- und Außenhandelsgeschäft) sowie durch Produkt- und Sortimentsgestaltung (Verbreiterung der Angebotspalette durch neue Spar- und Kreditformen, Aufnahme neuer Dienstleistungen, z. B. Durchführung computerunterstützter Finanzplanung, Angebot und Leistungen eines Cash Management Systems, Verbesserung der Absatzmethoden z. B. durch Zweigstellenpolitik im Massengeschäft, Installation von Geldausgabeautomaten, verstärkte individuelle Betreuung im Firmenkundengeschäft).

▶ **Quartalsbericht**

Vierteljährlicher Zwischenbericht einer Aktiengesellschaft.

▶ **Quasifinanzierung** → Kapitalfreisetzungseffekt

▶ **Quasigeld**

(Near Money) entsprechend der Terminologie der → Deutschen Bundesbank alle → Termineinlagen unter vier Jahren.

▶ **Quellensteuer**

Sammelbezeichnung für Sonderformen der Einkommensteuer, deren Erhebung im Abzugsverfahren erfolgt. Hierzu gehören in erster Linie die Lohn- sowie die → Kapitalertragsteuern.

▶ **Querformat**

Der → Mantel von → Aktien (Ausnahme: → Vorzugsaktien) wird im Querformat (Vorzugsaktie: Hochformat) in der Größe DIN A4 gedruckt.

▶ **Quick Ratio**

Liquidität zweiten Grades (→ Liquiditätskennzahlen)

▶ **Quotation** → Quotieren

▶ **Quote Driven Markets**

Bezeichnung für quote-getriebene Märkte, an denen → Market Maker verbindlich die Geld- und Briefkurse (Quotes) stellen und die Aufträge entsprechend (Ankauf oder Verkauf) ausführen. In Deutschland erfolgt der Handel nach diesem Prinzip im XETRA System. Gegensatz: → Order Driven Market sowie → Hybride Systeme.

▶ **Quotenaktie**

(Nennwertlose Aktie, Anteilsaktie, unechte Stückaktie) → Aktie, die auf einen bestimmten Anteil(z. B. $1/10\,000$, $1/20\,000$) am Kapital einer Aktiengesellschaft lautet. Sie existiert in zwei Varianten:

(1) sprechende Quotenaktie: Bei ihr ist der Prozentsatz auf die Aktienurkunde aufgedruckt;

(2) stumme Quotenaktie: hier fehlt dieser Aufdruck.

▶ **Quotieren**

(Quotation) Beschluss der Börse (Zulassungsstelle) über die Zulassung eines Wertpapiers zum amtlichen Börsenhandel und die Aufnahme in das amtliche Kursblatt (in der Schweiz auch kotieren bzw. Kotierung) (→ Notierung).

R

▶ r → Kurszusätze

▶ **Räuberische Aktionäre**

Bezeichnung gem. BGH Urteil II ZR 299/90 vom 14.5.92 für solche Aktionäre, die unter Hauptmannschaft von Anwälten aktienrechtliche Anfechtungsklagen anstrengen und dadurch die Unternehmenspolitik einer Aktiengesellschaft erheblich stören um anschließend die Klage gegen eine erhebliche finanzielle Abfindung zurückzunehmen.

▶ **Random-Walk-Hypothese**

Annahme, nach der die Aktienkurse nicht prognostizierbar sind. Die Ursache liege darin, dass die jeweiligen Aktienkurse sich aus der Schätzung des inneren Wertes der Aktie ergeben. Der Aktienkurs schwankt im Zeitablauf auf Grund der differierenden Einschätzung des Publikums. Er liegt damit ober- oder unterhalb des inneren Wertes. Die Kurse einer Aktie ergeben sich damit, als ob sie durch einen Zufallsmechanismus bewirkt werden. Die einzelnen Kursbeeinflussungsfaktoren konnten bislang nicht eindeutig isoliert werden. Für die Richtigkeit der Random-Walk-Hypothese fehlt bis heute eine eindeutige Bestätigung.

▶ **Range Floating Rate Note** → Mini-Max-Floater

▶ **Range-Warrant**

(Bandbreiten-Warrants) Optionsscheinvariante, die als Europäische Optionen konzipiert sind. Sie eröffnet ihrem Inhaber unter der Bedingung eine Gewinnchance, dass sich zu einem bestimmten Zeitpunkt der Kurs des Basiswerts im Rahmen einer ex ante fixierten Bandbreite befindet. Im Gegensatz zum klassischen Optionsschein erhält der Inhaber des Range-Warrant in jedem Fall das ursprünglich investierte Kapital zurück.

▶ **rat** → Kurszusätze

▶ **Ratenanleihen**

Bezeichnung für Anleihen, die – im Gegensatz zu → endfälligen Anleihen und → Annuitätenanleihen – in gleich bleibenden Raten getilgt werden.

▶ **Ratenzahlungskredit** → Teilzahlungskredit, → Abzahlungskredit, → Anschaffungsdarlehen

▶ **Rating**

Bontitätsmäßige Einstufung der Qualität von Ländern, Banken, Geldmarkt- und/oder Kapitalmarkttiteln in ein Klassifikationssystem. Rating wird von neutralen Ratingagenturen oder von Redaktionen international renommierter Zeitschriften (Institutional Investor, EUROMONEY) u. U. auf Wunsch des Emittenten (z. B. Industrieunternehmen) durchgeführt.

Bekannteste und zugleich führende Ratingagenturen sind Standard & Poor's Corporation (New York), Moody's Investors Service (New York), Keefe, Bruyette & Wood's Inc., International Banking Credit Analysis Ltd. (London).

Rating zielt auf drei unterschiedliche Subjekte ab:

(1) Länderrating,

(2) Bankrating

(3) Emissionsrating.

Länderrating ist auf die Einschätzung der Kreditwürdigkeit einzelner Länder im Rahmen einer Länderrisikostruktur ausgerichtet. Es wird von speziellen Ratingagenturen und den oben erwähnten Fachzeitschriften vorgenommen.

Bankrating zielt auf die Gesamtbonität international tätiger Banken ab, wobei den Einlagensicherungs- und Haftungsregelungen für den Fall der Insolvenz besonderes Augenmerk geschenkt wird.

Emissionsrating ist in erster Linie auf die Wahrscheinlichkeit der fristgerechten und vollständigen Zins- und Tilgungsleistungen durch die Emittenten von Geld- und Kapitalmarktpapieren ausgerichtet.

Dabei werden aber auch andere Komponenten (z. B. Ertrag, Kapitalausstattung, Qualität von Forderungen) einbezogen. Dieses Rating erfolgt gezielt im Hinblick auf einzelne Emissionen. Es ermöglicht den Kapitalanlegern eine hohe Transparenz hinsichtlich der Bonitätsbeurteilung der Titel und ist damit zugleich ein Indikator für die Qualität der Emissionsadresse.

Für den Kapitalanleger eröffnet das Rating somit die Möglichkeit eine möglichst hohe Markttransparenz hinsichtlich der Bonität des in nationalen und internationalen Märkten befindlichen Materials zu erhalten (Anlegerschutzinteresse). Auf Basis dieser Informationen kann der Kapitalanleger dann entsprechende Strukturierungen innerhalb seiner Portefeuilles nach Ertrags- und Bonitätsgesichtspunkten vornehmen. Das Rating entbindet die Kapitalanleger jedoch nicht von eigenen Bonitätsprüfungen.

Die Emittenten sind selbst an einem Rating interessiert, da an einigen Märkten (USA und internationale Märkte) Material nur zu platzieren ist, wenn Emissionen mit einem Ratingsymbol hoher oder höchster Bonitätsstufe ausgezeichnet sind. Zudem ergibt sich für sie der Vorteil, dass bei hoher Einstufung Kapital zu Vorzugskonditionen erhältlich ist.

Standard & Poor's und Moody's verwenden nicht die gleichen Ratingsymbole, gehen aber in der Bewertung ähnlich vor. Nach einer erstmaligen Bewertung und Einstufung wiederholt sich dieser Prozess für jede Emission periodisch. Dies kann zu einer Herab- oder Heraufstufung führen.

Ratings erfolgen für kurzfristige und langfristige Titel mit getrennten Symbolen.

AAA	Investitionspapier mit höchster Qualität. Die Fähigkeit des Emittenten zur Bedienung von Zinsen und Kapital ist außergewöhnlich gut. Es ist unwahrscheinlich, dass diese Fähigkeit durch irgendwelche künftigen Ereignisse, die vernünftigerweise vorhergesehen werden können, beeinträchtigt wird.
AA	Investitionspapier mit hoher Qualität. Die Fähigkeit des Emittenten zur Bedienung von Zinsen und Kapital ist sehr stark, jedoch etwas geringer als bei den mit AAA bewerteten Papieren oder mehr durch künftige Ereignisse während der Laufzeit des Papiers beeinflussbar.

A   Investitionspapier mit guter Qualität. Die Fähigkeit des Emittenten zur Bedienung von Zinsen und Kapital wird als sehr stark angesehen, kann aber im Falle von negativen Änderungen der wirtschaftlichen Daten und Rahmenbedingungen stärker beeinträchtigt werden als dies bei Papieren mit höheren Ratings für möglich gehalten wird.

BBB   Investitionspapier mit zufrieden stellender Qualität. Die Fähigkeit des Emittenten zur Bedienung von Zinsen und Kapital wird als angemessen angesehen. Die Fähigkeit wird jedoch im Falle von negativen Änderungen der wirtschaftlichen Daten und Rahmenbedingungen stärker beeinträchtigt als bei Papieren mit höheren Ratings.

BB   Geringwertiges Papier mit spekulativem Charakter. Die Fähigkeit des Emittenten zur Bedienung von Zinsen und Kapital ist nicht stark und wird im Falle negativer Änderungen der wirtschaftlichen Daten während der Laufzeit des Papiers wahrscheinlich beeinträchtigt werden.

B   Hochspekulatives Papier. Papiere dieser Klassifizierung sind schwach geschützt, was die Fähigkeit des Emittenten zur Bedienung von Zinsen und Kapital bei Fälligkeit betrifft.

CCC   Bestimmte Charakteristika können im Zeitablauf zum Unvermögen des Emittenten Zinsen oder Kapital zu bedienen führen.

CC   Minimal geschützte Papiere. Die Einstellung der Bedienung von Zinsen und Kapital erscheint wahrscheinlich.

C   Die Bedienung von Zinsen und Kapital ist eingestellt oder steht unmittelbar bevor.

D   Zahlungen auf die Papiere sind eingestellt. Solche Papiere sind extrem spekulativ. Die Bewertung des Papiers kann nur auf der Grundlage ihres Wertes im Falle einer Liquidierung bzw. Sanierung des Emittenten erfolgen.

Bei AA-B ist eine Zwischeneinstufung in Form von +/- möglich.

Langfristige Ratingsymbole bei Standard & Poor's Corporation (New York).

Aaa   Anleihen mit Aaa-Rating werden als beste Qualität mit dem kleinsten Risikogehalt beurteilt und stehen üblicherweise auf der gleichen Stufe wie Staatsanleihen. Zinszahlungen sind gesichert durch eine große oder eine außerordentliche stabile Zinsspanne und das investierte Kapital ist sicher. Obwohl die einzelnen Sicherheitselemente im Zeitablauf mit einer gewissen Wahrscheinlichkeit Änderungen unterworfen sein können, ist es sehr unwahrscheinlich, dass diese Änderungen die fundamental starke Qualität dieser Anleihen beeinträchtigt.

Aa   Anleihen mit Aa-Rating werden – gemessen an allen Standards – als hohe Qualität beurteilt. Zusammen mit der Aaa-Kategorie sind diese Anleihen als erstklassig zu bezeichnen. Verglichen mit Aaa-Rating werden diese Anleihen niedriger eingestuft, da der Grund der Sicherheit nicht so stark ausgeprägt ist bzw. die Sicherheitsfaktoren größeren Änderungseinflüssen ausgesetzt sind oder gegenwärtig sich andere Elemente abzeichnen, die zu etwas größeren langfristigen Investitionsrisiken als bei Aaa-Titeln führen.

A   Anleihen, die mit A bewertet werden, verfügen über viele vorteilhafte Investitionseigenschaften, die sich vom Marktdurchschnitt positiv unterscheiden. Die Bonität bezüglich der Anleiherückzahlung und der Zinsbedienung werden als adäquat angesehen, gegenwärtig können jedoch Einflüsse bestehen, die eine gewisse Anfälligkeit für Bonitätsverschlechterungen in der Zukunft nicht ausschließen lassen.

Baa   Anleihen mit einem Baa-Rating repräsentieren eine durchschnittliche Bonität (d. h., sie sind weder besonderes besichert noch weisen sie negative Bonitätsmerkmale auf). Zinszahlungen sowie Kapitalrückzahlung erscheinen gegenwärtig adäquat gesichert, aber bestimmte Sicherungselemente können fehlen bzw. können sich üblicherweise als nicht dauerhaft über einen größeren Zeitraum erweisen. Diesen Anleihen fehlen bestimmte qualitative Investitionseigenschaften und sie weisen gewisse spekulative Züge auf.

Ba   Anleihen in dieser Kategorie besitzen spekulative Elemente; die zukünftige Bonität kann nicht als gut abgesichert bezeichnet werden. Oftmals ist die Sicherheit bezüglich Zinszahlungen und Tilgungen nur mittelmäßig und deshalb sind beide sowohl in zukünftig guten als auch in schlechten Zeiten nicht gut garantiert. Unsicherheiten bezüglich der Bonitätseinstufung sind charakteristisch für Anleihen in dieser Ratingkategorie.

B   Bei Anleihen mit einem B-Rating fehlen in der Regel wünschenswerte Investitionseigenschaften. Die Sicherheit bezüglich Zinszahlungen und Tilgungen oder andere Merkmale des Anleihevertrages ist langfristig gering.

Caa   Anleihen mit Caa-Rating weisen eine geringe Bonität auf und können in Verzug geraten sein bzw. sind bezüglich Tilgungen und Zinszahlungen gefährdet.

Ca   Anleihen in dieser Kategorie weisen hochspekulativen Charakter auf. Solche Emissionen sind häufig in Verzug geraten oder weisen andere Nachteile auf.

> C   „C"-Anleihen repräsentieren die schwächste Anleihekategorie; es
> bestehen extrem schwache Aussichten auf eine reale Investitions-
> möglichkeit.
> Moody's wendet numerische Abstufungen (1, 2, 3) in den Ratingkatego-
> rien Aa bis B in abnehmender Reihenfolge an.

Langfristige Ratingsymbole bei Moody's Investors Service (New York)

Bei kurzfristigen Titeln (z. B. → Commercial Papers) stuft Moody's
in die Klassen P 1, P 2, P 3 sowie Not Prime (nicht primefähig bzw.
spekulativ), während Standard & Poor's in die Klassen in A-1, A-2,
A-3 -versehen mit Zusatzsymbolen +/- sowie B (ausreichende Zahlungskraft, C (zweifelhafte Zahlungskraft), D (Zahlungsunfähigkeit)
einordnet.

Höchste Klassifikation ist bei Moody's P-1, bei Standard & Poor's
A-1+.

▶ **Rationalisierungsinvestition**

Investition, die zur Erfüllung einer wirtschaftlicheren Leistungserstellung durchgeführt wird.

▶ **Rationiert**

Beschränkt zugeteilt (→ Kurszusätze).

▶ **Rationierung** → Zuteilung

▶ **Raumarbitrage** → Arbitrage

▶ **Real Time Settlement (RTS)**

Dienstleistung, die → Clearstream seinen Kontoinhabern bei den
Wertpapierlieferungen bietet. Im Gegensatz zum üblichen Verfahren
bei der usancegemäßen Erfüllungsfrist „Handelstag plus zwei Börsentage" sowie bei dem → Same Day Settlement Verfahren, erfolgt
beim Real Time Settlement die sofortige Wertpapierlieferung. Dies
allerdings nur, soweit entsprechende Aufträge in der Zeit von 7.00
und 13.00 Uhr elektronisch erteilt werden. Diese Auftragsart gilt al-

lerdings nicht bei Börsengeschäften. Hier wird weiterhin die unsachgemäße Erfüllungsfrist „Handelstag plus zwei Börsentage" praktiziert. → Same Day Settlement.

▶ **Realigment**

Bezeichnet die Neufestsetzung der Wechselkurse zwischen zwei oder mehreren Staaten aufgrund entsprechender Vereinbarungen.

▶ **Realisation**

Glattstellung eines Wertpapiergeschäfts.

▶ **Realisationsprinzip**

Ausfluss des allgemein gültigen Prinzips der kaufmännischen Vorsicht (→ Vorsichtsprinzip). Es fordert, dass Gewinne und Verluste erst dann ausgewiesen werden dürfen, wenn sie durch Umsätze realisiert wurden.

Das Realisationsprinzip wird durch das → Imparitätsprinzip relativiert, da hiernach alle vorhersehbaren Risiken und Verluste bilanzmäßig zu berücksichtigen sind.

▶ **Realisationswert** → Liquidationswert

▶ **Realkapital**

Investierte Geldmittel einer Unternehmung (Gegensatz: → Geldkapital).

▶ **Realkredit**

Ein im weiten Sinne durch reale Vermögenswerte gesicherter Kredit, der im Wesentlichen nur auf den vorhandenen Wert der Sicherheiten hin gewährt wird. Er stellt sich als Beleihung dieser Werte dar. Die persönliche Kreditwürdigkeit des Kreditnehmers tritt zurück. Handelt es sich um bewegliche Vermögenswerte, die zur Beleihung herangezogen werden (z. B. Waren, Wertpapiere), spricht man von → Lombardkredit (Mobiliarkredit).

Realkredit im engeren, eigentlichen Wortsinn ist dagegen ein Kredit, der durch → Grundpfandrechte gesichert wird. Er wird auch als Immobiliar-, Grund-, Objekt- oder → Hypothekarkredit bezeichnet.

▶ **Realkreditinstitut**

(1) Private oder öffentlich-rechtliche Spezialbank (→ Hypothekenbank), deren Hauptaktivgeschäft in der Einräumung erststelliger → Hypothekarkredite (→ Bankhypothek, → Hypothek) liegt. Die Refinanzierung der Realkreditinstitute erfolgt durch Emission von → Pfandbriefen. Soweit Hypothekenbanken Darlehen an Gemeinden oder Gemeindeverbände herauslegen (Kommunalfinanzierung), erfolgt die Refinanzierung dieses Geschäfts durch die Emission von → Kommunalobligationen.

(2) → Bausparkasse, deren Hauptaktivgeschäft in der Herauslage von Krediten zur Wohnungsbaufinanzierung (→ Bauspardarlehen) liegt. Die Refinanzierung erfolgt in erster Linie im Rahmen der Einlagenfinanzierung.

▶ **Realsicherheiten** → Kreditsicherheiten

▶ **Rechnerische Restlaufzeit** → Restlaufzeit

▶ **Rechnungsabgrenzungsposten**

Betriebseinnahmen und Betriebsausgaben müssen am Jahresende daraufhin untersucht werden, ob sie dem abgelaufenen Geschäftsjahr wirtschaftlich zugehören. Ist das nicht der Fall, müssen sie mithilfe besonderer Bilanzposten, den Rechnungsabgrenzungsposten, den Geschäftsjahren zugerechnet werden, zu denen sie wirtschaftlich gehören. Es gibt aktive und passive Rechnungsabgrenzungsposten, die aus Gründen der Bilanzklarheit nicht gegeneinander verrechnet werden dürfen. Transitorische (antizipative) Posten erfassen die Vorgänge, bei denen die Zahlungsvorgänge (Erfolgsvorgänge) in der vergangenen Periode liegen, während die Erfolgswirkung (Zahlungsvorgänge) in der künftigen Periode liegen.

Gem. § 250 HGB sowie nach § 5 (4) EStG dürfen nur transitorische Rechnungsabgrenzungsposten ausgewiesen werden.

▶ Rechnungseinheiten (RE)

Wertmaßstab, der bei der Abwicklung im außenwirtschaftlichen Bereich innerhalb eines Verrechnungsverfahrens zu Grunde gelegt wird. Derartige Rechnungseinheiten sind z. B. → SDR.

▶ Rechnungseinheiten-Anleihe

→ Anleihe, die nicht in Währungseinheiten (z. B. YEN, US-$) sondern in → Rechnungseinheiten (z. B. → SDR) denominiert ist.

▶ Rechte aus eigenen Aktien

Einer Aktiengesellschaft stehen gem. § 71 b AktG keinerlei Rechte aus eigenen Aktien (→ Eigene Aktien) zu.

▶ Red Clause → Akkreditivbevorschussung

▶ Redeemable Preferred Stocks

(Rückzahlbare Vorzugsaktien) in den USA gehandelte Form der → Vorzugsaktien, die durch Zahlung des Nominalbetrags plus Agio getilgt werden können. Hierfür ist ein Beschluss der Hauptversammlung erforderlich. (→ Aktie mit Rückzahlungsversprechen.)

▶ Redemption Price

Preis, zu dem eine Anleihe durch ihre Emittentin vorfristig zurückgekauft werden kann.

▶ Rediskontierung

Weiterverkauf von diskontierten Wechseln durch ein Kreditinstitut an die Zentralbank. Dies ist aber nur dann möglich, wenn die Notenbank im Rahmen ihrer Notenbankpolitik das Instrument der Diskontpolitik einsetzt. Die Europäische Zentralbank setzt diese Instrument nicht ein.

Anders die Deutsche Bundesbank, die bis Ende 1998 im Rahmen ihrer Notenbankpolitik das Instrument der Diskontpolitik vorsah und einsetzte.

Gem. § 19 Abs. 1(3) BbankG rediskontierte die Bundesbank Wechsel, die den folgenden Anforderungen genügten:

- es musste sich um gute Handelswechsel handeln, denen ein Handels- oder Warengeschäft zu Grunde lag;
- die Restlaufdauer durfte höchstens 90 Tage betragen;
- der Wechsel musste drei gute Unterschriften (Privatdiskonten: zwei Unterschriften) tragen, die an einem Bankplatz fällig gestellt und auf einem Einheitsformular ausgestellt waren.

▶ **Rediskontkontingent**

Höchstvolumen in Währungseinheiten, welches im Rahmen der Diskontpolitik der Deutschen Bundesbank bis Ende 1998 dem einzelnen Kreditinstitut für die → Rediskontierung von Wechselmaterial zur Verfügung stand. Das Rediskontkontingent wurde von den Landeszentralbanken für jedes Kreditinstitut individuell festgelegt. Damit tangierte die Notenbank das Refinanzierungspotenzial der Kreditinstitute. Eine Erhöhung (Senkung) bedeutete für die einzelne Bank generell eine Verbesserung (Verminderung) ihrer Refinanzierungsmöglichkeiten.Mit dem Übergang der notenbankpolitischen Kompetenz von der Bundesbank auf das ESZB ist die eigenständige Notenbankpolitik und damit das Rediskontkontingent entfallen.

▶ **Reference Banks**

Banken, die bei Festsetzung einer Interbankrate (z. B. → EURIBOR) eine Quotierung vornehmen.

▶ **Referenzzins** → Referenzzinssatz

▶ **Referenzzinssatz**

(Referenzzins) Bezeichnung für einen definierten Zinssatz, auf den sich Kreditgeber und -nehmer im Hinblick auf einen vertraglich vereinbarten Kreditzins, dessen Neufestsetzung periodisch den jeweiligen Marktkonditionen entsprechend erforderlich wird, einigen. Dies trifft auch im Hinblick auch die periodische Zinsneufixierung bei zinsvariablen Schuldverschreibungen zu. Der zu zahlende Kreditzins kommt dadurch zu Stande, dass auf den definierten Referenzzins ein über die gesamte Vertragslaufzeit hinweg definierter Aufschlag oder Abschlag in Form von x Basispunkten (z. B. 50 Basispunkte) erhoben wird. Sinkt (steigt) der Referenzzins, so verhält sich der vereinbarte Kreditzins in gleicher Wechselbeziehung.

Typische Referenzzinssätze sind z. B. Zinssätze der → EURIBOR-Familie (z. B. 3-Monats-EURIBOR) oder die Sätze der Euro-LIBOR-Familie. Sie finden z. B. Anwendung bei Floating Rate Notes, → Commercial Papers, → Note Issuance Facilities, syndizierten Eurokrediten und allen anderen Formen von Roll over-Krediten (z. B. bestimmten Formen von → Schuldscheindarlehen) aber auch sonstigen zinsvariablen Krediten.

▶ **Refinanzierung**

Mittelbeschaffung durch Kreditgeber (insbesondere Kreditinstitute) um Mittel für die eigene Kreditgewährung zur Verfügung zu haben. Kreditinstitute können sich beispielsweise durch die Emission von Schuldverschreibungen, Aufnahme von Krediten – insbesondere bei der Zentralbank – Aufnahme neuen haftenden Eigenkapitals durch Emission von Aktien oder durch Mischformen (z. B. Genussscheinemission) finanzieren.

▶ **Refinanzierungsfähige Sicherheiten**

Gem. ESZB/EZB Statut sind sämtliche von der Notenbank gewährten Kredite mit Sicherheiten zu unterlegen, die ausreichend sein müssen. Diese Sicherheiten werden nach zwei Gruppen unterschieden in:

(1) die Kategorie-1-Sicherheiten.

Zu den Kategorie-1-Sicherheiten werden ausschließlich marktfähige Schuldtitel gezählt, die den von der EZB definierten einheitlichen Zulassungskriterien genügen, wobei die einheitlichen Zulassungskriterien für die gesamte Währungsunion gelten.

(2) die Kategorie-2-Sicherheiten
enthalten weitere marktfähige Sicherheiten und nichtmarktfähige Sicherheiten, die für die jeweiligen nationalen Finanzmärkte und Bankensysteme von besonderer Bedeutung sind. Die Notenbankfähigkeit dieser Sicherheiten wird durch die jeweilige nationale Notenbank auf der Grundlage der EZB-Mindeststandards festgestellt.

▶ **Refi-Satz**

Abkürzung für Refinanzierungszinssatz. Dieser kommt im Rahmen ihrer Offenmarktpolitik durch die Europäische Zentralbank (EZB) zur Anwendung und exisitiert in der beiden Varianten Hauptrefinanzierungs-Satz (Hauptrefi-Satz) und Längerfristiger Refi-Satz.

Als Hauptrefinanzierungsinstrument werden die wöchentlich liquiditätszuführenden befristeten Transaktionen mit einer Laufzeit von zwei Wochen (Wertpapierpensionsgeschäfte) eingesetzt. Basis für diese Geschäfte ist der Hauptrefi-Satz. Die längerfristigen Hauptrefinanzierungsgeschäfte dienen den Banken als zweite Refinanzierungsmöglichkeit. Hier handelt es sich um liquiditätszuführende befristete Transaktionen, die im monatlichen Abstand durchgeführt werden und eine Laufzeit von drei Monaten haben. Basis für diese Transaktionen ist der Längerfristige Refi-Satz. Längerfristige Refi-Geschäfte werden als Zinstender nach dem holländischen Zuteilungsverfahren ausgeschrieben. Hier entspricht der Zuteilungssatz für alle Gebote, die zum Zuge kommen dem Zinssatz, bei dem das gewünschte Zuteilungsvolumen erreicht wird.

▶ **Regionalwerte**

→ Aktien, die lediglich regional von Bedeutung sind und daher nur an dem regional relevanten Börsenplatz gehandelt werden.

▶ **Regress** → Wechselprotest

▶ **Reihenrückgriff** → Wechselprotest

▶ **Rein Brief**

Ausdrücklicher Hinweis des Börsenmaklers, dass für das betreffende Wertpapier lediglich ein Angebot, also keine Nachfrage vorliegt.

▶ **Rein Geld**

Ausdrücklicher Hinweis des Börsenmaklers, dass für das betreffende Wertpapier lediglich Nachfrage, also kein Angebot vorliegt.

▶ **Reingewinn**

Überschuss der Erträge über die Aufwendungen nach Vornahme von Abschreibungen, Rückstellungen und Rücklagen. Die Bezeichnung nach Aktiengesetz ist → Bilanzgewinn.

Die Problematik liegt neben der Gewinnermittlung (Bewertungsprobleme) vor allem in der Gewinnverwendung, insbesondere in der Frage, inwieweit der Reingewinn ausgeschüttet oder einbehalten werden soll (→ Gewinnthesaurierung). Bei Aktiengesellschaften beschließt die Hauptversammlung über die Gewinnverwendung (§§ 119, 170, 174 ff., 253 AktG). Der Anspruch der Aktionäre ist nach § 58 AktG, die Gewinnverteilung nach § 60 AktG geregelt.

▶ **Rektaindossament** → Indossament

▶ **Rektaklausel** → Indossament

▶ **Rektapapier**

Wertpapier, das auf eine bestimmte Person lautet. Kraft Gesetzes ist es kein → Orderpapier, d. h., dass es weder formlos noch per Indossament übertragen werden kann. Grundsätzlich muss damit der zur Zahlung Verpflichtete direkt an die genannte Person leisten. Es sei denn, dass die Rechte aus dem Rektapapier abgetreten worden sind. Vgl.: → Inhaberpapier, →Orderpapier.

▶ **Rembours-Akkreditiv**

Vertragliche Zusicherung eines Kreditinstituts gegenüber einem Begünstigten ihm gegen Vorlage akkreditivgemäßer Dokumente eine von ihm ausgestellte Nachsichttratte zu akzeptieren.

▶ **Remboursbank** → Rembourskredit

▶ **Rembourskredit**

Sonderform des → Akzeptkredits im Außenhandel auf der Grundlage eines → Dokumentenakkreditivs (als abstraktes Sicherungsmittel).

Ein Rembourkredit wird dann erforderlich, wenn der Exporteur wegen der ihm nicht bekannten Bonität des Importeurs dessen Akzept als nicht ausreichend ansieht. In diesem Fall fordert der Exporteur, dass der Importeur bei einer ihm bekannten Bank einen Akzeptkredit in Anspruch nimmt. Daraufhin zieht der Exporteur einen Wechsel auf diese Bank, wobei die Tratte von den verlangten Dokumenten begleitet wird. Bei der Bank (Remboursbank) kann es sich entweder um die Bank des Importeurs (direkter Rembourkredit) oder um eine zwischengeschaltete Bank oder die Bank des Exporteurs handeln (indirekter Rembourkredit), die ihrerseits dem Importeur auf Grund eines → Kreditauftragskredits seitens der Importeurbank einen Akzeptkredit einräumt. Die kreditgebende Bank akzeptiert bei Aufnahme der Dokumente die Tratte und sendet das Akzept an den Exporteur zurück.

Der Exporteur reicht i. d. R. das Akzept seiner Bank zum Diskont ein, wodurch er schnell in den Besitz des Gegenwertes kommt. Der Importeur erhält für die Laufzeit des Wechsels ein Zahlungsziel. Er muss lediglich dafür Sorge tragen, dass die Remboursbank spätestens einen Tag vor Ablauf des Wechsels im Besitz der Deckung ist.

Die Kosten stellen sich generell wie folgt: Akkreditivgebühren, Diskontsatz für erstklassige Bankakzepte, Akzeptprovision der Auslandsbank sowie ausländische Wechselstempelgebühren. Vorteile für den Exporteur: Frühzeitiger Eingang von Zahlungen bei gleichzeitiger Einräumung eines Zahlungsziels und Ausschaltung des Inkassorisikos. Vorteile für den Importeur: Inanspruchnahme eines Zahlungsziels zu i. d. R. günstigen Konditionen (u. U. Ausnutzung von Zinssatzdifferenzen möglich), Ausschluss des Risikos der nicht vertragsgemäßen Verladung nach erfolgter Zahlung.

In der Regel wird der Rembourkredit als unwiderrufliches Akkreditiv eröffnet, nur Kunden erster Bonität eingeräumt und dient der kurzfristigen Finanzierung von Importen.

▶ **Remittent** → Wechsel

▶ **Rendite**

Jährlicher Ertrag (Dividende, Zins) in v. H. des investierten Kapitals.

▶ **Renditedenken**

Leitet sich aus der → Dividendenthese ab und besagt, dass der Aktionär an einer möglichst hohen Dividende interessiert ist und an dieser seine Anlageentscheidung orientiert. Dabei geht er von der Überlegung aus, dass Anlagen zum Ziele maximaler Gewinnerzielung vorgenommen werden und dass der Nutzen einer Kapitalanlage primär in seiner liquiden Ausschüttung steht (→ Ertragsdenken).

▶ **Rentabilität**

(Return on Investment, Kapitalrentabilität, Kapitalertragskraft, -zahl) Gewinn pro Einheit des investierten Kapitals. Diese Kennzahl dient zur Beurteilung der erwirtschafteten Kapitalverzinsung in einer Periode und ist somit ein wichtiger Maßstab zur Erfolgsmessung (Kontrolle), Analyse und Planung. Die Rentabilität gilt als Standard- oder Normkennzahl.

$$R = \frac{\text{Gewinn}}{\bar{c}} \cdot 100$$

$$R = \frac{\text{Gewinn}}{c} \, 0 \cdot 100$$

$\bar{c}$ = Gesamtkapital
= durchschnittlich investiertes Kapital (Summe der Vermögenswerte des Unternehmens)
= $1/2$ (Anfangsbestand + Endbestand)

Die Aussagekraft steigt erheblich durch Zerlegung in die Komponenten → Gewinnspanne und → Kapitalumschlag. Dies wird erreicht mithilfe des Return on Investment (ROI), dessen Konzept 1919 vom DuPont-Konzern entwickelt wurde (vgl. Abb.).

$$ROI = \frac{Gewinn \ (Kosten \ - \ Erlös)}{Umsatz} \cdot 100 \cdot \frac{Umsatz}{\bar{c}}$$

      Gewinnspanne   Kapital-
                      umschlag

Umsatz = Nettoumsatz (also abzüglich Mehrwertsteuer, Erlösminderungen, Retouren etc.)
Gewinn = Jahresüberschuss (pagatorischer Gewinn = Kapitalgewinn – finanzwirtschaftlicher Gewinn)

Arten der Rentabilität ergeben sich aus der Einbeziehung unterschiedlicher Gewinn- und Kapitalgrößen:
(1) *Gesamtkapitalrentabilität* (GKR) (Unternehmensrentabilität, interne Rendite)

$$GKR = \frac{Gewinn}{\bar{c}} \cdot 0 \cdot 100$$

Gewinn = Gewinn vor Abzug der Kosten für Fremdkapital, leistungswirtschaftlicher Erfolg („Kapitalgewinn").
Eine Verbesserung der Rentabilität gelingt durch Erhöhung der Gewinnspanne und/oder des Kapitalumschlags bzw. der Komponenten, die diese beeinflussen.
(2) *Eigenkapitalrentabilität* (EKR) (Gewinn pro Einheit des eingesetzten Eigenkapitals)

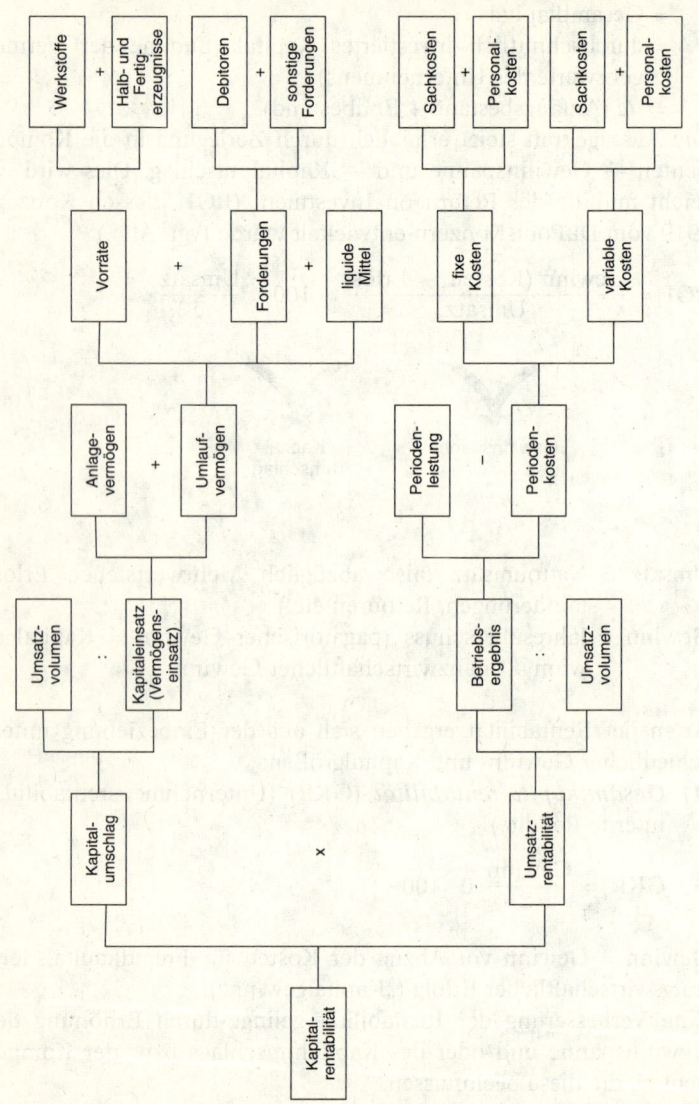

Return on Investment (ROI)

$$\text{EKR} = \frac{\text{Gewinn}}{\text{Eigenkapital}} \cdot 100$$

Der spezifischen Interessenlage von Aktionären, Eigentümer-Unternehmern, Manager-Unternehmern und Analysten entsprechend, ergeben sich aus der unterschiedlichen Auslegung von Gewinn- oder Eigenkapitalgrößen folgende Termini der Eigenkapitalrentabilität:

(a) *Aktionäre:*

$$\frac{\text{pagatorischer Gewinn}}{\text{Grundkapital}} \cdot 100$$

pagatorischer Gewinn (Jahresüberschuss) = Kapitalgewinn – finanzwirtschaftlicher Gewinn

$$\frac{\text{Betriebsgewinn}}{\text{Grundkapital}} \cdot 100$$

Betriebsgewinn = pagatorischer Gewinn – Eigenkapitalkosten

(b) *Eigentümer-Unternehmer:*

$$\frac{\text{pagatorischer Gewinn}}{\text{Eigenkapital}} \cdot 100$$

(c) *Manager-Unternehmer:*

$$\frac{\text{Betriebsgewinn}}{\text{Eigenkapital}} \cdot 100$$

(d) *Analysten:*

$$\frac{\text{Betriebsgewinn}}{\text{betriebsnotwendiges Kapital}} \cdot 100$$

wobei:

Kapitalgewinn = Umsatzerlöse – leistungswirtschaftliche Kosten,
finanzwirtschaftlicher Gewinn = Fremdkapitalzinsen – finanzwirtschaftliche Erlöse.

Möglichkeiten zur Erhöhung der Eigenkapitalrentabilität liegen einerseits in der Verbesserung der Gewinnspanne, andererseits in der Substitution von Eigen- durch Fremdkapital (→ Leverage-Effekt).

▶ **Renten**

Allgemeine Bezeichnung für festverzinsliche → Wertpapiere, insbes. festverzinsliche → Anleihen.

▶ **Rentenanleihe**

→ Anleihe ohne vorgesehene Tilgungsleistung.

▶ **Rentenfonds**

→ Investmentfonds, der ausschließlich in festverzinsliche Wertpapiere investiert.

▶ **Rentenindex**

Bildet die Kursentwicklung an einem Rentenmarkt ab und ist somit ein Gradmesser für die Kursentwicklung. Generell können zwei Grundkonzepte verfolgt werden. Es sind die das → Korbindex-Konzept und das → Notional-Bond-Konzept Die Deutsche Börse publiziert für den Deutschen Rentenmarkt folgende Indices: → REX,→ JEX, → PEX und für die europäischen Rentenmärkte den → €BOX und → BOX.

▶ **Rentenmarkt**

Bezeichnung für den Teilmarkt des Kapitalmarktes für den Handel mit → Rentenwerten.

▶ **Rentenpapiere**

Bezeichnung für festverzinsliche Wertpapiere mit laufender Verzinsung.

▶ **Rentenschuld**

Unterart der → Grundschuld. Die Bestellung erfolgt in der Weise, dass zu regelmäßig wiederkehrenden Zeitpunkten eine bestimmte Geldsumme (Geldrente) aus dem Grundstück zu zahlen ist (§ 1199 BGB). Charakteristisch ist die Belastung des Grundstücks mit einer vom Gläubiger absolut unkündbaren Rente.

▶ **Rentenwerte**

→ Wertpapiere mit fester Verzinsung (festverzinsliche Wertpapiere; → Anleihe) im Gegensatz zu Dividendenwerten (z. B. Aktien, Genuss-Scheine) mit in ihrer Höhe wechselnden Dividenden.

▶ **Reoffer-Preis**

Einheitlicher Preis, der für institutionelle Anleger gilt und im Rahmen einer Anleiheemission im Rahmen des → Negotiated Fixed Price Reoffer-Systems Anwendung findet. Der Reoffer-Preis liegt für institutionelle Anleger deutlich unter dem Verkaufspreis für andere Investoren.

▶ **rep** → Kurszusätze

▶ **Repackaged Securities** → Repackaging

▶ **Repackaging**

Umgestaltung von → Anleihen am internationalen Kapitalmarkt durch Änderung der Laufzeit, des Zinssatzes, der Währung oder die Zerlegung in mehrere Tranchen, um Emissionen, die in der ursprünglichen Ausstattung vom Markt nicht aufgenommen wurden attraktiver zu machen. Durch Repackaging können Anleihen stärker auf die aktuellen Marktgegebenheiten und spezifischen Bedürfnisse einzelner Anlegerkreise zugeschnitten und damit erfolgreicher am → Sekundärmarkt platziert werden. Gleichzeitig erhalten Banken, die auf Grund einer Garantievereinbarung zur Übernahme der unveräußerlichen Wertpapiere gezwungen waren, durch Repackaging die

Möglichkeit sich von dem Anleihebesitz zu trennen und somit wieder liquide Mittel für andere Geschäfte zu gewinnen.

▶ **Repartieren**

Bezeichnet eine Beschränkung der Zuteilung von → Aktien und → Anleihen im Zuge einer Neuemission für den Fall, dass eine → Überzeichnung vorliegt und eine Erhöhung des Emissionsbetrages nicht erfolgen soll.

▶ **Repartierung** → Zuteilung

▶ **Repo** → Repurchase Agreement

▶ **Repo-Geschäft** → Repurchase Agreement

▶ **Repo-Rate**

Vergütung, die dem In-Pensionsnehmer durch den In-Pensionsgeber im Rahmen eines →Repurchase Agreements zu leisten ist. Die Repo-Rate errechnet sich aus der Differenz von Kauf- und Rückkaufspreis.

▶ **Report**

(Premium) Differenz zwischen dem höheren Terminkurs einer Währung (Währung per Termin) und ihrem niedrigeren Kassakurs (Kurs per Kasse).

Beispiel:	
US-$/ Referenzkurs € FX	0,9598
3-Monatsterminkurs	0,9717
Report	0,0181

Vgl.: → Swapsatz, Gegensatz: → Deport

▶ **Reporteffekten**

Bezeichnung für Effekten, die von einer Bank im Rahmen eines Reportgeschäfts hereingenommen worden sind.

▶ **Reportgeschäft** → Pensionsgeschäfte, → Swapgeschäft
(Währungs-)

▶ **Repurchase Agreement**

(Repo-Geschäft) Rückkaufsvereinbarung, die im Rahmen eines →
Pensionsgeschäfts (Wertpapierpensions-geschäft) getroffen wird. Im
Zuge von Repo-Geschäften werden Wertpapiere verkauft. Zugleich
wird der Rückkauf zu einem fixierten Termin und zu einem ex ante
definierten Preis vereinbart. Die Laufdauer von Repurchase Agreements ist von unterschiedlicher Laufdauer. Sie kann sich über eine
Nacht, 24 Stunden, wenige Tage bis zu mehreren Monaten erstrecken. Einzelne Repo-Geschäfte haben ein Durchschnittsvolumen
von 50–100 Mio. €. Größenordnungen bis zu 500 Mio. € sind nicht
unüblich. Repurchase Agreements bieten im Vergleich zur → Wertpapierleihe den Vorteil, dass der Kaufpreis als Sicherheit für die
hingegebenen Wertpapiere dient

▶ **Reserven** → Rücklagen

▶ **Restanten**

Bezeichnung von Wertpapieren, die zur Einlösung durch die Gesellschaft aufgerufen wurden, bei dieser aber noch nicht vorgelegt
worden sind.

▶ **Restantenliste**

Verzeichnis ausgeloster oder gekündigter Wertpapiere, die aber bei
der Unternehmung noch nicht zur Einlösung vorgelegt worden sind.

▶ **Restlaufzeit**

(1) Bei gesamtfälligen Anleihen (→ Anleihe-Ausstattung) die Zeitspanne vom Berichtsmonat bis zur Fälligkeit.

(2) Bei Tilgungsanleihen (→ Anleihe-Ausstattung) ist zu unterscheiden:

- längste Restlaufzeit: Zeitraum vom Berichtsmonat bis zur Fälligkeit der letzten Rate;
- kürzeste Restlaufzeit: Zeitraum vom Berichtsmonat bis zur Fälligkeit der nächsten Rate;
- mittlere Restlaufzeit: Summe aus kürzester und längster Restlaufzeit dividiert durch 2;
- rechnerische Restlaufzeit: Laufzeit, nach der eine Tilgungsanleihe auf einmal getilgt werden muss, um sie einer gesamtfälligen Anleihe mit gleichem Nominalzins gleichem Kurs und gleicher Rendite vergleichbar zu machen.

▶ **Retractable Maturity Bond**

→ Anleihe, die mit einem vorzeitigen Kündigungsrecht durch den Emittenten (→ Call Option) ausgestattet ist.

▶ **Retraction Option**

Optionsrecht auf die vorfristige Kündigung einer Anleihe durch den Emittenten (→ Call Option, → Callable Bond).

▶ **Return on Investment** → Rentabilität

▶ **Reuegeld**

Prämie, die von einer Partei der anderen Partei zu zahlen ist, wenn im Zuge eines bedingten → Termingeschäfts vertragsgemäß die Aufgabe des Geschäfts stattdessen Erfüllung wählt.

▶ **Reverse Cash and Carry Arbitrage**

Arbitragevariante, die durch den Leerverkauf von Kassapapieren bei gleichzeitigem Kauf entsprechender Future-Kontrakte realisiert wird.

▶ **Reverse Dual Currency Bond**

Variante einer Doppelwährungsanleihe, bei der die Emissions- sowie die Tilgungsdenomination einheitlich sind, während die Zinszahlungen hiervon abweichend von einer anderen Währung denominiert sind.

▶ **Reverse Floating Rate Note** → Umgekehrte Floating Rate Note

▶ **Reverse Interest Rate Pattern** → Inverse Zinsstruktur

▶ **Reverse Repurchase Agreement**

Im Rahmen eines Reverse Repurchase Agreements werden Wertpapiere für einen ex ante definierten Zeitraum angekauft, um sie dann zu einem ex ante fixierten Preis zurückzuverkaufen. Die Initiative geht hier – im Gegensatz zum → Repurchase Agreement – von Personen aus, die eine → Leerposition aufgebaut haben.

Geht eine Notenbank Reverse Repurchase Agreements im Rahmen ihrer Offenmarktpolitik ein, befindet sie sich aber – im Gegensatz zu den sonstigen Initiatoren eines Reverse Repurchase Agreements – nicht in einer → Leerposition.

▶ **Reverse Split**

Umgekehrter → Aktiensplit. Dieser vollzieht sich durch Zusammenlegung und Umtausch mehrerer Aktien zu einer neuen Aktie. (→ Splitting)

▶ **Reverse Swap**

Bezeichnung für gegengerichtetes Swap-Geschäft.

▶ **Reverse Transaction**

Bezeichnung für eine gegengerichtete Transaktion.

▶ **Reverse-Optionsschein**

Kauf- oder Verkaufs-Optionsschein, bei welchem das den klassischen Optionsscheinen inhärente typische Grundprinzip umgekehrt wird. Hier wird der Anleger innerhalb bestimmter Grenzen zum →

Stillhalter und er erhält für diese Funktion, in welcher er das begrenzte Verlustrisiko trägt, eine Optionsprämie.

> **Beispiel:**
> Emission von Reverse-Optionsscheinen des Schweizerischen Bankvereins (Deutschland) AG auf die zehnjährige Bundesanleihe (Coupon 6,75 Prozent, Fälligkeit 2004). Der Inhaber einer Kaufoption (Verkaufsoption) erhält 20 DM, wenn der Kurs der Anleihe am 26.6.95 den Basispreis von 100 Prozent nicht überschreitet (unterschreitet).

▶ Revolvierender Kredit

(Revolving Credit) Bezeichnung für ein durch einen Finanzintermediär langfristig herausgelegtes Schuldscheindarlehen, welches aber nicht fristenkongruent refinanziert wurde. Der Finanzintermediär versucht auf eigenes Risiko die fristenkongruente Refinanzierung zu erreichen indem er Versicherern und anderen Kapitalsammelstellen für Termingelder (3, 6 Monate) günstige Konditionen bietet. Nach Fristablauf werden diese Beträge durch entsprechende Termingelder anderer Kapitalsammelstellen zu den dann herrschenden Marktkonditionen substituiert. Das für den Finanzintermediär mit dieser Fristentransformation verbundene Zinssatzänderungsrisiko wird in der Weise auf den Endkreditnehmer abgewälzt, als die laufende periodische Konditionenanpassung (alle 3, 6 Monate) vertraglich vereinbart wird.

▶ Revolving Credit

Kurzfristiger Kredit, der sich bei Vorliegen bestimmter Voraussetzungen unter Anpassung an das jeweils herrschende Zinssatzniveau laufend revolviert.

▶ Revolving Underwriting Facility (RUF)

Finanzierungskonzept, welches 1978 erstmals durch die Citicorp für die New Zealand Shipping Corporation eingesetzt wurde. Funktionsweise: Das kapitalsuchende Unternehmen schließt unter Vermittlung einer Bank (Arrangeur) mit einer Bankengruppe einen

Vertrag. Die Underwriter verpflichten sich, im vertraglich vereinbarten Zeitraum (i. d. R. 5–6 Jahre) bis zu einem Höchstvolumen
(Back up Facility) revolvierend emittierte Geldmarktpapiere (→
Euro-Notes; → Commercial Papers) in ihre eigenen Bestände he-
reinzunehmen, wenn die Platzierung am Primärmarkt nicht gelingt.
Für diesen Fall ist ein Höchstzinssatz (Referenzzinssatz plus x Prozent Aufschlag) vereinbart. Referenzzins ist z. B. → Euro-LIBOR.
Die Unterbringung der Notes am Primärmarkt übernimmt der Arrangeur als → Sole Placing Agent zu einem Satz unterhalb des
Höchstzinssatzes. Das Verfahren wiederholt sich jeweils mit Ablauf
der Geldmarktpapiere (also alle drei/sechs Monate). Vorteile dieses
Finanzierungskonzepts für den Schuldner: Er finanziert nur den ak-
tuell erforderlichen Kapitalbedarf, da die Fazilität nicht ausgenutzt
werden muss. Die Finanzierung erfolgt zu geldmarktnahen Sätzen,
da der Aufschlag auf den Referenzzins i. d. R. sehr gering ist (ca.
0,25%). Weitere Kosten: Front End Management Fee an den Arrangeur (0,30% auf die Fazilität, linear über die Laufzeit verteilt, underwriting fee für die Underwriting Banks (ca. 0,125%, halbjährlich
zahlbar).

▶ **REX**

Abk. für Deutscher Rentenindex. Der Index bildet den Markt der
deutschen Staatsanleihen ab. Er beinhaltet alle Anleihen; Obligationen und Schatzanweisungen der Bundesrepublik Deutschland,
des Fonds Deutsche Einheit sowie der Treuhandanstalt mit fester
Verzinsung mit einer Restlaufzeit zwischen einem halben und
zehneinhalb Jahren und wird seit 1991 publiziert.

Dem Index liegt das → Notional Bond Konzept zu Grunde. D. h.,
er ist von seinem Konzept her ein gewichteter Durchschnittspreis
aus synthetischen Anleihen konstanter Laufzeit. Die Bildung des
gewichteten Durchschnittskurses erfolgt durch die Einbeziehung 30
idealtypischer Anleihen mit ganzzahligen Laufzeiten von 1 bis 10
Jahren und je drei Coupontypen (6%, 7,5% und 9%). Jede der 30
Anleihen wird ihrem Marktanteil entsprechend gewichtet, wobei
sich dieser nach der Anzahl der Emissionen in jeder der 30 Lauf-
zeit-/Couponklassen während der letzten 20 Jahre bemisst. Jährlich

erfolgt die Überprüfung der Gewichtung. Die Grundgesamtheit bilden alle Anleihen, Obligationen und Schatzanweisungen der Bundesrepublik Deutschland mit fester Verzinsung und einer Restlaufdauer von mehr als 0,5 Jahren. Die Berechnung erfolgt in fünf Teilschritten:

(1) Errechnung der aktuellen Renditen aus den Schlusskursen der Grundgesamtheit;

(2) Errechnung einer Renditestruktur aus den errechneten Renditen in Abhängigkeit von Restlaufzeit und Coupon;

(3) Ermittlung der fiktiven Renditen der 30 Anleihen aus der dreidimensionalen Zins-/Coupon-/Laufzeitdarstellung und Umrechnung in die entsprechenden Kurse;

(4) Multiplikation der Kurse mit ihrem Gewicht;

(5) Die Summe der 30 gewichteten Kurse stellt den REX-Gesamtindex dar.

Die Berechnung erfolgt börsentäglich auf Basis der Schlusskurse. Ermittelt werden außerdem die folgenden Teilindices: Subindex für jede der 30 Anleihen und Gruppenindices für Laufzeiteienbereiche (10).

▶ **REX-P**

Performanceindex, der Preisänderungen und Zinserlöse erfasst und damit den gesamten Anlageerfolg am deutschen Rentenmarkt misst.

▶ **REX-Performanceindex** → REXP

▶ **Rimesse**

(1) (Tratte) ein in Zahlung gegebener → Wechsel vor der Annahme;

(2) Zur Gutschrift bei der Bank eingereichte Wechsel und Schecks.

▶ **Risiko, finanzielles**

Gefahr des Abweichens der Realität von den einst angestrebten → Finanzierungszielen. Hiermit ist u. U. das kurz- und langfristige finanzielle Gleichgewicht der Unternehmung gestört. Beispiele: Gefahr des Kapitalentzugs bei Fremd- und Eigenkapital, Unfähigkeit zur rechtzeitigen Bedienung von Krediten (Zins- und/oder Tilgungszahlungen), mit Liquiditätsabzug verbundene Verluste aus Laufzeit-, Währungs-, Zins- und Betragsinkongruenzen sowie offenen Swap-Positionen (Mismatch Risk).

Ursache hierfür ist die Unsicherheit der Erwartungen hinsichtlich der Entwicklungen an den für die Unternehmung relevanten Märkten und damit die falsche Einschätzung hinsichtlich der Volumina sowie Zeitpunkte künftiger Zahlungsströme (Ein- und Auszahlungen). Außerdem spielen spezifische Risiken im Zusammenhang mit finanzwirtschaftlichen Entscheidungen eine Rolle, insbesondere Risiken aus Laufzeit-, Zins-, Währungs- und Betragsinkongruenzen sowie Kreditrisiken.

Die Quellen des Risikos sind im leistungs- und finanzwirtschaftlichen Bereich der Unternehmung zu suchen und werden daher zunächst in den Zahlungsströmen wirksam: niedrigere (höhere) Einzahlungen (Auszahlungen) als erwartet.

Niedrigere Einzahlungen resultieren z. B. aus fehlerhaften Umsatzvorhersagen (Mengen/Preise) und Debitorenprognosen (Änderung der Zahlungsgewohnheiten, Forderungsausfälle), Fehleinschätzung der Kapitalbeschaffungsmöglichkeiten. Höhere Auszahlungen sind bedingt durch Abweichungen bei den erwarteten Preisen für Einsatzfaktoren, Löhnen, Kreditbedingungen der Lieferanten und Banken, durch vorzeitigen Kapitalabzug (Eigen-/ Fremdkapital), durch nichtabgedeckte offene Positionen bzw. Inkongruenzen.

Eine Verminderung oder Vermeidung des finanziellen Risikos erfolgt durch entsprechende → Risikopolitik.

▶ **Risikobehafteter Zinssatz**

Maßgröße, die die Verzinsung eines Investments entsprechend seiner Risikoklasse widerspiegelt. Dabei liegt der risikobehaftete Zinssatz immer über dem → risikolosen Zinssatz und errechnet sich damit aus dem risikolosen Zinssatz plus Aufschlag entsprechend der Risikoklasse.

▶ **Risikokapital** → Venture Capital

▶ **Risikoloser Zinssatz**

Maßgröße, die die Verzinsung festverzinslicher Staatstitel mit kurzer Restlaufzeit widerspiegelt. Unterstellt wird hierbei, dass die Tilgung dieser Titel zweifelsfr.ei als gesichert gilt (Risiko von null).

▶ **Risikopapier**

Bezeichnung für ein Wertpapier, das ein Anteilsrecht an einer Unternehmung verbrieft und damit an die potenzielle Gewinnentwicklung bzw. an möglichen Risiken gekoppelt ist. Das originäre Risikopapier ist die → Aktie. Der →Genuss-Schein und die → Gewinnobligation sind dagegen als derivative Risikopapiere anzusehen, da sie im Gegensatz zur Aktie kein Anteilsrecht verbriefen, dennoch in ihrer Wertentwicklung an die mögliche Gewinn- und Verlustentwicklung der Unternehmung gekoppelt sind.

▶ **Risikopolitik**

Gesamtheit aller Überlegungen, Absichten und Maßnahmen, deren Ziel es ist finanzielle Risiken als Folge der Unsicherheit der Erwartungen zu vermindern, abzuwälzen oder in die Finanzdisposition einzubeziehen. Dies vollzieht sich in Form vorbeugender und abwälzende Maßnahmen.

(1) Vorbeugende Maßnahmen können sein:
- Verbesserung des finanzwirtschaftlichen Informationssystems mit dem Ziel der Offenlegung möglichst aller potenziellen Risiken;
- Vermeidung von Inkongruenzen;
- Aufschiebung nicht so dringlicher Entscheidungen, bis der notwendige Informationsstand gegeben ist;
- Aufstellen von Alternativplänen und Planvariationen für den Fall, dass die tatsächliche Entwicklung (z. B. Wirtschaftslage, Preise) vom vorhergesagten Verlauf wesentlich abweicht;
- Pflege der Beziehungen zu den Kapitalgebern (→ Financial public relations);
- Aufbau und Halten flexibler finanzwirtschaftlicher Alternativen wählen (ausreichende Reserven; liquide Mittel, offene Kreditlinien, potenzielle Kreditreserven).

● Bei der Prognose von Ein- und Auszahlungen ist mit Streube-
reichen (Minima- Maximawerten) zu arbeiten. Durch Angabe
der Wahrscheinlichkeitsverteilung innerhalb des Streube-
reichs eröffnet sich eher die Möglichkeit auch für eventuell
auftretenden „Spitzenbedarf" Vorsorge zu treffen. Die Zeitintervalle bei der Finanzplanung sind nicht zu lang anzusetzen.

(2) Risikoabwälzung kann auf Kunden, Lieferanten, Versicherungen, Banken, Factor- und Forfaitierinstitute (→ Factoring, →
Forfaitierung) gerichtet sein (→ Kreditrisiko).

▶ **Roggenpfandbriefe**

Indexierte Pfandbriefe, die in den 20er-Jahren in Deutschland emittiert wurden. Sie lauteten auf eine definierte Anzahl von Zentnern
an Roggen. Die Zins- und Tilgungszahlungen waren an die amtlichen Preisnotierungen für Roggen an der Berliner Produktenbörse
gekoppelt.

▶ **ROI** → Rentabilität

▶ **Roll over**

Bezeichnet die regelmäßige Zinsneufestsetzung (z. B. alle 3, 6, 9
Monate).

▶ **Roll over Date**

Zinsanpassungsdatum bei einem → Roll over-Kredit.

▶ **Roll over-Kredit**

Mittel- bis langfristiger Euro-Kredit, der entweder als Festkredit oder
in Form einer Kreditlinie (Back up Line, Stand by Line) eingeräumt
wird. Die Refinanzierung erfolgt i. d. R. am Euro-Geldmarkt. Das
sich ergebende Zinssatzänderungsrisiko der Banken wird in der
Weise auf den Endkreditnehmer überwälzt, als eine periodische
Zinsanpassung (i. d. R. alle 3, 6 Monate zu jeweils fixierten Terminen) in Anlehnung an einen definierten → Referenzzinssatz (z. B.

LIBOR) erfolgt. Der Kreditzins setzt sich aus zwei Komponenten zusammen. Diese sind der vereinbarte Referenzzins plus ein Aufschlag (Spread, Marge), dessen Höhe in erster Linie durch die Bonität und Verhandlungsmacht des Kreditnehmers bestimmt wird).

▶ **Rolling Call**

Bezeichnet eine Kündigungsklausel bei → Floating Rate Notes, die in Einzelfällen bei derartigen Schuldverschreibungen in den Anleihebedingungen enthalten sein kann. Sie räumt dem Emittenten das Recht der vorzeitigen Anleihekündigung (im Regelfall nach Ablauf einer Sperrfist ex Anleiheemission) zu jedem ihm beliebigen Zeitpunkt ein. Vgl.: → Stepped Call.

▶ **Round Lot**

Bezeichnung für eine Handelseinheit, die an den Wertpapierbörsen der Vereinigten Staaten von Amerika üblich ist. Ein Round Lot umfasst im Regelfall 100 shares (z. T. auch nur 10 shares) oder ein Mehrfaches davon.

An der Frankfurter Wertpapierbörse umfasst ein Round Lot bei Aktien 1 Stück, bei vielen Anleihen desgleichen 1 Stück.

▶ **Rückbürgschaft**

Sonderform der Bürgschaft (→ Aval), die vom Rückbürgen (meist Bund oder Land) gegenüber dem Bürgen (z. B. Kreditgarantiegemeinschaft) übernommen wird. Sie dient zur Sicherung der Hauptforderung des Bürgen gegen den Hauptschuldner. Damit erhält der Bürge für den Fall, dass er aus der Bürgschaft in Anspruch genommen wird, ein Sicherungsinstrument. Rückbürgschaften werden i. d. R. in Höhe von 70–90% der Bürgschaftssumme übernommen.

▶ **Rückfluss-Stücke**

Bezeichnung von Stücken einer Wertpapieremission, die bei ungünstiger Kapitalmarktlage zum Zweck der Kurspflege zurückgekauft werden. Im Regelfall werden die Stücke zu einem späteren Zeitpunkt wieder am Markt angeboten.

▶ **Rückgriffskapital**

Einrufbares Eigenkapital, das den Charakter von Finanzierungszusagen trägt, auf die bei Bedarf zurückgegriffen werden kann. Es handelt sich hierbei um

(1) ausstehende Einlagen auf das Grundkapital der Aktiengesellschaft, das Stammkapital der Gesellschaft mit beschränkter Haftung, das Kommanditkapital der Kommanditgesellschaft und die nicht einbezahlten Geschäftsanteile bei der Genossenschaft;

(2) bei öffentlich-rechtlichen Unternehmen (z. B. Kreditinstitute) die unbeschränkte Gewährträgerhaftung der öffentlichen Hand und die → Zubuße bei der bergrechtlichen Gewerkschaft.

▶ **Rückkauf, freihändiger**

(1) bei Tilgungsanleihen: Tilgung durch Käufe des Anleiheschuldners. Sie wird immer dann praktiziert, wenn der Börsenkurs unter dem Rückzahlungskurs liegt (→ Anleihe-Ausstattung).

(2) bei Investmentanteilen: Besitzer von Investmentanteilen können u. U. ihre Anteile an solche Banken verkaufen, die den Kapitalanlagegesellschaften nahe stehen. Der Abschlag beim Rückkauf beträgt ca. 4% vom jeweils geltenden Ausgabepreis, während die Rückgabe an die Fondsgesellschaft meist eine Spanne von 5–6% zwischen Ausgabe- und Rücknahmepreis vorsieht.

▶ **Rückkaufsgeschäft** → Kompensationsgeschäft

▶ **Rückläufige Überweisung** → Einzugsverfahren

▶ **Rücklagen**

(Reserven) über das nominelle Haftungskapital hinausgehende zusätzliche Eigenkapitalteile. Ihre Bildung erfolgt entweder im Rahmen der → Innenfinanzierung über nicht ausgeschüttete Gewinne oder im Rahmen der → Außenfinanzierung. Der Gesetzgeber unterscheidet nach § 272 (2) HGB zwischen Kapitalrücklage (Kapital fließt der Unternehmung von außen zu) und Gewinnrücklage (Rücklagenbildung aus dem erzielten Ergebnis).

(1) *Kapitalrücklage* gem. § 272 (2) HGB:

- Betrag, der über die Ausgabe von Anteilen einschließlich von Bezugsanteilen über den Nennbetrag hinaus erzielt wird (Agio);
- Betrag, der bei der Ausgabe von Schuldverschreibungen für Wandlungsrechte und Optionsrechte zum Erwerb von Aktien erzielt wird;
- Zuzahlungen, die Gesellschafter gegen Gewährung eines Vorzugs für ihre Anteile leisten;
- andere Zuzahlungen, die Gesellschafter in das Eigenkapital leisten.

(2) *Gewinnrücklage* gem. § 272 (3) HGB:

Sie werden generell nur aus versteuerten Gewinnen gebildet (Ausnahme: → Sonderposten mit Rücklagenanteil gem. § 273 HGB).

- Gesetzliche Rücklagen gem. § 150 (2) AktG sind in Höhe des zwanzigsten Teils des um einen Verlustvortrag des Vorjahres geminderten Jahresüberschusses solange einzustellen, bis die gesetzliche Rücklage und Kapitalrücklage zusammen den Zehnten oder satzungsgemäß höheren Teil des Grundkapitals erreichen;
- Satzungsmäßige Rücklagen gem. § 271 (3) HGB sind zu bilden, soweit durch die Satzung der Gesellschaft zwingend vorgeschrieben;
- andere Rücklagen gem. § 272 (3) HGB. Diese freien Rücklagen gem. § 58 (2) AktG dürfen aber nur bis zu 50 v. H. des Jahresabschlusses in die Bilanz eingestellt werden. Dies gilt allerdings nur solange, als die freien Rücklagen 50 v. H. des Grundkapitals nicht überschreiten;
- Rücklage für eigene Anteile gem. § 272 (4) HGB. Hier ist der Betrag einzustellen, der dem auf der Aktivseite der Bilanz für eigene Anteile anzusetzenden Betrag entspricht;
- → Sonderposten mit Rücklagenanteil gem. § 273 HGB.

Gewinnrücklagen werden aus versteuertem Gewinn gebildet und offen ausgewiesen. Dagegen bietet sich der Unternehmung i. d. R.

die Möglichkeit auf legalem Wege handels- und steuerrechtliche Bewertungsspielräume auszunutzen um hierdurch einen unversteuerten Gewinn bilanziell nicht auszuweisen und einzubehalten. Sie bildet entsprechend → stille Reserven. Die Bewertungsmaßnahmen sind entweder auf die Unterbewertung von Aktiva oder die Überbewertung von Passiva gerichtet.

Mit der Rücklagenbildung ergibt sich für die Unternehmung generell ein Finanzierungseffekt. Während das in die Kapital- und Gewinnrücklagen eingestellte Kapital der Unternehmung langfristig (i. d. R. ad infinitum) zur Verfügung steht, ist dies bei dem über die Bildung stiller Rücklagen angesammelte Kapital nicht der Fall. Bei ihrer (oft unfreiwilligen) Auflösung erfolgt eine Versteuerung und eine Beeinflussung des Gewinnausweises mit u. U. entsprechenden Ansprüchen der Gesellschafter. In jedem Fall ist aber mit der Bildung stiller Rücklagen die Inanspruchnahme eines zinslosen Kredites durch den Fiskus verbunden.

▶ **Rücklagenumwandlungsverfahren** → Zusatzaktienverfahren

▶ **Rücknahmepreis**

Preis, zu welchem die → Investmentgesellschaften Zertifikate zurücknehmen. Er liegt i. d. R. unter dem Ausgabepreis.

▶ **Rückprämie**

Gegen Zahlung einer Rück- oder Nachprämie erwirbt der Terminverkäufer das Recht vom Vertrag zurückzutreten (Spekulation à la Baisse unter Rückversicherung à la Hausse).

▶ **Rückprämiengeschäft** → Prämiengeschäft, → Nachprämiengeschäft

▶ **Rückstellungen**

Sie werden gem. § 249 HGB zur Abdeckung ungewisser Schulden und für drohende Verluste aus schwebenden Geschäften gebildet.

Ferner sind sie für im Geschäftsjahr unterlassene Aufwendungen für Instandhaltungen zu bilden (Passivierungspflicht), wenn diese während der Ersten drei Monate des folgenden Geschäftsjahres nachgeholt werden. Dies gilt auch für unterlassene Aufwendungen für Abraumbeseitigungen, sofern diese im Verlauf des folgenden Geschäftsjahres nachgeholt werden. Passivierungsrecht besteht für unterlassene Aufwendungen für Instandhaltung, wenn die Instandhaltungsmaßnahme nach Ablauf der Ersten drei Monate des folgenden Geschäftsjahres, aber noch innerhalb desselben, nachgeholt wird. Rückstellungen dürfen gem. § 249 (2) HGB auch für Aufwendungen gebildet werden, die ihrer Eigenart nach genau umschrieben und dem laufenden oder einem früheren Geschäftsjahr zuzuordnen sind. Die Auflösung von Rückstellungen ist gem. § 249 (3) HGB nur gestattet, wenn der Grund ihrer Bildung weggefallen ist.

Die Bewertung der Rückstellungen erfolgt gem. § 251 (1) HGB. Steuerrechtlich ergibt sich eine Anlehnung an die Bewertung in der Handelsbilanz (Maßgeblichkeitsprinzip).

▶ **RUF** → Revolving Underwriting Facility

▶ **Run**

Terminus, der für die Beschreibung folgender unterschiedlicher Vorgänge Anwendung findet:
(1) plötzlich auftretende übermäßige Nachfrage nach einer bestimmten Aktie. Hierdurch treten überdurchschnittliche Kurssteigerungen ein, die ihrerseits weitere Nachfrage stimulieren.
(2) Panik von Einlegern in Bezug auf eine Bank, die sich in vermeintlichen oder tatsächlichen Liquiditätsschwierigkeiten befindet. Die Einleger versuchen, durch Abzug ihrer Einlagen diese vor dem möglicherweise drohenden teilweisen oder vollständigen Untergang zu retten.
(3) Panik in einem Markt, in welcher Investoren oder Einleger versuchen offene Positionen zu schließen umso entweder weitere drohende Verluste zu vermeiden oder Verluste generell auszuschließen.

▶ Russel-Index

Index der die Aktien von 2000 US-amerikanischen Unternehmen aus dem Small Cap-Segment mit einer durchschnittlichen Marktkapitalisierung von 500 Mio. US-$ erfasst. Auf den Russel-Index werden an der → CME Future-Kontrakte gehandelt.

S

▶ **S & P 500**

(Standard & Poor's 500) Bezeichnung für einen anerkannten US-amerikanischen Börsenindex, dem ein Portefeuille definierter Aktien in einer bestimmten Zusammensetzung zu Grunde liegt. Der Index setzt sich aus 400 Industrieaktien, 40 Versorgungswerten, 20 Aktien von Verkehrsunternehmen und 40 Aktien von Finanzinstitutionen zusammen.

Beim S & P 500-Handel auf Termin (→ Financial Futures) wird der Kontrakt wie der Index notiert. Der Kontraktwert ergibt sich aus der Multiplikation des aktuellen Indexes mit dem Faktor 500. Die kleinstmögliche Änderung des Indexes, die sich als Kursänderung des Futures-Kontrakts niederschlägt, beträgt 0,05 Indexpunkte (= 25 $).

- Tägliche Schwankungsbegrenzung des Preises: keine.
- Kontraktmonate: März, Juni, September, Dezember.
- Letzter Handelstag: Dritter Donnerstag des Abwicklungsmonats.
- Abwicklungstag: Geschäftstag nach dem letzten Handelstag des Abwicklungsmonats.
- Abwicklung: Barabwicklung nach Kontoanpassung an den Marktwert zum Schluss-Stand des S & P 500-Index am Abwicklungstag.

▶ **Sachanlagevermögen**

Materielle Komponente des → Anlagevermögens (Aktivseite der Bilanz), die bewegliche (z. B. Fuhrpark) und unbewegliche Vermögensteile (z. B. Grundstücke, Gebäude, Maschinen) umfasst. Das Sachvermögen ergibt sich nach Abzug folgender Posten vom Anlagevermögen (§ 266 HGB): immaterielle Vermögensteile (z. B. Patente, Rechte, Lizenzen, Konzessionen), → Finanzanlagen (Beteiligungen, langfristige Darlehensforderungen, Aktivhypotheken und langfristige Kapitalanlagen in Form von Wertpapieren, die ohne Beteiligungsabsicht erworben wurden).

▶ **Sacheinlage**

Einlage der Gesellschafter einer Unternehmung, die nicht durch Barzahlung geleistet wird, sondern in Form von Sachen und Rechten, z. B. Grundstücke, Maschinen, Patente (→ Sachgründung).

▶ **Sachenrechtliche Wertpapiere**

Wertpapiere, die im Gegensatz zu den Mitgliedschafts- und Forderungspapieren ein Sachenrecht verbriefen.

▶ **Sachgründung**

Mögliche Form der Gründung einer Aktiengesellschaft, bei der die Gründer u. a. auch → Sacheinlagen (z. B. Grundstücke) einbringen. Gem. § 27 Abs. 1 AktG müssen in der Satzung festgehalten werden:
- der Gegenstand der Sacheinlage,
- die Person von der die Gesellschaft den Gegenstand erwirbt und
- der Nennbetrag der bei der Sacheinlage zu gewährenden Aktien.

Um eine Überbewertung der Sacheinlage auszuschließen ist außerdem gem. § 33 Abs. 2 Ziff. 4 AktG eine Gründungsprüfung durch einen oder mehrere unabhängige Prüfer vorgeschrieben.

▶ **Sachinvestition**

→ Investition in das Sachanlagevermögen (z. B. Grundstücke, Gebäude, Maschinen) und das Vorratsvermögen (z. B. Rohstoffe, Halb- und Fertigfabrikate).

▶ **Sachkapital** → Realkapital

▶ **Sachsicherheiten** → Kreditsicherheiten

▶ **Sachwertanleihe**

→ Anleihe, bei der die Tilgung mit der Preisentwicklung eines definierten Gutes (z. B. Gold) indexiert ist (→ Anleihe-Ausstattung).

▶ **Sachwertdividende** → Property Dividend

▶ **Saisonkredit**

Bankkredit, der als → Überbrückungskredit an im Saisonrhythmus arbeitende Unternehmen (Branchen: z. B. Landwirtschaft, Fischerei, Konservenindustrie, Fremdenverkehr) eingeräumt wird.

Die Notwendigkeit ergibt sich bei diesen Unternehmen aus dem zeitlichen Auseinanderklaffen der Aus- und Einzahlungsströme, was zu einer entsprechenden Liquiditätsanspannung führt. Zur Abdeckung der hieraus entstehenden Kapitalbedarfsspitzen werden die Saisonkredite aufgenommen (Laufzeit i. d. R. 3, 6, 9 Monate), deren Tilgung aus den späteren Erlöseingängen erfolgt.

Der Saisonkredit ist ein typischer → Kontokorrentkredit (durch Bürgschaften und Grundbucheintragungen abgesichert), der aber auch in der Form des Wechselkredits vorkommt bzw. durch → Sicherungsübereignung abgesichert wird.

▶ **Sale-and-Lease-Back** → Leasing

▶ **Same Day Settlement (SDS)**

Bezeichnung für die tagggleiche Abwicklung von Wertpapiergeschäften. Dieses Abwicklungsverfahren praktiziert → Clearstream, indem die Aufträge, die bis 10.00 Uhr beleglos über Terminal oder die Datenübertragung erteilt und vom Empfänger vor Ausführung bestätigt werden (Settlement Matching), am selben Tag reguliert. Die Geldverrechnung erfolgt am gleichen Vormittag über die → Landeszentralbanken. Die Abwicklung im Same Day Settlement-Verfahren bietet bei der Beschaffung von Geld bzw. Wertpapieren u. U. erhebliche Vorteile, da sich hierdurch Arbitragegeschäfte zwischen Wertpapiermärkten mit unterschiedlichen Erfüllungsfristen eröffnen. Abweichend vom Same Day Settlement werden üblicherweise Wertpapiergeschäfte von Clearstrem mit der Valuta „nächster Arbeitstag" verarbeitet, wenn sie bis 17.00 Uhr zugehen. Geschäfte, die an einer deutschen Wertpapierbörse abgewickelt werden, unterliegen einer usancegemäßen Erfüllungsfrist „Handelstag plus zwei Börsentage".

Clearstream bietet den Kontoinhabern das Real Time Settlement

(RTS) an, welches die sofortige Abwicklung ermöglicht. RTS wird ausgeführt, wenn Aufträge in der Zeit von 7.00–13.00 elektronisch erteilt werden. Real Time Settlement ist aber nicht bei Börsengeschäften möglich, bei denen es bei der usancegemäßen Erfüllungsfrist „Handelstag plus zwei Börsentage" bestehen bleibt.

▶ **Sammelanleihe**

(1) gemeinsame → Anleihe mehrerer Schuldner, die von einem Emittenten ausgegeben wird;

(2) Anleihe, die zur Abfindung von Forderungen auf unterschiedliche Anleihen, die von Städten und Gemeinden in der Zeit vor der Währungsreform von 1948 emittiert worden waren, zusammenfasste. Sie diente der Abfindung der Besitzer dieser alten Anleihen.

▶ **Sammeldepot** → Sammelverwahrung

▶ **Sammelschuldbuchforderung**

Schuldbuchforderung, die für eine Mehrheit von Gläubigern, die durch einen Treuhänder vertreten werden, existiert. Dabei kann die Sammelschuldbuchforderung auf den Namen des Treuhänders in das Schuldbuch eingetragen werden.

▶ **Sammelschulverschreibung** → Sammelanleihe

▶ **Sammelurkunde**

Verbrieft bei Mehrfachbesitz den Anteil eines Aktionärs an einer Aktiengesellschaft oder eines Obligationärs an eine Anleiheemission.

Ihre Ausstellung wird dann notwendig, wenn keine effektiven Anleihestücke (→ Wertrechtsanleihe) ausgedruckt werden.

▶ **Sammelverwahrung**

(Girosammeldepot, Sammeldepot, Girosammelverwahrung) Bezeichnung für Verwahrungsart von Wertpapieren der gleichen Gattung. Die Verwahrung erfolgt durch das Kreditinstitut auf ausdrücklichen Wunsch des Kunden. Im Gegensatz zur →Sonderverwahrung (Streifbanddepot) hat der Kunde bei der Sammelverwahrung kein Eigentumsrecht an den von ihm abgelieferten Papieren. Er wird vielmehr zum Miteigentümer nach Bruchteilen am Sammelbestand der betreffenden Gattung.

In Sammelverwahrung gegebene Papiere einer Gattung sind, sofern sie zu einem Betriebsvermögen gehören, für Zwecke der steuerlichen Gewinnermittlung nicht mit ihrem individuellen, sondern mit ihren durchschnittlichen Anschaffungskosten zu bewerten. Die durchschnittliche Bewertung aller sammelverwahrten Wertpapiere einer Gattung wird dadurch vermieden, dass für einzelne Teilbestände gesonderte Depots eingerichtet werden. In diesem Fall werden lediglich die in den Teilbeständen geführten Wertpapiere gleicher Gattung mit ihren durchschnittlichen Anschaffungskosten eingesetzt.

▶ **Samurai Bonds**

Yen-Anleihe, die von ausländischen Emittenten in Japan begeben wurde.

▶ **Sanierung**

Maßnahmen zur Wiederherstellung der Rentabilität und des finanziellen Gleichgewichts verlustreicher, der Gefahr der Zahlungsunfähigkeit ausgesetzter Unternehmungen. Die Sanierung beschränkt sich i. d. R. nicht allein auf Finanzierungsmaßnahmen. Häufig werden zugleich organisatorische Maßnahmen (Umstrukturierungen, personelle Veränderungen, Rationalisierungsmaßnahmen usw.) entsprechend den spezifischen Ursachen der Sanierungsbedürftigkeit (z. B. Fehlentscheidungen im Bereich der Finanzierung, Preispolitik, Investitionspolitik) eingeleitet.

▶ **Sanierungsgenuss-Schein** → Genuss-Schein

▶ **Sanktionsausschuss**

Ein von der Börse gem. § 9 BörsG einzurichtender Ausschuss. Der Sanktionsausschuss kann einen Handelsteilnehmer mit Verweis oder einem Ordnungsgeld bis zu 50.000 DM oder dem Ausschluss von der Börse bis zu 30 Sitzungstagen belegen, wenn dieser

(1) vorsätzlich oder leichtfertig gegen börsenrechtliche Vorschriften oder Anordnungen verstößt, die eine ordnungsmäßige Durchführung des Handels an der Börse oder der Börsengeschäftsabwicklung sicherstellen, oder

(2) im Zusammenhang mit der Tätigkeit den Anspruch auf kaufmännisches Vertrauen oder die Ehre eines anderen Handelsteilnehmers verletzt.

Handelt es sich bei dem Handelsteilnehmer um einen Kursmakler oder Kursmaklervertreter, ist anstelle des Sanktionsausschusses die → Börsenaufsichtsbehörde zuständig.

▶ **SAR's** → Stock Appreciation Rights

▶ **Satzung der Aktiengesellschaft**

Von der AG aufgestellte Verfassung (Gesellschaftsvertrag), die für alle Mitglieder verbindlich ist.

An der Feststellung der Satzung (§ 2 AktG) müssen sich mindestens fünf Personen beteiligen, zusätzlich bedarf sie der gerichtlichen oder notariellen Beurkundung (§ 23 Abs. 1 AktG). Ein gewisser Mindestinhalt ist gesetzlich vorgeschrieben: Nach § 23 Abs. 3 AktG muss die Satzung Bestimmungen enthalten über

- Firma und Sitz der Gesellschaft,
- Gegenstand des Unternehmens,
- Höhe des Grundkapitals,
- Nennbeträge der einzelnen Aktien und Zahl der Aktien jeden Nennbetrags,
- Gattung der einzelnen Aktien,
- Zusammensetzung des Vorstands und
- Form der Bekanntmachungen der Gesellschaft.

Dem gesetzlich bestimmten Mindestinhalt werden regelmäßig noch zahlreiche andere Bestimmungen hinzugefügt.

Jede Satzungsänderung bedarf gemäß §§ 179 ff. AktG eines Hauptversammlungsbeschlusses mit einer Mehrheit von mindestens drei Viertel des bei der Beschlussfassung vertretenen Grundkapitals (→ qualifizierte Mehrheit).

▶ **Schachtelbeteiligung**

Unmittelbare und ununterbrochene Beteiligung einer unbeschränkt steuerpflichtigen Kapitalgesellschaft am Grund- oder Stammkapital einer anderen unbeschränkt steuerpflichtigen Kapitalgesellschaft in Form von Aktien, Kuxen oder Anteilen in Höhe von mindestens einem Viertel (zur steuerlichen Behandlung: → Schachtelprivileg).

▶ **Schachtelprivileg**

Bezeichnet die ertrag- und substanzsteuerliche Vergünstigung, durch welche eine Doppel- oder Mehrfachbesteuerung von Kapitalgesellschaften vermieden wird, die an anderen steuerpflichtigen Unternehmen ab einem bestimmten Umfang beteiligt sind. Die Steuervergünstigung bezieht sich auf die Gewerbesteuer und Vermögenssteuer. Bei der Gewerbesteuer ist die Schachtelbeteiligung auf mindestens 10% Kapitalbeteiligung festgelegt. Desgleichen bleibt für die Vermögensbesteuerung einer Kapitalgesellschaft eine Beteiligung ab diesem Umfang bei der Einheitswertermittlung außer Ansatz.

▶ **Schätze** → Schatzanweisungen, → Bundesschatzanweisungen

▶ **Schatzanweisungen**

(Schätze) kurz- und mittelfristige Schuldverschreibungen, die vom Bund, seinen Sondervermögen und den Ländern emittiert werden.

(1) *Verzinsliche* Schatzanweisungen sind wie festverzinsliche → Anleihen mit → Zinsscheinen ausgestattet und haben eine Laufdauer von drei Monaten bis zu mehreren Jahren.

(2) *Unverzinsliche* Schatzanweisungen (U-Schätze) sind kurz- und mittelfristige Schuldverschreibungen, begeben von Bund (→

Bundesschatzanweisung), Ländern und anderen öffentlichen Stellen, die ohne Zinskoupon und somit ohne laufende Verzinsung ausgestattet sind. Die Verzinsung des Kapitals erfolgt im Zuge der Tilgung. Der Emissionskurs ergibt sich somit durch Diskontierug des Rückzahlungsbetrages. Die Laufzeit der Schatzanweisungen beträgt 6 Monate bis zu 2 Jahren. Sie werden bevorzugt von Banken als Geldanlage übernommen, da sie erstklassige Geldmarktpapiere darstellen.

▶ **Schatzwechsel**

Wechselverbindlichkeiten des Bundes, seiner Sondervermögen und der Länder. Es handelt hierbei sich um Solawechsel mit einer Laufzeit von bis zu drei Monaten, die abgezinst emittiert werden.

▶ **Scheck**

Unbedingte Zahlungsanweisung des Ausstellers an ein Kreditinstitut bzw. Postgiroamt, aus seinem Guthaben oder auf Grund einer Kreditzusage an einen Dritten (Schecknehmer) die im Scheck genannte Geldsumme zu bezahlen. Rechtsgrundlage ist das Scheckgesetz vom 14. 8. 1933 mit seinen späteren Änderungen, insbesondere der vom 17. 7. 1985 (→ Scheckbetrug).

Nach dem Rechtscharakter unterscheidet man Orderscheck, Inhaberscheck, Rektascheck, nach der Einlösungsart Barscheck, Verrechnungsscheck, gekreuzter Scheck. Gebräuchlichste Form ist der Inhaberscheck als Verrechnungsscheck, häufig auch in der Form des Postkartenschecks (→ Blanko-Scheck). Die Verbreitung des Schecks wurde durch die bargeldlose Gehaltszahlung sowie die Einführung der Scheckkarte stark gefördert. Verwendung findet der Scheck auch als Auszahlungsanweisung und -quittung bei Barabhebungen vom eigenen Konto.

▶ **Scheckbetrug**

Alle betrügerischen Handlungen der am Scheckverkehr Beteiligten. Der Scheckbetrug im strafrechtlichen Sinne (Betrugtatbestand gem. § 263 StGB) umfasst aber lediglich Täuschungshandlungen des

Ausstellers gegenüber dem Schecknehmer im Zeitpunkt der Einlösung (ungedeckter Scheck). § 263 b StGB richtet sich gegen den Missbrauch von Scheckkarten und Kreditkarten.

Häufigste Formen des Scheckbetrugs sind Scheckbetrug beim Handkauf, unberechtigter Widerruf, Scheckreiterei und Stoßbetrug. Die Verfolgung des Scheckbetrugs ist nur nach den allgemeinen strafrechtlichen Betrugsvorschriften (§ 263 StGB) möglich und scheitert meist daran, dass dem Aussteller die Betrugsabsicht nicht nachgewiesen werden kann.

▶ **Scheckkarte**

Ausweis, welchen eine Bank dem Inhaber eines → Girokontos befristet ausstellt. Mit der Scheckkarte ist von Seiten des emittierenden Kreditinstituts zugleich unter bestimmten Bedingungen eine Garantieerklärung verbunden. Danach verpflichtet sich die Bank alle Schecks, die in Verbindung mit der Scheckkarte ausgestellt werden, bis zu einer bestimmten Summe (bei der Euroscheckkarte 400 DM) einzulösen. Die Scheckkarte gilt nur in Verbindung mit Schecks, die auf ein bestimmtes Konto gezogen werden. Aus diesem Grund ist die Scheckkarte mit der entsprechenden Kontonummer und zur Identifikation des Kunden mit seiner Unterschrift zu versehen. Die Schecks müssen auf Vordrucken der Bank ausgestellt sein, bei der Einlösung den üblichen Formalitäten entsprechen und den Betrag in Währungseinheiten, Ort, Datum der Ausstellung, Konto-Nummer, Scheck-Nummer sowie die Unterschrift des Bankkunden enthalten. Auf der Rückseite des Schecks ist die Scheckkarten-Nummer einzutragen. Von wesentlicher Bedeutung ist, dass die Konto-Nummer auf Scheck und Scheckkarte sowie die Unterschriften auf der Scheckkarte und dem Scheck miteinander identisch sind, da nur bei Einhaltung dieser Formalitäten und deren Überprüfung durch den Schecknehmer die Garantieerklärung der Bank Gültigkeit hat.

Die Euroscheckkarte ist eine Scheckkarte, die nur in Verbindung mit → Eurocheques gilt.

▶ **Scheck-Wechsel-Verfahren** → Akzeptantenwechsel

▶ **Schiffshypothek**

An See- und Binnenschiffen kann, obwohl sie bewegliche Sachen sind, eine Hypothek (jedoch keine Grundschuld) bestellt werden, wenn das Schiff im Schiffsregister des Amtsgerichts des Heimathafens eingetragen ist. Die Schiffshypothek ist Sicherungshypothek und daher stets eine Buchhypothek. Auch das im Bau befindliche Schiff ist beleihbar (Eintragung ins Schiffsregister erst nach Fertigstellung möglich). Für diesen Zweck wurde die Schiffsbauhypothek (Schiffsbauwerkhypothek) geschaffen.

▶ **Schiffspfandbriefe**

→ Pfandbriefe, die von Schiffspfandbriefbanken ausgegeben werden und deren Mittel über Schiffshypothekarkredite zur Finanzierung des Schiffsbaus eingesetzt werden. Schiffspfandbriefe müssen durch → Schiffshypotheken von mindestens gleicher Höhe, Laufdauer und Zinsertrag gedeckt sein.

▶ **Schlank untergebracht**

Börsenausdruck für die schnelle Unterbringung einer Emission auf dem Primärmarkt.

▶ **Schluss**

(Börsenschluss) Mindestbetrag bzw. Mindestmenge, zu der ein Geschäft an der Börse durchgeführt werden kann.

Seit dem 1.6.1999 hat die Frankfurter Börse die Mindeststückzahl beim Abschluss von Börsengeschäften bei Aktien auf 1 Stück reduziert. Auch am Rentenmarkt können verschiedene Anleihen ab der kleinsten handelbaren Einheit gehandelt werden.

▶ **Schlusseinheit**

Sie definiert die Titelanzahl, die mindestens umzusetzen ist, damit in der → variablen Notierung ein amtlicher Kurs festgestellt werden kann.

▶ **Schlusskurs**

Letzter Kurs, der am Ende einer Börsenversammlung im variablen Handel für ein Wertpapier festgestellt wird. Er ist nicht an allen Börsen ein errechneter Kurs.

▶ **Schlussnote**

(Schluss-Schein) Ein Handelsmakler hat, wenn er nicht von den Parteien hiervon entbunden wird oder ihn der Ortsgebrauch mit Rücksicht auf die Warengattung entbindet unverzüglich nach Abschluss des Geschäfts jeder Partei gem. § 94 (1) HGB eine Schlussnote zuzustellen. Diese enthält die Parteien, den Gegenstand und die Geschäftsbedingungen. Die Verpflichtung zur Ausstellung einer Schlussnote gilt auch für den mündlichen Abschluss von Börsengeschäften. Die Ausstellung der Schlussnote soll unverzüglich nach Börsenschluss, spätestens aber innerhalb von drei Tagen erfolgen.

Werden Geschäfte ohne die Einbeziehung eines Maklers (Privatgeschäfte) getätigt, so ist desgleichen eine Schlussnote auszustellen. Ein Exemplar der Schlussnote erhält der Käufer.

▶ **Schluss-Schein** → Schlussnote

▶ **Schlusszeit**

Sie definiert den letzten Zeitpunkt innerhalb einer Börsensitzung, bis zu der von den Kursmaklern Aufträge für den Einheitskurs angenommen werden können. Die Schlusszeit wird vom Börsenvorstand im Regelfall mit 30 bzw. 45 Minuten nach Beginn der Börsenzeit festgelegt.

▶ **Schnäppern**

Bezeichnet das Bestreben eines Maklers oder Börsenhändlers sich von einem ihm gestellten Kurs zu distanzieren.

▶ **Schnelltender**

Werden durch das ESZB für Feinsteuerungsoerationen (→ Offenmarktgeschäfte) eingesetzt und lediglich mit einer begrenzten Anzahl von Geschäftspartnern innerhalb einer Stunde durchgeführt.

Auch die Deutsche Bundesbank hat im Rahmen ihrer – bis 1998
eigenständigen Notenbankpolitik – Schnelltender praktiziert. Dies
vollzog sich in Verbindung mit → Wertpapierpensionsgeschäften.
Dabei wurden die Schnelltender in Form von Mengen- oder Zinstendern durchgeführt. Die Laufzeiten waren nur auf wenige Tage
ausgerichtet.

▶ **Schreiber** → Stillhalter

▶ **Schrottanleihen** → Junk Bonds

▶ **Schütt' aus-hol'-zurück-Verfahren**

(Dividendenkapitalerhöhung,   Ausschüttungsrückholverfahren)
Mittel der Finanzierungs- und → Dividendenpolitik. Zunächst
werden Gewinne als Dividende ausgeschüttet, die anschließend im
Wege einer → Kapitalerhöhung zurückgeholt werden. Dabei stimmen die Höhe der erwünschten Kapitalaufstockung mit der Summe
der zur Ausschüttung beschlossenen Dividende, abzüglich der bei
Ausschüttung und Wiederanlage anfallenden Steuern überein. Beim
„einperiodischen" Verfahren fallen Ausschüttung und Rückholung
der Gewinne in dasselbe Jahr, während beim „mehrperiodischen"
Verfahren die Kapitalerhöhung erst nach einigen Jahren bei fortlaufender Ausschüttung erfolgt.

Der Vorteil dieses Verfahrens liegt darin, dass die Gewinne den
Aktionären zugute kommen, ohne dass der Gesellschaft auf lange
Sicht Liquidität entzogen wird. Im Gegensatz zum → Zusatzaktienverfahren muss die Dividende zunächst aber ausgeschüttet
werden, bevor sie durch die Kapitalerhöhung in Form von Barmitteln wieder in das Unternehmen zurückfließt. Dabei wird unterstellt, dass sämtliche Altaktionäre von ihrem → Bezugsrecht Gebrauch machen.

Ein steuerlicher Vorteil ist bei diesem Verfahren nur dann gegeben, wenn sich die Aktionäre in der unteren Progressionszone der Einkommensteuer befinden.

▶ **Schufa**

Abkürzung für Schutzgemeinschaft für allgemeine Kreditsicherung. Kreditschutzorganisation, deren Mitglieder Kreditinstitute und Unternehmen des Handels sind, die an Privatpersonen Kredite herausgelegt haben. Die Mitglieder der Schufa verpflichten sich im Rahmen der gesetzlichen Vorschriften zur Mitteilung an die Schufa über Kreditherauslagen und Kreditablehnungen. Die Schufa gibt an ihre Mitglieder im Rahmen der gesetzlichen Vorschriften ihr vorliegende Informationen über aktuelle und zurückliegende Kreditgewährungen, -ablehnungen, -abwicklungen einschließlich damit verbundener gerichtlicher Verfahren.

▶ **Schuldbeitritt** → Schuldmitübernahme

▶ **Schuldbuchforderung**

Darlehensforderung gegen den Staat (ggf. auch gegen ein Bundesland), die, da sie nicht durch Anleihestücke verbrieft sind, im Schuldbuch beurkundet wird. Schuldbuchforderungen des Bundes sind zum Börsenhandel zugelassen.

▶ **Schuldendienst**

Bezeichnung für die vom Schuldner zu leistenden bzw. geleisteten Zahlungsverpflichtungen, die sich aus Zins- und Tilgungsleistung zusammensetzen.

▶ **Schuldentilgung** → Tilgung

▶ **Schuldmitübernahme**

(Schuldbeitritt) formloser Vertrag, kraft dessen ein Dritter (der Schuldübernehmer) zum Schuldner der Verbindlichkeit des Kreditnehmers wird und derart in die Haftung für die Kreditverbindlichkeit eintritt, dass er neben dem ursprünglichen Kreditnehmer gesamtschuldnerisch für die Zahlung des Kreditbetrags haftet. Die Schuldmitübernahme wird entweder zwischen dem Gläubiger und Übernehmer oder dem Übernehmer und ursprünglichen Kreditnehmer mit Genehmigung des Gläubigers vereinbart.

▶ **Schuldnerkündigungsrecht** → Call Option, → Retraction Option

▶ **Schuldschein-Darlehen**

Lang- oder mittelfristiges Darlehen, das gegen Schuldschein oder Schulddurkunde gem. § 607 BGB, § 344 HGB gewährt wird. Der Schuldschein ist lediglich Beweisurkunde (kein Wertpapier). Die Übertragung erfolgt nach Schuldrecht, d. h. durch Abtretung (gutgläubigen Erwerb gibt es somit nicht).

Kapitalgeber sind Kapitalsammelstellen, insbesondere Sozialversicherungsträger, die Bundesanstalt für Arbeit, Privatversicherungsgesellschaften (hier vor allem Lebens- und Unfallversicherer) und Kreditinstitute.

Kreditnehmer sind emissionsfähige und nicht-emissionsfähige Unternehmen erster Bonität, die die Bonitätsanforderungen der Kreditgeber und – soweit gegeben – ihrer Aufsichtsbehörden erfüllen (→ Deckungsstockfähigkeit).

Fristenkongruente Schuldschein-Darlehen werden dem Kreditnehmer über die Gesamtlaufdauer, ausgestattet mit Festzins oder variablem Zins (Anpassung alle drei oder sechs Monate an die Entwicklung eines Referenzzinssatzes plus Aufschlag), eingeräumt. Revolvierende Schuldschein-Darlehen sind kurzfristige Darlehen, die im Falle der Laufzeitinkongruenz so nacheinander geschaltet werden, dass über die sich permanent ergebende Fristentransformation die Deckung von Kapitalbedarf und Finanzierung erreicht werden soll. Das hierbei auftretende Fristentransformationsrisiko kann u. U. durch eine entsprechende Vertragsgestaltung vom Kapitalgeber oder der darlehensvermittelnden Bank übernommen werden.

Bis auf fristenkongruente Schuldschein-Darlehen, die mit Festzins ausgestattet sind, entsteht den Kreditnehmern bei allen anderen Schuldschein-Darlehen in jedem Fall das Zinsänderungsrisiko. Es wird u. U. (selten) gegen entsprechendes Entgelt vom Kreditgeber oder Kreditvermittler übernommen. Schuldschein-Darlehen werden ohne Einschaltung eines Kreditvermittlers oder unter Einschaltung eines Vermittlers (Bank, Finanzmakler) beschafft. Die Tilgung vollzieht sich unter Einhaltung eines ex ante festgelegten Tilgungsplans, der strikt einzuhalten ist. Vorfristige Tilgungen sind i. d. R. nicht möglich. Das Schuldschein-Darlehen wird meist durch eine erstrangige, vollstreckbare → Grundschuld (Eigentümergesamtbriefgrundschuld), die höchstens 40% des Beleihungswertes der Anlagen umfassen darf, besichert. Die Kosten sind für den Darlehensnehmer im Vergleich zur → Anleihe um 0,25 bis 0,50 Prozentpunkte p. a. niedriger.

Schuldscheine werden an der Börse nicht gehandelt, sind aber dennoch in äußerst engen Grenzen fungibel. Statistisches Material über den Gesamtmarkt besteht nicht.

Vorteile der Kapitalanlage in Schuldscheinen im Vergleich zu derjenigen in Anleihen für den Gläubiger sind: Erwirtschaftung einer höheren Rendite, keine Verpflichtung zu Abschreibungen im Falle eines allgemein steigenden Zinsniveaus. Ihr Nachteil ist die geringere Fungibilität und damit der niedrigere Liquiditätsgrad.

▶ **Schuldverschreibungen**

→ Anleihen öffentlicher oder privater Schuldner, die als → Industrie-, → Kommunalobligationen, → Pfandbriefe oder → Schatzanweisungen emittiert werden.

▶ **Schuldwechsel**

(Passivwechsel) entstehen aus der Annahme (Akzept) gezogener Wechsel oder der Ausstellung eigener Wechsel (Solawechsel). Sie sind bis zur Weitergabe als Wechselverbindlichkeiten auf der Passivseite zu bilanzieren. Nicht zu passivieren sind die Kautionswechsel (Depotwechsel), d. h. Wechsel, die bei Banken, Verbänden, Auftraggebern usw. als Sicherheit für das Einhalten übernommener Verpflichtungen hinterlegt werden. Dem Schuldwechsel steht der → Besitzwechsel gegenüber.

▶ **Schwankungswerte**

Bezeichnung für fortlaufend notierte Werte (→ variable Notierung).

▶ **Schwebendes Engagement**

Bezeichnung für Verpflichtungen aus Wertpapiergeschäften, Arbitrage etc., die noch nicht bereinigt wurden.

▶ **Schwimmendes Material** → Flottantes Material

▶ **SDAX**

Der Smallcap-Index SDAX setzt sich aus den 100 größten und umsatzstärksten deutschen Unternehmen des → SMAX zusammen. Die Indexanpassung erfolgt vierteljährlich. Der SDAX ist ein Performanceindex, der minütlich berechnet und publiziert wird.

▶ **SDR**

Special Drawing Rights. Sonderziehungsrechte (SZR) des Internationalen Währungsfonds.

▶ **SDS** → Same Day Settlement

▶ **Seaq**

Vollelektronisches (orderdriven System) Auftrags- und Handelssystem an der Londoner Aktienbörse (LSE). Kauf- und Verkaufsaufträge werden direkt in das Stock Exchange Trading Service (Sets) gestellt und bei passenden Gegenaufträgen ausgeführt.

▶ **SEC** → Securities and Exchange Commission

▶ **Second Marché**

(1) Bezeichnung für den → Sekundärmarkt in Frankreich.
(2) Kennzeichnung für das Marktsegment an der Pariser Börse, in dem der Handel von Aktien der neu zugelassenen mittelständi-

schen Unternehmen stattfindet. Der Second Marché entspricht in etwa dem deutschen Börsensegment → Geregelter Markt.

▶ **Secondary Market** → Sekundärmarkt

▶ **Secondary Warrant**

→ Optionsschein, der einen anderen → Optionsschein als Basiswert (→ Underlying) hat.

▶ **Securities and Exchange Commission (SEC)**

Wertpapier- und Börsenaufsichtsbehörde, die in den USA den gesamten nationalen Markt überwacht.

▶ **Securities Lending** → Wertpapierleihe

▶ **Securitization**

Allgemein ein Prozess, bei dem marktfähige Forderungen oder andere zukünftige Zahlungsströme in bewerteten Wertpapiere unterlegt werden. Die Bewertung der Wertpapiere wird durch Ratingagenturen (→Rating) vorgenommen. Die Verbriefung erfolgt in der Regel in Form kurzfristiger Schuldtitel (Notes), die anschließend im Markt untergebracht werden (z. B. → Commercial Paper, Mid Term Notes). Anschließend erfolgt die Platzierung dieser Titel am Markt.
Die Securitization ermöglicht es

(1) Kreditinstituten grundsätzlich die Hereinnahme von umfangreichen Krediten in das eigene Portefeuille zu umgehen oder bereits herausgelegte Kredite zu verflüssigen;

(2) anderen Finanzdienstleistern und Nichtbanken neben Forderungen allgemeiner Art (insbesondere aus Lieferungen und Leistungen z. B. Warenlieferungen; aus Wohnungsbaudarlehen, Verbraucherkrediten, Kreditkartenforderungen) und schließlich künftige Einnahmen zu verbriefen.

Kreditinstitute können damit ihre Bilanzen entlasten und somit besser den Anforderungen der jeweiligen nationalen Aufsichtsbehörden an die Eigenkapitalausstattung nachkommen. Soweit bereits herausgelegte Kredite verbrieft werden, eröffnet die Securitization den Banken und Nichtbanken die Trennung von eingefrorenen Krediten. Dies ist allerdings im Regelfall nur unter Hinnahme eines erheblichen Disagios möglich.

Kapitalanleger erhalten durch die Securitization im Vergleich zu alternativen Anlageformen – insbesondere Bankeinlagen – die Möglichkeit, ihre Kapitalanlagen unter Flexibilitäts-, Risiko- und Ertragsgesichtspunkten günstiger zu gestalten.

Der Trend zur Securitization setzte mit Beginn der 80er-Jahre im Zuge der Deregulierung der nationalen Geld-, Kredit- und Kapitalmärkte ein.

▶ Sekundärmarkt

(Secondary Market, Umlaufmarkt, Zirkulationsmarkt) Bezeichnung für den Markt (i.d.R. Börse), an dem die umlaufenden Titel gehandelt werden. Gegensatz: → Primärmarkt.

▶ Selbsteintritt

Abwicklung eines Börsengeschäfts, indem die zwischengeschalteten Banken in das einzelne Geschäft durch Kauf oder Verkauf im eigenen Namen eintreten.

▶ Selbstemission

(1) Begebung bzw. Unterbringung der Aktien durch die Unternehmung selbst ohne die Einschaltung einer Zwischenstufe (Bank bzw. Bankenkonsortium). Sie wird oft auch als Privatplatzierung bezeichnet. Neue (junge) Aktien werden somit den bisherigen Aktionären oder anderen zeichnungswilligen Personen von der emittierenden Unternehmung direkt angeboten. Selbstemission trifft man i. d. R. nur bei Unternehmen mit eng begrenztem und der Unternehmensleitung bekannten Aktionärskreis. Dies ist dann der Fall, wenn Namen und Adressen der Aktionäre bekannt sind:
- Kapital wird von wenigen Großaktionären gehalten,
- Grundkapital ist nur in → Namensaktien oder → vinkulierte Aktien zerlegt,

- bei Neugründungen.

  Die Selbstemission ist im Vergleich zur → Fremdemission erheblich kostengünstiger, der Emittent trägt aber das gesamte Emissionsrisiko. Die Bedeutung der Selbstemission ist bei Aktiengesellschaften, denen der organisierte Kapitalmarkt offen steht, gering. Für die übrigen Aktiengesellschaften liegt für diese Emissionsform kein zuverlässiges Zahlenmaterial vor.

(2) in Form der Privatplatzierung ein Emissionsverfahren zur Eigenkapitalbeschaffung mittelständischer Unternehmen, denen der organisierte Kapitalmarkt verschlossen ist. Die Eigenkapitalzufuhr erfolgt durch Unterbringung von Kommanditanteilen oder GmbH-Anteilen bei Privatanlegern. Schwierigkeiten bestehen insofern, als einerseits diese Anteile nicht fungibel sind und andererseits Privatplatzierungen durch Banken oder spezielle Emissionshäuser bislang kaum unterstützt werden. Sie erfolgen somit i. d. R. über Zeitungsinserate, private Vertriebsgesellschaften (Vertreterbesuche) oder entsprechende Angebote an Geschäftsfreunde.

▶ **Selbstfinanzierung**

(1) im engeren Sinn → Gewinnthesaurierung: Überschussfinanzierung, d. h. Zurückbehalten eines Teils des in der Periode erzielten Gewinns (Gewinn nach Steuern, Abschreibung und Ausschüttung).

(2) im weiteren Sinn → Innenfinanzierung. Selbstfinanzierung im engeren und weiteren Sinn können rechnerisch nicht immer klar voneinander abgegrenzt werden.

▶ **Selbstschuldnerische Bürgschaft** → Bürgschaft

▶ **Sell and Buy Back Geschäft**

Bezeichnung für zwei zeitgleich abgeschlossene Verträge, die in Abhängigkeit zueinander stehen. Dabei werden Wertpapiere verkauft. Gleichzeitig verpflichtet sich der Verkäufer zum Rückkauf der Wertpapiere per Termin zu fixierten Konditionen. Die Abrechnungsbasis für das Kassageschäft bildet der aktuelle Marktpreis. Die Rückkaufkonditionen errechnen sich aus der Repo-Rate vermindert um den Ausschüttungs- bzw. Dividendenanspruch des Käufers für den Zeitraum des Sell and Buy Back-Geschäfts. Das Sell and Buy Back-Geschäft ist damit dem Wertpapierpensionsgeschäft (→ Pensionsgeschäft) ähnlich. Es unterscheidet sich zu diesem aber in erster Linie durch seine feste Laufzeit ohne die Möglichkeit einer vorzeitigen Kündigungsmöglichkeit sowie durch die technische Abwicklung.

▶ **Semi-fixed Trust** → Investmentgesellschaft

▶ **Sets**

Abk. für Stock Exchange Trading Service (→ Seaq).

▶ **Settlement**

Bezeichnet den Abschluss, die Abwicklung und Erfüllung von → Börsengeschäften.

▶ **Settlement Day**

Bezeichnet den Erfüllungstag oder Erfüllungstermin bei einem Wertpapiergeschäft. Möglich ist in Deutschland generell das → Same Day Settlement Verfahren mit der taggleichen Erfüllung.

▶ **Settlement Fractions**

Bezeichnung für die Abrechnungsspitzen im Wertpapiergeschäft

▶ **Settlement Preis** → Settlement Price

▶ **Settlement Price**

Abrechnungspreis, der vom → Clearing-House täglich festgesetzt wird. Er hat eine Bewertungsfunktion, da auf seiner Basis die Gewinne und Verluste für den „Mark to Market Process" für Margin Accounts ermittelt werden.

▶ **Severability**

anglo-amerikanische Bezeichnung für das Recht zur Zerlegung eines hybriden Finanzinstruments in die Ursprungskomponenten.

▶ **Share** → Aktie, → Anteil

▶ **Shiftability**

Kennzeichnet die Geldnähe eines Aktivums. Aktiva mit einer hohen (niedrigen) Shiftability haben eine gute (geringe) absolute und künstliche → Liquidität. D. h., dass sich Aktiva mit einer hohen (niedrigen) Shiftability kurzfristig ohne (mit u. U. hohem) Verlust bzw. → Disagio in Geld zurückverwandeln lassen.

▶ **Short**

Bezeichnet
(1) Leerposition (Verkaufsposition) in Kassainstrumenten (z. B. Aktien, Anleihen, Devisen etc.);
(2) Futures- oder Options-Verkaufsposition.
Gegensatz: → Long

▶ **Short Call**

Eine der vier Grundstrategien im Optionshandel. Sie wird durch den Leerverkauf eines Call (Call Option) realisiert. Der Inhaber dieser Position hat die Pflicht zu den vereinbarten Bedingungen auf Verlangen zu liefern. Soweit der Investor die der Option zu Grunde liegenden Stücke im Bestand hält, spricht man von einer gedeckten

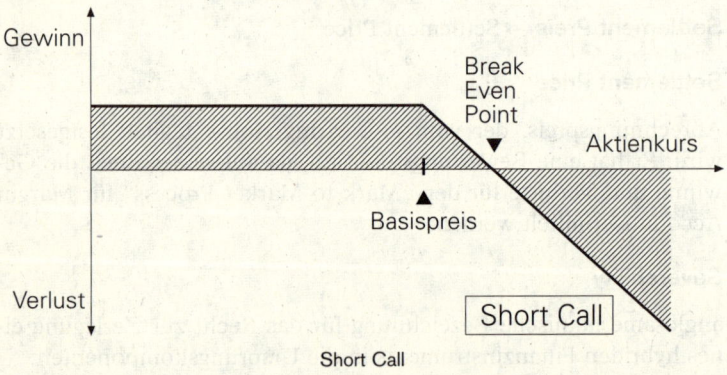

Short Call

bzw. covered Option. Bei Stagnationserwartungen bzw. geringfügigen Kurssenkungserwartungen in die Entwicklung der Kassakurse des Basiswertes versucht der Investor damit durch die Prämieneinnahmen die Gesamtperformance seiner Gesamtposition zu verbessern. Befinden sich die Stücke nicht im Bestand des Investors, spricht man von einer ungedeckten bzw. naked Option. Er hat üblicherweise geringfügige Kurssenkungs- oder Stagnationserwartungen und partizipiert entsprechend an Kursrückgängen in Höhe des Prämienaufkommens. Die Verlustmöglichkeiten sind bei einem Short Call praktisch unbegrenzt.

▶ **Short Covering**

Bezeichnet das → Glattstellen einer → Short Position.

▶ **Short gehen**

Einen → Leerverkauf in Kassainstrumenten (Effekten, Devisen etc.), → Terminkontrakten oder → Optionen tätigen.

▶ **Short Gilts**

→ Gilts (britische Staatstitel), die eine Laufzeit bis zu fünf Jahren haben.

▶ **Short Hedge**

Verkauf eines oder mehrer Futures-Kontrakte gegen eine existierende Kassa-Position zum Zweck der Absicherung gegen fallende Kurse (Preise).

▶ **Short Position**

Kennzeichnet eine
(1) offene Position nach einem → Leerverkauf von → Anleihen, → Aktien, → Devisen etc.;
(2) Position eines Marktteilnehmers (Stillhalters) nach dem Verkauf einer → Option oder eines → Terminkontrakts.

▶ **Short Put**

Eine der vier Grundstrategien im Optionshandel. Sie wird durch den Leerverkauf einer Put-Option (Verkaufsoption) als Stillhalter realisiert. Der Positionsinhaber hat auf Verlangen die zu Grunde liegenden Stücke zu den vereinbarten Konditionen abzunehmen. Er hat Stagnationserwartungen oder geringfügige Kurssteigerungserwartungen in den der Option zu Grunde liegenden Basiswert und versucht über die Prämieneinnahmen die Performance seines Gesamtportefeuilles zu verbessern. Das Gewinnpotenzial ist bei dieser Strategie auf die Prämieneinnahmen beschränkt. Sinkende Kurse des Basiswerts bewirken ein Abgleiten der Short Position in den Verlustbereich, wobei das Verlustpotenzial insofern begrenzt ist, als der Kurs des Basiswerts nicht unter null fallen kann.

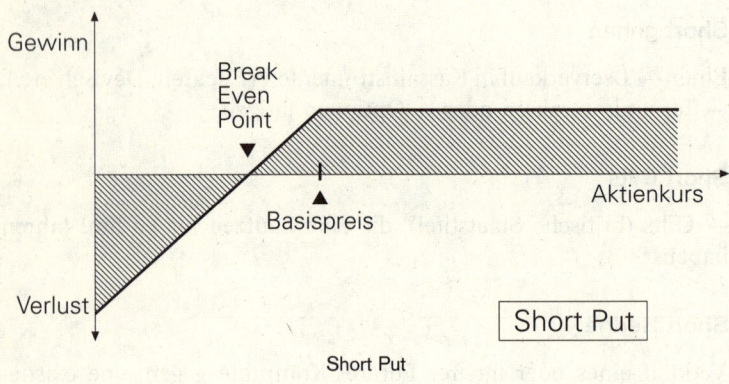

Short Put

▶ **Short Straddle**

Gleichzeitiger Verkauf von Call- und Put-Optionen mit gleichen Basispreisen und übereinstimmenden Fälligkeiten → Straddle.

▶ **Short Strangle** → Strangle

▶ **Short Strap** → Strap

▶ **Short Strip** → Strip

▶ **Short Term Note Issuance Facility** → SNIF

▶ **Sicherheiten** → Kreditsicherheiten

▶ **Sicherungshypothek** → Hypothek

▶ **Sicherungsübereignung**

Möglichkeit der Kreditsicherung (→ Kreditsicherheiten). Hierzu erwirbt der Kreditgeber zu Sicherungszwecken das Eigentum an einer Sache des Kreditnehmers, während der Kreditnehmer unmittelbarer Besitzer bleibt. Die zur Übereignung des Eigentums sonst erforderliche Übergabe wird bei der Sicherungsübereignung dadurch ersetzt, dass der Erwerber der Sache Eigentümer mit mittelbarem Besitz wird (Besitzmittlungsverhältnis – Besitzkonstitut § 930 BGB – über Leihe, Miete und Pacht). Neben dem eigentlichen Kreditvertrag wird dieser Vorgang in einem selbstständigen Sicherungsübereignungsvertrag festgelegt, wobei Sicherungsübereignung ohne Kreditgewährung nichtig ist.

▶ **Sicht-Akkreditiv**

Spezifische Form des → Akkreditivs, bei dem der Gegenwert der Ware bei Dokumentenvorlage ausgezahlt wird.

▶ **Sichteinlagen**

Jederzeit (täglich) fällige Bankguthaben, die vorwiegend dem bargeldlosen Zahlungsverkehr dienen. Über Sichteinlagen kann durch Scheck und Überweisung, aber auch durch Barabhebung und Wechseleinlösung verfügt werden.

Da sich Ein- und Auszahlungsströme auf den Kontokorrentkonten nach dem Gesetz der großen Zahl annähernd ausgleichen (Substitutions-, Kompensations- und Prolongationseffekt), bleibt den Banken aus den Sichteinlagen der Bankkunden ein gewisser Bodensatz, der für das Kreditgeschäft (auch längerfristig) verwendet wird.

▶ Sichtwechsel

→ Wechsel, bei dem durch einen Vermerk bestimmt ist, dass er bei Vorlage fällig ist (Art. 2, Abs. 2 WG). Gem. Art. 34, Abs. 2 WG kann bestimmt werden, dass der Wechsel nicht vor einem festgelegten Termin vorgelegt werden darf.

▶ Sigma σ

Beschreibt die Volatilität des Basiswerts (→ Underlying) einer Option.

▶ SIMA

Abk. für System zur integrierten Marktüberwachung. Instrument der Deutsche Börse AG zur elektronischen Erfassung und Auswertung sämtlicher Handelsdaten am Kassamarkt. SIMA ermöglicht eine effiziente Handelsüberwachung zur Gewährleistung eines fairen Handels und unterstützt damit die Korrektheit von Preisbildungsprozessen.

▶ Simultangründung

(Einheitsgründung) Gründung einer AG, bei der die Gründer die Aktien selbst übernehmen (§ 29 AktG). Die auch früher seltene Stufengründung ist nach Aktiengesetz 1965 nicht mehr zulässig.

▶ Single Dated Gilts

Endfällige → Gilts (britische Staatstitel), bei denen im Gegensatz zu den → Undated Gilts der Tilgungszeitpunkt fixiert ist.

▶ Skip Day Settlement

Regulierung eines Wertpapiergeschäfts zwei Tage nach Erfüllungstermin.

▶ Skonto

Differenz zwischen Ziel- und Barpreis. Skonto ist also ein Abzug vom Zielpreis, der dem Abnehmer eingeräumt wird, wenn er den Kaufpreis innerhalb bestimmter Fristen, also beschleunigt, entrichtet. Die rechnerische Skontoverzinsung (r), bezogen auf Jahresbasis, errechnet sich nach einem vereinfachten Verfahren wie folgt:

$$r = \frac{\text{Skontosatz} \cdot 360}{\text{Ziel} - \text{Skontofrist}}$$

Beispiel:
Rechnungsbetrag 100 €, 10 Tage: 2% Skonto, 30 Tage: netto.
$$\frac{2 \cdot 360}{30 - 10} = 36\% \text{ p. a.}$$

Die Ermittlung des rechnerischen Skontosatzes erfolgt immer mehr mit finanzmathematischen Berechnungsmethoden (Interne Zinsfußmethode, Zweizahlungsfall, 365 Tage), denn durch das vereinfachte Verfahren wird die Skontoverzinsung lediglich sehr ungenau ermittelt.

Rechnerische Skontoverzinsung nach dem finanzmathematischen Verfahren (Interne Zinssatzmethode):

Der Lieferantenkredit kann somit, wenn er in dieser Form gewährt wird, ausgesprochen teuer sein. Die Kosten sinken mit der Ausdehnung des Zeitraums der Kreditgewährung.

Die rechnerische Skontoverzinsung hat aber lediglich als Vergleichsgröße Bedeutung, entspricht also weder der tatsächlichen Verzinsung während des gesamten Jahres noch der durchschnittlich von der Unternehmung erzielten, effektiven (ständig erwirtschafteten) Verzinsung.

Beispiel:
10 Tage: 2% Skonto, 30 Tage: netto, 8% Bankzinsen. Netto-Skontosatz = 1,55%. Die Nettoskontospanne (tatsächliche Verminderung des Einkaufspreises beträgt also nicht 2%, sondern nur 1,55%. Bei einem zehnmaligen Lagerumschlag beträgt die effektive Skontorentabilität 15,5% (10 · 1,55%).

▶ **Skontro**

(Maklertagebuch) Handlungsbuch, in welches alle Geschäftsvorfälle, die auf bestimmte Gegenstände Bezug haben, zur besseren Übersicht eingetragen werden. Das Skontro hat somit eine Hilfsbuchfunktion. Arten sind z. B. das Effekten- oder das Warenskontro. In das vom Börsenmakler zu führende Skontro werden alle Kauf- und Verkaufsaufträge sowie die ermittelten Kurse eingetragen. Heute wird das Skontro des Börsenmaklers im Regelfall durch einen Börsencomputer übernommen.

▶ **Small Cap-Effekt**

Bezeichnung für das Phänomen, welches die zeitweise bessere Kursentwicklung von Aktien kleinerer Unternehmen (→ Nebenwerte, → Small Cap-Segment) im Vergleich zu derjenigen von → Standardpapieren (insbesondere → Blue Chips) beschreibt. Die möglichen Ursachen hierfür sind nicht eindeutig bekannt. Es werden einerseits fundamentale Gründe (z. B. große Wachstumschancen oder/und höhere Innovativonsfähigkeit der kleinen Unternehmen gegenüber Großunternehmen, etc. genannt (→ Fundamentalanalyse). Andererseits werden markttechnische Ursachen (in erster Linie sehr enge Märkte; herabgesetzte Effizienz der Kursbildung, wobei aber bestimmte Anforderungen an den →Free Float realisiert werden müssen) angeführt.

▶ **Small Cap-Segment**

Bezeichnung für das Marktsegment des Aktienmarktes, welches – im Gegensatz zum Blue Chip-Segment – lediglich → Small Caps (→Spezialwerte) umfasst. Die Zugehörigkeit der Spezialwerte zum Small Cap-Segment ist davon abhängig, inwieweit diese bestimmte Anforderungen an einen → Free Float erfüllen (vgl. auch: → Small Cap-Effekt).

▶ **Small Caps**

(Abk. für Small Capitalisation) Neben den Benchmark-Aktien (Blue Chips) werden die Übrigen an der Börse eingeführten Aktien zwei weiteren Gruppen subsumiert. Der Gruppe der Small Caps werden in Deutschland die Aktien sämtlicher Unternehmen mit einer Marktkapitalisierung subsumiert, die unter 250 Mio. € liegt, welche sich aber zugleich durch hohe Wachstumschancen auszeichnen. Zwischen den Benchmark-Aktien und den Small Caps stehen die → Mid Caps.

▶ **Smart Money-Fonds**

US-amerikanische Investmentfonds, die durch eine ausgeprägt risikofreudige Politik (z. B. Leerverkäufe, keinerlei Diversifikation, strategische Blockinvestitionen) hohe Gewinne erwirtschaften wollen. Die vorliegenden Geschäftsergebnisse unterstreichen allerdings, dass im Regelfall durch eine derartige Politik allenfalls – gemessen an einem anerkannten Index – kurzfristig eine überdurchschnittliche Performance erzielt werden kann.

▶ **SMAX**

Abk. für Small Cap Exchange. Neues Börsensegment an der Frankfurter Börse für all jene Aktien, die sehr streng definierte Kriterien erfüllen. Das Konzept des Smax lehnt sich dicht an das des → Neuen Marktes an. Wesentliche Aufnahmekriterien sind: mindestens 20 Prozent der Aktien müssen im Streubesitz sein (→ Free Float), die Aktien müssen zudem im → Amtlichen Handel oder → Geregelten Markt notiert sein. Gefordert sind zudem eine erweiterte Berichtspflicht an die Anleger (Quartal- und Halbjyhresberichte), Veröffentlichungspflicht des Anteilsbesitzes von Aufsichtsrat und Vorstand, die Ankerkennung des Übernahmekodex sowie das Engagement eines Betreuers, Durchführung einer Analystenveranstaltung einmal im Jahr. Alle Werte des SMAX werden, ebenso wie die des Neuen Marktes, von einem → Designated Sponsor betreut.

▶ **SMAX All Share**

(SMAX All Share Index) Aktienindex der Deutsche Börse AG, der sämtliche Smallcap-Werte im neuen Qualitätssegment → SMAX abbildet. Die Indexanpassung erfolgt unmittelbar im Anschluss von Änderungen des Segments.

▶ **SMI** → Swiss Market Index

▶ **SMI Future**

Produkt der → EUREX

Basiswert	Schweizer Aktienindes (SMI)
Kontraktwert	sfr. 10 Indexpunkt des SMI
Erfüllung	Erfüllung durch Barausgleich basierend auf dem Schlussabrechnungspreis, fällig am ersten Börsentag nach dem letzten Handelstag.
Preisermittlung	In Punkten; ohne Dezimalstelle.
Minimale Preisveränderung	1 Punkt; dies entspricht einem Wert von sfr. 10.
Verfallmonate	Die jeweils nächsten drei Quartalsmonate des Zyklus März, Juni, September, Dezember.
Letzter Handelstag	Der dritte Freitag des jeweiligen Verfallmonats, sofern dies ein Handelstag ist, andernfalls der davor liegende Börsentag. Handelsschluss für den fälligen Future-Kontrakt ist 9.00 Uhr MEZ. Am letzten Handelstag.
Täglicher Abrechnungspreis	Letztbezahlter Kontraktpreis; falls dieser als 15 Minuten ist oder nicht dem aktuellen Marktpreis entspricht, wird dieser von der EUREX festgelegt.
Schlussabrechnungspreis	Wert des SMI, ermittelt auf der Grundlage der an der SWX (Schweizer Börse) am letzten Handelstag zu Stande gekommenen Eröffnungskurse für die im SMI enhaltenen Titel.
Handelszeit	8.25 bis 16.55 Uhr MEZ

▶ **SMI Option**

Produkt der → EUREX

Basiswert	Schweizer Aktienindex (SMI)
Kontraktwert	sfr. 10 pro Indexpunkt des SMI
Erfüllung	Erfüllung durch Barausgleich,fällig am Börsentag nach dem letzten Handelstag.
Preisermittlung	In Punkten auf eine Dezimalstelle.
Minimale Preis-veränderung	Optionspreis Preisabstufung sfr. 0.10 bis sfr. 9.90 sfr. 0.10 sfr. 10.00 bis sfr. 19.80 sfr. 0.20 sfr. 20.00 bis sfr. 299.50 sfr. 0.50 sfr. 300 und höher sfr. 1.00
Letzter Handelstag	Der dritte Freitag des jeweiligen Verfallsmonats, sofern dies ein Börsentag ist, andernfalls der davor liegende Börsentag. Handelsschlus für die auslaufenden Serien ist 9.00 Uhr MEZ am letzten Handelstag.
Täglicher Ab-rechnungspreis	Letztbezahlter Kontraktpreis; falls dieser älter als 15 Minuten ist oder nicht den aktuellen Marktverhältnissen entspricht, wird dieser von der EUREX festgelegt.
Schlussabrech-nungspreis	Wert des SMI, ermittelt auf der Grundlage der an der SWX (Schweizer Börse) am letzten Handelstag zu Stande gekommenen Eröfnungskurse für die im SMI enthaltenen Titel.
Ausübungszeit	Ausübungen sind grundsätzlich nur am letzten Han-delstag der Optionsserie bis zum Ende der Post-Trading-Periode möglich (europäische Art).
Verfallmonate	Die drei nächsten aufeinander folgenden Kalendermo-nate, die drei darau folgenden Monate aus dem Zyklus März, Juni, September und Dezember sowie die beiden darauf folgenden Monate des Zyklus Juni und Dezem-ber; d. h., es sind Laufzeiten von max. 1,2,3, max. 6, max. 9, max. 12 sowie max. 18 und 24 Monaten verfüg-bar.

Ausübungspreise	Für die SMI-Option ist folgende Ausübungspreisstaffelung vorgesehen:		
	Verfallmonate mit einer Restlaufzeit bis zu	Anzahl Ausübungspreise	Ausübungspreisabstände in Index-Punkten
	6 Monaten	9	50
	12 Monaten	5	100
	24 Monaten	5	200
	Jeder Kontraktmonat wird mit mindestens fünf Ausübungspreisen eingeführt.		
Optionspramie	Prämien in Punkten. Zahlungen des entsprechenden sfr.-Wertes in voller Höhe an dem Börsentag, der dem Kauftag folgt.		
Handelszeit	8.25 bis 16.55 Uhr MEZ		

▶ **SNIF**

(Short Term Note Issuance Facility) andere Bezeichnung für → Note Issuance Facility (NIF).

▶ **Society of Worldwide Interbank Financial Telecommunication** → SWIFT

▶ **SOFFEX**

(Swiss Options und Financial Futures Exchange AG) Schweizer Terminbörse mit Sitz in Detlikon, die ihre Geschäftstätigkeit im Frühjahr 1988 aufgenommen hatte. Inzwischen haben sich die SOFFEX und die Deutsche Terminbörse (DTB) zur → EUREX zusammengeschlossen.

▶ **Soft Loan**

Kredit des IWF zu weichen Bedingungen. D.h., der Kredit wird zu unter Marktniveau liegenden Zinsen, einem verhältnismäßig langen tilgungsfreien Zeitraum und sehr langer Laufdauer gewährt.

▶ **Solawechsel** → Wechsel

▶ **Sole Placing Agent**

Im Rahmen einer → Revolving Underwriting Facility allein tätiges Platzierungsinstitut, das ohne die Hilfe eines anderen Kreditinstituts die vom Kreditnehmer emittierten Geldmarktpapiere übernimmt um diese dann am Primärmarkt unterzubringen. Ein Sole Placing Agent muss somit über eine hohe Finanz- und Platzierungskraft verfügen.

▶ **Sollzinsen**

Bezeichnung für diejenigen Zinsen, die dem Kreditnehmer für die von ihnen beanspruchten Kredite vom Kreditgeber berechnet werden (→ Kreditkosten, → Zinsen). Ihre Höhe richtet sich nach dem aktuellen Marktzinsniveau und seiner potenziellen Entwicklung, der Länge der Zinsbindungsfrist (Festzins, Gleitzins), der Kredithöhe, Kreditlaufdauer, Kreditverwendung, Kreditbesicherung sowie Verhandlungsmacht des Kreditnehmers.

▶ **Sologeschäft**

(Outright-Geschäft) Bezeichnung für ein Devisentermingeschäft, welches ohne den entsprechenden Abschluss eines Kassagegengeschäftes getätigt wird.

▶ **Solvenzrisiko**

Verlustrisiko welches auf Grund der Zahlungsunfähigkeit des Emittenten eines Finanzinstruments oder auf Grund der Insolvenz eines Geschäftspartners schlagend werden kann.

▶ **Sonderdepot**

Bezeichnung für ein → Depot, welches für spezielle Zwecke eingerichtet worden ist. Sie sind nicht mit Streifbanddepots zu verwechseln (→ Sonderverwahrung). Sonderdepots sind z. B. Anderdepots, Gemeinschaftsdepots und Treuhänderdepots.

▶ **Sonderdividende** → Stockdividende

▶ **Sonderpfanddepot (Depot D)** → Depot A,B,C,D

▶ **Sonderposten mit Rücklagenanteil**

(Sonderrücklagen) Passivposten in der Bilanz gem. § 247 (3) HGB. Er darf gem. § 273 HGB nur gebildet werden, sofern das Steuerrecht seine Existenz zur Voraussetzung bei der Anerkennung des Wertansatzes im Zuge der steuerlichen Wertermittlung fordert.

Sonderrücklagen mindern den steuerpflichtigen Gewinn i. d. R. nur vorübergehend, da sie innerhalb einer bestimmten Frist gewinnerhöhend aufgelöst werden müssen (Steueraufschiebung). Ein mittelbarer Finanzierungseffekt entsteht dadurch, dass ausschüttbarer Gewinn und Steuerzahlungen vorübergehend vermindert werden. Im Rahmen der Finanzanalyse werden jeweils 50% dem Eigen- und Fremdkapital zugerechnet.

▶ **Sonderrücklagen** → Sonderposten mit Rücklagenanteil

▶ **Sondervermögen des Bundes**

umfasst den Erblastentilgungsfonds, den Fonds „Deutsche Einheit", Bundeseisenbahnvermögen und ERP-Sondervermögen.

▶ **Sonderverwahrung**

(Streifbanddepot, Streifbandverwahrung) nummernmäßige Erfassung und von den eigenen Beständen bzw. deren Dritter gesonderte Aufbewahrung der Wertpapiere von Depotkunden bei Kreditinstituten mit äußerlich erkennbarer Bezeichnung des Hinterlegers. Die Bezeichnung Streifbanddepot rührt daher, weil die Wertpapiere meist mit einem Streifband versehen werden, das Namen und Nummer des Kunden, Wertpapiergattung, -betrag und -nummer trägt. Sonderverwahrung wird immer dann vorgenommen, wenn nichts Anderes vereinbart ist. Der Hinterleger bleibt Eigentümer der verwahrten Wertpapiere.

▶ **Sonderziehungsrechte** → SDR

▶ **Sorten**

ausländische Barzahlungsmittel (Münzen, Noten).

▶ **Sozialkapital** → Pensionsrückstellungen

▶ **Spannenkurs** → Spannkurs

▶ **Spannkurs**

(Spannenkurs) gestellter Kurs durch den Händler im vor- und nachbörslichen Handel sowie im ungeregelten Freiverkehr. Der Händler ist bereit zu von ihm gestellten Kursen mit einer Spanne zwischen Geld- und Briefkurs (z. B.: 360 zu 365) zu kaufen bzw. zu verkaufen. Gegensatz: → Einheitsnotierung, → Einheitskurs, → Variable Notierung, →Einzelkurs.

▶ **Spannkursverfahren** → Circa-Notierung

▶ **Sparbrief**

Langfristiges Refinanzierungsinstrument der Kreditinstitute, welches in verschiedenen Formen emittiert wird.
Nach der Rechtsnatur unterscheidet man:
• Namensschuldverschreibungen (Rektapapier),
• qualifizierte Legitimationspapiere (gem. § 808 BGB),
• kaufmännische Verpflichtungsscheine (gem. § 363 HGB),
• Inhaberschuldverschreibungen (gem. § 795 BGB).
Als Stückelung ist gebräuchlich: 100 DM, 500DM, 1000 DM, 5000 DM, 10 000 DM.
  Die Laufzeit kann 1 bis 10 Jahre betragen; üblich sind 4 bis 7 Jahre.
Verzinsungsvarianten:
• Festzins über die Gesamtlaufzeit (normalverzinslicher Sparbrief),
• Festzins über die Gesamtlaufdauer, entweder gestaffelt steigend (Aufzinsungstyp) oder gestaffelt fallend (Abzinsungstyp),

- variable Verzinsung gekoppelt an einen → Referenzzinssatz (z. B. Diskontsatz, Zins für bestimmte Spareinlagen).

Sparbrieftypen, entsprechend Zinszahlung, Ausgabe- und Rückzahlungsbetrag:

- Normalverzinsliche Sparbriefe (Normaltyp)
  Ausgabepreis: Nennwert
  Rückgabepreis: Nennwert
  Zinszahlung: jährlich
- Aufgezinste Sparbriefe (Aufzinsungstyp)
  Ausgabepreis: Nennwert
  Rückgabepreis: Nennwert plus Zins und Zinseszins für die Gesamtlaufzeit
- Abgezinste Sparbriefe (Abzinsungstyp)
  Ausgabepreis: Nennwert minus diskontierte Zinsen
  Rückgabepreis: Nennwert

Sparbriefe können i. d. R. während der Laufdauer den Kreditinstituten zum Rückkauf angeboten werden. Der Rücknahmepreis ist dann von der Restlaufdauer und dem aktuellen Zinsniveau für alternative Kapitalanlagen abhängig.

▶ **Spekulation**

Kauf- oder Verkaufsmaßnahmen eines Wirtschaftssubjekts, die darauf gerichtet sind, aus künftig erwarteten Preis- Zins- oder Kursänderungen durch einen gegengerichteten Verkaufs- oder Kaufsakt einen Gewinn zu erzielen.

Beispiel:
Kauf (Verkauf) der Menge eines bestimmten Wertpapiers in der Erwartung die gleiche Anzahl des Wertpapiers an einem künftigen Zeitpunkt zu einem höheren (niedrigeren) Kurs verkaufen (kaufen) zu können.

Die Spekulation ist damit auf die Ausnutzung sich zwischenzeitlich ergebender Preisdifferenzen gerichtet. Da die Wahrscheinlichkeit besteht, dass die erwarteten Preisdifferenzen nicht nur nicht eintreten, sondern sich in umgekehrter Richtung entwickeln, eröffnet sich mit jedem spekulativ ausgerichtetem Handeln nicht nur eine Gewinn-, sondern auch eine entsprechende Verlustmöglichkeit.

Spekulationsobjekte sind in erster Linie → Devisen, → Effekten (insbesondere → Aktien), an → Warenbörsen gehandelte Kontrakte und Immobilien.

Im Gegensatz zur Spekulation ist die → Arbitrage auf die Ausnutzung von Preis-, Zins- und Kursdifferenzen zu einem Zeitpunkt ausgerichtet, weswegen mit ihrer Ausübung sich i. d. R. keine Verluste ergeben können.

▶ Spekulationsgewinn

In bestimmten Fällen sind Gewinne, die aus dem Verkauf von Wertpapieren entstehen dann einkommensteuerpflichtig, wenn bestimmte Zeitgrenzen zwischen Erwerb und Veräußerung einer Sache nicht eingehalten werden.

▶ Spekulationssteuer

Gesonderte Steuer, die auf → Spekulationsgewinne erhoben wird. In der Bundesrepublik Deutschland wird eine derartige Steuer nicht erhoben.

▶ Sperraktien → gesperrte Stücke

▶ Sperrdepot

Bezeichnung für ein → Sonderdepot einer Depotbank, auf dem diese ein Sondervermögen verwaltet.

▶ Sperrminorität

Besitzt eine Einzelperson oder eine Gruppe von Aktionären einen Anteil von mehr als 25%, aber weniger als 50% an Aktien eines Unternehmens, so können von ihr/ihnen Hauptversammlungsbeschlüsse, die eine 75%ige Mehrheit erfordern, verhindert werden (→ Minderheitsrechte). Hierzu zählen:

- Nachgründungen mit mehr als 10% des Grundkapitals (§ 52 (5) AktG);
- Abberufung von Aufsichtsratsmitgliedern (§ 103 (1) AktG);

- Entscheidungen der Geschäftsführung, zu denen der Aufsichtsrat seine Zustimmung verweigert hat (§ 111 (4) AktG);
- Beschränkung der Rechte der Vorzugsaktionäre (§ 141 (3) AktG);
- Kapitalerhöhungen und -herabsetzungen (§§ 182, 192 f., 202, 207, 221 f. AktG);
- Satzungsänderungen (§ 179 (2) AktG);
- Auflösung der Gesellschaft (§§ 262, 274 AktG);
- Abschluss, Änderung und Beendigung von Unternehmensverträgen, insbesondere Beherrschungs- und Gewinnabführungsverträge (§ 292 (1) AktG);
- Fusion mit anderer AG bzw. KGaA (§§ 340, 355 AktG);
- Vermögensübertragung auf die öffentliche Hand (§ 362 (2) AktG);
- Umwandlung in KGaA (§ 362 (2) AktG).

▶ **Sperrstücke** → gesperrte Stücke

▶ **Spesen**

Bezeichnung für sämtliche Gebühren, die bei An- oder Verkauf von Wertpapieren in Rechnung gestellt werden. Dies sind in erster Linie die Maklergebühren, Bankprovisionen, Abwicklungsgebühren.

▶ **Spezialbanken**

Kreditinstitute, die sich im Gegensatz zu den → Universalbanken auf ein Teilgebiet des Kredit- oder Depositengeschäfts spezialisiert haben. Diese Spezialisierung kann sich auf das kurzfristige (z. B. → Teilzahlungsbanken) und langfristige Kreditgeschäft (z. B. → Hypothekenbanken) beziehen. Weiterhin ist eine Spezialisierung hinsichtlich bestimmter Kundenkreise ein sozialer (z. B. Arbeiter- und Beamtenbanken, Landwirtschaftsbanken), branchenmäßiger (z. B. Branchebanken, Konzernbanken) und bankgeschäftlicher Hinsicht (z. B. → Bausparkassen, Kreditgarantiegemeinschaften, → Kapitalbeteiligungsgesellschaften) möglich.

▶ **Spezialwerte**

Bezeichnung für Aktien kleinerer und mittlerer Unternehmen.

▶ **SPIN** → Standard and Poor's Index Subordinated Notes

▶ **Spitze**

Entsteht

(1) bei Aktiengesellschaft im Zusammenhang mit einer mit → Kapitalerhöhung, bei der das Erhöhungskapital nicht vollständig auf die ausstehenden Aktien verteilt werden kann. Hinsichtlich der Platzierung dieses Kapitals muss die Hauptversammlung entscheiden.

(2) bei einem einzelnen Aktionär, der bei einer Kapitalerhöhung nicht über genügend oder zu viele → Bezugsrechte verfügt. Zum Spitzenausgleich verfügt er über die Möglichkeit eines Zukaufs oder des Verkaufs entsprechender Bezugsrechte.

(3) oft am Einheitsmarkt bei der Ermittlung des Preises auf der Basis des Meistausführungsprinzips in Form von Überhängen. Häufig schafft der → Kursmakler für diese Überhänge bei nicht zu großen Volumina den → Spitzenausgleich.

▶ **Spitzenausgleich**

Methode zum Ausgleich eines Überhangs der Nachfrage oder des Angebots an den Wertpapiermärkten. Ist ein Einklang zwischen Angebot und Nachfrage nicht erreichbar, können → Kursmakler die Aufträge, die nicht erfüllt werden können, zum amtlich festgestellten → Einheitskurs selbst übernehmen.

▶ **Spitzenrefinanzierungsfazilität**

Ständige Fazilität des ESZB, die den Geschäftspartnern zur Aufnahme eines Übernachtkredits zur Verfügung steht.

▶ **Spitzenwerte** → Standardpapiere

▶ **Split-Aktie**

Entsteht durch Vermehrung der Aktien, indem die alten Aktien gegen eine größere Anzahl neuer Aktien (Splitaktien) umgetauscht werden, deren Nominal- oder Stückwerte im entsprechenden Verhältnis herabgesetzt sind.

Hierdurch erfolgt keine Kapitalzufuhr. Damit ist auch kein Finanzierungseffekt gegeben. Lediglich die Zahl der Aktien wird erhöht (verdoppelt, verdreifacht etc.). Ziel einer derartigen Maßnahme ist es die Aktie besser handelbar (leichter) zu machen. Das Verfahren eignet sich für → Nennwert- und → Quotenaktien gleichermaßen.

▶ **Splitting**

(1) Teilung von Investmentfondsanteilen in mehrere Anteile, deren Gesamtwert mit dem Wert des ursprüngliche Fondsanteils identisch bleibt. Dieses Verfahren wird von deutsche Investmentgesellschaften dann praktiziert, wenn der Preis der einzelnen Anteile für den Kleinanleger zu hoch angestiegen ist.

(2) Spaltung von Aktien, deren Börsenkurs zu stark gestiegen ist, in zwei oder mehrere Teile. Wird z. B. der Nennwert der Aktie bei einem Split von 1:1 halbiert, erhält der Aktionär, der z. B. 50 Aktien besitzt, weitere 50 Aktien ohne Gegenleistung. Als Konsequenz des Aktiensplitting wird die Aktie leichter, d. h. der Börsenkurs sinkt und die Aktie ist leichter handelbar (→ Gratisaktie, → leichte Aktie, → Leichtermachen einer Aktie).

(3) Teilung von im Umlauf befindlichen → Optionsscheinen, die anschließend auf gesplitteter Basis gehandelt werden.

Beispiel:

Splitting von → Basket Warrants der BZ Bank Zürich AG. Danach ergaben nach dem erfolgten Splitting am 03. 07. 1989 zehn Scheine die gleichen Rechte wie vorher ein Schein. Die zehn Scheine berechtigten bis zum 30. 6. 1990 den Bezug einer Namensaktie Nestlé, Sandoz und Zürich Versicherung sowie von zehn Aktien des Schweizerischen Bankvereins zum Preis von 19 414 sfr.

---

(4) Bei der Einkommensteuer können verheiratete Einkommensteuerpflichtige getrennt oder gemeinsam veranlagt werden. Dabei bedeutet Splitting, dass das gemeinsame Einkommen bei gemeinsamer Veranlagung zunächst halbiert und für den Hälf-

tebetrag die Steuer aus der Einkommensteuertabelle ermittelt wird. Der so festgestellte Steuerbetrag wird sodann verdoppelt (= gemeinsame Steuerschuld). Durch die Anwendung des Splitting haben Einkommensteuerpflichtige den Vorteil, dass der anzuwendende Progressionssatz erheblich geringer ist, als im Falle der Einzelveranlagung. Das Splitting beeinflusst somit u. a. auch die Höhe des für die Selbstfinanzierung verfügbaren Gewinns nach Steuern von Einzelunternehmen und Personengesellschafte(r)n.

▶ **Spot-Geschäft**

Geschäft gegen sofortige Lieferung und Zahlung.

▶ **Spot-Kurs** → Kassakurs

▶ **Spot-Preis** → Kassakurs

▶ **Spot-Rate**

Zinssatz am Kassamarkt.

▶ **Spread**

(1) Differenz (Spanne) zwischen zwei Preisen oder Zinssätzen (z. B. → Zinsspanne; Spanne zwischen Devisenankaufs- und Devisenverkaufskurs, Differenz zwischen Geld- und Briefkurs).

(2) Aufschlag auf einen vertraglich vereinbarten Referenzzinssatz (z. B. → EURIBOR plus 1 %)

(3) Konsortialprovision bzw. -gebühr, die an das Bankenkonsortium zu zahlen ist.

(4) (Option Spread) Strategie des gleichzeitigen Kaufs und Verkaufs von → Optionen identischen Typs mit unterschiedlichen oder identischen Basispreisen und/oder Verfalldaten zum Zweck der Eingrenzung von Gewinn- und Verlustmöglichkeiten. Varianten:

(a) → Diagonal Spread;

(b) → Horizontal Spread;

(c) → Vertikal Spread.

▶ Spread Trading

gleichzeitiger Erwerb und Verkauf von Zinstitel-Terminkontrakten (Futures), umso Preisdifferenzen zwischen identischen oder verwandten Kontrakten zu arbitragieren.

▶ Spreading

gleichzeitiger Erwerb und Verkauf von Options- oder Terminkontrakten, umso Preisdifferenzen zwischen identischen und verwandten Kontrakten zu arbitragieren (→ Arbitrage, → Financial Futures, → Option, → Spread).

▶ Sprungrückgriff → Wechselprotest

▶ Staatsanleihe → öffentliche Anleihe

▶ Staatsaufsicht

Börsen unterliegen der staatlichen Aufsicht, die sich in einen allgemeinen, fördernden Bereich sowie im Gesetz konkret erwähnte Aufsichtsbefugnisse gliedert. Adressaten der Staatsaufsicht sind der Börsenvorstand sowie andere Börsenorgane (→ Staatskommissar).

▶ Staatsbürgschaft

(Öffentliche Bürgschaft) Bürgschaft (→ Aval) von Bund, Ländern und Gemeinden an förderungswürdige Klein- und Mittelbetriebe, die nicht über ausreichende dingliche Sicherungsmöglichkeiten verfügen. Es soll damit deren Kapitalbedarfslücke beseitigt werden. Als förderungswürdig gelten insbesondere Wohnungsbau, Gewerbe, Landwirtschaft und Filmproduktion.

Neben direkten Bürgschaften der öffentlichen Hand gibt es auch Bürgschaften bestimmter Kreditinstitute (z. B. → Kreditanstalt für Wiederaufbau, → Deutsche Ausgleichsbank) und → Kreditgarantiegemeinschaften, bei denen Bund, Länder oder Sondervermögen (z. B. ERP-Sondervermögen) → Rückbürgschaften übernehmen.

Staatsbürgschaften sind i. d. R. modifizierte → Ausfallbürgschaften, bei denen nur ein bestimmter Prozentsatz des Ausfalls gedeckt ist. An Kosten entstehen neben der einmaligen Bearbeitungsgebühr eine laufende Bürgschaftsprovision, die im Vergleich zu den Kosten des Avals der Banken geringer ist.

▶ **Staatskommissar**

Aufsichtsperson, die durch die → Börsenaufsichtsbehörde zur Durchführung der Aufsicht gem § 1(3) BörsG eingesetzt werden kann.

▶ **Staatskredit** → öffentliche Kredite

▶ **Stämme**

Kurzform für → Stammaktien.

▶ **Ständige Faziliäten**

Fazilitäten der Zentralbank, die von den Geschäftspartnern auf eigene Initiative in Anspruch genommen werden können. Das ESZB bietet zwei Arten die
- → Spitzenrefinanzierungsfazilität und die
- → Einlagefazilität als ständige Übernachtfazilitäten

	Transaktionsart			Rhythmus	Verfahren
	Liquidi-tätsbereit-stellung	Liquidi-tätsab-schöpfung			
Spitzen-refinan-zierungs-fazilität	Befristete Transak-tionen			Über Nacht	Inanspruchnahme auf Initiative der Geschäfts-partner
Einlagen-fazilität		Einlagen-annahme		Über Nacht	Inanspruchnahme auf Initiative der Geschäfts-partner

Ständige Fazilitäten des ESZB

Quelle: Europäische Zentralbank

an. Diese unterscheiden sich hinsichtlich der Transaktionsart, ihrer Laufzeit, Rhythmus und Inanspruchnahme voneinander. Vgl. hierzu die nachstehende Übersicht.

▶ **Staffelanleihe**

(Graduated Rate Coupon Bond) →Anleihe, bei der sich der Zinsfuß im Zeitverlauf zu fest vorgegebenen Terminen verändert (steigt oder fällt). Die Konditionen sind in den Emissionsbedingungen fixiert. Typische Erscheinungsformen dieses Anleihetyps sind die → Bundesschatzbriefe Typ A und Typ B.

▶ **Stammaktie**

(Ordinary Share) verbrieft dem Inhaber sämtliche Rechte gem. AktG; Recht auf Teilnahme an der Hauptversammlung, Recht auf Auskunftserteilung, Stimmrecht (§ 133 AktG), außer bei stimmrechtslosen → Vorzugsaktien: Recht auf Anfechtung der Hauptversammlungsbeschlüsse, Recht auf Dividendenanteil (§ 58 (4) AktG), Bezugsrecht auf → junge (neue) Aktien (§ 186 AktG) und → Wandelanleihen sowie Recht auf Anteil am Liquidationserlös (§ 271 AktG). Stammaktien können als → Namens- oder → Inhaberaktien ausgegeben werden und sind in Deutschland der wichtigste Aktientyp zur Beschaffung von Eigenkapital der Aktiengesellschaften.

▶ **Stammanteil** → Stammeinlage

▶ **Stammeinlage**

(Stammanteil) Anteil der Gesellschafter an der Stammeinlage der GmbH. Der Mindestbetrag beträgt gem. § 5 (1) GmbHG 100 €. Bei Gründung kann nur eine Stammeinlage übernommen werden (§ 5 (1) GmbHG). Die Summe aller Stammeinlagen ergibt das Stammkapital, das nach gesetzlicher Vorschrift mindestens 25 000 € (gem. § 5 (1) GmbHG) betragen muss (→ Mindestkapital). Die Haftung des Gesellschafters ist auf seine Stammeinlage beschränkt. Je 100 € GmbH-Anteil entspricht bei Gesellschafterbeschlüssen einer

Stimme. Die Stammeinlage bestimmt den Umfang des → Geschäftsanteils.

▶ **Standard & Poor's Stock Price Index** → S & P 500

▶ **Standard and Poor's 500 Index Subordinated Notes (SPIN)**

Anleihevariante, die an die Entwicklung des → Standard and Poor's Index (→ S & P 500) gekoppelt ist.

▶ **Standardpapiere**

(→ Blue Chips) Börsenausdruck für Aktien führender Gesellschaften erstklassiger Bonität. Typische Standardpapiere z. B. BHF Bank, BASF, Bayer, Commerzbank, Daimler Chrysler, Deutsche Bank, Dresdner Bank, General Electric, Hoechst, IBM, Lufthansa.

▶ **Standardtender**

Tenderverfahren, das im ESZB bei den regelmäßigen → Offenmarktgeschäften praktiziert wird. Standardtender werden innerhalb von 24 Stunden durchgeführt. Im Gegensatz zu den → Schnelltendern können bei Standardtendern alle Geschäftspartner Gebote abgeben.

▶ **Standby Facility**

Kreditzusage in Form einer Kreditlinie, die von einer Bank (→ Sole Placing Agent) oder durch eine Bankengruppe (Underwriting Banks) im Zusammenhang mit Absicherungsfazilitäten (z. B. → Revolving Underwriting Facility, → Note Issuance Facility, → Multiple Option Financing Facility) eingeräumt wird.

▶ **Status**

Gegenüberstellung von Rohvermögen und Schulden zur Ermittlung des Reinvermögens bzw. der → Überschuldung zu einem bestimmten Zeitpunkt. Anlässe sind Sanierung, Vergleichsverfahren, Konkurs, Liquidation, Erbschaftsauseinandersetzung, Gewährung von

Kredit (→ Kreditstatus), finanzielle Überwachung (→ Finanzstatus).

▶ **Stauprinzip**

Festsetzung des Börsenpreises am Einheitsmarkt der amtlichen (deutschen) Effektenbörse. An jedem Börsentag wird für jedes Papier nur ein Preis festgesetzt, der entsprechend dem Marktmodell ermittelt wird – im Gegensatz zur → variablen Notierung. Über den Einheitsmarkt laufen alle Obligationen, alle Papiere, die nicht ausdrücklich dem variablen Markt vorbehalten sind, und alle „Kleinaufträge" (unter 50 Stück) des variablen Markts. Stadien der Preisermittlung auf dem Einheitsmarkt:

- Sammlung der Aufträge beim zuständigen Kursmakler bis zum „Stichzeitpunkt".
- „Kursmachen" durch den Kursmakler: Ermittlung des Preises, zu dem die meisten Umsätze zustandekommen. Das „Kursmachen" vollzieht sich durch Gegenüberstellung der zu jedem Kurs möglichen Umsätze – tabellarisch oder grafisch (Marktmodell).
- Kursfestsetzung durch Börsenvorstand bzw. Maklerkammer auf Grund der Ermittlungen der Kursmakler. Als Börsenkurs ist der Kurs festzusetzen, zu dem die meisten Umsätze zustandekommen. Kurszusatz: bezahlt Geld (→ Kurszusätze).

▶ **Stellagegeschäft**

Form des → bedingten Termingeschäfts, das aber ohne gegenwärtige praktische Bedeutung ist.

Der Wähler eines Stellagegeschäfts hat das Recht die vereinbarten Güter entweder zu liefern oder abzunehmen. Im Gegensatz zu → Prämiengeschäften und → Nochgeschäften muss eines der beiden Geschäfte effektiv erfüllt werden. Man könnte das Stellagegeschäft auch als Kombination eines Vor- und Nachprämiengeschäfts auffassen, bei dem die Erfüllung eines Geschäfts den Rücktritt vom anderen Geschäft ohne Prämienzahlung nach sich zieht.

Die Stellage ist die Differenz zwischen Lieferungs- und Abnahmekurs; sie beträgt das Vierfache der Prämie. Die Spanne zwischen Fix- und Stellakurs beträgt das Doppelte der Prämie.

Stellakurs:

Beispiel:
Dunlop-Rubber-Aktie 5. 11. per Ultimo November in Shilling pro Stück S = 27$^1/_4$–29$^1/_4$

Der maximale Verlust des Wählers ist auf die Hälfte der Stellage (= das Doppelte der Prämie) beschränkt. „Kritischer Kassakurs" ist der „Mittelkurs" des Stellagegeschäfts (= Kurs des Termin-Fixgeschäfts), im Beispiel 28$^1/_4$.

▶ **Step Down Issue**

Variante einer → Floating Rate Note, bei der die Margen, welche auf den → Referenzzinssatz aufgeschlagen werden, im Zeitablauf abnehmen.

▶ **Step Up Issue**

Variante einer → Floating Rate Note, bei der die Margen, welche auf den → Referenzzins aufgeschlagen werden, im Zeitablauf steigen.

▶ **Step Up-Anleihen** → Strukturierte Anleihen

▶ **Step Up-Bonds** → Strukturierte Anleihen

▶ **Stepped Call**

Bezeichnet eine Kündigungsklausel, die in Einzelfällen in den Anleihebedingungen bei → Floating Rate Notes enthalten sein kann. Diese gibt dem Emittenten – nach Ablauf einer Sperrfrist ex Anleiheemission – das Recht der vorzeitigen Kündigung zu einem jeweiligen Coupontermin. Vgl.: → Rolling Call.

▶ **Sterling Building Society Notes**

Sterling-Anleihen, die von britischen Bausparkassen emittiert wurden. Zumeist handelt es sich bei derartigen Anleihen um → Floating Rate Notes (Bausparkassen-Floater).

▶ **Steuerfreie Wertpapiere**

Grundsätzlich sind alle Erträge in- und ausländischer Wertpapiere steuerpflichtig. Ausnahmen:

(1) festverzinsliche Wertpapiere, deren Zinserträge gem. § 3, Nr. 53 u. 54, § 3 a EStG sowie Kapitalmarktförderungsgesetz ertragsteuerfrei sind,

(2) Vorteile, die sich für Arbeitnehmer aus dem Bezug von Belegschaftsaktien ergeben – soweit bestimmte Bedingungen eingehalten werden.

▶ **Steueroasen**

(Steuerparadiese) Niedrigsteuerländer, die entweder keine oder erheblich niedrigere Steuern erheben, als die meisten Industrie- und Entwicklungsländer. Typische Steueroasen sind z. B. die Schweiz, Liechtenstein, Bahamas, Monaco, Zypern. Das Steuergefälle zwischen den Steueroasen und den übrigen Ländern ist ein Anreiz zur Verlagerung von Vermögen und Einkünften aus Hoch- in Niedrigsteuerländer, z. B. durch Gründung von → Basisgesellschaften. Maßnahmen gegen die Kapitalflucht sind in ihrer Wirksamkeit dann begrenzt, wenn die Ausnutzung des Steuergefälles unter Ausnutzung legaler Möglichkeiten vollzogen wird (z. B. Wohnsitzverlegung).

▶ **Stichkursverfahren** → Circa-Notierung

▶ **Stille Gesellschaft**

Gesellschaft, bei der sich jemand an dem Handelsgewerbe eines anderen mit einer in dessen Vermögen übergehenden Einlage gegen Anteil am Gewinn beteiligt (§§ 335, 336 Abs. 2 HGB). Die stille Gesellschaft besteht im Gegensatz zu anderen Gesellschaften in aller Regel nur aus zwei Mitgliedern, dem tätigen Geschäftsinhaber und dem Stillen. Der tätige Teilhaber muss Kaufmann sein, nicht notwendigerweise Vollkaufmann. Es wird kein gemeinsames Gesellschaftsvermögen gebildet, sondern die Einlage des Stillen geht in das Vermögen (Eigentum) des Geschäftsinhabers über. Der Stille muss am Gewinn beteiligt sein; er nimmt i. d. R. auch am Verlust teil, was jedoch auch vertraglich ausgeschlossen werden kann. Die stille Gesellschaft ist eine reine Innengesellschaft, der Stille tritt nach außen nicht hervor, allein der Geschäftsinhaber handelt nach außen hin. Bei Beendigung der stillen Gesellschaft erhält der Stille seine Einlage zurück, zuzüglich etwa stehen gelassener Gewinne und abzüglich der von ihm zu tragenden Verluste. Ist der Stille auch an den stillen Reserven beteiligt oder sind ihm gewisse Mitwirkungs- und Geschäftsführungsbefugnisse eingeräumt, so handelt es sich um eine so genannte unechte oder atypische stille Gesellschaft. Abzugrenzen ist die stille Gesellschaft auch vom → partiarischen Darlehen, bei dem kein Gesellschaftsverhältnis eingegangen wird, sondern nur eine reine Darlehenshingabe mit Gewinnbeteiligung statt eines festen Zinssatzes vereinbart ist. Im Konkursfall kann der Stille lediglich eine normale Konkursforderung geltend machen, erhält also nur die Konkursdividende; andererseits haftet er den Gläubigern auch nicht.

▶ **Stille Reserven**

(Stille Rücklagen) Differenz zwischen den Buchwerten und den tatsächlichen höheren Werten von Aktiva bzw. zwischen den Buchwerten und den niedrigeren tatsächlichen Werten von Passiva einer Unternehmung. Sie entstehen durch die Ausnutzung von Bilanzierungs- und Bewertungswahlrechten durch den Bilanzaufsteller. Darüber hinaus entstehen stille Reserven automatisch durch Preisänderungen, welche dieselben Differenzen zwischen Markt- und Buchwert der Aktiva und Passiva hervorrufen. Im Gegensatz zu den offenen Rücklagen sind die stillen Reserven aus der Bilanz nicht unmittelbar zu erkennen. Da sowohl ihre Bildung als auch ihre Auflösung nicht immer offensichtlich ist, können sie in ihrer Höhe nicht exakt ermittelt werden. Stille Reserven ähneln steuerlich den → Sonderposten mit Rücklagenanteil. Ihre Bildung wirkt gewinnmindernd, ihre Auflösung entsprechend gewinnerhöhend. Durch gezielte Bildung bzw. Auflösung von stillen Reserven kann in Grenzen der jeweilige Jahreserfolg manipuliert werden.

▶ **Stille Rücklagen** → Stille Reserven

▶ **Stillhalter**

(Optionsschreiber, Writer) Verkäufer einer → Option der sich gegen Zahlung eines Entgelts (Prämie) der Wahlhandlung des Käufers (die Option auszuüben oder nicht auszuüben) unterwirft. Der Verkäufer einer Kaufoption (Call Option) ist Stillhalter in Wertpapieren, Devisen etc., während der Verkäufer einer Verkaufsoption Stillhalter in Geld ist. Zu unterscheiden ist zwischen

(1) dem gedeckten Stillhalter, der sich entweder im Besitz des Basiswertes (Underlying) befindet oder seine offene Position durch ein entsprechendes Gegengeschäft geschlossen hat, sowie

(2) dem ungedeckten Stillhalter, der sich weder im Besitz des Basisguts befindet noch seine offene Position durch ein entsprechendes Gegengeschäft geschlossen hat

▶ **Stimmrecht des Aktionärs**

(Aktionärsstimmrecht) Recht, das der Aktionär in der Hauptversammlung ausüben kann. Es handelt sich hierbei um das bedeutendste mitgliedschaftliche und autonom ausübbare Verwaltungsrecht der einzelnen Aktionäre. Grundsätzlich gewährt jede Aktie das Stimmrecht, welches nach Aktiennennbeträge, bei Stückaktien nach deren Zahl ausgeübt wird (§ 134 Abs. 1 AktG). Dies bedeutet, dass Aktien mit einem mehrfachen Nennbetrag ein – dem kleinsten Nennbetrag entsprechend – mehrfaches Stimmrecht haben. Das Prinzip wird durchbrochen durch die

(1) Stimmrechtserweiterung bei → Mehrstimmrechtsaktien bzw. Stimmrechtsvorzugsaktien (→ Vorzugsaktien);

(2) Stimmrechtsbegrenzung durch die statuarische Verankerung eines Höchststimmrechts (→ Höchststimmrecht) und

(3) Stimmrechtsaufhebung bei stimmrechtslosen → Vorzugsaktien (§ 12 AktG).

Die Stimmrechtsausübung erfolgt im Rahmen der Hauptversammlung durch den Aktionär oder einen gem. § 134 (3) AktG schriftlich legitimierten Bevollmächtigten. Im Falle einer Sicherungsübereignung kann das Stimmrecht durch den Sicherungseigentümer oder einen Treuhänder ausgeübt werden.

Die Form der Stimmrechtsausübung durch Kreditinstitute und geschäftsmäßig Handelnde richtet sich nach § 135 AktG.

Die Form der Stimmrechtsausübung richtet sich ansonsten gem. § 134 (4) AktG nach der Satzung.

▶ **Stimmrechtsaktie** → Mehrstimmrechtsaktie

▶ **Stimmrechtsaufhebung** → Aktienstimmrecht, → Stimmrecht des Aktionärs, → Stimmrechtslose Vorzugsaktien

▶ **Stimmrechtsausübung** → Stimmrecht des Aktionärs

▶ **Stimmrechtsbeschränkung** → Aktienstimmrecht, → Höchst-stimmrecht

▶ **Stimmrechtserweiterung** → Aktienstimmrecht, Stimmrecht des Aktionärs, → Mehrstimmrechtsaktien

▶ **Stimmrechtsvorzugsaktie** → Vorzugsaktie

▶ **Stock** → Aktie

▶ **Stock Appreciation Rights (SARs)**

Optionen, die ihren Inhabern entweder
(1) das Recht zum Bezug von Aktien eröffnen, oder
(2) ihnen stattdessen das Recht auf Erhalt einer Ausgleichszahlung in Höhe der Differenz zwischen Emissions- und Börsenkurs einräumen oder
(3) das Recht auf den Erhalt anderer, ex ante festgelegter Titel (z. B. Anleihestücke einer bestimmten Emission), einräumen.

▶ **Stock Arbitrage** → Effektenarbitrage

▶ **Stock Option Plan**

(Aktienoptionsplan) Modell, das vorsieht Führungskräften eines Unternehmens → Aktienoptionen des Unternehmens ohne Entgelt oder gegen Vorzugskonditionen zu überlassen.

▶ **Stock Options**

Kaufrechte (Optionen) auf Aktien eines Unternehmens, die
(1) dem Management als Teil der Bezüge gewährt werden können.
Die Stock Options sind unter definierten Konditionen – z. B.:
Erreichen einer bestimmten Mindestrendite oder der Realisierung von Zielen einer Teileinheit des Unternehmens oder einer
anderen Erfolgskennziffer – in Aktien einlösbar. Allerdings ist
eine definierte Haltefrist in jedem Fall einzuhalten.
(2) den Mitarbeitern gegen ein relativ geringes Entgelt eingeräumt
werden können. Die Emission von Stock Options orientiert sich
im Regelfall an ähnlichen Kriterien, die bei Belegschaftsaktien
Anwendung finden.

▶ **Stock Rights** → Bezugsrechte

▶ **Stock Split** → Splitting

▶ **Stock Warrant** → Aktien-Optionsschein, → Optionsanleihe mit
Aktienbezugsrecht

▶ **Stockbroker** → Broker

▶ **Stockdividende**

(Stock Dividend, Wertpapierdividende) Übertragung von Reingewinn auf das Grundkapitalkonto, wobei den Altaktionären ohne
Gegenleistung zusätzliche Aktien (Stamm- oder Vorzugsaktien) zugeteilt werden. Es handelt sich hierbei um keine echte → Dividende,
da keinerlei Ausschüttung vorliegt. Je nach der Periode, der die
Gewinne entstammen, unterscheidet man:
(1) Erhöhung des Grundkapitals aus den in den Rücklagen ge-
sammelten Gewinnen mehrerer Jahre. Dies entspricht in
Deutschland der Kapitalerhöhung aus Gesellschaftsmitteln (→
Gratisaktien).
(2) Erhöhung des Grundkapitals aus den Gewinnen des abgelaufenen Geschäftsjahrs.

(a) Periodische Stockdividende: Reingewinne werden in mehreren Jahren hintereinander in Grundkapital überführt. Sie wird in den USA i. d. R. neben den Bardividenden gewährt, wobei die Aktionäre z. T. ein Optionsrecht erhalten die Dividende in bar oder „in Aktien" zu beziehen.

(b) Substitutive Stockdividende: Sie wird an Stelle von Bardividenden gewährt (ohne Optionsrecht). Da in Deutschland die periodische und die substitutive Stockdividende amerikanischer Art nicht gewährt werden können, haben sich hier folgende Sonderformen als Formen der Erhöhung des Grundkapitals gebildet:

(c) → Zusatzaktienverfahren: Ein Teil des Reingewinns des abgelaufenen Geschäftsjahrs wird in eine eigens gebildete, offene Rücklage überführt, die nach der Kapitalerhöhung aus Gesellschaftsmitteln wieder verschwindet. Dies gestattet eine ständige Anpassung des Grundkapitals an das Geschäftsvolumen.

(d) Dividende in Form einer Sonderausschüttung (Sonderdividende) oder eines (zu versteuernden) Bonus, meist zusätzlich zur Bardividende. Erforderlich ist ein Beschluss der Hauptversammlung über eine Kapitalerhöhung genau in dem Verhältnis der Sonderausschüttung zum bisherigen Grundkapital. Die Aktionäre haben das Wahlrecht die Sonderausschüttung in bar oder ihren Gegenwert in Aktien (Bonusaktien) zu beanspruchen (z. B. von der Sarotti AG angewendet). Hierbei handelt es sich um das Bonusaktienverfahren bzw. eine Art des → Schütt'-aus-hol'-zurück-Verfahrens (wobei hier sowohl schütt'-aus als auch hol'-zurück auch zeitlich eine wirtschaftliche Einheit bilden).

Mögliche Vorteile der Stockdividende:

- Finanzierungseffekt, da die Unternehmung erzielte Gewinne selbst wieder investieren kann. Im Unterschied zur Bardividende wird der finanzwirtschaftliche Überschuss durch die Stockdividende erhöht.
- Mittel der Aktionärspflege. Die Aktionäre erhalten sichtbare und (im Unterschied zur Selbstfinanzierung) auch realisierbare Werte, die sie an der Börse verkaufen können.

Mögliche Nachteile der Stockdividende:

- Dividendenberechtigtes Grundkapital wird u. U. stark erhöht; damit entstehen auch erhöhte Ansprüche an die Liquidität.
- Gefahr der Kapitalverwässerung und Börsenkursverschlechterung.
- Starke Rücklagenverminderung in schlechten Geschäftsjahren.

▶ **Stockholder Relations** → Aktionärspflege

▶ **Stop Buy Order** → Stop Buy-Auftrag

▶ **Stop Buy-Auftrag**

(Stop Buy Order) Kaufauftrag, der billigst ausgeführt wird, sobald der Kurs ein gesetztes Limit überschreitet. Für Anleger, die sich bei steigenden Kursen engagieren wollen, ist diese Auftragsform interessant. Zudem können sich die Investoren mit dieser Auftragsform davor schützen, dass sie eine unerwartete Hausse verpassen.

▶ **Stop Loss Order** → Stop Loss-Auftrag

▶ **Stop Loss-Auftrag**

(Stop Loss-Order) Verkaufsauftrag, der bestens ausgeführt wird, sobald der Kurs das vom Anlieger gesetzte Limit unterschritten hat. Der exakte Verkaufskurs kann aber durch einen Stop Loss-Auftrag nicht festgelegt werden. Diese Auftragsform ermöglicht es dem Aktionär einen bereits erzielten Gewinn weitgehend zu sichern bzw. einen möglichen Verlust einzugrenzen.

▶ **Straddle**

Variante einer Optionskombination. Sie existiert in den Ausprägungen:

(a) Long Straddle: gleichzeitiger Kauf eines Calls und eines Puts auf dasselbe Basisgut mit identischem Basispreis sowie gleichem Verfalldatum;

(b) Short Straddle: gleichzeitiger Verkauf eines Call und eines Put auf dasselbe Basisgut mit identischem Basispreis sowie gleichem Verfalldatum.

▶ **Straddle Buyer**

Anglo-amerikanischer Terminus für den Straddle-Käufer (→ Straddle)

▶ **Straddle Writer**

Anglo-amerikanischer Terminus für Straddle-Verkäufer (→ Straddle)

▶ **Straight Bond**

(Festzinsanleihe) klassischer Anleihetyp, bei dem die Höhe der Verzinsung über die Gesamtlaufzeit festgeschrieben ist (→ Anleihe-Ausstattung, → Industrieobligation).

▶ **Strangle**

Variante einer Optionskombination. Sie existiert in den Ausprägungen:
(1) Long Strangle: gleichzeitiger Kauf eines Calls und eines Puts auf dasselbe Basisgut bei gleichem Verfallsdatum aber unterschiedlichem Basispreis;
(2) Short Strangle: gleichzeitiger Verkauf eines Calls und eines Puts auf dasselbe Basisgut bei gleichem Verfallsdatum aber unterschiedlichem Basispreis.

▶ **Strap**

Kombinierte Optionsstrategie, die der Straddle-Variante (→ Straddle) ähnelt. Im Unterschied zum Straddle werden bei einem Strap im Regelfall zwei Calls mit einem Put verbunden.
(1) Long Strap: gleichzeitiger Kauf zweier Calls und eines Puts auf dasselbe Basisgut bei gleichem Verfallsdatum und gleichem Basisispreis;

(2) Short Strap: gleichzeitiger Verkauf zweier Calls und eines Puts auf dasselbe Basisgut bei gleichem Verfallsdatum und gleichem Basispreis.

▶ **Streckungsdarlehen** → Tilgungsstreckung

▶ **Streifbanddepot** → Sonderverwahrung

▶ **Streifbandverwahrung** → Sonderverwahrung

▶ **Strike Price**

(1) → Emissionskurs;
(2) → Abrechnungskurs im Rahmen eins Wertpapiergeschäfts;
(3) → Basispreis (Exercise Price).

▶ **Strip**

(1) Kombinierte Optionsstrategie, die der Straddle-Variante (→ Straddle) ähnelt. Im Unterschied zu dieser wird aber bei einem Strip ein Call mit zwei Puts verbunden.
    (a) Long Strip: gleichzeitiger Kauf eines Call und zweier Puts auf dasselbe Basisgut bei gleichem Verfallsdatum und identischem Basispreis;
    (b) Short Strip: gleichzeitiger Verkauf eines Calls und zweier Puts auf dasselbe Basisgut bei gleichem Verfallsdatum und identischem Basispreis.
(2) (Abk. für Seperate Trading of Interest and Principal). Teilweise gebräuchliche Kurzbezeichnung für → Stripped Bond. Hierbei handelt es sich um eine Nullkuponanleihe, die zum Zweck der separierten Handelbarkeit des Tilgungsbetrags und den periodisch anfallenden Zinszahlungen aus dieser Ursprungsanleihe geschaffen wurde.

▶ **Strippability**

Kennzeichnet die Eignung einer Anleihe für ein Coupon Stripping (→ Anleihe-Stripping, → Stripped Bond).

▶ **Stripped Bond**

Festverzinsliche Schuldverschreibungr, bei welcher das Recht auf die Kapitalrückzahlung (Wertpapiermantel) von den → Zinsscheinen getrennt wurde. Der Käufer des Stripped Bond erwirbt also ökonomisch gesehen eine Nullkuponanleihe (→ Zerobond), da ihm keine laufende Verzinsung zufließt. Der Ertrag des Anlegers ergibt sich ausschließlich aus dem Kursgewinn während der Restlaufzeit, da er das Wertpapier vor Fälligkeit zu einem Barwert von unter 100% erwirbt und ihm die Rückzahlung durch den Emittenten zum Nennbetrag garantiert wird. Die Zinsscheine werden ebenfalls zum Barwert veräußert. Somit können durch Coupon Stripping zwei Nullkuponanleihen (Zero Bond) gehandelt werden,wodurch die hohe Nachfrage nach dieser Wertpapierart befriedigt werden kann. Für Banken ergibt sich u.U. ein Anreiz zur Durchführung des „Coupon Stripping" dadurch, dass sich die Wertpapierteile getrennt zu einem insgesamt höheren Preis verkaufen lassen als die ursprüngliche Anleihe. Ein Institut erwirbt z. B. eine klassische Anleihe zum Kurs von 98%, verkauft den stripped bond zu 82%, die zugehörigen Zinsscheine zu 16,5% und realisiert somit einen Handelsgewinn von 0,5% seines Kapitaleinsatzes.

Der erste Markt für gestrippte Anleihen ist in den 70er-Jahren in den USA entstanden. Damals profitierten die Investoren davon, dass die Kapitalertragsteuer auf Kursgewinne deutlich unter der Einkommensteuer auf permanente Zinserträge lag. Dieser Unterschied wurde später nivelliert.

▶ **Stripped Gilts**

Bezeichnung für gestrippte britische Staatsanleihen.

▶ **Stripped Securities**

Bezeichnung für gestrippte Schuldverschreibungen, von denen die → Zinsscheine getrennt wurden.

▶ **Stripped Zerobond** → Zerobond

▶ **Stripping**

(Unbundling) Zerlegung eines Finanzinstruments in seine Einzel-
bestandteile. Beispiel: → Anleihe-Stripping, → Stripped Bond. Gegenteil: → Bundling.

▶ **Structured Finance**

Synonym für komplex strukturierte Finanzierungen. Diese werden
erforderlich, wenn – abweichend von einer klassischen Finanzierung – nur auf diesem Wege die Vorstellungen der Kapitalnachfrager
und Kapitalanbieter in Übereinstimmung gebracht werden können.

▶ **Strukturelle Operation** → Offenmarktgeschäfte des ESZB

▶ **Strukturierte Anleihen**

Bezeichnung für komplex konstruierte Schuldverschreibungen, die
nur in Verbindung mit Derivaten wirtschaftlich sinnvoll dargestellt
werden können. Beispiele: Anleihen mit → Aktien Put-Optionen,
→ Floating Rate Notes (mit/ohne Cap, Floor, Collar), → Reversed
Floater, → Step up-Anleihen, Kombizins-Anleihen, etc.

▶ **Strukturierte Pfandbriefe**

Bezeichnung für Pfandbriefvarianten, deren Konstruktionsformen
den Varianten der → Strukturierten Anleihen entspricht.

▶ **Strukturierte zinsvariable Wertpapiere**

Anlageinstrumente, bei denen im Regelfall klassische festverzinsliche oder zinsvariable Wertpapiere mit → derivativen Instrumenten
kombiniert werden.

▶ **Stückaktie**

Aktie, die sich auf einen Anteil am Kapital einer Aktiengesellschaft
bezieht. Bei der echten Stückaktie ist deren Anzahl in der Satzung
festgeschrieben. Die unechte Stückaktie (→ Quotenaktie) lautet auf

einen bestimmten Anteil am Kapital und existiert in den beiden Varianten

(a) sprechende Quotenaktie und

(b) stumme Quotenaktie.

▶ **Stücke**

Bezeichnung für Wertpapiere.

▶ **Stückelose Anleihe** → Wertrechtsanleihe

▶ **Stückelose Wertpapiere**

Bezeichnung für Wertpapiere, die durch keine Urkunde verbrieft sind. Die Gläubiger dieser Bucheffekten werden in ein Schuldenbuch eingetragen. Derartige Wertpapiere können → Wertrechtsanleihen, aber auch andere → Wertrechte sein.

▶ **Stückelung**

Gibt die Unterteilung der Nennbetragsaktien oder Anleihen in Verschiedene Nominal-(Nenn-)beträge (→ Nennwert) an (→ Stücknotierung).

(1) Bei Aktien beträgt die Stückelung 1 € (→ Mindestnennbetrag), höhere Nennbeträge müssen jeweils auf volle Euro lauten (Vgl.: → Aktien). Stückaktien (→ Aktien) lauten auf keinen Nennbetrag und sind am Grundkapital im gleichen Umfang beteiligt. Dabei darf der auf die einzelne Aktie anteilige Anteil am Grundkapital 1 € nicht unterschreiten. Der Anteil am Grundkapital ergibt sich bei Stückaktien nach der Zahl der Aktien.

(2) Bei Anleihen ist allgemein eine Stückelung in Teilschuldverschreibungen (100, 500, 1000, 5000, 10 000 WE) gebräuchlich.

(3) Die Aufteilung des Fondsvermögens von Investmentgesellschaften erfolgt auf die Zahl der ausgegebenen Anteilscheine (mit denen 1, 5, 10, 100 oder mehr Anteile verbrieft werden). Die Stückelung wird meistens im Kurszettel angegeben.

▶ **Stückeverzeichnis**

Bezeichnung für das Verzeichnis der Wertpapiere, die ein Kreditinstitut für seine Kunden gekauft hat und verwahrt. Im Stückeverzeichnis sind die Wertpapiere nach Gattung, Nennbetrag, Nummern oder sonstigen Bezeichnungsmerkmalen zu bezeichnen. Es ist dem Kunden gem. § 18 DepotG binnen einer Woche nach Einkauf der Wertpapiere zuzusenden.

▶ **Stückkurs**

Börsenkurs eines Wertpapiers, der in Währungseinheiten (z. B. €) pro Stück angegeben wird (→ Stücknotierung). Gegenteil: → Prozentkurs.

▶ **Stücknotierung**

Seit 1969 werden Börsenkurse für amtlich gehandelte Papiere in Deutschland in DM je Stück ausgedrückt und nicht mehr in v. H. des Nennwertes notiert. Dieses Verfahren ist im Ausland seit jeher üblich. Die Wahl der → Stückelung (Unterteilung der Aktie in Nennbeträge von € oder ein Vielfaches davon) ist der Aktiengesellschaft überlassen. Die Dividendenangabe erfolgt in € je Stück.

▶ **Stücknotiz** → Stücknotierung

▶ **Stückzinsen**

Bezeichnen den Ertragsanteil bei einem verzinslichen Wertpapier, der anteilig auf den Zeitraum zwischen zwei Zinsterminen fällt. Stückzinsen werden bei der Veräußerung eines Wertpapiers zeitanteilig dem Veräußerer und Erwerber seit dem 1. 7. 1986 wie folgt angerechnet:

Grundsätzlich werden die Stückzinsen dem Verkäufer bis einen Tag vor der Valutierung zugerechnet, während sie dem Käufer ab Valutierungstag zustehen. Der Monat wird bei festverzinslichen sowie variabel verzinslichen Wertpapieren (→ Floating Rate Note) und deutschem → Referenzzinssatz (→ EURIBOR) mit einheitlich

30 Tagen angesetzt. Bei variabel verzinslichen Wertpapieren mit ausländischem Referenzzinssatz (z. B. → LIBOR, LUXIBOR) erfolgt die Stückzinsberechnung unter Berücksichtigung der tagesgenauen Differenz zwischen letztem Zinstermin und Verkaufstag. In der Berechnungsformel wird dann das Jahr mit 360 Tagen angesetzt.

Die Stückzinsen errechnen sich wie folgt:

$$\text{Stückzinsen} = \frac{\text{Nennbetrag} \cdot \text{Zinssatz} \cdot \text{Anzahl der Tage}}{360 \cdot 100}$$

▶ **Stützungskäufe**

Bezeichnung für Käufe, die zu Zwecken der Stützung des
(1) Kursniveaus von → Anleihen oder/und → Aktien oder
(2) Zinssatzniveaus (→ Notenbankpolitik)
getätigt werden.

▶ **Stufencoupon** → Staffelanleihe

▶ **Stumme Quotenaktie** → Stückaktie

▶ **Stundung** → Moratorium

▶ **Subskription** → Zeichnung von Wertpapieren

▶ **Substanzerhaltungsrücklage**

Steigen die Wiederbeschaffungskosten von Wirtschaftsgütern des Anlagevermögens (Normalfall), so reicht das Abschreibungsvolumen nicht aus um über den Betriebsaufwand die Mittel anzusammeln, die zum Ersatz der Anlagegegenstände im Zeitpunkt ihres Ausscheidens erforderlich sind. Alle zulässigen Abschreibungsmethoden erlauben aber grundsätzlich keine Abschreibungen über 100% hinaus. Die Unternehmensleitung muss daher zur Erhaltung der Substanz in Phasen steigender Wiederbeschaffungspreise eine Substanzerhaltungsrücklage bilden. Dies ist nur aus versteuerten Gewinnen möglich (Scheingewinnbesteuerung).

▶ **Substanzwert**

(1) einer Aktie wird auch z.T. als ihr → innerer Wert bezeichnet. Er errechnet sich aus dem Quotienten Nettovermögen plus geschätzte stille Reserven dividiert durch die Anzahl der emittierten Aktien. Der innere Wert der Aktie wird allerdings im Regelfall unter Berücksichtigung der künftig erwarteten Erträge der Unternehmung errechnet, weswegen dem → Ertragswertverfahren (→ Ertragswertkurs) der Vorrang gegeben wird;

(2) einer Option schlägt sich in ihrem inneren Wert nieder. Vgl.: → Option,→ Innerer Wert;

(3) eines Optionsscheins schlägt sich in seinem inneren Wert nieder. Vgl.→ Optionsschein.→ Innerer Wert.

▶ **Substanzwert einer Aktie** → Substanzwert, → Ertragswert, → Ertragswertkurs

▶ **Subvention**

Direkte und indirekte finanzielle Zuwendung des Staates zur Stützung wettbewerbspolitisch benachteiligter aber existenznotwendiger Branchen (z. B. Schifffahrt, Bergbau, Landwirtschaft). Subventionen werden i. d. R. nur auf Antrag gewährt.

Direkte Subventionen sind staatliche Zuschüsse (Subventionszahlungen), indirekte Subventionen erfolgen z. B. in Form ermäßigter Steuer- oder/und Zollsätze.

Kritik an der Subventionierung einzelner Branchen:

• Eingriff in den (freien) Marktmechanismus;
• Behinderung der Anpassung der Wirtschaft an veränderte bzw. sich verändernde Wirtschaftsverhältnisse mit der Folge von Fehlallokationen;
• Gefahr des Missbrauchs staatlicher Wirtschaftsmacht.

▶ **Summenaktie**

(Nennwertaktie) → Aktie die auf einen festen Geldbetrag lautet (in Deutschland ist gem. § 8 (2) AktG der Mindestnennbetrag 1 €). Im

Gegensatz hierzu lauten → Quotenaktien auf einen bestimmten Anteil am Reinvermögen.

▶ **Super NOW Account**

Geldmarktkonto in den USA. Es handelt sich hier um eine Variante des → Money Market Deposit Account (MMDA). Abweichend zum MMDA dürfen derartige Konten nur von Privatpersonen, Regierungsstellen und in Ausnahmefällen gemeinnützigen Unternehmen gehalten und beliebig viele Überweisungen zulasten des Super NOW Account getätigt werden.

▶ **Superdividende**

(Überdividende) → Vorzugsaktie.

▶ **Sushi Bond**

Bezeichnung für eine Anleihe, die nicht in Yen denominiert ist und von einem in Japan ansässigen Emittenten auf einem Auslandsmarkt begeben wird.

▶ **Swap**

(1) Kombination von Kassa- und Termingeschäft im Devisenhandel (Devisen-Reportgeschäft);
(2) Tausch von Zahlungsverpflichtungen mit dem Ziel, relative Vorteile zu arbitrieren. Derartige relative Vorteile können ihre Ursache aus der unterschiedlichen Bonität und Stellung der Partner am Markt und/oder unterschiedlichen Konditionen am nationalen Markt und internationalen Finanzmärkten haben. Swaps ermöglichen die Ausnutzung von komparativen Vorteilen an den verschiedenen Märkten und implizieren damit letztlich Finanzinnovationen. Swapfähig sind Zinszahlungsverpflichtungen auf Grund unterschiedlicher Zinsbindungszeiträume, Währungen oder Zinszeiträume und Währungen. Entsprechend wird zwischen → Zinsswaps, → Währungsswaps sowie → Zins- und Währungsswaps unterschieden.

▶ **Swap Arrangeur**

Bezeichnung für eine Bank, die einen Swap-Kontrakt initiiert oder auf Wunsch einer Partei vermittelnd tätig wird. Die Bank ist hier im Gegensatz zu einem → Swap Intermediary im Swap-Arrangement nicht Vertragspartner.

▶ **Swap Driven Deal**

Bezeichnung für die Neuemission einer Schuldverschreibung, die an einen → Swap gekoppelt ist.

▶ **Swap Intermediary**

Als Vertragspartner zwischengeschaltete Bank im Rahmen eines Swap-Arrangements.

▶ **Swap Rate** → Swapsatz

▶ **Swap, tagesgeldindizierter**

(Overnight Indexed Swap) eröffnet den Tausch eines Festzinses gegen einen Referenzzins, der das Tagesgeld abbildet. Die Laufzeiten sind – in Abhängigkeit von den herrschenden Geldmarktusancen – bis zu zwölf Monaten wählbar.

▶ **Swap Unwinding**

Auflösung eines Swap-Vertrages. Als Methoden bieten sich die Abtretung, der Verkauf oder der Abschluss eines Reverse Swap an.

▶ **Swapgeschäft (Währungs-)**

Variante eines → Pensionsgeschäfts, dessen Gegenstand Devisen darstellen (Devisenaustauschgeschäft). Swap- und Pensionsgeschäfte stellen rechtlich die Koppelung zweier entgegengerichteter Kaufgeschäfte mit unterschiedlichen Erfüllungsterminen dar. Es handelt sich entweder um ein Reportgeschäft (Kassa-Kauf unter gleichzeitigem Termin-Verkauf) oder um ein Deportgeschäft (Kassa-

Verkauf unter gleichzeitigem Termin-Kauf). Swapgeschäfte dienen der Kurssicherung solcher grenzüberschreitender Finanzgeschäfte, die einen zweimaligen Valutatransfer erfordern: der Kapitalimporteur erhält Fremdvaluta, investiert in eigener Währung und muss in Fremdvaluta tilgen; der Kapitalexporteur erwirbt Fremdvaluta und erhält (nach Beendigung der Investition) Fremdvaluta.

Die „Kosten" der Kurssicherung ergeben sich aus dem → Swapsatz, der je nach Richtung der Kapitalbewegung vom Kosten- bzw. Ertragszinsfuß abzusetzen ist.

▶ Swapgeschäft (Zins-)

Vereinbarungen über den zeitlich begrenzten Tausch von Zinsverbindlichkeiten, bezogen auf einen zu Grunde liegenden Nominalbetrag in derselben Währung. Soweit Swapvereinbarungen auf Zahlungen aus bestehenden Verbindlichkeiten beruhen, handelt es sich um Liability Swaps. Asset Swaps liegen Zahlungen aus Finanzaktiva (Zinseinkünfte) zu Grunde. Von wesentlicher Bedeutung ist, dass bei Zinsswaps die zu Grunde liegenden Nominalbeträge nicht getauscht werden. Bei Tausch fester Zahlungen gegen variable Zahlungen liegt ein Couponswap (Kuponswap) vor. Erfolgt eine Swapvereinbarung auf Basis variabler aber unterschiedlicher → Referenzzinssätze, liegt ein Basisswap vor. Der Einsatz von Zinsswaps dient sowohl dem Zweck der Senkung von Zinskosten als auch der Absicherung gegen mögliche Zinssatzrisiken. Die Laufzeit der Zinsswaps kann zwischen 2 und 15 Jahren betragen, der Kapitalbetrag bewegt sich zwischen 10 Mio € und 100 Mio €. Die Swaps können als endfällige Swaps aber auch als Swaps für Tilgungsvarianten konstruiert sein.

▶ Swapsatz

(Swap Rate) zeitbezogene Differenz zwischen dem Termin- und Kassakurs einer Währung. Die Differenz zwischen Termin- und Kassakurs ist der Swap, der in der Untereinheit der betreffenden Währung (in Euroland: Cent je ausländische Notierungseinheit) ausgedrückt wird. Währungen mit positiver Differenz (Terminkurs minus Kassakurs) weisen einen Report, solche mit negativer Differenz einen Deport auf. Diese Differenz wird in Bezug zum Kassakurs gesetzt. Um diesen Prozentsatz mit einem Zinssatz vergleichen zu können, erfolgt eine Umrechnung auf das Jahr – bei der Drei-Monatsdevise wird also mit vier multipliziert. Der Swap stellt damit die Kurssicherungskosten des internationalen Kapitaltransfers dar. Im Allgemeinen gleicht der Swapsatz das zwischenstaatliche Zinsgefälle aus. Bei vermuteter Paritätenänderung ergeben sich jedoch positive oder negative Erfolgssätze bei internationalen Kapitalbewegungen.

▶ **SwapsWire**

Elektronisches Handelssystem für Euro- und Dollar-Zinsderivate, welches Ende 2000 in Betrieb gehen wird.

▶ **Swaption**

(Options Swap) Bezeichnung für die kombinierte Anwendung der Options- und Swaptechnik. Bei einer Swaption werden die Konditionen einer künftigen Swapvereinbarung ex ante fixiert. Gegen Zahlung einer Optionsprämie erwirbt der Käufer der Swaption das Recht innerhalb einer definierten zukünftigen Zeitperiode oder zu einem bestimmten künftigen Zeitpunkt den Abschluss einer zum gegenwärtigen Zeitpunkt bereits fixierten Swapvereinbarung (Zinsbzw. → Zins- und Währungsswap) zu fordern. Der Optionskäufer hat für dieses Recht dem Verkäufer eine Optionsprämie zu zahlen. Die Verpflichtung der Optionsausübung besteht für den Optionskäufer nicht.

▶ **SWIFT**

(Society for Worldwide Interbank Financial Telecommunication) wurde 1973 zur Beschleunigung des internationalen Zahlungsverkehrs sowie der Nachrichtenübermittlung gegründet und ist tätig seit 1977. Die SWIFT angeschlossenen Banken können internationale Zahlungsaufträge über das System abwickeln. Dies vollzieht sich mit der Hilfe von Terminals, die über nationale Konzentratoren (Rechenzentren) mit einer der drei Schaltzentralen (Operating Centres)

– Europa: Brüssel oder Amsterdam, USA: Culpeter – verbunden sind.

SWIFT arbeitet in über 130 Ländern. Das Transaktionsvolumen entfällt auf den Zahlungsverkehr, den dokumentären Zahlungsverkehr, Geld- und Devisenhandel sowie auf den Wertpapiersektor.

▶ Swing

Kreditlinie(n), die im Rahmen von bilateralen Handels- und Zahlungsabkommen den Beteiligten gegenseitig oder einseitig eingeräumt werden. Der Swing kennzeichnet die Grenze, bis zu der die beiden Vertragspartner Clearing-Spitzen in der Devisenbilanz einander kreditieren müssen. Wird der Swing überschritten, sind Zahlungen in Devisen für weitere Lieferungen zu leisten. Ansonsten werden weitere Lieferungen gestoppt.

▶ Swiss Market Index (SMI)

Schweizer Aktienindex auf den an der → EUREX Optionen gehandelt werden.

▶ Swiss Options und Financial Futures Exchange → SOFFEX

▶ Switch

Umstrukturierungsmaßnahme innerhalb eines Portefeuilles durch Verkauf eines Postens bestimmter Wertpapiere und die gleichzeitige Anlage des Erlöses in andere Wertpapiere.

▶ Switchgeschäfte

Entstehen i. d. R. dadurch, dass Finanztransaktionen, die meist aus Warengeschäften resultieren, über Drittländer unter Einschaltung von hierauf spezialisierten Handelshäusern (Switchhändler), abgewickelt werden.

Switchgeschäfte dienen der Umleitung von Finanztransaktionen und sind aus diesem Grund keine originären → Kompensationsgeschäfte. Sie werden dadurch erforderlich, dass für die Abwicklung eines normalen Handelsgeschäfts plötzlich keine Devisen vorhanden sind. Switchhändler erwerben unter Einhaltung der entsprechenden Gesetze und Verordnungen und ausgestattet mit Genehmigung durch die Behörden des Liefer- und/oder Empfängerlandes das Recht Finanztransaktionen abzuwickeln. Der Switchhändler kann somit Zahlungen leisten und erhalten. Den Ausgleich erreichen die Switchhändler dadurch, dass sie bestehende zweiseitige Handelsungleichgewichte (Überschuss oder Defizit) zwischen zwei Ländern ankaufen und an einen Dritten (Staat oder Unternehmen), der ein gegenläufiges Handelsungleichgewicht (Defizit oder Überschuss) mit einem der Partner zum Ausgleich sucht, gegen harte (konvertible) Währung verkaufen. I. d. R. ist dies bei den inkonvertiblen Valuten nur möglich, wenn die Käufer von Switch-Valuten einen entsprechenden Abschlag erhalten. Das Disagio bewegt sich zwischen 10% und 40%.

Derartige Clearingverfahren werden auch als Finanzswitch bezeichnet. Dem stehen Warenswitchgeschäfte gegenüber, die ohne die Abwicklung von Finanztransaktionen vollzogen werden. Bei ihnen kann es sich um → Barter- oder → Kompensationsgeschäfte handeln. Finanzswitchgeschäfte werden daher als originäre Switchgeschäfte bezeichnet, während es sich bei Warenswitchgeschäften um derivative Switchgeschäfte handelt.

▶ **Syndikat** → Emissionskonsortium

▶ **Synthetic Bond** → Notional Bond

▶ **Synthetic Forward**

Kombination eines Long European Call und eines Short European Put mit identischem Verfalltag und Ausübungspreis.

▶ **Synthetic Instruments**

Finanzinnovationen, die der Gruppe der → synthetischen Wertpapiere zuzuordnen sind. Sie entstehen durch Veränderung bereits existierender Instrumente in Verbindung mit bestimmten Techniken.

Beispiel: Schaffung von Synthetic Floating Rate Notes aus einer Festzinsanleihe in Kombination mit einem Zinsswap.

▶ **Synthetic Securities** → Notional Instruments

▶ **Synthetische Anleihe** → Notional Bond

▶ **Synthetische Position**

(Artificial Position, Synthetic Position) ergibt sich aus der Kombination mehrerer Optionen und ihres Basiswertes. Im Ergebnis ist das neue synthetisch geschaffene Gewinn-/Verlustprofil mit einem anderen Finanzinstrument identisch.

▶ **Synthetische Wertpapiere** → Notional Instruments

▶ **Synthetischer Basiswert**

Bezeichnung für ein fiktives Wertpapier. Dieses wird für den Terminhandel als Kontraktgegenstand künstlich geschaffen (Ausgestaltungsmerkmale: Zins, Laufdauer) und ist im Kassahandel somit physisch nicht lieferbar. Beispiel: Basiswert des BUND-Future: fiktive langfristige Schuldverschreibung des Bundes oder der Treuhandanstalt mit einer Nominalverzinsung von 6 Prozent und einer Laufdauer von achteinhalb bis zehn Jahren.

▶ **Systematisches Risiko**

(Systemic Risk) Entsprechend den Annahmen der Kapitalmarkttheorie wird das mit einem Investment verbundene Gesamtrisiko in systematische und unsystematische (Teil-) Risiken aufgefächert. Als systematisches Risiko einer Kapitalmarktanlage wird jener Teil des Gesamtrisikos verstanden, dessen fundamentale Ursachen in der Kapitalanlagegruppe (z. B. deutsche Anleihen) liegen. Die Risikoursachen können dann z. B. aus Zinssatzänderungen, Inflation, schwer wiegenden politischen Ereignissen, Zusammenbruch von Marktteilnehmern außergewöhnlicher Bedeutung, Naturkatastrophen etc. hergeleitet werden. Im Regelfall ist das systematische Risiko einer Assetgruppe nicht diversifizierbar, wohl aber unsystematische Risiko.

▶ **Systemic Risk** → Systematisches Risiko

▶ **Szenariotechnik** → Portfolio Selection

▶ **SZR** → SDR

T

▶ **T** → Kurszusätze

▶ **Tafelgeschäft**

Wertpapiergeschäft, bei dem die Abwicklung zwischen dem Kreditinstitut und dem Bankkunden durch Übergabe der Stücke gegen Barzahlung erfolgt.

▶ **Tagesgeld**

(Call Money) Geldmarktkredit der lediglich für 24 Stunden aufgenommen wird. Das Tagesgeld ist, wenn eine Verlängerung nicht vereinbart wurde mit Fristablauf wieder zurückzuführen.

▶ **Tagesgeld-FIBOR**

Interbanken-Tagesgeldsatz am Finanzplatz Frankfurt a. Main. Dieser wurde inzwischen aber durch den EONIA ersetzt.

▶ **Tagesgeld-Fixing** → FIBOR

▶ **Tageskurs**

Bezeichnet beim Wertpapierkauf oder -verkauf den Kurs des Ausführungstages.

▶ **Tagesorder**

Limitierter Börsenauftrag (→ Limit), dessen Gültigkeitsdauer auf einen bestimmten Tag bestimmt ist.

▶ **Tagwechsel** → Wechsel

▶ **Tailored Swap**

Bezeichnung für jederart Swap, der in seiner Struktur den individuellen Wünschen (Finanzierungsbedürfnisse, Währungsbedarf, Risikointentionen) der beteiligten Swap-Partner entsprechend zugeschnitten wurde. Beispiel: → Amortisations-Swap.

▶ **Talisman-Abrechnungssystem**

Abrechnungssystem an der Londoner Wertpapierbörse, welches durch → Crest ersetzt worden ist.

▶ **Talon** → Erneuerungsschein

▶ **Taplet** → Mini Tap

▶ **Target System**

(Trans-European Automated Real Time Gross Settlement Express Transfer System) europaweites Echtzeit-Brutto-Zahlungsverkehrssystem der Europäischen Zentralbank (EZB). Das System ist mit Beginn der 3. Stufe (1.1.1999) in Funktion und dient der Umsetzung der Geldpolitik der ESZB. Das System setzt sich aus jeweils einem Brutto-Abwicklungssystem in Echtzeit (RTGS) jener Mitgiedstaaten zusammen, die zu Beginn der 3.Stufe der Wirtschafts- und Währungsunion im Euro-Währungsraum teilnehmen. Miteinander verbunden sind die nationalen RTG-Systeme durch das Interlinking-System. Damit ist die taggleiche Abwicklung grenzüberschreitender Überweisungen innerhalb des gesamten Euro-Währungsraums möglich.

▶ **Targeted Issue**

Bezeichnung für Emission, die gezielt auf einen bestimmten Investorenkreis hin begeben wurde.

▶ **Targeted Notes**

Bezeichnung für eine Emission festverzinslicher Schuldtitel. Sie werden durch das US-Schatzamt mit der Zielsetzung der Platzierung außerhalb der USA begeben.

▶ **Taxiert** → Taxkurs

▶ **Taxkurs**

Geschätzter Kurs ohne Umsatz für ein Wertpapier. Der Taxkurs wird vom Makler gebildet, wenn keine Kauf- und Verkaufsaufträge vorliegen (→ Kurszusätze, T).

▶ **Technische Analyse** → Chartanalyse, → Advance and Decline-Methode

▶ **Technologiefonds**

→ Investmentfonds mit Investitionsschwerpunkt in Technologiewerten.

▶ **Teilakzept** → Akzept

▶ **Teilamortisationsvertrag** → Mobilien-Leasing

▶ **Teilbürgschaft** → Aval

▶ **Teileingezahlte Aktien**

Aktien, deren Nennbeträge nicht voll eingezahlt sind. Teileingezahlte Aktien müssen immer Namensaktien sein, da die Aktionäre bei erforderlicher Volleinzahlung der Unternehmung bekannt sein müssen. Die Mindesteinzahlung beträgt 25% des Nominalwertes. In Deutschland ist lediglich Versicherungen die Emission teileingezahlter Aktien erlaubt.

▶ **Teilemission**

→ Emission, die beabsichtigt oder auf Grund der ungünstigen Kapitalmarktlage nicht sofort untergebracht werden kann. Das Gesamtvolumen kann dann nur in Teilbeträgen platziert werden.

▶ **Teilhypothekenbrief** → Hypothekenbrief

▶ **Teilkündigung** → Kündigung von Anleihen

▶ **Teilschuldverschreibung** → Anleihe, → Industrieobligation

▶ **Teilvermögensumschlag** → Kapitalumschlag

▶ **Teilzahlungs-Anleihe**

(Teilzahlungsschuldverschreibung) → Anleihe, bei welcher der An-
leihezeichner im Zeitpunkt der Emission zunächst lediglich einen
geringen Teilbetrag (z. B. 10%) einzahlt und den Restbetrag erst
nach Ablauf einer Frist (z. B. drei Monaten) leisten muss.

▶ **Teilzahlungsbanken**

Spezialbanken des kurzfristigen Geschäfts, die gewerbsmäßig die
Teilzahlungsfinanzierung von Waren und Dienstleistungen betreiben (→ Teilzahlungskredit).

▶ **Teilzahlungskredit**

(Abzahlungskredit, Ratenzahlungskredit) Kredit an Konsumenten
oder Verbraucher, dessen Rückzahlung in gleich bleibenden Raten
zu regelmäßig wiederkehrenden Terminen erfolgt. Der Betrag kann
in bar ausgezahlt werden, i. d. R. wird er jedoch nicht in bar ausgezahlt. Bei dieser Form handelt es sich um eine Kreditgewährung des
Verkäufers an den Käufer, also eine Absatzfinanzierung, dem ein
Abzahlungsgeschäft zu Grunde liegt.

Soweit Teilzahlungskredite von darauf spezialisierten → Teilzahlungsbanken eingeräumt werden, geschieht dies in drei unterschiedlichen Formen:

(1) Direkte Kreditgewährung
„A-Geschäft", direkte Kundenfinanzierung, Konsumfinanzierung). Der Bankkunde erhält einen Kredit ohne die Mitwirkung
eines Produzenten oder Händlers eingeräumt. Der Kredit wird
in Form einer Barauszahlung oder in Form von Kreditschecks

eingeräumt. Kreditschecks können dem Produzenten oder Händler in Zahlung gegeben werden.

(2) Indirekte Kreditgewährung

- „B-Geschäft": Kreditgewährung zur Finanzierung hochwertiger Konsumgüter unter Einschaltung des Händlers, der mithaftet.

- „C-Geschäft": Kreditgewährung zur Finanzierung von Kraftfahrzeugen und Maschinen (Konsumgüter und/oder Güter des Anlagevermögens). Die Finanzierung erfolgt durch ein Darlehen der Bank an den Kunden. Zur Besicherung der einzelnen Raten werden vom Verkäufer auf den Kunden Teilzahlungswechsel gezogen.

▶ **Teilzahlungskreditversicherung** → Kreditversicherung

▶ **Teilzahlungsschuldverschreibung** → Teilzahlungs-Anleihe

▶ **Telefonhandel**

(1) Effektenhandel per Telefon auf dem sog. „ungeregelten Freiverkehrsmarkt". Die gehandelten Objekte sind alle Effekten, die in keinem der → Börsensegmente gehandelt werden.

(2) außerbörslicher Handel (→ Vor- und Nachbörse) per Telefon. Gegenstand sind alle Effekten, die in den → Börsensegmenten (→ Amtlicher Handel, → Geregelter Markt, → Freiverkehr) gehandelt werden.

▶ **Telefonverkehr** → Telefonhandel

▶ **Tender Issue**

→ Emission im Zuge eines → Tenderverfahrens.

▶ **Tender Panel**

(Bietungskonsortium) Gruppe von Banken, die neu emittierte → Commercial Papers oder → Euronotes im Rahmen eines Bietungsverfahrens erwerben um diese Papiere anschließend am Markt unterzubringen. Den Zuschlag für die Übernahme der Papiere erhalten diejenigen Institute, die die günstigsten (niedrigsten) Zinsgebote offerieren. Tender Panels finden sich als Distributionssysteme bei → Note Issuance Facilities und einigen ihrer Varianten.

▶ **Tender Panel Agent**

Führungsbank in einem → Tender Panel, die die Notes-Auktion organisiert.

▶ **Tenderverfahren**

(Tender Issue) Methode zur Platzierung von Wertpapieren. Im Regelfall werden die Effekten dem Meistbietenden unter Beachtung eines Mindestpreises verkauft. Die schriftlich einzureichenden Gebote müssen Menge und Preis umfassen. Das gesamte Emissionsvolumen wird derart untergebracht, dass in der Reihenfolge vom Höchstgebot an abwärts zugeteilt wird. Varianten:

(1) Mengentender (Festsatztender), bei dem der Preis bzw. Zins bei Zinstiteln durch die Emittentin fixiert ist. Die Gebote müssen nur die Menge enthalten. Die Zuteilung erfolgt anhand der eingereichten Gebote. Mit dem Mengentender übt die Emittentin durch die Vorgabe des Preises oder Zinssatzes eindeutig die Preis- bzw. Zinsführerschaft aus.

(2) Zinstender, der zur Platzierung verzinslicher oder abgezinster Titeln verwendet wird. Die schriftlichen Gebote müssen Menge und Kurs enthalten. Die Zuteilung erfolgt entweder im Rahmen der amerikanischen oder der holländischen Methode. Bei der amerikanischen Methode erfolgt die Zuteilung ausgehend vom gebotenen Höchstzins fallend zum jeweils gebotenen Zins. Bei dem holländischen Verfahren erfolgt die Zuteilung zum Einheitskurs, der die Unterbringung der gesamten Emission garantiert.

Das → ESZB realisiert die → Offenmarktgeschäfte in den überwiegenden Fällen über Tenderverfahren, wobei Mengentender (Festsatztender) und Zinstender (Tender mit variablem Zinssatz) zum Einsatz kommen.

▶ **Term Repo**

→ Repurchase Agreement mit einer Laufzeit von mehr als einem Tag.

▶ **Terminbörse** → Deutsche Terminbörse

▶ **Termineinlagen**

(Befristete Einlagen, Termingelder) nicht dem Zahlungsverkehr dienende befristete Einlagen bei Banken mit vereinbarter Kündigungsfrist. Hierbei wird unterschieden zwischen →Festgeldern, Kündigungsgeldern und Depositenzertifikaten.

Festgelder haben eine im Voraus vereinbarte Laufzeit (30, 60 oder 90 Tage). Sie werden vor allem von den Banken bei Liquiditätsverknappung und zum Jahresende als Mittel zum → Windowdressing nachgefragt.

Kündigungsgelder haben eine vereinbarte Kündigungsfr.ist. Sie sind bis zu ihrer Kündigung unbefristet; nach erfolgter Kündigung haben sie den Charakter von Festgeldern (z. B. Fälligkeit 30 Tage nach Kündigung).

Depositenzertifikate sind in ihrer ursprünglichen Form Wertpapiere, bei denen die Zinsen durch Diskontierung bereits bei der Ausgabe vergütet werden. Sie wurden in den angelsächsischen Ländern entwickelt (→ Certificate of Deposit). In Deutschland gibt es sie in Form der Sparschuldverschreibung (Bank für Gemeinwirtschaft, Bayern-Hypo), des → Sparbriefs (Deutsche Bank, Volksbanken) und des Sparscheins.

▶ **Termineinwand** → Termingeschäftsfähigkeit

▶ **Termingelder** → Termineinlagen

▶ **Termingeschäfte**

Geschäfte an Börsen oder außerbörslichen Märkten, bei welchen der Preis zum Abschlusszeitpunkt fixiert wird, die Erfüllung jedoch erst per Termin erfolgt. Gegensatz: Kassageschäfte. Dem Gegenstand entsprechend wird zwischen Devisen-, Effekten- und Warentermingeschäften unterschieden. Termingeschäfte werden wie folgt klassifiziert:

(1) feste Termingeschäfte, die in jedem Fall zu erfüllen sind (z. B.: → Financial Futures). Hier besteht u.U. die Möglichkeit, die Erfüllung per Prolongation herauszuzögern;

(2) bedingte Termingeschäfte, die einer der beteiligten Parteien die Möglichkeit eröffnen zwischen Erfüllung und Aufgabe des Geschäfts gegen ein Reuegeld zu wählen. Varianten der bedingten Termingeschäfte sind: → Prämiengeschäfte (Vor-, Rückprämiengeschäft), → Stellageschäfte, → Nochgeschäfte, → Optionsgeschäfte.

Unterschieden wird weiterhin in:

(1) Lieferungsgeschäfte (Erfüllung in natura);

(2) Börsentermingeschäfte (Erfüllung durch Kompensation möglich);

(3) Differenzgeschäfte (die Vertragspartner erstatten die Differenz).

▶ **Termingeschäftsfähigkeit**

wurde mit der Novellierung des Börsengesetzes (Fassung des Änderungsgesetzes vom 1. 8. 1989) neu geregelt.

Danach ist ein Börsentermingeschäft verbindlich, wenn

(1) auf beiden Seiten als vertragsabschließende Kaufleute beteiligt sind (Einzelheiten vgl. § 53 (1) BörsG.

(2) Ist nur eine der beiden Vertragsseiten Kaufmann, so ist das Börsentermingeschäft verbindlich, wenn der Kaufmann einer gesetzlichen Banken- oder Börsenaufsicht untersteht und den anderen Teil vor Geschäftsabschluss gem. § 53 (2) BörsG schriftlich darüber informiert, dass

- die aus Börsentermingeschäften erworbenen befristeten Rechte verfallen oder eine Wertminderung erleiden können;
- das Verlustrisiko nicht bestimmbar sein und auch über etwa geleistete Sicherheiten hinausgehen kann;
- Geschäften, mit denen die Risiken aus eingegangenen Börsentermingeschäften ausgeschlossen oder eingeschränkt

werden sollen, möglicherweise nicht oder zu einem verlust-
bringenden Marktpreis getätigt werden können;
- das Verlustrisiko sich erhöht, wenn
  (a) zur Erfüllung von Verpflichtungen aus Börsentermingeschäften Kredit in Anspruch genommen wird oder
  (b) die Verpflichtung aus Börsentermingeschäften oder die hieraus zu beanspruchende Gegenleistung auf ausländische Währung oder eine Rechnungseinheit lautet.

Die Unterrichtungsschrift wird den Kunden inzwischen in standardisierter Form durch die deutschen Kreditinstitute vorgelegt. Sie ist ein Jahr nach der ersten Unterrichtung zu wiederholen und darauf im Rhythmus von drei Jahren.

Für Nichtkaufleute ergibt sich damit Börsentermingeschäftsfähigkeit per Information.

▶ **Terminhandel**

Handelsform, bei welcher die Erfüllung nicht sofort, sondern zu einem späteren Zeitpunkt erfolgt. Gegenteil: → Kassahandel.

▶ **Terminkontrakt**

üblicherweise Futures. Bezeichnung für ein standardisiertes → Termingeschäft, bei dem sich der Verkäufer zur Lieferung einer bestimmten Ware oder eines bestimmten Finanzinstruments (jeweils definiert in Art und Qualität) in einer festgelegten Menge zu einem fixierten Preis und fest vereinbarten Termin verpflichtet. Der Käufer verpflichtet sich seinerseits die Ware oder das Finanzinstrument zu den Vertragskonditionen abzunehmen. Börsenterminkontrakte sind im Kontraktvolumen, in der Art und Qualität der Ware oder des Finanzinstruments sowie dem künftigen Vertragserfüllungszeitpunkt standardisiert.

▶ **Terminkurs**

(1) Preis (Kurs) für ein Termingeschäft oder einen Terminkontrakt.
(2) Preis für eine Währung, deren Lieferung bzw. Anschaffung erst zu einem späteren Termin erfolgt (z. B. per Termin in drei Monaten).

▶ **Terminmarkt**

Markt für → Termingeschäfte.

▶ **Terminpapiere**

Wertpapiere, mit denen → Termingeschäfte (→ Optionsgeschäfte) abgeschlossen werden dürfen. Sie sind im amtlichen Kursblatt mit einem Kreuz gekennzeichnet.

▶ **Terminsatzgeschäft** → Forward Rate Agreement

▶ **Thesaurierung** → Gewinnthesaurierung

▶ **Thesaurierungsfonds** → Wachstumsfonds

▶ **Theta** Θ

(Thetafaktor) Größe, welche die tägliche Wertveränderung des Zeitwerts (= Zeitwertverlust) einer → Option in Abhängigkeit ihrer sinkenden Restlaufzeit demonstriert. Dabei wird unterstellt, dass sich der Kurs und die Volatilität des Basiswerts (Underlying) nicht verändern.

▶ **Thetafaktor** → Theta

▶ **TIBOR**

(Tokyo Interbank Offered Rate) Briefsatz ausgewählter Referenzbanken für Ausleihungen von Drei- und Sechsmonatsgeldern an erste Bankadressen. Der TIBOR hat eine ähnliche Funktion wie der → LIBOR oder → EURIBOR.

▶ **Tick**

Preisintervall, Bezeichnung für die kleinste Einheit, in der sich ein Kurs (Preis) verändern kann.

▶ **Ticker**

(1) Bezeichnung für ein automatisches Kursübermittlungssystem;

(2) Kursübermittlungssystem an der New York Stock Exchange.

▶ **Tick-Größe**

Misst die minimale Preisveränderung eines Termin-Kontrakts.

▶ **Tick-Wert**

Entspricht der kleinsten Veränderung eines Kontraktwertes.

▶ **TIGR's** → Treasury Investment Growth Receipts

▶ **Tilgung**

(Tilgung) Rückzahlung insbesondere von → Krediten, Schuldverschreibungen (→ Anleihen), → Schuldscheindarlehen, Hypotheken (→ Hypothek) etc. nach einem zumeist festgelegten Tilgungsplan.

▶ **Tilgungsanleihen**

→ Anleihen, die ratenweise getilgt werden. Entsprechend den Tilgungsarten klassifiziert man in:

(1) Anleihen mit festem Tilgungsplan in den Varianten

    (a) Ratenanleihen – Rückzahlungsmodalitäten: gleichhohe Tilgungsraten

    (b) Annuitätenanleihen – Rückzahlungsmodalitäten: steigende Tilgungsraten im Annuitätenverfahren;

(2) Anleihen ohne festen Tilgungsplan

Der Tilgungsprozess erfolgt in den Formen der → Auslosung (→ Auslosungsanleihen) und/oder per Rückkauf der Anleihestücke am Markt. Im Gegensatz zu den Tilgungsanleihen werden die → endfälligen (gesamtfälligen) Anleihen nur am Ende der Laufdauer in einem Betrag getilgt.

▶ **Tilgungsfonds**

Spezieller Fonds, der zur Anleihetilgung aus Rückkäufen (→ freihändiger Rückkauf) bei dem Anleihetreuhänder unterhalten wird.
Die notwendigen Zahlungsmittelbestände werden durch entsprechende Zahlungen durch den Anleiheemittenten aufgebaut.

▶ **Tilgungshypothek** → Hypothek

▶ **Tilgungsplan**

Bei der Emission, insbesondere von → Anleihen und der Gewährung von → Hypothekarkrediten, festgelegte Vereinbarung über deren Tilgung (Tilgungszeitpunkte und Tilgungsraten).

▶ **Tilgungsstreckung**

Begriff im Zusammenhang mit einem langfristigen Darlehen (z. B. →
Hypothekarkredit). Man kann zwei Fälle unterscheiden:

(1) Der Kreditgeber zahlt für eine bestimmte Zeit (sog. Freijahre)
    keine Tilgung – die Tilgung wird hinausgeschoben.
(2) Die eigentliche Bezeichnung Tilgungsstreckung hat sich aber für
    die Fälle eingebürgert, in denen ein Darlehen, das ursprünglich
    unter Einbehaltung eines → Damnums ausgezahlt werden
    sollte, mit dem vollen Darlehensbetrag dem Kreditnehmer zur
    Verfügung gestellt wird: Technisch erhält der Darlehensnehmer
    zwei Darlehen:
    • das Hauptdarlehen und
    • ein Zusatzdarlehen (Streckungsdarlehen) in Höhe des Dam-
      nums (aber auch Stundung des Damnums oder Aufstockung
      des Hauptdarlehens möglich).

Die Tilgungsleistungen werden zuerst auf das Streckungsdarlehen
angerechnet, bevor die planmäßige Tilgung des Hauptdarlehens beginnt. In der Regel hat also die ratenweise Abzahlung des zusätzlich
gewährten Damnumbetrags eine Verlängerung der Laufzeit des
Hauptdarlehens zur Folge; die Tilgung wird dadurch verlängert oder
„gestreckt".

▶ **Tilgungsstücke**

Teilschuldverschreibungen, die zur Tilgung einer → Anleihe am Markt zurückgekauft werden.

▶ **Time Lag**

Zeitraum, der zwischen der Einleitung einer Maßnahme und ihrer beabsichtigten Wirkung liegt. Der Terminus ist in der Volkswirtschaftslehre, insbesondere in der Geldpolitik üblich.

▶ **Time Spread**

Gleichzeitiger Kauf und Verkauf einer identischen Anzahl von Optionen gleicher Optionsklasse mit unterschiedlichen Verfalldaten.

▶ **Timing**

Wahl des geeigneten Zeitpunkts für Kauf- und Verkaufsentscheidungen am Effekten- und Warenterminmarkt. Timing ist erforderlich, da Effekten und Waren Kursschwankungen unterliegen, aus denen der Anleger Nutzen ziehen kann. Richtiges Timing ermöglicht erhebliche Kursgewinne. Die Formelanlageplanung versucht durch Auswertung von Kennzahlen und Kurstrendanalysen (→ Charts) den Unsicherheitsfaktor bei der Wahl des Anlagezeitpunkts weitgehend auszuschalten.

Darüber hinaus versteht man unter Timing die Wahl des richtigen Emissionszeitpunkts (Terminplanung von Kapitalerhöhungen).

Kurzfrist-Timing liegt dann vor, wenn über eine Kapitalerhöhung und deren Bedingungen bereits entschieden ist und nur noch der Zeitraum mit den günstigsten Platzierungschancen ermittelt werden muss. Es gilt hierbei die allgemeine Grundregel, dass Aktien in Hausse- und Schuldverschreibungen in Baisse-Zeiten emittiert werden sollten. Günstiger Zeitpunkt ist z. B. Gewinnausschüttung (→ Schütt'-aus-hol'-zurück-Verfahren). Entscheidende Kriterien für die Wahl des Emissionszeitpunkts sind der Kapitalbedarf der Gesellschaft die Struktur des Aktionärskreises und die Kapitalmarktlage (→ Emissionspolitik). Ziel des Timing ist es den Zeitpunkt mit dem geringsten Platzierungsrisiko und einer günstig realisierbaren Wertpapierausstattung zu finden.

Durch das Langfrist-Timing soll die termingerechte Aufbringung des notwendigen Eigenkapitals über lange Zeiträume hinweg sichergestellt werden (Problem der langfristigen Finanzplanung).

▶ TIQ

Börsendienst der TELERATE, welches dem Benutzer den zeitgleichen Zugang zum Börsengeschehen in Deutschland sowie den wichtigsten Börsen der Welt ermöglicht. Zugleich haben die Benutzer Zugriff auf relevante Daten aus den Bereichen der Geld-, Devisen-, Renten- und Rohstoffmärkte. Schließlich können Markt- und Unternehmensanalysen abgerufen werden.

▶ Titel

Synonym für → Wertpapier.

▶ TMT- Werte

Technologie-, Medien- oder Telekommunikationsaktien

▶ TOBL → Treuhandanleihe

▶ Tochtergesellschaft

Abhängige, von einer Muttergesellschaft beherrschte Kapitalgesellschaft, deren Kapital überwiegend (meist zu 100%) vom herrschenden Unternehmen gehalten wird (→ verbundene Unternehmen).

▶ Tokyo Interbank Offered Rate → TIBOR

▶ Tombstones

Bezeichnung für Finanzanzeigen, die auf eine bereits stattgefundene Finanzierung durch Emission von Aktien oder Anleihen oder auf eine vollzogene teilweise oder vollständige Übernahme eines anderen Unternehmens oder auf eine vollzogene Fusion hinweisen.

Sie sind Instrumente des Finanzmarketing. An ihrer Platzierung sind alle Beteiligten (emittierende, übernehmende, fusionierende Unternehmen sowie die hierbei assistierenden Banken oder Finanzmakler) interessiert.

▶ **TPF** → TPF Ticker Plant Frankfurt

▶ **TPF Ticker Plant Frankfurt**

Elektronisches System, welches die Kurs- und Preisinformationen von → XETRA, → EUREX sowie von allen deutschen Wertpapierbörsen real-time verfügbar macht.

▶ **Tracking Stocks**

Bezeichnung für eine böresnnotierte (innovative) Aktiengattung in den USA. Tracking Stock-Gattungen werden dadurch geschaffen, umlaufende Titel durch entsprechende Veröffentlichungen zu Tracking Stocks erklärt werden. Denkbar ist auch die Emission neuer Tracking Stocks. Tracking Stocks unterscheiden sich insofern von einer klassischen Aktie, als sie dem Investor Vermögensrechte(im Regelfall nur Recht auf Gewinnausschüttung) auf einen definierten – zumeist sehr profitablen – (Teil-)Geschäftsbereich oder Tochterunternehmen (Tracking Unit) des Unternehmens verbriefen. Der Aktionär besitzt allerdings darüber hinaus weiterhin die gleichen Rechte am gesamten Gesellschaftsvermögen wie die übrigen Aktionäre der Gesellschaft.

▶ **Traded Option**

Bezeichnung für eine standardisierte und börsengehandelte → Option.

▶ **Tradepoint**

Geplante elektronische Handelsplattform in Europa, über die weltweit operierende Banken und Broker ihren Wertpapierhandel in europäischen Werten abwickeln wollen.

▶ **Trading on the Equity** → Leverage-Effekt

▶ **Trading Unit**

Bezeichnung für die Kontraktgröße bei → Terminkontrakten.

▶ **Traditionspapier**

→ Wertpapier, das den Anspruch auf Herausgabe einer Sache verbrieft und als → Orderpaier durch Indossament übertragen wird.

▶ **Tranche**

Bezeichnung für
(1) den Teilbetrag einer Wertpapieremission,wobei
  (a) die Emission einzelner Tranchen zu unterschiedlichen Terminen erfolgen kann oder/und
  (b) die Tranchen sich in ihrer Ausgestaltung in unterschiedlicher Emissions- und/oder Tilgungsdenomination oder/und unterschiedlicher Nominalverzinsung voneinander unterscheiden.
(2) für ein Special Drawing Right → SDR.

▶ **Transaktionskosten**

sämtliche Kosten, die im Zusammenhang mit einem Geschäftsabschluss anfallen.

▶ **Trans-European Automated Real Time Gross Settlement Express Transfer System** → Target-System

▶ **Transferable Revolving Underwriting Facility (TRUF)**

Abgewandelte Form einer → Revolving Underwriting Facility (RUF), die den underwriting banks die Möglichkeit der Übertragung ihrer Übernahmeverpflichtungen auf andere Kreditinstitute eröffnet.

▶ **Transitorische Posten** → Rechnungsabgrenzungsposten

▶ **Trassieren**

(Wechseleinziehung) Anweisung des Ausstellers (Trassant) an den Bezogenen eine bestimmte Summe an den legitimierten Inhaber zu zahlen. Ergebnis ist ein gezogener Wechsel (Tratte), also ein Wechsel, auf den noch kein → Akzept angebracht ist (→ Trassiert eigener Wechsel).

▶ **Trassiert eigener Wechsel**

→ Wechsel, bei dem der Name des Bezogenen und des Ausstellers identisch sind.

▶ **Trassierungskredit** → Rembourskredit

▶ **Tratte**

Gezogener → Wechsel, auf dem noch kein → Akzept angebracht ist.

▶ **TRAX**

System der International Securities Market Association (ISMA) welches im 24 Stunden Service die automatische Abgleichung im Eurobondhandel sowie im internationalen Aktienhandel gestattet und zugleich Order-Routing-Funktionen übernimmt.

▶ **Treasurer**

Die Funktionsteilung in einen → Controller und einen Treasurer ist in den USA weit verbreitet. Der Treasurer ist heute in erster Linie für die externe und interne Finanzierung, die Sicherung des finanziellen Gleichgewichts (→Finanzierungsziele) sowie die Verwaltung und Sicherung der Wertpapiere und des sonstigen Eigentums der Unternehmung verantwortlich. Im Einzelnen zählt zu seinen Aufgaben die Prognose des Kapitalbedarfs, der Zahlungsein- und -ausgänge, die externe kurzfristige und langfristige Finanzierung, Vorschläge zur Dividendenpolitik, financial public relations, Verwaltung der flüssigen Mittel, Überwachung des Geldein- und -ausgangs, Kreditgewährung, Forderungseinzug, Anlage freier Mittel, Regelung der

Effektenemission, Berichterstattung über das finanzielle Ergebnis und der gesamte Versicherungsbereich.

Haben kleinere Unternehmungen keinen Controller, muss der Treasurer die Aufgaben des Controllers mit übernehmen. Der Treasurer hat stets direkte Verbindung zur Unternehmensleitung (Verwaltungsrat, Präsident, Vizepräsident für Finanzierung). Regelmäßig ist der Treasurer eine Stelle mit Linienfunktion. In großen Unternehmungen gibt es neben dem Treasurer in der Zentrale noch die Sparten-Treasurer in den einzelnen Werken (divisions).

▶ **Treasury Bills**

Bezeichnung für
(1) Schatzwechsel, die vom US-Schatzamt in Form von 90-, 180-, 270- und/oder 360-day bills emittiert werden. Die Titel weisen Laufzeiten von 91, 182, 273 oder 365 Tagen auf, werden in abgezinster Form emittiert und zu pari getilgt. Die Emission erfolgt in Form von Schatzwechselauktionen, wobei 90- und 180-day bills wöchentlich 270- und 360-day bills monatlich verauktioniert werden. Stückelung: Untergrenze: 10 000 US-$, Obergrenze: 1 000 000 US-$.
(2) Schatzwechsel, die vom britischen Schatzamt emittiert werden. Die Titel weisen im Gegensatz zu den US-amerikanischen Titel normalerweise lediglich Laufdauern von bis zu 91 Tagen auf. Die Emission erfolgt laufend durch Direktplatzierung oder wöchentlich im Tenderverfahren. Stückelung: Untergrenze: 5 000 £, Obergrenze: 1 000 000 £.

▶ **Treasury Bond Contract**

(T-Bond Contract) Zinsterminkontrakt (→ Financial Futures) auf → Treasury Bonds mit einer Restlaufzeit von mindestens 15 Jahren, deren Terminkurs als 100 minus Zinssatz notiert wird.
- Kontraktgröße: 100 000 US-$;
- Mindestschwankungsbreite: 32,25 US-$;
- Kontraktmonate: März, Juni, September, Dezember;
- Letzter Handelstag: 7 Arbeitstage vor dem letzten Arbeitstag eines Monats.

▶ **Treasury Bonds**

Amerikanische Schatzobligationen, die in einer Größenordnung von 1000 US-$ bis 1 000 000 US-$ denominiert sind. Treasury Bonds haben i. d. R. eine Laufdauer von über zehn Jahre und sind als Namens- oder Inhaberpapier ausgestattet (→ Wertpapier).

▶ **Treasury Certificates of Indebtness**

Kurzfristige Schuldtitel, die vom US-Schatzamt emittiert werden. Die Schuldtitel sind übertragbar, haben im Regelfall eine Laufdauer von einem Jahr und sind mit einem → Coupon ausgestattet.

▶ **Treasury Investment Growth Receipts (TIGR's)**

abgetrennte (stripped) Coupons oder Tilgungszahlungen, die aus US-Treasury-Anleihen entstanden sind und abgezinst in Form von Zerobonds gehandelt werden.

▶ **Treasury Note Contract**

(T-Note Contract) Zinsterminkontrakt (→ Financial Futures) auf → Treasury Notes mit einer Restlaufzeit von mindestens 15 Jahren.

▶ **Treasury Notes**

US-amerikanische Schatzanweisungen mit einer Laufdauer von einem bis zu zehn Jahren, die mit → Coupons (halbjährliche Zinszahlungen) ausgestattet sind. Sie werden in Form von Namens- oder Inhaberpapieren (→ Wertpapier) emittiert und haben eine Mindeststückelung von 5 000 (1000) US-$ bei Laufzeiten unter vier (über vier) Jahren Laufdauer.

▶ **Trendanalyse** → Charts

▶ **Trendumkehrformation**

Chartdarstellung, die darauf hinweist, dass sich möglicherweise eine Umkehr des derzeit herrschenden Trends (Trendwende) vollzieht. (z. B. → M-Formation).

▶ **Treppenzins**

Zinssatz, der mit zunehmender Laufzeit einer → Anleihe steigt.

▶ **Treuhandanleihe**

(TOBL) → Anleihe, die von der Treuhandanstalt emittiert wurde.

▶ **Treuhanddepot**

Depot, in das Wertpapiere vom Hinterleger für einen Dritten eingebracht wurden.

▶ **Treuhandkonto**

Hierbei überträgt der Bankkunde als Treugeber der Bank oder einem Vermögensverwalter als Treuhänder das Recht Gelder im eigenen Namen auf Risiko des Treugebers anzulegen. In der Regel müssen sich die Treuhänder verpflichten die Identität des Treugebers zu klären. Treuhandkonstruktionen werden insbesondere von Schweizer Banken angeboten.

▶ **Treuhandkredit**

Kredit, der von einer Bank im Auftrag eines Treugebers (z. B. Staat, andere Bank) weitergeleitet wird. Dabei überträgt der Treugeber der durchleitenden Bank zugleich im Zuge der Funktionsausgliederung eine Reihe von Verwaltungsaufgaben gegen entsprechendes Entgelt. Das Risiko aus der Kreditvergabe kann allein beim Treugeber liegen. Der Treugeber kann allerdings gegen Entgelt die durchleitende Bank am Risiko mit einer bestimmten Quote beteiligen.

▶ **Trigger Rate**

Auslösender (Zins-) Satz, dessen Erreichung, Über- oder Unterschreitung durch den definierten → Referenzzins die irreversible Umwandlung eines zinsvariablen in einen festverzinslichen Titel bewirkt. (→ Drop Lock Floating Rate Note)

▶ **Triple Currency Option**

Vertraglich eingeräumte Option die gegen Zahlung einer Prämie einen Kreditnehmer dazu berechtigt – ihn aber nicht verpflichtet – bei Inanspruchnahme einer Kreditfazilität zwischen drei Währungen wählen zu können.

▶ **Triple Witching Day**

Der sog. Dreifache Hexensabbat. Jeweils letzter Handelstag für den DAX-Future, die Aktien- und DAX-Optionen. Der Triple Witching Day fällt auf den dritten Freitag im März, Juni, September und Dezember eines jeden Jahres. Bei den jeweils hohen Handelsvolumina könnten sich theoretisch Auswirkungen auf die Preisgestaltung an den relevanten Märkten einstellen, was aber bislang nicht erkennbar gewesen ist.

▶ **Trockene Stücke**

Bezeichnung für die sich im Umlauf befindlichen Hypotheken-pfandbriefe.

▶ **TRUF** → Transferable Revolving Underwriting Facility

▶ **Truth in Lending Act**

Gesetz in den USA zum Schutz des Verbrauchers vor Verschleierung von Kreditbedingungen beim Konsumentenkredit (offiziell: Consumer Credit Protection Act of 1968). Das Gesetz fordert von Kreditgeber für alle Kreditarten die Offenlegung der effektiven Kreditkosten in Form des jährlichen Zinssatzes (Effektivzinssatz) unter Einbeziehung aller Nebenkosten.

▶ **Tubos**

Optionsschein-Index, der sämtliche an den deutschen Börsen gehandelte Optionsscheine auf Aktien, die durch ein bedingtes Kapital gedeckt sind, enthält. Da einerseits auslaufende Scheine in den Index mit dem Aussetzen ihrer Notierung nicht mehr einberechnet werden, andererseits neu begebene Optionsscheine mit dem ersten Tag ihrer Notierung in den Index einbezogen werden, ändert sich die Zusammensetzung des Index laufend. Die in Tubos einbezogenen Scheine sind mit ihrem zum Börsenhandel zugelassenen Emissionsvolumen gewichtet.

Der vom Bankhaus Trinkaus & Burkhardt entwickelte Index wird börsentäglich fortlaufend errechnet. Der Tubos wurde per letzter Börsentag 1987 auf 1000 Punkte basiert.

▶ **Turn over Ratio**

Kennzahl, die die Umschlagsgeschwindigkeit einer Wertpapieranlage innerhalb einer bestimmten Zeit (i. d. R. eines Jahres) misst.

U

▶ **Überbrückungskredit**

(1) → Zwischenkredit;

(2) kurzfristiger Kredit zur Überwindung vorübergehender, überschaubarer und einmaliger Liquiditätsanspannungen (z. B. → Saisonkredit). Er wird i. d. R. als grundschuldmäßig abgesicherter → Kontokorrentkredit gewährt.

▶ **Überdividende** → Vorzugsaktie

▶ **Überfinanzierung** → Überkapitalisierung

▶ **Überfremdung**

Kauf größerer Kapitalanteile einer Unternehmung durch einen oder mehrere Interessenten mit dem Ziel maßgeblichen Einfluss auf die Unternehmung zu gewinnen. Eine gewisse Überfremdung kann schon bei Vorliegen der → Sperrminorität gegeben sein. Durch Emission von → Mehrstimmrechtsaktien oder → vinkulierten Namensaktien soll die Möglichkeit einer Überfremdung ausgeschaltet werden. Als weitere Möglichkeit bietet sich die → Stimmrechtsbeschränkung der Aktionäre.

▶ **Überhängige Emissionen**

Bezeichnung für nicht vollständig untergebrachte Emissionen. Der Terminus ist insbesondere bei nicht vollständig platzierten → Pfandbriefen und → Kommunalobligationen üblich.

▶ **Überkapitalisierung**

(Überfinanzierung) im Gegensatz zur → Unterkapitalisierung ist die Unternehmung mit einem zu umfangreichen Kapitalvolumen (insbesondere Eigenkapital) im Verhältnis zu seiner Größe und Zielsetzung ausgestattet. Die Folge ist eine zu geringe Ertragsfähigkeit, d. h.

Beeinträchtigung der → Rentabilität, insbesondere des zu geringen → Kapitalumschlags. Dispositionsmöglichkeiten bei Überkapitalisierung vgl. → Finanzdispositionen bei Überdeckung.

▶ **Übernahmekonsortium**

Form eines Emissionskonsortiums, welches im Zuge einer Fremdemission zum Zweck der effizienten Erstplatzierung von → Effekten gebildet wird. Dabei übernimmt das Übernahmekonsortium diese Effekten vom Emittenten um sie anschließend auf eigene Rechnung und eigenes Risiko am Markt unterzubringen (Grundlage: Übernahme- und Bezugsvertrag). Nicht platzierte Restbestände verbleiben – zumindest für einen gewissen Zeitraum – im Eigenbesitz der Konsortialbanken (→ Begebungskonsortium, →kombiniertes Übernahme- und Begebungskonsortium).

▶ **Übernahmekurs**

Kurs, zu welchem Wertpapiere von einem Emissionskonsortium oder einer einzelnen Bank vom Emittenten übernommen werden.

▶ **Überpari-Emission**

Liegt vor, wenn der Emissionskurs über dem Nominalwert liegt (→ Emissionspolitik).

▶ **Überschuldung**

Weist die Bilanz einen Verlust aus, bezeichnet man sie als Unterbilanz. Entspricht der Verlust bei Aktiengesellschaften mindestens der Hälfte des Grundkapitals, hat der Vorstand unverzüglich die Hauptversammlung einzuberufen und ihr dies anzuzeigen (§ 92 Abs. 1 AktG).

Ist der Verlust größer als das gesamte Eigenkapital (Grundkapital bzw. Stammkapital + ausgewiesene Reserven), liegt Überschuldung vor. Überschuldung (wie Zahlungsunfähigkeit) erfordert Beantragung des gerichtlichen Insolvenzverfahrens, z. B. durch den Vorstand der Aktiengesellschaft (§ 92 Abs. 2 AktG) oder die Geschäftsführer der Gesellschaft mit beschränkter Haftung (§ 84 GmbHG).

Überschuldung ist nur bei juristischen Personen Konkursgrund, nicht bei natürlichen Personen (hier nur die Zahlungseinstellung). Überschuldung und Zahlungseinstellung (Zahlungsunfähigkeit) können zwar nicht gleichgesetzt werden, gehen aber häufig Hand in Hand.

▶ **Überweisung**

Zahlungsauftrag eines Kunden an seine Bank, zulasten seines Kontos einen bestimmten Geldbetrag auf ein anderes Bankkonto bei seiner Bank oder einem anderen Kreditinstitut zu übertragen. Die Überweisung kann in unterschiedlichen Formen durchgeführt werden:

(1) Normalfall: Die Überweisung wird im Einzelauftrag durchgeführt

(2) Sonderfälle:
- beschleunigte Überweisung im Eilverkehr, Direktverkehr oder telegrafische Überweisung;
- bei mehreren Überweisungsaufträgen am gleichen Tag kann die Abwicklung im Rahmen einer Sammelüberweisung vollzogen werden;
- bei periodisch anfallenden Zahlungsaufträgen an den gleichen Empfänger in jeweils gleicher Höhe ist ein → Dauerauftrag möglich.

▶ **Überweisungsverkehr**

(Giroverkehr) bedeutendste Form bankmäßiger Zahlungsaufträge. Es handelt sich um einen bargeldlosen → Zahlungsverkehr, der auf Initiative des Schuldners zurückgeht. Auf entsprechende Anweisungen des Schuldners erfolgen die Überweisungen zulasten seines → Girokontos und zu Gunsten der Gläubigerkonten. Normüberweisung ist der Einzelauftrag, der von der beauftragten Bank im Rahmen der üblichen betriebstechnischen Abwicklung ausgeführt wird. Daneben gibt es
- die beschleunigte Überweisung (Eilverkehr, Direktverkehr),
- die telegrafische oder telefonische Überweisung,

- die Sammelüberweisung für mehrere Zahlungen am gleichen Tag,
- den → Dauerauftrag für Zahlungen, die zu regelmäßig wiederkehrenden Terminen zu Gunsten des gleichen Kontos erfolgen.

Der Überweisungsverkehr vollzieht sich über folgende Wege:

- Haben Gläubiger und Schuldner ihr Konto bei der gleichen Bank, spricht man von Hausüberweisung (Übertrag von Konto zu Konto).
- Unterhalten zwei Kreditinstitute (z. B. zwei Filialen) gegenseitig Kontoverbindung, so vollzieht sich eine Überweisung direkt über diese Kontostellen.
- Besteht zwischen zwei Kreditinstituten keine direkte Kontoverbindung, läuft eine Überweisung über eine bzw. zwei zentrale Kontostellen (mehrstufige Überweisung). Hierfür kommen infrage: für den Privatbankbereich die Zentralen der Großbanken, für die Genossenschaftsbanken die Zentralkassen, für die Sparkassen die Girozentralen, bei Überweisungen von einem Gironetz in ein anderes für Kontostellen, die verschiedenen Girostellen angehören, die → Deutsche Bundesbank einschließlich der → Landeszentralbanken sowie die Postgiroämter.

▶ **Überzeichnung**

Ist gegeben, wenn die Nachfrage bzw. gezeichneten Beträge die Menge neu emittierter Wertpapiere übersteigt. In diesem Fall besteht die Möglichkeit, wie folgt zu reagieren: Beschränkung der → Zuteilung (Repartierung) oder Erhöhung des Emissionsbetrages. Beruht die Überzeichnung auf einer spekulativ bedingten Nachfrage, spricht man von Konzertzeichnung.

▶ **Überziehungskredit**

Kreditinanspruchnahme, die über das von einer Bank bewilligte Kreditvolumen hinausgeht. Ein Überziehungskredit wird entweder stillschweigend oder auf Grund einer Absprache mit der Bank durch diese eingeräumt. In der als Dispositionskredit bezeichneten Überziehung von Lohn- und Gehaltskonten, die von den Banken bis zur Höhe von drei Monatsgehältern bewilligt wird, hat der Überziehungskredit eine Institutionalisierung erfahren (→ Überziehungsprovision).

▶ **Überziehungsprovision**

Wird dem Kunden durch die Bank entweder berechnet, wenn ein Kredit ohne Vereinbarung in Anspruch genommen wird oder wenn ein begrenzter Kredit über den vereinbarten Betrag (Kreditlinie) hinaus ausgeweitet wird oder wenn ein eingeräumter Kredit über den vereinbarten Termin hinaus beansprucht wird.

Überziehungsprovision wird somit nur berechnet, wenn das Kreditinstitut von einer Kontoüberziehung nicht informiert war oder/und dieser nicht zugestimmt hatte.

Die Überziehungsprovision wird nur vom überzogenen Betrag berechnet und schwankt zwischen 1,5% und 4,5% p.a. Ihre Berechtigung leitet sich aus den außerplanmäßig anfallenden Refinanzierungskosten der Bank ab. Sie soll zugleich die Kreditnehmer von zu extensiven Überziehungen abhalten.

▶ **Ultimo**

Bezeichnung für den letzten Geschäfts-, Banken-, Börsentag einer Periode (Monat, Jahr).

▶ **Umfinanzierung**

(Fundierung) Finanzierungsvorgang mit dem Zweck bislang eingesetzte Finanzierungsmittel zu substituieren und im gleichen Zuge freizusetzen. Somit ist mit einer Umfinanzierung keine Bilanzverlängerung, sondern lediglich ein Passivtausch verbunden. Umfinanzierung liegt nicht vor, wenn lediglich ein Passivtausch (z.B. nominelle Kapitalerhöhung) ohne Kapitalzufuhr und -abfluss stattfindet.

Beispiele für Umfinanzierung:
- Substitution Fremd- durch Eigenkapital (Kapitalerhöhung und zugleich Kredittilgung);
- Substitution Eigen- durch Fremdkapital (Kapitalherabsetzung und zugleich Aufnahme eines Gesellschafterdarlehens);

- Substitution Fremd- durch Fremdkapital (kurzfristiger Bankkredit wird getilgt und zugleich Darlehen aufgenommen; Lieferantenkredit wird durch einen kurzfristigen Bankkredit ersetzt).

▶ **Umgekehrte Floating Rate Note**

(Umgekehrter Floater, Inverser Floater, Reverse Floating Rate Note, Bull Foater, Spezialfloater) Variante der klassischen → Floating Rate Note. Hier ergibt sich die Nominalverzinsung dadurch, dass von einem definierten festen Zinssatz ein variabler → Referenzins für Drei- oder Sechsmonatsgeld (z. B. 3- bzw. 6-Monats-FIBOR, → 3- bzw. 6-Monats-LIBOR) abgezogen wird. Diese Konstruktion hat zur Folge, dass mit sinkenden (steigenden) Marktzinssätzen die Verzinsung steigt (fällt). Insofern ist der Inverse Floater dem Typ der → Bull/Reverse Floating Rate zuzuordnen. Ein Inverser Floater kann mit einem → Cap (bzw. → Floor) ausgestattet werden, indem die Höhe des variablen Zinssatzes, der vom vorgegebenen Zinssatz abgezogen wird, nach unten (bzw. nach oben im Sinne eines Höchstabzugs) begrenzt wird. Marktbeobachtungen zeigen, dass bei Varianten vor Einsetzen der variablen Verzinsung eine Phase der festen Verzinsung (bis zu zwei Jahre) vorgeschaltet wird.

Beispiel:
200 Mio. DM Anleihe des Europarats (Juli/1990); Laufdauer: 10 Jahre; Emissionskurs: 100%; Tilgung: 100%; Verzinsung: während der Ersten beiden Jahre zu 9,5% fest in den darauf folgenden Jahren beträgt der Zinssatz 16% abzüglich des für jede Zinsperiode neu festzusetzenden 6-Monats-LIBOR.

▶ **Umgekehrte Untertasse**

Idealisierte Kurs-Umsatzformation, die den Chartisten auf eine obere Trendumkehr hinweist.

▶ **Umgekehrter Floater** → Umgekehrte Floating Rate Note

▶ **Umgründung** → Umwandlung

▶ **Umkehrwechsel** → Akzeptantenwechsel

▶ **Umlaufende Wertpapiere**

Bezeichnung für die im Besitz von Investoren befindlichen Wertpapiere.

▶ **Umlaufgrenze** → Pfandbriefe

▶ **Umlaufmarkt** → Sekundärmarkt

▶ **Umlaufvermögen**

Vermögensgegenstände (Aktiva) der Unternehmung mit häufig relativ kurzer Umschlagsdauer (die eisernen Bestände der Positionen des Umlaufvermögens sind jedoch langfristig gebunden): Vorräte (RHB-Stoffe, halb fertige Erzeugnisse, Fertigerzeugnisse, Waren), Wertpapiere des Umlaufvermögens (Abgrenzung: → Finanzanlagen), Forderungen auf Grund von Warenlieferungen und Leistungen, geleistete Anzahlungen, sonstige Forderungen (z. B. Vorschüsse, Darlehen an Betriebsangehörige), eigene Aktien, Hypotheken-, Grund- und Rentenschulden, Forderungen an Konzernunternehmen, flüssige Mittel.

Die Bewertung des Umlaufvermögens erfolgt nach dem → Niederstwertprinzip.

▶ **Umsatzerfolg** → Gewinnspanne

▶ **Umsatzgewinnrate** → Gewinnspanne

▶ **Umsatzrendite** → Gewinnspanne

▶ **Umsatzrentabilität** → Gewinnspanne

▶ **Umtausch von Aktien**

Ein Aktienumtausch kommt i. d. R. bei zwei Gelegenheiten vor:
- bei einer ordentlichen bzw. vereinfachten → Kapitalherabsetzung durch Zusammenlegung von Aktien. Eine bestimmte Anzahl von

Altaktien wird gegen eine geringere Zahl neuer Aktien mit gleichem Nennbetrag je Aktie umgetauscht;

- bei Verschmelzungen (→ Fusion) durch Aufnahme oder Neubildung. Der von der übertragenden Gesellschaft zu bestellende Treuhänder tauscht die Aktien des übertragenden Unternehmens gegen jene des aufnehmenden („Umtauschaktien") bzw. des neugegründeten Unternehmens um. Aus wertpapierrechtlicher Sicht sind die Aktienurkunden der übernehmenden Gesellschaft erst durch den Umtausch der Aktien durch den Treuhänder begeben.

▶ **Umtauschrecht bei Wandelschuldverschreibungen**

Verbrieft dem Wandelobligationär das Recht zu bestimmten Bedingungen → Wandelanleihen in eine Aktie umzutauschen. Der rechnerische Wert des Umtausch-(Wandlungsrechts) R_t^{WUm} errechnet sich nach der Formel:

$$R_t^{WUm} = \frac{A_s(KA_t - Z_t)}{W_s}$$

A_s = Anzahl der Aktien, die im Rahmen des Umtausches erhältlich sind,

Ka_t = Kurswert der Aktien im Zeitpunkt t,

Z_t = Höhe der Zuzahlung im Zeitpunkt t,

W_s = Anzahl der für den Tausch notwendigen Wandelobligationen.

Bei konstantem Konversionsverhältnis (Regelfall) hängt der rechnerische Kurswert des Wandlungsrechtes vom Kurswert der Aktien und ggf. von einer variablen (steigenden/fallenden) Höhe der Zuzahlung ab.

▶ **Umwandlung**

Änderung der Rechtsform einer Unternehmung. Gründe sind u. a. Verbreiterung der Kapitalbasis, Erhöhung der Kreditwürdigkeit, Vorteile bei der Besteuerung, Vergrößerung der Gesellschafterzahl.

▶ **Unabhängigkeit**

Eines der finanzwirtschaftlichen Ziele, das im Rahmen des unternehmerischen Handelns verfolgt wird. Im Streben nach Unabhängigkeit (Souveränität) trachtet die Unternehmensleitung danach alle Entscheidungen ohne Einwirkung Dritter zu fällen. Dritte sind aus der Sicht des angestellten Managements und von Gesellschaftern primär Kreditgeber. Das angestellte Management kann in diesen Kreis auch zusätzliche Gesellschafter einbeziehen.

Unabhängigkeit wird aus Gründen der Flexibilität (Anpassungsfähigkeit) an unvorhersehbare Situationsänderungen, die rasche Entscheidungen sowie die reibungslose Abwicklung von Entscheidungsprozessen erfordern, angestrebt. Sie ist aber nicht nur für die Qualität des formalen Ablaufs von Entscheidungsprozessen rele-

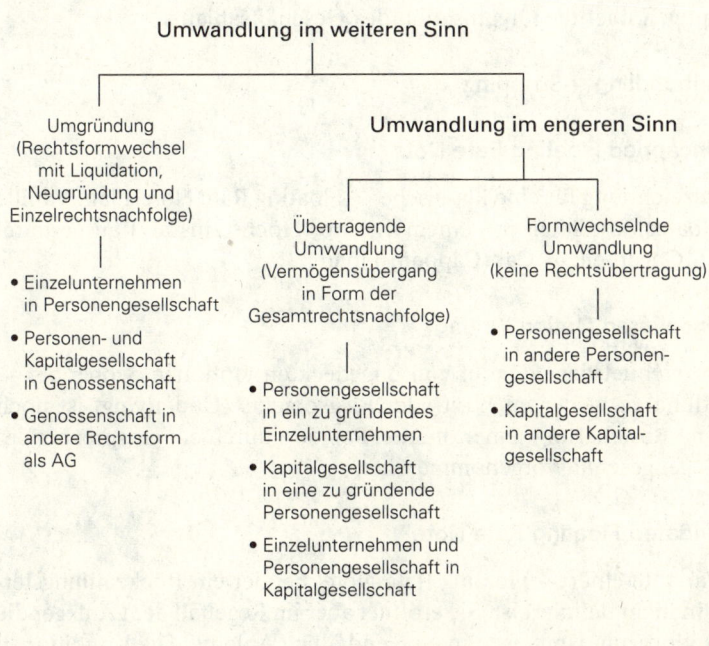

Umwandlung im weiteren Sinn

vant. Durch ihre Existenz ist die Unternehmensleitung zugleich in der Lage das anstehende Problem im Sinne der Unternehmensinteressen inhaltlich optimal zu lösen.

Eine graduelle Abstufung der Unabhängigkeit erfolgt durch Finanzierungsart (→ Finanzierung, → Kapital) und Rechtsform der Unternehmung (z. B. Stille Gesellschaftereinlage, Kommanditeinlage, Aufnahme eines GmbH-Gesellschafters, Aufnahme eines Gesellschafters in die OHG). Primäres Entscheidungskriterium ist das Ausmaß der Haftung des Kapitalgebers für Verbindlichkeiten der Unternehmung.

Eine Einteilung der Unabhängigkeit ist auch möglich nach der Art des Mitspracherechts und der Mitarbeit des Kapitalgebers: Mitsprache bei der Gewinnverwendung, der Verwendung des Finanzierungsanteils (Investitionsentscheidung), der Erweiterung und Änderung des Betriebszwecks, der Rechtsformänderung, Entscheidungen über die Organisation des Geschäftsablaufs.

▶ **Unbundling** →Stripping

▶ **Uncapped Floating Rate Note**

Bezeichnung für eine klassische → Floating Rate Note(Plain Vanilla Floater), die nicht mit einem → Cap (Höchstzinssatz) ausgestattet ist. Gegenteil: → Cap(Capped) Floater.

▶ **Uncovered Option Writing**

Bezeichnet den Verkauf von ungedeckten Optionen, wobei der → Stillhalter weder im Besitz des Basisobjekts (Underlying) ist noch eine Absicherung seiner offenen Position durch ein entsprechendes Gegengeschäft vorgenommen hat.

▶ **Undated Floating Rate Note**

Variante einer → Floating Rate Note, bei der ein Rückzahlungstermin nicht definiert ist. Sie eröffnet aber im Regelfall dem Anleger die Option zum Umtausch in eine endfällige Anleihe. Die Konditionen dieser Anleihe sind für den Investor im Vergleich zur Undated Floating Rate Note wegen der nun begrenzten Kapitalüberlassungsdauer ungünstiger.

▶ **Undated Gilts**

→ Gilts (britische Staatstitel), deren Tilgungszeitpunkt durch die Emittenten in einem bestimmten Maße bestimmt werden kann.

▶ **Undated Securities**

Wertpapiere, die keine Laufzeitbegrenzung aufweisen.

▶ **Und-Depot** → Gemeinschaftsdepot

▶ **Under Spot**

Devisenterminkursnotierung mit → Deport.

▶ **Underlying**

Angelsächsische Bezeichnung für → Basisobjekt

▶ **Underlying Instrument**

Angelsächsische Bezeichnung für → Basisobjekt

▶ **Underpriced**

Bezeichnung für einen Finanztitel, der
(1) im Rahmnen einer Neuemission mit einem Abschlag zum offiziellen Emissionskurs angeboten wird;
(2) der unterhalb seines theoretischen Wertes am Markt gehandelt wird.

▶ **Underwriting Brackets**

Bezeichnung für verschiedene Gruppen (Special, Major, Submajor, Junior und Minor) in welche die Konsortialbanken eines Emissionskonsortiums eingegliedert werden. Die Zuordnung richtet sich nach den übernommenen Aufgaben (z. B. Lead Manager, Co-Manager etc.) und den gezeichneten Quoten.

▶ **Underwriting Fee**

Vergütung, die an Konsortialbanken zu zahlen ist, wenn sie das Risiko der Nichtplatzierung als Konsortialmitglieder im Rahmen eines Übernahmekonsortiums übernehmen, indem sie die nicht untergebrachten Titel übernehmen und ggf. eine Kreditlinie einräumen.

▶ **Underwriting Group** → Übernahmekonsortium

▶ **Underwriting Panel** → Übernahmekonsortium

▶ **Unechte Stückaktie** → Quotenaktie, → Nennwertlose Aktie

▶ **Uneinbringliche Forderungen**

Forderungen, die aus der Sicht des Gläubigers als nicht eintreibbar angesehen werden. Unerheblich dabei ist, ob der Gläubiger die öffentlich-rechtliche Zwangsvollstreckung betreibt oder nicht. Für die begründete Zahlungsunfähigkeit des Schuldners müssen allerdings konkrete Anhaltspunkte gegeben sein. Zur Abdeckung der Schäden aus Forderungsausfall erfolgt der Aufbau einer Sammelwertberichtigung (Wertberichtigungen im Normalfall zwischen 0,5% und 2% des durchschnittlichen Debitorenbestandes). Die Ausbuchung einer uneinbringlichen Forderung geschieht gegen diese Wertberichtigungen.

▶ **Ungedeckter Stillhalter** → Stillhalter

▶ **Ungeregelter Freiverkehr** → Telefonhandel

▶ **Unifizierung** → Konsolidation

▶ **Universalbank**

Kreditinstitut, welches ein möglichst breites Angebot umfassender Bankleistungen anbietet. Das Angebot der Universalbanken ist, bedingt durch entsprechende Gesetze und Verordnungen, national unterschiedlicher Art. Der Universalbank steht der Typus der → Spezialbank gegenüber.

In der Bundesrepublik Deutschland ist der Universalbanktyp vorherrschend, weshalb das gesamte Bankensystem als Universalbankensystem charakterisiert wird.

▶ **Unkotierte Wertpapiere**

Effekten, die nur außerbörslich gehandelt werden, da sie nicht an einer Börse zugelassen (kotiert) sind.

▶ **Unlimitierte Aufträge**

Kauf- oder Verkaufsaufträge, die unbegrenzt sind und somit zu jedem Kurs ausgeführt werden können (→ Bestens, → Billigst).

▶ **Unlisted Securities Market (USM)**

Marktsegment an der Londoner Börse für nicht notierte Werte. Der Unlisted Security Market wurde am 10. 11. 1980 als zweites Marktsegment eröffnet um kleinen Unternehmen die Möglichkeit der breiteren Platzierung ihrer Aktien zu ermöglichen. Erreicht werden sollte diese Zielsetzung, indem die Marktzutrittskosten sowie vor allem die Zulassungsformalitäten für diesen Unternehmenskreis im Vergleich zum ersten Marktsegment drastisch gesenkt bzw. gelockert wurden. Der Unlisted Securities Market hat als Marktsegment in etwa die gleiche Funktion wie der → Geregelte Markt und der → Second Marché.

▶ **Unmittelbare Emission** → Selbstemission

▶ **Unnotierte Werte**

Wertpapiere, die weder im → amtlichen Markt noch im → geregelten Markt notiert werden.

▶ **Unregelmäßige Verwahrung**

Form der Wertpapierverwahrung, bei der der Verwahrer lediglich zur Rückgabe gleicher Effekten – also nicht derselben Stücke – verpflichtet ist.

▶ **Unsicher**

Bezeichnung für eine schwache Marktverfassung bei einem Kursverlauf, der ohne klare Richtung ist.

▶ **Unsystematisches Risiko**

Gem. Kapitalmarktheorie werden unsystematische Risiken als in-
vestmentspezifisch angesehen. D.h., dass deren Ursache immer auf
das spezifische Investment gesehen werden muss (Bsp.: Bonitätsrisiko bei Anleihen, Krediten; Genehmigungsrisiko bei einer Bauinvestition). Zusätzlich zum unsystematischen Risiko ist aber das →
systematische Risiko in die Gesamtbetrachtung einzubeziehen.

▶ **Unter Pari-Emission**

Ausgabe von Rentenpapieren (→ Anleihen) zu einem unter dem
aufgedruckten Nominalbetrag (Nennwert) liegenden Preis.
   Unter Pari-Emission von Aktien ist gem. § 9 AktG verboten, bei
Anleihen ist sie die Regel. Die Effektivverzinsung erhöht sich bei
Unter Pari-Emission, wenn die Rückzahlung von Unter Pari-Anlei-
hen zum oder über dem Nennwert erfolgt. Unter Pari-Emissionen
bieten sich bei der Emission von Anleihen deswegen an, weil mithilfe dieser Technik im letzten Moment die Anleihekonditionen auf
das aktuelle Marktzinsniveau eingestellt werden können.

▶ **Unterbilanz**

Bilanz, in der Verlust ausgewiesen wird (→ Überschuldung).

▶ **Unterkapitalisierung**

Bezeichnet im Gegensatz zur → Überkapitalisierung den Tatbestand, dass die Unternehmung über eine Ausstattung mit zu geringem Eigenkapital (oder auch langfristigem Fremdkapital) im Verhältnis zum Anlagevermögen, generell jedoch zu seiner Größe und
Zielsetzung verfügt (Dispositionsmöglichkeiten bei Unterkapitalisierung: → Finanzdisposition).

▶ **Unterkonsortium**

Bezeichnung für eine Bankengruppe, die im Auftrag eines Emissionskonsortiums die teilweise Erstplatzierung von Wertpapieren übernimmt.

▶ **Unternehmensbericht**

Ist gem. § 73 (2) BörsG in unterschriebener Form dem Antrag auf Zulassung zum → Geregelten Markt beizufügen (→ Börsenzulassung von Wertpapieren). Der Antrag soll Angaben über den Emittenten und die Wertpapiere enthalten, die für die Anlageentscheidungen von Relevanz sind. Derartige Informationen sind insbesondere Erklärungen zur aktuellen Geschäftslage, zur Geschäftsprognose und der letzte veröffentlichte Jahresabschluss; außerdem eine Erklärung, dass keine Erkenntnisse über Umstände vorliegen, die bei Zulassung der Wertpapiere zwangsläufig zu einer Übervorteilung der Investoren oder allgemeiner Interessen führen würde. Unter gewissen Bedingungen kann gem. § 73 (2), (3) BörsG von der Vorlage des Unternehmensberichts abgesehen werden.

Für einen unrichtigen Unternehmensbericht gelten die Haftungsregelungen gem. §§ 45–49 BörsG (→ Prospekthaftung).

▶ **Unternehmensbeteiligungsgesellschaft**

Unternehmen, welches als Unternehmensbeteiligungsgesellschaft in der Rechtsform der Aktiengesellschaft firmiert, seinen Sitz im Inland hat und mit einem Grundkapital von mindestens 2 Mio. DM ausgestattet ist (§ 2 UBGG). Die Unternehmung muss gem. § 1 UBGG von den zuständigen obersten Landesbehörden als Unternehmensbeteiligungsgesellschaft anerkannt werden. Einzelheiten des Anerkennungs- und Widerrufsverfahrens sind gem. § 14 UBGG geregelt.

Unternehmensbeteiligungsgesellschaften dürfen gem. § 3 UBGG generell folgende Anlagen tätigen:
(1) Aktien, Geschäftsanteile an einer GmbH, Kommanditanteile, Bezugsrechte, Beteiligungen als stiller Gesellschafter:

1. Aktien, die weder zur amtlichen Notierung oder zum Geregelten Markt an einer inländischen Börse zugelassen sind noch an einem inländischen organisierten Markt gehandelt werden;
2. Aktien, die in Ausübung von Bezugsrechten, die der Unternehmensbeteiligungsgesellschaft gehören, erworben werden;
3. Geschäftsanteile an einer Gesellschaft mit beschränkter Haftung;
4. Kommanditanteile;
5. Beteiligungen als stiller Gesellschafter im Sinne des § 230 HGB an Unternehmen, deren Anteile weder zur amtlichen Notierung oder zum Geregelten Markt an einer inländischen Börse zugelassen sind noch an einem inländischen organisierten Markt gehandelt werden;
6. Bezugsrechte, sofern die Aktien, aus denen die Bezugsrechte herrühren, gem. Nr. 1 erworben werden könnten;
7. Aktien, die der Unternehmensbeteiligungsgesellschaft bei einer Kapitalerhöhung aus Gesellschaftsmitteln zustehen.

Anteile oder Beteiligungen als stiller Gesellschafter dürfen nur an Unternehmen erworben werden, die ihren Sitz und ihre Geschäftstätigkeit im Inland haben.

(2) Darlehensvergabe an Unternehmen, wenn sie an diesem Anteile hält oder als stiller Gesellschafter beteiligt ist.

(3) Verfügbares Geld darf die Unternehmensbeteiligungsgesellschaft außer in den Fällen 1, 2, 4, 5 nur verwenden
• zur Anlage bei Kreditinstituten im Inland;
• zum Ankauf von auf Deutsche Mark lautenden Schuldverschreibungen, die keine Wandel- oder Gewinnschuldverschreibungen sind und die zur amtlichen Notierung oder zum Geregelten Markt an einer inländischen Börse zugelassen sind.

(4) Der Erwerb von Grundstücken ist nur zur Beschaffung von Geschäftsräumen gestattet.

(5) Sonstige Geschäfte dürfen nur getätigt werden, wenn sie mit dem Unternehmensgegenstand zusammenhängen.

Die Anlagen sollen in den vorgeschriebenen Grenzen hinsichtlich des § 4 UBGG getätigt werden.

▶ Unternehmensbeteiligungsgesetz

Soll den Erwerb mittelbarer Beteiligungen an nicht-emissionsfähigen Unternehmen für breite Anlegerschichten ermöglichen, indem diese Aktien einer Gesellschaft zeichnen, die ihrerseits Eigenkapital für kleine und mittlere Betriebe zur Verfügung stellt (Unternehmensbeteiligungsgesellschaft). Damit können zugleich Nachteile von nicht-börsenfähigen Unternehmen bei der Suche nach Beteiligungskapital gemildert werden. Dem Anlegerschutzgedanken wird im Gesetz durch Mindestpublizitäts-, Mindestkapital- und Risikostreuungsvorschriften für die Unternehmensbeteiligungsgesellschaft Rechnung getragen.

▶ Unterordnungskonzern → Konzern

▶ Unterstützungslinie

Linie in einer Chart, die vom Kursverlauf nicht nach unten durchbrochen wird.

▶ Untertasse

Idealisierte Kurs-Umsatzformation, die den Chartisten auf eine untere Trendumkehr hinweist.

▶ Unverzinsliche Schatzanweisungen

(Bubills, U-Schätze) Schuldverschreibungen des Bundes, seiner Sondervermögen und der Bundesländer. Die U-Schätze werden abgezinst diskontiert und bieten somit ihren Investoren keine laufende Verzinsung. Die Emission der Titel erfolgt im Tenderverfahren. Stückelung: Nominalbeträge ab 1 Mio. €. U-Schätze werden nicht in effektiven Stücken ausgegeben und werden in Sammelurkunden verbrieft. Zinsberechnungsmethode: act/ 360;. Die Umstellung der Altemissionen auf Euro ist nicht erfolgt. Am Markt werden zwei unterschiedliche Varianten angeboten:

(1) U-Schätze, die durch die Deutsche Bundesbank auch vor Fälligkeit zurückgenommen werden. Die Laufzeiten bewegen sich zwischen sechs Monaten und bis zu zwei Jahren.

(2) N-Titel, die vor ihrer Fälligkeit nicht zurückgenommen werden müssen. Die Bundesbank kann allerdings N-Titel in gesonderten Rückkaufaktionen zurückkaufen. Die Laufzeiten der N-Titel bewegen sich zwischen drei Monaten und bis zu 2 Jahren.

Unverzinsliche Schatzanweisungen werden nicht an der Börse gehandelt. Die Papiere sind mündelsicher.

▶ **Up-/Out-Optionen** → Knock out-Optionen

▶ **Usance-Kurs** → Cross Rate

▶ **Usancen**

Allgemeine Bezeichnung für Handelsbräuche, die in vielen Wirtschaftsbereichen üblich sind. Usancen sind entweder mündlich überliefert oder schriftlich fixiert. An den deutschen Wertpapierbörsen sind die Usancen heute in den Bedingungen für den Amtlichen Handel, Geregelten Markt und den Freiverkehr schriftlich festgehalten.

▶ **U-Schätze** → Schatzanweisungen

▶ **USM** → Unlisted Securities Market

V

▶ **Valorennummer** → Wertpapiernummer

▶ **Value At Risk (VAR)**

Bezeichnet die Summe aller offenen Handelspositionen (einschließlich der → Derivate) im Handelsbuch einer Bank und dient damit als Steuerungsgröße zur Erfassung des eingegangenen Marktrisikos.

▶ **Value Line Composite Average Index (VLA)** → Value Line Index

▶ **Value Line Index**

Abkürzung für Value Line Composite Average Index. Gleichgewichteter Durchschnitt von 1680 Aktien, die in den USA an der New York Stock Exchange (NYSE), der American Stock Exchange (AMEX), auf dem → Over the Counter Market (OTC) sowie an US-amerikanischen Regionalbörsen gehandelt werden.

Beim Value Line Index-Handel auf Termin (→ Financial Futures) wird der Kontrakt wie der Index notiert. Der Kontraktwert ergibt sich aus der Multiplikation des aktuellen Indexes mit dem Faktor 500. Die kleinstmögliche Änderung des Indexes, die sich als Kursänderung des Futures-Kontrakts niederschlägt, beträgt 0,05 Indexpunkte = 25 US-$.

- Tägliche Schwankungsbegrenzung des Preises: keine;
- Kontraktmonate: März, Juni, September, Dezember;
- Letzter Handelstag: letzter Geschäftstag des Abwicklungsmonats;
- Abwicklungstag: Geschäftstag nach dem letzten Handelstag des Abwicklungsmonats;
- Abwicklung: Barabwicklung nach Kontoanpassung an den Marktwert auf Basis des Value Line Index am Schluss des letzten Handelstages.

▶ **Valuta**

(1) Wertstellung, (Valutierung) Buchungsdatum der Wertpapiere nach Geschäftsabschluss an der Börse oder Zeitpunkt, zu dem die Gutschrift (und damit Verzinsung) bzw. Belastung auf dem Bankkonto durch die Bank erfolgt (per valuta). Sie wird jeweils auf den Bankbelegen angezeigt. Bei Einziehung vor einem bestimmten Zeitpunkt (z. B. 10 Uhr) erfolgt die Valutierung noch am selben Tag (d. h. mit der Verbuchung).
Bei Überweisungen erfolgt die Wertstellung am Tage der Auszahlung bzw. Überweisung. Das Datum der Ausstellung hat keinen Einfluss auf die Wertstellung. Bei Wertpapier- und Devisentransaktionen erfolgen Lieferung und Zahlung zwei Werktage später.

(2) Sammelbegriff für fremde Währungen.

▶ **Valuta kompensiert**

Vertragsklausel im Devisenhandel. Sie bewirkt, dass eine Devisenlieferung und ihre Bezahlung taggleich erfolgen müssen.

▶ **Valuta-Anleihe** → Auslandsanleihen

▶ **Valuta-Bonds** → Auslandsanleihen

▶ **Valuta-Klausel**

(Devisen-, Währungs- bzw. Wertsicherungsklausel) die zur Sicherung gegen Währungsverfall dient. Ist sie Vertragsbestandteil, so können beide Vertragsparteien oder lediglich eine von ihnen zur Begleichung künftiger Zahlungen (z. B. Zins-, Tilgungs-, Dividendenzahlungen) in ausländischen Währungseinheiten verpflichtet werden. So wird z. B. eine Forderung gegen Währungsverfall abgesichert, indem sie nicht in Russischen Rubel, sondern unter Bezugnahme auf ausländische Währung, z. B. US-$, ausgedruckt wird.

▶ **Valuta-Kredit**

Kredit, der auf fremde Währung(en) lautet.

▶ **Valuta-Papiere**

(Ausländische) Wertpapiere, die auf ausländische Währung lauten und deren Zins-, Tilgungs- sowie Dividendenzahlungen in ausländischer Währung erfolgen (Valuta-Anleihen, Valuta-Bonds). Zinsscheine der Valuta-Papiere werden mit Valuten bezeichnet.

▶ **Valuta-Risiko**

Bezeichnet die Gefahr einer Wechselkursänderung.

▶ **Valuten**

Bezeichnung für
(1) → Währungen und → Devisen;
(2) → Zinsscheine der → Valuta-Papiere.

▶ **Valutierung** → Valuta

▶ **Variabel verzinsliche Kassenobligation** → Variante der Kassen-obligation

▶ **Variable Kassenobligation**

(Variabel verzinsliche Kassenobligation, Zinsvariable Kassenobligationen) Variante der klassischen → Kassenobligationen, die sie von diesen in der Verzinsung unterscheiden. Im Regelfall werden variable Kassenobligationen auf EURIBOR-Basis plus Aufschlag verzinst.

▶ **Variable Kurse**

Diejenigen Kurse, die sich im → variablen Handel laufend über die gesamte Börsenzeit ergeben. → Variabler Handel.

▶ **Variable Note**

Variante einer → Floating Rate Note, die mit einem variablen Spread (Zu- oder Abschlag) ausgestattet ist. Bei einem klassischen Floater ist der Spread auf den variablen Referenzzins über die gesamte Laufzeit konstant.

▶ **Variable Rate Notes**

→ Anleihen mit variablen Zinssätzen, bei denen neben der periodischen Zinsanpassung (Referenzzins plus Aufschlag bzw. Spanne) die Spanne über dem → Referenzzinssatz (z. B. → EURIBOR oder → LIBOR) für jede Couponperiode unter Berücksichtigung von Änderungen in der Schuldnerbonität oder/und der marktüblichen Zinsspannen neu festgelegt werden kann. Insofern handelt es sich bei Variable Rate Notes um eine Variante der → Floating Rate Notes, die sich vom klassischen Floater darin unterscheidet, dass neben der Zinsvariabilität eine Spannenvariabilität gegeben ist.

▶ **Variable Werte**

Wertpapiere, die in den variablen Handel einbezogen sind (→ Variabler Handel).

▶ **Variabler Handel**

(Variabler Markt, Variabler Verkehr) Markt für diejenigen Wertpapiere mit großen Umsätzen, für welche über die gesamte Börsenzeit hinweg -entsprechend der Auftragslage- Abschlüsse getätigt werden können. Im Gegensatz zum →Einheitsmarkt erfolgt die Kursfeststellung laufend. → Variabler Handel.

▶ **Variabler Markt** → Variabler Handel

▶ **Variabler Zinsswap** → Basis Swap

▶ **Variation Margin**

Wird bei Futures-Kontrakten und Optionen auf Futures börsentäglich zum Zweck des Ausgleichs der noch vorläufigen Gewinne und Verluste aus den offenen Terminpositionen berechnet.

Zu diesem Zweck wird (nach der Mark to Market-Methode) die Differenz zwischen den bewerteten einzelnen Positionen Tagesendwert des Börsentages zum Tagesendwert dieser Positionen des Börsenvortages gebildet. Der so ermittelte Gewinn oder Verlust wird börsentäglich dem Kundenkonto gut geschrieben oder belastet.

▶ **Variomax-Anleihe**

Variante einer Floating-Rate Note mit halbjährlicher Zinsanpassung an einen Referenzzlns. Die Anleihebedingungen sehen eine Zinssatzober- und -untergrenze vor. Abweichend von der Konstruktion der → Collared Floating Rate Note ist die Zinsuntergrenze nach oben beweglich. D.h., dass eine einmal erreichte Zinsuntergrenze nicht wieder unterschritten werden kann. Zugleich ist durch die Einfügung einer → Drop Lock Clause- eine feste Zinsuntergrenze als →„Trigger Rate" definiert. Erreicht der LIBOR diese Marke (z. B. 8 %), wird der Titel für die Restlaufzeit ein festverzinsliches Papier mit einem entsprechenden Coupon. In dieser Anleihekonstruktion ist auch das wesentliche Konstruktionsmerkmal der →Drop Lock Floating Rate Note berücksichtigt. Entwickelt wurde diese Anleihe-Variante durch die Commerzbank AG.

▶ **VDAX**

(DAX Volatilitätsindex) misst die Marktvolatilität, die die Marktteilnehmer innerhalb der vorausliegenden fünfundvierzig Tage erwarten. Der VDAX demonstriert die Schwankungen p.a., welche die Marktteilnehmer für den Aktienmarkt – repräsentiert durch den DAX – für die kommenden fünfundvierzig Tage erwarten.

Einbezogen werden in die Berechnung jeweils zwei → Optionsserien, die eine Laufzeit von 45 Tagen umschließen. Die relevanten Daten werden börsentäglich um 13.30 Uhr erhoben.

▶ **Vega**

(Eta, Kappa, Omega) Kennziffer, welche die absolute Änderung des Optionspreises in Reaktion auf die Änderung der → Implied Volatility des → Basisobjekts um einen Prozentpunkt misst. Sie stellt damit die Ableitung der Optionsfunktion nach der Volatilität dar.

$$\text{VEGA} = \frac{\text{Veränderung der Implied Volatility}}{\text{Veränderung der Optionsprämie}}$$

▶ **Venture Capital**

Bezeichnung für Eigenkapital, welches jungen Unternehmen, die ihr Wachstum nicht aus eigener Kraft finanzieren können und von Banken mangels Sicherheiten keine bzw. keine ausreichenden Kredite erhalten, durch eine spezialisierte Gesellschaft (Venture Capital Fonds) zur Verfügung gestellt wird. Der Fonds, der sich seinerseits durch Ausgabe von Zertifikaten an institutionelle Anleger und Private refinanziert, führt eine zukunftsbezogene Bonitätsprüfung durch (Selektionsphase), stellt eine Minderheitsbeteiligung zur Vergütung (Investitionsphase) und gewährleistet intensive Beratung und Betreuung (Überwachungsphase). Da überwiegend innovative Unternehmen in Zukunftsbranchen durch Venture Capital gefördert werden, kommt der Risikokapitalvergabe auch eine gesamtwirtschaftliche Funktion im Rahmen der Technologieförderung und Strukturpolitik zu.

▶ **Verbindlichkeiten**

Verpflichtungen eines Unternehmens, die stets zu ihrem Rückzahlungsbetrag (gem. § 253 (1) HGB) in der Handelsbilanz zu bilanzieren sind. Sie sind gem. § 266 (3) wie folgt auszuweisen:

(1) Anleihen, davon konvertibel;
(2) Verbindlichkeiten gegenüber Kreditinstituten;
(3) erhaltene Anzahlungen auf Bestellungen;
(4) Verbindlichkeiten aus Lieferungen und Leistungen;
(5) Verbindlichkeiten aus der Annahme gezogener Wechsel und der Ausstellung eigener Wechsel;

(6) Verbindlichkeiten gegenüber
   (a) verbundenen Unternehmen,
   (b) Unternehmen, mit denen ein Beteiligungsverhältnis besteht;
(7) sonstige Verbindlichkeiten.

Eine Strukturierung nach ihrer Fälligkeit ist nicht vorgesehen. Allerdings müssen Kapitalgesellschaften gem. § 268 (5) HGB Verbindlichkeiten mit einer Restlaufzeit von unter einem Jahr bei jedem gesondert ausgewiesenen Posten vermerken. Verbindlichkeiten mit einer Restlaufzeit von mehr als fünf Jahren sind gem. § 285 (1) HGB in einem Gesamtbetrag und zusätzlich für jeden Posten gem. § 285 (2) gesondert darzustellen.

▶ **Verbriefung** → Securitization

▶ **Verbundene Unternehmen**

Sind gem. § 15 AktG rechtlich selbstständige Unternehmen, die zueinander in unterschiedlich intensiver Verbindung stehen. Sie reicht von der einfachen Mehrheitsbeteiligung über abhängig und herrschende Unternehmen, den → Konzern, wechselseitig beteiligte Unternehmen, verbundene Unternehmen bis zur eingegliederten Unternehmung (vgl. Übersicht).

	Rechts-grundlage
● In Mehrheitsbesitz stehende Unternehmen und mit Mehrheit beteiligte Unternehmen	§ 16 AktG
Von einem in Mehrheitsbesitz stehenden Unternehmen wird vermutet, daß es von dem an ihm mit Mehrheit beteiligten Unternehmen abhängig ist	§ 17 (2) AktG
● Abhängige und herrschende Unternehmen Abhängige Unternehmen sind rechtlich selbständige Unternehmen, auf die das herrschende Unternehmen mittelbar oder unmittelbar einen beherrschenden Einfluß ausüben kann	§ 17 (1) AktG
In diesem Fall wird bis zur Widerlegung unterstellt, daß beide Unternehmen einen Konzern bilden	§ 18 (1) AktG

	Rechts-grundlage
● Konzern und Konzernunternehmen Ein herrschendes sowie ein oder mehrere abhängige Unternehmen, die unter einer einheitlichen Leitung zusammengefaßt sind, bilden einen Konzern.	§ 18 (1) AktG
Besteht zwischen Unternehmen ein Beherrschungsvertrag oder ist das eine Unternehmen in das andere Unternehmen eingegliedert, gelten diese Unternehmen als Konzern.	§ 291 AktG § 319 AktG
Bei abhängigen oder herrschenden Unternehmen wird bis zur Widerlegung die Existenz des Konzerns lediglich unterstellt.	§ 18 (1) AktG
Konzernarten:	§ 18 (1) AktG
● Unterordnungskonzern. Ein herrschendes und mehrere abhängige Unternehmen sind unter Leitung des herrschenden Unternehmens zusammengefaßt.	
● Gleichordnungskonzern. Rechtlich selbständige, voneinander nicht abhängige Unternehmen, die unter einheitlicher Leitung zusammengefaßt sind	§ 18 (2) AktG
● Wechselseitig beteiligte Unternehmen Wechselseitig beteiligte Unternehmen haben die Rechtsform einer Kapitalgesellschaft oder bergrechtlichen Gewerkschaft, ihren Sitz im Inland und sind mit jeweils mehr als 25% der Anteile an der anderen Gesellschaft beteiligt.	§ 19 (1) AktG
Ist eines der wechselseitig beteiligten Unternehmen im Besitz einer Mehrheitsbeteiligung an der anderen Unternehmung oder übt es einen beherrschenden Einfluß aus, so wird das eine Unternehmen als beherrschendes, das andere als abhängiges Unternehmen betrachtet. Sind beide wechselseitigen Unternehmen im Besitz einer Mehrheitsbeteiligung oder üben einen beherrschenden Einfluß aus, gelten sie beide als herrschend und abhängig.	§ 19 (2) AktG
Wechselseitig beteiligte Unternehmen haben einander unverzüglich die Höhe der Beteiligung und jede Änderung derselben mitzuteilen.	§ 328 (3) AktG
● Vertragsteile eines Unternehmensvertrags Beherrschungs-, Gewinnabführungs- sowie Gewinngeschäftsführshcäftsführungsverträge	§ 15 AktG § 291 AktG
Gewinngemeinschaften, Teilgewinnabführungs-, Betriebspacht- und Betriebsüberlassungsverträge	§ 292 AktG
Abschluß, Änderung und Beendigung von Unternehmensverträgen sind nach Aktienrecht geregelt	§ 293 AktG

	Rechts-grundlage
• Eingegliederte Gesellschaft Rechtlich selbständige Gesellschaft, die im Innenverhältnis wie eine unselbständige Abteilung der Hauptgesellschaft arbeitet.	§ 319 AktG
Eingliederung, Gläubigerschutz, Leitungsmacht der Hauptgesellschaft etc. Sind nach Aktienrecht geregelt.	§ 319 AktG

Typisierung verbundener Unternehmen gem. Aktiengesetz

▶ **Verdecktes Stammkapital** → Stammkapital

▶ **Verfalldatum**

(Expiration Date, Expiry) ist bei

(1) Optionsgeschäften der letzte Zeitpunkt (Tag), bis zu welchem die Optionsausübung möglich ist;

(2) Optionsscheinen der letzte Zeitpunkt (Tag), bis zu welchem die Optionsausübung möglich ist;

(3) Futures oder Forward Kontrakten der endgültige Erfüllungstermin.

▶ **Verfalltag** → Verfalldatum

▶ **Vergleich**

(1) Ein schuldrechtlicher gegenseitiger Vertrag. Dieser soll den Streit oder die Ungewissheit von zwei oder mehr Parteien über ein Rechtsverhältnis beseitigen. Der Vergleich bedarf gem. § 779 BGB keiner Form, wenn sich nicht aus dem Vergleichsgegenstand die Notwendigkeit zwingend ergibt. Damit können seine Verbindlichkeiten zum Teil oder vollständig erlassen werden. Generell dürfte aber eine Regelung im gerichtlichen Insolvenzverfahren (Insolvenzordnung vom 5. 10. 1994) gesucht werden.

(2) Bis zum 1. 1. 1999 diente der Zwangsvergleich (ein gerichtliches Verfahren) dazu, einen eröffneten Konkurs aufzuheben. Der Gemeinschuldner bot hierbei den Gläubigern einen höheren Prozentsatz an, als sie im Konkursverfahren hätten erhalten können. Der vom Gericht bestätigte Vergleich war für alle Gläubiger bindend. Damit konnte ein drohender Konkurs abgewendet werden. Seit dem 1. 1. 1999 wird normalerweise eine Regelung in einem gerichtlichen Insolvenzverfahren (Insolvenzordnung vom 5. 10. 1994) gesucht.

▶ **Verkaufsoption** → Put Option

▶ **Verkaufsprospekt** → Prospekt

▶ **Verkaufssignal**

In der → Chartanalyse üblicher Begriff. Ein Verkaufssignal gibt dem Chartanalytiker (→ Charts) einen Hinweis zum Verkauf des betreffenden Wertpapiers. Gegenteil: → Kaufsignal.

▶ **Verkehrsaktien**

Aktien von Verkehrsunternehmen, wie Schifffahrt, Luftfahrt, Eisenbahn (→ Versorgungswerte).

▶ **Verkehrshypothek** → Hypothek

▶ **Verkürzter Prospekt**

→ Börsenzulassungsprospekt, der gem. § 33 BörsZulVO in verkürzter Form vorgelegt werden kann.

▶ **Verlustzuweisung** → Abschreibungsgesellschaft

▶ **Vermögensanlage** → Kapitalanlage

▶ **Vermögensendwert**

Auf das Ende eines Planungszeitraums aufgezinster Wert sämtlicher Zahlungen einer Investition, die saldiert werden.

▶ **Vermögensseite der Bilanz** → Aktivseite der Bilanz

▶ **Veröffentlichungspflicht** → Publizität

▶ **Verpfändung**

Zur Sicherung einer Forderung bestimmte Belastung einer beweglichen Sache oder eines Rechts, welche den Gläubiger der gesicherten Forderung berechtigt Befriedigung aus der Sache zu suchen (§ 1204 BGB). Entstehen und Bestand des Pfandrechts sind untrennbar mit der zu sichernden Forderung verknüpft (akzessorisches Recht); es ermäßigt sich und erlischt gemeinsam mit ihr. Die Verpfändung erfolgt durch Einigung, dass ein Pfandrecht bestehen soll und Übergabe des verpfändeten Gegenstands oder bei Rechten durch Anzeige an einen Dritten, dem gegenüber das Recht besteht (Drittschuldner). Der Gläubiger wird unmittelbar Besitzer, während das Eigentum beim Schuldner verbleibt. Häufigster Anwendungsbereich ist die Verpfändung zur Sicherung von Krediten. Der Zwang zur Übergabe des Pfandes schränkt den Kreis der verpfändbaren Objekte erheblich ein: Das Pfand wird der Nutzung des Kreditnehmers entzogen, die verpfändeten Waren müssen auch jederzeit verwertbar sein und für die Pfandgegenstände ist ein Lager- und Verwaltungsbetrieb notwendig. Daher ist schon allein aus Kostengründen nur die ist die Verpfändung von Wertpapieren,, Forderungen und hochwertigen marktgängigen Waren (Schmuck, Kunstgegenstände) von Bedeutung. Die Verpfändung von Warenlagern und Investitionsgütern kommt kaum vor.

▶ **Verrechnungsscheck**

Ein mit dem Vermerk „nur zur Verrechnung" oder einem gleich bedeutenden Vermerk (z. B. angebrachte Doppelstriche) versehener → Scheck. Schecks mit der sog. Verrechnungsklausel dürfen gem. Art. 39 ScheckG keinesfalls in bar ausgezahlt werden. Sie sind daher weitgehend vor Fälschung und Verlust gesichert.

Die Einlösung des Verrechnungsschecks erfolgt auf dem Wege der Gutschrift (Verrechnung, Überweisung, Ausgleichung). Die Gutschrift gilt als Zahlung. Wird der Verrechnungsscheck in bar eingelöst und entsteht hierdurch ein Verlust, so haftet der Bezogene bis zur Höhe der Schecksumme.

▶ **Verschmelzung** → Fusion

▶ **Verschuldungsgrad**

(Verschuldungskoeffizient, Anspannungsgrad, Kapitalanspannung, Debt Equity Ratio) Kennziffer, die im Rahmen die auf das Verhältnis des Fremdkapitals zum Eigenkapital abstellt und Auskunft über die Prportionierung der bisher genutzten Kapitalquellen im Rahmen der Unternehmensfinanzierung Auskunft geben soll (vertikale → Finanzierungsregel). D.h., dass hier eine Aussage (Aussage über Proportionierung der Kapitalquellen zueinander getroffen wird, die auf das Verhältnis des Fremdkapitals zum Eigenkapital (oder Gesamtkapital) abstellt. Früher wurde oft die 1 : 1-Regel bzw. 100%-Regel postuliert (Eigenkapitalquote, d. h. Anteil des Eigenkapitals am Gesamtkapital = 1 : 2 oder 50%). Die Gläubiger sollen danach nicht stärker an der Kapitalausstattung der Unternehmung beteiligt sein als deren Eigentümer (Risikoaspekt). Dieses Postulat wurde später durch die 1 : 2 (EK/FK)-Regel ersetzt.

Der Verschuldungsgrad wird durch folgende Kennzahlen dargestellt:

$$\text{Verschuldungsgrad} = \frac{\text{Fremdkapital}}{\text{Eigenkapital}}$$

$$\text{Eigenkapitalquote} = \frac{\text{Eigenkapital}}{\text{Gesamtkapital}} \cdot 100$$

$$\text{Fremdkapitalquote} = \frac{\text{Fremdkapital}}{\text{Gesamtkapital}} \cdot 100$$

Der Verschuldungsgrad soll den Umfang der Verschuldung (damit des Risikos) und somit die Fähigkeit bei entstehenden Verlusten aufgenommene Kredite dennoch bedienen zu können Auskunft geben. Damit erhält der Kreditgeber Informationen über die Dispositionsfreiheit der Unternehmung und ihre → Kreditwürdigkeit. Die Sicherheitsanforderungen werden bei zu hohem Verschuldungsgrad negativ beeinflusst. Durch diese Betrachtungsweise werden Rentabilitätsaspekte aber vernachlässigt, denn ein niedriger Verschuldungsgrad kann unter bestimmten Prämissen die Eigenkapitalrentabilität beeinträchtigen (→ Leverage-Effekt). Andererseits ist mit der angestrebten bzw. realisierten Leverage-Chance zugleich auch immer ein entsprechendes Leverage-Risiko verbunden.

Als „optimaler" Verschuldungsgrad wird diejenige Kapitalstruktur (Verhältnis des Eigenkapitals zum Fremdkapital) bezeichnet, bei der die durchschnittlichen Kapitalkosten gegenüber anderen Alternativen am geringsten sind (→ Leverage-Effekt, →Modigliani-Miller-Theorem).

▶ **Versicherungsaktien**

Aktien von Versicherungsgesellschaften. Sie sind im Regelfall → vinkulierte Namensaktien.

▶ **Versicherungshypothek**

→ Hypothekarkredit, der von Lebens-Versicherungsgesellschaften gewährt wird. Im Gegensatz zur Bankhypothek handelt es sich hier um die Koppelung eines Hypothekarkredits mit einer Lebensversicherung (Hypothekenversicherung). Mit Abschluss eines Hypothekarkredits wird eine Lebensversicherung in gleicher Höhe und gleicher Laufzeit abgeschlossen. Der Hypothekarkredit wird in Forum der sog. Festhypothek gewährt, für die während der Laufzeit lediglich Zinszahlungen, nicht aber Tilgungszahlungen geleistet werden. Außerdem zahlt der Kreditnehmer (zugleich versicherte Person) die laufenden Prämien für seine Lebensversicherung. Die Tilgung des Hypothekarkredits erfolgt am Laufzeitende unter Verrechnung der per Lebensversicherungsvertrag angesammelten Beträge (einschließlich Zins- und Zinseszinsen). Für den Todesfall des Hypotheken- und Versichungsnehmers ist die Tilgung des Kredits durch die Lebensversicherung garantiert. Zins- und Prämienbeträge sind hier steuerlich absetzbar, während bei der Bankhypothek lediglich die Zinsen, nicht aber die Tilgungsraten steuerlich geltend gemacht werden können.

▶ **Versorgungswerte**

Aktien von Versorgungsunternehmen (Elektrizität, Gas, Wasser, Verkehr, Hafenbetrieb). Die Kurse werden z. T. in der Rubrik Verkehrswerte, z. T. unter den Industrieaktien im Kursblatt veröffentlicht. Versorgungswerte befinden sich häufig in öffentlichem Besitz.

▶ **Vertical Spread**

Kombinationsstrategie durch gleichzeitigen Kauf und Verkauf von Optionen der gleichen → Optionsklasse mit unterschiedlichen → Basispreisen aber gleichem Verfallmonat. Vgl.: → Spread (4) , → Horizontal Spread, → Diagonal Spread

▶ **Vertikale Finanzierungsregeln**

Kapitalstrukturregeln → Finanzierungsregeln

▶ **Vertretbare Wertpapiere**

(Fungible Wertpapiere) sämtliche Wertpapiere, die → Fungibilität aufweisen.

▶ **Vertretbarkeit** → Fungibilität

▶ **Vertriebsgesellschaft** → Investmentgesellschaft

▶ **Verwässerung** → Kapitalverwässerung

▶ **Verwässerung des Aktienkapitals** → Kapitalverwässerung

▶ **Verwahrung von Wertpapieren** → Depot, → Sammelverwahrung, → Sonderverwahrung

▶ **Verwahrungsarten von Wertpapieren**

Nach dem Depotgesetz werden folgende Verwahrungsarten unterschieden:
(1) Sonderverwahrung (Streifbanddepot)
    (a) im eigenen Haus
    (b) Drittverwahrung
        → Depot A (Eigendepot)
        → Depot B (Fremd- oder Anderdepot)

(2) Sammelverwahrung
- **(a)** im eigenen Haus → Haussammelverwahrung
- **(b)** Drittverwahrung
  - → Depot A (Eigendepot)
  - → Depot C (Fremd- oder Anderdepot)

▶ **Verwaltungsaktie** → Vorratsaktien

▶ **Verwertungsaktie** → Vorratsaktie

▶ **Verzugszinsen**

Hat der Schuldner die Nichterfüllung einer fälligen und angemahnten Geldschuld (Schuldnerverzug gem. §§ 284 ff. BGB) zu vertreten, so ist er verpflichtet Verzugszinsen vom Tage des Verzugszeitpunktes an zu entrichten. Nach § 288 (1) BGB beträgt die Höhe der Verzugszinsen 4%, wenn die Voraussetzungen des § 352 HGB (beiderseitiges Handelsgeschäft) vorliegen, 5%. In der Praxis ist eine vertragliche Regelung der Verzugszinsen üblich. Liegt die vertraglich fixierte Zinsvereinbarung über der gesetzlich bestimmten, so hat der Schuldner diese höheren Zinsen zu zahlen.

▶ **Vinkulierte Aktien**

(Gebundene Aktien) sind kraft aktienrechtlicher Bestimmungen immer → Namensaktien (§ 68 Abs. 2 AktG), deren Übertragung auf andere Personen lt. Satzung an die Zustimmung der Gesellschaft „gebunden" ist. Diese für Eigentumsübertragungen erforderliche Zustimmung erteilt der Vorstand oder, falls entsprechende Satzungsvorschriften vorliegen, der Aufsichtsrat oder die Hauptversammlung. Die Vinkulierung, die aus den Aktienurkunden nicht ersichtlich zu sein braucht und die die freie Negoziabilität der Aktie einschränkt, wirkt auch gegen einen gutgläubigen Erwerber der Urkunde, hindert aber nicht einen Rechtsübergang kraft Gesamtrechtsnachfolge (z. B. bei Erbfällen, Fusionen usw.), Pfandverkauf oder Pfandkauf durch den Konkursverwalter. Wenn eine Vinkulierung, also Bindung der Übertragbarkeit von Namensaktien an die Erfüllung bestimmter, in der Satzung verankerter Voraussetzungen,

nicht im ursprünglichen Gesellschaftsvertrag bzw. in einem Kapital-
erhöhungsbeschluss festgesetzt wurde, kann die Vinkulierung nur
mit Zustimmung aller davon betroffenen Aktionäre durchgeführt
werden. Die Vinkulierung von Namensaktien ist generell möglich.
Sie ist z. B. gesetzlich notwendige Voraussetzung für das Recht bestimmter Inhaber bestimmter Namensaktien Mitglieder des Aufsichtsrats benennen und in ihn entsenden zu dürfen. Vinkulierungen
sind ein manchmal sehr geeignetes Instrument um ein Unternehmen
vor einer Überfremdung und unerwünschten Einflussnahme zu
schützen (z. B. im Falle einer Familien-AG) die Zusammensetzung
der Aktionäre der Gesellschaft unter Kontrolle zu halten bzw. im gewünschten Sinne zu lenken. Vinkulierungen sind in der Bundesrepublik Deutschland vor allem bei Versicherungsgesellschaften verbreitet, deren Aktien meist nicht voll eingezahlt sind und deren Aktienkapital als letzte Reserve dient.

Gesetzlich sind vinkulierte Namensaktien gem. § 1 (4) KAGG für
Kapitalanlagegesellschaften (→ Investmentgesellschaften) vorgeschrieben.

▶ **Virgin Bond** → Back Bond

▶ **Virtuelle Globalanleihe**

Globalanleihe, die über Web-Seiten der Mitglieder des Emissionskonsortiums platziert wird.

▶ **Virtuelle Platzierungsfähigkeit**

Fähigkeit eines Emissionshauses, Emissionsmaterial über die eigene
Web-Seite platzieren zu können.

▶ **VLA** → Value Line Composite Average Index

▶ **VOBAX**

(Volksbank-Aktienindex) Aktienindex der Volksbank Pforzheim,
der diejenigen → Aktien erfasst, die zu den umsatzstärksten Werten
Baden-Württembergs gehören und die an der Börse in Stuttgart no-

tiert sind. Die Gewichtung erfolgt entsprechend dem anteilig zugelassenen Grundkapital. VOBAX ist ein reiner Kursindex. Kapitalveränderungen werden im Zuge einer einmal jährlichen Aktualisierung der Gewichte realisiert.

▶ **Volatilität**

(1) Schwankungsmaß der Variabilität von Wertpapierkursen, Zinssätzen und Devisen. Allgemein üblich ist die Messung der Volatilität eines Wertpapierkurses durch die Berechnnung der Standardabweichungen relativer Kursdifferenzen.

(2) Sensitivität einer Variablen auf die Veränderung einer anderen Größe. Beispiel: Kursveränderung eines verzinslichen Wertpapiers in Reaktion auf die Veränderung des relativen Marktzinssatzes.

(3) Maßstab für die mittlere Schwankungsbreite der des Basisobjekts (Underlying) von Optionen. Methoden: vgl. → Historische Volatilität, → Implizite Volatilität.

▶ **Volatilitätsindex**

Index, der die Marktvolatilität, die die Marktteilnehmer innerhalb eines exakt definierten vorausliegenden Zeitraums (z. B. die kommenden fünfundvierzig Tage) erwarten, misst.

▶ **Volksaktien**

Bezeichnung von Aktien, die im Zuge der (Re-) Privatisierung des Bundesvermögens geschaffen und an einen breiten Personenkreis zu Vorzugskonditionen gestreut wurden.

▶ **Volksaktionär**

Besitzer von → Volksaktien.

▶ **Vollakzept** → Akzept

▶ **Volle Stücke**

Bezeichnung für Optionsschuldverschreibungen mit Optionsschein.

▶ **Vollmachtdepot**

Kennzeichnung eines Depots, bei welchem der Depotbank vom Bankkunden ein → Depotstimmrecht erteilt wurde.

▶ **Vollmachtsindossament** → Indossament

▶ **Vollmachtstimmrecht** → Depotstimmrecht

▶ **Vollstreckbarkeitserklärung**

Vom Vollstreckungsgericht (Amtsgericht) auf Antrag des Gläubigers erlassener und dem Schuldner zugestellter Titel, der im Rahmen der Zwangsvollstreckung Voraussetzung für eine Pfändung und Versteigerung ist, die zur Beitreibung von überfälligen Geldforderungen dient; sie ist erst beantragbar nach erfolgloser Zustellung des Mahnbescheids.

Die Vollstreckbarkeitserklärung ist bei vollstreckbaren Forderungstiteln (z. B. Scheck, Wechsel) oder entsprechender vertraglicher Vereinbarung nicht zur Pfändung erforderlich.

▶ **Von Ihnen**

Börsenausdruck für die Zustimmung eines Wertpapierkaufs. Dabei nennt der Käufer lediglich die Wertpapiermenge unter gleichzeitiger Annahme des geforderten Preises.

▶ **Vor- und Nachbörse**

Handel von börsennotierten Wertpapieren außerhalb der Börsenzeit; im weiteren Sinne sämtlicher Handel in solchen Werten, der nicht über den Makler läuft. Die Abschlüsse erfolgen zum Börsenpreis, der von diesen Abschlüssen nicht beeinflusst wird. Hierin wird eine Beeinträchtigung der „richtigen" Preisermittlung gesehen und die Forderung nach Börsenzwang erhoben. Dieser Forderung hat die deutsche Bankwirtschaft 1968 durch eine freiwillige Vereinbarung der Börseneinschaltung entsprochen, sofern dies von den Auftraggebern nicht ausdrücklich untersagt wurde.

▶ **Vorabdividende** → Vorzugsakte

▶ **Vorauszahlungskredit** → Kundenanzahlung

▶ **Vorbörse**

Wertpapierhandel börsennotierter Werte vor Beginn der → Börsenzeit unter Börsenmitgliedern. Der Handel erfolgt per Telefon ohne Aufsicht. Die Vorbörse hat in erster Linie eine Informationsfunktion hinsichtlich der Kurstrends.

▶ **Vorfinanzierung**

Vorläufig kurzfristige Finanzierung eines an sich langfristig gegebenen Kapitalbedarfs unter bewusster Vernachlässigung des Risikos der nicht fristgerechten Anschlussfinanzierung.

Eine Vorfinanzierung erfogt vor allem bei relativ hohem Zinsniveau, wenn damit gerechnet wird, dass in absehbarer Zeit die Zinsen für mittel- und langfristiges Kapital fallen (→ Zwischenkredit). Derartiges Verhalten der Kreditnehmer kann in Phasen restriktiver Notenbankpolitik beobachtet werden. Kreditnehmer verfolgen mit der Vorfinanzierung in diesem Falle das Ziel, dass sie die hohen Finanzierungskosten nicht langfristig festschreiben.

Zum anderen erfolgt Vorfinanzierung dann, wenn augenblicklich über die langfristigen Mittel noch nicht verfügt werden kann (z. B. bei Auszahlung von → Hypothekarkrediten erst nach Fertigstellung der Gebäude (daher → Bauzwischenkredit).

▶ **Vorprämiengeschäft**

Variante eines bedingten → Termingeschäfts, bei dem der Terminkäufer das Wahlrecht hat, zum Terminkurs zu erfüllen oder gegen Zahlung der Prämie zurückzutreten. → Prämiengeschäft, → Nachprämiengeschäft.

▶ **Vorratsaktien**

(Verwertungsaktien, Verwaltungsaktien) Aktien, die im Zuge der Emission oder in der Ausübung eines bei einer bedingten Kapitalerhöhung eingeräumten Rechts von einem Dritten (Vermögensverwalter, Hausbank, Bankenkonsortium) für Rechnung der Aktiengesellschaft übernommen werden und nicht in den Umlauf gelangen. Die Gesellschaft darf gem. § 56 (1) AktG keine eigenen Aktien zeichnen.

Vorratsaktien werden bis zur Verwendung vom Dritten für die AG gehalten. Über ihre Verwendung entscheidet allein der → Vorstand der AG, obwohl der Dritte für die volle Einlage haftet.

▶ **Vorratsemission** → Vorratsaktie

▶ **Vorratsstellenwechsel**

Ehemals von der Bundesrepublik Deutschland verbürgte Solawechsel (→ Wechsel), welche der staatlichen Einfuhr- und Vorratsstellen. Die Vorratsstellenwechsel hatten eine Laufdauer von bis zu 90 Tagen.

▶ **Vorsichtsprinzip**

Bezieht sich auf die allgemeinen Grundsätze der ordnungsmäßigen Buchführung und Bilanzierung und fordert die vorsichtige Bewertung aller Chancen und Risiken, die mit der kaufmännischen Geschäftstätigkeit verbunden sind.

Insbesondere im Zusammenhang mit den Grundsätzen, die bei der Bewertung der im Jahresabschluss ausgewiesenen Vermögensgegenstände und Schulden Anwendung finden, soll dem Vorsichtsprinzip Rechnung getragen werden. Es ist kodifiziert in § 252 Abs. 4 Nr. 1 HGB und fordert eine vorsichtige Bewertung und Berücksichtigung namentlich aller vorhersehbaren Risiken und Verluste, die bis zum Abschlusstag entstanden sind, selbst wenn diese zwischen dem Abschlusstag und der Aufstellung des Jahresabschlusses bekannt geworden sind. Gewinne sind nur zu berücksichtigen, wenn sie am Abschlusstag realisiert sind.

Das Vorsichtsprinzip findet seinen inhaltlichen Niederschlag im → Realisationsprinzip (für Vermögensgegenstände), → Imparitätsprinzip, → Niederstwertprinzip, → Höchstwertprinzip (für Verbindlichkeiten).

▶ **Vorstand der AG**

Neben → Hauptversammlung und → Aufsichtsrat eines der drei Organe der Aktiengesellschaft. Der Vorstand vertritt die AG nach außen und leitet die Geschäfte im Innenverhältnis (alleiniges Geschäftsführungsorgan), hat also die alleinige Vertretungsmacht und Geschäftsführungsbefugnis (§§ 77, 78 AktG). Die Vertretungsbefugnis des Vorstands kann gem. § 82 (1) AktG nicht beschränkt werden.

Der Vorstand besteht gem. § 76 (3) AktG aus einer oder mehreren Personen. Aktiengesellschaften mit einem Grundkapital von mehr als drei Mio. DM müssen zwei Mitglieder im Vorstand haben. Einen Arbeitsdirektor als gleichberechtigtes Vorstandsmitglied müssen Aktiengesellschaften haben, die der Mitbestimmung unterliegen (§ 33 MitbestG). Für die kleine Aktiengesellschaft gelten abweichende Vorschriften.

Die Vorstandsmitglieder werden für höchstens fünf Jahre gem. § 84 (1) AktG vom Aufsichtsrat gewählt. Eine Wiederwahl ist möglich. Der Aufsichtsrat kann gem. § 84 (2) AktG ein Mitglied des Vorstands zum Vorstandsvorsitzenden wählen.

Die Geschäftsführung und Vertretung der Unternehmen erfolgt, sofern Satzung und Geschäftsordnung keine andere Regelung vorsehen, durch die Vorstandsmitglieder gemeinschaftlich (§ 77 (1) AktG). Der Vorstand kann sich gem. § 77 (2) AktG eine Geschäftsordnung geben, wenn nicht die Satzung den Erlass der Geschäftsordnung dem Aufsichtsrat übertragen hat oder dieser eine Geschäftsordnung für den Vorstand erlässt.

▶ **Vorteilhaftigkeitskriterium** → Kapitalwertmethode

▶ **Vorzugsaktie**

(Preferred Stock (Share), Privileged Stock, Priority Share) gewährt Inhabern im Vergleich zu → Stammaktien Vorzüge, die in einer besonderen Form der Stimmrechtsausgestaltung, im Dividendenanspruch oder in der Bevorzugung bei der Verteilung des Liquidationsvermögens liegen können.

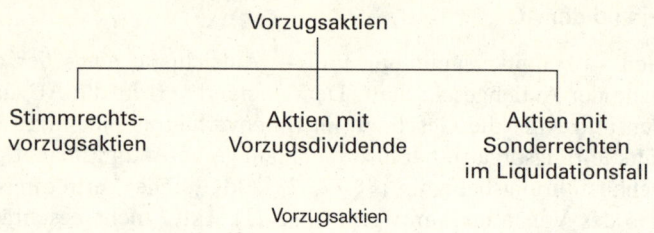

Vorzugsaktien

Werden die Vorzüge zusätzlich zu den üblichen Rechten gewährt, handelt es sich um absolute Vorzugsaktien. Bei relativen Vorzugsaktien sind mit der Gewährung von Vorzügen Einschränkungen bei anderen Rechten verbunden.

(1) *Stimmrechtsvorzugsaktien* sichern ihren Inhabern den Vorzug eines Mehrstimmrechtes gegenüber den anderen Aktionären zu. Da gem. § 12 (2) AktG in Deutschland Mehrstimmrechte unzulässig sind, ist vor der Emission derartig ausgestalteter Aktien die Ausnahmegenehmigung der zuständigen obersten Landesbehörde (i. d. R. Landeswirtschaftsminister) einzuholen.

(2) *Aktien mit Vorzugsdividende* sind in folgenden Variationen denkbar:

- Die Vorzugsaktien mit prioritätischem Dividendenanspruch (Aktie mit Vorabdividende): Die Vorzugsaktionäre erhalten vorweg einen fest vorgegebenen Dividendensatz. Anschließend werden die Stammaktionäre entsprechend bedient. Ein nicht verteilter Restgewinn wird in gleicher Quote auf alle Aktionäre verteilt.

- Limitierte Vorzugsaktien sichern den Inhabern eine Vorzugsdividende bis zu einem bestimmten Höchstbetrag. Über diesen Betrag hinaus wird der gesamte restliche Gewinn an die übrigen Aktionäre verteilt.

- Vorzugsaktien mit Überdividende garantieren einen im Voraus festgelegten Dividendenvorteil gegenüber den Stammaktionären.

- Kumulative Vorzugsaktien garantieren ihren Inhabern ebenfalls einen Vorzug in der Gewinnverteilung. Gleichzeitig garantieren sie auch einen Dividendenanspruch in Verlustjah-

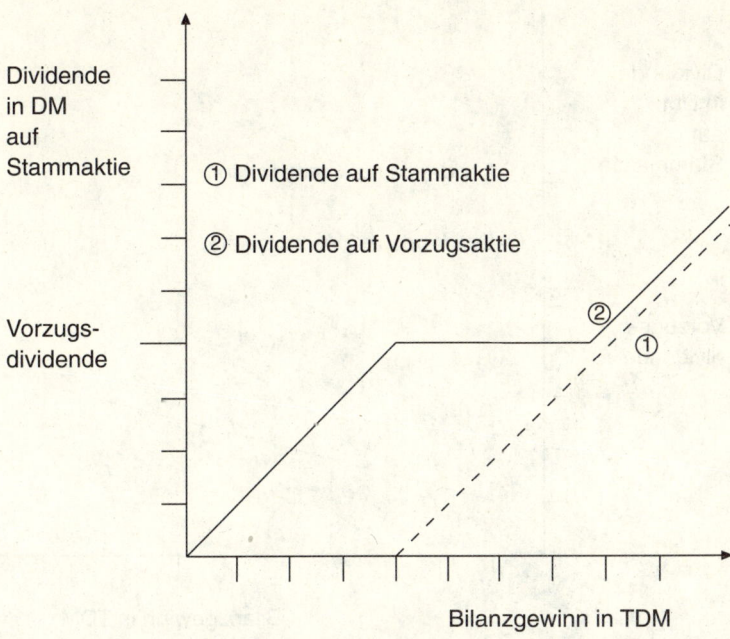

Prioritätischer Dividendenvorzug gegenüber Dividende der Stammaktie

ren. Im Anschluss an Verlustperioden sind in nachfolgenden Gewinnperioden diese Dividendenansprüche auszugleichen. Gem. § 139 (1) AktG kann bei Aktien, die mit einem nachzuzahlenden Vorzug bei der Gewinnverteilung ausgestattet sind, das Stimmrecht ausgeschlossen werden (stimmrechtslose Vorzugsaktien). Die Inhaber dieser Aktien erhalten aber gem. § 140 (2) AktG das volle Stimmrecht, wenn der Vorzugsbetrag in einem Jahr nicht oder nicht vollständig gezahlt wurde und im Folgejahr der dann fällige Vorzug und der ausstehende Betrag des Vorjahres nicht vollständig gezahlt werden.

(3) *Aktien mit Sonderrechten im Liquidationsfall* sichern ihren Inhabern Vorrechte bei der Auflösung der Unternehmung, z. B. Zahlungen aus dem Liquidationserlös vor den Stammaktionären.

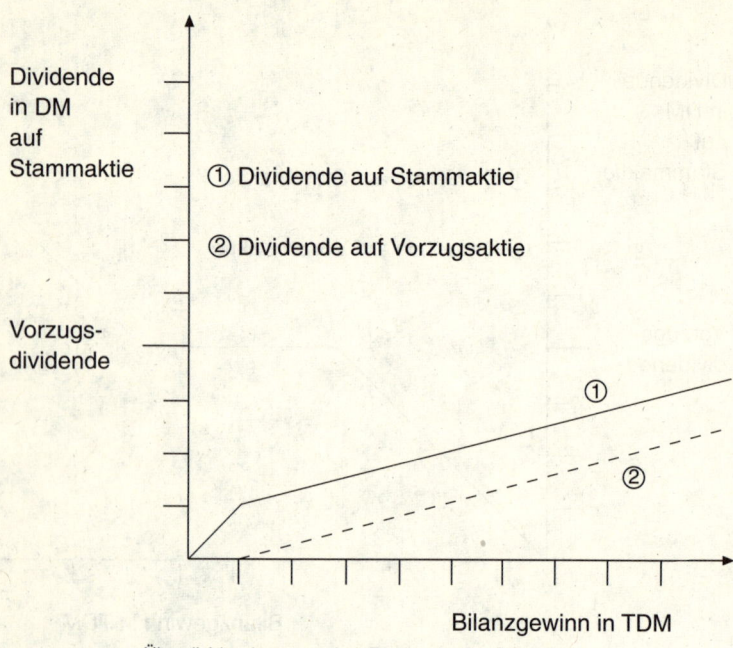

Überdividende gegenüber Dividende der Stammaktie

▶ **Vorzugsdividende** → Vorzugsaktie

▶ **Vorzugsobligation**

Mit bestimmten Sonderrechten ausgestattete → Anleihe; sie tritt insbesondere in Erscheinung als → Wandelanleihe, → Gewinnobligation, → Optionsanleihe.

W

▶ **Wachstumsaktien**

(Growth Shares, Growth Stocks) Aktien von Unternehmen, bei denen überdurchschnittliche Wachstumsraten hinsichtlich der Umsätze, Investitionen und Erträge erwartet werden. Die mit diesen Erwartungen verbundene günstige Bewertung schlägt sich i. d. F. in hohen Kursen nieder, was u. U. zu niedrigen Dividendenrenditen führt. Typische Wachstumsaktien sind Aktien von Unternehmen aus der elektrotechnischen, elektronischen, chemischen, pharmazeutischen Industrie sowie aus dem Bereich des Flugzeugbaus und der Automobilindustrie (→ Anlagepapiere).

▶ **Wachstumsfonds**

(Anreicherungsfonds) Bezeichnung für einen → Investmentfonds, der seine Erträge nicht ausschüttet, sondern thesauriert.

▶ **Währung**

(1) Allgemein übliche Bezeichnung für das jeweils gültige Zahlungsmittel innerhalb eines Währungsraums, definiert als Geldeinheit (z. B. €-Währung);

(2) Umschreibung für die Geldverfassung eines Staates, die im Rahmen der institutionierenden Währungspolitik (z. B. Ausgestaltung der Notenbankgesetzgebung, Durchführung einer Währungsreform) durch die Legislative formuliert wird.

▶ **Währungsanleihen** → Auslandsanleihen

▶ **Währungsbank** → Notenbank

▶ **Währungsbezeichnungen**

International übliche Abkürzungen für Währungen (z. B. €, US-$, £). Im internationalen Zahlungsverkehr gewinnt zunehmend der

ISO-Kode an Bedeutung. ISO steht für Internationale Standardisierungsorganisation mit Sitz in Genf. Der ISO-Kode setzt sich aus drei Buchstaben zusammen. Die Ersten beiden Stellen des Kode bezeichnen das Land, die dritte Stelle die Währung. Beispiel: USD = US-Dollar. Erfasst werden durch den ISO-Kode außerdem Gold und Silber sowie Währungseinheiten, die länderübergreifend Anwendung finden (z. B. ECU).

ISO-Code	Währung	Land/Gebiet
AED	U.A.E. Dirham	Vereinigte Arabische Emirate
AFA	Afghani	Afghanistan
ARP	Argentinischer Peso	Argentinien
ATS	Schilling	Österreich
AUD	Australischer Dollar	Australien
BDT	Taka	Bangladesh
BEC	Belgischer Handelsfranc	Belgien, Luxemburg
BEL	Belgischer Finanzfranc	Belgien, Luxemburg
BHD	Bahrain-Dinar	Bahrain
BRC	Cruzeiro	Brasilien
BSD	Bahama-Dollar	Bahamas
BUK	Kyat	Birma
CAD	Kanadischer Dollar	Kanada
CHF	Schweizer Franken	Schweiz, Liechtenstein
CLP	Chilenischer Peso	Chile
CNY	Renminbi Yuan	China
COP	Kolumbianischer Peso	Kolumbien
CYP	Zypern-Pfund	Zypern
DKK	Dänische Krone	Dänemark, Färöer

ISO-Code	Währung	Land/Gebiet
DZD	Algerischer Dinar	Algerien
ECS	Sucre	Ecuador
EGP	Ägyptisches Pfund	Ägypten
ESP	Peseta	Spanien
ETB	Birr	Äthiopien
EUR	Euro	Euroland
FIM	Finnmark	Finnland
FRF	Französischer Franc	Frankreich, Französisch Guyana, Franz. Westindien, Andorra, Monaco, Réunion
GBP	Pfund Sterling	Großbritannien, Nordirland
GHC	Cedi	Ghana
GMD	Dalasi	Gambia
GRD	Drachme	Griechenland
GTQ	Quetzal	Guatemala
IDR	Rupiah	Indonesien
IEP	Irisches Pfund	Irland
ILS	Shekel	Israel
INR	Indische Rupie	Indien
IQD	Irak-Dinar	Irak
IRR	Rial	Iran
ITL	Italienische Lira	Italien
JMD	Jamaika-Dollar	Jamaika
JOD	Jordan-Dinar	Jordanien

ISO-Code	Währung	Land/Gebiet
JPY	Yen	Japan
KES	Kenia-Schilling	Kenia
KHR	Riel	Kamputschea
KRW	Won	Südkorea
KWD	Kuwait-Dinar	Kuwait
LBP	Libanesisches Pfund	Libanon
LKR	Sri-Lanka-Rupie	Sri Lanka
LYD	Libyscher Dinar	Libyen
MAD	Dirham	Marokko
MGF	Madagaskar-Franc	Madagaskar
MTP	Malta-Pfund	Malta
MUR	Mauritius-Rupie	Mauritius
MWK	Malawi-Kwacha	Malawi
MXP	Mexikanischer Peso	Mexiko
MYR	Malaysischer Ringgit	Malaysia
NGN	Naira	Nigeria
NLG	Holländischer Gulden	Niederlande
NOK	Norwegische Krone	Norwegen
NZD	Neuseeland-Dollar	Neuseeland
OMR	Rial Omani	Oman
PAB	Balboa	Panama
PES	Sol	Peru
PGK	Kina	Papua Neuginea
PHP	Philippinischer Peso	Philippinen
PKP	Pakistanische Rupie	Pakistan
PTE	Escudo	Portugal
ROL	Leu	Rumänien
SAR	Saudi Riyal	Saudi Arabien
SCR	Seychellen Rupie	Seychellen

ISO-Code	Währung	Land/Gebiet
SDP	Sudanesisches Pfund	Sudan
SEK	Schwedische Krone	Schweden
SGD	Singapur-Dollar	Singapur
SOS	Somalischer Schilling	Somalia
SUR	Rubel	Sowjetunion
SYP	Syrisches Pfund	Syrien
THB	Baht	Thailand
TND	Tunesischer Dinar	Tunesien
TRL	Türkisches Pfund	Türkei
TZS	Tansania-Schilling	Tansania
UGS	Uganda-Schilling	Uganda
USD	US-Dollar	USA
UYP	Uruguayischer Neuer Peso	Uruguay
VEB	Bolivar	Venezuela
XAF	CFA-Franc (Zentralafrikanische Zoll-und Wirtschaftsunion)	Gabun, Kamerun, Tschad, Kongo, Zentralafrikanische Republik
XAG	Silber	
XAU	Gold	
XEU	Europäische Währungseinheit (ECU)	Europäisches Währungssystem (EWS)
XOF	CFA-Franc (West- afrikanische Währungsunion)	Benin, Elfenbeinküste, Niger, Obervolta, Senegal, Togo
XPF	CFP-Franc	Französisch Polynesien, Neukaledonien
YUD	Jugoslawischer Dinar	Jugoslawien

ISO-Code	Währung	Land/Gebiet
ZAR	Rand	Südafrika, Lesotho, Namibia
ZMK	Kwacha	Sambia

ISO-Code	Währung	Land/Gebiet
ZRZ	Zaire	Zaire
ZWD	Simbabwe Dollar	Simbabwe

▸ **Währungs-Future** → Devisen-Future

▸ **Währungsgeschäft** → Swapgeschäft (Währungs-)

▸ **Währungsklausel** → Valuta-Klausel

▸ **Währungskorb** → ECU

▸ **Währungsoption** → Option

▸ **Währungsoptionsschein**

→ Optionsschein, der den Inhaber gegen Zahlung einer Prämie berechtigt innerhalb eines bestimmten Zeitraums oder zu einem bestimmten Zeitpunkt eine definierte Summe von Währungseinheiten zu einem bestimmten Kurs zu kaufen (Call-Optionsschein) oder zu verkaufen (Put-Optionsschein). Statt einer physischen Lieferung erfolgt im Zuge der Optionsausübung grundsätzlich ein Barausgleich (→ Cash Settlement)

▸ **Währungspolitik**

Summe aller generellen und speziellen langfristig wirksamen Überlegungen, Absichten und Maßnahmen, die auf die Gestaltung des Geldwesens eines Währungsraums ausgerichtet sind. Sie umfasst die institutionierende und die funktionelle Währungspolitik. Die institutionierende Währungspolitik (Synonym: → Geldpolitik) ist auf die Gestaltung der Geldverfassung ausgerichtet. Sie setzt damit den Rahmen, innerhalb dessen die funktionelle Währungspolitik (Synonym: → Notenbankpolitik) ihre Ziele realisiert.

▸ **Währungsswap** → Zins- und Währungsswaps

▶ **Wagnisfinanzierung** → Venture Capital

▶ **Wandelanleihe**

(Wandelobligation, Wandelschuldverschreibung, convertible bond) Schuldverschreibung von Aktiengesellschaften, die ihrem Inhaber das Recht verbrieft sie unter bestimmten Bedingungen in eine (mehrere) Aktie(n) der emittierenden Unternehmung umzutauschen. Der Inhaber einer Wandelanleihe hat aber keine Verpflichtung zur Wandlung. In diesem Falle hält er die Wandelanleihe bis zu ihrer Fälligkeit. Gegebenenfalls veräußert er den Titel früher. Bei Ausübung des Wandlungsrechts erfolgt, i. d. R. unter Zuzahlung, der Austausch von Wandelanleihen in eine (mehrere) Aktie(n). Somit wird Fremdkapital durch Eigenkapital substituiert, neue (zusätzliche) Liquidität fließt der Unternehmung u. U. in Form von Zuzahlungen zu. Außerdem verbessert sich die Eigenkapital/Fremdkapital-Relation.

Die Emission von Wandelanleihen ist gem. § 221 (1) AktG in Verbindung mit §§ 192, 193 AktG nur auf Grund eines Hauptversammlungsbeschlusses möglich, der mindestens $3/4$ Mehrheit des bei der Beschlussfassung vertretenen Grundkapitals umfassen muss. Der Vorstand erhält gem. § 221 (2) AktG die Ermächtigung zur Emission von Wandelanleihen für fünf Jahre, wobei gem. § 221 (4) AktG die Aktionäre auf Wandelanleihen ein Bezugsrecht haben.

Bis zur Ausübung des Wandlungsrechts (Zeitpunkt der Umwandlung) wird die Wandelanleihe wie eine normale Festzinsanleihe verzinst. Allerdings liegt der Nominalzins als Ausgleich für den Vorteil des Wandlungsrechts immer unter dem einer vergleichbaren Festzinsanleihe (in Deutschland durchschnittlich 100 bis 400 Basispunkte).

Bei der Emission einer Wandelanleihe sind neben den bei einer Industrieschuldverschreibung üblichen Komponenten (Laufdauer, Nominalzinssatz, Zinszahlungstermine, Disagio, Besicherung etc.) folgende Größen zusätzlich festzulegen:
- Das *Wandlungsverhältnis* (Umtausch-, Konversionsverhältnis) gibt an, wieviele Wandelanleihen eines bestimmten Nennbetrages zum Umtausch in eine Aktie eines bestimmten Nennbetrages notwendig sind.

- Die *Umtauschfrist* gibt an, in welchem Zeitraum das Wandlungsrecht ausgeübt werden kann (definiert durch den ersten und letztmöglichen Wandlungszeitpunkt).
- Die *Zuzahlung* (Umtauschkurs) ist der Betrag, der bei Ausübung des Wandlungsrechts geleistet werden muss (fest bzw. variabel, steigend oder fallend, innerhalb der Umtauschfrist).

Beispiel:

G. M. Pfaff AG – Wandelobligation vom 1. 3. 1984; Umtauschverhältnis 5: 2, Zuzahlung 15 DM je Aktie:

Der Wandelobligationär erhält für je fünf Stück Wandelanleihen unter Zuzahlung von 30 DM, zwei Stück Aktien im Nennbetrag von 50 DM; Wandelrecht 1. 1. 1985 – 31. 12. 1993 (Ende der Laufzeit).

Der rechnerische Wert des Wandlungsrechts im Zeitpunkt t ist abhängig vom Konversionsverhältnis, der Höhe der Zuzahlungen, dem Kurswert (Börsenkurs) der Aktien (jeweils im Zeitpunkt t) zuzüglich der Stückzinsen. (Ausdruck im Zähler der unten dargestellten Formel für das Aufgeld). Vgl.: → Umtauschrecht bei Wandelanleihen.

Das Aufgeld (G) gibt Auskunft darüber, um wie viel teurer der Aktienerwerb durch sofortige Ausübung des Optionsrechts (Wandlung) im Vergleich zum direkten Aktienerwerb an der Börse ist.

$$\text{Aufgeld } G = \frac{N \cdot \left(\dfrac{K_W + St}{100} \right)}{A_S} - K_{A_t}$$

wobei:

N = Anleihenominal

K_W = Kurs der Wandelanleihe

St = Stückzinsen

A_S = Anzahl der zu beziehenden Stücke

K_{At} = Börsenkurs der Aktie

Die Wandlungsprämie (WP) drückt das Aufgeld (G) i. v.H des Börsenkurses der Aktie aus.

WP (%) = (G : K_{At}) × 100

Der Wert des Wandlungsrechts kann während der Wandlungsfrist durch unternehmensinterne Entscheidungen gefährdet sein, indem die Unternehmung eine → Kapitalerhöhung

- durch die Emission neuer (junger) Aktien gegen Einlagen gem. § 186 (1) AktG sowie § 203 (1) AktG zu einem Emissionskurs unterhalb des Börsenkurses vornimmt (→ Aktienemission),
- ohne Beteiligungsfinanzierungseffekt gem. § 207 AktG vornimmt,
- neue Wandel-, Optionsschuldverschreibungen oder → Genussrechte emittiert.

Durch verschiedene Maßnahmen können die Wandelobligationäre vor entstehenden Wertverlusten, die sich in sinkenden Börsenkursen der Wandelanleihen niederschlagen, geschützt werden (Kapitalverwässerungsschutz).

Erstens könnte die AG den Wandelobligationären zunächst ein mittelbares oder unmittelbares Bezugsrecht eingeräumt werden. Sie würden damit so gestellt, als hätten sie die Wandlung bereits durchgeführt (Gleichstellung zu den Aktionären). Dieses Verfahren ist allerdings mit erheblichen Risiken für die Unternehmung, Aktionäre und Wandelobligationäre verbunden. Das mit dem Verfahren verbundene Risiko für die Unternehmung und die Aktionäre basiert auf der hohen Zahl von Bezugsrechten, die pro Aktie notwendig wäre. Durch u. U. umfangreiche Verkäufe könnte deren Wert möglicherweise erheblich fallen. Die Folgen wären für die Unternehmung ein Ansehensverlust und für die Aktionäre Vermögensverluste. Für die Wandelobligationäre wäre jede vertragliche Zusicherung von Rechten auf den Bezug neuer Aktien zunächst risikobehaftet, da sie grundsätzlich gem. § 187 (2) AktG vor dem Beschluss über die Grundkapitalerhöhung gegenüber der Gesellschaft unwirksam sind.

Zweitens bietet sich die Verringerung des Wandlungspreises für eine Aktie an. Die übliche mathematische Formel, die zur Ermittlung des Ermäßigungsbetrags herangezogen wird, ist dem Ansatz zur rechnerischen Ermittlung des Bezugsrechts der Altaktionäre ähnlich:

$$E = \frac{P - B}{V + 1}$$

E = Ermäßigungsbetrag

P = jeweils gültiger Wandlungspreis

B = – bei Kapitalerhöhungen: Bezugspreis für eine neue (junge) Aktie,
  – bei Emission von Wandel- oder Optionsanleihen: niedrigster Wandlungs- oder Optionspreis für eine Aktie

V = – bei Kapitalerhöhungen: Bezugsverhältnis für neue (junge) Aktien,
  – bei Emission von Wandel- oder Optionsanleihen: Bezugsverhältnis für die Anleihe, multipliziert mit dem Wandlungs- oder Optionsverhältnis.

Schließlich eröffnet sich als dritte Möglichkeit die günstigere Gestaltung des Umtauschverhältnisses.

Die Unternehmung kann in gewissem Rahmen durch Gestaltung der Zuzahlungen, soweit diese vorgesehen sind, den Wandlungsvollzug beeinflussen. Steigende (fallende) Zuzahlungen veranlassen die Wandelobligationäre den Umtausch möglichst frühzeitig (spät) innerhalb der Wandlungsfrist vorzunehmen. Diese generelle Aussage ist vor dem Hintergrund der jeweils aktuellen Aktienkurse zu relativieren.

Die Wandelanleihe wird als Finanzierungsinstrument in Zeiten schwieriger Kapitalmarktanlagen (allgemein hohes Zinsniveau am Anleihemarkt und niedrige Aktienkurse), als Vehikel zur langfristigen Gewinnung neuer Aktionäre und seltener in einer für die emittierende Unternehmung spezifisch schwierigen Finanzierungssituation eingesetzt. Sie bietet der emittierenden Unternehmung folgende Vorteile: Die Unternehmung erhält zunächst Fremdkapital zu Marktkonditionen, die unter denen für vergleichbare Festzinsanleihen liegen. In einer späteren Phase wird das Fremdkapital, wenn die Obligationäre ihr Wandlungsrecht ausüben, in Eigenkapital unter Einbringung hoher Agios getauscht, was die EK/FK-Relation verbessert und im Wandlungszeitpunkt zusätzliche Liquidität bringt.

Neuere Entwicklungen auf den internationalen Kapitalmärkten ermöglichen inzwischen die Emission von Wandelanleihen, bei denen Anleihen- und Aktienwährungen auseinander fallen. Bei Parallelwandelanleihen werden mehrere Anleihen durch die Emittentin zugleich in unterschiedlichen Währungen emittiert.

▶ **Wandelgenuss-Scheine**

→ Genuss-Scheine, die mit Wandelrechten auf → Aktien ausgestattet sind. Hierbei handelt es sich im Regelfall um Inhaberpapiere, auf deren Nennbetrag eine jährliche Ausschüttung in Höhe der x-fachen Dividende – mindestens jedoch in Höhe von x % des Nennbetrages – erfolgt. Zugleich wird den Inhabern der Wandelgenuss-Scheine das Recht eingeräumt diese in einem ex Emissionszeitpunkt definierten Verhältnis unter Zuzahlung eines bestimmten Betrags in Aktien der Emittentin zu tauschen. Die Laufdauer der Genuss-Scheine sowie die Wandlungsfrist sind im Regelfall begrenzt. Die Wandelgenüsse können mit einem vorzeitigen Kündigungsrecht (→ Call Option) der Emittentin ausgestattet sein.

▶ **Wandelobligation** → Wandelanleihe

▶ **Wandelschuldverschreibung** → Wandelanleihe

▶ **Wandlungsrecht** → Wandelanleihe

▶ **Wandlungsverhältnis** → Wandelanleihe

▶ **Warenakkreditiv** → Akkreditiv

▶ **Warenbestandsfinanzierung** → Kreditfinanzierung

▶ **Warenbörse**

Handelsobjekte dieser → Börsen sind bewegliche Sachgüter (soweit vertretbar und nicht leicht verderblich). Praktisch bedeutsam sind Warenbörsen nur für Naturprodukte, nicht hingegen für industrielle Erzeugnisse. „Produktenbörsen" gibt es z. B. für Getreide, Mühlenerzeugnisse und Stroh, Spezialwarenbörsen z. B. für Getreide, Kaffee, Zucker, Baumwolle und Jute.

▶ **Warenkredit**

Kreditgewährung auf der Grundlage von Warenlieferungen (im Gegensatz zum → Geldkredit). Der Warenkredit ist in der Industrie, beim Handel (→ Handelskredit) und bei den Konsumenten (→ Konsumentenkredit) verbreitet.

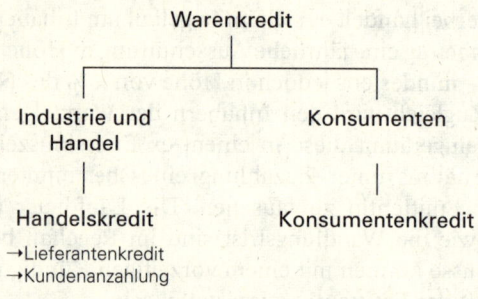

Warenkreditarten

▶ **Warenterminbörse**

Die Warenterminbörse (WTB) mit Sitz in Hannover nahm ihre Geschäftstätigkeit mit dem 17.4.1998 auf.
Gehandelt werden folgende Kontrakte:
• Future auf Kartoffeln (WTB-Kartoffel-Future)
• 2 Futures auf Altpapier
  (1) Kaufhausaltpapierfuture
  (2) Deinkwarenfuture
• Future auf Weizen
• Future auf Schlachtschweine

▶ **Warentermingeschäft** → Termingeschäft

▶ **Warenwechsel**

(Handelswechsel) → Wechsel, dem im Gegensatz zum Finanzwechsel ein Waren- oder Dienstleistungsgeschäft zu Grunde liegt

(Ziehungen eines Verkäufers auf einen Verarbeiter und/oder Wiederverkäufer).

▶ **Warrant** → Optionsschein

▶ **Warrant Bond** → Optionsanleihe

▶ **Warrant Issue**

Bezeichnung für die Emission
(1) einer → Optionsanleihe
(2) von → Optionsscheinen

▶ **Warrant Strike Price**

(1) Allgemein: Preis (Kurs), zu welchem der Inhaber eines Call oder Put Warrant die Option ausüben kann;
(2) Speziell: Kurs (Preis), der den Inhaber eines Warrant berechtigt einen oder mehrere definierte Finanztitel (bei einem Equity Warrant: Aktien; Bond Warrant: zusätzliche Anleihestücke; Partizipations-Warrant: Genuss-Scheine) zu kaufen.

▶ **Wechsel**

(Bill of Exchange, Bill) schuldrechtliches Wertpapier. Die Wechselverbindlichkeit ist abstrakt, d. h. von einem bestehenden Schuldverhältnis losgelöst.

Der Gläubiger ist allein durch das Eigentum am Wechsel legitimiert.

Man unterscheidet zwei Arten von Wechseln:
(1) Der gezogene Wechsel enthält die unbedingte Anweisung des Ausstellers bei Fälligkeit an eine im Wechsel genannte Person oder deren Order eine bestimmte Summe zu zahlen.
(2) Der Eigenwechsel (Solawechsel) ist ein Zahlungsversprechen des Ausstellers auf die Zahlung einer bestimmten Summe bei Fälligkeit an eine im Wechsel bezeichnete Person oder deren Order.

Gem. Art. 1 Wechselgesetz muss eine Urkunde, um als gezogener Wechsel zu gelten, Folgende gesetzlichen Bestandteile haben:

(1) Bezeichnung als Wechsel im Text der Urkunde, und zwar in der Sprache, in der sie ausgestellt ist;

(2) die unbedingte Anweisung eine bestimmte Geldsumme zu zahlen;

(3) den Namen dessen, der zahlen soll (Bezogener oder Trassant). Sind Aussteller und Bezogener identisch, spricht man von einem trassiert-eigenen Wechsel;

(4) die Angabe der Verfallzeit;

(5) die Angabe des Zahlungsortes;

(6) die Angabe der Person, an die bzw. an deren Order gezahlt werden soll (Remittent);

(7) die Angabe des Tages und des Ortes der Ausstellung:

(8) Die Unterschrift des Ausstellers (Trassant).

Bei dem eigenen Wechsel gelten mit Ausnahme folgender Punkte die gleichen Formerfordernisse wie beim gezogenen Wechsel: Es entfällt die Angabe des Bezogenen. Die unbedingte Zahlungsanweisung an den Bezogenen wird durch das unbedingte Zahlungsversprechen des Ausstellers ersetzt.

Nach dem zu Grunde liegenden Geschäft unterschiedet man:

- Handels- oder Warenwechsel (Ziehung eines Verkäufers auf einen Verarbeiter und/oder Wiederverkäufer);
- Finanzwechsel, dem kein Waren- oder Dienstleistungsgeschäft zu Grunde liegt (z. B. Debitorenziehungen, die von Banken auf Kreditnehmer gezogen werden; Kredit- oder Gefälligkeitswechsel, die der Bezogene aus Gefälligkeit akzeptiert, damit sich der Aussteller refinanzieren kann; Depot- oder Kautionswechsel, die der Besicherung von Forderungen dienen und nicht in den Umlauf gelangen).

Nach der Fälligkeit unterscheidet man:

- Tagwechsel (an einem bestimmten Tag fällig);
- Datowechsel (bestimmte Zeit nach dem Ausstellungstag fällig);
- Sichtwechsel (bei Vorlage zahlbar);
- Nachsichtwechsel (eine festgelegte Zeit nach Sicht fällig).

Nach dem Zahlungsort differenziert man in:

- Zahlstellenwechsel (Bank befindet sich am Wohnort des Bezogenen) und
- Domizilwechsel

Mindestlaufzeit	1 Monat bis zum Verfalltag, nicht bis zum gesetzlichen Verfalltag gerechnet.
Minimale Restlaufzeit	Nicht länger als 6 Monate
Mindestbetrag	Nicht erforderlich
Währung	Auf € oder nationale Währung lautend. Ausnahme: Ist ein Wechsel in einem Nicht-Mitgliedsland zahlbar gestellt: auf € oder DM
Sitz des Schuldners	Deutschland
Bonitätsbeurteilung des Unternehmens	Mindestens ein Wechsel-mitverbundener muss von der Deutschen Bundesbank als notenbankfähig eingestuft sein
Bewertung	Abzinsung mit dem 3-Monats-EURIBOR-Satz
Bewertungsabschlag	2 %
Weitere Bedingungen	Wechselinkasso durch die Deutsche Bundesbank

Zulassungskriterien für nicht-marktfähige Handelswechsel

Bis zum Beginn der 3. Stufe der Währungsunion diente der diskontierte Wechsel unter bestimmten Bedingungen den Banken als Refinanzierungsinstrument bei der Deutschen Bundesbank im Rahmen des Diskontkredits (Rediskontkredit). Wenn auch mit Beginn der 3. Stufe der Währungsunion der → Rediskontkredit entfallen ist, kann der Wechsel dennoch durch die Banken als Besicherungsinstrument im Rahmen der Beschaffung von Notenbankkrediten eingesetzt werden. So nimmt die Deutsche Bundesbank im Rahmen der Refinanzierungsgeschäfte des Eurosystems weiterhin Wechsel zur Besicherung sämtlicher Notenbankkredite entgegen. Von wesentlicher Bedingung ist aber, dass diese Wechsel die Eigenschaft der Notenbankfähigkeit aufweisen müssen. Hinsichtlich der Notenbankfähigkeit der Wechsel in Deutschland gilt, dass diese auf Euro lauten müssen. Während der dreijährigen Übergangsphase bis zur Einführung des Euro-Bargeldes können die Wechsel auch auf eine der

Teilnehmerwährungen denominiert sein. Ausnahme: ist ein Wechsel, der in einem Nicht-Mitgliedsland zahlbar gestellt ist. Dieser muss auf Euro oder Deutsche Mark lauten. Die weiteren Kriterien hinsichtlich Notenbankfähigkeit sind im vorstehenden Tableau dargestellt.

▸ **Wechseleinziehung** → Trassieren

▸ **Wechselkurs**

(Devisenkurs, Exchange Rate) Preis einer Währung, ausgedrückt in Einheiten einer anderen Währung. Zwei unterschiedliche Formen der Notierung sind möglich: Preisnotierung (allgemein üblich, z. B. USA); Mengennotierung (allgemein üblich in Großbritannien).

(1) Preisnotierung: Preis einer Einheit der ausländischen Währung in inländischen Währungseinheiten. Beispiel: 1,0136 €/1 US $.

(2) Mengennotierung: Der Wechselkurs gibt die Menge ausländischer Währungseinheiten an, die für eine Einheit der inländischen Währung erhältlich ist. Sie ist somit der reziproke Wert der Preisnotierung. Beispiel: 0,9866 US $/1 €.

Wechselkurse existieren i. d. R. für sämtliche fremde Währungen. Sie können aber auch über die Wechselkurse zweier anderer Währungen ermittelt werden (Leitdevise oder Vehikelwährung im Regelfall US $; → Cross Rate).

Devisenkurse für eine Währung sind nicht einheitlich. So unterscheiden sich:

● Ankaufskurs (Geldkurs) und Verkaufskurs (Briefkurs) voneinander. Die Differenz zwischen ihnen heißt Kursspanne, wobei der Verkaufskurs i. d. R. den Ankaufskurs übersteigt.

● (Devisen-) Kassakurse (Basis: → Kassageschäft) und (Devisen-) Terminkurse (Basis: → Termingeschäft).

Mit der Möglichkeit, dass Wechselkurse im Zeitablauf schwanken und der damit gegebenen Schwankungsintensität, entstehen Wechselkursrisiken, die im Rahmen der unternehmerischen Kurssicherungspolitik (→ Kurssicherung) abgesichert werden können.

▶ **Wechselkursrisiko** → Wechselkurs, → Hedging

▶ **Wechselpensionsgeschäfte** → Pensionsgeschäfte

▶ **Wechselprolongation**

Verlängerung der Wechsellaufzeit umso das „zu Protest gehen" zu vermeiden. Die Prolongation erfolgt durch die Ausstellung und Akzeptierung eines neuen Wechsels (Prolongationswechsel). Der ursprünglich akzeptierte Wechsel wird, falls er im Besitz des Ausstellers ist, vernichtet. Wurde der Wechsel weitergegeben, überweist der Aussteller dem Bezogenen die Wechselsumme zur Einlösung des alten Akzepts.

▶ **Wechselprotest**

Öffentliche Beurkundung (von Notar oder Gerichtsvollzieher aufzunehmen) darüber, dass der → Wechsel dem Bezogenen zur rechten Zeit am rechten Ort erfolglos zur Annahme bzw. Zahlung vorgelegt wurde. Der Wechselprotest ist die Voraussetzung für die Regressvornahme (Reihenrückgriff oder Sprungregress).

▶ **Wechselrediskont**

Weiterverkauf der von einem Kreditinstitut diskontierten Wechsel an die Zentralbank, wenn diese → Rediskontierung praktiziert. Die Deutsche Bumndesbank hat die Wechselrediskontierung mit dem Übergang der notenbankpolitischen Zuständigkeit auf das ESZB eingestellt.

▶ **Wechselregress** → Wechselprotest

▶ **Wechselreiterei** → Akzepttausch

▶ **Wechselsteuer**

Verkehrsteuer, die gem. Finanzmarktförderungsgesetz v. 22. 2. 1990 ab 1. 1. 1992 entfallen ist.

▶ **Wechselunterschriftenkredit** → Kreditleihe, → Akzeptantenwechsel

▶ **Wechselziehung** → Trassieren

▶ **Week Order**

Börsenauftrag in den USA, der für eine Woche gültig ist.

▶ **Weißer Kapitalmarkt**

Bezeichnung für denjenigen Teil des Kapitalmarkts, der durch staatliche Regulierung und Überwachung geprägt ist. Gegensatz:
→ Grauer Kapitalmarkt

▶ **Wertberichtigungen**

Sind auf der Aktivseite der Bilanz ausgewiesene Vermögenspositio-
nen zu hoch angesetzt, so ist deren Korrektur im Rahmen der gesetzlichen Vorschriften mithilfe von → Abschreibungen vorzunehmen.

Vor In-Kraft-Treten des Bilanzrichtlinien-Gesetzes war die Berichtigung von Wertminderungen des → Anlagevermögens durch
Bildung von Korrekturposten auf der Passivseite möglich (indirekte
Abschreibung). Die indirekte Abschreibung ist heute nur noch für
den Fall gestattet, dass der Wertansatz der steuerrechtlich zulässigen
Abschreibung oberhalb desjenigen der handelsrechtlich gebotenen
Abschreibung liegt. Sich aus diesem Grund ergebende Differenzen
dürfen gem. § 281 (1) HGB in den → Sonderposten mit Rücklagenanteil eingestellt werden.

▶ **Wertberichtigungsaktie** → Gratisaktie

▶ **Wertpapier**

Urkunde über privatrechtliche Besitzverhältnisse, die ein Recht
verbrieft, wobei zur Ausübung des Rechts der verbriefte Besitz er-

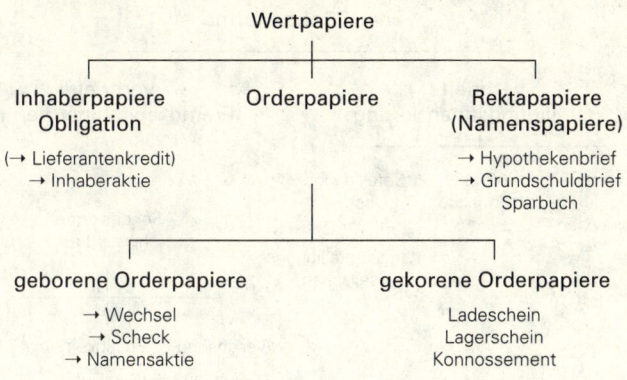

Wertpapiere

| Inhaberpapiere Obligation | Orderpapiere | Rektapapiere (Namenspapiere) |

Inhaberpapiere
Obligation
(→ Lieferantenkredit)
→ Inhaberaktie

Orderpapiere

Rektapapiere
(Namenspapiere)
→ Hypothekenbrief
→ Grundschuldbrief
Sparbuch

geborene Orderpapiere
→ Wechsel
→ Scheck
→ Namensaktie

gekorene Orderpapiere
Ladeschein
Lagerschein
Konnossement

Klassifikation von Wertpapieren

forderlich ist. Die Klassifikation von Wertpapieren kann nach folgenden Kriterien erfolgen:

- Art des verbrieften Rechts
  - Mitgliedschaftspapiere (→ Aktie, → Zwischenschein)
  - sachenrechtliche Papiere (→ Hypothekenbrief, → Grundschuldbrief, → Investment-Zertifikat)
  - forderungsrechtliche Papiere (z. B. → Pfandbrief, → Kommunalobligation, → Anleihe, Wandelanleihe, → Optionsanleihe, → Wechsel, → Scheck, Sparkassenbuch, Zinsschein)

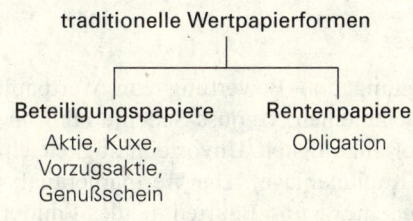

traditionelle Wertpapierformen

Beteiligungspapiere
Aktie, Kuxe,
Vorzugsaktie,
Genußschein

Rentenpapiere
Obligation

Klassische Wertpapierformen

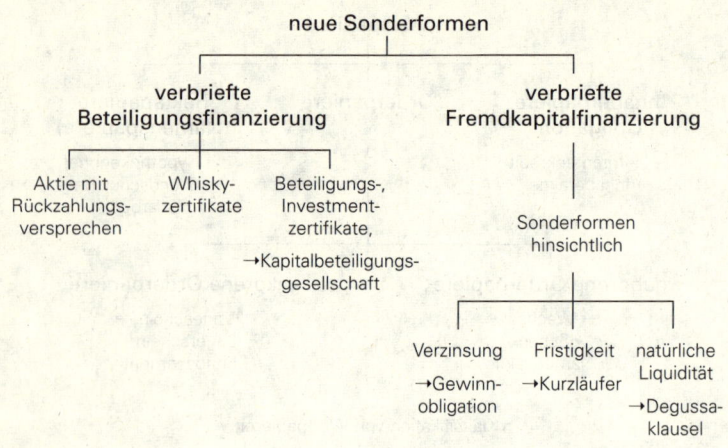

Sonderformen der Finanzierung

- Art der Übertragung
  - →Inhaberpapiere (Inhaberaktie, Inhaberschuldverschreibung, Inhaberscheck, Inhaberinvestmentzertifikat)
  - →Orderpapiere (Namensaktie, Orderschuldverschreibung, → Wechsel, → Interimsschein)
  - →Rektapapiere (→ vinkulierte Namensaktie, Sparkassenbrief, →Hypothekenbrief, →Grundschuldbrief)
- Art des anfallenden Ertrags
  - – Wertpapiere mit festem laufenden Ertrag
  - – Wertpapiere mit variablem laufenden Ertrag
  - – Wertpapiere ohne laufenden Ertrag.

▶ **Wertpapieranalyse**

Analyse, Beurteilung und Bewertung von Wertpapieren (Aktien, Anleihen, Wandelanleihen, Genuss-Scheine etc.) im Hinblick auf die mögliche Vorteilhaftigkeit/Unvorteilhaftigkeit einer potenziellen Investition (Kapitalanlage). Die Wertpapieranalyse wird damit zu einer Durchleuchtung und Beurteilung des Emittenten. Ihre wesentliche Aufgaben besteht in der Auswertung sämtlicher verfügbarer Informationen über die wirtschaftliche Lage des Emittenten. Material liefert die Finanzanalyse.

Als Stufen der Wertpapieranalyse werden üblicherweise angesehen:

- Analyse (Aufbereitung und Hervorheben von „kritischen" Punkten, eine Anlage positiv oder negativ beeinflussen);
- Prognose (Abschätzung künftiger Ertragsentwicklungen auf Grund der analysierten Vergangenheitsdaten und der vorhandenen Informationen über die gegenwärtige Lage und mögliche Entwicklung);
- Bewertung (Ergebnis der prognostizierten Erwartungen unter Berücksichtigung der zahlreichen externen Kursbildungsfaktoren, wie etwa Kapitalmarkt, Konjunktur etc.).

▶ **Wertpapierarbitrage** → Arbitrage

▶ **Wertpapierbörse** → Börse, → Effektenbörse

▶ **Wertpapierclearing** → Effektenclearing

▶ **Wertpapierdividende** → Gratisaktie

▶ **Wertpapiere aus dem Altgeschäft**

Schuldverschreibungen, die vor dem 21. 6. 1948 emittiert wurden. Sie wurden entweder auf DM umgestellt oder es wurden gegen die Hergabe der alten Titel neue, auf DM lautende Stücke ausgegeben.

▶ **Wertpapierkredit**

Bankkredit, der durch fungible Wertpapiere besichert ist. Fällt das Kursniveau der zur Besicherung hereingereichten Wertpapiere, so hat der Kreditnehmer ggf. zusätzliche Sicherheiten beizubringen.

▶ **Wertpapierleihe**

(Securities Lending) Vorgang, bei welchem Wertpapiere für einen begrenzten Zeitraum gegen ein Entgelt verliehen werden. Der Ent-

leiher verpflichtet sich mit Fristablauf (maximal 6 Monate) zur Rück-
übereignung von Wertpapieren gleicher Art und Güte. Damit handelt
es sich bei diesem Vorgang um ein Sachdarlehen gem. § 607 BGB. Der
Wertpapierverleiher wird so gestellt, als ob er Eigentümer der Wertpapiere bliebe. Für die zeitweise Überlassung der Wertpapiere erhält
der Verleiher vom Entleiher eine Leihgebühr. Gegebenenfalls stellt
der Entleiher Sicherheiten. Vgl. im Gegensatz hierzu die → Repurchase Agreements (Repois). Als Alternative zur Wertpapierleihe bietet sich das → Pensionsgeschäft (Wertpapierpensionsgeschäft).

▶ **Wertpapiernummer**

(Valorennummer) Nummer eines Wertpapiers. Sie wird jedem
Wertpapier aufgebracht und kennzeichnet es mit einer Ziffernfolge,
die für die Gattung typisch ist. Die Nummerierung der Wertpapiere
dient der Erleichterung des Wertpapierverkehrs, dem Schutz vor
Fälschung sowie vor deren Verlust.

▶ **Wertpapierpensionsgeschäfte** → Pensionsgeschäfte

▶ **Wertpapiersammelbank**

(Effektendepotbank, Kassenverein) → Spezialbank, welche die →
Sammelverwahrung (Girosammelverwahrung) von Effekten sowie
den → Effektengiroverkehr durchführt und gem. § 1 (3) Depotgesetz
von der dafür zuständigen Stelle eines Bundeslandes als Wertpapiersammelbank bezeichnet wird. In der Bundesrepublik Deutschland wurden die Wertpapiersammelbanken zu → Deutscher Kassenverein AG fusioniert. Inzwischen → Clearstream

▶ **Wertpapierscheck**

Urkunde zum Zweck der Übertragung oder Verpfändung von Wertpapieren. Sie wird bei einer Wertpapiersammelbank verwahrt.

▶ **Wertpapiersteuer**

Wurde bis 1965 bei der Emission ausländischer Wertpapiere im Inland sowie bei der Emission inländischer → Industrieobligationen

erhoben. Die Wertpapiersteuer ist mit dem Gesetz zur Änderung und Ergänzung des Einkommensteuergesetzes und des Kapitalverkehrsteuergesetzes vom 25. 3. 1965 (BGBl. I S. 147) weggefallen.

▶ **Wertpapierzulassungsstelle** → Zulassungsstelle

▶ **Wertrechte**

(Bucheffekten) unverbriefte Anteils- oder Gläubigerrechte, die von einer → Wertpapiersammelbank (Sammelverwahrer) treuhänderisch verwaltet werden.

▶ **Wertrechtsanleihe**

→ Anleihe, für die keine effektive Stücke ausgedruckt werden. Die aus der Schuldverschreibung abgeleitete Forderung (Wertrecht) wird nicht in einem Wertpapier verbrieft. Im Fall der Wertrechtsanleihe beruht das Wertrecht auf einer entsprechenden Eintragung im Schuldbuch des Emittenten. Treuhänderischer Verwalter ist eine → Wertpapiersammelbank (Kassenverein).

▶ **Wertsicherungsklausel** → Indexklausel, → Valuta-Klausel

▶ **Wertstellung** → Valuta

▶ **W-Formation**

Idealisierte Kurs-Umsatzformation, die den Chartisten auf eine untere Trendwende hinweist.

▶ **WGBI** → World Government Bond Index

▶ **Widerstandslinie**

Linie in einer Chart, die vom Kursverlauf nicht nach oben durchbrochen wird.

▶ **Wiederanlagerabatt**

Preisnachlass, der Anlegern durch → Investmentfonds bei der Anlage ausgeschütteter Erträge in weitere Fondsanteile gewährt wird.

▶ **Wiedergewinnungsfaktoren**

(Kapitalwiedergewinnungsfaktoren) dienen der Umrechnung des → Barwerts einer Zahlungsreihe in eine Reihe äquivalenter Zahlungen (jeweils am Jahresende) auf n Perioden. Der jeweils zur Anwendung kommende Kapitalwiedergewinnungsfaktor (WF), der vom Kalkulationszinssatz i, dem gegebenen Zeitraum t sowie der Verzinsungsperiode abhängig ist, stellt sich wie folgt dar (Verzinsungsperiode: ein Jahr):

$$WF\,(i,t) = \frac{i \cdot (1 + 1)}{(1 + i)^t - 1}$$

Wiedergewinnungsfaktoren können mit handelsüblichen Taschenrechnern errechnet werden, liegen aber auch in tabellierter Form vor.

▶ **Wilshire Small Cap Index**

Index, der die Aktien von 250 Aktiengesellschaften aus dem → US-amerikanischen → Small Cap-Segment mit einer durchschnittlichen Marktkapitalisierung von 400 Mio. US-$ erfasst. Auf den Wilshire Small Cap-Index werden an der → CBOT Future-Kontrakte gehandelt.

▶ **Windaktien**

→ Aktien von Unternehmen ohne nennenswertes Vermögen.

▶ **Window Dressing**

(Bilanzkosmetik) Maßnahmen im Rahmen der → Bilanzpolitik, die darauf gerichtet sind, dem Bilanzleser ein möglichst günstiges Bild, insbesondere von der finanziellen Lage der Unternehmung, zu vermitteln. Banken bedienen sich hierbei vornehmlich des → Pensionsgeschäfts, indem sie Wertpapiere in Pension geben und hierfür liquide Mittel erhalten.

▶ **Window Warrant**

Optionsscheinvariante, die ihrem Inhaber die Ausübung während der Laufdauer nur während limitierter Zeiträume ermöglicht.

▶ **Withholding Tax**

Quellensteuer in den USA und Kanada.

▶ **Working Capital**

Absolute Kennzahl zur Beurteilung der → Liquidität einer Unternehmung. Sie wird wie folgt definiert: Überschuss der kurzfristigen (innerhalb eines Jahres liquidierbaren) Aktiva über die kurzfristigen Passiva eines Unternehmens

Umlaufvermögen (soweit innerhalb eines Jahres liquidierbar)
./. kurzfristige Verbindlichkeiten

= Working Capital

bzw. Überhang der langfristigen Mittel über die Teile des Anlagevermögens, die innerhalb eines Jahres liquidierbar sind.

Absolutes Working Capital verändert sich nicht bei Geschäftsvorfällen, die nur die kurzfristigen Bilanzpositionen (z. B. Bezahlung kurzfristiger Verbindlichkeiten in bar oder mit Wechsel) oder nur die langfristigen Bilanzpositionen (z. B. Rücklagenzuweisung) berühren. Es wird durch solche Entscheidungen beeinflusst, die langfristige und kurzfristige Bilanzpositionen tangieren (z. B. Barverkauf eines Grundstücks, Tilgung langfristiger Schulden aus Barmitteln). Veränderungen des Working Capital einer Periode werden im → funds statement aufgezeigt. Das Working Capital sollte immer positiv sein, da negatives Working Capital auf die Nichteinhaltung der goldenen Bilanzregel hinweist.

Das Working Capital kann als Kennzahl zur Beurteilung der Liquidität herangezogen werden und bietet hier eine ähnliche Aussagekraft wie die Liquidität 3. Grades, deckt aber ggf. Windowdressing auf.

Weiterhin könnte das Working Capital Auskunft über das nicht ausgenutzte langfristige Finanzierungsvolumen geben. Es lässt nämlich erkennen, in welchem Umfang Teile des kurzfristig freisetzbaren Umlaufvermögens lang- bzw. mittelfristig finanziert sind. Insofern ist dies ein Hinweis für die Expansionskraft des Unternehmens, denn das Working Capital stellt einen Fond langfristig finanzierter Vermögensteile dar, die innerhalb eines Jahres verflüssigt werden können. Dieser Manövrierfonds könnte zur Finanzierung langfristigen Kapitalbedarfs eingesetzt werden. Kritik: In der Regel ist es nicht möglich das Umlaufvermögen im Zuge einer Expansion zu reduzieren. Das Working Capital bildet also nur einen Manövrierfonds, wenn die Aufnahme zusätzlich kurzfristiger Kredite im entsprechenden Umfang gelingt.

▶ **Working Capital Ratio**

Liquiditätskennzahl, die sich aus dem Verhältnis der kurzfristigen Aktiva (Umlaufvermögen) zu den kurzfristigen Passiva (kurzfristige Verbindlichkeiten) ergibt.

▶ **World Government Bond Index (WGBI)**

Marktkapitalisierter währungsgesicherter Index, der die Märkte für Staatsanleihen in zehn Ländern der Erde umfasst. Diese Länder sind: Australien, Dänemark, Deutschland, Frankreich, Großbritannien, Japan, Kanada, Niederlande, Schweiz und die USA. Der WGBI wird monatlich aktualisiert und erfasst ca. 900 Anleihen. Bei dem World Bond Government Index handelt es sich um einen Total Rate of Return Index. Die Ertragsziffer wird aus folgenden Größen ermittelt: Kursveränderungen der Anleihen, Nominalzins, reinvestierte Kouponzahlungen sowie aufgelaufenen Stückzinsen. Die Erträge sind monatlich währungsgesichert. Die Indexberechnung erfolgt auf Basis von einmonatigen Devisentermingeschäften als Sicherungsinstrumente. Abgesichert sind das investierte Kapital zuzüglich der aufgelaufenen Stückzinsen sowie die reinvestierten Kuponzahlungen. Mögliche Kursveränderungen sind nicht währungsgesichert. Im deutschen Subindex sind 160 Anleihen erfasst.

▶ **WPS Wertpapierservice-Bank**

Im Aufbau befindliches Wertpapierhaus der Sparkassenorganisation. Dieses soll für die gesamte Sparkassengruppe als einziges System die Wertpapierabwicklung vornehmen.

▶ **Writer**

Bezeichnung für den → Stillhalter einer Option.

▶ **WSS**

Abk. für Wertpapier-Service-System der Deutsche Börse Clearing. Es handelt sich um ein datenbankorientiertes Informationssystem für alle internationalen Gattungen, die mit einer deutschen Kenn-Nummer versehen sind.

▶ **WTB** → Warenterminbörse

X

▶ **XETRA**

(Exchange Electronic Trading, XETRA-Handelssystem) internationale vollelektronische Handelsplattform der Deutsche Börse AG. Die weltweit agierenden Marktteilnehmer(Institutionelle Anleger und Privatanleger) können sämtliche an der Frankfurter Wertpapierbörse notierten Aktien, Anleihen sowie Optionsscheine in jeder Ordergröße über XETRA handeln. Designated Sponsors sorgen in den Nicht-DAX-Werten für zusätzliche Liquidität. Auf Grund seiner offenen Strukturierung erlaubt XETRA einen standortunabhängigen Zugang für Teilnehmer aus der ganzen Welt. Das XETRA-System kann ca. 40 000 Geschäftsabschlüsse gleichzeitig abwickeln.

▶ **XETRA Observer im Internet**

XETRA Observer ist das neue System der Handelsüberwachungsstelle der Frankfurter Wertpapierbörse für die Überwachung des XETRA-Handels. Das System führt eine laufende real-time-Überwachung sämtlicher Transaktionen und Preise im XETRA-Handel durch.

▶ **XETRA-Handelssystem** → XETRA

Y

▶ **Yankee Bonds**

US $-Anleihen, die von ausländischen Emittenten in den Vereinigten Staaten von Amerika emittiert werden.

▶ **Yankee CDs**

Bezeichnung für Certificates of Deposit (handelbare Geldmarktzertifikate), die in den USA von Niederlassungen ausländischer Banken emittiert werden.

▶ **Yield**

Nominalverzinsung von Anleihen.

▶ **Yield Curve Option**

Option auf den → Spread zwischen zwei Kursen unterschiedlicher Laufdauern auf einer Zinskurve.

▶ **Yield Curve Swap** → Zinsswap

▶ **Yield Decrease Warrant**

Zinsoptionsschein, dessen Wert in negativer Korrelation zu sinkenden (steigenden) langfristigen Anleihezinsen steigt (sinkt).

▶ **Yield Spread-Analyse** → Portfolio Selection

▶ **You Choose Warrant**

(As You Like Warrant) Optionsscheinvariante. Sie eröffnet dem Inhaber die zeitlich begrenzte Wahlmöglichkeit, zu entscheiden, ob der Optionsschein mit einem Put- oder einem Call-Optionsrecht ausgestattet sein soll. Im Regelfall sind You Chouse Warrants als → Indexoptionsscheine ausgestattet.

Z

▶ **Zahlstelle**

Bezeichnung für
(1) Kreditinstitut, bei dem eine Person ein Konto unterhält;
(2) Keditinstitut, das den Inhabern von Wertpapieren fällige Dividenden und Zinsen gegen Aushändigung der jeweils definierten → Coupons auszahlt werden, ausgeloste oder gekündigte Stücke einlöst und/oder neue Zinsschein- oder Dividenden Bogen aushändigt. Weiterhin werden bei diesen Zahlstellen Aktien hinterlegt.
(3) Investmentgesellschaft

▶ **Zahlstellenwechsel** → Wechsel

▶ **Zahlungsauftrag**

Anweisung einer inländischen Bank an ihre Korrespondenzbank im Ausland dem im Zahlungsauftrag genannten Begünstigten einen definierten Betrag zu zahlen.

▶ **Zahlungsbedingungen**

regeln die Zahlung von Verbindlichkeiten. Sie legen insbesondere Zahlungszeitpunkt(e), Laufzeit der Geldschulden, Höhe der jeweiligen Tilgungsraten sowie die Zinsbelastungen fest.

▶ **Zahlungsbefehl** → Mahnbescheid

▶ **Zahlungsbereitschaft**

Eine Unternehmung ist zahlungsbereit (liquide), wenn sie jederzeit in der Lage ist ihre ordnungsgemäß an sie herangetragenen Zahlungsverpflichtungen uneingeschränkt zu erfüllen. Fehlt die Zahlungsbereitschaft, ist die Unternehmung zahlungsunfähig. → Zahlungsunfähigkeit (Zahlungseinstellung) ist ein Konkursgrund. Zahlungsbereitschaft kann als Form der relativen → Liquidität (dynamische Liquidität) angesehen werden. Sie ist Nebenbedingung der → Finanzierungsziele. Die Beurteilung der Zahlungsbereitschaft erfolgt im Rahmen der → Liquiditätsplanung.

▶ **Zahlungsfähigkeit** → Zahlungsbereitschaft

▶ **Zahlungsmittelverkehr**

bei der Unternehmung sämtliche Bewegungen der Zahlungsmittel, die in irgendeiner Weise mit der Unternehmung in Verbindung gebracht werden können.

▶ **Zahlungsmittelwirtschaft**

Teilbereich der Finanzwirtschaft. Die Zahlungsmittelwirtschaft ist zu unterteilen in die Zahlungsmittelbeschaffung (Beschaffung von flüssigen Mitteln, z. B. Bargeld), die Zahlungsmittelverwaltung (Verwahrung der Zahlungsmittel im Zeitraum zwischen der Zahlungsmittelbeschaffung und -verwendung) und Zahlungsmittelverwendung (-disposition).

▶ **Zahlungsplan**

Instrument zur Festlegung der Fälligkeiten und der Höhe von Tilgungsraten und Zinszahlungen innerhalb des Zeitraums, während dem Verbindlicheiten bestehen.

Beispiel:
Ein Kredit in Höhe von 5000 € soll in gleichhohen jährlichen Raten nach vier Jahren zurückgezahlt sein. Von der jeweiligen Restsumme sind 10% anzurechnen (vgl. Tab.).

Fälligkeit zum	Tilgungsrate	Restschuld	Zinsen 10%	fällige Zahlung zum 31.12. d. J.
31. 12. 98	1250	3750	500	1750
31. 12. 99	1250	2500	375	1625
31. 12. 01	1250	1250	250	1500
31. 12. 02	1250	175	175	1375

Zahlungsplan

▶ **Zahlungsunfähigkeit**

(Illiquidität) liegt vor, wenn die Unternehmung fällige Forderungen, die ordnungsgemäß an sie herangetragen worden sind, dauerhaft nicht mehr erfüllen kann (die Auszahlungen sind also höher als die Einzahlungen). Die unternehmenspolitischen Folgerungen der Zahlungsunfähigkeit bzw. Zahlungseinstellung münden in einer → Insolvenz und damit in der → Zwangsvollstreckung.

▶ **Zahlungsverkehr, internationaler**

Umfasst die Summe aller Zahlungsvorgänge in Form von Buchgeld zwischen zwei Volkswirtschaften mit unterschiedlichem Währungssystem. Mit seiner Durchführung wird – bis auf die einfachen Überweisungen (Clean Payments) – i. d. R. uno actu die Zahlungssicherungsfunktion verbunden.

Träger des Zahlungsverkehrs sind inländische Banken, die mit einem Netz von Korrespondenzbanken im Ausland zusammenarbeiten. Inländische Kreditinstitute erfüllen ihrerseits für ausländische Banken eine Korrespondenzbankenfunktion. Die Instrumente sind →Dokumentenakkreditiv (→ Akkreditiv), → Dokumenteninkasso, → Zahlungsauftrag, Kundenschecks, Reiseschecks.

▶ **Zahlungsverkehr, nationaler**

Umfasst die Summe aller Zahlungsvorgänge in Form von Bargeld und Buchgeld innerhalb einer Volkswirtschaft. Die Abwicklung des Zahlungsverkehrs erfolgt grundsätzlich in Form von Barzahlungen (Barzahlungsverkehr) unter Verwendung der gesetzlich vorgeschriebenen Zahlungsmittel oder durch Übertragung von Zahlungsansprüchen gegenüber Zahlungsverkehrsmittlern, wobei der Empfänger einer Zahlung und der Zahlungspflichtige jeweils bei einem Zahlungsvermittler (z. B. Bank A und Postgiroamt) ein Konto aufweisen müssen. Zahlungsverkehrsinstrumente sind die → Überweisung, die → Lastschrift und der → Scheck. Soweit Zahlungsempfänger und Zahlungspflichtiger jeweils ein Konto bei der gleichen Bank haben, erfolgt eine Verrechnung innerhalb der Bank. Sind die Konten bei unterschiedlichen Banken eingerichtet, erfolgt die Verrechnung über Zahlungsverkehrsnetze. Es sind dies die Gironetze der Deutschen Bundesbank, der privaten Banken, der Sparkassen, der Kreditgenossenschaften und der Postgiroämter.

▶ **Zedent**

Gläubiger, der eine Forderung auf einen Dritten (Zessionar) überträgt (→ Forderungsabtretung).

▶ **Zeichnen**

Schriftliche Verpflichtung gegenüber einer Bank neu zu emittierende Wertpapiere gegen einen bestimmten Betrag zu übernehmen.

▶ **Zeichnung von Wertpapieren**

Schriftliche Verpflichtung zur Übernahme eines Betrags neu ausgegebener Wertpapiere. Wertpapiere werden durch ein → Bankenkonsortium potenziellen Erwerbern zur Zeichnung angeboten (Zeichnungseinladung). Die Zeichnungseinladung umfasst die Zeichnungsbedingungen und unterrichtet
- bei Anleihen über die Zeichnungsfrist, die Anleihekonditionen (Stückelung, Laufzeit, Verzinsung, Tilgung, den Ausgabe- und Rückzahlungskurs, den Verwendungszweck, die wirtschaftliche Lage des Emittenten (Finanzlage, Sicherungsmittel usw.) und die Zusammensetzung des Bankenkonsortiums;
- bei Aktien über die Zeichnungsfrist, den Emissionskurs, die wirtschaftliche Lage des Unternehmens (Auftragslage, Gewinnsituation, Finanzlage, Produkte etc.), die Zusammensetzung des Emissionskonsortiums usw. (→ Prospekt, → Zuteilung).

▶ **Zeichnungsangebot** → Zeichnung von Wertpapieren

▶ **Zeichnungsbedingungen**

Definieren die Einzelheiten einer Wertpapieremission. Sie werden im → Prospekt und per Zeichnungseinladung (→ Zeichnung von Wertpapieren) bekannt gegeben. Wesentliche Komponenten sind bei

- → Anleihen: Zeichnungsfrist, Anleihekonditionen (Stückelung, Laufzeit, Verzinsung, Tilgung, Emissions- und Rückzahlungskurs), Verwendungszweck, wirtschaftliche Lage des Emittenten, Emissionskonsortium;
- → Optionsanleihen, → Wandelanleihen, → Gewinnobligationen: weitere spezifische Komponenten (vgl. dort);
- → Aktien: Zeichnungsfrist, Bezugskurs, Bezugsverhältnis, Emissionsvolumen.

▶ **Zeichnungseinladung**

Veröffentlichtes Angebot, welches zur Zeichnung von Wertpapieren auffordert. Sie erfolgt durch den Emittenten und/oder das Emissionskonsortium und enthält die Emissionsbedingungen.

▶ **Zeichnungsfrist**

Zeitraum, innerhalb dessen eine natürliche oder juristische Person ein zur Emission aufgelegtes Wertpapier zeichnen kann.

▶ **Zeichnungsprospekt** → Prospekt

▶ **Zeichnungsschein**

Urkunde, auf der sich der Erwerber einer zur Zeichnung aufgelegten Neuemission verpflichtet Wertpapiere in Höhe des auf dem Zeichnungsschein vermerkten Betrags zu den Zeichnungsbedingungen zu übernehmen. Bei der Kapitalerhöhung einer Aktiengesellschaft ist gem. §185 AktG ein doppelt ausgestellter Zeichnungsschein erforderlich. Der Zeichnungsschein hat gem. § 185 (1) AktG bestimmte Angaben zu enthalten. Die Zeichnungsscheine liegen bei den Zeichnungsstellen (i. d. R. Banken, die dem Emissionskonsortium angehören) aus.

▶ **Zeitarbitrage** → Arbitrage

▶ **Zeitbürgschaft** → Bürgschaft

▶ **Zeit-Sichtwechsel** → Wechsel

▶ **Zeitwert**

(Extrinsic Value) Wert eines Vermögensgegenstandes zu einem bestimmten Zeitpunkt.

(1) bei → Optionen: Differenz zwischen Optionspreis und dem inneren Wert der Option. Er wird beeinflusst durch die → Volatilität des → Basiswerts, die Restlaufzeit der Option, die Geldmarktzinsen→ (Geldmarkt) und den → Optionstyp. Grundsätzlich gilt: der Zeitwert ist am größten, wenn eine Option → „At the Money" ist. D. h., wenn der Basispreis mit dem aktuellen Kurs (Preis) des zu Grunde liegenden Basiswertes identisch ist. Im Zeitverkauf ergibt sich bei konstanten Bedingungen ein → Zeitwertverfall.

(2) bei → Optionsscheinen: Differenz zwischen Kurs eines Optionsscheins und seinem rechnerischen Wert.

Vgl. → Zeitwertverfall

▶ **Zeitwertverfall**

Der → Zeitwert einer → Option oder eines → Optionsscheins nimmt c.p. bei sonst konstanten Bedingungen im Zeitverlauf ab und erreicht mit Ende der Laufzeit der Option den Wert 0. Die Wertveränderung des Zeitwerts einer Option wird durch das → Theta (Theta-Faktor) demonstriert.

▶ **Zentralbank**

Zumeist staatliche Institution, die als oberstes Gremium der Bankwirtschaft währungspolitische Aufgaben zu übernehmen hat. Vgl.:→ Europäische Zentralbank (EZB),→ Europäisches System der Zentralbanken(ESZB).

▶ **Zentralbankgeld**

1) im allgemeinen Verständnis dasjenige → Geld, welches von der → Notenbank (Zentralbank) geschaffen wird. Es repräsentiert die Forderungen der Wirtschaftssubjekte gegen die Zentralbank und wird in Form von Sichtguthaben bei der Zentralbank oder in Bargeld (Banknoten und Münzen) gehalten.

(2) I. e. S. werden unter Zentralbankgeld lediglich die Einlagen inländischer Kreditinstitute bei der Zentralbank (Mindestreserven) plus Bargeld subsumiert.

▶ **Zentralbankpolitik** → Notenbankpolitik

▶ **Zentralbankrat** → Deutsche Bundesbank

▶ **Zentralbanksystem**

Allgemein: System, an dessen Spitze eine Institution steht → meist Zentralbank, in der Bundesrepublik Deutschland „Deutsche Bundesbank" genannt –, die als oberstes Gremium der Bankwirtschaft währungspolitische Aufgaben zu übernehmen hat.

Speziell: das vom 20. 6. 1948 bis 31. 7. 1957 in der Bundesrepublik Deutschland bestehende zweistufige Bankensystem. Es bestand aus den rechtlich selbstständigen → Landeszentralbanken (ausgestattet mit Zentralbankfunktionen in ihren geographischen Bereichen) und ihrer gemeinsamen Tochter, der Bank deutscher Länder. Deren Aufgabenfeld bestand hauptsächlich in der Notenausgabe, der Koordination der Notenbankpolitik etc. Dieses in Anlehnung an die USA geschaffene System wurde am 1. 8. 1957 durch die „Deutsche Bundesbank" abgelöst. Die → Deutsche Bundesbank ersetzte als Einheitsbank das zweistufige System. Die Landeszentralbanken wurden Teil der Bundesbank und fungieren nunmehr als Hauptverwaltungen.

Die Deutsche Bundesbank war in allen ihren Maßnahmen, soweit sie den gesetzlich zustehenden Befugnissen entsprachen, von Weisungen der Bundesregierung unabhängig (Autonomieprinzip). Sie hatte aber die Verpflichtung, im Rahmen ihrer Politik die Wirtschaftspolitik der Bundesregierung nach Möglichkeit zu unterstützen (§ 12 BBankG). Diese Verpflichtung bestand allerdings nur solange, als die eigentlichen Ziele der Notenbankpolitik nicht zu denen der Bundesregierung in Konflikt standen.

Die Deutsche Bundesbank hatte gem. § 3 BBankG den Auftrag, den Geldumlauf und die Kreditversorgung der Wirtschaft entsprechend zu regeln. Dies geschah mit der Zielsetzung, einerseits die Währung zu sichern, andererseits für die bankmäßige Abwicklung des Zahlungsverkehrs im Inland und mit dem Ausland zu sorgen. Zur Zielerreichung bediente sich die Bundesbank verschiedener geldpolitischer Instrumente, die einzeln und kombiniert eingesetzt wurden.

Mit dem Beginn der dritten Stufe nahm das Europäische System der Zentralbanken (ESZB) seine Arbeit auf. Damit hat die Europäische Zentralbank am 1. Januar 1999 die geldpolitische Verantwortung für den gemeinsamen Währungsraum – also auch für Deutschland – übernommen.

Das ESZB umfasst neben den Mitgliedern des → Eurosystems die Nationalen Zentralbanken (NZBen) der Mitgliedstaaten, die den Euro mit Beginn der dritten Stufe der WWU zum 1. 1. 1999 nicht eingeführt haben.

Das Europäische System der Zentralbanken wird vom EZB-Rat und dem Erweiterten Rat der Europäischen Zentralbank geleitet.

▶ **Zentralbörse**

Bezeichnung für die Hauptbörse (Leitbörse) eines Landes.Für Deutschland übt die Frankfurter Wertpapierbörse diese Funktion aus.

▶ **Zentraler Kapitalmarktausschuss (ZKMA)**

Ausschuss, der sich aus elf Mitgliedern der relevanten Emissionsbanken zusammensetzt und an dessen Sitzungen Vertreter der Bundesbank und der Bundesregierung teilnehmen können. Der ZKMA hat die Aufgabe die Inanspruchnahme des organisierten Kapitalmarkts zu optimieren. Somit erteilt er potenziellen Anleiheemittenten Empfehlungen hinsichtlich des Emissionsvolumens, des Emissionszeitpunktes sowie der Konditionen.

▶ **Zentralnotenbank** → Notenbank

▶ **Zero Cost Option**

Bezeichnung für eine Optionsstrategie, bei der die Prämie einer gekauften Option durch den Verkauf einer anderen Option finanziert wird. Beide Optionen unterscheiden sich aber dadurch, dass sie unterschiedliche Basiswerte aufweisen.

▶ **Zero Coupon Bond** → Zerobond

▶ **Zerobond**

(Nullkuponanleihe) festverzinsliche Wertpapiere, die abgezinst ausgegeben und bei Fälligkeit zum Nennwert getilgt werden. Im Gegensatz zu den herkömmlichen Anleihen werden die Zinsen nicht periodisch gezahlt, sondern werden thesauriert und dadurch ebenfalls wieder verzinst. Dadurch ist der Wiederanlagezins garantiert (Zinseszinseffekt). Die Differenz zwischen dem Ausgabepreis und dem Nennwert stellt den Ausgleich für die laufenden Zinszahlungen dar. Wirtschaftlich besteht kein Unterschied zwischen

(1) reinen Zerobonds, bei denen der Ausgabekurs durch Abdiskontierung vom Nennwert errechnet wird, und

(2) den Aufzinsungs- oder Zinssammel-Anleihen, bei denen der Rückzahlungspreis durch Aufdiskontierung des Ausgabekurses bestimmt wird.

Die Rendite eines Zero-Bonds errechnet sich nach folgender Formel:

$$R_Z \ (\%) = \left(\sqrt[n]{\frac{K_n}{K_0}} - 1 \right) \cdot 100$$

wobei

R_z = Rendite in %
K_n = Tilgungskurs
K_0 = Emissions- bzw. Kaufkurs
n = Restlaufzeit in Jahren

Für den Emittenten von Zerobonds liegt der Vorteil in diesem Schuldverschreibungstypus darin, dass sich hiermit längere Laufzeiten durchsetzen lassen und während der Laufzeit keinerlei Zinszahlungsverpflichtungen bestehen.

Da Zerobonds i.d.R. relative lange Laufzeiten aufweisen und die Zinsen gestundet werden, stellen die Investoren besonders hohe Anforderungen an die Bonität der Emittenten. Auf Grund des Zinseszinseffektes unterliegen Nullkuponanleihen im Vergleich zu den klassischen festverzinslichen Anleihen überproportionalen Kursschwankungen. Dieser Effekt wird bei langen Restlaufzeiten u.U. erheblich verstärkt.

Zerobonds eignen sich für den langfristig orientierten Anleger, da Zins- und Wiederanlagezins im Emissionszeitpunkt festgeschrieben sind, was dieses Instrument vor allem in Hochzinsphasen interessant macht. Für den eher kurzfristig disponierenden Anleger kommen Zerobonds wegen ihrer hohen Kursreagibilität nur aus spekulativen Überlegungen bei erwartetem Zinsrückgang infrage.

Bci einem → Stripped Bond wird ein Zerobond aus einer normalen Anleihe dadurch geschaffen, dass → Mantcl und → Zinsschein voneinander abgetrennt und beide auch separat gehandelt werden. Oft geschieht dies durch die Einschaltung eines Treuhänders, bei dem Mantel und Bogen als Sicherheit für die emittierten Zerobonds hinterlegt werden. Derartige Anlageformen sind unter den Begriffen → TIGRS und →CATS (Certificates of Accrual on Treasury Securities) bekannt geworden.

▶ **Zession** → Forderungsabtretung

▶ **Zielsetzung, finanzwirtschaftliche** → Finanzierungsziele

▶ **Zins**

Preis, den der Schuldner für die befristete Überlassung von Geld bezahlen muss. Die Zinstheorien versuchen den Zins und seine Höhe zu erklären. Die Schuldner-Theorien (Wucher-Theorien, Ertragstheorien, Agio-Theorien, Ausbeutungstheorien), begründen ihn aus der Sicht des Kreditnehmers, während die Gläubiger-Theorien („Verzicht"-Theorien, Arbeitstheorien) ihn aus der Sicht des Gläubigers zu erklären versuchen.

Man unterscheidet Fremdkapitalzinsen und Eigenkapitalzinsen. Hierbei kann es sich um eine nominelle (→ Nominalzinsfuß) oder effektive Verzinsung (→ Effektivzinsfuß) handeln.

Seitens der Banken wird zwischen Sollzinsen (für ausgereichte Kredite) und Habenzinsen (für hereingenommene Gelder) unterschieden, wobei den Sollzinsen die primäre Bedeutung zukommt. Sie werden als Mittel der Preispolitik genutzt und entweder als Nettozins oder Bruttozins (gesonderte Abrechnung von Zinsen und Bankspesen) berechnet. Die Höhe der Kredit(Soll)zinsen bestimmt sich nach folgenden Determinanten:

- Geldbeschaffungskosten (Kosten für die Hereinnahme fremder Mittel, z. B. Sparzinsen, Refinanzierungskosten, Kosten für die Aufnahme von Mitteln am Geldmarkt): Ihre Höhe hängt primär von der Zinspolitik der Zentralnotenbank ab und diese orientiert sich wiederum an der Zinssituation der internationalen Finanzmärkte. Die Geldbeschaffungskosten beeinflussen die Zinshöhe am stärksten. Die Risikokosten hängen von den Kreditrisiken ab. Je höher diese sind, umso höher ist die Risikoprämie anzusetzen. Ihre Höhe wird entscheidend von der Kreditwürdigkeit des Kreditnehmers, von den gestellten Kreditsicherheiten und von der Laufzeit des Kredits beeinflusst.
- Verwaltungs- und Betriebskosten (insbesondere Personalkosten): Der Verwaltungskostenanteil je Kredit ist umso geringer, je höher der Kreditbetrag ist. Durch Maßnahmen der Bankautomation soll dieser Kostenanteil gesenkt werden.
- Steueranteil: Einkommen- bzw. Körperschaftsteuer.
- Gewinnanteil (Differenz zwischen dem am Markt realisierten Zins und den tatsächlichen Kosten): Dieser Anteil bestimmt sich nach der Marktsituation (Käufer- oder Verkäufermarkt), der Verhandlungsmacht von Kreditnehmer und Bank und der Zinselastizität des Kreditnehmers.

▶ **Zins- und Währungsswap**

(Interest and Currency Swap, Zins- und Währungsaustauschvereinbarung, Swap) Der Terminus Swap wurde aus dem Devisenhandel entliehen und hat auf den internationalen Finanzmärkten inzwischen einen neuen Inhalt bekommen. Der Grundgedanke dieser Vereinbarung ist darin zu sehen, über die Arbitrage von relativen Refinanzierungsstärken die eigene Position zu verbessern.

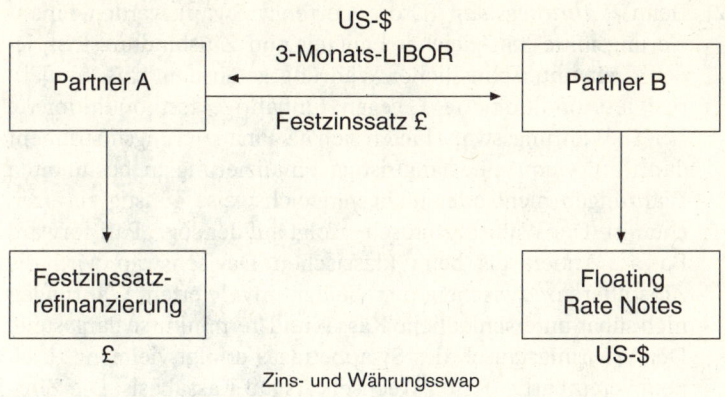

Zins- und Währungsswap

Bei einem Swap handelt es sich also um den Austausch von Zahlungsverpflichtungen mit dem Ziel relative Vorteile zu arbitrieren. Diese können sich z. B. aus der unterschiedlichen Konditionierung auf den einheimischen und internationalen Finanzmärkten oder aus der unterschiedlichen Bonität und Stellung der Partner im Markt ergeben. Da mit dem Swap komparative Vorteile auf Teilmärkten ausgenutzt werden, besteht ein Zwang zur permanenten Auffindung neuer Arbitragemöglichkeiten.

Getauscht werden können prinzipiell die Zinszahlungsverpflichtungen auf Grund unterschiedlicher Zinsbindungszeiträume, die Währung oder beides. Entsprechend unterscheidet man zwischen Zinsswap, Währungsswap sowie Zins- und Währungsswap.

(1) Beim *Zinsswap* (Interest Rate Swap) werden Zinszahlungsverpflichtungen aus gleicher Währung und Laufzeit, jedoch mit unterschiedlichen Zinsbindungsfristen getauscht (z. B. fünfjährige festkonditionierte gegen fünfjährige variabel konditionierte Mittel). Hierbei erfolgt kein Liquiditätsaustausch. Die Swappartner übernehmen lediglich wechselseitig die Zinszahlungsverpflichtung, sodass für beide Partner die ursprünglichen Rückzahlungs- und Zinszahlungsverpflichtungen gegenüber ihren Gläubigern bestehen bleiben. Zinsswap können in den verschiedenen Währungen durchgeführt werden.

Eine besondere Variante stellt der → Basis Rate Swap dar.

(2) Beim *Währungsswap* (Cross Currency Swap) werden Finanzierungsmittel mit gleicher Laufzeit und Zinsbindungsfrist, jedoch mit unterschiedlicher Währung getauscht (z. B. fünfjährige festkonditionierte £ gegen fünfjährige festkonditionierte US-$). Währungsswaps bieten sich als Finanzierungsinstrument dann an, wenn eine langfristige Finanzierung in bestimmten Währungen nicht oder nicht vergleichsweise günstig zu erreichen ist. Der Währungstausch erfolgt auf der sog. „Pari-forward Basis". Anders als beim klassischen Devisenswap wird die Zinsdifferenz zwischen den beiden involvierten Währungen nicht über unterschiedliche Kassa- und Terminkurse dargestellt. Der Währungstausch des Swapbetrages erfolgt vielmehr zu einem vereinbarten festen Wechselkurs auf Kassabasis. Die Zinsdifferenz wird während der Laufzeit des Swaps über Zinstauschzahlungen ausgeglichen.

(3) Der *Zins- und Währungsswap* (Integrierter Swap, Currency Coupon Swap) stellt die Kombination zwischen einem Zins- und Währungsswap dar. Hier werden Finanzierungsmittel mit gleicher Laufzeit jedoch mit unterschiedlicher Währung und Zinsbindungsfrist ausgetauscht (z. B. ein fünfjähriges festkonditioniertes £-Darlehen gegen fünfjährige US $-Mittel mit variabler Verzinsung). Der Zins- und Währungsswap setzt sich somit aus einem Währungs- und einem Zinsverpflichtungstausch zusammen. Im Rahmen des Währungstausches kauft Partner A in einem Kassageschäft von Partner B US-$ gegen £ und verkauft diesem gleichzeitig die US-$ per vereinbartem Rückzahlungszeitpunkt gegen £. Der Terminkauf wird ebenfalls zum Kassakurs und nicht zum Terminkurs abgewickelt. Im Rahmen des Zinszahlungsverpflichtungstausches verpflichtet sich Partner A, während der Laufzeit der Vereinbarung die US-$-Zinsen auf der Basis z. B. → LIBOR zu zahlen, während Partner B die Verpflichtung zur Zahlung der £-Festzinsen übernimmt.

Das Instrument des Zins- und Währungsswaps führt im Rahmen des Liability-Managements zu einer Verbilligung und Verbreiterung der Finanzierungsbasis. Mit dem Abschluss von Zins- und Währungsswaps sind verschiedene Risiken verbunden, die jedoch nur dann eintreten, wenn der Swappartner ausfällt. Ein Zinsvorleistungsrisiko ergibt sich, wenn der Swappartner die übernommene Zinszahlungsverpflichtung nicht erfüllen kann. Bei vierteljährlicher Zinszahlung von Partner A und jährlicher Zinszahlung von Partner B tritt Partner A mit der Zinszahlung dreimal in Vorlage. Mit dem Ausfall der Zinszahlung wird der ursprüngliche Zustand wieder hergestellt. Festkonditionierte Mittel werden wieder in variabel konditionierte Mittel zurücktransformiert und umgekehrt. Daraus ergeben sich Zinsänderungsrisiken. Ein Währungsswap ist darüber hinaus mit einem Wechselkursänderungsrisiko aus dem Währungsterminverkauf behaftet, das dem Erfüllungsrisiko bei Devisentermingeschäften entspricht. Da die Kapitalrückzahlung mit dem Swappartner vereinbarungsgemäß auf der Basis des Kassakurses erfolgt, wird bei Ausfall des Partners die Eindeckung aus dem dann gültigen Kassakurs notwendig. Die Höhe der insgesamt mit dem Abschluss von Zins- und Währungsswaps verbundenen Risiken wird von der Bonität des Swappartners bestimmt. Um das Risiko zu verringern, können Riskintermediaries zwischengeschaltet werden, die gegen eine Risikoprämie für beide Partner eine Erfüllungsgarantie übernehmen.

▶ **Zinsabschlagsteuer**

Die Zinsabschlagsteuer gilt mit der Überschreitung der Freibeträge für alle in- und ausländischen Kapitalanleger mit Wohnsitz oder gewöhnlichem Aufenthalt in Deutschland (Gebietsansässige). Personen mit Wohnsitz im Ausland (Gebietsfremde) zahlen (Ausnahme bei → Tafelgeschäften, die in Deutschland getätigt werden) keine Zinsabschlagsteuer.

▶ **Zinsanpassungsklausel**

Berechtigt den Kreditgeber auf Grund einer entsprechenden Vereinbarung im Kreditvertrag durch Erklärung gegenüber dem Schuldner den Zins jederzeit mit sofortiger Wirkung zu senken oder anzuheben. Die Klausel wird insbesondere von Sparkassen bei → Hypothekarkrediten praktiziert, die durch Spareinlagen, welche kurzfristigen

Schwankungen in der Verzinsung unterliegen, refinanziert werden. Zinsanpassungsklauseln bieten damit den Banken die Möglichkeit, das Zinsänderungsrisiko im Passivgeschäft auszuschließen und sind damit auf Zins- bzw. Rentabilitätskongruenz ausgerichtet.

▶ **Zinsarbitrage** → Arbitrage

▶ **Zinsausgleichsvereinbarung** → Forward Rate Agreement, → Cap

▶ **Zinsausgleichszertifikat** → Floor (1)

▶ **Zinsbogen** → Bogen

▶ **Zins-Caps** → Cap

▶ **Zinsdeckel** → Cap

▶ **Zinsecart** → Ecart

▶ **Zinsempfindlichkeit**

Bringt die relative Veränderung der Kapitalnachfrage zur relativen Veränderung des Zinssatzes zum Ausdruck.

Unterstellt wird für den Regelfall, dass mit steigendem Zins die Kapitalnachfrage fällt (negative Korrelation zwischen Zinssatz und mengenmäßiger Kapitalnachfrage), also die Zinsempfindlichkeit Werte zwischen – 1 und 0 annimmt. Jede Abweichung von diesem Regelfall stellt dann die inverse Zinsempfindlichkeit dar. Sie ist bei positiver Korrelation zwischen Zins und mengenmäßiger Kapitalnachfrage gegeben.

▶ **Zinsen, kalkulatorische**

Auf der Grundlage des → betriebsnotwendigen Kapitals errechnete Zinsen, bei denen neben den effektiven Zinsen (Fremdkapital) die Verzinsung des ausgewiesenen Eigenkapitals berücksichtigt wird, da langfristig auch das Eigenkapital verzinst werden sollte. Dieser Konzeption liegt das Prinzip der Opportunitätskosten zu Grunde.

Kalkulatorische Zinsen sind internes Lenkungsinstrument für den optimalen Kapitaleinsatz. Die Steuerungsfunktion des Rechnungswesens erfordert, dass alle Zinsen für das betriebsnotwendige Kapital in die Stückkosten eingehen. Die kalkulatorischen Zinsen sind in den Umsatzerlösen enthalten, sofern sie der Markt in den Preisen vergütet. Der Überschuss der kalkulatorischen über die effektiven Zinsen ist Bestandteil des Gewinns der Unternehmung.

▶ **Zinseszinsrechnung**

Finanzmathematische Summenrechnung eines Kapitalbetrages über mehrere Perioden, wobei die periodisch anfallenden Zinsen dem Kapitalbetrag zugeschlagen und wiederverzinst (kapitalisiert) werden. Die Berechnung erfolgte früher mithilfe von Logarithmen oder unter Heranziehung von Zinseszinstabellen. Der gesuchte Endwert ergibt sich aus der Multiplikation von K_0 mit dem → Abzinsungsfaktor. Heute können die Werte mühelos mit handelsüblichen Taschenrechnern berechnet werden.

Die Zinseszinsformel lautet:

$K_n = K_0 \cdot q^n$.

K_0 = Anfangskapital

K_n = Endkapital

n = Anzahl der Jahre

p = Zinssatz

q = Verzinsungsfaktor = $1 + \dfrac{p}{100}$

Beispiel:
Anfangskapital K_0 = 10 000 €, Dauer der Kapitalüberlassung 4 Jahre bei einem Zinssatz von 8 %, Endkapital K_n?

K_n = 10 000 · $1,08^4$
    = 13 604,88 €.

Ist ein Endkapital (Endwert) K_n bekannt, so lässt sich das Anfangskapital (Barwert) K_0 errechnen, indem K_n mit dem Abzinsungsfaktor
$1/q^n$ bzw. q^{-n} multipliziert wird.

Der jeweils relevante Abzinsungsfaktor kann auch für diesen Fall aus einer Tabelle abgelesen oder mithilfe eines Taschenrechners berechnet werden.

Beispiel: Endwert K_n = 10 000 €, Dauer der Kapitalüberlassung 3 Jahre bei einem Zinssatz von 12%. Anfangswert K_o?

K_o = 10 000 · $1,12^{-3}$
= 7117,80 €.

▶ **Zinsfestschreibung**

Vertragliche Festschreibung eines definierten Zinssatzes über die Gesamtlaufzeit eines Kreditvertrages oder lediglich über einen Teilzeitraum der Vertragslaufdauer. Im zweiten Fall erfolgt eine erneute Festschreibung des Zinses zu den dann am Markt aktuellen Konditionen. Der Kreditnehmer geht in diesem Fall ein Zinsänderungsrisiko ein.

▶ **Zinsfuß**

(Zinssatz)

(1) der in Prozent ausgedrückte Preis für Fremdkapital. Er hat seine Basis in den Refinanzierungskosten des Kreditgebers und wird in seiner Höhe außerdem durch die Dauer der Fremdkapitalüberlassung, die Bonität des Kreditnehmers, die Qualität der gestellten Sicherheiten usw. bestimmt. Seine zeitliche Bezugsbasis ist i. d. R. ein Jahr, kenntlich gemacht durch den Zusatz p. a. (pro anno).
Neben dem landesüblichen Zinsfuß (Durchschnitt der → Effektivverzinsung für Staatsanleihen, Pfandbriefe und erstellige Hypotheken) kennt man noch den banküblichen Zinsfuß, der durch die einzelnen Banken autonom für die unterschiedlichen Kreditarten festgesetzt wird.

(2) In der Kosten- und Investitionsrechnung wird auch ein Zinsfuß für das Eigenkapital festgesetzt, der sich i. d. R. an vergleichbare Zinssätze des Kapitalmarkts anpasst. Der landesübliche Zinsfuß bildet dann die Untergrenze. Von besonderer Bedeutung

sind der interne Zinsfuß (Kapitalrentabilität, → Rentabilität) und der Kalkulationszinssatz.

▶ **Zins-Futures**

Standardisierte → Zinsterminkontrakte, die an der Börse gehandelt werden. Mit einem Zinsterminkontrakt ist die Verpflichtung verbunden zu einem bestimmten Zeitpunkt eine im Kontrakt festgelegte Menge eines definierten Wertpapiers zu einem bestimmten Preis zu kaufen oder zu verkaufen. Im Regelfall werden Zins-Futures nicht erfüllt, da sie vor Kontraktfälligkeit durch ein entsprechendes Gegengeschäft glattgestellt werden. Zins-Futures eignen sich sowohl zu Hedging- als auch zu Spekulationszwecken. An den wesentlichen Terminbörsen werden Zins-Futurekontrakte gehandelt.

▶ **Zinsgefälle**

(1) Unterschiedliches Zinsniveau an verschiedenen Orten, insbesondere zwischen den Geld- und Kapitalmärkten verschiedener Länder. Dieses Zinsgefälle führt u. U. zu einem Geldzufluss zum Zweck entsprechender Investitionen in das Land mit dem höheren Zinsniveau. Andererseits erfolgt in diesem Fall oft die Kreditaufnahme inländischer Unternehmen auf ausländischen Märkten mit niedrigerem Zinsniveau. Entscheidend für die Richtung und Intensität zinsinduzierter Geld- und Kapitalströme sind aber außerdem die Kurssicherungskosten, die im Zusammenhang mit Maßnahmen zur Absicherung gegen Währungsrisiken entstehen. Unterschiedliches Zinsniveau zwischen zwei verschiedenen Währungsgebieten führt dann nicht zu zinsinduzierten Geld- und Kapitalströmen, wenn allgemein eine Abwertung der Währung des Landes mit dem höheren Zinsniveau erwartet wird.

(2) Zinsunterschiede zwischen dem Geld- und Kapitalmarkt eines Landes, wobei innerhalb der einzelnen Märkte weitere Differenzierungen (verursacht durch die Bonität, Laufdauer, Fristigkeit der Kapitalbindung etc.; → Zinsstruktur) auftreten. Der Geldmarktzins ist i. d. R. niedriger als der Kapitalmarktzins. Auch innerhalb des Geldmarkts bilden sich verschiedene Zins-

sätze. Relevant sind die Fristigkeit (Sätze für Tagesgeld, Monatsgeld, Dreimonatsgeld) und die Bonität (Sätze für Schatzwechsel des Bundes bei gleicher Restlaufzeit).

▶ **Zinsgleitklausel**

(Zinsindexierung) vertragliche Sondervereinbarung zur Bindung des Nominalzinssatzes an einen Preisindex oder an die Preise bestimmter Güter (z. B. Gold, Öl etc.) umso Kapitalanleger vor inflationsbedingten Verlusten zu schützen. Weiterhin möglich ist die Koppelung des Nominalzinssatzes an einen Referenzzinssatz (z. B. → LIBOR, → EURIBOR) um die Kreditgeber vom Zinsänderungsrisiko zu befreien (z. B. → Floating Rate Notes) oder um den sonstigen Kapitalanlegern bei Investitionen in mittel- bis langfristige Kapitalanlage bei hohen Inflationsraten und steigendem Zinsniveau weit gehenden Schutz vor Kapitalverlust (unveränderte Bonität des Schuldners unterstellt) zu gewähren. Kapitalanlagen mit Zinsindexierung haben selbst in Phasen steigender Zinssätze eine hohe künstliche → Liquidität.

Durch die Bindung des Nominalzinssatzes an eine der oben bezeichneten Größen ergibt sich – zu einem vertraglich fixierten Stichtag – eine automatische Zinsanpassung bei Veränderung der Basisgröße.

▶ **Zinsindexierung** → Zinsgleitklausel

▶ **Zinsinversion** → Inverse Zinsstruktur

▶ **Zinskanal**

Ergibt sich für Tagesgeld aus der Differenz von Ober- bzw. Untergrenze der Geldmarktsätze, die im Rahmen der so genannten „ständigen Fazilitäten" (→ Spitzenrefinanzierungsfazilität und → Einlagenfazilität) für Tagesgeld durch die → Europäische Zentralbank (EZB) eingeräumt wird.

▶ **Zinskonversion** → Konvertierung

▶ **Zinsleiste** → Erneuerungsschein

▶ **Zinsoption**

(1) Bei → Floating Rate Notes das vereinzelt eingeräumte Recht des Emittenten die Zinsbasis für die Folgeperiode wählen zu können;

(2) Verbrieft deren Käufer gegen die Zahlung einer Optionsprämie an den Verkäufer bzw. Stillhalter das Recht festverzinsliche Wertpapiere innerhalb der Optionslaufzeit oder zu einem bestimmten Zeitpunkt zu einem bestimmten Kurs zu kaufen (Call Option) oder zu verkaufen (Put Option). Als Variante bietet der Markt auch Zinsoptionen in Form von Call oder Put Optionen auf ein bestimmtes Instrument (z. B. bestimmte Bundesanleihe), die die Zahlung eines Differenzbetrages induzieren. Der Differenzbetrag ist die in € ausgedrückte Differenz, um die im Fall der Call Option der am Ausübungstag festgestellte Einheitskurs der Wertpapierbörse den Basiskurs überschreitet. Im Fall der Put Option ist der Differenzbetrag die in € ausgedrückte Differenz, um die der Basiskurs am Ausübungstag den Kassakurs überschreitet.

▶ **Zinsoptionsscheine**

→ Optionsscheine, die gegen Zahlung einer Prämie das Recht innerhalb eines bestimmten Zeitraums oder zu einem bestimmten Zeitpunkt

(1) zum Kauf (Call Option) von Anleihetiteln oder den Erhalt einer Ausgleichszahlung(→ Cash Settlement) bei Überschreiten eines definierten Anleihekurses oder

(2) zum Verkauf (Put Option) von Anleihetiteln oder den Erhalt einer Ausgleichszahlung(→ Cash Settlement) bei Unterschreiten eines definierten Anleihekurses verbriefen.

Vgl. abweichend hierzu → Bond Warrants

▶ **Zinsphasen-Anleihen**

→ Anleihen mit Laufzeiten von bis zu 10 Jahren, die sich dadurch auszeichnen, dass sich die Verzinsung im Verlauf der Laufzeit mehrfach ändert. Dabei sind die zeitlichen Phasen sowie die jeweilige

Verzinsungsmodalität in den Emissionsbedingungen festgeschrieben (z. B. Phase I: Festzins; Phase II: 6 – Monats-LIBOR; Phase III: Festzins).

Beispiel
500 Mio. DM Anleihe der Freien und Hansestadt Hamburg (Jan. 1994); Emissionskurs : 102; 6,25 % im ersten Jahr, 3-Monats-FIBOR im Zweiten bis sechsten Jahr, danach 7%.

▶ **Zinsreagible Aktien**

Bezeichnung für Aktien, deren Kurse erheblich durch Veränderungen des Zinsniveaus an den Rentenmärkten beeinflusst werden. Hierzu gehören insbesondere Bank- und Versicherungsaktien.

▶ **Zinssammel-Anleihe** → Zerobond

▶ **Zinssatz** → Zinsfuß

▶ **Zinsschein**

(Interest Coupon) festverzinslichen Wertpapieren beigefügter Erträgnisschein (→ Coupon), gegen dessen Einreichung bei der Bank der fällige Zins ausgezahlt wird.

▶ **Zinsscheinbogen**

Bogen eines festverzinslichen Wertpapiers. Dieser setzt sich zusammen aus den Zinsscheinen (→ Coupon) und dem → Erneuerungsschein (Talon).

Zinsscheinbogen unterscheiden sich gegenüber den Dividendenscheinbogen dadurch, dass Letzteren die Nennung des Betrags und des Fälligkeitsdatums fehlt, Zinsscheinbogen jedoch laufend nummeriert sind.

▶ **Zinssicherungsgeschäfte**

Bezeichnung für Termingeschäfte, die zur Absicherung von Zinssatzänderungsrisiken vorgenommen werden.

▶ **Zinsspanne**

Differenz zwischen dem Zins, den eine Bank einerseits bei der Kredithingabe verlangt und demjenigen Zins, den sie für die zu diesem Zweck aufgenommenen oder zu refinanzierenden Mittel zu zahlen hat.

▶ **Zinsstruktur**

Die effektiven Zinssätze zu einem bestimmten Zeitpunkt auf den verschiedenen Märkten (Geld-, Kredit- und Kapitalmärkte) unterscheiden sich voneinander u. U. erheblich. Die Ursache für unterschiedliche Zinssätze liegt in der Differenzierung der Bonität, Fristigkeit und Denomination der Kapitalanlagen durch die Investoren. Die Zinsstruktur spiegelt das Verhältnis dieser Zinssätze zu einem bestimmten Zeitpunkt zueinander wider. Bei der Fülle unterschiedlicher Kapitalanlagen und damit einer entsprechenden Anzahl von Zinsstrukturen, ist eine Konzentration auf Zinsstrukturen bestimmter Kapitalanlagen notwendig. Im Regelfall werden die Zinsstrukturen festverzinslicher Wertpapiere (Rentenwerte) gleicher Bonität, Restlaufdauer und Denomination dargestellt. Im Regelfall dürften die langfristigen Zinssätze über den kurzfristigen Zinssätzen liegen. Im umgekehrten Fall, der durchaus realistisch – wenn auch seltener – ist, spricht man vom Vorliegen einer inversen Zinsstruktur (→ Inverse Zinsstruktur). Beobachtet werden aber auch zeitweise Zinsstrukturen für unterschiedliche Laufzeiten, die sich nur gering voneinander unterscheiden.

Empirische Zinsstrukturkurven am deutschen Rentenmarkt publiziert die Deutsche Bundesbank. Diese Zinsstrukturkurven zeigen jeweils den Zusammenhang zwischen Zinssatz und Restlaufdauer bei Wertpapieren gleicher Bonität zu einem bestimmten Zeitpunkt. Zinsstrukturgebirge stellen die Entwicklung der Zinsstrukturen im Zeitablauf dar.

Zinsstrukturgebirge für Deutschland 1983–1996

Erklärungsansätze für die Zinststrukturentwicklung liefern unterschiedliche Theorien:

(1) Die Erwartungstheorie (J. Fischer, J. R. Hicks, F. A. Lutz) behauptet, dass der langfristige Zins dem Durchschnitt der erwarteten kurzfristigen Zinssätze entspricht. Begründung: Jede Kapitalanlage muss, gleichgültig ob einmalig langfristiger Art oder in Form von nacheinander geschalteten kurzfristigen Anlagen mit gleicher Gesamtfristigkeit, den gleichen Ertrag erwirtschaften. Vor diesem Hintergrund ist dem einzelnen Investor die Fristigkeit der Anlage gleichgültig. Erwartete Zinsänderungen lösen damit sofort auf der Angebots- und Nachfrageseite Arbitrage-Bewegungen aus.

(2) Die Liquiditätspräferenztheorie (J. R. Hicks) basiert auf Keynesschen Überlegungen über die Liquiditätspräferenz. Danach werden Wirtschaftssubjekte nur dann bereit sein Kapital zu binden (Liquidität aufzugeben), wenn sie hierfür eine Prämie für ihren Liquiditätsverzicht erhalten, die über den (höheren) Zins geleistet wird. Da im Regelfall mit steigender Kapitalbindungsdauer der Liquiditätsgrad (→ Liquidität) einer Kapitalanlage fällt, wird in gleichgerichteter Wechselbeziehung eine entsprechende Prämie (Zinsaufschlag) verlangt. Die Länge der Kapitalbindungsdauer und Höhe der Prämie stehen somit zueinander in positiver Korrelation. Demnach dürfte im Normalfall eine steigende Zinskurve vorliegen. Bei einer erwarteten fundamentalen Zinsänderung kann damit die Änderung der Zinsstrukturkurve über einen flachen Verlauf bis hin zur inversen Zinsstruktur erklärt werden.

(3) Die Marktsegmentationstheorie (J. M. Culbertson) geht von der Überlegung aus, dass die einzelnen Investoren unterschiedliche Laufzeiten bevorzugen. Demnach ist auch die Annahme, nach der Investoren auf einem einheitlichen Kapitalmarkt handeln, hypothetischer Natur. Die Fristigkeitspräferenz (bedingt durch gesetzliche Vorschriften für einzelne institutionelle Anleger; hohe Informationskosten, die eine Konzentration auf bestimmte Laufzeitenbereiche induzieren; unterschiedliche Anlageziele) bewirkt eine Konzentration auf Teilmärkte. Anleihen mit unterschiedlichen Laufzeiten müssten demnach in Märkten gehandelt werden, die voneinander abgegrenzt wären. Unterschiedliche Zinshöhen in den verschiedenen Laufzeitbereichen resultieren daher hauptsächlich aus den aktuellen Knappheitsgraden. Nach dieser Hypothese finden Arbitrageprozesse nur innerhalb eines jeden Laufzeitsegments statt.

(4) Auch die Prefered-Habitat Theorie (Franco Modigliani und Richard Sutch) geht von einem segmentierten Kapitalmarkt aus. Die Marktteilnehmer versuchen danach Kursrisiken, die im Zuge einer nicht-fristenkongruenten Kapitalanlage entstehen können, auszuschließen. Bedingt durch dieses Bestreben entstehen einzelne Kapitalmarktsegmente. Allerdings werden die Investoren dann bereit sein ihr Kapital in Investments mit längerer Laufdauer zu binden, wenn deutlich höhere Renditen zu erzielen sind. In diesem Fall werden also die Marktteilnehmer durch entsprechendes Verhalten Arbitrage zwischen unterschiedlichen Laufzeitsegmenten durchführen.

(5) Cox/Ingersoll/ Ross verfolgen einen Erklärungsansatz zur Fristigkeitsstruktur der Zinssätze aus den Überlegungen heraus, dass sich die Zinssätze für unterschiedliche Laufzeiten bei einem effizienten Markt aus dem kurzfristigen Zinssatz (der sich entsprechend einem stochastischen Prozess verhält) zuzüglich einer Risikoprämie herleiten lassen.

▶ **Zinsswap**

(Interest Rate Swap) Vereinbarung, die auf den Tausch von Zinsverbindlichkeiten gerichtet ist. Zweck dieser Vereinbarung ist es einerseits die Zinskosten der Vertragspartner zu senken. Dies ist dadurch erreichbar, dass die Swap-Partner auf den Märkten unterschiedliche Bonitätseinstufungen erfahren. Andererseits dienen derartige Vereinbarungen im Regelfall einem der Partner zur Absicherung gegen das Zinssatzänderungsrisiko. Die Technik des Zinsswap orientiert sich an folgendem Grundmuster: Unternehmung A übernimmt von Unternehmung B deren Zinsverpflichtung (z. B. aus einem zinsvariablen Kredit), Unternehmung B die Zinsverpflichtung von A aus einem zinsfixen Kredit.

▶ **Zinstender** → Tenderverfahren

▶ **Zinstermin**

Zeitpunkt, zu dem Zinsen auf festverzinsliche Wertpapiere (→ Anleihe) gezahlt werden. Die Zinszahlung erfolgt jährlich oder halbjährlich, bei halbjährlicher Zahlungsweise zum Monatsersten. Zinstermine sind:

Januar/Juli	J/J
Februar/August	F/A
März/September	M/S
April/Oktober	A/O
Mai/November	M/N
Juni/Dezember	J/D.

Ein größeres Wertpapierdepot lässt sich so mischen, dass an jedem Monatsersten Zinsen fällig werden.

▶ **Zinstermingeschäfte** → Forward Rate Agreement (FRA)

▶ **Zinsterminhandel**

Handel in börsengehandelten → Zinsterminkontrakten.

▶ **Zinsterminkontrakt**

(Interest Rate Futures Contract) börsengehandelter Zinsterminkontrakt, dem die Lieferung eines standardisierten Betrages eines bestimmten Wertpapiers (Certificates of Deposit, T-Bills, Treasury Notes, Treasury Bonds, Ginni Maes, Long Gilts, Bundesanleihen) zu Grunde liegt. Der Käufer eines Zinsterminkontrakts geht die Verpflichtung ein zu einem bestimmten Termin die definierte Quantität eines bestimmten Wertpapiers zu liefern oder abzunehmen. Im Regelfall erfolgt keine physische Erfüllung sondern eine Glattstellung vor Fälligkeitstermin. Zinsterminkontrakte eignen sich hervorragend als Hedginginstrument gegen Zinsrisiken, eröffnen aber auch Möglichkeiten zur Spekulation.

▶ **Zinstitel**

Allgemeine Bezeichnung für verzinsliche Wertpapiere, die am Geldmarkt und Kapitalmarkt gehandelt werden.

▶ **Zinsvariable Anleihe** → Floating Rate Notes

▶ **Zinsvariable Kassenobligationen** → Variable Kassenobligationen

▶ **Zins-Warrant-Anleihe mit Swap** → Zins- und Währungsswaps

▶ **Zinswucher**

Liegt vor, wenn bei einem Darlehen ein wucherischer Zins verlangt wird. Der Tatbestand des Wuchers ist nur im Zusammenhang mit entgeltlichen Vermögensgeschäften möglich, wobei seine Existenz ein objektiv auffälliges Missverhältnis zwischen Leistung und Gegenleistung (zurzeit des Vertragsabschlusses) erfordert. Ein nachträgliches eintretendes Missverhältnis begründet Wucher nur, wenn seine Ursache in einem Zusatzgeschäft liegt. Ob Zinswucher vorliegt oder nicht, ist somit immer auf den spezifischen Einzelfall hin zu untersuchen.

▶ **Zirkulationsmarkt** → Sekundärmarkt

▶ **ZKMA** → Zentraler Kapitalmarktausschuss

▶ **Zu Pari**

Zum Nennwert. Der Kurs eines Wertpapiers entspricht seinem Nennwert.

▶ **Zubuße** → Kux

▶ **Zulassung zum Börsenhandel** → Börsenzulassung von Wertpapieren

▶ **Zulassungsausschuss**

Ausschuss, der für die Entscheidungen hinsichtlich der Zulassung von Wertpapieren zum → geregelten Markt zuständig ist. Im Regelfall ist der Zulassungsausschuss mit der → Zulassungsstelle identisch (→Börsenzulassung von Wertpapieren).

▶ **Zulassungsprospekt** → Börsenzulassungsprospekt

▶ **Zulassungsstelle**

Überwacht an der Börse die Zulassung der Wertpapiere zum amtliche Handel (→ Börsenzulassung). Sie entscheidet über die Zulassung der Wertpapiere, die mit amtlicher Feststellung des Börsenpreises (amtliche Notierung) an der Börse gehandelt werden, soweit nicht in § 41 BörsG oder anderen Gesetzen etwas Anderes bestimmt ist. Außerdem kontrolliert die Zulassungsstelle die Einhaltung aller Pflichten, die sich aus der Zulassung für den Emittenten und das antragstellende Kreditinstitut ergeben.

▶ **Zusammenlegung von Aktienkapital** → Kapitalherabsetzung

▶ **Zusatzaktie** → Gratisaktie

▶ **Zusatzaktienverfahren**

(Rücklagenumwandlungsverfahren) Sonderform der → Stockdividende. Bei dieser Methode wird zunächst der ausschüttungsfähige Gewinn oder ein Teil desselben einer offenen Rücklage zugeführt. Danach wird die Umwandlung dieser Rücklagen in Grundkapital (Passivtausch) und zugleich die Ausgabe neuer Aktien (→ Gratisaktien) beschlossen. Aktionäre, die mit der Gewinneinbehaltung nicht einverstanden sind, können ihre zusätzlichen Aktien bzw. → Bezugsrechte an der Börse verkaufen und damit ihre gewünschte Bardividende realisieren.

▶ **Zusatzdividende**

Dividendenzahlung, die über die reguläre Dividendenausschüttung einer Periode hinausgeht, z. B. Sonderausschüttung (Sonderdividende) in Form einer → Stockdividende bzw. eines zu versteuernden → Bonus.

▶ **Zusatzkapital**

Teil des in der Periode erzielten Gewinns, der im Unternehmen verbleibt (→ Gewinnthesaurierung).

▶ **Zuteilung**

(Rationierung, Repartierung) bei überzeichneten Emissionen die anteilsmäßige Zuteilung der neu ausgegebenen Wertpapiere. Im Börsenverkehr ist eine Zuteilung dann erforderlich, wenn übermäßige Nachfrage bzw. zu geringes Angebot in gehandelten Wertpapieren vorliegt. Zu dem amtlich festgestellten Kurs wird repartiert.

▶ **Zuzahlung** → Optionsanleihe, → Wandelanleihe

▶ **Zwangsanleihe**

→ Anleihe, zu deren Zeichnung natürliche und/oder juristische Personen vom Staat unter Androhung möglicher Sanktionen bei Nichtzeichnung gezwungen werden.

▶ **Zwangsvergleich** → Vergleich

▶ **Zwangsvollstreckung**

Öffentlich-rechtliches Verfahren zur Betreibung von Geld- und Sachforderungen. Es vollzieht sich auf Antrag des Gläubigers beim Vollstreckungsgericht (Amtsgericht) über das gerichtliche Mahnverfahren (→ Mahnbescheid) bis zur Vollstreckung (→ Pfändung und Versteigerung). Ist die vollständige Tilgung der Forderung über Versteigerung nicht möglich, geht die Zwangsvollstreckung über den → Offenbarungseid bis zur Inhaftierung des Schuldners. Das gerichtliche Mahnverfahren kann vom Schuldner jederzeit in ein ordentliches Gerichtsverfahren übergeleitet werden.

▶ **Zweifelhafte Forderungen**

(Dubiose Forderungen) Forderungen (Debitoren), die auf Grund der finanziellen Lage des Schuldners ganz oder teilweise uneinbringlich geworden sind. Diese sind einzeln vom Konto „Forderungen" auf Konto „Zweifelhafte Forderungen" umzubuchen. Ferner erfolgt die Bildung eines Korrekturpostens in der Bilanz: Delcredere – Wertberichtigungen.

▶ **Zweite Hypothek**

Wirtschaftlich betrachtet eine Beleihung, die den Wert zwischen 60% bzw. 70% und 80%, oftmals 90% des Beleihungswerts ausschöpft und die gegenüber Risiken nur bedingt immun ist. Im Zeitpunkt der Hypothekenhergabe gilt sie nahezu als ebenso risikofrei wie eine → erste Hypothek. Auf Grund des höheren Beleihungsumfangs können sich aber langfristig durch Wertschwankungen (gesamtwirtschaftlich, beim Grundstückseigentümer, im Ertrag, im Wert des Objekts) Risiken ergeben.

Für die zweitstellige Beleihung hat sich ein eigenes Spezialgeschäft organisiert, das durch die → Bausparkassen ausgefüllt wird. Sie begegnen dem erhöhten Risiko durch schnellere Rückführung (dadurch erhöhte Tilgung).

Technisch bedeutet eine zweite Hypothek, dass sie an zweiter Rangstelle im Grundbuch eingetragen ist. Eine technisch als zweitstellig bezeichnete Hypothek muss nicht wirtschaftlich einer zweiten Hypothek entsprechen, denn eine an zweiter Rangstelle im Grundbuch eingetragene Hypothek kann noch in den wirtschaftlich erststelligen Beleihungsraum (bis zu 60% bzw. 70% des Beleihungswerts) fallen.

▶ **Zwischenbericht**

Emittenten von zugelassener Wertpapiere müssen gem. § 44b BörsG; §§ 53 ff BörsZulV regelmäßig Zwischenberichte veröffentlichen. In ihnen soll über die Geschäftätigkeit der ersten sechs Monate des Geschäftsjahres berichtet werden. Die Zwischenberichte sind außerdem innerhalb von zwei Monaten(bei Rückversicherungsunternehmen 7 Monate) nach der Beendigung des Berichtszeitraums in einem überregionalen Börsenpflichtblatt oder im Bundesanzeiger oder als Druckschrift zu veröffentlichen, die dem Publikum bei den Zahlstellen (im Regelfall Kreditinstitute) auf Verlangen kostenlos zur Verfügung gestellt wird. Die Zulassungsstelle kann in begründeten Fällen die o.a. Veröffentlichungsfristen verlängern. Wird der Zwischenbericht nicht im Bundesanzeiger veröffentlicht, so ist im Bundesanzeiger ein Hinweis darauf bekannt zu machen, wo der Zwischenbericht veröffentlicht und für das Publikum zu erhalten ist. Gem. § 53 BörsZulV sind die Mindestanforderungen an den Inhalt des Zwischenberichts festgelegt.

▶ **Zwischendividende** → Abschlagsdividende

▶ **Zwischenfinanzierung** → Zwischenkredit

▶ **Zwischenkredit**

Kurzfristiger Kredit zur vorläufigen Finanzierung, der später durch einen langfristigen Kredit oder/und Eigenkapital für die endgültige Finanzierung abgelöst wird, so z. B. bei der Baufinanzierung und → Projektfinanzierung (→ Überbrückungskredit).

▶ **Zwischenschein**

(Anteilschein, Anrechtschein, Interimsschein) Urkunde, die eine Aktiengesellschaft bei der Gründung bzw. einer Kapitalerhöhung an ihre Aktionäre vor Ausstellung der eigentlichen Aktienurkunden ausgibt. Der Zwischenschein ist ein Orderpapier. Er muss gem. § 10 (3) AktG auf Namen lauten und den gleichen Mindestnennbetrag wie die Aktien aufweisen. Vor Eintragung einer AG (bzw. einer Kapitalerhöhung) ins Handelsregister darf der Zwischenschein nicht ausgegeben werden.

▶ **Zwischenverwahrung**

Ist gegeben, wenn Wertpapiere, die von einer Bank hereingenommen wurden, durch ein anderes Kreditinstitut (z. B. → Wertpapiersammelbank) weiter verwahrt werden.

Buchanzeigen

Das Finanz- und Börsenlexikon auf CD

**Bestmann
Finanz- und
Börsenlexikon**
Über 3000 Begriffe mit allen
wichtigen Gesetzestexten
**1998. Eine CD-ROM in Jewel-
box mit Programmanleitung
24 Seiten DM 69,–**
ISBN 3-8006-2231-9

Systemvoraussetzungen: IBM- oder vollständig kompatibler PC mit mindestens 80386-Prozessor und 8 MB
Hauptspeicher, CD-ROM-Laufwerk und Windows 3.11, Windows 95/98/NT.

Die rasche Entwicklung der nationalen und internationalen Finanzmärkte, neue Finanzierungsinstrumente und -techniken sowie aktuelle Trends im Finanzmanagement erschließen neue Bereiche und prägen neue Begriffe, die auf der CD-ROM wie im Buch kompetent und verständlich erläutert werden.
Alle wichtigen Gesetzestexte sind auf der CD-ROM im Volltext enthalten: AktG, AMR (Anweisung über Mindestreserven), BBankG, BGB, BörsG, BörsTermZulV, BörsZulV, DepotG, GmbHG, HGB, HypBankG, KAGG (Gesetz über Kapitalanlagegesellschaften), KWG, ScheckG, VAG (Versicherungsaufsichtsgesetz), WG und WpHG. Sie sind über zahlreiche Verweise mit dem Lexikon verknüpft und schaffen damit eine vielseitige Datenbank für Studierende, Geldanleger sowie Finanz- und Börsenprofis.

VERLAG VAHLEN · 80791 MÜNCHEN

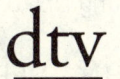

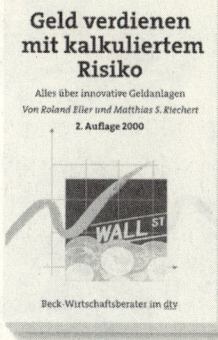

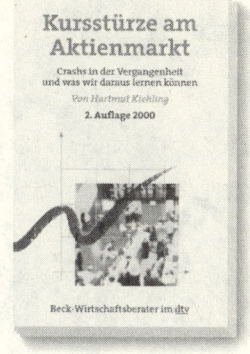

Eller/Riechert
Geld verdienen mit kalkuliertem Risiko

Alles über innovative Geldanlagen.

2.A. 2000. 344 S.
DM 21,50. dtv 5874

Beike/Potthoff
Optionsscheine

Grundlagen für den gezielten Einsatz an der Börse. Optionsscheine sind besonders in Deutschland ein beliebtes Anlageinstrument.
Dieser Ratgeber zeigt Grundlagen, mögliche Strategien und Risiken gerade für den Privatanleger, aber auch den künftigen Profi.

3.A. 2000. 281 S.
DM 19,50. dtv 50812

Kiehling
Kursstürze am Aktienmarkt

Aktienmarkt als chaotisches System. Kursstürze der Vergangenheit. Lehren aus der Vergangenheit?

2.A.2000. 304 S.
DM 24,50. dtv 5826

Uszczapowski
Optionen und Futures verstehen

Grundlagen und neuere Entwicklungen.

4.A.1999. 362 S.
DM 19,90. dtv 5808

Perk/Dürnhofer/Hackl
Aktienanalyse und Anlagemanagement

Fundamentale und technische Ansätze.

3.A. 2000. Rd. 150 S.
Ca. DM 16,50. dtv 5806
In Vorbereitung für Herbst 2000

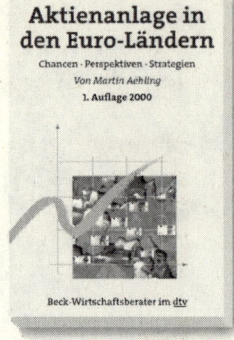

Wolff
Börsenerfolge leichtgemacht

Der Ratgeber für die Aktienanlage.

1.A.1998. 151 S.
DM 14,90. dtv 5890

Aehling
Aktienanlage in den Euro-Ländern

Chancen, Perspektiven, Strategien.
Das Buch gibt Orientierung und Hilfestellung für die Geldanlage in europäischen Aktien, deren Bedeutung nach der Einführung des Euro stark zunehmen wird. Es öffnet den Horizont über den deutschen Markt hinaus und zeigt Anlagemöglichkeiten.

1.A. 2000. 270 S.
DM 18,50. dtv 50843

Castner
Der EURO-Ratgeber

Antworten zur neuen Währung.

1.A.1997. 149 S.
DM 13,90. dtv 50810

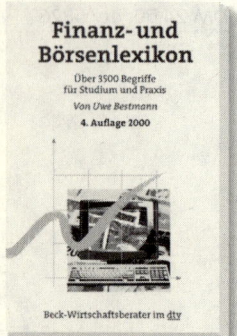

Bestmann
Finanz- und Börsenlexikon

Über 3500 Begriffe für Studium und Praxis.

4.A. 2000. 981 S.
DM 34,50. dtv 5803

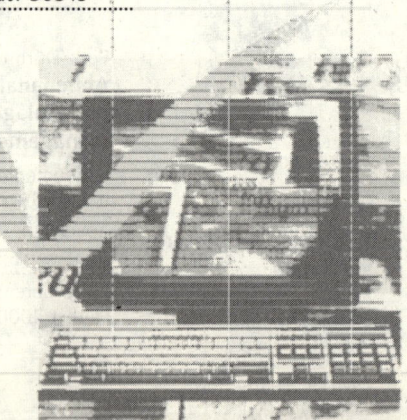